Friedrich Adolf Trendelenburg

Aristotelis de Anima Libri Tres

Friedrich Adolf Trendelenburg

Aristotelis de Anima Libri Tres

ISBN/EAN: 9783741141652

Manufactured in Europe, USA, Canada, Australia, Japa

Cover: Foto ©Thomas Meinert / pixelio.de

Manufactured and distributed by brebook publishing software
(www.brebook.com)

Friedrich Adolf Trendelenburg

Aristotelis de Anima Libri Tres

ARISTOTELIS DE ANIMA LIBRI TRES,

Cum

AVERROIS COMMENTARIIS

Et Antiqua tralatione suæ integritati restituta.

His accessit eorundem librorum Aristotelis noua tralatio, ad Græci exemplaris veritatem, et scholarum vsum accommodata,

MICHAELE SOPHIANO INTERPRETE.

Adiecimus etiam

MARCI ANTONII PASSERI IANVAE disputationem ex eius lectionibus exceptam, in qua cum de horum de Anima librorum ordine, tum reliquorum naturalium serie pertractatur.

S. Mariæ

De Scala

VENETIIS APVD IVNCTAS.
M. D. LXII.

MICHAEL SOPHIANVS:

FRANCISCO GONZAGÆ

ILL^{MO} AC R^{MO} S. R. E. CARD.

S. P. D.

NEmini obscurum esse arbitror, Francisce Gonzaga Card. Ampliß. ex iis, qui uel mediocriter in studiis litterarum, doctrinisq́ uersati sunt, quàm difficilis opera suscipiatur ab iis, qui suam ad Aristotelis scripta de græco uertenda industriam conferunt. Id ego cum aliâs sæpe in uariis doctorum uirorum interpretationibus ad meam utilitatem conferendis, tum proxime in libris eius de Anima conuertendis expertus sum. Quem ut hoc tempore laborem susciperem, iunctarum me fratrum honesta uoluntas adduxit. qui cum ad alia multa Auerrois, quem prope ex omni parte renouatum edebant, ornamenta, hoc etiam accedere uellent, ut Aristotelis libri, maxime qui de Anima inscribuntur, quàm emendatißimi exirent, me potißimum cui corrigendi negotium darent, delegerunt. Ego uero & si quantum ingenii industriaq́ eas res postularet, non ignorabam, tamen suscepi rem, quòd illis honesta petentibus nihil denegandum esse ducerem, & hac scilicet me spes aleret, si uetustam tralationem cum græco exēplari accuratius contulissem, fore ut cumulatißime meo promisso satisfacerem, Quæ me postea opinio longe fefellit. Etenim tralationem illam adeò fœdam, ac ineptam esse repperi, ut nec Aristotelis uerba fideliter exprimeret, & pluribus in locis eius sententiā peruerteret. Accedebat eo, quòd cum recentiores philosophi ueteris interpretis inscitiam perspicerent, atq́ huic incommodo remedium afferre cuperent, pro suo quisq́ ingenio hos libros emendare aggreßi sunt, uerum cum leuiter græcis litteris essent imbuti, non modo quod uoluerunt asse

cuti non sunt, sed cum multo maioribus tenebris, pluribusq; difficultatibus, eos inuoluerunt: tum uero, tam uaria et inter se discrepantia exẽplaria reddiderunt, ut in germana illius auctoris interpretatione restituenda, non mediocriter esse laborandum uideretur. Sed tamen cum iustis de caussis susceptam iam prouinciam deponere non possem, cœpi ut mihi aptissimum esse uidebatur, multa quæ perperam ingesta erant, delere: plura immutare: nonnulla quæ deerant, addere: ut aliqua orationis species emergeret, ex qua idonea sententia elici posset. Cum autem quò progrediebar longius, eò pluribus sordibus immergi me intelligerem, ad extremum eò rem deduxi, ut me ab integro potius Aristotelem conuertisse, quàm interpretationem ueterem emendasse animaduerterem. in quo tamen ita me temperaui, ut non ita longe me à ratione ueteris interpretationis, & usitatis scholarum uocabulis remouerim, quin illius uestigia in mea conuersione relinquantur. Quod eò feci, quia non instituerani interpretationem nouam: nam multa fortasse aptius, multa limatius dici potuissent: sed necesse habui, quoad eius facere possem, uerba & genera loquendi, quæ ab hoc eodem auctore, & Auerrois elocutione iam inde ab initio in scholas irrepserant, quamuis horrida, parumq; latina retinere: ac ueteris huius auctoris interpretationem corrigere. qui quamuis incultus, nec admodum fidelis sit: tamen nescio quo modo, quòd perquàm religiose ad uerbum omnia de græco exprimat, ab omnibus habetur in manibus, & ad hoc tempus publice legitur. Cuius religio quamuis in hoc genere scriptorum necessaria sit, ita tamen à iudicio, omnisq; politioris doctrinæ cognitione inops est, ut non modo singula græca singulis latinis, ordinem item, & constructionem uocum eandem reddi posse putauerit: sed græcas etiam loquendi formulas, perinde ac si idem latine sonarent, in latinum sermonem detrudendas esse censuerit. quasi uero linguarum ratio ita comparata sit, ut singulis cuiusque uerbis aliud in alia lingua, quod omnino idem declaret, respondeat: earumque differentia in simplicibus modo uocabulis, ac non multo etiam magis in dicendi ac eloquendi generibus posita sit: quod tamen usque eò uerum est, ut hæc ipsa totam uim linguarum sibi uendicent. Quamobrem qui fidi ac eruditi interpretis fungetur munere, cùm præter rerum subiectarum intelligentiam, atque non uulgarem utriusque linguæ co-

gnitionem

gnitionem (quorum utroque minime instructum ueterem interpretem fuisse constat) amplius acri iudicio præditum esse oportet: ut ubi nomina, loquendique forma non idem ualebunt, quæ illis in altera lingua similitudine ac proportione respondeant, reperire ac discernere possit: nam ad hunc modum si sua quibusque uis tribuetur, & facilime sensum auctoris consequemur, & omnino ipsi orationi plus uenustatis & splendoris accesserit. Qua facultate cum interpres ille, quicunque tandem ille fuit, (neque enim nomen est proditum) plane caruerit, omnia perabsurde uertit. nec in his duntaxat quæ commemorauimus, eius imperitia perspicitur: sed etiam in exponenda ui partium orationis: cuiusmodi sunt coniunctiones, participia, præpositiones, cæteraque generis eiusdem. quæ, perinde quasi unam eandemque rem ubique notarent, præterit ac negligit. ex quo per multa uitia & errores in interpretanda ac continuanda orationis serie consequi necesse est. His tot tantisque incommodis cum aliqui ex nostris, qui post Constantinopolitanum excidium in Italiam se receperant, consultum esse cuperent: dederunt se huic generi studiorum, & præstantissimum quenque huius philosophi librum, e græco in latinum transtulerunt. è quibus Theodorus Thessalonicensis ea complexus, ad quæ ceteri propter immẽsam rerum uarietatem se aspirare posse diffidebant, ita egregie in eo munere se tractauit, ut nemini imitandi sui spem, omnibus incredibilem suæ eruditionis admirationem reliquerit. In eodem numero habendus est Bessario, qui libros primæ philosophiæ fideliter, nec ab usu scholarum abhorrente dictionis genere conuertit. Eodem pertinet Ioannis Argyropyli industria, qui in his Acroamaticis libris uertendis præclare operam nauauit suam: & Hercule maximam in hoc genere laudem esset consecutus, nisi dum contra odiosam ueteris interpretis religionem enixe admodum contendit, nimium sibi ipse indulgeret, nimiaque licentia pertractaret orationem Aristotelis. quod in aliis scriptoribus transferendis fortasse ferendum est: in his certe librorum generibus periculosum est & lubricum. solet.n. nonnulla de suo addere, multaque obscurius ac angustius, ut sui moris est, ab Aristotele dicta, ipse pluribus uerbis explicare nititur: ac integras interdum clausulas ab explanatoribus, præsertim Themistio, & Simplicio, quem maxime sectatur, transfert in orationem

Aristotelis: quam rationem in iis maxime locis sequitur, quorum est ambigua, ancépsque sententia. Hæc si Argyropylo detraxeris, magnopere illius interpretatio, ut & grauissimi philosophi, & hominis suæ linguæ scientissimi, probanda est. quæ tametsi ob caussas iam explicatas in scholas recepta non est, princeps tamen ille fuit ostendendi luminis hominibus latinis, quo ad cognitionem librorum Aristotelis adire possent. Quamobrem cum hæc barbara, parumque fidelis interpretatio passim in Italiæ gymnasiis uersetur: omnesque in eo suam operam ponant, ut omnibus mendis uitiisq; sublatis, quæ sunt innumerabilia, ad commodiorem orationis formam redigatur, idem ego quoque oneris suscipiendum esse duxi: non equidem quo de cuiusquã laude aliquid delibarem: sed potius ut illorum exemplo monitus, conferrem ipse quoque aliquid ad hanc præstantissimam, & in primis utilem philosophiæ partem, quam uehementer à scholis desiderari iudicabam. Proinde in eam curam præcipue incubui, ut fidelissime auctoris sensa latine redderem, atque non modo uim uerborum explicarem, sed nisi uel res ipsa, uel linguæ proprietas respueret, etiam multitudinem græcorum nominum, pari numero latinorum exprimerem. Neque uero uel intuli usquam aliquid de meo, nisi græci uocabuli notio ita ostenderet esse faciendum: uel nominum structuram immutaui, nisi id postularet perspicuitatis ratio, uerbáque essent eiusmodi, quibus omnium interpretum consensu res aperta minimeque dubia subiiceretur. articulis uero, & participiis, ceterisque id genus orationis partibus uim suam, quæ multiplex est, restituere, & quoad eã latina oratio referre potuit, pro uiribus exprimere conatus sum. sed ante omnia sedulo operam dedi, ut ea quæ ita dicuntur ab Aristotele, ut in uarias sententias trahi possint, ita transferrem, ut eandem ambiguitatis speciem præ se ferrent, neque me uni definitaque sententia cuiusquam explanatoris addicerem. quod ne facerẽ si quo in loco linguæ latinæ ratio me impediuit, eum sensum reddidi, quem magis probabilem, magisque peruulgatum esse perspiciebam. quod ea mente feci, quòd cogitem aliquando hos eosdem, ac reliquos fortasse huius philosophi libros, qui publice enarrantur, cum annotationibus quibusdam iterum in publicum emittere: atque tum demum cur pleraque uel immutauerim, uel addiderim, ac certis in locis ab aliorum inter

pretatione

pretatione recesserim, denique quam in quaque re secutus sim rationem, pluribus aperiam. Hunc porrò laborem meum Cardina. Amplis. in tuo nomine apparere uolui: ratus id esse officii mei, cum propter incredibilem humanitatem tuam, qua me dum Patauii liberalium disciplinarum gratia commoraueris, amplexus es: tum uel maxime quoniam si quid est, quod uel ratione instituti, uel laudabiliter confici a quoquam possit, præcipue in studiis doctrinæ, eius tibi fructus iure optimo deberi existimo. nam tui quidem animi excellentia, & ad omnem laudem impetus excelso & illustri loco sita est: qui opes, quibus circumfluis: qui cetera bona, quæ uel natura, uel fortuna tibi benignissime largita est: non in persequendis uoluptatibus, quas plerique peruerse admirantur: sed cum omni uirtute comparanda, tum uero conformando animo philosophiæ studiis, consumis. idque agis diligenter, ut præclaram uirtutis excolendæ consuetudinem, quæ uiguit in patre tuo Ferdinando Gonzaga sapientissimo & fortissimo Imperatore, & in patruo Cardinali etiamnũ maxime elucet, constanter tuearis: usqueadeò ut omnium consensu tu unus existas, ad quem omnes omnium rectæ cogitationes, honesti conatus, præclara denique opera referri debeant. Multa huius rei argumenta sunt, sed nullum grauius, nullum ad laudem tuam illustrius, Pii Pontificis Maximi testimonio: qui eximiis tuis uirtutibus commotus, summa omnium uoluntate, ad suorum te numerum adscribere, & in amplissimum sanctissimumque ordinem cooptare uoluit. Quamobrem cum omnium mentes in te conuersæ sint, omniumque de aliqua laude cogitantium te spectet industria, probabilem & satis idoneam caussam me habere sum arbitratus, cur hoc mea opera studiique monumentum, qualecunque id tandem foret, tuo nomini inscribendum esse decreuerim. Quod quidem uel ob eam maxime caussam te non improbaturum esse confido, quòd coniunctum habeat studium & industriam Marci Antonii Passeri mei eiusdemque tui doctoris, omniumque huius ætatis philosophorum facile principis: qui in hos eosdem ac reliquos Aristotelis Libros Auerrois Arrabis Commentarios, singulari diligentia certissimoque iuditio excussit, & infinitis propemodum mendis inquinatos, suæ integritati restituit. quæ res quantum adiumenti philosophiæ cupidis hominibus sit allatura, non est huius temporis exponere. Neque sane faciam, ut in eius viri laudes ingrediar, quod & plane superuacaneam operam suscepturus sim, & nullum exitum inuentura sit oratio. Nam summam hominis doctrinam, ingenium planè diuinum, acerrimum iudicium, omnes nationes gentesque iam norunt, ac prædicant: utque eum e superiori loco de abditissimis philosophorum decretis audiant disserentem, frequentes quotannis Patauium confluunt. Quod superest Clariss. Cardinalis, lucubrationem hanc meam, non ex ipsa re quam longe infra tuam dignitatem esse constat: sed ex mea in te obseruantia ponderes uelim.

Vale.

Patauii. VII. Kalen. Iulii. M D LXII.

DE ORDINE LIBRORVM NATVRALIVM ARISTOTELIS DISPVTATIO EX LECTIONIBVS M. A. PASSERI IANVÆ EXCERPTA.

Ibros naturales eo ordine digeſſit Ariſtoteles, quo natura ipſa in rerum naturalium generatione uti ſolet. Res .n. naturales, vt quę compoſitę ſunt, ex principijs ſuis eſſentialibus ijsq; primis, pendeant neceſſe eſt. quo in genere eſt materia prima, & mouens primum: ex quibus formæ eliciuntur: quæ res naturales vt actu ſint efficiunt, quaſq; proprij fines conſequuntur. Quamobrem cum ex his tribus res naturales originem ducant, iure optimo primum in generatione locum habere debent. Hoc mirũ naturæ artificium imitatus Ariſtoteles, ordine doctrinæ libros de Auſcultatione Phyſica primo loco audiendos eſſe voluit. in quibus pręcipue de materia prima, deq; mouente primo, doctrinam complexus eſt. Quibus proportione reſpondentes, libri de Cœlo & ſimplicibus corporibus, ſecundum obtinent locum. nã cœleſtia corpora agentem cauſam & mouentem: grauia & leuia materiam, tametſi proprie magis, prę ſe ferunt: quippe quę proximè immediateq; res naturales conſtituant. Corpora ſimplicia illa ſunt, quæ vt elementa cognoſcuntur, quandoquidem ex eorũ mixtione naturalia, quæ uere pendent à principijs, componuntur: quibus elementa illa veluti materia ſubiiciuntur. Sol vero in obliquo circulo conuerſus, cum motu mobilis primi, vt agens illis eiſdem comparatur. Itaq; omnes iſtos libros de principijs appellandos eſſe cenſendum eſt. Quapropter libri de Generatione & interitu, tertium locum tenent, ita vt horum trium librorum ordini, quæ ab Ariſtotele in prologo de Phyſica auſcultatione dicta ſunt, facile reſpondere videantur, à principijs ſcilicet & cauſis, vſq; ad elementa. His demũ ſic ordinatis liber Meteorologicorum annumeratur, ordine quartus: at primus naturalium, quæ vere ex principijs eſſe dicuntur & appellantur mixta. Et primo quidem quæ imperfecta ſunt occurrunt: is. n. ordo. naturę eſt, vt ab imperfectis exordiens in perfectiora ac demũ perfectiſſima generationem terminet. Poſt hunc qui de his tractat quæ ex terræ viſceribus effodiũtur, quin-

tus

tus sequitur liber. Quibus ad hunc modum distributis, quis sed co sextus sequi debeat, non eadem est apud omnes opinio, cum de animatis deinceps agendum sit. Qua de re dubium est, num de anima prius, postea de animatis tractandum sit. Deinde si de animatis ratio obtineat, prius he de stirpibus quæ vegetatiua dũtaxat viuunt uita, an de animalibus quæ præter hanc, etiam sensitiuam habent. Nam qui de anima agendum prius esse uoluere, ac proinde sextum obtinere locum, fuere Auicenna & Latini, his moti rationibus. Nam sermo de anima, vniuersalior est, quam de eadem, vt vegetatiua, & vt sensitiua dicitur: quare de ea prius agendum esse persuadet ratio, sicuti in libris de anima etiam obseruauit ordinem hũc Aristoteles, qui prius animã in communi, mox vegetatiuam, sensitiuam, & rationalem definiuit. Altera ratio ab animatis veluti a causatis accepta est. Causata enim perfecta notitia cognosci non possunt nisi per suam causam, eamq; formalem, vt ex Auerroe Post: primo.comm. trigesimoquinto habetur. Ergo vt animata perfecte cognita sint, eorum causam & formam quæ anima est, prius cognitam esse supponunt. Ex aduerso sunt pleręque Aristotelis auctoritates. Nam in libello de par-
» tibus ad motum vtilibus, inquit, Quæ circa progressum anima-
» lium, & circa omnem secundum locum mutationem hoc modo
» se habent, his determinatis, consequens est speculari de anima.
Sequitur itaq; librum de partibus, animæ scientia. Idem in pri-
» mo de partibus animalium dicit, Sed cum satis de his egerimus,
» nostrãmq; explicuerimus sententiam, restat ut de animãte natu-
» ra disseramus. Quare post libros de partibus, liber de Anima collocandus est, non itaq; sextus erit. Dubium hac ratione nascitur quis tandem hic locus sit. Inter græcos & Auerroẽ conuenit locũ libri de Anima octauum esse debere. At quomodo ẽ sexto in octauum locum proficiscatur ordo, controuersia est. Auerroes Meteorum primo cap. primo ordinauit, ut videtur sexto loco librum de Plantis, septimo de Historia Animalium, octauo de partibus, & de Anima. Alij vero sexto, libros de Animalibus, septimo de Plantis, octauo de Anima. Ex horum dissensione uenit explicanda hæc difficultas de ordine librorum, de stirpibus, & de animalibus: prius tamen positis vtriusq; sectæ rationibus, & illius quã Auerroes sequi voluit. Nam simplicium notitia, eam quæ compositorum est, ordine præcedit. Quare liber de Stirpibus, librum de animalibus præcedere debet. Præterea, ea proportione respõdet animatum animato, qua animæ anima, secundum cognoscendi ordinem: sed præponitur vegetatiuæ animæ notitia in libro de

de Anima, cognitioni animæ sensitiuæ: quare eadem ratione & stirpes animalibus in cognitione præponi debent. Rationes deinde ex aduerso positę sunt. Animalia stirpibus notiora nobis sũt, quare & illis in cognitionis ordine priora esse debent. Nam perinde se habet in ordine cognoscendi perfectum animal ad imperfectum, vt animalia ad stirpes. Habent enim quæ perfectiora animalia sunt conspicuas ac manifestas partes magis, quàm imperfecta: vt ex procedendi ordine in libro de Animalium historia colligitur: ubi de homine prius, quam de cęteris agit: quam eandem rationem animalia ad stirpes tenẽt: quinimo animalium veluti exemplaria quædã stirpes sunt: nam cutis corticem, & caro lignum prę ferunt. hoc Aristotelem voluisse dictum illud in fi-
» ne de longitudine, & breuitate vitę cõfirmat. Sed de hoc secundũ
» se in his quæ de plantis determinabitur. Postponitur itaq; plantarum notitia animalium cognitioni.

Quid autem in hac interpretum dissensione dicendum sit, Deo. Opt. Max. Fauente dicamus, præposita prius distinctione ex Auerroe, Meteororum primo capit. primo. collecta. Librorum qui de animatis tractant ordinem, partim habere quid necessarium, partim quid vt melius: quod & Auicenna voluisse videtur, dicens, cum posuerit animam in sexto loco, si quis ordinem hunc imitare voluerit, non calumniabimur illum. his positis, quẽ inter animata ordinem tenemus, tribus propositionibus complexi sumus, quarum prima sit, Plantarum notitia, vniuersæ quæ de animalibus est cognitioni postponenda est. Secunda, liber de animalium historia, sextum locum tenet. mox septimum, libri de partibus ac de incessu animalium. Tertia, liber de anima. His sic ordine dispositis octauum locum iure obtinere debet. Propositio prima ex Aristotele confirmatur, ex primo & nouissimo contex-
» tu Meteororum. In primo inquit, secundum inductum modum
» de animalibus & plantis. In vltimo, & tandem ex his constitutũ
» hominem & plantam. Et aduertendum, quod si aliter reperiatur, ibi ordo non esset: nam tũc ordinem esse inter ordinabilia cognoscimus, quando in principio uel medio uel fine librorum dicta cõcludit, & dicenda proponit: vt in dictis locis, atq; in fine de longitudine & breuitate vitæ obseruauit. Hac ratione quæ ex Auerroe in oppositum dicta sunt, facile diluuntur. Nam tunc a simplicioribus ordimur, quando quæ composita magis sunt, illis notiora nõ fuerint. incepit Aristoteles à compositis ad simplicium notitiam progrediẽs, vt notauit Auerroes primo de auscultatione Physica com. 3. quia principijs quæ simplicia sunt, cõposita sunt notiora.

Secun-

Secundum quoque non vrget. quandoquidem in libris de Anima naturæ ordinem obseruare uoluit, acturus de eius partibus: ea ratione de vegetatiua prius egit: quæ, sensitiua postea, ipsa necessario ponitur. At contra non contingit. Hic uero cognitionis ordinem obseruandum esse voluit, quia sic melius esse cognouit, ut ex Auerrois distinctione posita manifestum est. Secunda etiam propositio manifesta est. Nam quæ in musica, v.g. vt quia sunt habentur, in Arithmetica propter quid sunt, demonstrantur: sic & de Geometria atq; Astrologia in pluribus apparet. Hac ratione subalternationem scientiarũ, quæ sic se habent, posteriorum primo Aristoteles esse voluit. At si duo hæc quæsita, Quia scilicet & Propter quid, diuersas inter se scientias facere possunt, cur & in eadem scientia genere diuersas partes minime facere possunt? præsertim cum sic requirat noster cognoscendi modus: qualis in animalibus conspicitur, vbi ea prius esse cognoscere oportuit, ut in libris de historia factũ est memor ex quibus essentialiter cõponantur, quod cũ scimus, pp quid ipsa sunt cognoscimus. Neq; impedimẽto esse potest si quispiam dixerit in eadem parte scientiæ, & quia & propter quid eiusdem effectus esse: quandoquidem particulare aliquod quęsitum hoc modo sciri contingit, vt vbi de compositis omnibus, vt de animalibus, cum eorum proprietatibus, deinde de illorum causis agendum fuerit, non eandem, sed diuersas partes requirunt. confirmatur Aristotelis auctoritate, secundo de partibus animalium cap. primo. » Ex quibus & quot numero membris singula animalia constarent libris historiarum qui de his scripti à nobis sunt planius explicauimus, nũc quas ob causas ita se habent cõsideremus. Idem in libello de incessu. Quod.n. hoc contingat modo ex naturali palam est historia. Quam autem ob causam, nunc est inuestigandum. Tertia propositio, & ratione & auctoritate confirmatur. At priusquam in hanc descendamus, notandum proponimus, quod uniuersa de animalibus disciplina, tribus cognitis absoluitur, atq; perficitur: quorum primum est essentia animalium cum sibi proprijs operationibus. Secundum animalium generatio, qua animal vnumquodque, & gignitur, & successiua perennią; generatione conseruatur: tertium vita, & mors. Antecedit enim animalium essentia, mox sequitur generatio, postremo vita & mors. Tria plane hæc, cõfusa quadam ratione in libris de historia docuit Aristot. Etenim inter initia ad quintum vsq; librum quid sit essentia cũ proprietatibus: in quinto secundum posuit, de generatione scilicet: in octauo postremũ, quæ ad vitam attinent & mortem, perfecit. His respondentes es-

sentiales

sentiales causæ, in his qui sequuntur libris reperiuntur: Et prima quæ materialis causa est: mox sequitur forma. natura. n. hoc nimirũ procedit modo in generatione rerum, cum materiam prius præparet, ex qua quidem forma in actum & perfectionẽ ducitur, ac demum compositum naturale resultat. Hunc etiam ordinem in primis principijs obseruauit. Primo. n. de materia prima in primo de Physica auscultatione pertractauit. mox de forma in secundo. Quapropter post de Historia libros, sequentur libri de partibus: Et de his quæ ad incessum faciũt vt materia, septimo loco determinauit: Post hunc, de anima octauo, vt de animaliũ forma disseruit. Vnde ex materia illa & forma ista tota animalium habetur essentia, atque animalium quæ consequuntur propria: quandoquidem quæ essentiales causæ sunt, & compositorum causæ sunt, & proprietatum quæ composita illa cõsequuntur. Quorum prima, sensus & motus sunt. his enim ipsis animatum ab inanimato differt ex Arist. sententia primo de anima 19 & secundo 14. 16. Veruntamen animalium cum propria magis operatio sentire sit, & his primo sensibus qui extrinsecus sentiendi occasiones suscipiunt: idcirco inter libros de propietatibus liber de sensu & sensili primum locum tenet. secundum qui de intrinsecus operantibus: qualis est liber de memoria ac reminiscentia. quos omnes sensus sua sequitur passio. Hac ratione liber de somno & vigilia tertium locum tenet. Quibus expeditis sequitur liber quarto loco, qui proprietatem alteram declarat quæ motus est, atque de illo in communi tractationem continet. De quibus omnibus proprietatibus confusa quadam notitia in quatuor primis de Historia egit Aristoteles. Quintum deinde locum tenent de generatione Animalium libri, quibus confusè admodum respondent libri de Historia quinto ad octauum vsque. In residuis eadem cognitione respondent his qui distinctè agunt libri de vita & morte, cum sibi cognatis: quorum primus de longitudine & breuitate vitæ disserit. secundus de iuuentute & senectute. tertius de inspiratione & expiratione. vltimus de vita & morte. His sic demonstratis satis manifestum est de anima tractationem, octauũ locum obtinere. Quod etiam
» Aristoteles persuadet in fine de progressu animalium dicens. His
» autem sic determinatis proximum est de anima contemplari. Isti sententiæ aduersari videtur ratio ex dictis Auerrois collecta primo de anima commento secundo, vbi de vtilitate agit inquiens, Necesse est vt scire de anima sit necessarium in cognitione animalium, non tantum vtile. Ex quibus dictis facile colligitur cognitionem de anima præcedere illam quæ de animalibus habetur, si

animalia

A animalia perfecta notitia cognoſci debeant. Altera ratio quæ cũ ſententia noſtra pugnat, hæc eſt: Nulla eſt animalis pars quæ animata non ſit, vt ex paraphraſi Auerrois ſuper primo de generatione animalium colligitur. Non enim ex pluribus partibus inanimatis corpus vnum animatum componi poteſt. itaq; cognitio de partibus animaliũ à cognitione de anima pendere videtur. Quare quæ de anima eſt notitia, prior illa eſt quæ de animalibus tractat. Quibus obiectis ſic ſatisfaciendum eſſe puto. Primo totũ concedendo, ſcilicet ad perfectam animalium notitiam neceſſarium eſſe animam prius cognouiſſe: cum vero infertur, ergo liber de anima libros de animalium partibus præcedere debet, conſequentia neganda eſt. Nam ad perfectam animalium notitiã cum ex materia & forma compoſita ſint, vtranq; illam cauſam cognoſci oportet, tum materiam tũ etiam formam: & materiam prius, ſi naturam generationis ordine ſequemur. Quem eundem ordinẽ obſeruauit in doctrina Ariſtoteles, ut dictum eſt: Animalium materia partes animalium ſunt: eorundem forma anima eſt: quibus cognitis tota animalium ſubſtantia cognita eſt, cum ex his duabus partibus materia & forma eſſentialiter reſultet. Tali itaq; ordine anima vt forma ſecundum perfectam notitiam animalia præcedet. Alterum quoque diluitur argumentum. Nam animalium partes & ſi animatæ ſunt, non tamen vt tales in libris de partibus conſiderantur, ſed vt ſimilares diſſimilareſque ſunt, & quanta: non aũt ut animatæ ſunt. Ad rationes quibus Auicenna & latini mouebãtur, dicẽdũ: Ad primã, quod ratio eodem modo non concludit: Diuerſimode.n. comparatur anima animalibus, & partibus ſuis, quæ animæ ſunt. Namq; anima animalibus vt pars eſt & forma: At ſuis cõparatur partibus vt totum quiddã eſt, & vniuerſale. Hac plane ratione prius ipſam in vniuerſali, mox ſecũdũ vnam quãque eius partem in ſecundo de anima definiuit Ariſtoteles. At conſiderata anima hoc ordine vt cũ animalibus cõparatur vt pars & forma, non ſextum ſed octauum locum vt dictũ eſt tenere debet. Ad reliquam rationem reſponſio ex dictis manifeſta eſt. Non enim animalia vt cauſata cognoſci perfecte poſſent, niſi eorum materia & forma cognitis: videlicet partibus & anima, ex quibus ſecundum eſſentiam animalia dependent. Quare anima hoc ordine octauum & non ſextum locum obtinebit, ut probatum eſt.

INDEX SVMMARVM ac capitum librorum trium de Anima.

Summæ ac Capita Primi libri de Anima.

Summę ac Capita Secundi libri de Anima.

Summa

Index

Summæ ac Capita Libri Tertij de Anima.

Errata in Sophiani interpretatione corrigenda.

Pag.	4	A	equi Corrige	equi
Pag.	29	A	habentatione	habitatione
Pag.	34	B	deuiatio	diuisio
Pag.	40	A	cum ius	cum eas
Pag.	42	C	latinis	lationis
Pag.	44	B	dissimillaris	dissimilarium
Pag.	46	B	pacibile	parabile
Pag.	54	B	amisis	amisit
In eadem		F	ac de itinia	ac de anima
Pag.	55	C	disferere	disserere
Pag.	57	F	ea partem	eam partem
Pag.	60	B	adsit oĩa hæc	hæc adsit oĩa
Pag.	67	B	perfecta sunt	perfecta sint
Pag.	71	C	sub est	subest
Pag.	76	C	aut impossibl, dictum	aut impossibile, dictum est
Pag.	82	B	duoquidem per se unum,	duo quidem per se, unum
Pag.	85	F	in quo anne	in quo autem
Pag.	93	D	quæ pupillæ obergitur	quæ pupillæ obtenditur.
Pag.	101	D	scinde	scindit
Pag.	107	F	statim pereq; ae	statim ea tacta pereuntque
Pag.	112	F	tali illud	tale illud
Pag.	135	D	alalia alia,	alalia : alia.
Pag.	136	B	differentiam	differentiam
Pag.	160	E	harc adsint	hæc adsint
Pag.	167	F	indiuisibili	indiuisibili
Pag.	172	A	vt illa iter se,	vt illa inter se.
Pag.	187	F	est scientiale	& scientiale
Pag.	188	D	in possibile,	esse sensibilium esse sensibilia
Pag.	200	B	ne ingenerabilem quidem	ac ingenerabile quidem

ARISTOTELIS
DE ANIMA
LIBER PRIMVS,
Cum Auerrois Commentarijs.

SVMMAE LIBRI.

In Prima proponitur nobilitas, ac difficultas scientiæ Animæ.
In Secunda Antiquorum narrantur opiniones de Animæ essentia.
In Tertia eædem confutantur opiniones: Adducunturq́; nonnullæ circa Animæ naturam quæstiones.

SVMMAE PRIMAE. *Cap. I.*

Quas ob res Animæ cognitio & nobilis sit, & difficilis.

ANTIQVA TRANSLATIO.

A Onorum & honorabilium notitiam opinantes, magis autem alteram altera, aut secundum certitudinẽ, aut ex eo quòd meliorumq; & mirabiliorum est, propter vtraq; hæc, animæ historiã rationabiliter vtiq; in primis ponemus.

MICHAELIS SOPHIANI INTERPRETATIO.

B *CVm omnem scientiam rem pulchram ac honorabilem* esse existimemus, aliam tamen magis alia, vel quòd exquisitior, vel quòd rerum præstantiorum & admirabiliorũ sit, propter vtraq; hæc, scientiam quæ de Anima habetur, iure optimo in primis ponendam esse duxerimus.*

* aut præclarã, nobilẽ, pretiosam

ἱστορίαν

AVERROIS TEXTVS.

C QVoniam de rebus honorabilibus & delectabilibus est scire aliquid de rebus, quæ differunt ab inuicem, aut in subtilitate, aut quia sunt cognitæ per res digniores, & nobiliores, rectum est propter hæc duo ponere narrationem de anima positione præcedenti.

1 INtendit per subtilitatem confirmationem demonstrationis. Et intendit per hoc, quod dixit aut quia sunt cognitæ per res digniores & nobiliores, nobilitatem subiecti. Artes enim non differunt ab inuicẽ, nisi altero istorum duorum modorum, scilicet aut cõfirmatione demonstrationis,

Differẽtia in nobilitate scientiarum.

dum accidens propriorum, demonſtrationem: Quare quærendũ vtiq; erit methodum iſtam. D

SOPH. *Verum vſquequaq; difficillimum eſt aliquam de ea fidem cõſequi: cum enim illa quæſtio communis ſit etiam alijs compluribus, intellige autem eam quæ circa ſubſtantiam verſatur & ipſum Quid eſt, fortaſſe putauerit quiſpiam vnam eſſe methodum in ijs omnibus, de quibus volumus cognoſcere ſubſtantiam, vt etiam propriorum eorum quæ ex accidenti ſunt, demonſtrationem: quare quærẽda fuerit hæc methodus.*

Et valde eſt difficile, & graue inuenire aliquid firmum in eſſe eius ex hac perſcrutatione. Quoniam hęc perſcrutatio, quia eſt cõmunis alĳs multis modis, ſcilicet perſcrutatio de ſubſtantia eius, & de ea quid ſit, neceſſe eſt exiſtimari ꝙ via in omnib⁹ rebus, quarum ſubſtãtiam volumus cognoſcere ſit eadem: quemadmodum via demonſtrationis in paſſionibus contingentibus ſubſtãtiæ eſt eadem. quapropter neceſſe eſt hanc viam declarare. E

4 Cùm demonſtrauit ꝙ quærenda in hac ſcientia ſunt principia duorũ generum, quorum vnum eſt ſcire ſubſtãtiam animæ, & aliud eſt ſcire ea, quæ contingũt ſubſtantiæ, incœpit primo demonſtrare ea, pp quę eſt difficile ſcire ſubſtantiam eius: & eſt difficultas cognitionis viæ & regulæ, ex qua pōt quis inuenire ſuã definitionẽ. Et dixit. Et valde eſt difficile, &c. idest & valde eſt difficile in cognitione definitionis animæ habere regulam, & viã, ex qua poſſum⁹ ſcire definitionẽ veram, i. viam inducentẽ nos ad ſuã definitionem perfecte. qm̃, ſi talem regulam habuerimus, tunc facile erit cognoſcere definitionẽ animæ. Deinde incœpit demõſtrare modum, pp quem difficile eſt inuenire talem viã, & dare dubitationes, quæ contingunt pp hanc difficultatẽ, & dixit. Qm̃ hæc perſcrutatio, quia eſt cõis, &c. i. & cauſa huius difficultatis eſt: qm̃ hæc perſcrutatio de aĩa, quæ eſt quærere cognitionẽ ſubſtantiæ eius, quæ eſt cõis ei, & oĩbus rebus, quarum ſubſtantia eſt quærenda, pōt quis dicere ꝙ via, qua v'ſ peruenimus ad cognoſcendũ definitiones rerũ, eadem eſt in quærendo cognitionem ſubſtantiæ eius, & aliarũ ſubſtantiarum omniũ rerũ quęrendarũ. Et dat rationẽ ſuper hoc, dicendo, qm̃ quemadmodum via, qua fit demõſtratio ſuper paſſiones, quæ contingunt rebus, eſt eadem via in anima, & in alĳs, ita eſt in via cognitionis ſubſtantię: vnde neceſſe eſt ſcire illam viam, quę ſit. quod eſt valde difficile. Et, cùm narrauit difficultatẽ contingentẽ dicenti ꝙ iſta via eſt eadem, qm̃ quærendum eſt ab eo ſcire illam viam, quę ſit, incœpit demõſtrare difficultatẽ cõtingentẽ dicẽti ꝙ iſta via nõ ẽ eadẽ. F

Si aũt non eſt vna quædam & cõis methodus de eo quodquid eſt, amplius difficilius ẽ negociari: oportebit enim accipere circa vnumquodq;, quis modus: cum autem manifeſtum fuerit verum demonſtratio aliqua ſit, aut diuiſio, aut aliqua alia methodus, ad-

huc

A huc multas habet dubitationes & errores, ex quibus oportet quęrere: alia enim aliorum principia, sicut numerorum & planorum.

SOPH. *Sin autem non vna sit & cõis methodus de ipso Quid est, longe difficilior fit pertractatio: oportebit enim inuenire in vnoquoq; quis modus. vbi autem manifestum fuerit, vtrum sit demonstratio, vel diuisio, vel etiam alia quadam methodus, adhuc multæ sunt quæstiones & errores ex quibus oporteat quærere: alia enim aliorum principia sunt, veluti numerorum & planorum.*

Si autem ista via non fuerit eadem, & cõis tunc erit magis difficile illud, quod quæsitum est. necessariam enim erit inuenire aliquam viam in vnaquaq; rerum, & scire illam viam, quæ sit. Et, si fuerit declaratum vtrum sit demõstratio, aut diuisio, aut alia via, post remanebunt plures dubitationes in eis, ex quibus debemus
B quærere. principia enim rerum diuersarũ sunt diuersa, verbi gratia principia numerorum, & superficierum.

5 Intendit, & si hæc via, qua imus in inueniendo definitiones rerũ, & cognoscendo substantias earũ, non fuit eadem, & cõis omnibus rebus, quarum definitiones sunt quærendæ, sed plures vna, tunc illud, quod quæsitũ est de cognitione substantiæ aīæ, magis erit difficile. necessariũ est enim tunc scire primitus in vnaquaq; rerũ, quarũ definitio est cognoscenda per aliquam viam propriam illis rebus, quarũ substantiæ sunt cognoscendæ. Et, cùm fuerit declaratũ à nobis illam viã esse, & esse vnam, tunc necessarium est nobis post scire illã viam, quæ sit: vtrum demonstratio, vt dicebat Hippocrates: aut diuisio, vt Plato dixit: aut alia via, vt via cõpositionis, quã Aristo. dedit in Posterioribus. &, cùm hoc fuerit declaratum, remanebunt post multæ dubitationes, & loca erroris in reb⁹, ex quibus, opꝫ quærere cognitionẽ definitionũ rerum. necesse est enim cum cognitione istius viæ scire prīcipia ꝓpria cuilibet generi generũ speculãdorũ. Prin
C cipia enim rerũ diuersarũ genere sunt diuersa. vnde cognitio isti⁹ viæ nõ sufficit in scire defiõnes rerũ, nisi scita fuerint principia propria illis rebus ꝓprijs. *nã defiões nõ cõponunt nisi ex principijs proprijs, q̃ sunt in re.

De mõ re
ndi defi-
nitionẽ tri
plex fuit
opinio.
Pro opio-
ne Aristo.
vide tu 6.
Met. cõ. 1.
Principia
rerũ diuer
sarũ gener
sunt diuer
sa. q̃d quo
sit intelli-
gẽdũ. vide
11. Met.
cõ. 11.
*Defiões
non cõpo
nunt nisi
ex princi
pijs q̃ sũt
in re. vide
confite. 1.
Phy. & 2.
Phy. vtro-
biq; 1ã. c.

Primum autem fortassis necessarium est diuidere in quo generum, & quid sit. Dico autem vtrum hoc aliquid & substãtia, aut qualitas, aut quantitas, aut etiam quoddam aliud diuisorum prædicamentorum: adhuc autem vtrum eorum quæ sunt in potẽtia, aut magis entelechia quædam, differt enim non aliquid parum.

SOPH. *Principio fortè necessarium fuerit explicare, quo in genere sit, & quid sit: vtrum inquam hoc aliquid & substantia, an quale aut quantum, an ẽt aliud quidpiam de expositis prædicamẽtis. adhæc, vtrũ eorũ quæ in potẽtia sunt, an potius entelechia quedã: interest enim non parũ.*

Et dignũ eſt & rectum vt primo determinemus in quo genere D
exiſtit, & quid eſt, ſcilicet vtrum ſit hoc & ſubſtantia, aut quale,
aut quantum, aut aliud prædicamentorum, quæ ſunt determina
ta à nobis. Et amplius, vtrum ſit ens in potentia, aut eſt dignior vt
ſit aliqua endelechia: quoniam hæc duo non parum differunt.

6 Cum demonſtrauit difficultatẽ contingentem ei, qui voluerit definire animam, incœpit demonſtrare ea, quæ primo perſcrutãda ſunt ab eo, qui voluerit ſcire definitionem ſuam perfectam veram. Et dixit. Et dignũ eſt, &c. id eſt neceſſarium eſt volenti ſcire definitionem ſuam ſcire primo in quo genere decem generum continetur, vtrũ in ſubſtantia, aut in qualitate, aut in quantitate, aut in alijs. Deinde, cùm ſciuerit genus, in quo collocatur, neceſſe eſt ei ſcire vtrum ſit in illo genere ſecundum potẽtiam: aut ſit in eo ſecundum quod eſt endelechia, ſ. in actu. Differẽtia enim inter hæc duo eſt magna, ſ. opinari quod eſt in aliquo prædicamentorum, ſi non erit determinatũ hac determinatione. *potentia enim & actus ſunt dñæ, quæ contingunt E
omnibus prædicamentis: & ſunt valde oppoſitæ.

* Potentia & actus ſunt differentiæ valde oppoſitæ, contingẽtes omnibus prædicamẽtis. Idẽ 12. Met. c. 2. & cõ. 26. & 8. Met. 15. 7. met. c. 31. & 5. Phy. cõ. 9. & 5. meta. 14.

Conſiderandum autem & ſi partibilis ſit, aut impartibilis. & vtrum ſit ſimilis ſpeciei omnis anima, aut non. ſi autem non ſit ſimilis ſpeciei, vtrum ſpecie differant aut genere. Nunc quidẽ enim dicentes & quærẽtes de anima, de humana videnẽ ſolũ intẽdere.

SOPH. *Conſiderandum etiam nũm partibilis, an impartibilis ſit. & vtrũ eiuſdem ſpeciei omnis ſit anima, an non. ſi vero non eiuſdẽ ſpeciei, vtrũ ſpecie differant an genere. iam enim qui de anima diſputant, & quærunt, de humana ſola videntur conſiderare.*

Amplius autem conſyderandum eſt vtrum ſit diuiſibilis, aut non: & vtrum omnes animæ vniuocentur in ſpecie, aut non. Et, ſi non conueniunt, vtrum differant in ſpecie, aut in genere. nos autẽ inuenimus omnes loquentes, & perſcrutantes de anima quod non vi
dentur conſyderare niſi tantum de anima hominis. F

7 Cùm incœpit numerare quæſtiones perſcrutandas ab eo, qui vult conſyderare de anima, & demonſtrauit primo quod ſubſtantia eius eſt quærenda, incœpit ẽt dicere quid eſt quærendum poſt hoc, & dixit. Amplius conſyderandum eſt vtrum ſit diuiſibilis, i. ſecundum ſubiectum, aut non diuiſibilis per diuiſionem eius. Plato enim dicebat quod virtus intelligibilis eſt in cerebro, & concupiſcibilis in corde, & naturalis, ſ. nutritiua in hepate. Ariſto. aũt opinatẽ eas eſſe vnam ſubiecto, & plures ſecundum virtutes. D. d. & vtrum oẽs animæ, &c. id eſt, & conſyderandum eſt poſt vtrum aĩa eſt eadem in ſpecie in omnibus animalis, verbi gratia anima hominis, & equi: aut ſunt diuerſæ. D. d. Et, ſi non conueniunt, &c. id eſt & conſyderãdum eſt, ſi apparuerit quod ſint diuerſæ in ſpecie, vtrum illa diuerſitas ſit in ſpecie tantum, & tñ cõueniunt in genere: aut illa diuerſitas ſit in vtroque. dimittere enim hanc perſcrutationem eſt cauſa, propter quam Antiqui non conſyderauerunt niſi

Plato poſuit virtutẽ rõnalẽ in cerebro, cõcupiſcibilẽ in corde, & nalẽ in hepate: ſed Ariſt. opinatẽ quod ſunt idem ſubiecto, & plures ſecundum virtutem.

Idẽ cõ. 71. & 74. cõ. ſup prio cãticon & opinione Ariſt. vide ẽt infra in hoc 1. cõ. 89. & 90. & 92. & 95.

tantũ

A tantũ de anima hoĩs: existimando ꝙ consyderatio de hoc sit cõsyderatio de aĩa simpl'r. Et hoc esset verum, si aĩę essent eędẽ in specie: modo aũt, quia sunt diuersę, necesse est consyderare si conueniant in genere: qm̃ tũc debemus solicitari primo circa definitionẽ illius generis, deĩde post circa ea, quæ appropriantur vnicuiq; animæ: sicut fecit Aristo. & indifferenter siue illud genus fuerit prædicatum vniuoce, aut ſm prius, & posterius: sicut est in definitione, quam post inducet de anima.

Formidandum aũt quatenus nõ lateat vtrum vna ratio ipsius est, sicut animalis: aut ſm vnũquodq; altera, vt equi, canis, hominis, dei. quod animal autem vl'e, aut nihil est, aut posterius: similiter autem & si aliquod commune aliud prædicetur.

SOPH. *Cæterũ cauendũ est ne nos lateat, vtrũ eius vna sit ratio, vt aĩalis: an in vnoquoq; diuersa: vt equi, canis, hoĩs, Dei. Aĩal aũt vniuersale, aut nihil est, aut posterius. similiter ẽt si aliud quippiam cõe pdicetur.*

B Et oportet nos præseruare ne ignoremus vtrum definitio eius sit eadẽ, vt definitio viui: aut sit alia in quolibet, verbi gratia definitio equi, & canis, & hoĩs, & dei. Viuum aũt vl'e, aut nihil est, aut est postremum. sil'r etiã & si est hic aliud, de quo prædicatẽ vl'e.

8 Cùm narrauit ꝙ necesse est dñm huius artis ponere suam consyderationem in aĩa vniuersali, incœpit demonstrare ꝙ, cùm quæsiuerit definitionem aĩæ vl's, oportet non ignorare vtrum illa definitio sit de numero definitionũ generum, aut de numero definitionũ specierum, sicut ignorauerũt Antiqui. Et dixit. Et oportet nos præseruare, cùm quæsiuerim' eandem definitionem vl'em ei, ne ignoremus vtrũ vniuersalitas illius definitionis in oĩbus animalibus sit sicut vniuersalitas animalis in oĩb' suis speciebus: aut sicut vniuersalitas definitionis hoĩs, & definitionis equi in omnibus suis indiuiduis. qm̃, cùm hoc fuerit cõsyderatum, non cõtinget nobis, cùm locuti fuerimus de aĩa hominis, vt existimemus nos loqui de omni anima: sicut contingit Platoni. D. d. Viuum autem vniuersale, &c.

C Demonstratur per hoc ꝙ ipse non opinatur ꝙ definitiones generũ, & specierum sint definitiones rerum vniuersalium existentium extra animã: sed sunt definitiones rerũ particularium extra intellectũ: sed intellectus ẽ, qui facit in eis vniuersalitatem. Et quasi dicit & non attribuitur esse definitionum speciebus & generibus, ita ꝙ illæ res vl'es sint existentes extra intellectum. viuum enim vl'e, aut nihil est oĩno, aut esse ei' est posterius ab esse rerum sensibilium: si est aliquid vl'e ens per se. Et dixit hoc, quia apparet hic ꝙ definitiones sunt de istis rebus sensibilibus existentibus extra intellectum: & tunc aut non sunt res vl'es existẽtes per se, vt Plato dicebat: aut, si sunt, esse earum non est necessarium in intelligendo substantias rerum sensibiliũ. & quasi dicit ꝙ non curat in hoc loco quomodocunq; sit, cùm appareat ꝙ illę definitiones nõ sunt nisi in reb' particularibus existẽtibus extra aĩam: sed qd apparet hic, est ꝙ aut nõ sunt oĩno, aut si sunt, postremum sunt, i. sunt posteriores à rebus sensibilibus. qm̃, si præcederent

Docum. Arist. non opinat' ꝙ defiões generũ, & speciẽ sunt defiões rerũ vl'ium existentiũ extra animã: sed in rebus in quib' est vl'itate in eis. vide 12. met. c. 4. 17. & 2. hui' c. 8. & 5. hui'. c. 18. & 1. met. 6. & 16. & 17. c. & 5. meta. c. 10. & 12. meta. 14. & 18. & 7. met. 57. & 10. meta. c. 6. Vide pro hoc c. 10. 7. met.

eas, ita q̄ essent causæ earum, non possemus intelligere substantias rerum D
sensibilium, nisi postq̄ habuissemus fidē sui esse: sicut est dispositio de alijs causis rerum existentibus in eis, s. forma, & materia.

Amplius autem si nō multæ animę, sed partes, vtrum oportet prius quærere totam animam, aut partes: difficile autē & harum determinare quales aptæ natæ alteræ ad inuicem esse.

SOPH. *Præterea si non multæ sint animæ, sed partes, vtrum oporteat quærere prius totam animam an partes: Quin harum etiam quænam inter se diuersæ sint, explicare difficile est.*

Et ēt, si aīæ nō fuerint multę, sed sm partes, vtrū est quærendū primo de aīa sm totū, aut de partibus suis. Et quod est valde difficile ad distinguendū, est, quę earū differūt ab inuicē sm naturam.

9 Dicit & ēt cùm declaratū fuerit q̄ aīæ non sunt plures sm subiectū, sed sm partes, tū ęcdē subiecto, oportet pscrutari vtrū debeamus ponere prin
cipiū cōsyderationis primo de tota aīa, deinde postea de suis partib⁹: aut E
primo debemus cōsiderare de partibus aīæ, anteq̄ de anima sm totū, in eo quod est aīa. D.d. Et quod est valde difficile, &c. i. &, cū posuerimus eam esse plures sm partes, difficile ē nobis distinguere has partes, & dare drias, quibus differūt ab inuicē. in quibusdā enim sunt manifestæ, & in qbusdā latentes: v.g. inter intellm & imaginationē, & īter imaginationē & sensū.

Dña inter quasdam partes aiæ ē manifesta & inter quasdam latens.

Et vtrum oportet quærere prius partes aut opera ipsarum, vt intelligere aut intellectum, et sensibile aut sensitiuum: sīt aūt & in alījs. Si aūt opera prius, iterū vtiq; dubitabit aliqs, si obiecta horū prius quęrendū, sicut sensibile, sensitiuo: & ītelligibile, ītellectiuo.

SOPH. *Et vtrū partes oporteat quærere prius, an earū opera, ut intelligere, an intellectū, & sentire an sensitiuū: pariter ēt in alijs. Sin prius opera, rursus quæras quispiā, an earū opposita prius sint exquirenda, vt sensibile priusquàm sensitiuū, & intelligibile priusquàm intellectiuum.* F

Et vtrū pscrutandū est prius de partib⁹ aut de suis actionibus: v.g. vtrū pri⁹ de ītelligere aut de ītellectu, aut de sentire aut de sensu. et sic de siīb⁹. Et, si prius pscrutādū ē de actionib⁹, pōt hō dubitare vtrū ē pscrutādū de sensato an sensū, & de ītellecto an ītellm.

10 Cùm incepit numerare dubitationes, quę cōtingūt in ordinatione perscrutationis de anima, & dixit prius, vtrū sit cōsiderandū de anima vlī, aut particulari, incepit modo quærere, cū considerauimus de partibus, vtrū sit incipiendū de eis, & post de suis actionibus, aut ecōuerso. Et dixit. Et vtrū perscrutandū est prius, &c. & eius sermo est intelligibilis p se. D.d. Et, si prius pscrutandū est de actionibus, pōt homo dubitare, &c. i. &, si declaratū fuerit q̄ oportet nos prius quęrere de actionibus, dubitabit hō in hoc vtrū debeat incipere à sensato an sensum, & ab ītellecto ante intellm: aut ecōtrario. Et dubitabit ī talib⁹: qa oportet nos ire de eis, q̄ sunt magis

nota

A notá apud nos, ad ea, quæ sunt latentiora apud nos. & in hoc differũt sciẽtiæ. * scientiarum enim in quibusdam ea, quæ sunt magis nota apud nos sunt præcedentia, vt in Mathematicis: & in quibusdam econtrario, vt in quibusdam, quę continentur in scientia Naturali.

* In Mathematicis enim dẽ sunt nota nobis & naturę: ecõtra in Naturalibus. Idem 1. Ph. c. 2. & 7. Met. c. 6. 10. & j. Cor. 61. vide etiã 2. Met. com. 16.

Videtur aũt non solum quod quid est cognoscere, vtile esse ad cognoscendum causas accidentium in substantijs: sicut in mathematicis quid rectum, & quid obliquum, & quid linea, & quid planum: ad cognoscendum quot rectis trianguli anguli sunt ęquales, sed è conuerso, accidentia conferunt magnã partem ad cognoscendum quod quid est: cum enim habeamus tradere ſm phantasiã de accidentibus, aut omnibus, aut pluribus, tunc & de substantia habebimus dicere aliquid optime: Omnis enim demonstrationis principium est quod quid est. Quare ſm quascunq; diffinitiones non cõtingit accidentia cognoscere, sed neq; de ipsis imaginari facile, B manifestum est ꝙ dialecticè dictæ sunt & vane omnes.

SOPH. *Videtur autem nõ solum ipsum Quid est cognitio vtilis esse ad considerandas causas eorum quæ substantijs accidunt, vt in Mathematis, quid rectum, & quid curuum, aut quid linea & planum, ad spectandum quot rectis anguli trianguli sint æquales, sed contrà etiam, accidentia magnam partem conferunt ad percipiendum ipsum Quid est. Cum enim statuere possumus ex phantasia, de accidentibus, aut omnibus, aut plurimis, tũ quoq; de substantia, aliquid asserere quàm optime poterimus: omnis enĩ demonstrationis principiũ est ipsum Quid est. Quare ex quibuscunq; definitionibus non contingit vt accidentia cognoscantur, immo ne conijcere quidem de eis est facile, perspicuũ est omnes dialecticè & inaniter esse traditas.*

11 Et videtur ꝙ hoc non solummodo est vtile, scilicet scire quid
C sit aliquid, in sciendo causas accidentium substantiarũ, verbi gratia in Mathematicis, quoniam scire quid est rectum, & curuum, & quid est linea. & quid est superficies, est vtile in cognoscẽdo angulos trianguli quot angulis rectis sunt æquales: sed etiam econuerso, scilicet ꝙ accidentia adiuuant maxime in sciendo quid est aliquid. Quoniam, cùm declarauerimus aliquid secundum viam imaginationis in omnibus accidentibus, aut in pluribus eorum, tunc dicemus etiam de substantia meliorem sermonem. nã quid est aliquid est principium omnis demonstrationis. Et quod fuerit ex definitionibus, per quod non preparatur cognitio accidentium, neq; intelligitur aliquid ex eis facile, manifestum ꝙ nõ sunt nisi verba sine certitudine.

Cùm

11 Cùm dubitauit à quo debet incipere dominus istius artis, vtrum à posterioribus ad præcedentia, aut econuerso, incœpit notificare ꝙ vtraque via est communis in scientijs, & in vsu earum: quoniam, quamuis sit magis famosum ire de præcedentibus ad posteriora, tamen aliquãdo ibitur de posterioribus ad precedentia. Et dixit. Et videtur, &c. idest & videtur ꝙ sola cognitio substantię rei non sit principium cognitionis accidentiũ eius: vt contingit in Mathematicis. scire enim quid est linea, & quid est rectum, & quid est curuum, & quid est, superficies in Geometria est principium cognitionis angulorum trianguli, s. quot angulis rectis sunt æquales: sed etiam econuerso, s. ꝙ scire plura posteriora est principium ad sciendum antecedentia, & sermo eius in hoc est intelligibilis per se. Et, cùm demonstrauit ꝙ scire posteriora aliquando est principium ad sciendum antecedentia, incœpit notificare ꝙ hoc non accidit omnibus accidentibus contingentibus rei, s. vt sint principium cognitionis rerum antecedentiũ s. substantiæ, & dixit. Quoniam, cùm declarauerimus aliquid secundum viam, &c. idest & non est possibile vt tale contingat, s. ire à cognitione accidentium ad cognitionem substantiæ, nisi, quando accidẽtia rei fuerint cognita à nobis secundum viam imaginationis, i. accidentia, quæ manifesta sunt existere in re, & quæ sunt in loco eius, s. accidentia essentialia propinqua, aut omnia, aut plura, & quasi dicat, & non præparatur nobis cognitio substantiæ per cognitionem accidentium, nisi cùm sciuerimus accidentia propinqua essentialia, aut omnia, aut plura, tunc enim cõtinget vt inducamus meliorem definitionem substantiæ. Deinde. d. nam quid est aliquid est principium omnis demonstrationis. & hoc respondet ei, à quo incœpit sermonem, s. ꝙ cognitio definitionis est vtilis in cognitione accidentium. D. incœpit declarare ꝙ hoc contingit omni definitioni: & ꝙ omnis definitio, per quam non cognoscuntur accidentia non dicitur definitio, nisi æquiuoce: aut quia in ea collocatur aliquid falsũ: aut quia componitur ex causis remotis, aut accidentalibus, & dixit. Et quod fuerit ex definitionibus, &c. i. & sermo eius in hoc est manifestus per se.

D E F

4. Met. 14

Ois defini tio, p quã nõ cognoscunt acci dẽtia, non dr̃ definitio, nisi ęquiuoce. vide 4. Ph. cõ. 31. & . 4. Cœ. cõ. 2. & . 2. de anima. 12. & 26. & 2. Cœ 40.

Dubitationem autem habent & passiones animę, vtrum communes sint omnes & habentis, an sit & aliqua animæ, propria ipsius: hoc enim accipere quidem necessarium est, non autem leue, videtur autem plurimorum nullum sine corpore pati nec facere, vt irasci, confidere, desiderare, & omnino sentire: maxime autem assimilatur proprio intelligere. si autem & hoc phãtasia quędam, aut non sine phantasia, non contingit vtiq; nec hoc sine corpore esse.

SOPH.

Est etiam de animæ passionibus quæstio, vtrum sint omnes communes eius quoque quod illam habeat, an sit aliqua etiam animæ, quæ sit eius propria: quod sanè sumere necessarium est, sed tamen non facile, videtur autem plurima neq; pati, neq; agere sine corpore, vt irasci, confidere,

A *fidere, cupere, deniq; sentire. maxime autem simile proprio est intelligere. Quòd si hoc etiam phantasia quædam sit, aut non sine phantasia, ne ipsum quidem sine corpore esse possit.* al.l. maxime aūt vt et ppriū intelligere

Et est dubium de passionibus animæ, vtrum omnes sint communes, & sint cum hoc ei, in quo sunt, aut quædam etiam approprientur animæ. hoc enim necessarium est scire, sed non est facile. Et nos videmus ꝙ plures earum impossibile est vt sint neq; actio neq; passio extra corpus: verbi gratia iracundia, & desyderium, & audacia, & vniuersaliter sentire. Quod autem videtur propriū ei est intelligere. Sed, si hoc etiam est imaginatio, aut non potest eē sine imaginatione, impossibile est vt sit neq; ēt hoc extra corpus.

12 Cùm numerauit ea, quæ quęrenda sunt in hac scientia, incœpit etiam dicere quoddam perutile, & ꝙ animæ est multum desyderatum: & est vtrum omnes actiones, & passiones animę non inueniantur nisi per com-
B municationem corporis, & sunt cum hoc actiones, & passiones in rebus existentibus in corpore: aut inuenitur in eis aliquid habens communicationem cum corpore, neq; indiget in actione, aut passione propria aliquo existente in corpore. manifestum est enim ꝙ plures earum habent cōicationem cum corpore: sed est dubium, sicut dicit, de intelligere. Et dixit vtrum omnes sint cōes, &c. idest vtrum omnes actiones, & passiones eius habeant cōicationem cum corpore; & sint cum hoc actiones, aut passiones in rebus existentibus in corpore. Et hoc intendebat, cùm dixit. & sint cū hoc ei, in quo sunt. i. communicantes cum corpore, & existentes in eo, ꝙ est in corpore. Et possibile est vt aliquod non cōicans corpori sit existens in rebus existentibus in corpore: & possibile est vt actio alicuius non cōicantis corpori sit non existens in aliquo eorum, quæ sunt in corpore. Et ista perscrutatio de anima est valde perutilis: & est necessaria in sciendo qualitatem abstractionis animæ. & hoc debemus ponere in directo oculorum nostrorum. Et ideo dixit, hoc enim necessarium est scire.
C Hoc autem, quod dixit, ꝙ plures passionum animę videntur habere communcationem cum corpore, & ꝙ illæ partes animæ, quæ habent illas passiones, constituuntur per corpus, vt iracūdia, & desyderium, manifestū ē per se: & maxime in passionibus attributis animæ concupiscibili, secundū ꝙ post dabimus rationem: & postea in passionibus sensus: quamuis magis lateat in eis. in primo enim instrumento sensus non apparet passio manifesta apud sentire, sicut apparet in iracundia & verecundia, & in alijs passionibus. intelligere aūt valde latet, & multam habet dubitationem. existimatum est enim ꝙ passio eius propria nullam habet communicationem cum corpore: sed, sicut dixit, si intelligere fuerit imaginari, aut habuerit communicationem cum imaginari, tunc possibile est vt sit extra corpus, idest vt sit extra aliquod existens in corpore. Et dixit hoc, quia de vnaquaq; istarum virtutum sunt, sicut diximus, duæ quæstiones.

Infra. 14.

Tertio de ala t.c. 19

Quarum

Quarum vna est, vtrum sit possibile vt actio earum habeat communica- D
tionem cum corpore, aut non. Postea, si non habeāt communicationem
cum corpore, vtrum actio earum sit per res, & in rebus communicātibus
corpori, aut est de eis aliquid non communicans omnino. Et ideo dixit.
Quod autem videtur proprium ei est intelligere, &c. i. quod autē vr esse
passio, aut actio animæ sine indigentia instrumenti corporalis, est intelligere. sed, si hoc fuerit imaginatio, aut cum imaginatione, impossibile est
vt ista actio sit extra aliquod habens communicationem cum corpore:
Documentum. quamuis intellectus nullam habeat communicationem cum eo. Et hęc
est sententia eius in intellectu materiali. s. ꝙ est abstractus à corpore, & ꝙ
impossibile est vt intelligat aliquid sine imaginatione. Et non intendit
Occurrit tacitæ obiectioni. per hoc, hoc, quod apparet ex hoc sermone superficietenus, s. ꝙ intelligere
non fit nisi cum imaginatione: tunc enim intellectus materialis erit gene
rabilis, & corruptibilis, sicut intellexit Alex. ab eo, & sermo eius est intelle
ctus per se: sed debet obseruare hoc, quod diximus.

Si quid igitur animæ operum aut passionum proprium, continget vtiq; ipsam separari: si vero nullum est proprium, non erit E
vtiq; separabilis: sed sicut recto in quantum rectum, multa accidunt, vt tangere æneam sphęram secundum punctum: non tamē
tanget, ab hoc separatum rectum, inseparabile enim, siquidē semper cum quodam corpore est.

SOPH. *Ergo si operum aut passionum animæ aliquid eius sit proprium, fieri possit vt separetur: si vero nihil est proprium eius, non fuerit separabilis. Sed quemadmodum recto quatenus rectum, multa accidunt, vt
tangere æneam sphæram puncto, non tamen tanget hoc, separatum re
ctum: inseparabile enim est, siquidem semper cum corpore aliquo est.*

Dicamus igitur ꝙ, si aliqua actionum, aut passionum animæ
sit propria sibi, possibile est vt sit abstracta. Et, si nihil est ei proprium, impossibile est vt sit abstracta. sed ita est de hoc, sicut est
de recto. quoniam, secundum ꝙ est rectum, acciduͨt ei plura. verbi gratia vt contingat sphæram cupri in vno puncto: sed tamen
rectitudo impossibile est vt sit abstracta per se, cùm semper sit cū F
aliquo corpore.

13 Cùm demonstrauit ꝙ quærendum est prius vtrum aliqua actionum,
aut passionum animæ sit extra corpus: &, si fuerit, vtrum est cum eo, ꝙ est
extra corpus, & extra omne existens in corpore: incœpit demonstrare hic
ꝙ, si fuerit aliqua passio animæ propria, i. sine corpore, possibile est vt sit
abstracta, ita ꝙ illa passio, aut actio non sit in rebus existentibus in corpo
pore. &, si non habuerit aliquam actionem propriam, impossibile est vt
sit abstracta: cùm actio eius sit in rebus existentibus in corpore. Et dixit.
Dicamus igitur, &c. idest ꝙ, si aliqua actionum, & passionum animæ nō
indiget instrumento corporali, possibile est vt illa actio, aut passio sit abstracta.

A ſtracta. quoniam, ſi non eſt in rebus exiſtentibus in corpore, neceſſe eſt vt ſit abſtracta. &, ſi eſt in rebus exiſtentibus in corpore, neceſſe eſt vt ſit nõ abſtracta. Verbi gratia quòd, ſi intelligere fuerit ſine inſtrumento corporali, & non fuerit exiſtens in rebus exiſtentibus in corpore, verbi gratia vt eſt intelligere intentiones imaginabiles, neceſſe eſt vt ſit actio ſempiterna, & abſtracta. &: ſi impoſſibile eſt vt ſit ſine imaginatione, tunc actio eius erit non abſtracta à corpore: quamuis intellectus ſit abſtractus ab eo. Et eſt manifeſtum, ſicut dicit Themiſtius, ꝙ propoſitiones hypotheticæ continuatiuæ, in quibus eſt conſequens poſſibile eſſe cum antecedente, neceſſe eſt ſemper vt deſtruamus antecedens, & concludamus oppoſitum conſequentis, econtrario diſpoſitioni propoſitionum, quarum conſequens ſequitur antecedens neceſſario. & ideo nullum impoſſibile cõtingit Ariſt. inquantum deſtruxit antecedens. v. g. q., ſi hoc viſibile eſt animal, poſſibile eſt vt ſit homo: ſed non eſt animal: ergo impoſſibile eſt vt ſit homo. Deinde d. ſed ita eſt de hoc, ſicut eſt de recto. i. ſi anima nõ habuerit actionem propriam, tunc paſſiones, quæ attribuuntur ei, erunt ſicut plures res, quæ attribuuntur rebus exiſtentibus in materia, inquantũ cõtingit eis quòd ſint in materia, non inquantum ſunt abſtractæ à materia. v. g. contactus verus, quem habet linea cum ſphæra. hoc enim inuenitur extra animam, inquantum linea eſt in corpore, & figura ſphærica in corpore. verbi gratia inquantum linea eſt in ligno, & ſphæricum in cupro, impoſſibile eſt enim vt contangat linea ſphæram, inquantum vtraq; earũ eſt abſtracta à materia, niſi contactus ſit mathematic' nõ naturalis.

Documẽ. ex Themiſtio.

De hoc vide. 5. Ph. cõ. 22. & 30. & 1. cœ. li. 32. & 5. Met. cõ. 8. & 2. de generat. 44.

B

Videntur autem & animæ paſſiones omnes cum corpore eſſe: ira, manſuetudo, timor, miſericordia, confidentia, adhuc gaudiũ, & amare, & odire, ſimul enim his patitur aliquid corpus. Indicat autem hoc, aliquando a duris quidem & manifeſtis paſſionibus concidentibus, nihil exacerbari aut timere, aliquando autem et

C paruis & debilibus moueri, cum accendatur corpus, & ſi ſic ſe habeat ſicut cum iraſcitur. adhuc aũt magis hoc manifeſtum: nullo enim terribili imminente, in paſſionibus fiunt his alicuius timentis, ſi autem ſic ſe habet, manifeſtum quoniam paſſiones rationes in materia ſunt.

SOPH. *Videntur etiam animæ paſſiones omnes eſſe cum corpore: ira, manſuetudo, metus, miſericordia, fiducia, ad hæc, gaudium, & amare, & odiſſe: nam vnà cum his patitur aliquid corpus: quod ex eo indicatur, quòd interdum cum graues, ac non obſcuri caſus accidunt, nihil irritamur, aut timemus: interdum verò vel ab exiguis & obſcuris commouemur, cum turget corpus, & perinde affectum eſt, atque cum iraſcitur: quod hinc etiam longe manifeſtius eſt: nulla enim re terribili accidente, in paſſionibus ſumus eius qui timet. quod ſi ita eſt, conſtat ẽt*

paſſiones

passiones rationes esse materiales. D

Et videtur etiam ꝙ omnes passiones animæ sint in corpore, vt iracundia, & gratia, & timor, & pietas, & audacia, & gaudium, & tristitia, & odium, & amor. corpus enim patitur cum istis. Et signum eius est, quoniam forte fiunt passiones fortes, & apparẽtes, & non accidit ex eis homini, neq; iracundia, neq; timor: & forte passiones paruę, & debiles mouebunt ipsum, quando corpus fuerit paratum. Et magis manifestum est ꝙ videmus ꝙ quidam homines sunt valde timorosi, quamuis nihil timoris accidat eis, vnde manifestũ est ꝙ passiones animæ sunt intentiones in materia.

14 Cùm narrauit ꝙ plures passiones, & actiones animæ videntur habere communicationem cum corpore, incœpit hic notificare genus, in quo apparet hoc manifeste, & dixit. Et videtur etiam ꝙ omnes, &c & intendit p passiones animæ dispositiones attributas virtuti concupiscibili. Deinde d. corpus enim patitur cum istis. i. apparet in eo alteratio, & trãsmutatio. E omnis enim passio, facta cum alteratione, & transmutatione: est in corpore necessario, aut virtutis in corpore. &, cùm hæc propositio fuit vera: & etiam ꝙ omnia accidentia animæ concupiscibilis fiunt cum transmutatione: cõcludetur necessario ꝙ hæc anima aut est corpus, aut virtus in corpore. Sed, quia propositio maior est manifesta, minor vero latet aliquantulum, cùm sit possibile, vt accidant passiones, ex quibus corpus non patitur apud sensum, incœpit declarare hoc alio modo, & dixit. Et signum eius, est, quoniam forte, &c. i. & signum, ꝙ ista vtitur corpore, quasi instrumẽto, & ꝙ corpus patit ab eis. &, si non patitur apud sensum est, quoniam actio eius differt secũdum diuersitatem dispositionum corporis. accidunt enim homini multa, quæ innata sunt mouere motu forti: & non mouet ipsum nisi debiliter. Verbi gratia quod accidit homini aliquod timorosum, aut aliquid prouocãs iram & non mouetur ab eis nisi modicum aut econuerso qñ corpus fuerit paratum, sicut dixit: & fuerit ita paratũ sicut est iratus. iratus enim mouebitur facile valde ex re modica prouocante iram. Et magis manifestum est, sicut dicit, quia nos videmus multos homines timere sine aliquo timoroso. & omnia ista significant ꝙ ista actio non fit absq; corpore. Deinde. d. manifestum est ꝙ passiones, &c. i. manifestum est igitur ꝙ formæ, prouenientes in ista anima apud passionem & motum, sunt formæ in materia. F

Oĩs passio facta cum alteratiõe & trãsmutatiõe est i corpore necessario Idẽ. 1. de Aia. 57. & 3. de Aia. 28.

Quare termini tales, vt irasci, motus quidam talis corporis, aut partis, aut potentię, ab hoc, gratia huius: & propter hæc iam physici est considerare de anima aut omni aut huiusmodi.

SOPH. *Quare definitiones quoq; tales. Verbi causa irasci, motus quidã est, talis corporis, aut partis, aut potentiæ, ab hoc, gratia huius. Quam demum ob rem ad naturalem spectat considerare de aĩa, vel oĩ, vel tali.*

Quapropter definitiones debent esse ita: quoniam ira est motus

tus

A tus alicuius partis istius corporis, aut alicuius virtutis eius, à tali, & propter tale. Et ideo consyderatio de anima, aut de omni, aut de hac, est Naturalis.

15 Dicit. &, cùm declaratum fuerit quod istæ passiones sunt formæ materiales, necesse est vt in definitionibus earum appareat materia, & motus, qui sequuntur istæ formæ: & est motus materialis, ita quod corpus accipiendum est in definitione illius motus. verbi gratia quoniam ira est motus alicuius partis corporis. Et, cũ in definitionibus istarum virtutum appareat materia, manifestum est quod consyderatio de anima est naturalis, aut de omni anima, si omnis anima est talis: aut de animabus, quæ declarãtur esse materiales. & hoc intẽdebat cũ dixit. Et iõ cõsyderatio de aĩa est Naturalis.

Differenter definire Naturalem: ac Dialecticum. Cap. 2.

B DIfferenter aũt diffiniet Physicus & Dialecticus vnũquodque ipsorum, vt iram, quid est: hic quidem .n. appetitũ recõtristationis: aut aliquid hmõi: Ille autem feruorẽ sanguinis, aut calidi circa cor. Horum autem alius quidem assignat materiam: alius vero speciem & rationem. Ratio quidem enim hæc, species rei. necesse est autẽ hanc esse in materia huiusmodi, si erit. Sicut domus, ratio quidem quędam talis: quia cooperimentum prohibens corruptiones, à uentis, imbribus, & caumatibus. hæc autem dicit lapides, & lateres, & ligna. alia vero in his speciem propter ista. quæ igitur naturalis harum? vtrum quę circa materiam, rationem autem ignorans: aut quę circa rationem solum: aut magis quæ est ex vtrisque? Illorum autem iam quis vterque?

SOPH. *Diuerso tamẽ modo definiat Naturalis & Dialecticus eorum vnũquodque: veluti ira quid est. alter enim appetitum mutui doloris afferẽdi, vel aliquid eiusmodi: alter feruorem sanguinis cordi suffusi, aut*
C *calidi: Horum autem, alter materiam describit: alter speciem & rationem. Hæc enim est ratio rei, quã necesse est in tali materia esse, si erit. Veluti domus ratio huiusmodi esset. integumentum ad arcenda incommoda, quæ à ventis & imbribus & æstibus inferri solent: alia dicit, lapides & lateres & ligna: alia formam in his, gratia horum: Quæ igitur earum naturalis est? vtrum quæ circa materiam versatur, rationem autem ignorat: an quæ circa rationem tantum: an potius quæ ex vtrisque? iam vero quæ nam est vtraque earum?*

al. l. altera enim rō ẽ altera rei.

aliud interpretant alij, quod ad ædificet referũt, nõ ad definitionem.

aliu. alius. Quis.

Et differt, illud, quo Naturalis definit vnũquodque istorum, ab eo, eo, quod definit Sermocinalis. Verbi gratia quid est ira. Sermocinalis enim dicit, ira est appetitus in vindictam: & sic de similibus. Naturalis autem dicit quod est ebullitio sanguinis, aut caloris in

curde

corde. Naturalis igitur dat materiam, Sermocinalis autem dat for B
mam, & intentionem. Intentio enim alicuius est hoc. & necesse est
vt hoc sit in materia. Verbi gratia domus: aliquis enim dat intentionem, dicendo q̄ est cooperimentum prohibens ab imbribus,
& pluuijs, & frigore, & calore: alius autem dicit q̄ est ex lapidib⁹,
& lateribus, & lignis: alius vero dat formam existentem in hoc ꝓ
pter ista. Secundum igitur quòd dictum istorum est Naturalis?
qui intendebat materiam, & ignorabat intentionem, aut qui intē
debat solum intentionem? aut melius est dicere vt sit ille, q̄ cōgre-
gabat vtrunq;. vtrunq; igitur illorum cui attribuetur?

16 Cùm demonstrauit q̄ in definitionibus istarum virtutum debet acci
pere materiam, & formam, incœpit dubitare s̄m consuetudinem, quæ est
apud naturales, & eos, qui absolute considerant, s. Disputatores, Naturales enim differunt à Disputatoribus in modo definiendi. Disputatores. n. E
dant definitiones s̄m formam tantum, dicendo q̄ ira est appetitus in vin
dictam: Naturales vero s̄m materiā dicēdo q̄ est ebullitio caloris, & sanguinis in corde. Deinde dicit. Intentio enim alicuius est hoc. i. vt mihi vi
detur, intētio enim alicuius, s̄m q̄ ē ens, ē hoc. Deinde d. & necesse est vt
hoc sit in materia, &c. idest necesse est vt illa intentio. s̄m q̄ est hoc existat in mā, quæ habeat talem dispōnem, s. quæ sit hoc etiam. & sit per aliquam intentionem existentem in ea: quapropter fuit digna, vt illa reseri
steret in ea, non in alia. Et innuit per hunc sermonem q̄m, sicut necesse
est vt intētio existat in materia, s̄m q̄ est hoc, ita necesse est vt sit modus
acceptionis eius in definitione. & si nō, erit intētio alio modo ab eo, quā
est. *qui enim accipit materiam in definitione, & dimittit formam, dimu
te accipit: qui aūt accipit formam, & dimittit materiā, existimatur quòd
dimittit aliquid non necessarium. sed non est ita: qm̄ forma debet accipi
in definitionibus secundum dispositiones, in quibus existit, & residuus ser F
mo est manifestus.

Naturalis definit p materiam vide. 2. ph. 18. 19. & 92. &. 8. Ph. 52. & 7. Met. 34 35. 39. 53. & 57. Idē in hoc. 2. 51. 52. & 53.

documētum.

*Qui accipit materiā in definitione, & dimittit formā, diminute accipit: q aūt accipit formā, & dimittit materiā, vt dimittere aliquod nō necessariū. sed nō est ita.

Aut non est aliquis qui circa passiones materiæ non separabiles. sed physicus circa omnes quæcunq; huius corporis & huius
materiæ opera & passiones sunt. Circa quascunq; autem non inquantum huiusmodi, alius: vt de quibusdam quidem artifex est,
si contingat, vt instructor, aut medicus. non separabilium, autem
In quantū aūt non talis corporis passiones, sed ex sequestratione,
mathematicus: s̄m aūt q̄ oīno separatæ, primus philosophus.

Vide. 7. Me. 34. vide supra q̄ notaui I hoc cō.

An non est aliquis qui versetur in passionibus materiæ non separa-
bilibus, vt non separabiles sunt: sed naturalis in ijs omnibus, quæ talis
corporis & talis materiæ opera & passiones sunt: quæ vero non quate
nus talia sunt, alius considerat. atq; de nonnullis quidem artifex, si fors
ita tulerit, faber vel medicus: de ijs autem quæ non separabilia quidē
sunt,

al. l. quæ vero non sunt talia.

A *sunt, sed quatenus non talis corporis passiones, & ex abstractione, mathematicus: vt vero separata sunt, primus philosophus.*

Dicamus igitur ꝙ ille, qui intendit cõsyderare de passionibus materiæ, non abstractis ab ea. secundum quod sunt non abstractę est Naturalis. Nullus enim est nisi Naturalis, consyderans in omnibus actionibus istius corporis, & istius materiæ, & passionib⁹. Quod autem non est ita, consyderandum est ab alio. quorum quędam debet intendere artifex, vt Carpentarius, & Medicus. Ea autem, quæ sunt non abstracta in rei veritate, sed sunt passiones corporis, & secundum abstractionem intendit Mathematicus: ea autem, quæ sunt abstracta in rei veritate, intẽdit prim⁹ philosoph⁹.

17 Cùm dubitauit de definitionibus, incœpit demonstrare hic, quæ acce⁹ vtuntur in definitionibus forma, & materia, & quæ solummodo forma.

B Et dixit ꝙ ille, qui intendit consyderare de passionibus materiæ non abstractis ab ea, ſm ꝙ sunt, &c. i. ille, qui intendit consyderare de formis consequentibus passiones materiæ non abstractas à materiã ſm ꝙ sunt non abstractæ, est Naturalis, qui consyderat in omnibus passionibus corporis, & in natura istius materiæ, & in passionibus eius: Deinde d. Quod autẽ non est ita, &c. idest quod autem accidit ex istis formis, & passionibus, nõ est per naturam, sed per voluntatem, consyderandum est ab artificibus Mechanicis, vt Carpentario & Medico. Deinde. d. Ea autem, quæ sunt non abstracta, &c. i. accidentia autem non abstracta à corpore, & consequentia ipsum, non in eo quod est transmutabile, sed in eo quod est corpus tantum, & magnitudo: & sunt ea, quę intellectus intelligit ſm abstractionem à materia, licet in rei veritate non separentur, consyderãda sunt à Mathematicis. De formis aũt, quæ sunt abstractæ in rei veritate, i. ſm esse & intellectum, consyderat primus Philosophus.

vide. 2. ph. 16. 18. 20. de materia sensibili. & 7. Me. 14. 35

Idẽ. 2. Ph. 26. & 72. 6. Me. 2.

Sed redeundum est vnde sermo. dicebamus autem ꝙ passio-

C nes animæ non separabiles à physica materia animalium inquantum tales existunt furor & timor; & non sicut linea & planum.

SOPH. *Sed eò reuertendum est, vnde digressa est oratio. dicebamus autem, passiones animæ inseparabiles esse a naturali materia animalium quatenus tales sunt, vt ira, vt timor: Et non vt linea & planum.*

al. l. siquidem talia sunt ira & timor.

Sed reuertendum est ad nostrum sermonem, in quo loquebamur ꝙ passiones animæ non sunt separatæ à materia naturali: & ea, quæ sunt talia in rei veritate, sunt ira, & timor: non sicut linea, & superficies.

18 Idest, &, quia hoc est magis proprium Logico, reuertamur ad illud, de quo loquebamur: s. ꝙ passiones animæ. Concupiscibilis, non sunt abstractæ à corpore, neq; in definitione, neq; in esse. v. g. ira, & timor, quæ non sunt abstractæ, neq; in definitione, neq; in esse, sicut linea, & superficies.

Vide ꝓ illo cõ. 16. 2. Ph.

SVMMA SECVNDA. D

De antiquorum opinionibus circa Animæ essentiam.

INtendentes autem de anima, necesse est simul dubitantes de quibus abundare oportet, pertranseuntes priorum opiniones comprehendere, quicunque de ipsa aliquid enuntiarunt: vt bene quidem dicta accipiamus, si vero aliquid non bene, hoc vereamur. Principium autem quæstionis, apponere quæ maxime videntur ipsi inesse secundum naturam. Animatum igitur ab inanimato in duobus maxime differre videtur, motu & sensu. Accepimus autem & à progenitoribus fere hæc duo de anima.

SOPH. ἀπορεῖν & πορεῖν *Considerantes autem de anima, necesse est primo quasi in inopia simus, dum de ijs dubitamus quorum copiam habituri sumus, atque in orationis progressu opiniones etiam priscorum adhibeamus, quicunque de ea aliquid enuntiarunt, vt quæ quidem recte dicta sunt, sumamus, si quid vero non recte, id vitemus. Principium autē huius inquisitionis erit, ea primo ponere quæ maxime ei videntur inesse secūdum naturam. Animatum igitur ab inanimato duobus potissimum differre videtur, motu & sensu. Accepimus etiam à superioris ætatis philosophis hæc duo fere de Anima.* E

Et necesse est nobis in quærendo de anima prædicere opiniones Antiquorum: & iuuabimur per eas, & retinebimus illud, quod dictum est vere, & secundum quod oportet: & vitabimus illud, quod dictum est, & secundum quod nō oportet. Et debemus prædicere etiam ea, quæ reputantur proprie esse naturalia: & hoc ponemus principium, dicendo quod habens animam videtur differre ab inanimato his duobus proprie, s. motu, & sensu. Et hæc duo accepimus ab Antiquis de anima. F

19 Cùm declaratum est in Posterioribus quod consyderatio ducens ad certitudinem perfectam in rebus quæsitis in vnoquoque generum non fit nisi consyderando in principijs proprijs illi generi, incœpit demonstrare quod necesse est consyderare de anima hoc modo principiorum, & dixit. Et debemus prædicere, in quærendo de anima, propositiones, & principia, quæ videntur esse propria animæ, secundum quod est anima: & illas propositiones ponamus principium consyderationis. Et notificauit quod ea, quæ habent de anima talem dispositionem, sunt duo, sensus, s. & motus. animatum enim non differt ab inanimato, nisi sensu, & motu locali. & dixit quod habens animam &c. Et intendit hic per videtur certitudinem: quoniā ipse vtitur talibus verbis loco certitudinis in locis, in quibus certitudo est famosa. & residuus sermo est manifestus.

Animal differt ab inanimato sensu. 2. a. 16. & motu locali. 3. de a. 14. Aliq. vti- Philoso- phus vide- r: pro certo esse.

Dicunt

A Dicunt enim quidam & maxime primo eē animam id quod est mouens: existimantes autem quòd non mouetur ipsum, non contingere mouere alterum, eorum quæ mouentur, animam sic arbitrati sunt esse. vnde Democritus quidem ignem quendam & calorem esse dicit ipsam: Infinitis igitur existentibus figuris & atomis: quæ sunt speciei rotundę, ignem & animam dicit. vt in aere mota, quæ vocantur decisiones, quæ videntur per portas in radijs, quarum omne semen elementa dicit Democritus totius naturę: Similiter autem & Leucippus: horum autem sphærica, animā, propter id quod maxime possunt penetrare per omne huiusmodi figuræ, & mouere reliqua cum moueantur & ipsa, arbitrantes animam esse efficiens in animalibus motum.

SOPH. *Dicunt enim nonnulli & maximè & primo, animam esse id quod*
B *mouet, existimantes autem quod ipsum non mouetur, non posse mouere aliud, aliquid eorum quæ mouentur, animam esse arbitrati sunt. Quapropter Democritus ignem quendam & calidum eam esse dicit. Cum enim infinitæ sint figuræ & atomi, eas quæ rotundæ sunt, ignem et animam esse asserit, vt in aere, ea quæ vocantur ramenta, quæ cerni solet in radijs, qui per fenestras introeunt: quarum omnium farraginem, elementa esse ait totius naturæ: Pariter etiam Leucippus. horum autem quæ rotunda sunt esse animam, eò quòd maxime tales figuræ quouis penetrare possunt, & mouere reliqua, cum etiam ipsæ moueantur. existimantes animam esse id quod præbet animalibus motum.*

Quidam enim eorum dicunt quod illud, quod est proprie, &
C per prius animæ, est mouere. &, quia existimabant quod omne non motum non potest mouere aliud, existimauerunt animam esse aliquod motum, Vnde Democritus dixit ipsam esse ignem, aut calidum. dixit enim ipsam esse ex corporibus, & figuris indiuisibilibus infinitis: & ea, quæ sunt sphærica ex eis, sunt ignis, & anima verbi gratia. & similia his sunt corpora existentia in aere: quę dicuntur atomi: quæ sunt in radijs Solis ingredientibus per foramina. & dicit quod per congregationem fundamentorum in eis sunt elementa omnium naturalium. Et similiter Leucippus. Et q̄ est sphæricum ex istis est anima: quia tales figuræ sunt possibiles transire in rem secundum totum, & mouent omnia, quę mouentur etiam: quoniam existimant q̄ anima dat animalibus motum.

10 Cum notificauit q̄ Antiqui non considerant de anima, nisi per motū aut sensum, aut per vtrunq;, incœpit primo numerare sententias hominū considerantium de anima per motum, & dicit. Quidam enim eorū, &c.

idest,&,cùm quidam opinabātur ꝙ illud,quod appropriatur animæ primo,est quia mouet aliud,& opinabant̃ ꝙ illud,ꝙ mouet aliud,debet moueri,existimauerūt ꝙ aĩa est aliqđ motum semp. D.d.Democritus dixit ipsam esse ignẽ,aut calidum.i.ignem,aut igneū. D.d.dixit.n. ipsam esse ex corporibus,& figuris,&c.i.opinabatur.n.quia mouet aliud, & mouet̃, ipsam eẽ ex corporibus indiuisibilibus habẽtibus figuras infinitas;& ꝙ ex istis est solúmodo & sphæricis.&,quia spherica sunt ignis,aut igneū,credebat ꝙ spherica eorū,aut sunt ignis,aut aĩa. D.d.exempla horum corporum apud Demo.& d.similia his sunt corpora existẽtia in aere.i.& ista corpora apud eum sunt similia atomis,qui apparent moueri in radijs solis. Et,cùm notificauit ꝙ Democ.opinabat̃ aĩam esse ex corporibus indiuisibilibus,quæ apud ipsum assimilant̃ atomis,notificauit quę partes sunt de quibus opinat̃ Demo.aĩam fieri ex eis,& qđo opinant̃ ea esse elemẽta aliorum compositorum, & dicit ꝙ per congregationẽ fundamẽtorū,&c. D
i.& hæc corpora sunt,de quibus Demo.dicit ꝙ per congregationẽ fundamentorū in eis adaptat̃,vt ex eis cõponant̃ diuersa entia,quãuis sint eiusdem naturæ. Et intendit per fundamẽta diuersitatem eorū in figura,& in situ,& in ordine.diuersitas.n.partium in his rebus est cū diuersitate compositorū ex eis:sicut scriptura diuersant̃ pp diuersitatem lrãrum in his tribus. Et,cùm narrauit ꝙ ipsi opinabātur aĩam esse ignem,aut aliquod igneū,quia opinabātur aĩam eẽ sphæricā,& ignẽ esse sphęricū,d.rõnem, pp quā opinabant̃ aĩam esse sphæricā,& dicit, Et ꝙ est sphæricum ex istis est aĩa,&c.i.& Demo.& Leucip.non opinabant̃ ꝙ spherica ex corporibus indiuisibilibus sunt anima,nisi quia opinabātur ꝙ talia corpora sunt ea, quæ possibilia sunt pertransire per alia,& mouere ipsa:quamuis ipsa moueantur semper,& hæc est dispositio, quam existimabant esse propriam animæ,s.quoniam mouet corpus,& mouetur semper. E

Vnde & viuendi terminum esse respirationem. Constringente enim eo ꝙ corpora continet,& extrudente figuras præbentes animalibus motum,ex eo quod non est ipsas quiescere nullatenus,auxilium fieri de foris,ingredientibus alijs huiusmodi in respirādo. F
prohibere enim has,& quæ insunt animalibus disgregari,simul prohibentem constringens & comprimens.& viuere autem quā diu possunt hoc facere.

SOPH. *Et proinde viuẽdi terminum esse respirationem. Cum enim aer ambiens comprimat corpora,& eas elidat figuras, quæ motum præbent animalibus, quandoquidem nec ipsæ vnquam quiescunt, auxilium ferri extrinsecus,alijs eius generis succedentibus, dum spiritum ducimus: has enim prohibere quominus ea etiam quæ insunt animalibus,excernantur,id repellendo,quod comprimit, ac facit concrescere, viuereq́, donec possunt hoc facere.*

Et propter hanc causam fuit anhelitus definitio vitę. Aer enim continèns

A continens, cùm congregat corpora, & constringit ex istis figuris, quæ dant animalibus motum, quia ista non quiescunt in aliqua hora, sustineri ab extrinseco, imponendo per anhelitum alias figuras sibi similes, dicunt quod istæ etiam prohibent illud, quod iam peruenit intus in animalibus ab exitu: & contra expellunt cũ eis illud, quod congregat, & constringit eas: & ideo fuit vita, dum animal potest facere hoc.

21 Quoniam omnis dicens in quiditate alicuius aliquid laborat in faciendo conuenire illud oibus sensibilibus, & in dando causam illius sensibilis ex illo dato ab eo in substantia illius. isti autem, q̃n opinabantur aĩam eẽ partes sphæricas indiuisibiles, laborauerunt hoc modo in dando causam anhelitus, dicendo. Et propter hanc causam, s. quia aĩa est partes sphæricæ, quæ semper sunt in motu, fuit anhelitus definitio vitæ, aut consequens vitam. Aer enim continens, cùm cõgregabit corpora, constringentur multæ figuræ sphæricæ, quæ sunt intra corpora, & quæ dant aĩalibus motum, B quia semper sunt in motu. & tunc hęc corpora mouebuntur ad exitum: & illud erit exitus anhelitus: & tunc sustentabitur animal ad imponendũ alia corpora sphærica ab extrinseco: & hoc est imponendo anhelitum. Hoc aũt fuit pp tria. Quorũ vnũ est in acquirendo locũ illius, ꝙ exiuit. Secundum aũt est ad prohibendum plura corpora intrinseca ab exitu. Tertium est vt adiuuet ea ẽt in expellendo illud, ꝙ constringit, & ꝙ congregat ea. & dicunt. & ideo fuit vita, dum aĩal potest facere hoc.

Sermo q. dicati' debet soluere q̃ones circa rem sensibile contingentem. Idẽ 4. Ph. 31. & 8. Ph. 1. & supra hoc c. 11. & 2. de aĩa. 11. & 12. 1. Cg li. 22.

Videtur autem & à pythagoricis dictum, eandem habere intelligentiam. Dixerũt enim quidam ipsorum, animam esse quę sunt in aere decisiones. alij autem has mouẽs. de his autem dictum est, propter id ꝙ continue videntur moueri, & si sit tranquillitas nimia. In idem autem feruntur & quicunq; dicunt animã esse quod se ipsum mouens. videntur autem omnes hi existimasse motum maxime proprium esse animæ, & alia quidem omnia moueri pC pter animam, ipsam autem à seipsa: propter nihil videre mouẽs, quod non moueatur & ipsum.

SOPH. *Videtur etiam, quod à Pythagoreis dici solet, eandem habere sententiam. Dixerunt enim eorum nonnulli, animam esse ramenta, quæ in aere videntur: alij, id quod ea mouet. de quibus propterea dictũ est, quòd continuè videantur moueri, quamuis sit tranquillitas maxima. Eodem tendunt qui dicunt animam esse id quod se ipsum mouet. Videntur n. hi omnes existimasse motum rẽ maxime propriã esse animæ, & alia quidem oĩa moueri propter animam, hanc autẽ à se ipsa: propterea quòd nihil videbant mouere, quin & ipsum moueatur.*

Et forte etiam est talis sermo Pythagoricorum. Quidam enim illorum dicunt quòd anima est atomus, existens in aere: quidam au-

tem illud, quòd mouet atomos. & dixerunt hoc: quia semper vi- D
dentur moueri, licet ventus deficiat omnino. Et similes istis sunt dicentes ꝙ anima est aliquid mouens se. Omnes enim isti videntur opinari motum conuenire animæ: & ꝙ omnia non mouentur nisi per animam: anima autē mouetur per se, nihil enim videtur mouere nisi ipsum etiam moueatur.

22 D. Et forte etiam opinio Pythagoræ in anima est similis opinioni Democriti, & Leucippi, quidam enim pythagoricorum dicebant animā esse atomos aereos: & quidam illud, ꝙ mouet atomos. & opinabant̄ hoc, quia credebant ꝙ atomi semper mouebantur, & ꝙ aīa semper mouetur. Deinde d. Et similes istis sunt dicentes, &c. & iuuuit Plato. Omnes igitur isti conueniunt in hoc, s. ꝙ motus est proprius animæ: sed differunt in quid est. Et quidam eorum existimabant eam esse corpora indiuisibilia, aut igneum, aut aliquod igneum, quidam vero atomos.

Silr aūt & Anaxagoras aīam dicit eē mouētē, & si aliqs alius dixit ꝙ oē mouit intellect⁹: nō tñ penitus sicut Demo. ille qdē. n. dicit simplr idē eē aīam & intellectū, verū. n. eē ꝙ vr: vnde bñ facere Homerū, ꝙ Hector iacet aliud sapiēs: non itaq; vtit̄ intellectu tanq̄ potētia qdā q̄ circa veritatē, sed idē dicit aīam & intellectū. E

SOPH. *Similiter etiam Anaxagoras Animam esse dicit eam quæ mouet, & si quis alius dixit Intellectum mouisse hanc vniuersitatem: nō tamen ita plane vt Democritus: Is enim dicit idem simpliciter esse animam & intellectum: verum enim esse, quod appparet: Et ideò præclarè cecinisse Homerum, quòd Hector iaceret mentis inops. Non ergo vtitur Intellectu, vt potentia quadam circa veritatem, sed idem dicit animam, & intellectum.*

Et silr ēt dicebat Anaxa. ꝙ aīa est mouens, & cū dicebat ꝙ intellectus mouet oē. sed tñ Anaxa. aliud intēdit ab eo, ꝙ intēdit Demo. Demo. n. absolute dixit ꝙ idē est aīa, q̄d intellectus. dicit. n. ꝙ veritas est res manifesta. Et iō bñ dixit Homerus, & verū dixit, ꝙ Hector apoplerizabat̄. & carebat intellectu. Nō. n. vtebat̄ intellectu quasi aliqua virtute, sed dicebat ꝙ intells & aīa idem sunt. F

23 Dicit. Et silr ēt opinat̄ Anaxa. cū d. aīam eē mouērē: & d. ꝙ intellectus mouet oē: sed Anaxa. nō intēdit in hoc, illud ꝙ Demo. Demo. n. propalauit ꝙ aīa, & intellectus idē sunt d. n. ꝙ veritas comprehensa non est nisi in eo, ꝙ manifestum est sensui tantum. Et ideo bene dixit Homerus versificator, cū narrauit de hoīe, qui carebat sensu, ꝙ carebat intellectu. Democritus igitur non intendit ꝙ intellectus sit aliqua virtus in animalibus, alia à virtute sensus, sed dicit ꝙ intellectus & anima idem sunt.

Anaxagoras aūt minus certificat de ipsa. Multotiēs qdē. n. cām eius ꝙ bñ & recte, dicit eē intellectū, alibi aūt intellectū hunc esse

A aīę. In oībus.n. ipsum inesse aīalibus, magnis & paruis, & honorā bilibus, & inhonorabilibus, nō vr̄ aūt ſm prudentiam dictus intellectus oībus ſīlr̄ aīalibus inesse, ſed neq; oībus hominibus.

SOPH. *Anaxagoras autem non admodum de eis aperte loquitur: multis enim locis causam eius quod bene recteq; est, intellectum esse asserit. Alibi vero idem esse animam, & intellectum: cunctis enim eum inesse animalibus, & magnis, & paruis, & nobilioribus & vilioribus. Videtur tamen is quem intellectum prudentia vocamus, non omnibus æquè inesse animalibus, immo ne hominibus quidem omnibus.*

Anaxagoras aūt latētius loquebat̄ de istis, cū multotiens dicebat q; intellectus est cā in inuentione. & dixit in alio loco q; intellectus, & aīa idē sunt. intellectus.n. apud ipsum existit in oībus aīalib', magno, paruo, nobili, & ignobili. Sed nō videm' hūc intellm existere similiter in omnibus animalibus, neq; etiam in homine.

24 B Dicit. Anaxa. aūt cū propalauit q; intellectus, & aīa idē sunt, latentius p̄palauit, q̄ Demo. cùm multotiens dicebat q; intellectus est cā rectitudinis & ei verificationis. & hoc apparet ex eius sententia q; intellectus sit aliud à sensu. & in alijs locis vr̄ opinari q; intellectus, & aīa idē sunt. d. n. q; intellectus est existens in oībus aīalibus, magno, & paruo, nobili, & ignobili. Et non est, sicut existimauit: quia non videmus intellm existere eodē modo in oībus hominibus, nedum existere in omnibus animalibus. Intellect' si existit eodē modo in oibus hoīb' oppo. cō. 5. 3. de Anima, Vide contr. Zim.

Quicunq; igit̄ in moueri aīatū aspexerūt, hī qdē maxime motiuū opinati sunt aīam eē. Quicūq; aūt ad cognoscere & sentire ea q̄ sunt, isti dicūt aīam eē principia, alij quidē facientes plura, hæc. alij vero, vnū, hoc: sicut Empedocles quidē ex elemētis oībus, esse aūt & vnūquodq; eorū aīam, dicēs sic, terrā quidē terra cognoscimus, aquā autem aqua, ethere autem ethera, sed igne ignem manifestū est: concordia aūt concordiam. discordiā aūt discordia tristi.

C

SOPH. *Quicunque igitur ad motum animati respexerunt hi, quod maximè motiuum est, animam esse existimarunt. Qui vero ad vim cognoscendi & sentiendi ea quæ sunt, hi vero asserunt animam esse principia, nempe qui plura faciunt principia, hæc eadem: qui vero vnum, illud idem. Quemadmodum Empedocles quidem ex elementis omnibus, esse tamen & eorum vnumquodq; Animam, sic dicens.*

Iam Terra Terram, iamq; Aequore cernimus Aequor,
Aetheráque Aethere, sic rutilum ignis conspicit ignem,
Atque Cupidinem Amor, tristis lis déniquè litem.

Et ponentes principiū aīæ motū existimabāt q; aīa sit dignior oībus vt moueat̄. Ponentes aūt regulā in hoc cognoscere, & sentire oĩa entia, dicebāt aĩam esse principia. & quidā eorū ponebant hæc principia plura vno: & quidā eorū ponebāt vnā animam. Ve Empedocles. iste.n. ponebat eā ex oĩbus elementis, sed tñ ponebat vnūquodq; elemētorū esse aĩam. & dixit φ nos non cōprehendimus terrā nisi per terrā, & aquā p aquā, & aerē per aerē, & ignem per suū simile, s. ignem, & litē per litem, amicitiā per amicitiam. D

25 Cū cōplenit sermonē cōsyderātiū in aĩa p motū, incœpit & dicere opiniones eorū, q cōsyderāt de aĩa p cognitionē, & distinctionē, dicēdo. Et ponētes pricipiū aĩæ motū, &c. i. ponētes aūt regulā aĩæ, & cognitionē suę naturę pp motū: quapp iudicauerūt φ aĩa ē magis oĩbus digna motu, fm φ diximus. Ponētes aūt rēam in cōsyderōne de aĩato p cognitionē eius, & distinctionē in oĩb' entib', opinabāt φ aĩa est pricipiū toti', aut ex principijs totius. Qui igit ponebāt hęc pricipia plura vno, ponebāt aĩam plura vna: & q opinabāt principiū vnū eē, ponebāt aĩam vnā. v. g. qa Empedo. ponebat aĩam fieri ex elñtis, & ponebat ipsam sex in numero, fm numerū elñtorū apud ipsū. dixit.n. φ nos nō cōprehēdim' terrā, nisi p terrā, &c. E

C3 istis' pōnit infra. 27. & solutio hui' pōnit 3. d Ala. 30.

Et, cū d. & q dā eorū ponebāt hæc principia plura vno, intēdebat & q dam eorū, qa posuerūt hæc principia plura vno, opinabantur aĩam eē plura vna: vt Empedo. sed fuit cōtētus dicere rē loco cōsequētis. Et, cū d. & q dā eorum ponebant vnam animā. intendebat & quidam eorū, qui ponebant vnū principium, ponebāt vnā aĩam. sed fuit contētus hoc cōsequente loco rei, econuerso ei, quod fecit primo. & residuus sermo est manifestus.

Empedocles posuit plura principia vno. idē 1. Ph. 4 1.35.

Eodē aūt modo & Plato in timæo aĩam ex elementis facit: cognosci.n. sile sili, res aūt ex pricipiis eē. silr aūt et i his q sūt de philosophia dicta, determinatū ē: ipsū qdē aĩal ex ipsa vni' ex idea & prima lōgitudine & latitudine & altitudine, alia aūt silr modo.

SOPH. *Eodem etiam modo Plato in Timæo Animam facit ex Elementis: cognosci namque simile simili: res autem ex principijs constare. similiter etiam in ijs quæ de philosophia dicuntur, expositum est: ipsum quidem animal ex vnius idea, & ex prima longitudine, & latitudine, & altitudine: cætera verò similiter.* F

Et silr Plato in Timæo ponebat aĩam aliquod ex elementis. qm apud ipsum nihil cognoscitur, nisi p suū silē. & φ oēs res non fuerunt nisi ex suis principijs. Et similiter determinauit prius in philosophia, s. in suis disputationibus. & manifestum est φ Timæus exit ab is, & φ aĩa simplr ē ex forma vni', & prima lōgitudine, & prima latitudine, & primo pfundo: & φ alia currunt hoc modo.

26 Dixit Et silr Pla. posuit I Timæo φ aĩa ē aliqd ex substātia elñtorū. opinabat.n. illud, φ opinabāt q ponebat aĩam ex pricipiis & ē φ oēs res nō cognoscūt, nisi p sua silia: & nō cognoscunt nisi p cognitionē suorū principiorū. &, qa principia cognoscūt p sua silia, cōtinet φ principia cognoscantur

A scant p principia. Et, cũ cõiũgem' huic qd aĩa cognoscit res p principiã ea rũ, cõtinget ex hoc qd aĩa sit pricipia, hæc.n. sunt pprietates cõuertibiles. D.d. Et sic determinauit, &c.i. & sic determinauit I sua Philosophia & in scholis eius: qm̃ in Timęo dixit hoc alio mõ. D. enim illic, φ aĩal simpliciter absolutum, quod est genus animalium particularium, & principium eorum, est composita ex dualitate prima: & ex latitudine, quę est cõposita ex dualitate prima: & ex latitudine, quæ est composita ex prima trinitate: & ex profundo, quod cõponitur ex prima quaternitate: quæ sunt principia aliorum numerorum compositorum. Et opinabatur φ longitudo componitur ex dualitate, quia linea fit ex duobus punctis: & latitudo ex trinitate, quia fit cum longitudine ex tribus pũctis: & spissitudo ex quaternitate, quia fit cum longitudine & latitudine ex quatuor punctis. Quoniam cũm opinabatur φ numeri sunt principia omniũ, fuit necesse apud ipsum, vt principia numerorum sint principia generum esse sensibilis: & alij numeri, qui componuntur ex principijs, sint principia etiam rerũ particularium. ita φ principia animalis simplicis est prima vnitas, & prima dualitas, & prima trinitas, & quaternitas: principia aũt aliorum animaliũ sunt alij numeri. Et ideo d. φ alia currunt hoc modo. i. & principia aliorum animalium particulariũ sunt alij numeri. Et, quia opinabantur hoc in principijs entium: & opinabantur φ anima componitur ex principijs pp cognitionẽ: opinati sunt φ anima est iste numerus, qui est principiũ numerorum. D.d. & manifestum est φ Timęus exit ab eis.i. vt mihi vr, φ illud, quod dictum est de principijs in Timęo, est aliud ab eo, quod dictum est in disputationibus. Et quasi diuersitas hominum in anima non est nisi pp diuersitatem eorum in principijs. Omnes enim conueniunt φ oportet esse ex principijs: & dicũt φ opinio Platonis in Timæo de anima est φ aĩa est nã media, s. inter formas abstractas indiuisibiles, & inter formas sensibiles diuisibiles sm̃ materiã. Themist. aũt dicebat φ Pla. intẽdebat p istam naturã mediã, intellectũ inter oẽs partes aĩæ: cum sũum eẽ sit mediũ inter formas materiales, & abstractas. & vr̃r difficile possumus hodie intelligere opiniones Antiquorũ: quia non sunt notæ apud nos.

Vide pro isto infra cõ. 33.

Vide prio Meta. 17.

Vide. 1. Meta. 18 & 19.

Difficile possumus hodie intelligere opiniones Antiquorũ: quæ nõ sũt notæ apud nos. Idē Cõ. c. 72.

Adhuc autem & aliter, intellectum quidem, vnum, scientiã autem, duo, singulariter enim ad vnum: plani autem numerum, opinionem, sensum vero, eum qui firmi: hi quidem enim numeri species & principia entiũ dicebant: sunt autem ex elemẽtis: Iudicantur autem res aliæ quidem intellectu, aliæ vero scientia aliæ autẽ opinione, aliæ vero sensu: species autem numeri hi, rerum.

40 7 H. *Praeterea etiam aliter, vnum quidem ipsum, intellectum: Duo autẽ, scientiam. Vnico enim modo ad vnum: Plani autem numerum, opinionem, solidi sensum: Numeri enim species ipsa, & principia dicebãtur: sunt autẽ ex Elementis. Iudicantur vero res, alia intellectu, alia scientia, alia opinione, alia sensu. hi vero numeri species sunt rerum.*

Et

Et est dictum hoc etiam alio modo, & est ꝙ intellectus est vnũ, & scientia duo. est enim singulr ad vnũ. & ꝙ existimatio est numerus superficiei: & ꝙ sensus est numerus solidi. Numeri enim dicebantur esse formæ, & principia in reb⁹ entibus: & numeri sunt vnũ illorum elementorũ. Sed omnes res consyderantur, quædam per intellectũ, & quædã per scientiã, & quædam per existimationem, & quędam per sensum. ista aũt sunt numeri, qui sunt formę. D

27 Et opinati sunt alio modo animam esse principia numerorum. Dicũt enim ꝙ intellectus est vnum numerale. & per intellectum intẽdit primas propositiones. & dixerunt ipsum esse vnum: quia scire propositiones est vnius scientiæ. & intendit per scientiam conclusionem. & dixerunt eã esse dualitatem: quia est processus ab vno, s. propositionibus, & ad vnum, s. cõclusionem, vnde fit dualitas. Et hoc intendebat, cum d. est enim singulariter ad vnum. Et dixerũt ꝙ æstimatio est numerus superficiei, s. trinitatis. est enim ab vno, s. propositionibus ad duo. nam conclusio est in eo falsa, & vera. vnde fit illic aliqua dualitas. & dixerunt etiam ꝙ sensus est quaternitatis. opinati sunt enim ꝙ sensus comprehendit corpus, & ꝙ forma corporis est quaternitas. D. d. Numeri enim dicebantur esse formæ, &c. i. & dixerunt hoc, quia opinabantur ꝙ principia numerorum sunt formæ abstractæ: & principia entium sunt vnum elementorum eorum. Et, quia rerum quædam consyderantur, i. cognoscuntur intellectu, & quædam scientia, quædam existimatione, & quædam sensu: & nihil cognoscitur nisi per suum simile: necesse est vt istæ virtutes animæ comprehensiuæ sint principia numerorum, qui sunt formæ & elementa entium, s. vnitatis, & dualitatis, & trinitatis, & quaternitatis: & necesse ẽ vt intellectus ex istis sit vnitas, & scientia dualitas, & existimatio trinitas, & sensus quaternitas. E

Quoniam autem & motiuum videbatur anima esse & cognoscitiuum sic quidam complexi sunt ex vtrisq;, enunciantes animã esse numerum mouentem seipsum: differunt autem de principijs quæ & quot sunt, maxime quidem corporea facientes, & incorporea. his autem, miscentes & ab vtrisq; principia referẽtes: differũt aũt & circa multitudinẽ: hi quidẽ enim vnũ, illi vero plura dicũt. F

SOPH. *Sed cum Anima & mouendi, & cognoscendi vi præditũ quiddam videretur, ita nonnulli ex vtrisq; connexuerunt, asseruerunt q; animam esse numerum mouentẽ se ipsum. Contẽdunt tamẽ de principijs, quæ scilicet quotq; sint, præcipue quidem, qui corporea ea statuunt, cum ijs qui incorporea: contra hos autem, qui permiscuerunt, & ex vtrisq; principia enuntiarunt. de multitudine etiam habent inter se controuersias: alij enim vnum, alij plura dicunt.*

Et, quia existimatum est de anima ꝙ est mouens, & cognoscẽs, voluerunt aliqui congregare hæc duo, & iudicauerunt ꝙ anima

A est numerus seipsum mouens. Et magna diuersitas est in principijs, quæ sunt, & quot: & maxime inter eos, qui faciunt ea corporalia, & inter eos, qui non corporalia. Et isti etiam differunt ab eis, qui admiscent, & ponunt, principia ex vtroque. Et differunt etiam in numero principiorum. quidam enim dicunt vnum principium esse, quidam plura.

28 Et, quia existimatum est, i. certificatum quod mouere, & cognoscere sunt principia animæ, intendebant aliqui ad congregandum vtrunque in anima, dicendo animam esse numerum se mouentem, quia non mouetur ab alio. Et, cum notificauit sectas, quæ differunt in definiendo animam, & sunt tres: Quarum prima definit eam per motum, aut per consequentia motum: Secunda per cognitionem: Tertia vero per vtrunque: & omnes conueniunt quod est ex principijs: incœpit notificare modos diuersitatis eorum vlt, licet conueniant in hoc, quod est ex principijs, & d. Et magna diuersitas, &c. i. & differunt in substantia animæ: quia differunt in principijs, s. in natura eorum, & in numero. & maxima diuersitas est in natura principiorum, inter ponentes principia corporalia, & ponentes ea non corporalia, cum istæ duæ naturæ maxime differant: differunt etiam isti ab eis, qui admiscent, & ponunt principia ex vtroque, idest corporalibus & non corporalibus. D. d. Et differunt etiam in numero principiorum, idest differunt etiam in anima: quia differunt in numero principiorum.

Tres fuerunt sectæ definiendi animam.

B (margin) Nã corporalia, & incorporea maxime differunt. vide 10. Met. t. c. vltimum.

Consequenter autem his, & animam assignant. motiuum enim secundum naturam primorum existimauerunt, non irrationabiliter. vnde quibusdam visum est ignem esse, etenim hic in partibus subtilissimus est, & maxime elementorum incorporeus, adhuc autem mouetur, & mouet alia primo.

SOPH. *His consequenter animam quoque describunt. quod enim natura motiuum est, id inter prima collocandum existimant: neque adeo iniuria. Quamobrem nonnulli eam esse ignem putarunt. is enim & subtilissi-*C *marum est partium, & præ cæteris elementis incorporeus: Ad hæc & mouetur, & mouet cætera primo.*

Et isti procedunt in definiendo animam processu consequenti ista. hoc enim quod reputant, quoniam natura principiorum est mouens, non est extra veritatem. Et ideo existimauerunt quidam ipsam esse ignem. ignis enim est primorum partium inter elementa: & quod magis videtur non esse corpus. & ipse mouet, & mouet alia corpora prima intentione.

29 Cùm notificauit sententias Antiquorum de anima, incipit laudare eas in eo, quod dicunt de veritate, & de verificatione consequentiæ, & d. Et isti procedunt, &c. i. & isti, qui opinantur animam esse ex principijs, quia mouetur per se, & definierunt eam hoc modo, processerunt in hoc via recta, & consequenter principia. opinari quod natura principiorum est mouens per se rectum est. D. d. Et ideo existimauerunt quidam, &c. i. &, quia opinati sunt

Opinari quod natura principiorum est mouens per se rectum est. Idem. 8. Ph. t. 4. vide 2. de Gen. 53.

sunt eam esse ex principijs, ex istimauerunt quidam esse ignē: quia reputabant ignem esse elementum cæterorum elemētorum, & simpliciorum partium: & ꝙ magis videtur non esse corpus: quia opinant principia esse talia, s. simpliciora alijs, & remotiora natura corporea. & omnia istā cum eo, ꝙ visa est ab eis moueri, & mouere alia prima intentione, sicut anima. D

Democritus autē dulcius dixit enuntians propter quid vtrūq; horum: animam quidem enim & intellectum idem. Istud autem primorum & indiuisibilium corporum esse: motiuum autem propter subtilitatem partium & figuram: Figurarum autem mobilissimam, quæ sphærica dicit. hoc autem intellectum esse & ignem.

SOPH. *Democritus autem eò etiam politius loquutus est, quòd reddiderit causam, cur sit horum vtrunq;. Animam enim & intellectum idem esse: hoc autē ex primis esse, & indiuisibilibus corporibus: motiuum vero ob exiguitatem partium, & figuram: figurarum autem omnium mobilissimam sphæricam dicit: talem autem esse intellectum, & ignē.* E

Democritus aūt dixit in hoc sermonem magis latentem, & iudicauit causam in vtroq;, & dixit ꝙ anima, & intellectus sunt idē, & ꝙ hoc est ex primis corporibus indiuisibilibus. Et attribuit ipsum motui propter paruitatem partium eius, & propter figuram. & dixit ꝙ inter figuras magis obediens motui est sphærica, & ꝙ intellectus, & ignis habent talem figuram.

30 Quia intentio eius in hoc capitulo est demonstrare ꝙ Antiqui bene dixerunt in hoc, ꝙ cōueniunt in hoc, ꝙ anima est ex principijs ꝑꝑ motum, & facere comparationem inter sermones eorū de hoc, & iam locutus fuit de sententia eius, qui dicebat animam esse ignem. incœpit modo loqui de opinantibus eam esse ex partibus indiuisibilibus, dicendo, Democritus autem d. de natura animæ ꝑꝑ motum sermonem magis latentē sermone dicentis ipsam esse ignem. & est magis latens, quia iudicauit aīam in vtraq; virtute: & d. ipsam esse eandē, & ꝙ natura vtriusq; est eadem, s. intellectus, & animæ mouentis, & sensibilis. d. enim ꝙ anima. & intellect⁹ sunt idem, & ꝙ natura illius est, quia est pars partium indiuisibilium sphæricarum. F

D. d. Et attribuit ipsum motui, &c. i. & attribuit ipsum motui ꝓprio animæ. i. posuit ipsum causam motus animæ propter paruitatē suarum partium, cum sit indiuisibilis, & ꝑꝑ suam figuram. opinabatur enim ꝙ illa figura est leuioris motus omnium figurarum. & ideo opinabatur ꝙ ista figura existit in anima, & in igne. Et iste sermo latet propter duo. quorū vnum est hoc, ꝙ opinabatur, scilicet ꝙ anima, & intellectus sunt idem: & ꝙ est pars indiuisibilis. sed partem indiuisibilem esse est dubium, ignem autem esse est manifestum.

Ignē esse est manifestū sed vīs oppositū. 4. Cæ. 32. Vide cōt. Zim.

Anaxagoras autem videtur quidem alterum dicere animā & intellectum vt diximus prius: vtitur aūt vtrisq; sicut vna natura.

veruntamē

A verumtamen ponit intellectum principium maxime omnium: solum quia dicit ipsum eorum quæ sunt, simplicem esse & immistum & purum: assignat autem vtrunque eidem principio, & cognoscere & mouere, dicens intellectum mouisse omne.

SOPH.] *At Anaxagoras videtur quidem diuersum dicere animam & intellectum, vt prius quoq; diximus. vtitur tamen vtroq; quasi vna natura: nisi quòd principium planè omnium statuit intellectum. solum enim ex omnibus entibus simplicem, & non mixtum, & purum eum esse dicit. tribuit autem hæc vtraq; eidem principio, cognoscere scilicet & mouere, dicens intellectum mouisse rerum vniuersitatem.*

Anaxagoras aũt videtur dicere animã esse aliud ab intellectu, sicut dixit superius. sed tñ vtitur eis etiã, quasi sint eiusdẽ naturæ. Sed ponit intellectum digniorem omnib⁹ rebus, vt sit principiũ. B dicit enim ꝙ solus intellect⁹ inter omnia entia est simplex, & mundus, & purus. Et attribuit ei vtrunque, scilicet cognitionem, & motum, dicendo ꝙ intellectus mouet omne.

31 Cùm fecit comparationem inter opinionem dicentis ipsam esse ignẽ, & opinionem dicentis ipsam esse partem sphæricam partium indiuisibilium, incœpit ẽt facere comparationem inter opinionẽ Anaxa. & Demo.
Et d. Anaxa. &c. i. Anaxa. aũt videtur, sm ꝙ apparet, dicere animam esse aliud ab intellectu. sed quãuis hoc appareat ex suo sermone, tñ ipse ponit eos esse eiusdem naturæ, i. eiusdem generis: & cum hoc ponit intellectum magis dignum, vt sit principium omnium rerum, & præponit ipsum omnibus. d. enim ꝙ solus intellectus est simplex, mundus, purus, i. abstractus a materia, non admixtus cũm ea: & attribuit vtrunq; ei in omnibus partibus mundi, s. cognitionem, & motũ. opinatur enim ꝙ intellectus mouet omnia, & ꝙ non mouetur. Quoniam aũt iste sermo est magis vicinus veritati, & sententiæ Aristo. s. ꝙ intellectus est ex principijs, & ꝙ est causa co- C gnitionis, & motus est manifestum. & ideo laudabit ipsum post multum, & notificabit id, quod remansit ei dicere de intellectu. 3. de An. t.c. 4. & hic infra 14. c.

Videtur autẽ & Thales ex quibus reminiscimur, motiuum aliquid animam opinari, si quidem dixit lapidem animã habere qm̃ ferrum mouet. Diogenes autẽ sicut & alteri quidam aerem, hunc opinans omnium subtilissimum esse, & principiũ: & propter hoc cognoscere & mouere animam: sm ꝙ quidem principium, & ex hoc reliqua, cognoscere. secundum vero ꝙ subtilissimum est, motiuum esse. Heraclitus autem animam principium esse dicit, si quidem vaporem, ex quo alia constituit, & incorporalissimum autẽ, & fluens semper: quod vero mouetur motu cognosci: in motu aũt esse quæ sunt & ille arbitratus est & multi. Similiter autem his & Alcmeon opinari visus est de anima, dicit enim ipsam immortalẽ

propter

propter hoc q̄ assimilatur immortalibus, hoc autē inesse ipsi tanquam motæ semper, moueri enim & diuina omnia continue semper, Lunā, Solem, Astra, & cœlum totum. Magis autem rudium quidam & aquā enunciauerunt, vt Hippo. suaderi enim visi sunt ex genitura, quoniam omnium humida est: & nanq; arguit sanguinem dicentes esse animam, q̄m genitura non est sanguis, hanc autē esse primam animam. Alij autem sanguinem, quemadmodū Critias, ipsum sentire animæ magis proprium opinantes, hoc aūt inesse propter naturam sanguinis. Omnia enim elementa præter terram iudicem acceperunt, hanc enim nulli protulerūt, nisi si aliquis dixerit animam esse ex omnibus elementis, aut omnia. D

SOPH. *Videtur etiam Thales ex ijs quæ memorantur, motiuum quidpiam animam existimasse: si quidem lapidem illum dixit habere Animā, quia ferrum mouet. Diogenes autem, vt etiam nonnulli alij, aerem, ratus eum esse omnium subtilissimum, & principium: et propterea cognoscere, & mouere animam: quatenus quidem primum est, atq; ex eo cætera, cognoscere: quatenus verò subtilissimum, motiuum esse. Heraclitus etiam principium esse dicit animam, siquidem exhalationem, ex qua cætera conficit: atq; etiam maxime incorporeum, & semper fluēs: Quod autem mouetur, eo quod mouetur, cognosci: in motu autem esse ea quæ sunt, & ille & vulgo arbitrabantur. Similiter etiam ac ij Alcmaeon putasse de Anima videtur. Nam asserit eam esse immortalem, quod sit similis immortalibus: Id verò ipsi inesse, vtpote et quæ semper moueatur: moueri autem Diuina quoq; omnia cōtinue semper, Lunam, Solem, Sydera, & vniuersum Cœlum. Non defuere etiam nonnulli molestiores qui aquam assererent, vt Hippo: adducti verò videntur ex genitura, quòd omnium sit humida: namq; refellit eos qui animam dicunt sanguinem, quia genitura non est sanguis: hanc autem esse primam animam. Alij autem sanguinē, vt Critias, sentire animæ maximè proprium esse existimantes: hoc verò esse propter naturam sanguinis. Enimuero omnia elementa præter terram, iudicem aliquem nacta sunt: hanc verò nemo pretulit, præterquàm si quis eam dixit ex omnibus constare elementis, vel esse omnia.* E F

Milesius aūt videtur, vt narratur de eo, dicere animam esse aliquid mouens, cū dicebat q̄ lapis habet animā, quia mouet ferrū. Diogenes autē, & alij multi opinabantur animā esse aerem, quia existimabant q̄ nihil est subtilius aere: & ꝓpter hoc anima cognoscit

A ſcit,& mouet. ſecundum enim ꝙ eſt principium aliarum rerũ cognoſci, & ſecundum aũt ꝙ eſt ſubtilior oĩbus rebus mouet. Et Heraclitus etiã dicit ꝙ anima eſt principiũ, cum dicit ipſum eſſe vaporem, ex quo conſtituit oẽs res. & ponit ipſum valde remotũ à corporibus, & ſemper liquidum. & opinabatur cũ multis aliĩs ꝙ oĩa entia ſunt in motu. Et forte ẽt aliquis videtur opinari ẽt in anima talem opinionẽ. dicit enim ipſam eſſe immortalẽ, quia aſſimilatur immortalibus: & ꝙ hoc eſt ei, quia ſemꝑ mouet̃. & dixit oẽs enim Dĩj: Luna, ſ. Sol, & Stellę ſemꝑ mouent̃ motu continuo. Et aliĩ, qui digniores ſunt derideri, iudicauerunt ipſam eſſe aquã, vt Hypo. et vi̾ declinare ad hanc opinionem ꝑꝑ ſperma cũ ſit humidiſſimum rerum. qm̃ per hoc contradicitur dicenti animã eſſe ſanguinẽ, dicendo ꝙ ſperma nõ eſt ſanguis. & ſperma eſt prima anima. Et aliĩ dixerunt ipſum eſſe ſanguinẽ, vt Critias, cũ exiſtimauerit ꝙ nihil

B conſequit̃ animã, ſicut ſentire, & ꝙ ſentire eſt ex natura ſanguinis. Vnũquodq; enim elementorũ, preter terrã, habet iudicẽ: terra aũt nullum. & quod dictũ fuit de ea eſt ꝙ eſt ex oĩbus elemẽtis, aut oĩa elemẽtã.

92 Vult numerare omnes opiniones Antiquorum in anima, & dare cuilibet aliquam rationem. & ſermo eius eſt manifeſtus. Mileſius autẽ opinabatur animam eſſe principium mouens per ſe: quia dicebat ꝙ magnes habet animam. quia mouet ferrum. Diogenes aũt opinabatur animam eſſe aerem. aer enim eſt ſubtilius cæteris corporibus, & principium eorũ. inquantum igitur eſt principium, dabitur ei cognitio: &, Inquantum ſubtilius cæteris corporibus, dabitur ei motus & hæc duo appropriantur aĩæ. Heraclitus vero opinabatur animam eſſe principium, & ꝙ illud principium eſt vapor liquidus motus. quia opinabatur ꝙ ex vapore eſt conſtitutio aliarum, & ꝙ eſt valde remotus à corpore: & hæc duo ſunt in principio. D.d. & opinabatur cum multis alijs, &c. ideſt & opinabatur cum

C multis alijs, ꝙ omnia mouentur: & credebat propoſitionem communem omnibus, ſ. ꝙ ſimile cognoſcitur per ſuum ſimile. &, quia apud ipſum omnia ſunt mota, fuit neceſſe vt cognoſcẽs ſit motum. quapropter iudicauit animam eſſe vaporem. Et ſimiliter qui ponit ipſam ſimilem naturæ ſtellarum, & Solis, & Lunæ vi̾ opinari ipſam moueri per ſe. Sed dicens ipſam eſſe aquam debet derideri. nullus enim dixit aquam, eſſe elementum cęterorum, ſed tñ dedit ei rationẽ aliquam, ſ. quia ſperma, quod eſt principiũ generationis, eſt valde humidum: & exiſtimatũ eſt ꝙ ſperma eſt anima, cum ipſum formet embryonem. D.d. qm̃ per hoc contradicitur dicenti ꝙ anima eſt ſanguis. i. & ponit ꝙ ſperma eſt prima anima, quia ponit ꝙ ſperma non eſt ſanguis. forte igitur non iudicauit ꝙ anima eſt aqua, niſi quia videbat ſperma eſſe animam, & aquam non ſanguinem. D.d. Vnũquodq; enim elementorum præter terram, &c. ideſt & vnumquodq; elementorum iudicatum eſt ab antiquis eſſe animam ex eo, præter terram.

nullus

Null⁹ opinatur terrā esse elementum aliorū opinionū. 1. Meta. t.c. 14. de Hesiodo, Vr de coniur. Lun.

nullus enim opinatur terram esse elementum aliorum: sed quod tantum est composita ex quibusdam elementis, aut est omnia elementa, idest ex omnibus elementis. D

Diffiniunt autem omnes animā tribus vt est dicere, motu, sensu, & incorporeo: horum autem vnumquodq; reducitur ad principia. vnde & in cognoscendo diffinientes ipsam, aut elementum, aut ex elementis faciunt, dicentes similiter inuicem, præter vnū. Dicunt enim simile cognosci simili: quoniam enim anima omnia cognoscit, constituunt eam ex omnibus principijs.

SOPH. *Definiunt porrò omnes animam tribus propè dixerim. motu, sensu, incorporeo: quorum vnumquodq; redigitur ad principia. Quapropter qui cognitione eam definiunt, aut elementum, aut ex elementis faciūt, eadem ferè omnes, præter vnum, dicentes: aiunt enim simile cognosci simili: nam quia anima oīa cognoscit, ex oībus principijs eā cōstituunt.* E

Et ipsi vr̄ definiunt animam tribus, motu, s. & sensu, & nō corporeo. & vnumquodq; istorum reducitur ad principiū. Et propter hoc posuerunt ipsam esse elementum, aut ex elementis illi, qui definierunt eam per cognitionem, & ꝙ quidem dicunt in hoc, est simile ei, quod dicunt quidam, præter vnum. dicunt enim ꝙ simile non cognoscitur, nisi per suū simile. &, quia anima cognoscit omnia, posuerunt eam constitui ex omnibus principijs.

33 Cum demonstrauit ꝙ consyderantes in anima per motum debent opinari ipsam esse ex principijs, incœpit demonstrare vr̄ ꝙ omnia dicta in definitione animæ reducta sunt ad principiū. & d. Et ipsi vniuersaliter definiunt, &c. i. & Antiqui vr̄ procedunt in definiendo animā, & cognoscendo suam substantiam tribus vijs, motu, s. & sensu, i. cognitione; cum hæc duo videantur propria animæ. tertium aūt, quia est non corpus. plures n. eorum opinabantur hoc existere in anima, non minus q̄ prædicta duo. & vnaquæq; istarum viarum induxit eos ad opinandum animā esse ex principijs. & hoc intendebat, cùm d. & vnūquodq; istorū reducitur ad principium. D. incœpit demonstrare viam, per quā processit qui iudicauit animam esse ex principijs p cognitionem, & d. Et propter hoc posuerunt ipsam esse elementum, &c. i. &, quia oēs opinabantur eam esse ex principijs, dixerunt illi, qui definierunt eam per cognitionem, ꝙ est elemētum, aut ex elementis. &, via, qua processerunt illi in hoc, est eadem, & similis, præter vnum illorum, s. Anaxa. D. demonstrauit hanc viā, & dixit. dicunt. n. ꝙ simile non cognoscitur nisi per suum simile. i. & hoc fuit necesse apud eos, quia opinabantur tres propositiones. Quarū vna est, ꝙ omnis res cognoscitur per suum simile Secunda est, ꝙ omnia non cognoscunt nisi per sua principia. Tertia est, ꝙ anima cognoscit omnia. ex quibus sequitur ꝙ anima est principia omnia, aut ex principijs omnium. F

Quicunq;

A Quicunq; quidem igitur vnã aliquam dicunt causam aut elementum vnum, & animam vnam ponunt, vt ignẽ aut aerẽ: plura vero dicentes principia, & animã plura dicunt. Anaxagoras autẽ solũ impassibilem dicit intellectũ, & cõe nihil nulli aliorũ habere. huiusmodi aũt cùm sit, qũo cognoscit & propter quam causam: neq; ille dixit: neq; ex his quæ dicta sunt conspicuum est.

SOPH. *Ac ij quidem, qui vnam dicunt esse causam, & elementũ vnum, Animam etiam vnum ponunt, vt ignem, aut aerem. Qui verò plura dicunt principia, animam etiam plura dicunt. Solus autem Anaxagoras impatibilem dicit esse intellectum, & nihil cum cæteris habere cõmune. Qui cum sit eiusmodi, quomodo cognoscat, & quam ob causam, nec ille dixit, nec ex ijs quæ dicta sunt, apparet.*

Qui igitur dixit q principiũ, & elementum est vnũ, ponit animam ẽt vnũ: aut ignẽ, aut aerẽ. & qui ponit principia plura vno, ponit animã plura vno. Anaxa. aũt solus dixit q intellectus nõ recipit passionẽ: & q nihil est in eo, quod habeat communicationẽ cum alia re. Sed non dixit qũo, & propter quid per hanc dispositionem cognoscit. & hoc est, quod apparet ex suo sermone.

34 Cùm notificauit q opiniones eorum in substantia animæ sequuntur illud, quod opinabantur in substantia principiorum, incœpit demonstrare etiam q opiniones eorum in numero animarum, sequitur etiã illud, quod opinat in numero principiorũ, & d. Qui igitur dixit vnum principium esse, ponit aĩam vnius rei, i. vnius naturæ ex illo principio, aut ignẽ, aut aerẽ. & qui dixerunt principia esse plura vno, opinant animã esse plura vno. D. incœpit declarare opinionẽ Anaxa. & q alia via pcessit, & d. Anaxagoras aũt solus dixit q intellectus non recipit passionem. idest non est materialis. & q in nullo habet communicationem cum alio, i. q nulla res omnium, quas intelligit, est in eo, ita q sit cõiseis in alia forma, i. q nõ C est hoc, neq; in hoc, i. neq; est corpus, neq; virtus in corpore. & hoc nullus dixit, nisi Anaxagoras. & super hoc laudabit Anaxagoram post. D. d. Sed non d. quomodo, idest sed non d. quomodo contingit ei vt intelligat omnia; vtrum secundum q est in actu, aut sm quod est in potẽtia. neq; dixit etiam qua de causa intelligit res, quæ non sunt intellectus in actu. & hoc ẽ quod post complebit, cùm locutus erit de intellectu.

Quicunq; autem contrarietates faciunt in principijs, & animã ex contrarijs constituunt: Quicunq; autem alterum cõtrariorum, vt calidum, aut frigidum, aut aliud huiusmodi aliud. & animam similiter, vnum aliquid horũ ponunt: vnde & nominibus consequuntur, qui quidem calidum dicentes, quia propter hoc & viuere nominatum est: qui autem frigidum, propter respirationẽ &

refrigerationem, vocari animã. Tradita quidem igitur de anima, A
& propter quas causas dicunt sic, hæc sunt.

SOPH. *At vero qui contrarietates in principijs statuunt, Animam quoq; conficiunt ex contrarijs: qui vero alterum contrariorum, ut calidum, aut frigidum, aut eius generis aliud, ij itidem animam unum eorum esse ponunt. Ideóq; nomina sequuntur, qui quidem calidum dicunt, propterea. ζῆν idest vivere vocari: qui vero frigidum ob respirationem, & refrigerationem, vocari. ψυχὴν idest animam. Quæ igitur de Anima tradita sunt, atq; quas ob causas ita asserant, hæc sunt.*

Et illi, qui in principijs ponebant contrarietatem, constituunt etiam animam ex contrarijs. Qui igitur posuerunt principium alterum contrariorum, ut calidum, & frigidum, & aliud simile, opinati sunt in anima etiam illam esse unam hoc modo, Et videmus B
eos etiam consequi nomina. quidam igitur eorum dicunt animã esse calidum: quoniam hoc nomẽ vita in lingua Græca cecidit ex hac intentione. & quidam dicunt quod est algidum, idest frigidum propter anhelitum: & infrigidatio, quæ provenit ex anhelitu, dicitur in Græco isagogi, i. anhelitus. Hoc igitur accepimus ab Antiquis de anima: & ista induxerunt eos ad dicendum hoc.

95 Narravit in hoc capitulo consequentia eius, quod opinantur in substantia animæ ad illud, quod opinantur in principijs, adeo quòd qui opinatur principia esse contraria, dicit animam esse ex contrarijs. Dicens igitur quòd principia sunt calidum, aut frigidum, aut aliud contrarium, dixit quòd anima similiter est unum illorum cõtrariorum. Et in alia translatione invenitur additum, & qui opinabantur quòd principia sunt alterum par contrariorum, dicunt quòd anima est in illo pari contrarium. & est illud, quod dixit, & qui posuerunt contrarietatem in principijs, &c. C
Deinde dicit: Et videmus eos etiam consequi nomina, &c. idest & invenimus eos ratiocinari super hoc, scilicet quòd alterum contrariorum est principium, & quòd anima est ex eo ex derivatione huius nominis vitæ, & animæ. Dicens igitur ipsam esse calidum, ratiocinatur per hoc quòd hoc nomen vita in lingua Græcorum derivatur à calido. & similiter hoc nomen motum. Et, cum dixit ipsam esse frigidum, ratiocinatur per hoc nomen anhelitus, quod derivatur à frigido. Deinde dicit, hæc igitur accepimus, &c. idest in substantia animæ. & istæ sunt rationes, quæ induxerunt eos ad hoc dicendum, scilicet rationes acceptæ ex distinctione, & motu, & quòd anima nõn est corpus.

A SUMMA TERTIA.

Confirmantur Antiquorum opiniones de animæ essentia: Adduntur'q; nonnullæ circa ipsius vnitatem difficultates.

Diluuntur opiniones Animam moueri asserentes. Cap. 1.

CONsiderandum autem primum quidem de motu: fortassis enim non solum falsum est substantiã ipsius huiusmodi esse, qualem aiunt dicentes animam esse quod est se ipsum mouens, aut possibile mouere, sed vnũ quoddam est impossibilium, inesse ipsi motum. ꝙ quidem igitur nõ necesse sit mouens, & ipsum moueri, dictum est prius.

SOPH. *Primum igitur de motu considerandum est: fortaßis enim non solum falsum est talem eius esse substantiam, qualem asserunt qui dicũt animam esse id quod seipsum mouet, vel potest mouere: immo vnum*
B *de impoßibilibus est, inesse ei motum. Ergo non necesse esse id quod mouet, ipsum quoq; moueri, prius dictum est.*

Et debemus perscrutari prius de motu. Videtur enim ꝙ nõ hoc solum est falsum, s. ꝙ substãtia eius sit talis dispositionis, sicut narrant isti, qui dicunt animã esse aliquid mouens se, aut aliquid motiuum sui, sed esse animã motum est impossibile. Et dico etiã ꝙ nõ est necesse vt mouens sit motum: & hoc etiã prædictum est.

36 Cum compleuit sermones Antiquorum de anima, & rationes eorum, & ꝙ collocatur in eis de vero, incœpit in hac parte cõtradicere falso dicto ab eis, quæ est tertia pars huius tractatus. Prima enim est in prologo. Secunda in inueniendo opiniones eorum. Tertia in contradicendo eis. Et incœpit in hac parte contradicere eis, qui definiunt eam per motum, & d. Et debemus perscrutari, &c. idest, & perscrutandum est de consyderantib. in substantia eius per motum. Visum est enim ꝙ nõ tantum est falsus sermo eorum, qui definiunt eam, ꝙ est aliquid mouẽs, aut motiuum sui; sed etiam ꝙ sit anima mota per se, scilicet vt constituatur per motum, vt plura entia, vt venti, & fluuij, est falsus. Et hoc intendebat, cùm d. sed esse animam motum est impossibile, idest sed sermo dicentis ꝙ essentia animæ cõstituitur per motum est impossibilis. Deinde dicit. Et dico etiam ꝙ non est necesse, &c. idest quoniam autem non est necessarium vt aliquid moueat se, declaratum est prius, scilicet in naturalibus. quòd autem est mota per se, modò incœpit declarare.

Nota diuisionẽ huius primi lib.

Vẽti, & fluuij constituunt per motũ. idẽ cõ. sequẽ. 8. Ph. t. c. 40. & cõ. 28.

C

Dupliciter enim cum mouetur omne, aut enim secundum alterum, aut s̃m se ipsum: Secundum aũt alterum dicimus, quæcunq; mouentur ex esse in eo quod mouetur, vt nautæ: non enim sicut mouentur naui: hæc quidem enim s̃m seipsam mouetur, illi autẽ ex esse in eo quod mouetur: Manifestum autem in partibus est: proprius quidem enim motus pedum, ambulatio. hoc autē & hominum est: non inest autem nautis tunc. D

SOPH. *Sed cum bifariam omne moueatur, vel enim per aliud, vel per se: per aliud autem ea moueri dicimus, quaecunque mouentur, quia in eo quod mouetur sunt, vt nauigantes: non enim similiter mouentur, atque nauigium: id enim per se mouetur, illi vero quod in eo sunt quod mouetur: quod in partibus perspicuum est: proprius namque motus pedum, est incessus: atque hic idem hominum est: sed tunc non adest nauigantibus.*

Et omne motum mouetur duobus modis, aut per aliud, aut per se, Et dicere per aliud est illud, quod mouet, quia est in aliquo moto, vt equitans in naue. motus enim eius nō est sicut motus nauis. qm̄ nauis mouetur per se, & equitans mouetur, quia est in moto. Et hoc est manifestum ex membris. motus enim proprius pedibus est ambulatio, & conuenit etiam homini: sed nō primo inuenitur in illa dispositione in equitantibus in naui. E

37 Cum declarauit ꝙ falsitas non tantum inuenitur in hoc, ꝙ mouet se anima, vt declaratum est in sermonibus vniuersalibus, sed etiam in hoc, quod dicunt ꝙ substantia animae constituitur per motū, vt vēti, & fluuij, incepit declarare hoc etiam esse impossibile. Et incepit primo diuidere modos, secundum quos dicitur ꝙ aliquid est motū: & declarauit primo ꝙ motus attribuitur alicui duobus modis: aut essentialiter, quando aliquid fuerit motum per se: aut accidentaliter, quando fuerit motum per motum alterius, cum fuerit in re mota. Et dicit: Et omne motum mouetur duobus modis, aut per aliud, aut per se. D. d. exemplum de equitantibus in naui. Deinde dicit: & hoc manifestum est ex membris, idest motus nauis non attribuitur equitantibus essentialiter.* & hoc manifestum est ex motu membrorū, propter quae attribuitur motus essentialiter homini, & animali, scilicet pedum. motus enim non attribuitur homini essentialiter, nisi propter haec membra: & iste motus non inuenitur in equitantibus in naui: motus igitur essentialis non inuenitur in eis. † Et debes scire ꝙ illud, quod dicitur motum, quia est in moto, est duobus modis. Modo, qui est possibilis vt moueatur per se: vt equitantes in naui, qui mouentur per motū nauis. Et modo, qui est impossibilis: vt albedo, quae mouetur per motum corporis albi. F

1. de Gene. t. c. 41.

*Motus enim nauis attribuit hominibus per pedes. Sed vide oppositū 6. Ph. 59. & 7. 4 vbi dr ꝙ per con.

†Vide consimile. 4. Ph. t. c. 12. & 5. Phy. c. 1. & 6. phy. t. 6. & 8. phy. 27. Vide cōt. Zim.

Dupliciter autē vtique dicto moueri, nunc intendimus de anima si per se ipsam mouetur & participat motu. Quatuor autem motus cum sint, loci mutationis, alterationis, augmenti, & decrementi, aut secundum vnum horum mouebitur, aut secundū plures, aut omnes. Si vero mouetur non secundum accidens, natura inerit motus ipsi: si autem hoc, & locus: omnes enim dicti motus in loco sunt.

Cum

A *Cum inquiunt moueri bifariam dicatur, nunc consideramus de Anima, an per seipsam moueatur, motúsque particeps sit. Cum autem quatuor motus sint, latio, alteratio, auctio, & diminutio, aut vno eorum mouebitur, aut pluribus, aut omnibus: Quòd si mouetur non per accidens, natura ei inerit motus: Sin hoc, etiam locus: omnes enim dicti motus, in loco sunt.* IO. PH.

Et, quia motū dicitur duobus modis, debemus modo perscrutari de anima vtrū moueatur per se, aut per aliud. Et, quia motus sunt quatuor, loci, & alterationis, & augmēti, & diminutionis, necesse est aut ut moueaṫ aliquo istorum motuum, aut vt moueatur plusq̄ vno, aut vt moueatur omnibus motibus. Si igitur mouetur non accidentaliter, & motus est ei naturaliter. &, si ita sit, habet locum etiam. oēs enim motus, quod diximus, sunt in loco.

18 B Cùm diuisit motum in duo essentialiter, & accidentaliter, incœpit perscrutari vtrum sit possibile vt anima moueatur per se, & dicit. Et quia motum dicitur, &c. idest &, cum declaratum est quòd motus dicitur duobus modis, perscrutandum est vtrum anima moueatur per se, aut nō moueaṫ nisi accidentaliter. Deinde proposuit huic tres propositiones, quarum Vna est ꝙ motus sunt tres in genere. sed ipse dixit quatuor large, quasi numerando additionem, & diminutionem pro duobus. Secunda autem est ꝙ, si anima mouetur, aut vno istorum motuum, aut pluribus, aut omnib[9] mouetur. Tertia vero est ꝙ, si mouetur vno istorū motuum, necesse est vt sit corpus. Quòd autem, si anima mouetur, tunc vno istorum motuū mouetur, sic componitur. Si anima mouetur essentialiter, necessario mouetur vno essentialium motuum, aut plurib[9], aut omnibus: & omnis motus aut est loci, aut alterationis, aut augmēti: ergo anima, si mouetur, mouetur, aut localiter, aut cremento, aut alteratione. &, cùm coniunxerimus huic quòd omne motum aliquo istorum motuum est corpus, vt declaratum est in Sexto Physic. concludetur quòd, si anima mouetur, est corpus, & in loco: cùm omne corpus sit in loco. Hoc igitur possumus intelli- (6. phy. te. co. 32.)

C gere de hoc, quod dicit, si igitur mouetur non accidentaliter, & motus est ei naturaliter. Si igitur ita sit, habet locum. omnes enim motus prædicti sunt in loco. si igitur mouetur naturaliter: & omnis motus naturaliter est vnus illorum trium: & quilibet illorum est in corpore: & omne corpus est in loco: necesse est vt anima sit in loco. &, cū fuerit in loco, erit mota motu locali necessario. omne enim, quod mouetur altero illorum duorum motuum, mouetur localiter: sed non conuertitur. Sed in verbis est ambiguitas quoniam d. omnes enim motus prædicti sunt in loco: & non. d. omnia enim mota illis motibus prædictis sunt in loco: sed omnes motus prædicti. sed hoc etiam secundum suum modum non vere dicitur de illis motibus tribus, scilicet vt sint in loco, si hoc, quod dixit prædicti, respōdet illis tribus. motus enim alterationis non est in loco. Et ideo possumus

(Oīs motꝰ ē in loco.) (Obiectio. Nunquid oīs motꝰ sit ī loco.) (Pria solu.)

intelligere ex hoc, quod d. si igitur mouetur non accidentaliter, & motus est ei naturaliter, idest per se, nō propter aliud extrinsecum, necesse est vt moueatur motu locali. & sic intendit per motus prædictos omnes modos motus localis. iste enim motus existit in te naturaliter, & est necessario in loco. & secundum hoc erit sermo eius & mot⁹ est ei naturaliter, quasi alia conditio addita ei, quod est ei essentialiter. alteratio enim potest dici ali- D
Scda solu. quo modo quòd est in alterato essentialiter. Et potest dici ꝙ est in eo accidentaliter aliquo modo. albedo enim non mouetur in nigredinem, nisi quia est in aliquo diuisibili, scilicet in corpore, non quia est diuisibilis in se. & sic erit hic alius modus modorū accidentaliter à modo descripto: vt verificat hanc expositionem hoc, quod post dicet.

Si autem est substantia animæ, mouere se ipsam, non secundum accidens moueri ipsi inerit, sicut albo & tricubito: mouētur enim & hæc, sed secūdum accidens: cui enim hęc insunt, mouetur illud corpus. vnde non est locus ipsorum: animæ autem erit, siquidem natura motu participat. E

SOPH. *Quòd si Anima substantia est mouere se ipsam, profectò moueri nō per accidens ei inerit, quēadmodum albo, vel tricubito: mouētur enim hæc quoq;, sed ex accidenti: nā id cui insunt, mouetur, videlicet corpus: ideoq; nō est locus ipsorū: at Anima erit, si natura motus ē particeps.*

Et, si substantia animæ est vt moueat se, tunc mouere nō erit accidentaliter, vt motus albi, & tricubiti. ista enim mouentur, sed accidentaliter. quod autem mouetur est corpus, in quo hæc duo existunt. Et ideo non habent locum. anima autem habet locum: cum habeat naturaliter communicationem cum motu.

99 Cùm declarauit ꝙ, si mouetur essentialiter, oportet vt moueatur vno trium motuum, incœpit declarare ꝙ non potest moueri motu alterationis, neq; augmenti. impossibile est enim vt inueniatur in eis aliquod mo- F
uens: quoniam hoc non inuenitur nisi in motu locali tantum: quamuis illud, quod mouetur in qualitate mouetur aliquo modorum rerum, quæ dicuntur moueri accidentaliter. Et dicit: Et, si substantia animæ, &c. i. & si substantia animæ est aliquod mouens se, vt Antiqui describunt, tūc impossibile est vt moueatur in qualitate, vt album in nigrum: neq; in quantitate, vt tricubitum in tetracubitum. quoniam, si aliquod istorum dicat moueri, non dicetur nisi accidentaliter: quoniam illud, quod mouetur in
Vide. 8. phy. 6 q. ex quæ ibi. istis, non est nisi corpus. Et hoc est quasi causa, propter quam non inuenitur in his duobus motibus mouens ex se. sed quoniam motus non attribuitur albedini, & nigredini, nisi propter corpus, in quo existunt hę duæ
Dubium. qualitates, manifestum est. Sed difficile est imaginari quomodo attribuitur additio, & diminutio in quantitate rei augmentabili, & diminuibili accidentaliter. augmentatum enim essentialiter mouetur in loco.

Sed

A Sed sm quod est motus in partibus, nō in toto. mot' igitur attribuitur toti accidentaliter. motus igitur attribuitur alterabili, & augmentabili modo accidentali: sed alterabili propter corpus deferens, augmētabili autem & diminuibili propter partes corporales augmentabiles, & diminuibiles. Et secundum has duas intentiones intelligendus est suus sermo, in quo dicit, quod autem mouetur est corpus, in quibus sunt hæc duo, idest est corpus, in quibus sunt hęc duo. in qualitate vero est corpus subiectum: in augmēto autem sunt partes corporis, in quibus inuenitur ille motus. Et sic possunt dissolui omnes dubitationes contingentes huic sermoni. Solutio. Vide. 1. de Gen. 17. & 4. phy 31.

Amplius autem & si natura mouetur & violentia mouetur, & si violentia, & natura: eodem autem modo se habet & de quiete: in quod enim mouetur natura, & in hoc quiescit natura: in quod autem violentia, quiescit in hoc violentia. quales autē violenti motus animæ erunt & quietes, neque fingere volentibus facile est red-

B dere. Amplius autem siquidem sursum mouebitur ignis erit, si vero deorsum, terra: Horum enim corporum motus hi: eadem autē ratio & de mediis.

SOPH. *Item si natura mouetur, & vi etiam moueri possit: & si vi, etiam natura. Eodem etiam modo res habet de quiete: ad quod enim natura mouetur, in eo quoque natura quiescit: similiter etiam ad quod vi mouetur, in eo quoque vi quiescit. Qui autem violenti motus Animæ erunt, et quietes, ne si fingere quidem velis, facile describas. Item si sursum mouebitur, erit ignis: si deorsum, terra: hi enim motus, harū corporū sunt. Eadem ratio est de intermediis.*

Et, si mouetur naturaliter, mouetur etiam violente: &, si violente, naturaliter. Et similiter de quiete. ad quod enim mouetur naturaliter, in eo quiescit naturaliter. & similiter in illo, ad quod moue-

C tur violente, in eo quiescit violēte. Qui igitur sunt motus, & quietes isti, qui violente accidunt animæ? Et si mouetur superius naturaliter, est ignis: &, si inferius, est terra. isti enim duo motus non sunt nisi horum duorum corporum. Et sermo de corporibus mediis est iste idem sermo.

40 Idest Et, si mouetur naturaliter, i. per se in loco, necesse est vt moueatur violente in loco. & hoc necesse est in eo, quod mouetur in loco motu recto. D. posuit conuersum, & d. &, si mouetur violente, mouetur etiam naturaliter. & hoc etiam necesse est, s. quod illud, quod mouetur violente, debet moueri naturaliter: motus* enim violentus non intelligitur nisi respectu naturalis. D. d. Et similiter de quiete. idest & sm hunc modum debet eē in quiete s. quod omne motum naturaliter habet quietem naturaliter: & oē habens quietem naturaliter habet quietē violente: & oē habens quietem violente, habet quietē naturaliter. Si igitur anima mouet naturaliter, hēt

1° motu recto quod mouetur naliter, mouetur violenter Idē 4. Cae. 84.

*Mot' violent' nō intelligit, nisi respectu nalis. vide 1. Cae. 14. & 9 ibi. & 2. cae. 8.

 quietem

quietem naturaliter:&,si habet quietem naturaliter, habet quietem vio- D
lente. Et,cum narrauit ꝙ illud,quod mouetur naturaliter, potest habere
violentam quietem,narrauit in quo loco habet quietem violente,& d. &
similiter in illo ad quod mouetur naturaliter, in eo quiescit violente.i. in
loco enim,in quo mouetur naturaliter,quiescit violente.verbi grã ignis,
qui mouetur naturaliter in loco inferiori,in eo quiescit violente:terra au
5.phys. 54.60. tem econuerso.& hoc determinatum est in Quinto Physi. Et,cum probauit ꝙ si anima mouetur naturaliter,& per se. necesse est vt moueat vio
lente,aut quiescat violente,his propositionibus verificatis, d. Qui igitur
motus sunt?idest nullus enim potest dicere in hoc aliquid.hoc enim nullo modo imaginatur in anima, nedum sit necesse. Et potentia istius sermonis est potentia duorum syllogismorum hypotheticorum. Quorum
primus est quòd,si anima mouetur naturaliter,mouetur violente, sed nõ
mouetur violente:ergo non mouetur naturaliter.Secundus autem,est ꝙ,
si anima mouetur naturaliter,quiescit naturaliter, & si quiescit naturaliter,quiescit violente:sed non quiescit violente: ergo non quiescit natura- E
liter:& si non quiescit naturaliter, non mouetur naturaliter. & iste componitur ex duobus syllogismis hypotheticis continuatiuis, in quorum
vtroq; destruitur consequens, & concluditur oppositum præcedentis.

D.d.alium syllogismum,qui sequitur ex illis propositionibus, per quẽ
declarat ꝙ anima non mouetur naturaliter, & d. Et, si mouetur superius
naturaliter:est ignis:& si inferius,est terra.idest si mouetur naturaliter in
loco mouetur aut superius,aut inferius: cùm omnis motus in loco est altero istorum modorum.& hoc verum est in motu recto.;Si igitur moue
tur superius,est ignis:si inferius,est terra:si medio modo est alterum duo
rum corporum mediorum,aut aqua,aut aer. Et hoc intendebat cũ dicit.
Et sermo de corporibus,&c.idest quasi diminuit impossibile consequẽs:
quia manifestum est.& est quòd, si est ignis,aut aliquod elemẽtorum est
in corpore violente.&,si est aliquod elementorum,non debet moueri in
corpore nisi vno motu naturaliter,aut superius, aut inferius, non motib'
oppositis,sed nos videmus eã moueri motibus oppositis in loco: ergo nõ F
est vnum elementorum quatuor.

**Quoniam autẽ videtur mouere corpus, rationabile est his mo-
uere motibus,quibus & ipsa mouetur:si autem hoc, & conuerten
tibus dicere verum,ꝙ secundum ꝙ corpus mouetur, hoc & ipsa:
Corpus autem mouetur secundum loci mutationẽ, quare & anima mutabitur secundum corpus,aut tota, aut secundũ partes trãs
lata:Si autem hoc,contingit & exeuntẽ iterum ingredi:ad hoc autem sequitur,resurgere mortua animalium.**

sopr. *Item quia videtur mouere corpus,consentaneum est,vt ijs illud moueat motibus,quibus & ipsa mouetur.Quod si ità est,etiam facta conuersione dicere verum est, quo corpus mouetur,eo & ipsam moueri, at*

vero

A *verò corpus latione mouetur, quare & anima mouebitur quemadmodo corpus, aut tota, aut partibus demigrando. Sin autem id fieri potest, fieri etiam poterit vt egressa rursus introeat. Cui consequens fuerit ut mortua animalia resurgant.*

Et etiã, si videmus eã mouere corpus, necesse est vt moueat ipsum illis motibus, quibus illa mouetur. Et, si ita sit, cum iste sermo cõuertetur, erit verus, s. ꝙ motus, quo corpus mouetur, mouetur etiam ipsa illo motu, & corpus mouetur motu locali: vnde necesse est vt anima transmutetur sm transmutationẽ corporis, & transferatur i loco, aut sm totũ, aut sm partes. Et, si hoc fuerit, possibile est vt cũ exiuerit ab aliquo loco reuertat, & existat in eo vñ possibile est vt illud, ꝙ morit ex animalibus, reuertatur, & viuat.

41 Dicit Et etiam, si videmus eam, &c. i. & est etiam altera raciocinatio, quoniam, si ponimus quòd ipsa mouet corpus secundum quòd mouetur
B necesse est vt moueat ipsum modo motus, quo mouetur, s. ꝙ, si transferatur, necesse est vt transferat ipsum: &, si alteretur, necesse est vt alteret ipsum. Et, cùm posuit hoc, d. & econtrario etiam, s. modus motus, quo corpus mouetur ab anima, necesse est vt moueatur illo eodem motu. Hoc posito, si posuerimus ꝙ corpus mouetur ab anima motu locali, tunc necesse erit vt anima moueatur in corpore, aut secundum totum, aut secundum partes. erit igitur in corpore quasi corpus in loco. &, quia innata est mouere corpus in locis diuersis, possibile est etiam vt ipsa moueatur in locis diuersis, Et cùm ita sit, possibile est, sicut dixit, cùm exierit à corpore, vt reuertatur, & intret ipsum. vnde consequitur, sicut dixit, vt animal mortuum reuertatur, & viuat. Sed ista contradictio est secundum sermonẽ dicentis, non secundum rem in se. Nos enim non ponimus quòd omne mouens mouetur illo modo motus, neq; in motu locali: nisi mouens sit corpus: vt declaratum est in Physicis. Et, cùm quidam existimauerunt Dubium.
quòd hæc contradictio est secundum rem in se, dederunt dubitationes su
C per Aristo. in hac propositione, dicenti ꝙ omne corpus non mouet nisi moueatur, & dicunt, nos videmus hic multa, quæ mouent, & non mouentur illo modo motus, vt lapis retitus: quoniam, cùm calefit, mouet paleam motu locali, tamen ipse non mouetur. Sed iste non est locus istius quæ- Solutio 8.
stionis. & eius dissolutio iam dicta est in. viij. physico. vbi indigebat pone Phy. 33. &
re hanc propositionem. Si quæstio esset propria huic loco, contradictio 32.
esset secundum rem in se: quia multa videmus alterare, tamen non alterãtur. Sumus igitur inter duo. Aut debentes ponere ꝙ contradictio est secũdum rem in se, & tunc non erit verum, nisi in motu locali, ꝙ non sonant verba Aristo. Aut ponere ꝙ contradictio est secundum sermonem dicentis, non secundum rem in se. Et ista quidem contradictio non verificatur, nisi concedendo primam propositionem, à qua incœpit loqui, scilicet ꝙ, si anima mouet corpus, secundum quod mouetur, necesse est vt moueat ipsum

ipsum modo motùs, quo mouetur. & hoc concedunt Antiqui: ita sequi- D
tur illud, quod concedunt. hoc quidem concesso, consequitur conuersum
eius necessario, & est quòd omnis motus, quo corpus mouetur, necesse est
vt anima moueatur illo motu. & hoc manifestum est. secundum hoc igitur intelligenda est ista contradictio in hoc loco.

Secundum accidens, autem motu si ab altero moueatur: depel-
letur enim vtique violentia animal, non oportet autem cui à se ipso
moueri inest in substantia, hoc ab alio moueri: nisi secundum acci
dens: sicut neque quod secundum se bonum aut propter se ipsum, hoc quidem propter aliud esse, hoc autem alterius causa.

SOPH. *Motu porrò, qui per accidens fit, etiam ab alio moueri possit, fieri
enim potest, vt vi animal impellatur: non oportet autem cuius in substantia inest, vt à se ipso moueatur, id ab alio moueri, nisi fortè per acci
dens: quemadmodum neque quod per se bonum, aut propter se, id per* E
aliud esse, aut alterius causa.

Motu autem accidentaliter non mouetur, nisi per aliud, s. cum
animal expellitur violente. Sed non est necesse vt illud, in cuius
substantia est moueri per se, moueatur per aliud, nisi accidentaliter. quemadmodum non est rectum, vt illud, quod est bonum per
se, sit bonum per aliud: neque illud, quod est delectabile per se, sit
delectabile per aliud.

41 Cùm destruxit quod anima mouetur per se, incœpit declarare quod non est
impossibile vt moueatur accidentaliter: immo forte est necessarium. Et
dicit. Motu autem accidentaliter, &c. idest motu autem accidentali pôt
moueri: cum talis motus non est nisi per motum rei, in qua est, & hoc accidit ei, cùm corpus, in quo est, mouetur violente ab aliquo extrinseco.
Et, cùm dedit pro possibili istum modum motus, declarauit quod non debet
necesse esse, vt illud, quod mouetur per suam substantiam, moueatur per F
aliud. Quemadmodum enim illud, quod est bonum per se, non est bonum per a-
liud, sic illud, quod est motum per se, non est motum per aliud.

Animam autem maxime dicet aliquis vtique à sensibilibus moueri si quidem mouetur. At vero & si mouet ipsa se ipsam, & ipsa
mouebitur vtique. Quare quoniam omnis motus ex distantia est
eius quod mouetur secundum quod mouet: & anima vtique distabit à substantia ipsius secundum se ipsam, nisi secundum accidens se moueat,
sed est motus ipsius substantiæ per se.

SOPH. *Animam autem maxime dixerit quispiam à sensibilibus moueri,
si mouetur. Iam uero si mouet ipsa se ipsam, ipsa quoque moueatur. Quare si omnis motus recessus est eius quod mouetur, quatenus mouetur, ani
ma etiam recedere possit ex substantia, si non ex accidenti se ipsa mo-*

A *uetur, sed motus sit substantia ipsius per se.*

Et melior sermo omnium sermonum dictorum in hoc, quod anima mouetur, est quod mouet sensibilia. Sed, si mouet se, mouetur etiam. Vnde necesse est, quia motus est processus moti in modo sui motus, vt anima etiam procedat à sua substantia, si non mouet se accidentaliter. sed motus est suæ substantiæ per se.

41 Cùm declarauit quod contingit dicentibus quod anima non mouet, nisi secundum quod mouetur, vt moueatur modis motuum, quibus mouet: anima autem videtur mouere pluribus modis, vt motu locali, & motibus sensibilium: & iam dedit eis impossibilitatem, si mouetur motu locali, qui est modus quo mouet: declarauit hic quòd sermo magis sufficiens quòd anima mouetur illo modo, quo mouet, est vt moueat motu, quem facit in sensibilibus, & dicit. Et melior sermo, &c. idest & magis sufficiens sermo est dicere quod anima mouetur in genere motus, quem habet in B sensibilibus. & intẽdebat hoc, cùm dicit, quòd mouet sensibilia, idest quod mouetur modo motus, secundum quem mouet sensibilia. Sensus* enim licet moueantur à sensibilibus, tamen existimantur mouere, & moueri ab eis insimul. Deinde incepit dicere aliud impossibile contingens omnibus: & est quod si actio substantialis animæ, qua sustentatur, quasi forma sit † motus: motus autem est transmutatio rei in sua substantia: necesse est vt anima transmutetur in sua substantia: & non sit in sua vltima perfectione, idest in actu. Esse* enim motus est esse transmutabile, & est compositum ex esse in potentia, & ex esse in actu. & ideo existimauerunt plures Antiquorum ipsum non esse. & dicit. Sed, si mouet se, mouetur etiam, &c. idest, sed si anima mouet se, vt ponunt Antiqui, ipsa etiam mouetur in se, & in sua substantia. Et, quia omnis motus est trãsmutatio moti in modo suæ substantiæ, secundum quod est motum, necesse est vt anima etiam transmutetur à sui substantia. Deinde dicit si non mouet se ac- C cidentaliter, idest mihi videtur, si motus non est aliquod posterius ab anima quasi accidens illi, scilicet vt anima accipiatur in definitione motus, non motus in definitione animæ, vt faciunt Antiqui. Et intendebat per hanc expositionem, si non mouet se, ita quod motus sit accidens, & consequens substantiam eius. & forte intelligit intentionem prædictam de accidenti, idest quod opponitur essentiæ.

* Sensus licet moueantur à sensibilibus, tamen existimantur mouere & moueri ab eis insimul.

† Motus est trãsmutatio rei in sua substantia. ex proficu. 1. ph. 63. & 5. ph. 7. vide obrazini.

* Esse motus est cõpositum ex esse in potẽtia, & ex esse in actu. & ideo existimauerũt plures Antiquorum ipsum nõ esse idẽ. 3. ph. 14.

Quidam autem & mouere animam dicunt corpus in quo est, sicut ipsa mouetur, vt Democritus: similiter dicens Philippo comœdiarum Didascalo: ait enim Dædalum fecisse mobilem ligneã venerem, infundens argentum fusile. Similiter autem & Democritus dicit: motas enim inquit indiuisibiles sphæras, propter id quod aptæ natæ sunt nusquã manere, cõtrahereque & mouere corpus omne. Nos autem interrogabimus si & quiescere facit hoc idem? Quomodo autem faciat difficile, aut impossibile dicere. Omnino autem non sic videtur anima mouere animal, sed per voluntatem quandam & intellectum. D

SOPH. *Sunt etiam qui dicant animam mouere corpus in quo est, vt ipsa mouetur, vt Democritus, similiter dicens ac Philippus Comicus. inquit enim Dedalum fecisse ligneam illam Venerem, quæ moueretur infuso argento fusili. Similiter etiam Democritus asserit: Inquit enim dum mouentur orbes indiuisibiles, eò quòd suapte natura nunquam possint quiescere, secum rapere, & mouere vniuersum corpus. Nos autem interrogabimus, num illud idem etiam quiescere faciat? Atque tandem pacto id faciet, difficile est immo vero dictu impossibile. Omnino non ità videtur anima mouere aïal, sed electione quadã, & intellectione.*

Et dicunt aliqui q̃ anima mouet etiam corpus, in quo est, modo, quo mouetur. vt Demo. dixit enim sermonem similem sermoni Philippi. Iste enim dicit q̃ Dedalus posuit imaginem Hermaphroditi motam, ponendo in ea argentum viuum. Et similiter dicit Democritus dicens, q̃ sphæræ indiuisibiles semper mouentur, quia innatæ sunt non quiescere in aliqua hora: & sic attrahent secum totum corpus, & mouent ipsum. Nos igitur quærimus ab eo, verum hoc idem faciat quietem etiã. & difficile est, immo impossibile dicere quomodo facit hoc. Et vniuersaliter nõ videmus animam mouere animal hoc modo, sed voluntarie. E

44 Cùm declarauit quod contingit dicentibus quod mouetur anima ex se, vt transferatur ex se, quemadmodum corpus transfertur, & dedit eis multa impossibilia, incœpit hoc etiam dicere quod plures homines sunt, qui hoc dicunt, & dicit. Et dicunt aliqui quod anima mouet corpus, &c. idest, & quidam opinantur quod anima mouet corpus motu locali, illa etiam mota. vt Democritus opinatur enim quod partes indiuisibiles semper mouet corpus motu suo, sicut dixit Philippus quod Dedalus fecit mouere imaginem Hermaphroditi, imponendo in eam argentum viuum. ille enim opinatur quod ita est de anima cum corpore in motu, sicut de argento viuo cum imagine. Deinde dicit. Nos igitur quærimus ab eo, &c. idest, &, si causa apud ipsum, propter quam anima mouet corpus, est ista, quærendum est ab eo, quomodo anima facit quietem, si facit motum, secundum quòd semper mouetur. Deinde declarauit quod non solum est difficile, immo impossibile dare causam, quomodo facit quietem. secundum quod mouetur, & dixit. & difficile est dicere, &c. Deinde dicit. Et vniuersaliter non videmus animam, &c. idest quod, si motus corporis ab anima esset, sicut motus imaginis ab argento viuo, tunc motus corporis non esset voluntarius, sed necessarius, & hoc manifestum est. F

Eodem

A Eodem autem modo & Timæus physiologizat animam mouere corpus. in eo enim q̀ est moueri ipsam, & corpus mouet, propter id quod complexa est ad ipsum. constitutam enim ex elementis, & dispartitam sm̄ harmonicos numeros, quatenus connaturalem sensum harmonię habeat, & vt omne feratur secundum cõsonantes motus, aspectum rectum in circulum reflexit, & diuidẽs ex vno in duos circulos dupliciter coordinatos, iterum vnum diuisit in septem circulos: tanquã essent cœli motus, animę motus.

SOPH. *Eodem etiam modo Timæus dicit animam mouere corpus: quòd .n. ipsa moueatur corpus etiam mouere, propterea quòd connexa sit cum ipso: constantem enim ex elementis, & distinctam harmonicis numeris, vt insitum sensum harmoniæ habeat, vtque vniuersum feratur consonis lationibus, rectitudinem in orbem torsit, & cum diuisisset vnum* B *in duos circulos duobus punctis connexos, rursus vnum diuisit in septem circulos, vt pote cum Cœli lationes, sint Animæ motus.*

al. l. vt sensum, & insitum harmonia habeat.

Et similiter est de hoc, quod dixit Timæus in sermone naturali. s. q̀ anima mouet corpus. dixit enim q̀ non mouet corpus, nisi ipsa mota, quia admiscetur cum eo. Constitutio enim animæ est ex elementis. & est diuisibilis sm̄ diuisionem numerorum compositorum, vt habeat sensum conuenientẽ harmoniæ, & moueatur totũ motibus conuenientibus. dixit & ideo incuruauit rectitudinem, & posuit eam circulum, & diuisit ex vno duos circulos separatos in duobus locis. deinde diuisit vnum circulum etiã in septẽ circulos: ita quod posuit motus cœli, sicut motus animæ.

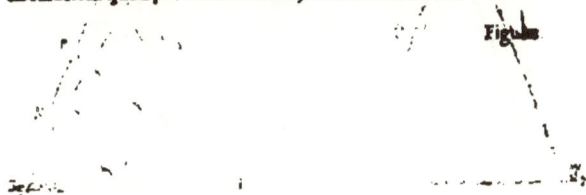

Figulus

Figuræ, Platonis opinionem declarantes, ex eius præcipuis sectatoribus.

Numeri animam constituentes, ac eorum proportiones.

Proportio Dupla. Sexquialtera. Sextertia. Dupla super-bipartiens. Sexquioctaua. Tripla.

1 2 3 4 8 9 27

Diapason. Diapente. Diatessaron. Cõposita ex Diapason & Diatessaron. Ton'. Cõposita ex Diapason & Diapente.

Figura, duplicem dictorum numerorum ostendens coordinationem, in quibus identitas, ac diuersitas reperitur.

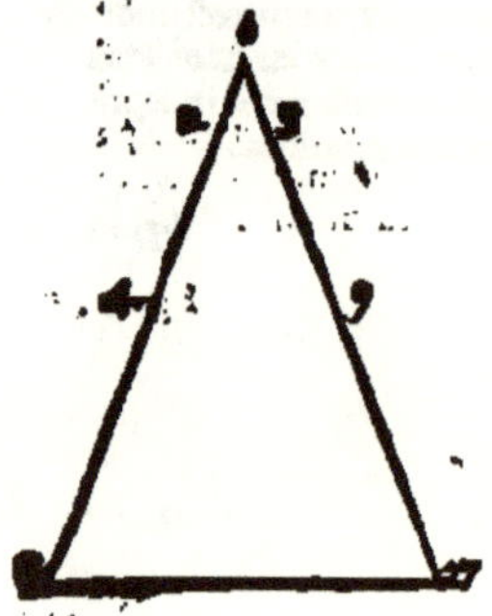

Figura, numerorum ostendens reflexionem, quasi circularem, a paribus ad imparia, & econtrario.

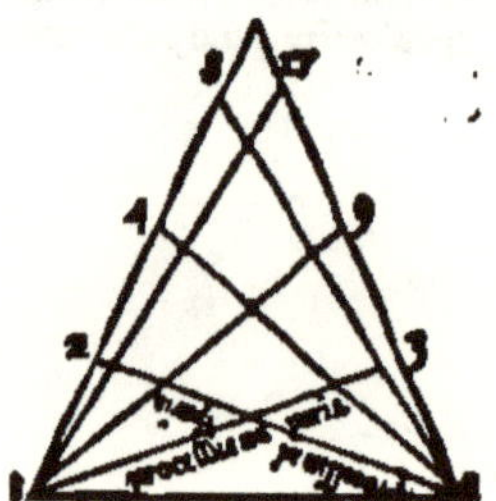

Figura, cœlorum ostendens diuisiones, animas, motus, rerum intelligibilium, animæq; nostræ potentiarum ordines, ac proportiones.

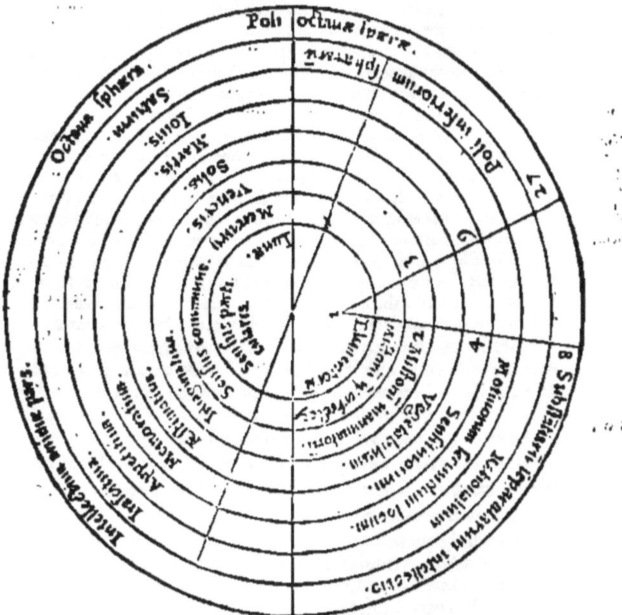

41 Cùm declarauit quòd Democritus opinabatur animam mouere corpus localiter, ipsa translata, & dedit impossibile consequēs eius opinionē, incœpit etiam declarare quòd illud, quod dictum est in Timæo, est simile opinioni Democriti, & d. Et similiter etiam, &c. i. & similiter dictū est in Timæo. s. quòd anima mouet corpus localiter: immo etiā anima trāsfertur, quia admiscetur cum eo: &, cùm ipsa transfertur, transfertur corpus. Et, cùm declarauit similitudinem inter hanc opinionem, & opinionem Demo. incœpit etiam dicere illud, quod est proprium huic opinioni, & contradicit ei proprie, & d. Constitutio enim animæ, &c. i. & hoc dictum fuit in Timæo quòd constitutio animæ est ex elementis illius mundi: sed est intelligens, quia componitur ex elementis musica compositione, & sphærica: & comprehendit harmoniam, quia componitur compositione harmonica:

harmonica: quoniam & apud ipsum talis est natura corporum cœlestiũ D
corpora enim cœlestia sunt composita apud ipsum tali compositione: &
figura eorum talis est. Et, cùm d. quòd constitutio animæ est ex elemen
tis, intendit ex elementis, quibus componitur mundus apud ipsum, Et d.
& est diuisibilis. i. & ẽ composita compositione harmonica, quia per talẽ
proportionem compositionis potest sentire harmoniam. Et hoc intendebat, cùm .d. vt habeat sensum. D. d. & moueatur totum motibus conue
nientibus. i. quia habet numerum harmonicum. D. d. & ideo incuruauit
rectitudinem. i. intendit quòd Timæus, qui opinabatur quòd anima non
agit, nisi inquantum est sphærica, & comprehendit harmoniam, & moue
tur motibus armonicis, idest conuenientibus, inquantum componitur
ex elementis compositione harmonica, dixit narrando de creatore q̃ cõ-
posuit animam ex elementis, composuit ipsam prius magnitudine recta
compositione harmonica deinde incuruauit lineam, & fecit ipsam circu
lum, vt intelligat, & fecit illum circulum habere latitudinem. deinde diuisit illum circulum in duo: quorum vnum diuisit in septem. s. orbes stella- E
rum erraticarum, & orbem stellarum, ita q̃ posuit motus cœli eosdem cũ
motibus animæ. i. q̃ actiones cœli sunt eædem cum actionibus animæ.

Nota qualiter aĩa ẽ harmonia vt corpora cœlestia s̃m Platonem.

Primum quidem igitur non bene, dicere animam magnitudinem esse: eam enim quæ omnis, talem esse vult, qualis est aliquan
do vocatus intellectus: Non enim velut sensitiua est: neq; vt desi-
deratiua: Harum enim motus non circulatio.

SOPH. *Primum igitur non rectè habet, dicere Animam esse magnitudinem. Animam enim vniuersi nimirum talem esse vult, qualis est, qui
vocatur intellectus: non enim qualis sensitiua est, neque qualis concupi
scitiua: harum enim motus non est conuersio.*

Dicamus igitur prius q̃ non est rectum dicere quod anima est
magnitudo. Manifestum est. n. q̃ qui intẽdebat q̃ aĩa totius. v. g.
id, q̃ dicitur intelligentia, est sic, non intendebat sensibilem aĩam, F
neq; desyderatiuam: qm̃ motus istarum non est circularis.

46 Dicit quòd non est rectum opinari quòd anima sit corpus, cũ intellectum fuerit per animam intellectus: vt declaratum est quod hoc intendebatur in Timæo per hoc nomen anima. & ideo fecerunt corpus sphæricum. actio enim intellectus similis est circulationi. Et non intelligebatur
illic per animam, aut sensibilis, aut desyderatiua. motus enim istarum, &
actio earum non assimilatur circulationi: sicut actio Intellectus apud eos
assimilatur circulo, quia reuertitur, supra se, & intelligit se. & ideo assimilat ipsum Arist. sphæræ.

Prima rõ cõtra Platonem.

Aĩa sensitiua, & desyderatiua nõ assimilant̃ sphæræ, sicut intellectus.

Intellectus autem vnus & continuus est, sicut intelligentia: Intelligentia autem sicut intelligibilia: Hæc autem eo quod consequenter, vnum: sicut numerus, sed non sicut magnitudo: propter
quod quidem neq; intellectus sic continuus, sed aut impartibilis,
aut

A aut non sicut magnitudo aliqua continuum. Qualiter enim intelliget magnitudo cũ sit qualibet partium ipsius: parte autem aut secundum magnitudinem, aut secundum pũctum: si oportet & hoc dicere partem. si quidem igitur secundum punctum, hæc autem infinita, manifestum est quoniam nequaquam pertransibit: Si vero secundum magnitudinem, multotiens & infinities intelliget idem: videtur autem & semel contingens. Si autem sufficiens qualiber partium tangere: quid oportet circulo moueri, aut & omnino magnitudinem habere?

SOPH. *Intellectus autem vnus est & continuus, vt etiam intellectio: intellectio autem est ea quæ intelliguntur: quæ quia deinceps sunt, vnũ sunt vt numerus, & non vt magnitudo. Quam ob rem nec intellectus hoc pacto continuus est, sed aut carens partibus, aut non vt magnitudo ali-*
B *qua continuus. nam quo tandem pacto si magnitudo sit, qualibet suarũ intelliget partium? atque adeò partium, quæ vel in magnitudine, vel in puncto consistant: si modo oporteat id quoque partẽ vocare. si igitur puncto, ea autem sunt infinita, constat eum nunquam pertransiturum: sin magnitudine, sæpius aut infinities idem intelliget, cum tamen videatur vel semel fieri posse. quòd si sat sit tangere qualibet partium, quid oportet in orbẽ moueri, aut omnino magnitudinem habere?*

al. nam quo tandẽ pacto si magnitudo sit intelliget: vtrũ vniuerse, an qualibet suarũ partium.

Intellectus autem est vnus, & cõtinuus, & similiter intellectũ. & intelligere est res intellectæ. & istæ sunt vnæ secundum consequentiam, sicut mensura sine magnitudine. Et ideo intellectus ẽt non est continuus hoc modo, sed aut est indiuisibilis, aut cõtinu⁹, non sicut magnitudo. Nullo enim modo possumus dicere quomo
C do intellectus intelligit per aliquam partem partium eius, quæcunque pars sit idem. Et intelligere per aliquam partem eius aut erit per magnitudinem, aut per pũctum. & si punctus est infinitus, manifestum est igitur quòd non pertransit ipsum in aliqua hora. Et, si intelligit per magnitudinem, intelligit multotiens, & infinities. sed nos videmus intelligere semel possibile esse. Si igitur sufficit tangere per vnam partem, quæcunque pars sit, in quo indiget moueri circulariter, & vniuersaliter, quo ex eo fiat magnitudo.

47 Intellectus autem est vnus, &c. i. & intellectus dicitur esse vnus, & continuus illo modo, quo dr̃ in suo intellecto esse vnus, & continuus. D. d. intelligere est res intellectæ, &c. i. quia intelligere est ipsæ res intellectæ, quæ non dicuntur esse vnæ, nisi sicut dicuntur res consequentes esse vnæ, s. numerus. & hoc intendebat, cũ. d. sicut mensura sine magnitudine. i. sine cõtinuatione, & ideo impossibile est vt dicatur quòd intellectus sit vnus, &

Sola rõ contra Platonem.

continuus, nisi eo modo, sm quem dr hoc in rebus consequentibus, s. in D
quantitate discreta. Intellectus igitur non est corpus: quia non est continuus in rei veritate. D.d. sed aut est indiuisibilis, aut continuus, nō sicut magnitudo. d. &, cùm dispositio in intellectu sequitur dispōnem in intellecto, necesse est dicere intellectum, aut esse indiuisibilem, vt vnus pūctus aut continuum: sed non sicut continuatio magnitudinis, sed continuatio compositi. i. quantitatis discretæ. D.d. Nullo enim modo possumus dicere, &c. i. & cùm diximus in eo quòd est magnitudo continua, tunc non intelliget nisi secūdum tactum, vt dictum est in Timæo. nullo enim modo possumus dicere quō intelligit intellectus per aliquam partem eius, quæcunq; pars sit idem rerum intellectarum. D.d. Et intelligere p aliquam partem eius. i. & intelligere per tactum, cùm fuerit magnitudo, necesse est aut vt tangat per partes eius partes intellecti, aut per totum: totū autem vtrunq; d. si intellexerit per contactum partium cum partibus rei, necesse est vt, sit aut per aliquam partem eius, quæ sit magnitudo, aut per partem aliquam, quæ sit punctus. Et, cū declarauit hoc, dedit impossibile consequens vtrunq;, & d. si punctus est infinitus, &c. i. si intellexerit per punctum, manifestum est quòd non potest intelligere totum corpus sem per: puncta enim quæ sunt in corpore, sunt infinita. Si igitur necesse est in intelligendo corpus, vt tangat punctus ex eo omnia puncta, quæ sunt in corpore: qđ est impossibile, quia puncta sunt infinita: manifestum est quòd impossibile est vt intelligat corpus omnino sm hunc modum. Et, cùm declarauit impossibile consequēs, si intelligit sm quòd tangit corpus per puncta, incœpit etiam dicere impossibile consequens, si tangat ipsum per partem aliquam, quæ sit corpus, non punctus, & d. Et, si intelligit per magnitudinem, &c. i. &, si intellectus intelligit rem, tangendo per aliquam partem eius, quæ sit corpus, omnes partes corporis intellecti, circungyrando se, quousq; tangat per illam partem corporis omnes partes corporis intellecti, necesse est ex hoc, vt intellectus intelligat idem infinities, quando tangit corpus, quoniam pars non differt à parte in suo tactu: & impossibile est vt intelligat totum corpus. sed nos videmus qđ intellectus intelligit totum corpus simul, & vnico intelligere, & non indiget intelligere iterato. Si igitur aliquis dixerit quòd sufficit intelligere corpus, intelligere vnam partem eius, quando tangit ipsum per suam partem; dicemus ei quomodo igitur indiget corpus vt moueatur circulariter, quousq; tangat per suam partem, aut per suas partes omnes partes eius? & vniuersaliter quo indiget quòd intellectus sit corpus, si nō intelligit p tactū.

Tertia rō cōtra Platonē, quæ sumit declaratione à prima.

Si autem necessarium est intelligere tangentē toto circulo, quis est partibus tactus? Amplius, quō intelliget partibile impartibili, aut impartibile partibili: Necessarium autem intellectum esse circulum hunc: Intellectus quidem enim motus, intelligentia: circuli autem, circulatio. si igitur intelligentia, circulatio, & intellectus vtiq; erit circulus, cuius huiusmodi circulatio intelligentia, semp.

A autem aliquid intelliget, siquidem perpetua circulatio. Practica-
rum quidem enim intelligentiarum, termini sunt: omnes enim al
terius causa sunt. Speculatiuæ autem rōnibus terminantur simili
ter. Ratio autem omnis, deffinitio est aut demonstratio: Demonstrationes vero & à principio sunt, & habent quodammodo finē,
syllogismum, aut conclusionem: si autem non concludantur, sed
non reflectuntur iterum in principium, accipientes autem semp
medium & extremitatem, rectè procedunt: sed circulatio iterum
in principium reflectitur. Diffinitiones autem omnes finitæ sunt.
Amplius autem, si eadem circulatio multotiēs est, oportebit multotiens intelligere idem. Adhuc autem intelligentia assimilatur cui-
dā quieti & statui magis quam motui: eodem modo & syllogismus.

SOPH. *Sin necessarium est intelligere toto circulo tangentem, quenā erit
tactio quæ partibus fit: item quomodo intelliget partibile impartibi-*
B *li, aut impartibile partibili? Necessarium porrò est, intellectum esse
circulum hunc. nam motio intellectus, intellectio est: circuli verò circūuectio. Ergo si intellectio est circumuectio, & circulus etiam erit intelle
ctus, cuius talis circumuectio intellectio est. Iamuero semper aliquid in
telliget: & quidem oportet, siquidem perennis est circumuectio. Actiuarum enim intellectionum termini sunt: omnes enim alterius gratia
sunt. Contemplatiuæ etiam à rationibus terminātur: Ratio autem om
nis vel diffinitio est, vel demonstratio. Demonstrationes verò & à prin
cipio sunt, & habent quoddammodo finem syllogismum, aut conclusionem: quòd si non terminātur: at saltem non retro commeant ad principium, sed medium semper & extremum adhibentes, rectà progrediū
tur: at circūuectio retrò ad principium commeat. Diffinitiones etiam*
C *omnes terminatæ sunt. Item si sæpius eadem fiat circūuectio, sæpius idē
intelligere oportebit. Item intellectio similis est quieti potius cuidam
& statui. Eodem etiam modo syllogismus.*

Et, si necesse est intelligere vt tangat per totum circulum, quid
igitur est tangere per partes? Et etiam quō intelliget per indiuisibile diuisibile, aut per diuisibile indiuisibile? Et necesse est vt intel
lectus sit iste circularis ipsæ. intelligere.n. est motus intellectus, &
circulatio est motus circuli. Et, si intelligere est circulatio, erit etiā
ista circulatio intelligere. Quid igitur intelligit semper? hoc enim
necessarium est, si circulatio sit semper æterna. Intelligere.n. me-
chanicum est finitum: quoniam quodlibet illius est propter alterum. Et intelligere speculatiuum, & est definire per sermones, similiter. Et

omnis sermo aut ē desinitio, aut demōstratio. Et demonstrationes accipiuntur ex principio, sicut vltimo: & est syllogismus, & conclusio. Et, quamuis in eis non accidat conclusio, tñ non reuertunt ad sua principia, sed semper crescunt in medio, aut extremo, & pcedunt recte. circulatio autem reuertitur ad suum principium. Et etiam omnes definitiones sunt finitæ. Et etiam, totus motus idem est multotiēs. Et etiam intelligere dignius est vt attribuatur quieti, quàm motui. & similiter syllogismus. D

48

Vid supra c. 36. Quarta rō cōtra Pla.

Dicit. Et, si est necesse intelligere, &c. i. &, si necesse est intelligere vt intellectus tangat per totum circulum rem intellectam, & tunc intelliget. & ista est secunda pars trium diuisionum. quo igitur indigetur vt tangat p partes? oc osum enim est tangere per partes. Deinde. d. Et etiam quomodo intelliget per indiuisibile, &c i. quomodocunq; posuerimus quòd tangat, siue per partem indiuisibilem, siue per diuisibilem, siue illud diuisibile fuerit totum, aut pars, aut vtrunq; s. quòd tangat partem per partē, & totum per totum, impossibile est nobis dicere quomodo intelligit per tactum. Quoniam, si dixerimus quòd habet partes indiuisibiles, quomodo tangit per partes indiuisibiles partes diuisibiles rerum. &, si dixerimus quòd habet diuisibiles, quomodo tangit per eas: tangens enim debet esse superpositum. & omnia ista contingunt eis: quia ponit quòd intellectus in eo quòd est intellectus, habet partes, & quòd non intelligit, nisi tangendo. E

Tangēs debet esse supositū. Idē 5. Ph. 26.

Deinde dicit. Et necesse est vt iste intellectus sit circularis ipse. i. & necesse est vt intellectus sit proprium aliquod corpori circulari. manifestū est igitur quòd contingit ex hoc quòd intellectus est corpus circulare. Et syllogismus sic componitur. Actio intellectus est circulatio: & circulatio est corpus circulare: ergo actio intellectus est corpus circulare. & illud, cui attribuitur actio intellectus est intellectus: ergo intellectus est corpus circulare.

Quod motus circularis sit in cœlo patet. 1. cœli a t. c. 9. vsque ad. 18 q vero eternus. 8. ph. 71. 75 Quinta rō cōtra Pla.

Et, cùm declarauit quòd contingit necessario vt intellectus sit corpus circulare: & eius actio sit circulatio: notificauit quòd est necesse; si intelligere eius sit circulatio, & circulatio etiam fuit in eo semper, secundum quod est corpus cœleste, vt eius intelligere sit semper, & in infinitum. Et d. Et, si intelligere est circulatio, &c. i. &, si intelligere est circulatio, tunc etiam circulatio existens in intellectu erit intelligere, & circulatio erit semper. vnde manifestum est quòd intelligere erit semper, & in infinitum. F

Deinde, incœpit dare impossibile, quod sequitur ex hoc; & d. Quid igitur intelligit semper? &c. &, cùm secundum hanc opinionē necesse est vt semper intelligat, quid possunt dicere q semper intelligit. hoc enim necesse est propter hoc, quod ponunt, q circulatio est semper. & nihil possunt dicere in hoc: qm intelligere per operationem est finitū. omne enim intellectum apud operationem nō intelligitur nisi per aliud: & omnia propter vltimum finem, qui intenditur in illa operatione mechanica.

Oē intellectū apud opōnē nō intelligit nisi p aliud: & oia pp vltimū finem.

Et, cùm declarauit q intelligere est finitum in intellectu mechanico, incœpit declarare quòd ita est in speculatiuo, & d. Et intelligere speculatiuum,

A culatiuum, & est finire per sermones, similiter. i. similiter est in rebus speculatiuis. D.d. Et omnis sermo, aut est definiuo, aut demonstratio. i. & omnis actio intellectus, aut est definitio, aut demonstratio. Et, cùm declarauit hoc, incoepit declarare quòd vtraq; istarum actionum est finita, & d. Et demonstrationes accipiuntur ex principio. i. & demonstrationes habent principium, ex quo accipiuntur, & sunt propositiones: & habent finem, & est syllogismus, qui fit ex propositionibus, & conclusione. D.d. & quāuis in eis non accidat conclusio, &c. i. & qui concludit aliquam conclusionem, non faciet reuertere illam cōclusionem, sicut facit in syllogismo circulari: sed addit ei aliam propositionem, per quam impossibile est vt demonstratio reuertatur circulariter, s. vt principium fiat finis, & finis principium: sed additur illic terminus medius alius, & extremum maius aliud, & alia conclusio: & erit motus intellectus tunc sm rectitudinem, non secundum circulationem. Circulatio aūt, quam opinantur esse actionem intellectus, non intelligitur ab hoc intellectu. i. qui procedit sm rectitudinem, sed reuertitur.
B Et, cùm declarauit hoc in demonstratione, incepit declarare hoc in definitione, & d. Etiam oēs definitiones sunt finitę, i. & definitiones rerum, cū perficiuntur per intellectum, sunt finitæ: sicut res, quæ exigunt vt credantur. & intelligere non reuertitur in eis circulariter: sicut fides non reuertitur in demonstrationibus circulariter. D.d. Et etiam totus motus idem est multoties. i. &, & si motus intellectus, & circulatio eius fuerit in eodem intellecto, tunc comprehendet ipsum infinities. Et in alia translatione est manifestius sic. Et, cùm motus intellectus fuerit circularis, non specialis, tunc comprehendens comprehendet idem multoties. & ideo possibile est vt sermo sit sic. Et, si motus intellectus fuerit circulatio, tunc intelliget omnia multoties. D.d. Et intelligere dignius est vt attribuatur quieti, quam motui. & intendit ex hoc, qđ apparet: quoniam actio nostra per ipsum apud quietem est magis perfecta, quam apud motum, & ideo melius est attribuere actionem intellectus quieti, quam motui, sicut fecerunt isti.

nē, q̄ intēdit in opō ne mechanica. Idē 1. Met. t. c. 1. Oīs actio intell. aut ē defi. aut demōstratio, cōsi. c. 3. de aīa. 23. 22. 36.

Sentē rō cōtra Pla.

C At vero neq; beatū, quod non facile, sed violentum: si autem est motus ipsius non substātia, extra naturam vtiq; mouebit. laboriosum autem & commisceri animā corpori, nec posse absolui, & adhuc fugiendum: siquidem melius est intellectui non cum corpore esse: quemadmodum & consuetum est dici, & multis videtur.

SOPH. *Quin ne beatum quidem est, quod non facile, sed violentū est. Quòd si est motus eius non substantia, vtiquē præter naturam mouebitur. Laboriosum etiam est coniunctum esse cum corpore, nec posse ab eo solui: & insuper etiam fugiendum: si quidem melius est intellectui non esse cum corpore: quemadmodum dici solet, & inter plerósq; conuenit.*

Et etiam quod non est facile, non est delectabile, sed quasi violētum. Si igitur motus nō est substantia aīæ, tunc non mouetur, nisi ab aliquo extrinseco à sua natura. Et est etiam valde difficile vt intellectus sit admixtus cum corpore admixtione, qua non possit recedere ab eo: si melius est intellectui vt nō sit cōiunctus cū corpore, sicut est consuetudo dicendi, & secundum q^d plures opinant. D

49 Septima rō contra Platonē.

Et etiam manifestum est ꝙ intelligere apud motum magis est difficile, quā apud quietem. motus igitur est ab aīa, quasi violentus: ergo nō est in substantia eius, neq; aīa constituit per ipsum, sed est extra naturā eius.

Octaua rō cōtra Pla.

Et, cū notificauit hoc, incepit dare impossibile contingens eis in hoc, ꝙ dicunt intellectū esse corpus, & d. Et est & valde difficile, &c. i. & valde est improbabile, & difficile ad intelligendum, fm ꝙ hoīes consueuerunt dicere, ꝙ si intellectus sit corpus, aut admixtum cum corpore, tali admixtione ꝙ non potest euadere ab eo omnino: cū omnes, aut plures opinent quod melius est vt intellectus non sit coniunctus cū corpore, nedum sit corpus. natura enim intellectus vr esse valde opposita naturæ corporis.

Nā intellect^s vr eē valde opposita naturæ corporis.

Immanifesta autem & circulariter ferri cœlū causa: neq; enim animæ substantia cā est circulariter ferri: sed fm accidens sic mouetur: neq; corpus cā: sed anima magis illi. At vero quia neq; melius dr̄ oportebit pp hoc deum facere circulr ferri aīam, quia dignius sit ipsam moueri ꝙ manere: moueri autem sic, ꝙ aliter. E

SOPH.

Incerta est etiam causa, cur cœlum circunferatur: neq; enim aīæ substantia causa est quābrē circunferatur, sed per accidens ita mouetur: neq; corpus est causa: sed illi potius anima. Neque verò quod melius dicatur: atqui oportebat Deum propterea facere animam circumferri, quòd melius sit ei moueri, quam stare: & ita moueri, quam aliter.

Et ex eis, quæ latent, etiam est causa, pp quam cœlū mouetur circulariter. Substantia enim animæ non est cā motus eius circulariter, sed mouetur isto motu accidentaliter. Neq; corpus etiam est cā in hoc: immo anima est dignior in hoc. Et etiam neq; dixit quare hoc fuit melius: licet apparet ꝙ Deus non posuit animam moueri circulariter, nisi quia moueri est ei melius, ꝙ quiescere. & quod mouetur hoc modo est melius quā ꝙ moueatur alio modo. F

50 D. Et latet fm hanc opinionem dare causam, pp quam cœlum mouet. fm enim positionem eorum substantia animæ non dat istum motum, cū substantia animæ apud eos non sit nisi corpus elementorum: & iste motus, s. circularis est ei accidentaliter, s. quia creator incuruauit ipsum à rectitudine in circulationem. D. d. Neq; corpus etiam, &c. i. &, cum anima nō est causa istius motus essentialiter, quæ est dignior vt sit causa: & corpus, in eo quod est corpus, remotius est vt sit causa. D. d. Et etiam neque dixit, &c. i. & etiam Plato non dedit in hoc sermonem, quare animam moueri circulariter est melius, quàm non moueri, aut quàm non moueri circulariter: neque potest dare. Necesse enim vt Deus non posuerit animam

Nona rō cōtra Pla.

mam

A mam moueri, niſi quia moueri eſt melius ei, quòd quieſcere. & poſuit eſſ moueri circulariter: quia talis motus eſt melior recto. & intendit quòd omnia iſta demonſtrent hanc opinionem eſſe improbabilem.

Quoniam autem hmōi intentio eſt alteris rōnibus magis propria, hanc quidem dimittamus nunc. Illud autem inconueniens accidit & huic rationi, & pluribus quæ de anima ſunt: copulāt.n. & ponunt in corpus animā nihil determinantes, ꝑꝑ quā cauſam, & quomodo habente corpore.

SOPH. *Sed quoniam hæc conſideratio alijs eſt diſputationibus accommodatior, eam in præſentia prætermittamus. Illud autem abſurdum accidit & huic ſermoni, & plurimis eorum qui de Anima haberi ſolent: Cōpingunt enim et immittunt in corpus Animam, nihil præterea diſtinguentes, quam ob cauſam, & quomodo ſe habente corpore.*

Si igitur iſta conſyderatio eſt magis propria alio ſermoni, di-
B mittenda eſt ſtatim à nobis. Et dicamus ꝙ eſt alia improbabilitas contingens huic ſermoni, & pluribus ſermonibus de anima. Et eſt, quia ipſi coniungunt animam corpori, & ponūt eam in eo: & non dant cū hoc, qua de cauſa ſit coniuncta cum eo, & quæ eſt diſpoſitio illius corporis.

51 Et quia hæc perſcrutatio eſt magis propria aliæ ſcientiæ, ſ. quare eſt melius cœlum moueri, quàm quieſcere: & quare circulariter magis quā recte: iſta enim quæſtio proprie eſt primæ Philoſophię. quapropter oportet nos dimittere hoc cito, & dicere quæ eſt improbabilitas contingens huic ſermoni, &c. i. Et iſta improbabilitas, quæ contingit huic ſermoni: & pluribus ſermonibus de anima, eſt ꝙ omnes dicentes ꝙ eſt ens, ſiue corpus, ſiue non corpus, coniungunt eam corpori, & non dant cauſam, propter quam ligata eſt cum corpore, neq; dicunt ꝙ eſt diſpoſitio corporis, quod eſt adaptatum, vt ligetur cum ea.

Qō, quare melius ſit cœlū moueri, q̄ quieſcere ē ꝓpria primæ philoſophiæ. & q̄re circulariter magis, q̄ recte. Sed vide oppo. 2. Cœ. t.c. 12. quia vi ꝙ ſit nīlis eſt ibi terminet. Vide cōna. Zim.

C Et tamen vr̄ hoc vtiq; neceſſarium eſſe: ꝑꝑ enim cōicatem, hoc quidem agit, illud autē patitur: & hoc quidem mouet, illud autē mouetur: Horum autem nihil ineſt ad inuicem quibuſcunq;.

SOPH. *Quod tamen neceſſarium eſſe videatur. nam propter communionē hoc agit, illud patitur: atque hoc mouet, illud mouetur. Horum autem nihil adeſt inter ſe quibuslibet.*

Et licet hoc, vt reputo, neceſſarium ſit, qm̄ propter cōicationē hoc agit, & hoc patitur, & hoc mouet, & hoc mouetur: & nihil ex hoc fit in quibuſcunq; adinuicem. Dicere enim hoc in eis eſt ſimile, ac ſi hoc diceret, ꝙ ars Carpētaria exiſtat Muſica. Ars.n. ita vtitur inſtrumentis, ſicut anima corpore.

Hęc reperies in textu ſequēti

Decima rō contra Plat. cōis sibi, & Antiquis.

52 Id est & hoc, ꝙ ignorauerũt de anima, necessarium est vt causa eius sit data: quoniam in omnibus rebus est cõicatio inter agens, & patiẽs, & mouens & motum: & non patitur quidlibet à quolibet. Hoc igitur, ꝙ dicũt, ꝙ anima est in corpore sine aliqua cõicatione data inter corpus, & aĩam, quæ anima est digna mouere, & corpus animalis moueri inter omnia corpora, simile est sermoni dicentis quod anima existit in quocunq; corpore, sic, ꝙ est simile sermoni dicentis ꝙ ars Carpentaria existit subiectum Musicæ. Si igitur ars Carpentaria habet propria subiecta, & propria instrumenta, quibus vtatur, necesse est vt ita sit de anima cum corpore. corpus enim est instrumentum animæ. & ideo corpora animalium conuenientia sunt animabus eorum. D

Hi aũt solũ conãtur dicere qualequid sit aĩa: de susceptiuo aũt corpore nihil adhuc determinant, tanꝙ cõtingẽs sit ſm pythagoricas fabulas, quamlibet aĩam quodlibet corpus ingredi. Simile itaqꝫ dicunt aliquid: sicut si aliquis dicat tectonicã in fistulis ingredi. Oportet. n. artẽ quidẽ vti organis: animam autẽ corpore. videtur, n. vnumquodqꝫ propriã habere speciem & formam. E

SOPH. *Hi verò solùm aggrediuntur dicere, qualequid sit Anima: de recepturo autem corpore nullam addunt distinctionem: quasi possibile sit secundum Pythagoricas fabulas, quamlibet animam quodlibet corpus ingredi. Simile ergo quidpiam dicunt, vt si quis dicat artem fabrilem in tibias ingredi. Oportet enim artem quidem vti instrumentis, animam vero corpore.*

Et isti non quærunt loqui nisi tantũ quid est aĩa, & nihil determinant de corpore recipiente, sicut Apologus, quo vtitur Pytagoras, s. vt quælibet aĩa intret quodlibet corpus. videmus .n. quod quilibet habet formam, & creaturam propriam. F

53 Dicit. Et isti, qui locuti sunt de anima, non sunt perscrutati, neque volunt perscrutari, nisi quid sit tantum, & nihil dicunt de natura corporis ei proprij. &, quia hoc dimiserunt, videtur esse possibile apud eos vt quælibet anima existat in quolibet corpore, & transferatur de corpore in corpus: sicut dixit pythagoras in Apologo, quem posuit ad corrigendum animas ciuium. & ista opinio est falsa. videmus enim quòd quilibet habet formam propriam, & corpus proprium, idest animam propriam, & corpus animalis proprium. Et hoc, quod dicit, est manifestum in speciebus valde. membra enim leonis non differunt à membris cerui, nisi propter diuersitatẽ animę cerui ab anima leonis. &, si esset possibile vt anima leonis existeret in corpore cerui, tunc natura ociose ageret. & hoc etiam manifestum est indiuiduis eiusdem speciei. & ideo diuersi sunt mores. & ex hoc destruximus opinionem Pithagoricam.

Membra cerui non differũt a membris leonis, nisi quia aĩa differt ab aĩa. consimile. 2. de Aĩa. cõm. 60.

Confutatur

A *Confutatur opinio, Animam harmoniam esse asserens.* Cap. 2.

ALia autem opinio quædam tradita est de anima, credibilis quidem multis: & neq; vna minor his quæ dicta sunt: rationes autem tanquam directiuas præbens, & in communi factis rationibus. Harmoniã enim quandam ipsam dicunt. Etenim harmoniam temperamentum, & compositionem contrariorum esse: & corpus componi ex contrarijs.

SOPH. *Traditur etiam alia quadam de Anima opinio, probabilis illa quidem multis, & nulla earum inferior quæ circumferuntur: quæ tamen veluti ii qui magistratu abiissent, etiam in communibus disputationibus rationes retulit. Harmoniam enim quandam eam nonnulli dicunt: etenim harmoniam temperationem, & compositionem esse contrariorum, & corpus constare ex contrarijs.*

B Et est alia opinio, de qua multi contenti sunt, & non est minor opinionibus prædictis. Dicunt enim ꝙ est aliqua compositio harmonica. harmonia enim est admixtio, & compositio contrariorũ & corpus est compositum ex contrarijs.

54 Cùm compleuit contradictionem eius, quod dictum est in Timæo, reuersus est ad contradicendum sermoni dicentis animam esse formam ex congregatione, & harmonia propria elemẽtorum. &, quia ista opinio est valde sufficiens, dixit & est hic alia opinio de anima. D. d. Dicunt enim ꝙ est aliqua compositio harmonica, &c. idest dicunt enim ꝙ anima est aliquod harmonicum, & aliqua compositio ex compositionibus elementorum in re composita admixta ex eis. & dixerunt hoc, quia opinabant̃ ꝙ harmonia est compositio, & admixtio contrariorum, & ꝙ corpus est cõpositum ex contrarijs: ergo in corpore est harmonia: ergo est anima.

C Et quidem harmonia, quędam ratio compositorum est, aut cõpositio: animam autem neutrum possibile est esse horũ. Amplius aũt mouere non est harmoniæ: animæ autem attribuunt oẽs hoc.

SOPH. *Atqui Harmonia ratio quædam est commixtorum, vel etiam cõpositio: Anima autem neutrum horum esse potest. Præterea mouere nõ est harmoniæ: quod tamen oẽs ferè dixerim animæ potissimũ tribuunt.*

Licet harmonia sit proportio inter res admixtas, aut cõpositio: anima aũt non est alterũ istorum duorũ. Et etiã harmonia nõ est innata mouere: & in hoc proprie cõueniunt oẽs animam habere.

55 Cùm dixit hanc opinionem, incœpit contradicere ei, & dixit ꝙ harmonia, quam dicunt esse animam, aut est proportio inter res admixtas ex elementis: & hoc erit, si compositio corporis ex elementis est fm modum cõplexionis: aut anima est ipsa compositio, si compositio ex elementis est vicinatio,

cinatio, non admixtio. v.g. compositio domus ex lapidibus, & lateribus. D

Prima rō cōtra dicentes aīam harmoniā esse. D.d. anima autem non est alterum istorum duorum. & intendit, vt diximus, & dicemus post. D.d. Et etiā harmonia non est innata mouere, &c. idest & apparet cito q harmonia non est anima: quia oēs conueniunt in hoc, q aīa mouet, & non possunt dare modū, fm quē harmonia moueat.

Congruit autem magis de sanitate dicere harmoniam, & omnino de corporeis virtutibus, q̄ de anima: Manifestum autē si aliquis tentauerit reddere passiones & opera animæ harmonia quadam: difficile enim adaptare.

SOPH. *Magis autem quadrat dicere, harmoniam de sanitate, & omnino de corporeis virtutibus, quàm de Anima. Quod apertissimum erit, si quis tentauerit attribuere affectus & munera animæ alicui harmoniæ: difficile enim est accommodare.*

Et dignius est, & melius dicere q harmonia currit cursu sanitatis, & vniuersaliter currit cursu alicuius, s. bonitatum moralium corporalium, non cursu animæ. & hoc manifestum est valde, cū homo laborauerit in pficiendo passiones animæ, & actiones eius p aliquā harmoniā. conuenientia enim in hoc est valde difficilis. E

56 Et melius est existimare q harmonia est de corporibus currens cursu sanitatis, idest cursu formarum, quæ sunt in animato, in eo quod est animatum, non cursu animæ, neq; formarum, quę sunt in anima: & siue harmonia sit compositio, aut proportio agens mixtionem, & complexionē.

D.d. & hoc manifestum est valde, &c. i. & differētia inter formas corporales attributas elemētis, & formas attributas animę, manifesta est ex hoc, q possumus attribuere in formis corporalibus diuersitatē cōtingentem in actionibus, & passionibus corporum compositioni factæ in eis ex elementis: ita q possumus dicere q actio carnis in manu est alia ab actione ossis propter mollitiem, & humiditatem carnis, & duritiem, & siccitatem F ossis, & non possumus dicere per quam complexionem, & per quam cōpositionem differunt actiones sensus ab actionib' intellectus, & actiones virtutis sensibilis ab actionibus virtutib' motiuæ. Et hoc, quod dixit, est vna dubitationum contingentium dicenti esse animam proportionē elementorum, aut aliquod consequens proportionem.

Secūda rō cōtra opinionē dicētiū animam harmoniā esse.

Amplius autem qm̄ dicimus harmoniam in duo respicientes, maxime quidem propria magnitudinum in habentibus motum & positionem, compositionem ipsorum: cùm sic cōgruant, vt nullum congeneum permittatur. hinc autem & eorum quæ miscentur rationem, neutro quidem igitur modo rationabile est: compositio autem partium corporis, multum inuestigabilis est: multæ enim compositiones partium, & multipliciter sunt. cuius igit

& quo

A & quomodo congruit accipere intellectum compositionem esse: aut & sensitiuum, aut appetitiuum.

DPH. *Praeterea si dicamus harmoniā ad duo spectantes, propriissimè quidem in magnitudinibus iis quae habent motum & positionem, compositionem earum: cum adeò haerent, ut nihil prorsus eiusdem generis admittant: atq; hinc etiam permixtorum rationem, profectò neutro quidem modo rationi consentaneum fuerit. partiū tamen compositio nullo negotio refelli potest: multae enim cōpositiones sunt partium, eaq; uariè. Cuius igitur, aut quo tandem pacto existimare oportet intellectum esse compositionem, aut etiam sensitiuum, aut appetitiuum?*

Et etiam nos non comprehendimus harmoniam, nisi intendendo alterum duorum: secundum autem verū apud magnitudines, cùm habent motum, & situm. tunc igitur intenta est compositio B earum, cum fuerint superpositae tali superpositione, in qua nō potest intrare inter eas aliquid sui generis: quod autē extrahitur ex hoc, est proportio, quae est rerum istarum: nō est igitur rectum dicere neq; de altera istarum duarum intentionum. Compositio autem partiū corporis facile potest determinari. cōpositiones enim partium corporis multae sunt. Intellectus igitur cuiuslibet partis debet compositio existimari, & quomodo & sensus compositio cuiuslibet partis, & desyderium compositio cuius partis?

57 Dicit Et etiam nos non comprehendimus harmoniam, & sentimus ipsam nisi per duo. & est vnum, quod dicitur harmonia in rei veritate, quādo fuerint magnitudines habentes motum, & situm, & fuerint compositę ad inuicem, & fuerint superpositae, ita ꝙ inter illas nulla magnitudo sui generis possit intrare. quod aūt assimilatur huic, & trahitur ab eo, est proportio, quae fit in rebus admixtis, antequam admisceantur. Et, cùm notificauit ꝙ harmonia dicitur his duobus modis, incoepit declarare ꝙ nō est rationabile dicere ꝙ anima est altera istarum duarum intētionum, & dixit non est igitur rectum dicere, &c. i. non est rationabile dicere vt differētiae partium animae sint datae ex altera istarum duarum intētionum. v. g. dicere ꝙ intellectus est talis harmonia, & sensus talis, & desyderium tale: sicut est rationabile in partibus corporis. D. incoepit declarare hoc, s. ꝙ hoc rationabiliter dicitur in partibus corporis, sed nō in partibus animę, & dixit. Compositio autē partium corporis, &c. i. & hoc fuit sic, quia perficere formam cuiuslibet membrorum corporis, & dare essentiam eius per compositionem est facile, quia manifestum est sensui ꝙ, compositiones eorum diuersae sunt, & multifariae. scire autem quę compositio approprietur intellectui, & quae sensui, & quę desyderio, hoc impossibile est vt detur ratione. Et haec est quasi alia dubitatio, contingens dicentibus animam esse harmoniam, aut proportionē. prima enim dubitatio est, quia illi nō possunt

Tertia rō cōtra eā- dē opionē

C

possunt perficere actiones,& passiones animæ per compositionē. Ista au- D
tem,quia non possunt perficere diuersitatem substantiæ eius propter diuersitatem compositionis,& indifferenter in hoc, quod cōtingit eis, siue formæ entium compositorum fuerint ex vera harmonia, aut ex harmonia abstracta à vera.

Similiter autem inconueniens & rationem mistionis esse animam: non enim eandem habet rationem commistio elementorū sm quam caro,& sm quam os. accidet igitur multas animas habere,& sm omne corpus. siquidem omnia ex elemētis commistis sunt: commistionis autem ratio harmonia & anima.

SOPH. *Pari quoq; modo absurdum est animam esse permixtionis rationē: non enim eandem obtinet rationem elementorum permixtio,qua caro, & qua os permixtū est: itaq; fiet vt multas habeat animas, easq; per vniuersum corpus: si quidem omnia ex elementis permixtis sunt: ratio* E
verò permixtionis harmonia est & anima.

Et est etiam alia dubitatio, vt anima assimiletur mixtioni. mixtio enim elementorum, quæ fit caro,& os non est eiusdem proportionis. Ex quo contingit vt in corpore sint multæ animæ, & in toto corpore: cum omnia membra fuerint ex mixtione elementorū, & proportio mixtionis fuerit harmonia,& anima.

59 Ista est Tertia dubitatio, contingens dicentibus animā esse harmoniā, & mixtionem elementorū. continget enim eis ponere ꝙ quodlibet membrum habet animam particularem, & vniuersum corpus animam vlem. Quæ igitur est dr̄ia inter proportionem, quæ facit animam, & quæ facit membrum. Quoniam, si anima, sm ꝙ anima est proportio mixtionis, & compositionis, aut illud, quod fit ex proportione mixtionis, & compositionis,& formæ membrorum sunt aut harmonia, aut proportio, aut aliquid factum ex proportione: manifestū est ꝙ contingit ex hoc vt in quo- F
libet membro sit anima,& in toto corpore sit anima. Aut dicent, quæ est differentia inter harmoniam,& proportionē, quæ facit animam, & quæ facit membrum: cùm omnia membra fiant ex mistione. & anima ex mistione. Et ista dubitatio similis est primæ, in qua interrogauit quæ mixtio approprietur vnicuiq; virtutum animæ.

Inuestigabit autē hoc vtiq; aliquis ab Empedocle: vnūquodq; enim horum, ratione quadam dicit esse. vtrū igitur hæc ratio anima est, aut magis alterū aliquod cùm sit, in partibus infit. Amplius autē vtrum concordia cuiuslibet mistionis causa, aut eius quę sm rationem: & hoc vtrum ratio est, aut aliquid præter rationem.

SOPH. *Hoc etiam aliquis ab Empedocle peteret: nam vnumquodq; eorum ratione quadā constare dicit: Vtrum igitur anima est ratio, an potius,*

cum

A *etiam aliquid aliud sit, membris accedit? Ad hæc vtrùm amor cuiuslibet permixtionis est causa, an eius quæ in ratione consistit? Atq; hæc eadem vtrùm ratio, an aliquid aliud est præter rationem?*

Et debet homo quærere ab Empedocle. Empedo. enim dicit q̃ quodlibet membrorum est in aliqua proportione. Vtrum igitur proportio sit animæ, aut anima est aliud, sed sit in mẽbris. Et quærendum est etiam vtrum amicitia est causa mixtionis cuiuslibet, aut non est nisi causa permixtionis in aliqua proportione. Et amicitia etiam vtrum est ista proportio, aut aliud.

59 Dicit & quærendum est ab Empedocle hanc dubitationem. dicit enim q̃ forma cuiuslibet membri non est nisi per aliquam proportionem factã apud compositionem elementorũ in eo. &, cùm opinio eius sit talis, quærendum est ab eo, vtrum proportio, quæ est substãtia membri, sit anima, aut aliud, sed sit in membris ab extrinseco. Et intendit. si igitur dixerit q̃ B sit proportio membrorum, contingit ei q̃ quodlibet membrũ habet animam. &, si dixerit aliud, continget ei dare d̃iam. D.d. Et quærendũ est etiam vtrum amicitia, quam opinatur esse causam mixtionis, sit cuiuscunq; mixtionis. & intendit. & si dixerit q̃ est causa cuiuslibet mixtionis, contingit vt ex omni mixtione sit membrum, & anima. &, si dixerit q̃ est causa alicuius mixtionis, oportet ipsum dare causam cuius sit mixtionis: & maxime si mixtio faciens membra sit alia à mixtione faciente animã.

D.d. Et amicitia etiam vtrum est ista proportio, aut aliud. & intendit, vt mihi videtur, &, si dixerit q̃ sit proportio, tunc proportio non existit ante mixtionem, sed agens debet esse ante patientẽ. &, si dixerit aliud, quid igitur erit? Et quasi intendit notificare q̃ illæ tres dubitationes, contingentes dicentibus animam esse complexionem, aut compositionem contingent Empedo. & contingent ei proprie istæ dubitationes, quas dixit, propter hoc, quod ponit amicitiam, & litem.

C Hæc quidem igitur habent huiusmodi dubitationes. si vero alterum est à mistione anima, quid igitur aliquando simul carnis esse, interimitur & aliis partibus animalis? Adhuc autem siquidem non vnaquæq; partiũ habet animam, & si non est anima ratio cõpositionis, quid est pp quod corrumpitur, anima deficiente?

3 P H. *Ac de iis quidem eiusmodi dubitationes oriuntur. Quòd si anima diuersum est à permixtione, cur vnà cum carni esse, reliquis etiam animalis partibus tollitur? Ad hæc si non vnaquæq; partium habet animam, si non est anima ratio permixtionis, quid est quod abscedente anima corrumpitur?*

Istæ igitur sunt dubitationes. Et si anima sit aliud à mixtione, qua de causa tollitur, si tollitur propter mixtionem, quæ inueniebatur

batur in carne,& in aliĳs mẽbris in animalibus? Et etiam, si quodlibet membrum corporis non habet animam, & anima non est proportio mixtionis, quid est igitur hoc, quod corrũpitur, quando separatur ab anima? D

60 Istæ igitur sunt dubitationes, contingentes dicentibus animam esse cõplexionem: licet dicens hoc possit in hoc dare aliquam rationem. quoniã, si anima est aliud à mixtione, & à complexione, quare corrumpitur cum corruptione cõplexionis? si enim est aliud à forma carnis, & à forma mẽbrorum, & tamen inuenitur in membris, quare corrumpitur cum corruptione membrorum? Et etiam, si anima nõ est complexio, & mistio, quare corrumpuntur membra, quando separãtur ab anima? nisi in membris sit aliud corruptibile, quando anima separatur. quid est ergo illud?

Quod quidem igitur non harmoniam possibile est esse animã, neque circulariter moueri, manifestum est ex dictis: Secundum aũt accidens moueri sicut diximus est, & mouere se ipsam: vt moueri quidẽ in quo est, hoc autem moueri ab anima, aliter autem nõ est possibile moueri secundum locum ipsam. E

so7n. *Nec igitur harmoniam posse esse animam, neque in orbem ferri, perspicuum ex dictis est: moueri tamen, & mouere seipsam per accidens, vt diximus, potest: uerbi causa moueri quidem id in quo est, atque id demum moueri ab anima. Alio autem modo haud quaquam fieri potest, vt loco moueatur.*

Quoniam autem anima impossibile est vt sit harmonia, aut vt moueatur circulariter, manifestum est ex prædictis. quoniam vero mouetur accidentaliter, sicut diximus, & mouet se, hoc non est, nisi quia anima mouetur per illud, in quo est. & hoc etiam mouetur ab anima. secundum aũt alium modũ impossibile est vt moueatur in loco. F

Cùm destruxit quod anima est aliquod mouẽs se essentialiter, aut harmo-
61 nia, aut complexio, incœpit facere rememorationem, & declarare quod non contingit ei mouere se, nisi accidentaliter, & dixit Quoniam autem anima, &c. & intendit per hoc, quod dixit, aut vt moueat, aut vt moueatur in circuitu, idest aut moueat se essentialiter, vt existimatum est de corporibus cœlestibus, quæ mouentur circulariter. Et, cùm declarauit quòd impossibile est vt moueatur ex se essentialiter, incœpit declarare quòd hoc possibile sit accidentaliter, & dicit, quoniam vero mouetur accidentaliter, &c. idest quoniam vero mouetur accidentaliter, & mouet se accidentaliter, necessarium est quòd anima videtur moueri per illud, in quo existit, scilicet corpus, quando corpus illud mouetur ab ea. sed alio modo impossibile est vt anima moueatur in loco.

A la mouetur, & mouet, sed per accns. Ide I cõ. 4 L.

A *Examinantur dubitationes nonnullae Animam moueri persuadentes.* Cap. 3.

RAtionabilius autem dubitabit vtiq; aliquis de ipsa tanquã quæ mouetur, in hm̃oi considerans: dicimus enim animã tristari, gaudere, confidere, timere: amplius autem, irasci, & sentire, & intelligere: hæc autem omnia motus esse videntur. vnde opinabitur aliquis ipsam moueri.

P H. *Sed aptius de ipsa quærat quispiam, vt de ea quæ moueatur, ad hæc animaduertens. Dicimus enim animam angi, lætari, confidere, timere: ad hæc, irasci, sentire, ratiocinari: quæ omnia esse motus videntur. Quã obrem eam aliquis moueri putauerit.*

Sed est quęstio cogens ad dicẽdum, ꝙ anima mouetur essentialiter: & est ꝙ nos dicimus ꝙ anima contristatur, & gaudet, & au-B descit, & timet, & irascitur, & sentit, & distinguit, & omnia ista videntur esse motus. vnde homo existimat ꝙ anima mouetur.

62 Cùm declarauit ꝙ impossibile est vt anima moueatur, nisi accidentaliter, dedit dubitationem super hoc, & dixit. Sed est quæstio cogens ad dicendum ꝙ anima mouetur essentialiter: & est ꝙ nos dicimus ꝙ anima cõtristatur, & gaudet, &c & omnia ista reputãtur esse motus. & propter has duas propositiones existimatur ꝙ anima mouetur. v g. anima contristatur: & cùm tristitia est motus: ergo anima mouetur.

Hoc autem non est necesse: si enim & maxime gaudere, aut dolere, aut intelligere, motus sunt: & vnumquodq; moueri aliquid, moueri a sit est ab anima, vt irasci, aut timere, in eo ꝙ cor quodam modo mouetur: Intelligere autem forsitan huiusmodi est, aut alterum aliquod. Horum autem accidunt, alia quidem ſm loci mutationem quorundam motorum: alia autem, secundum alterationẽ: C qualia autem & quomodo, alterius rationis est.

P H. *Quod tamen non est necessarium: Nam tametsi vel maximè angi, vel lætari, vel ratiocinare, motus sunt: atq; horum vnumquodq; est moueri: tamẽ moueri ab anima est, vt irasci, ut timere, eò quòd cor ita mouetur: Ratiocinari autem, aut eiusmodi fortaßis est, aut aliud quidpiã. Horum autem partim eueniunt, dum latione aliqua mouẽtur: partim dum alteratione: Quæ nam porrò illa sint, & quomodo, id aliò pertinet.*

Et hoc non est necessarium, qm̃, si cõtristari, & timere, & distinguere sunt motus: & quodlibet eorum moueat aliquid: tunc hoc mouere nõ est nisi mouere ab anima v.g. irasci enim est motus ad cor, s. ꝙ cor inflatur. & distinguere est motus. s. ꝙ tale membrũ currit tali cursu: & rectum est vt aliquid currat tali cursu. Et quędam illorum istorum accidunt sm translationem rerũ, & quædam sm alteratione m. quæ aũt sunt ista, & quõo fiunt, proprium est aliĵ sermoni. D

63 Dicit &, licet concedamus ista esse motus, tamen nõ est necessarium vt sint motus animæ. qm̃, si timere, & distinguere sint motus: & quilibet motus istorum appropriatur alicui membro corporis: tunc isti motus nõ debent attribui, nisi in illis membris: & illa motio non est in membro, nisi ab anima. v.g. qm̃ irasci videtur esse propriũ cordi, s. ꝙ cor mouetur hoc motu, i. tumescit: & similiter timere videtur esse proprium cordi, cùm cõstringatur. Et, cùm manifestum est ꝙ isti duo motus debẽt attribui cordi, incœpit quærere cui membro attribuatur intelligere, si sit motus, & dixit. & distinguere est motus, s. ꝙ tale membrum currit tali cursu. ita cecidit in scriptura & intendit ꝙ, si distinguere sit motus, opinandum est ꝙ aliud membrum est ei proprium, sicut cor iræ. & dixit hoc, quia iam declaratum est ꝙ omne motum est corpus. D. d. & rectũ est vt aliquid currat tali cursu. ita cecidit in scriptura, & intẽdit ꝙ rectũ est ꝙ aliquod membrum currat tali cursu, aut in omnibus passionibus animæ, si omnes sunt motus: aut in quibusdam, si est in eis aliquid, in quo non est motus. & eorum, & in quibus sunt motus, quædam mouentur sm locum, & quædam secundum alterationem. D. d. quæ autẽ sunt illa, & quomodo, & c. i. quæ autem membra sunt ea, quæ mouentur vnoquoq; istorum motuum in vnaquaq; partiũ animæ, & quomodo mouentur, proprium est alij loco. E

9. Phy. 32. Et dixit hoc, quia in hoc loco tantum est necessarium quòd isti motus sint essentialiter in rebus corporeis, & diuisibilibus, vt declaratum est in sermonibus vniuersalibus.

Dicere autem irasci animam simile est, et si aliquis dicat eam texere vel ædificare: melius est enim fortassis nõ dicere animam misereri, aut addiscere, aut intelligere, sed hominem anima: hoc autẽ non tanquam motu in illa existente: sed aliquando quidem vsq; ad illam, aliquando autem ab illa: vt sensus quidem ab his, reminiscentia vero ab illa, ad eos qui sunt in sensitiuis mot[9], aut quietes. F

60 PH. *Dicere autem irasci animam: vel timere, simile est atq; si quis dicat animam texere vel ædificare: melius enim fortaßis est non dicere animam misereri, aut discere, aut ratiocinari: sed hominem animâ. Quod non ita intelligendum est, quasi motus in illa sit: sed interdũ quidem vsq; ad illam: interdum vero ab illa. uerbi causa, sensus quidẽ ex his: recordatio verò ab illa, ad eos motus siue mansiones, quæ sunt in sensuum instrumentis.*

Dicere autem ꝙ anima irascitur est simile ei, quod texit, aut ędificat. melius enim videtur non dicere ꝙ anima habet pietatẽ, aut docet, aut distinguit, sed dicere ꝙ homo facit hoc propter animã. & hoc non est, quia motus venit ad ipsam, & fit in ea: sed quãdoq;

peruenit

A peruenit ad ipsam, & quandoq; est ex ea. v.g. ꝙ sentire est ab istis
rebus: rememoratio autem est ab anima.

64 Quia facit hominem errare hoc, quod est in consuetudine dicendi, ꝙ
anima irascitur, & timet, vnde existimatur ꝙ isti motus sint existentes in
anima absq; corpore, & ꝙ anima mouetur essentialiter illis, incœpit declarare ꝙ hoc non dicitur nisi sm̃ similitudinem, & ꝙ isti motus ita sunt,
sicut motus, qui sunt in membris apparentibus, sicut ędificare, & texere: &
ꝙ in nullo differt, nisi quia membra illa sunt interiora, & hæc exteriora.
Et dixit, dicere autem ꝙ anima irascitur, &c. i. quẽadmodum motus tex
toris, & ædificatoris non attribuitur animæ, nisi accidentaliter, ita est mo
tus iræ, & timoris. D.d. melius enim videtur non dicere, &c. i. & ideo me
lius est vt locutio sit in omnibus istis actionibus, ꝙ homo facit hoc p ani
mam, non ꝙ anima distinguat, aut ædificet, aut addiscat, aut habeat pieta-
tem: sed homo addiscit per animam, aut distinguit per eam. D.d. & hoc
B non est, quia motus est in anima, &c. i. & isti motus non existunt in aĩa:
sed principium motionis in quibusdam eorum est extrinsecus, & finis eorum est in anima. Et, cùm declarauit ꝙ principium quorundam istorũ
motuum est extrinsecus, & finis eorum in anima, dedit exemplum. sed in
translatione à qua dicimus, diminuta est. & intendit ꝙ motus, cuius prin
cipium est extrinsecus, & finis in anima est motus, sensus & motus, cuius
principium est in anima, & finis extra, est motus rememorationis. & iste
motus rememorationis forte puenit ad sensum, & forte non. virtus enim
rememoratiua, qñ mouerit imaginatiuam, tunc forte imaginatiua mouebit sensibilem, & forte non. Et hoc manifestum est in alia trãslatione
sic. & dicere ꝙ anima irascitur est quasi dicere ꝙ texit, aut ędificat sed me
lius est non dicere ꝙ anima gaudet, aut addiscit, sed homo per animam.
& non quia motus peruenit ad ipsam, & fit in ea: sed quandoq; peruenit
ad ipsam, vt sensus, qui reddit illud, quod reddit ad ipsum à sensibilibus: &
quandoq; fit motus principium ab ea, vt in memoratione. & tunc aut re-
C manebit in ea, & non pertransibit ad aliud: aut veniet ad sensus, & trans-
mutabit eos. Et intendit per hoc, quod dixit, nõ est quia motus venit ad
ipsam. & fit in ea. i. nõ, quia anima est subiectum istius motus, dicitur habere ipsum. Et intendit p hoc, quod dixit, & tunc aut remanebit in ea, &c.
idest ꝙ iste motus, cuius principiũ est ab anima, ſ. rememoratio, forte remanebit in corpore, quod est iustũm istius virtutis: & forte pertrãsibit ad
aliud, quousq; perueniat ad sensus, idest ad instrumenta sensuum.

Mot⁹ cui⁹ pricipiũ ẽ extrinsec⁹ & finis in aĩa, ẽ motus sensus oppositũ i cõ. p hu- ius primi. Vide cõ. 2um.

Intellectus autem videtur in fieri substantia quædam existens, & non corrumpi. maxime enim corrumpetur vtiq; ab ea quæ est in senio debilitate: nunc autem fortassis quemadmodum in sensitiuis accidit. si enim accipiat senior oculum huiusmodi, videbit vtiq; sicut & iuuenis. Quare senium non est in sustinendo aliquid animam, sed in quo, sicut in ebrietatibus & infirmitatibus.

SOPH. *Intellectus autem videtur accedere, ac substantia quaedam esse, non interire. nam ab ea potissimum habetatione quae in senio fieri solet, labefactaretur. nunc verò vt in sensorijs euenit: nam senex nactus oculum talem, videbit vtiq; sicut et iuuenis. Quare senectus nō est eò quòd anima aliquid sit passa, sed id in quo: quemadmodum in ebrietatibus fit & in morbis.* D

Intellectus autem videtur esse substantia aliqua, quae fit in re, & non corrumpitur. Quoniam, si corrumperetur, magis dignum esset vt corrumperetur in fatigatione, quae est apud senectutem. sed videmus ꝙ illud, quod accidit in sensib⁹ ex hoc, accidit in corpore. senex enim si reciperet oculum iuuenis, videret vt iuuenis. senectus igitur nō est dispositio, in qua anima patitur aliquid, sed dispositio in qua anima est sicut est apud ebrium, & aegrotum.

65 Cùm concessit ꝙ anima mouetur accidentaliter, i. propter subiectum, per quod cōstituitur, & propter hoc est generabilis, & corruptibilis, incoepit declarare ꝙ intellectus materialis inter partes animae videtur esse non mobilis, neq; accidentaliter etiam. est .n. non generabilis, & non corruptibilis, nisi sm illud, in quo agunt ex corpore, aut sm illud, à quo patitur: quia habet instrumentum corporale, quod corrumpitur per suam corruptionem: sicut est dispositio in alijs virtutibus animae. Et dixit. Intellect⁹ autem videtur esse substantia, &c. & intendit hic per intellectum, intellectum materialem, qui comprehendit intētiones omnium entium. D. d. Quoniam, si corrumperetur, &c. idest quoniam, si corrumperetur, haberet instrumentum corporale: esset enim virtus corporis. Et, si haberet instrumentum corporale, accideret ei apud senectutem illud, quod accidit senibus: & tunc debiliter intelligeret intentiones rerum intelligibilium. sed non est sic: & tunc necesse est vt non habeat instrumētum corporale. &, cùm iste intellectus non corrumpitur in se, tunc illud, quod corrumpit in se, est passio, aut actio eius per corruptionem eius, à quo patitur: cùm illud, à quo patitur, fit intra corpus, vt declarabitur post. Deinde dicit sed videmus ꝙ illud, quod accidit in sensibus ex hoc. idest sed, quia videmus hoc, quod accidit in sensibus ex fatigatione apud senectutem, potest attribui virtuti sensitiuae tali modo, scilicet non quia virtus transmutata est, & inueterata, sed quia illis, per quae intelligit, accidit fatigatio. verbi gratia artifex, cuius actio fatigatur propter fatigationem instrumenti, non propter seipsum. &, cùm iste sermo sit sufficiens in sensibus, quanto magis in intellectu. Deinde dixit. senectus igitur non est dispositio, &c. idest & sicut senectus, & inueteratio contingens homini sm hanc rationem, nō est dispositio, in qua anima patitur ad viam corruptionis: sed dispositio, quę accidit ei apud senectutem est similis dispositioni, quae videtur accidere ei apud ebrietatem, & aegritudinem. existimatur enim ꝙ anima apud hęc duo non patitur ad corruptionem, & maxime apud ebrietatem. Et iste E F

Intellꝰ matl is cōphēdit intētiones oium entiū. Idē 3. de Aīa t. cō. 4. 5. & 36.

3. de Aīa t. c. 20. & hic i textu sequenti.

sermo

A sermo postremus est sufficiens, non demonstratiuus.* sed cõsuetudo Aristotelis est inducere sermones sufficientes, aut post demõstratiuos, aut in locis, in quibus non potest inducere sermones demonstratiuos.

*Cõsuetudo Arist. ẽ inducere sermones sufficientes, aut post demõstratiuos, aut in locis, i quibus ñ põt inducere sermones demõstratiuos. Vide idẽ 1. Cœ. c. 1. & q ibi.

Intelligere autem & considerare marcescunt alio quodam interius corrupto: ipsum autem impassibile est. Intelligere autem aut amare & odire, non sunt illius passiones, sed huius, habẽtis illud sm quòd illud habet: quare & hoc corrupto, neque memoratur, neque amat: non enim illius erant, sed cõis, quod quidem destructum est: Intellectus aũt fortassis diuinũ aliquid & impassibile. Quòd quidẽ igitur non possibile moueri animam, manifestum est ex his: si aũt penitus non mouetur, manifestum quoniam neque à se ipsa.

SOPH. *Itaq. & intelligere & contemplari languescit, dum aliud quidpiã intus corrumpitur: at ipsum impatibile est. Ratiocinari autẽ, & amare vel odisse, non sunt illius paßiones, sed eius quod habet illud, quatenus illud habet. Itaq. hoc corrupto, nec meminit, nec amat: non enim illius erãt, sed communis illius, quod interijt: Intellectus autem fortasse* B *Diuinum quiddam est, & impatibile. Ex his igitur animam moueri nõ posse perspicuum est. Quòd si omninò non mouetur, constat eam neq. à se ipsa moueri posse.*

Et intelligere, & considerare diuersantur, quãdo aliquid aliud corrumpitur intus: ipsum autem in se nihil patitur. Distinctio autem, & amor, & odium non sunt esse illius, sed istius sm quòd habet. Ideo etiam, cùm hoc corrumpetur, non rememorabimur, neque diligemus alios. nũ igitur est illius, sed eius, quod est cõe, quod amittebatur. Intellectus aũt dignius est vt sit aliquod diuinũ, & impassibile. Quòd igitur impossibile est vt anima moueatur manifestũ est. &, si oĩno non mouetur manifestũ est quòd non mouetur, neque ex se. C

66 Cùm posuit quòd intellectus, qui intelligit intelligibilia, neque est generabilis, neque corruptibilis, sed intelligere, quod est actio istius intellectus, videtur generabile, & corruptibile, incœpit dare modum, ex quo contingit hoc: & est, quòd illud, quod intelligit, est intra corpus, & est generabile, & corruptibile, & dixit. Et intelligere, & considerare diuersantur, &c. idest & accidit quòd intelligere quandoque fit in potentia, quandoque in actu: non, quia intellectum est generabile, & corruptibile: sed quia intra corpus corrumpitur aliquid aliud, vel ei*, in quo est intelligere. Deinde dicit, ipsum autem in se nihil patitur. scilicet intellectus imaginans. & post declarabit quòd hæc est res imaginans, vel imaginata: aut intelligens, vel intellecta: & est illud, quod vocat in Tertio tractatu intellectum passibilem. Et, cùm dedit modum dissolutionis quæstionis, in qua quærit quomodo intellect*

 intel-

intelligens non est generabilis, aut corruptibilis, & intelligere, quod est sua actio, sit generabilis, & corruptibilis, incœpit etiam declarare de virtutibus, licet, cùm sint attributæ intellectui, videantur generari & corrumpi, quòd illæ virtutes non sunt intellectus æterni. Et facit hoc, ne accedat quæstio in hoc, quod dixit in intellectu materiali in Tertio tractatu, scilicet quomodo intellectus sit ingenerabilis, & incorruptibilis: & nos posuimus quòd post mortem neq; diligimus, neque odimus, neq; distinguimus. D

3. de Ala tex. c. 20. Deinde dicit. Distinctio autem, & amor, & odium, &c. idest distinctio autem, quæ attribuitur virtuti cogitatiuæ, & amor, & odium, quæ attribuuntur rationi, scilicet quæ accipiunt actionem rationis. videtur enim in hac parte animæ quòd sit aliquod rationabile, quod est obediés intellectui in hominibus bonis. illa igitur non sunt actiones istius intellectus: sed sunt actiones virtutum habentium hanc rationé, secundum quòd habent illam actioné. Et addidit hanc conditionem, scilicet secundum quòd habent: quia impossibile est vt illæ virtutes sint, nisi cum intelligere: sed, si attributæ fuerint ei, non erit attributio secundum quòd sunt. Deinde dicit Ideo etiam, cùm hoc corrumpetur non rememorabimur, neq; diligemus. idest &, quia hæ actiones sunt in nobis à virtutibus generabilibus & corruptibilibus, alijs à virtute, quæ est intellectus materialis, scilicet qui comprehendit intentiones vniuersales, non potest aliquis dubitare, & dicere quòd, si intellectus sit ingenerabilis, & incorruptibilis, quare non rememoramur post mortem, neque diligimus, neq; odimus. hæ enim actiones sunt virtutum aliarum ab illa virtute. D. d. intellectus autem dignius est vt sit aliquod diuinum, & nó passibile, idest non transmutabile propter mixtioné cum materia. D. d. Quòd igitur impossibile est, &c. idest manifestum est igitur ex hoc sermone, quòd impossibile est vt anima moueatur. in quibusdam autem partibus, scilicet in intellectu, neq; essentialiter, neq; accidentaliter: in quibusdam vero accidentaliter, non essentialiter: & cùm declaratum fuerit quòd nó mouetur omnino ex se; quia necessarium est in omni moto ex se, quod est proprium animalibus, vt moueatur ex se essentialiter, & non côuertitur. E

Ala in quibusdá partibus nó mouet, neq; essentialr, neq; accidentalr, vt intellectus: in qbusdá vo mouetur accidentalr tñ. F

Multum autem his quæ dicta sunt irrationabilius, dicere animam esse numerum mouentem se ipsum: insunt enim his impossibilia, primò quidem ex ipso moueri accidentia, propria autem, ex eo quòd dicunt ipsam esse numerum. Quomodo enim oportet intelligere Vnitatem motam, & à quo, & quô, impartibilem & indifferentem existentem? si nanq; est mota & mobilis, differre oportet.

SOPH. *Sed multò magis, quàm quæ dicta sunt à ratione distat, dicere animam numerum se ipsum mouentem: adsunt enim his impossibilia. primum, quæ ex ipso moueri accidunt: deinde peculiaria quædam, ex eo s. quòd dicant eam esse numerum. Quomodo enim oportet intelligere vnitatem quæ moueatur, & à quo, & quomodo: cum impartibilis*

A *tibilis sit, & nullam habeat differentiam? Nam si est motiua & mobilis, differre eam oportet.*

Et magis remotus à ratione est sermo, qui dicit animam esse numerum mouentem se. contingunt enim hoc dicenti multa impossibilia. & primo ea, quæ contingunt dicenti animam moueri: & postea quæ contingunt ex dicere eam esse numerū. Nescimus enim quomodo intelligimus vnitatem motam, & à quo mouetur, & quomodo mouetur: igitur oportet vt diuersetur.

67 Cùm compleuit contradictionem ad vtentes motu tantum in definitione animæ, incœpit contradicere eis, qui cum motu vtuntur numero. & dixit. Et magis remotus, &c. i. & iste sermo in anima est minoris sufficientię omnium sermonum, s. sermo dicentis animam esse numerum se mouentem. contingunt enim ei multa impossibilia. & primo illa, quæ contingunt dicenti animam esse aliquod mouens se: & postea ea, quæ contingunt, quia ponunt eam esse numerū mouentem se. D. d. Nescimus, &c. idest nescimus enim quō intelligitur vnitas semp mota. omne enim motūm habet situm: & vnitas non habet situm. Et similiter impossibile est etiam intelligere quō mouetur, quousq; diuidatur in aliquod motum, & in aliquod mouens. sm quod diuiditur illud, quod mouet se. vnitas enim in se nō diuiditur. Et sl'r etiam impossibile est intelligere quō mouet. qm illud, quod non diuiditur, non mouetur. vt declaratum est. D. d. igitur oportet vt diuersetur idest si est aliquis modus, sm quem mouetur, & alius, sm quem mouet, oportet vt illi modi diuersentur: & sic erit diuisibilis sm intentionem. vnitas autem non diuiditur aliquo modo. Prima rō contra ponentes animā esse numerum. 6. Phy. t. c. 86. 87. & 88.

B

Amplius autem, quoniam dicunt lineam motam facere planū, punctum autem lineam: & vnitatum motus, lineæ erūt: punctus enim est vnitas positionem habens: numerus autem animæ iā alicubi est, & positionem habet. Amplius autem à numero si auferat quis numerum aut vnitatem, relinquit alius numerus: plantę aūt & aīaliū multa, diuisa viuunt & vident eandē aīam hēre speciē. C

80 F H. *Item quia dicunt motam lineam planum facere: punctum verò lineam: & vnitatum etiam motus erunt lineæ. punctum enim vnitas est positionem habens. numerus verò anima alicubi tandem est, & positionem habet. Item si a numero quispiam numerum vel vnitatē auferat, relinquitur alius numerus: at verò planta & pleraq; animaliū si secentur, viunt, & eandem specie habere animam videntur.*

Et etiam, cùm dicunt quod, cùm linea mouetur, faciet superficiem, & punctus lineam. punctus enim est vnitas habēs situm, sicut numerat animam in situ, & habet situm. Et etiam, si de numero diminuitur numerus, aut vnitas, remanebit alter numerus. & plantæ,& plura animalia remanebunt viua,cùm abſcinduntur: & tamen reputatur q; anima eorum eſt illa eadem anima in ſpecie.

68 Cùm dedit modos,ex quibus accidit vt iſte ſermo contradicat ſibi, dedit ēt alia impoſſibilia,& dixit. Et etiam,cùm dicunt,&c.i. & cùm conſuetudo eſt Mathematicorum dicere q;, cùm linea mouetur , fit ſuperficies: &,cùm punctus, fit linea: vnitates aūt,ſi mouentur, neceſſarium eſt vt habeant ſitum:& oīs vnitas habens ſitum eſt punctus: neceſſe eſt vt vnitates, quas ponunt eſſe numerum aīæ,ſint puncta.&,ſi ſint puncta,& mota, neceſſe eſt vt faciant lineas,nō actiones animæ. D. dedit aliud impoſſibile, & dixit. Et ēt,ſi de numero diminuitur,&c.i. & ēt modi numerorum diuerſanť ſm magis & minus.ſi enim ex quaternitate auferatur vnitas, fiet ternarius:&,ſi addať, fiet quinarius.& nos videmus oē animatum ex plantis,& plura ex animalibus,licet diminuatur ab eis vna pars, tñ remanet illud,quod remanet æquale in ſpecie primo. vnde actio animæ videtur in capitulo qualis,non quanti. &,ſi actio animæ eſſet in quantitate, contingeret vt anima,quæ remanet in plantis,eſſet diuerſa in ſpecie à priori.

Secūda rō

Tertia rō.

Actio aīæ vī eē ī q̄li. nō ī quāto.

Videbitur autem vtiq; nihil differre dicere vnitates, aut corpora parua. et nanq; ex Democriti ſphæris ſi fiant puncta, maneat autem ſolum quantitas,erit aliquid in ipſo, hoc quidem mouens, illud autem quod mouetur: ſicut in continuo : non enim propter hoc quod eſt magnitudine differe,aut paruitate , accidit quod dictum eſt,ſed quia quātum:vnde neceſſe eſt aliquid eſſe motiuum vnitatum.Si autem in animali mouens anima,& in numero. Quare non mouens & quod mouetur eſt anima,ſed mouens ſolum.

SOPH. *Nihil autem referre videatur, ſiue vnitates , ſiue parua corpuſcula dicantur: Etenim ex Democriti ſphærulis ſi fiant puncta, modo ſola maneat quantitas,erit in ipsā* (*al. ipſis) *quidpiam quod moueat , & quidpiā quod moueatur , quemadmodum in magnitudine: neq; enim quod magnitudine differant aut paruitate,quod dictum eſt euenit,ſed quia quantum ſunt: itaq; neceſſarium eſt adeſſe aliquid quod ſit moturum vnitates. quòd ſi in animali id quod mouet anima eſt , etiam in numero. Quare non quod mouet,& quod mouetur,aīa eſt: ſed id dūtaxat quod mouet.*

Et poteſt homo dicere q; nulla eſt differentia inter vnitates, & corpora parua. Fiunt enim ex ſphæris Democriti paruis puncta, & remanet ſola quantitas, quaſi eſſet in eo aliquod motiuum, & aliquod mouens. non enim,quia diuerſantur ſm magnitudinem, & paruitatem,continget hoc,quod diximus, ſed quia quantum. Et ideo neceſſe eſt vt ſit aliquid , quod moueat vnitates. Si igitur anima eſt mouens, etiam eſt numerus . vnde neceſſe eſt vt anima non ſit mouens,& motum,ſed mouens ſolum.

Ideſt

A Idest, Et potest homo dicere ꝙ nulla est dña inter ponentem vnitates se mouentes, & ponentem has vnitates corpora parua. ponendo enim eas 69
mouentes se, ponit eas corpora. &, si non, quõ intelligũtur vnitates se mouentes. D.d. Fiunt enim ex sphæris Democriti paruis pũcta. & intendit, vt mihi videtur, & silr qui ponit ꝙ possibile est vt punctus moueatur, cõcedit ꝙ contingit ei ꝙ punctus sit corpus. & ideo bene possumus dicere ꝙ sphæræ Democriti, quæ mouentur ex se, adeo sunt paruæ, ꝙ dicuntur pũcta. punctus enim fm hanc positionem non est nisi corpus. Et, cum narrauit hoc, dedit causam, propter quam possibile est in talibus punctis imaginari ꝙ in eis sit aliquod quasi mouẽs, & aliquod quasi motum, & dixit. & remanet sola quantitas, &c. idest vt mihi videtur, quoniam, cùm fuerint motæ, remanebit in eis sola quantitas, si auferatur ab eis aliæ quantitates. & cùm natura quãtitatis remanet in eis, possibile est intelligere in eis aliquod motum, & aliquod mouens: sicut in corporibus. hoc enim nõ accidit corpori, nisi fm ꝙ est corpus, non fm ꝙ est magnum, aut paruum, s.
B ꝙ sit motum ex se, & ꝙ mouens in eo sit aliud à moto. Et hoc intendebat, cùm dixit sicut est in continuo, &c. idest ꝙ res nõ dicitur esse mota ex se, & vt mouens sit aliud in ea à moto, quod est corpus magnum, aut paruum: sed quia est corpus continuum tantum. & ideo omnis ponens vnitatem motam ex se aut pũctum, necesse est ei ponere corpora parua. & sic in nullo differt ponens animam esse vnitates, aut puncta se mouẽtia, à Democrito ponente eam esse sphæras paruas. D.d. Et ideo necesse est, &c. i. & cùm vnitates sint mouentes se: & mouẽs in re est aliud à moto: necesse est vt illud, quod mouet vnitates, sit aliud ab vnitatibus. si igitur est mouens in omni moto, anima etiam est mouens in vnitatibus, non vnitates motæ, quæ sunt numerus: vnde necesse est, vt aĩa sit mouens tantum, non mouens, & motum insimul. D.d. Si igitur anima est mouens, &c. i. si igitur aĩa est mouens materiã, est etiam mouens numerum. vnde necesse est vt anima non sit mouens, & motum ex numero, sed mouens solum.

Quarta 18

Cũ ast qñtitatis remaneat in aliquo, posse ẽ ideo imaginari mouẽs, motũ

Quid de elementis vacuo fm Cõmẽtatorẽ cõ. 71. 4. phy. et ex eo oppositũ sequitur dicti superioris. Vide cõm. 2am.

C Contingit autem hanc vnitatem quodammodo esse: oportet enim quandam inesse ipsi differentiam ad alias. puncti autem solitarij, quæ vtiq; differentia erit, nisi positio? Siquidem igitur sunt alteræ in corpore vnitates & puncta, in eodem erunt vnitates, obtinebit enim locum puncti: & tamen quid prohibet in eodẽ esse, si duo sunt, & infinitas? quorũ enim locus indiuisibilis est, & ipsa.

SOPH. *Iam verò quî fieri potest vt ea sit vnitas? oportet enim aliquã eius esse differentiam ab alijs: at puncti monadici quænam fuerit differentia, nisi positio? Si igitur vnitates siue puncta quæ sunt in corpore diuersa sunt, in eodem erunt vnitates: occupabit enim locum puncti. Atqui si duo in eodem sunt, quid obstabit cur non etiam infinita sint? Quorum enim locus est indiuisibilis, & ipsa itidem.*

Et qũo est possibile vt sit vnitas? necesse est enim vt habeat differentiã, qua differat ab vnitatibus aliis. & quæ diuersitas potest cadere in puncto, & vnitate, nisi sit in situ? Si igit̃ vnitates, & puncta in eodem loco fuerint, quia occupant locum puncti: licet nihil prohibeat vt in eodem loco sint duo puncta, & pũcta infinita: res autem, quarum locus est indiuisibilis, sunt etiam sic. D

70 Et qũo est possibile apud eos vt anima sit aliquod compositum ex vnitatibus? necesse est enim dare dñiam, qua vnitates, quæ sunt in anima, differunt ab vnitatibus numerabilibus. &, si non, tunc numerus esset aĩatus.

Et cùm narrauit ꝙ necesse est eis dare differentiam inter duo genera vnitatum, dixit. & quę diuersitas potest cadere, &c. idest & nihil est, in quo differant hæ duæ vnitates, inquantum vtraq; est indiuisibilis: nisi aliquis dicat ꝙ vnitas, quæ est in anima, habeat situm numeri, aut non habeat sitũ. & sic vnitates, quæ sunt in anima, erunt puncta. dictum est enim ꝙ punctus est vnitas habens situm. Et, cùm declarauit ꝙ necesse est eis dicere ꝙ vnitates, quæ sunt in anima, sunt puncta, incœpit declarare ꝙ contingit eis dicere ꝙ sunt eadem cum punctis existentibus in corporibus, & dixit. Si igitur vnitates, & pũcta fuerint in eodem loco, necesse est vt vnitates, quę sunt in anima, & puncta, quæ sunt in corpore, sint idem. sed dimisit consequens: quia manifeste consequitur à præcedenti. D. incœpit declarare antecedens, & dixit. quia occupant locum puncti. i. necesse est vt sint in eodem loco: quia necesse est vt locus vnitatũ, quæ sunt in aĩa, sit locus vnius puncti punctorũ, quæ sunt in corpore. &, cùm locus vnitatum, quæ sunt in aĩa, est locus vnius puncti punctorũ corporis, necesse est vt sint in eodẽ loco. D. incœpit declarare ꝙ necesse est vt, locus eorũ sit locus vnius puncti, & dixit. licet nihil prohibeat. idest nihil prohibet vt duo puncta, imo infinita sint in eodem loco. immo hoc necessariũ est. omnia enim, quorũ locus est indiuisibilis, cùm supponuntur ad inuicem, nullũ fit diuisibile. E

Supra tex. & cõ. 68.

Oĩa, quorũ loc° ẽ indiuisibil', cũ supponũt' nullũ fit diuisibile.

Si autẽ quæ in corpore puncta, numerus animæ, aut si qui eorũ quæ in corpore punctorũ, numerus anima, quare non omnia habent animã corpora? puncta enim in omnibus videntur esse, & infinita. Amplius autẽ quomodo possibile est separari puncta & absolui à corporibus, nisi diuidantur lineæ in puncta? F

SOPH. *Quòd si puncta ea quæ sunt in corpore sunt numerus is qui aĩa est: vel si numerus constans ex punctis ijs quæ in corpore sunt, anima est, cur non omnia habent animam corpora? in omnibus enim puncta esse videntur, eaq; infinita. Præterea qui fieri potest, ut puncta separentur ac soluantur à corporibus, si quidem non diuidantur lineæ in puncta?*

Et, si numerus animæ sit puncta, quæ sunt in corpore, aut aĩa est in numero, qui est ex punctis, quæ sunt in corpore, quare oĩa

corpora

A corpora non habēt animam: opinantur enim ꝙ in omnibus corporibus sunt puncta, & infinita. Et etiam qūo est possibile vt puncta separentur à corporibus: cū lineæ non diuidantur in puncta?

71 Dicit & cùm necesse est ex sermone prædicto quòd vnitates, quæ sunt anima, sint puncta, quæ sunt in corpore: aut anima est aliquod existens in numero, qui fit ex punctis, quæ sunt in corpore, cū necesse est in duobus punctis ꝙ superponatur, quousq; fiant idem: quare omnia corpora non sunt animata, cū in omni corpore sint puncta infinita? immo necesse est vt quælibet pars eius sit animata: quod est impossibile. D. d. eis aliud impossibile: & est ꝙ anima non sit abstracta à corpore, ita ꝙ impossibile est vt animal moriatur, nisi per corruptionem sui corporis, & dixit. Et etiam quomodo est possibile vt puncta separentur à corporibus? &c. i. & contingit eis fm hanc opinionem vt anima non separetur à corpore, neq; vt moriatur. qm̄, si anima sit puncta: & puncta impossibile est vt separentur à corporibus: cùm declaratum est quòd lineæ non componuntur ex punctis, neq; superficies ex lineis, neq; corpus ex superficiebus: sed puncta nō separantur à linea, quia sunt eius vltima, neq; linea à superficie, neq; superficies à corpore: tunc animam impossibile est separari à corpore. sed tamen possibile esset in punctis abstractio, si lineæ essent compositæ ex eis. quod est impossibile: vt declaratum est in Physicis.

Sexta rō contra Antiquos.

Septima rō contra Antiquos.

B

Animam ex subtilissimo corpore non componi. Cap. 5.

ACcidit autem sicut diximus, sic quidem idē dicere corpus quoddam subtilium partium ipsam ponentibus, sic autē, sicut Democritus moueri dicit ab anima, proprium inconueniens. Siquidem enim est anima in omni eo quod sentit corpore, necesse est in eodem duo esse corpora, si corpus aliquod anima.

C Numerum autem dicentibus, in vno puncto, puncta multa, & oē corpus animam habere: nisi quidam numerus differens fiat, & alius ab his qui in corpore punctorum.

SOPH. *Accidit autem quemadmodum diximus ut partim idem dicant quod ii qui corpus quoddam subtilium partium ipsam statuunt: partim ut Democritus ab anima dicit moueri, peculiare absurdum. Nam si Anima est in quaq; parte eius quod sentit, necesse est in eodem duo esse corpora, si anima corpus aliquod est. iis autem qui numerum dicunt, in uno puncto, multa esse puncta, aut omne corpus animam habere. si non aliquis differens numerus accedit, atq; diuersus à punctis iis quæ in corpore sunt.*

Et contingit, sicut diximus aliquo modo vt sermo eorum sit similis sermoni ponentis eam esse corpus subtilium partium: secundum autem alium modū, vt dicit Democritus in motu, propria eis est impossibilitas. Quoniam, si anima est in toto corpore sensibili, necesse est vt duo corpora sint in eodem loco. si autem est aliquod corpus, necesse est dicentibus numerum, vt in eodem puncto sint multa puncta, vt oē corpus habeat animam: nisi contingat in re animalis, quæ differt à pūctis existentibus in corporib9. D

72 Et contingit aliquo modo dicentibus hunc sermonem impossibilitas contingens dicentibus aīam esse corpus subtilium partium: & aliquo modo est propria eis & impossibilitas Democrito, accidens in hoc, quod posuit, q cū motus est, q sphæræ, quæ sunt aīa, mouentur ex se. non enim est dfia inter ponentē q cū motus aīæ est corpus, quod est vnitates motæ ex se, aut quòd sphæræ motæ ex se, D. incœpit notificare in qua possibilitate conueniunt isti cum dicentibus aīam esse corpus subtile, & dixit. Qm̄ si aīa est in toto corpore sensibili, &c. i. & impossibilitas cōis est, quia necesse est dicentibus aīam esse corpus vt duo corpora sint in codē loco. quoniam sunt necessarium vt aīa sit in toto corpore, quia corpus sensibile in oībus partibus suis. vnde necesse est vt in oī parte eius sit aliqua pars aīæ: & vniuersa aīa sit in vniuerso corpore. & sic supponantur corpora, & penetrentur ad inuicem, Corpus, quod est aīa, & corpus, in quo est. & sic necessario erunt duo corpora in eodem loco. Et est necesse dicentibus animam esse numerum vt in loco eiusdem puncti ex corpore sint multa puncta, distincta per intellectum. Et hoc est simile sermoni dicentis possibile eē multa corpora in eodem loco. qm̄ cum hoc, quod ponunt ea in eodem loco, si non posuerint ea esse distincta, vt declaratum est, continget eis vt puncta, quæ sunt aīa, sint puncta ipsius corporis. & sic oē corpus erit aīatum, si non concesserint q in corpore sint alia puncta, diuersa à punctis, quæ sunt in anima. si hoc concesserint, continget eis vt multa puncta sint in loco vnius puncti. & hoc est simile sermoni dicentis q multa sunt corpora in codē loco. & hoc est impossibile, contingens dicenti aīam esse corpus subtilium partium. E

Accidit q3 animal moueri a numero, sicut & Democritum diximus ipsum mouere. Quid ē enim differre dicere sphæras paruas, aut vnitates magnas, aut omnino vnitates ferri: vtrobiq3 enim est necesse moueri animal, in eo quòd mouentur ipsæ. F

SOPH, *Accidit etiam, ut animal moueatur à numero, ut etiam Democritum diximus illud mouere. Quid enim interest, siue parua sphæra dicātur, siue unitates magnæ, aut deniq. unitates quæ ferantur? Nam utroq. modo, necesse est moueant animal, eò quòd ipsa moueantur.*

Et cōtingit eis vt animal non moueatur nisi à numero, sicut diximus de opinione Democriti. Nulla enim differentia est inter dicentes partes paruas, & dicentes quod vnitates secundum q sunt motæ, necesse est enim secundum vtrunq3 modum vt animal nō moueatur nisi illis motis.

Vult

A Vult hic declarare impossibilitatem propriam eis, & Democrito, & dixit. Et contingit eis, &c. i. & contingit eis in hoc, quod dicunt, ꝙ animal
73 non mouetur nisi ab vnitatibus motis ex se, illud, quod contingit Democrito, cũ dixit ꝙ alal non mouetur, nisi ex sphæris motis ex se. D. d. modum, ſm quem est similitudo inter vtramq; opinionem, & dixit. Nulla enim differentia, &c. i. nulla est differentia inter dicentem ꝙ illud, quod mouet corpus, est paruum, aut vnitates paruæ, cum fuerit positum ꝙ vtrunq; non mouet corpus, nisi ſm ꝙ mouetur: contingit.n. ꝙ hæc duo, s. vnitates, & partes non mouent, nisi ſm ꝙ mouentur ex se. & intendit, ꝙ, cũ ita sit, impossibilia cõtingẽtia Democrito, cõtingũt ẽt huic opinioni.

Complectentibus igitur in vnum numerum & motum, hæc quidem accidunt & multa alia huiusmodi: Non enim solum diffinitionem animæ huiusmodi impossibile esse, sed & accidens. Manifestum autem si quis argumentauerit ex ratione hac animę reddere passiones & opera, vt cogitationes, sensus, lætitias, tristitias,
B & quæcunq; alia huiusmodi: sicut enim diximus prius, neq; diuinare facile est ex ipsis.

SOPH. *Ac iis quidem qui simul connexuerunt numerum & motum, & hæc, & pleraq; id genus alia contingunt. neque enim solum fieri potest ut aliqua Animæ definitio eiusmodi sit, uerum ne quidem accidens. Quod perspicuum fuerit, si quis ex ratione hac affectus & munera Animæ aggrediatur describere, ut cogitationes, sensus, uoluptates, dolores, cæteráq; generis eiusdem: Vt enim superius diximus, ne diuinare quidem ex ipsis facile est.*

Congregantes igitur numerum, & motum in eodem habent etiam hæc impossibilia, & alia multa similia eis. impossibile est enim vt sit definitio animæ talis, neq; accidens accidentium ei. Et
C hoc manifestũ est, si aliquis voluerit pficere ex hoc actiones, & passiones aīæ, vt cogitationẽ, & sensum, & voluptatẽ, & tristitiã. hoc n. sicut diximus superius, neq; est facile, neq; erit p figmentum.

Dicit ꝙ definientibus animam per numerum, & motum insimul acci
74 dunt hæc impossibilia prædicta, & alia plurima. Et hoc manifestum est. nullus enim eorum potest dare causas actionum, & passionum in anima propter numerum: neq; si finxerint, dicendo ꝙ talis numerus facit sensum, & talis cogitationem, & talis voluptatem. Quoniam, si causæ rerum diuersarum sunt diuersæ: & causæ istarum sunt vnitates, & numeri: necesse est vt vnitates, & numeri causæ istorum diuersentur. Et sermo eius in hoc capitulo est palam. Cãæ rerũ diuersarũ sunt diuersæ. lem supra. t. c. 5.

Tribus autem modis traditis secundum quos diffiniunt aīam,

Alij

Alij quidem motiuum maximè enunciauerunt, in mouendo se ipsam. Alij autem corpus subtilissimum, aut in corporalissimum aliorum. Hæc autem quas dubitationes & subcõtrarietates habẽt, prætermisimus fere. Relinquitur autem considerare, qualiter dicitur ex elementis ipsam esse. dicunt enim quatenus sentiat ea quæ sunt, & vnum quodq; cognoscat. D

SOPH. *Cum autem tres modi tradantur quibus definiunt Animam, partim illorum maxime motiuum asseruerunt, eò quòd se ipsa moueat: partim corpus tenuissimarum partium, aut quod maxime inter cætera incorporeum est. quæ quas dubitationes repugnantiasq; habeant, fere perscenti sumus: Restat considerandum, quomodo dicitur ex elementis eam cõstare. dicũt n. ut sentiat ea quæ sunt, & unũquodq; cognoscat.*

Et, quia diximus tres modos definitionum animæ. quidam. n. iudicauerunt ipsam esse motam ex se: & quidam iudicauerunt ipsam esse corpus valde subtile, & valde remotum ab alijs corporibus. & nos iam visi sumus induxisse dubitationes, contingentes his duobus sermonibus. Remanet igitur quærere eam esse ex elementis: cùm dicatur hoc, quia sentimus entia, & cognoscimus vnumquodq; illorum. E

75 Dicit q; Antiqui definiunt aĩam tribus modis. Quorũ quidã est, quia mouetur ex se: & quidã, quia est corpus valde subtile, aut maxime remotum à natura corporea. quidã vero definiunt eam, quia est ex principijs, & elemẽtis: quia est, vt dicitur, distinguens, & cognoscens. Et, quia iam cõtradiximus opinioni eorum, qui definiunt eam per motum, & eorũ, qui definiunt eam per corpus subtile, contradicẽdum est modo opinioni eorum, qui dicunt eam esse ex elementis. Et debes scire quòd, contradictio eius dicentibus eam esse corpus, collocatur sub contradictione dicentis eã esse mouens, quia mouetur. Omnibus enim illis contingit dicere eam eẽ corpus, & indifferenter siue posuerint illud, quod mouetur ex se, sphæras paruas, vt Democritus: aut vnitates, vt dicentes eam esse numerum se mouentem: aut corpus cœleste, vt in Timæo. & similiter collocantur in contradictione addentes eam esse complexionem aut harmoniam, & vtr corpus compositum. Remanet igitur contradicere opinioni fingentium eã esse ex elementis propter cognitionem, & sensum. F

Necessarium autem est accidere multa & impossibilia rationi. ponunt enim cognoscere simile simili, tanq; ac si animã res ponentes: non sunt autem hæc sola, multa vero & alia: magis autem fortassis infinita numero quæ sunt ex his.

SOPH. *Cui quidem sententia multa eaq; impossibilia accidant necesse est. Ponunt enim cognoscere simile simili, quasi animam res ipsas ponentes.*

Atqui

A *Atqui certè non hæc sola sunt, sed pleraq; etiam alia: immo innumera fortasse, quæ ex eis constant.*

Sed huic sermoni contingunt plura impossibilia. Ponunt enim ꝙ simile non cognoscitur nisi per suum simile: & quasi ponunt animam esse ista. Sed ista non sunt tantum hæc, sed plura alia. immo videtur ꝙ ea, quæ ex istis sunt, sunt infinita.

76 Idest & iste sermo verificat̃ ad eos dicendo ꝙ principia sunt oīa, quæ fiunt ex ipsis principijs: & principia non sunt ea, quæ fiunt ex principijs oībus modis: sed ea, quę sunt ex principiis, magis fiunt quā principia: immo recte vr̃ vt ea, quæ fiunt ex principijs, sunt infinita. Et, cū ea, quæ fiūt ex principiis oībus modis, alia vero aliquo modo fiunt ex principiis, non iuuantur in dicendo ꝙ aīa est ex principiis: qm̄ sm̄ ꝙ est aliud, non est illic consimilitudo. &, cū illic non fuerit consimilitudo, non erit cognitio: cū cognoscens non cognoscat, nisi per illam consimilitudinem, quam habet cum re cognita. Et, cū declarauit ꝙ facta ex principiis non sunt eadē principia in formis, & essentiis, incœpit declarare impossibilia, contingentia huic, quod dixit, ꝙ nihil cognoscitur nisi per suum simile. Prima rō cōtra Antiquos diffinientes aīam ex principijs ꝑ cognitionem.

B

Ex quibus quidem igitur vnum quodq; horū, sit cognoscere animam & sentire: sed compositum non cognoscet, neq; sentiet, vt quid est Deus, aut homo, aut caro, aut os, similiter autem quodlibet aliud compositorum: non enim quolibet modo se habentia elementa horum vnumquodq;, sed ratione quadam & compositione, quemadmodū dicit Empedocles os: terraq; humus coaptata in amplis diffusionibus, duas ex octo partibus sortita est: aquæ luminis, quattuor autem vulcano: ossa autem alba facta sunt: Nihil igitur profectus elementa in anima esse, nisi rationes inerūt & compositio: cognoscet enim vnūquodq; simile, os autem aut hominem, nihil: nisi & hæc inerunt. hoc autem quòd impossibile sit nihil oportet dicere. quis enim dubitabit, si inerit in aīa lapis aut hō: sic autem bonum & non bonum, eodem modo & de alijs.

SOPH. *Ea igitur ex quibus est horum unumquodq;, esto, cognoscat anima & sentiat, at compositum quo cognoscet, aut sentiet? ut quid DEUS, aut homo, aut caro, aut os? similiter etiam quiduis aliud compositorū: neque enim eorum unumquodq; est elementa quouis modo se habentia, sed ratione quadam & compositione, quēadmodū Empedocles dicit os:*

» *Ast partes liquidi splendoris Dædala tellus*
» *Ex octogeminas, patulis fornacibus hausit:*
» *Bis geminasque ignis: sunt ossa hinc alba creata.*

Nihil igitur prodest elementa esse in Anima, nisi & rationes insint, & composi-

& compositio: nam vnumquodque cognoscet sui simile: os autem uel hominem nihil, nisi & hæc insint: quod fieri non posse, nihil attinet dicere. Quis enim ambigat, an insit in Anima lapis aut homo? itémque bonum & non bonum? sic etiam in alijs. D

Ponatur igitur ꝙ anima cognoscat, & sentiat ea, ex quibus fit quidlibet: & tunc non cognoscit vniuersum, neq; sentit. v.g. quid est Deus, & qd est hō, & qd est caro, & qd est os, & sic alia cōposita. Esse.n. vniuscuiusq; istorum non est vt elemēta sint in quacūq; dispōne, sed ī aliqua cōpōne & proportione: sicut narrauit Empe-
„ docles in generatione ossis. Dicit.n. ꝙ terra magna, quæ est in va-
„ sis ossis, quæ habet de pallore octauam partē, & de igne quatuor
„ partes: & sic facta sunt ossa alba. Nihil enim prodest ꝙ elementa sint in anima, nisi in eis sit proportio, & compositio. tunc enim cognoscet quodlibet per similitudinem, & non cognoscet os, neq; hominem, nisi hæc duo fuerint in ea. Et iste sermo non indiget cōtradictione. nullus enim existimat ꝙ ī anima sit lapis, aut homo, & similiter viuum, & non viuum. E

77 Scđa rō. Dicit. Ponatur igitur ꝙ aīa, &c. i. ponat' sm opinionem eorū ꝙ aīa cognoscit, & sentit elementa ex quibus componi' quidlibet, quod est ex elementis. contingit igitur eis vt non cognoscat vniuersum rei cōpositæ: & ꝙ non cognoscat eius formā. forma.n. eius est supra elementa in composito. contingeret igitur vt non cognoscat Deum, neq; hoīem, neq; carnem, neq; os. essentia enim nō est elementū, neq; ex elemētis. & hoc necesse est in oībus cōpositis. D.d. Esse.n. vniuscuiusq;, &c. i. & essentiæ, & formæ, rerum necesse est vt sint supra additæ elementis: quia quodlibet ens cōpositum ex elementis cōponitur in aliqua proportione terminata à cōpositione propria, per quā illud ens est, quod est. & hoc cōcedit Empedocles. dat enim in generatione ossis proportionem & dicit ꝙ ossa sunt alba, qa existit in eis ex terra, quæ appropriatur nigredini, & pallori octaua pars, & de igne, qui appropriatur albedini, quatuor partes. D.d. Nihil.n. ꝓdest ꝙ elementa sint in aīa, &c. i. nihil.n. prodest in hoc, ꝙ aīa cognoscit formas, & essentias rerum, vt sit ex elementis: nisi cū hoc ꝙ est ex elementis sint in ea proportiones, & compositiones, quæ appropriantur essentiis rerum. tunc enim possibile est vt cognoscat quodlibet. D.d. & non cognoscet eos, neq; hominem, nisi hæc duo fuerint in ea. i. necesse est, cùm non cognoscat rem, nisi per similitudinem, vt non cognoscat os, neq; hominem, nisi in ea sit compositio ossis, & hominis. D.d. Et iste sermo non indiget, &c. i. & iste sermo est valde impossibilis. nullus enim dubitat vtrū in anima sit lapis, aut non. & vniuersaliter nullus existimat ꝙ in anima sit viuum. & non viuum, ita ꝙ cognoscit viuum per viuam partem, quæ est in ea, & non viuum per non viuum. F

Essentiæ, & formæ rerū supadditæ sūt elemētis. idē 7. Me. cō. 60. & 1. Me. c. 12. & 1. de generatione 84.

Amplius

A Amplius autem cum multipliciter dicatur id quod est: significat enim aliud quidem hoc aliquid, aliud quantitatem, aut qualitatem, aut & quoddam aliud diuisorum prædicamentorum: vtrum ex omnibus erit anima, aut non. sed non videntur communia omnium elementa esse. Si igitur quæcunque substãtiarum sunt, ex his solum, quomodo igitur cognoscet & aliorum vnunquodque? aut dicent vniuscuiusque generis elementa esse & principia propria: ex quibus animam constare: erit ergo qualitas & quantitas, & substantia: sed impossibile est ex quantitatis elementis substantiam esse, & non quantitatem. Dicentibus itaque ex omnibus, hæc & huiusmodi alia accidunt.

SOPH. *Præterea verò cum ens multifariam dicatur (significat enim partim hoc aliquid, partim quantum, aut quale, aut aliud quidpiam expli*
B *catorum prædicamentorum) vtrum ex omnibus erit anima, an non? atqui non videntur communia omnium esse elementa: num igitur ex his constat solis, quæ substantiarum sunt? quo nam ergo pacto cæterorum vnumquodque cognoscit? An dicent cuiusque generis esse elementa, & principia propria, atque ex eis Animam constare? erit ergo & quantum, & quale, & substantia: atqui fieri non potest, ut ex quantitatis elementis substantia sit, & non quantitas. His igitur qui dicunt ex omnibus, hæc, & huiusmodi alia accidunt.*

Et etiam, si ens dicitur pluribus modis (demonstrat enim hoc & quantum, & quale, & aliud prædicamentorum) vtrum anima sit ex omnibus eis. Sed non existimatur quod omnia habent elementa, & principia. Et vtrum non sint nisi ex elementis substantiæ tã
C tum. Sed, si fuerit ita, quõ cognoscit vnumquodque illorum? Aut dicant quod quodlibet generum habet elementa, & principia propria, ex quibus constituitur. Anima igitur erit quale, & quantum, & substantia. Sed impossibile est vt ex elementis quanti sit substantia, & non quantum. Qui igitur dicunt quod est ex omnibus, contingunt eis hæc, & alia similia.

78 Cùm declarauit impossibile contingens eis pp cognitionem formarũ
Tertia 16. rerum, cùm formæ non sint elemẽtum, neq; ex elementis, incœpit declarare quod contingunt eis alia impossibilia, licet concedant quod cognoscit cõposita pp sua principia, i. quia est ex principiis eorum. Et d. Et etiam si ens, &c. i. & etiam quõ possunt dicere quod aĩa cognoscit res pp sua prĩcipia? Ens n. quãq; demonstrat hoc, quãq; alia nouem prædicamenta: & sic quærendum est vtrum aĩa cognoscat quodlibet illorum generum, quia est ex principiis oĩum eorum, si oĩa habent principia: aut ex principiis quorundam,

rundam, si non oĩa habent principia. D.d. Sed non existimatur. i. sed, si G posuerint eam esse ex principiis quorundam, quærendum est ab eis verũ aĩa sit ex principiis substantiæ tantum: cũ hoc prædicamentum inter oĩa existimetur habere tantum principia, dicetur eis quõ cognoscit aĩa vnũquodq; illorum prædicamentorum? D.d. Aut dicant ꝙ quodlibet generum, &c. i. aut cogentur ad primam diuisionẽ: & est ꝙ quodlibet decem prædicamentorum habet propria principia: & ꝙ aĩa non cognoscit ea, nisi quia sunt ex suis principiis. Contingit eis ex hac positione aliud impossibile: & est ꝙ aĩæ quædam pars est substantia, & quædam pars quale, & quædam quantum: cũ impossibile est vt substantia sit elementum aliorũ prædicamentorum. principia. n. non substantiæ, sunt non substantiæ. D.d. Qui igitur dicunt ꝙ est ex oĩbus, &c. i. dicentibus igit̃ aĩam esse ex oĩbus principiis rerũ contingunt hæc impossibilia ꝑdicta, & alia similia.

Impossibile ẽt si ha sit e[illegible] aliou p[illegible] camẽtorum. Vide opp. 12. Me. cõ. 21. Vide cõr. Tim.

Inconueniens autem est dicere quidem impassibile esse simile à simili, sentire autem simile simile, & cognoscere simile simili: sentire autem pati aliquid & moueri ponunt: similiter autem & cognoscere & intelligere. Multas autem difficultates & dubitationes habente ipso dicere sicut Empedocles, ꝙ corporeis elementis singula cognoscuntur, & ad simile, testatur quod nunc dictũ est. quæcunq; enim insunt in animalium corporibus simpliciter terræ, vt ossa, nerui, pili, nihil sentire videntur: quare neque similia, & tamen conueniret. E

SOPH. *Absurdum est etiam dicere simile quidem non pati à simili: simile vero sentire simile, & cognoscere simile simili: et tamen illud sentire, pati quoddam & moueri statuunt: itemq; intelligere, & cognoscere. Cum autem multæ dubitationes ac difficultates oriantur, si quis ut Empedocles dicat corporeis elementis singula cognosci, & ad simile, fidem facit quod nunc dictum est: quæcunq; enim insunt in animalium corporibus, quæ simpliciter terræ sunt, ut ossa, ut nerui, ut pili, nihil uidentur sentire: quamobrem nec similia: & tamẽ oporteret.* F

Et improbabile est etiam dicere quod simile non patitur à suo simili: & ꝙ simile sentit suum simile, & ꝙ simile cognoscit suum simile: opinando ꝙ sentire est pati, & moueri, & similiter distinguere, & intelligere. Et testatur ꝙ sermo, quẽ dixit Empedocles, ꝙ vnaquæq; rerum non cognoscit corporalia elementa, nisi sm similitudinem, est multarum dubitationum. & hoc, qđ dicemus in hoc loco, & est quod corpora animalium, quibus existit simplex terra, vt ossa, vt videtur, nihil sentiunt, non sentiunt igit̃ neq; similia: licet hoc sit necessarium.

79 Quartus tõ. Cùm dedit impossibilia contingentia huic opinioni, incœpit contradicere

A dicere propositioni, sup qua fundatur hæc opinio, s. propositioni dicenti ꝙ simile non comprehenditur, nisi per suũ simile, &c. d. Et improbabile est ẽt dicere, &c. i. & improbabile est hoc, quod Antiqui opinant, ꝙ sile non patitur à suo sili, & ꝙ passiuũ non est nisi contrariũ à suo contrario. & opinant cum hoc ꝙ cognoscere, & sentire fiunt per sile, tñ cognoscere, & distinguere sunt pati, & moueri. Et intendit per hoc ꝙ illud, quod consequitur hanc opinioné, est contrarium primæ. Hoc n. quod ponunt ꝙ sentire, & intelligere fiunt per sile, & ꝙ sunt pati, coget eos ad dicendũ ꝙ simile patitur à suo simili: quod non cõcedunt, quia iã posuerũt sile pati à suo simili: & in se ẽt impossibile est. D. d. Et testatur ꝙ sermo, quem d. Empedocles, &c. i & testat ꝙ sermo, qué Empedocles d. s. ꝙ vnusquisque non cognoscit generalia corporalia elementa, nisi fm similitudinem. i. quòd nos non cognoscimus terram, nisi per illud, quod est in nobis de terra, & aquã per aquam, & aerem per aeré, & ignem per igné, est falsus. Et hæc est mul- Idẽ i. de generatione. 50.

B titudo dubitationum contingentium illi in hoc loco. Illud. n. quod in corporibus animalium magis vicinatur terræ simplici, nihil sentit. & tamen ossa non sentiunt terram: licet in eis dominetur terra. simile ergo nõ sentit simile. Et hoc intendit cũ d. non sentiunt igitur neq; similia. D. d. licet hoc sit necessariũ. i. ꝙ simile debet sentire suum simile. tũc enim necessarium esset vt ossa sentirent terram, sed videntur carere omni sensu.

Amplius autem, vnumquodꝗ principiorum ignorantia plurium quàm intelligentia existet. cognoscet quidem enim vnum quodlibet: multa autem ignorabit, omnia enim alia. accidit autẽ & Empedocli insipientissimum esse Deum. solus enim elementorum vnum non cognoscet, discordiã: Mortalia autem, omnia: ex omnibus enim vnumquodꝗ est.

SOPH. *Præterea unicuiq; principiorum plus ignorationis, quàm cognitionis inerit. Vnũquodq; enim unum cognoscet, pleraq; uerò ignorabit: si quidem cætera omnia. Accidit etiam Empedocli DEVM esse insipientissimum: solus enim hoc unum elementorum non cognoscet, nempe discordiam: mortalia uerò, res omnes: ex omnibus. n. constat unũquodq;.*

C

Et etiam vnumquodꝗ principiorũ magis ignorat, quã sciat. vnumquodꝗ enim eorum vnum tantum agnoscit, & plura ignorat. Et contingit Empedocli attribuere Deum maximæ ignorantiæ. ipse. n. solus nescit de elementis hoc vnicum. s. litẽ: animal vero mortale scit ea omnia. omne. n. animal fit ex omnibus illis.

80 Et etiam contingit eis impossibilia vniuersalia, s. vt quodlibet etiam principiorum magis ignoret, quàm sciat. vnumquodq; enim principiorum eorum non scit apud eos, nisi ex quibus componitur: & sunt ea, quibus assimilatur. D. d. Et contingit Empedocli attribuere, &c. i. & contingit Empedocli aliud impossibile proprium, s. ꝙ Deus apud ipsum sit in si- Quinta rō. Sexta rō.

ne ignorantiæ: ita q̄ animal mortale est scientius ipso. contingit enim se- D A
cundum suum sermonem, vt non sciat de elementis, quę sunt apud ipsum
sex, nisi quinq; tantum, s. quatuor elementa, & amicitiam, & q̄ nesciat litem. animal autem mortale scit sex, quia apud ipsum componitur ex om
nibus. Et opinatur q̄ Deus componitur ex quinq; tantū. i. non ex lite. cōtingit igitur ei vt nesciat litem: quapropter animal mortale erit scientius
eo. Et Dij, quos Empedocles opinatur esse compositos ex quatuor elemētis, sunt orbes. opinatur enim orbes esse Deos, & compositos ex quatuor
elemētis, & amicitia. Et ideo reputabat Deum esse immortalem. lis enim
est causa corruptionis. licet iam narrauerit quòd ipse iam opinatur mun
dum, q̄ iam corrumpebatur, & iam generabatur. sed forte non opinabatur hoc, nisi in eis, quæ sunt sub sphæra, quamuis ipse videtur hoc opinari
in omnibus partibus mundi.

Omnino autem propter quam causam, non omnia habent animam quæ sunt: quoniam omne, aut elementum, aut ex elemento
aut vno, aut pluribus, aut omnibus: necesse est enim vnū aliquod
cognoscere, aut quædam, aut omnia. E

SOPH. *Deniq; cur nō omnia quæ sunt habent animam, cum quodq; aut elementum sit, aut ex elemento uno, aut pluribus, aut omnibus? Necesse
est enim unumquidpiam cognoscere, aut nonnulla, aut omnia.*

Et vniuersaliter, quare non omnia habent animam: cùm omnia aut sint elementum, aut ex elemento vno, aut ex pluribus, aut
ex omnibus: oportet. n. scire aut vnū, aut quædam, aut omnia.

81 Septima ratio. Et vniuersaliter necesse est eis dare causam, quare non oīa habent animam cōprehendentem. contingit. n. eis vt omnia sint comprehēsiua. quoniam, si principia, & elementa sunt cognoscentia: & omne ens aut est ex
elemento, aut elementum, necesse est vt omnia sciant. Oportet enim vt
omne sciat, aut vnum eorum, si fuerit elementum, aut ex vno elemento. F
quoniam tunc nō sciet, nisi illud, quod cōponitur ex illo elemento: aut vt
sciat plura, si componitur ex pluribus: aut, si cōponit ex oībus, oīa. & hoc
intendebat, cùm d. oportet enim scire aut vnū, aut quædam, aut omnia.

Dubitabit autem aliquis, & quid est vnum faciens ipsa: materiæ enim comparantur elementa. Maxime enim proprium est illud continens quodcunq; est: anima autem aliquid melius esse &
antiquius impossibile est: impossibilius autem adhuc intellectu:
Rationabilissimum enim hunc esse nobilissimum & diuinum secundum naturam. Elementa autem dicunt esse prima entium.

SOPH. *Quæret præterea quispiam, quid nam sit quod ea unum efficiat?
materia enim similia sunt elementa: Potissimum enim est id quod cōtinet, quidquid id tandem sit. at anima aliquid esse potius aut dominans, impossibile est: longe etiam impossibilius intellectu. Maxime. n.*

rationi

A *rationi consentaneum est eum longißime antecedere, & natura esse potiorem, & tamen elementa dicunt prima entium esse.*

Et debet homo dubitare illud, quod dedit illis esse. elementa enim assimilantur materiæ. Illud enim, q^d agit, dicitur valde nobile. impossibile est igitur vt aliquid sit nobilius, & principalius quàm anima. & magis impossibile est vt aliquid præcedat intellectũ. necesse est.n. vt iste sit p̄cedēs natura & ipsum, quod per eũ acquirit nobilitatem suam. elementa autē sunt principia entiũ.

81 Et debet homo quærere p quid sunt elementa, s. forma. elementa.n. videntur assimilari materiæ. sed manifestũ est q aliud nobilius eis ligat, & congregat ea in composito: & est illud, quod est in eis quasi forma, & finis. D. incœpit declarare quòd hoc necesse est esse aīam & maxime intellectum, & d. Illud.n. quod agit, dr valde nobile &c. i. & illud, quod vr eē nobilius elementis, necesse est vt sit aīa. oē.n. quod dr esse nobilius aliquo, minus est dignum nobilitate quā aīa. aīa igitur præcedit oīa elementa causalitate, & nobilitate: elementa aũt tpe. D. d. & magis est impossibile vt aliquid præcedat intellectum. i. si anima esset ex elementis, tũc præcederent eam elemēta nobilitate, & causalitate: quod est impossibile. & magis impossibile est opinari q aliquod elementorum præcedat intellectum secundum nobilitatem, & sm causam finalem. D. dedit rōnem super hoc, & d. necesse est.n. vt iste sit, &c. i. necesse est enim vt intellectus præcedat in esse omnia attributa sibi, & quæ ab eo acquirunt nobilitatem, vt elementa. D. d. elementa autem sunt principia entium. i. & valde differunt. anima enim & intellectus sunt principia entium secundum finem & formam: elementa autem secundum materiam. Octaua rō. Illud, q agit, est valde nobile. Idē. 3. de Aia. t. cō. 19. Aīa præcedit elementa nobilitate, & cālitate; elementa aũt tpe. Aīa, & intellectus sunt principia entiũ sm finē, & formā: elementa autē sm materiā.

C Omnes autem & qui ex eo q^d sentit & cognoscit anima quæ sunt, ex elementis dicunt ipsam, & qui maxime motiuum, non de omni dicunt anima: neq enim sensitiua omnia, motiua, videntur enim esse quædã animaliũ, manentia sm locũ: & tamen videtur hoc solo motu mouere anima animal. Similiter autē & quicunq intellectiuũ & sensitiuũ faciunt ex elementis. videntur.n. plantæ viuere non participantes loci mutatione, neq sensu: & animaliũ multa intelligentiam non habere.

SOPH. *Omnes autē, tum ij qui eò quòd cognoscat & sentiat ea quæ sunt, ex elementis eam constare dicunt: tum qui maxime motiuum eam esse censent, non de omni loquuntur Anima: Neq enim in omnibus ijs quæ sentiunt, motus est: Apparet enim esse nonnulla animalia, quæ in eodem loco semper manent. Atqui hoc solo motu anima mouere animal videtur: Similiter etiam quicunq intellectum, & sensitiuum ex elementis faciunt: nam & plantæ videntur viuere, cum tamen nec latinus, nec sensus participes sint: necnon aĩalium complura rõnem non habere.* D

Et omnes facientes animam ex elementis per cognitionem, & sensum, & per motum non loquuntur de oĩa aĩa. Non.n. videmus oĩa sensibilia moueri, cũ quædã aĩalia videantur permanentia in eodẽ loco: licet videatur ꝙ illo solo motu mouet aĩa aĩalia. Et siĩr etiam est dispositio ponentium intellectum, & virtutem sensus ex elementis. plantæ enim videntur viuere: sed nullam habent portionem de motu locali. & plura animalia etiam non intelligunt.

81 Dicit & omnes ponentes substantiam aĩæ ex elementis, quia cognoscit ,
[Nona co.] & quia mouet ex se, non loquuntur de substantia aĩæ, nisi particulariter, nõ vľr: sicut debet facere ille, qui vult naturaliter loqui de ea. D. incepit declarare hoc, & d. Non.n. videmus omnia sensibilia moueri.i. & definitio eorum, qui definierũt eam per motum, est diminuta. multa.n. sensibilia, & aĩata nõ mouentur in loco, vt spongia maris: quamuis iste motus apud eos proprius est aĩæ. &, si ita esset, oẽ aĩatum moueretur in loco. Error igitur accidit eis, qui existimant ꝙ iste motus est proprius animæ sensibili. E Et, cùm narrauit diminutionem contingentem definientibus animam per motum, incepit declarare diminutionem accidentem ponentibus eam ex elementis per cognitionem, & dicit. Et similiter etiam est dispositio ponentium intellectum, &c. idest, & similiter est de ponẽtibus intellectum, & substantiam animæ ex elementis, quia cognoscit. plantæ.n. videntur habere vitam, & non sensum, neque motum in loco. & videmus ꝙ multa animalia sensibilia non intelligunt. Et, si ita esset, necesse esset, vt omne viuum esset sensibile: & omne sensibile esset intelligens, sicut opinabantur plures Antiqui. sed non est ita. omnes enim definientes substãtiam animæ per cognitionem, aut motum, non incedunt via ducenti ad cognitionem substantiæ animæ.

[Vide de spongia maris 2. de aia co. 16.]

Si autem aliquis & hæc segregauerit, posueritq; intellectũ partem aliquam animæ. Similiter autem & sensitiuũ, neq; vtiq; sic dicet de omni anima, neq; de tota vel vna: Hæc autem sustinuit & quę est in orphicis vocatis carminibus ratio. Dicit enim animã ex toto ingredi, respirantium, quæ fertur à ventis: non possibile F itaq; plantis hoc accidere, neq; animalium quibusdam, siquidem non omnia respirant.

[SOPH.] *Quod si quis hæc quoq; concesserit, posueritq; intellectum partem aliquam animæ, itemq; sensitiuum, ne sic quidem dicent uniuersè de omni Anima: immò ne de una quidẽ tota. Hoc etiam ipsum accidit ei sententiæ, quæ circumfertur in Orphicis carminibus. Dicit enim animam ex uniuerso ingredi, cum spiritum trahimus, delatam à uentis: quæ res nec plantis, nec animalium quibusdam contingere potest, siquidem non omnia spirant. Quod tamen fugit eos qui ita existimant.*

Et,

A Et, si homo concesserit ista, & posuerit quod intellectus est aliqua
pars animæ, & similiter etiam virtus sensus, tamen neque cum hoc
locuti sunt vniuersaliter de omni anima, neque de vna anima vniuersaliter. Et similiter accidit in sermone, qui dicitur inueniri in
versibus attributis Archoim. dicit enim quod anima intrat intus à to
to apud anhelitum: quia venti deferunt eam. Hoc igitur non accidit plantis, neque in quibusdam animalibus: cùm non omne animal sit habens anhelitum.

84 Dicit. Et, si hō concesserit eis quod omne aīal est intelligens, & posuerit quod
virtus intellectus, & sensus sit idē, tñ cum hoc etiam nō erunt locuti de oī
anima. Qui enim locutus est de ea per cognitionem, nō loquitur de aīa
non cognoscenti: qui autem per motum, non loquitur de anima nō mota. & cum hoc sermo amborum non est in eadem aīa. natura enim animę
motæ alia est à natura cognoscentis. Isti igitur non loquuntur de anima
vlī, & etiā cum hoc quidam eorum loquuntur de vno modo aīæ, & qui-
B dam de alio modo. D. d. Et sicut accidit, &c. idest & hoc idem accidit Archoim, sm quod loquit de aīa particulari, & existimat loqui de aīa vlī, fingēs
quod natura aīæ est illud, quod intrat corpus à toto continenti apud anhelitum. Iste enim non loquitur de omni anima, quia plantæ habent animā,
tñ non habent anhelitum, & similiter plura animalia. anhelans enim est
animal ambulans sanguinem habens, vt dictum est in Animalibus.

Decima rō.

Anhelans è aīa ambulās, sanguinē habens.

Hoc autem latuit sic opinantes. si vero ex elementis animam fa
cere oportet, nihil oportet ex omnibus. sufficiens enim est altera
pars contrarietatis, se ipsam diiudicare & oppositam. Recto. n. &
ipsum & obliquum cognoscimus. Iudex. n. vtrorūque canon est. Ob
bliquum autem neque sui ipsius, neque recti.

SOPH. *Cæterū si ex elementis animam facere oportet, non est opus ex om-*
nibus: sufficit. n. altera pars contrarietatis, ad se ipsam diiudicandā,
C *& oppositam: recto enim tum hoc ipsum, tum obliquum cognoscimus:*
norma enim utriusque index est: obliquum verò, nec sui, nec recti.

Et ignorauerunt existimantes hoc. s. ponentes aīam ex elementis, s. quod non de necessitate debent ponere eam ex omnibus eis. Sufficit. n. vnum contrariorū in iudicando super ipsum, & super suū
oppositum. per rectum. n. scimus rectū, & curuum. regula. n. iudi
cat vtrumque per suam rectitudinem. per curuum aūt non scimus,
neque ipsum in se, neque rectum.

85 Et, cùm ignorauerunt quōm non indigebant ponere aīam ex oībus con-
trarietatibus existentibus in elementis. Sufficiebat enim eis ponere eā ex
altero duorum cōtrariorū, s. ex alio, quod est quasi habitus quidam, & forma. tale enim contrarium sufficit in iudicando super se, & super suum op
positum.

positum. scimus enim lineam rectam per regulam rectam, in eo quod est recta, similiter curuam. sed per curuam non scimus neq; ipsam, neq; rectã. Et causa in hoc est, quia non debemus iudicare per contrarium, quod est primum, super contrarium, quod est secundum. D

Et in toto autem quidam misceri ipsam dicunt. vnde fortassis & Thales opinatus est omnia esse plena dijs, hoc aũt habet quasdã dubitationes. propter quã.n. causam in aere aut in igne anima cũ sit, non facit animal, in mixtis autem: & hoc in his melior esse putata. Quæret.n. vtique aliquis, quam ob causam quę in aere anima, ea quæ in animalibus melior & immortalior.

SOPH. *Sunt etiam qui in vniuerso mixtam esse eam dicant: quocirca forsè etiam Thales cuncta esse plena Deorum putauit. De quo quæstiones oriuntur nonnullæ. Cur enim in Aere aut in Igne si inest anima, non facit Animal, sed in mixtis? idq; cum præstantior in eis esse videatur? Quærat præterea quispiam, cur Anima quæ est in aere, ea quæ est in animalibus præstantior est & immortalior?* E

Et dixerunt quidam quod aĩa est in toto. & forte ex hoc loco existimauit Milesius quod omnia sunt plena Deo. Sed in hoc loco est dubitatio. Quærendum est.n. cũ anima existat in aere, & igne, quare non facit animalia, & facit hoc in mixto: licet sit existimatũ quod anima, quæ est in istis, sit nobilior. Etiam debet homo respondere, quare anima, quæ est in aere, est melior anima, quæ est in animalibus, & magis immortalis.

86 Rō cōtra Thalem Intendit vt mihi vr̃ quod quidam dixerunt quod aĩa existit in toto. i. in elementis, & in compositis. & ex hoc existimauit Milesius quod oĩa sunt plena Deo. D.d. Quærendũ est.n. &c. i. & prima dubitationum contingentiũ huic opinioni est, quare aĩa, inquantum est in aere, & ẽt in igne, non facit aĩalia in eis. i. quare hæc corpora simplicia non sunt sensibilia, & comprehensibilia. qm̃, cũ aĩa eãdem proportionem habeat ad elementum, & ad compositum, necesse est vt, si alterum eorum fuerit animatũ, vt alterum etiam sit animatum. D.d. licet sit existimatum quod aĩa, quæ est, &c. i. licet existimatum sit quod aĩa, quæ est in elementis, magis digna est vt faciat elementa esse animata. existimabitur igitur esse nobilior anima, quæ est in mixto ex elementis. D. dedit quæstionem secundam, & d. Etiam debet homo respondere, quare aĩa, quæ est in aere, &c. i. & contingit homini opinanti hanc opinionem respondere quærenti qua de cã aĩa, quæ est in elementis, est nobilior anima, quæ est in animalibus. anima enim quæ est in elementis, est non mortalis apud eos: & quæ est in aĩalibus, ẽ mortalis. F

Accidit autẽ vtrobique inconueniens & irrationabile. & nanque animal dicere ignem aut aerem, magis irrationabilium est: & nõ dicere animalia cum anima insit, inconueniens est.

Accidit

A SOPH. *Accidit autem utrinque absurdum quiddam, et alienum à ratione: etenim dicere ignem uel aerem esse animal, à ratione discrepat: nec dicere animalia, cum anima insit, absurdum est.*

Et contingit vtrique sermoni improbabile, & irrationabile. dicere. n. ꝙ ignis, & aer sunt aīalia, est simile sermoni stulto. & etiā non dicere ea esse animalia, & dicere ea habere aīaꝫ est improbabile.

87 Cùm declarauerit ꝙ contingit dicentibus ꝙ in elementis est anima vt elementa sint animata, dicit. Et contingit vtrique sermoni, &c. idest hoc, ꝙ ponunt, quòd elementa sunt animata: aut hoc, quod ponunt, ꝙ elementa habent animam, & nō sunt animata. dicere enim ꝙ ignis, & aer sunt animata, simile est sermoni stultorum. & dicere etiam ꝙ habent animam, & non sunt animata, est valde improbabile: quia nulla differentia erit inter animam esse in animato, aut non esse.

Opinari autem videntur animam esse in his: quoniam totum partibus simile speciei. quare necessarium ipsis dicere & animam B similis speciei partibus esse, si propter intercipi aliquid continentis in animalibus, animata animalia fiunt. si autem aer quidem discerptus similis speciei, anima autem dissimilis partis, hoc quidē aliquid ipsius existet, videlicet, aliud aūt nō existet. necesse est igitur ipsam similis partis esse: aut non inesse in qualibet parte omnis. Manifestum igitur ex dictis, ꝙ neque cognoscere inest animæ id quod est ex elemētis, neque moueri ipsam bene neque vere dr̄.

SOPH. *Existimasse autem uidentur Animam his inesse, quoniam totum, atque partes eiusdem sunt speciei, quare fateri compelluntur animam ac partes eiusdem esse speciei, si eò quod in animalibus intercipiatur aliquid ambientis animata animalia fiāt. quòd si Aer quidem descerptus eiusdem est speciei, anima autem dissimilarum partium, pars qua C dam eius inerit. s. quadam non inerit. Necesse ergo est ipsam aut similarium esse partium, aut non inesse in qualibus totius parte. Perspicuū igitur ex dictis est, cognoscere, non ideò inesse Animae, quòd constet ex elementis: nec eam moueri, rectè ac uerè dici.*

Et vidētur existimare ꝙ aīa existat in istis, quia forma vniuersi eorū est, sicut forma partiū. Oportet igitur eos dicere ꝙ forma animæ etiam est sicut forma partium eius: cùm animal non sit habens animam, nisi cū in eo concluditur aliquid de aere continenti. Si igitur aer, cùm separatur, est similis formæ, & anima, cùm separatur, non est consimilium partium: manifestum est ꝙ aliquid eius erit ens, & aliquid non ens. Necesse est igitur ut sit consimilium partium, aut non existet in qualibet parte totius. Quoniam

autem neq; cognoscere existit in anima, quia est ex elemētis: neq; D
moueri dicitur recte, manifestum est.

88 Cùm numerauit impossibilia contingentia huic opinioni, dedit cām,
Ratio Taletis. ex qua existimarunt elementa esse animata, & destruxit eam, & d. Et videntur existimare, &c. i. & videntur opinari q̃ aīa est in elementis: quia
vnum iudicium habet totum, & pars in recipiendo aīam. D. d. Oportet
igitur eos dicere, &c. i. sed, cum posuerint quòd idem iudicium habet totū
& pars elementorum in recipiendo aīam, oportet eos ponere q̃ natura a-
nimæ vlis, & forma eius est sicut forma partium, s. q̃ iudicium vlis in sua
Iudicium vlis in sua nā, & particularis idē ē. vide. 4. Ph. c. 17. & . 48. & 2. hᵒ. cō. 9 & .1. Coeli 17. natura, & particularis idem est. Et declarauit hoc, cū dedit causam, propter quam opinati sunt q̃ pars elemētorum est animata, & q̃ propter hoc
debet esse totum animatum, & d. cū animal non sit habens animam, &c.
i. & opinati sunt, quòd pars elementorum est animata, quia viderunt q̃d
animal non fit animatum, nisi qñ in corpus intrauerit apud anhelitū aliquid aeris continentis: & ideo opinantur quòd ista pars aeris, quæ est in E
corpore animalium, est animata. Et, quia natura partis est talis necesse est
vt natura totius sit talis. Et ordo verborum debet esse talis. & vnr existimare quòd anima existat in istis. i. in elementis. s. quòd forma totius, &
partis est idem: sed pars est animata: opinantur. n. quòd animal non fit ani
matum nisi per aerem, qui concluditur in eo: ideo oportet eos dicere q̃d
forma animæ vlis est sicut forma particularis. i. q̃ natura animæ vniuersalis, quæ est in elementis, & particularis, quę est in animalibus, est eadem.
Impugnatio rōnis Thaletis. Et, cū narrauit hoc, incœpit declarare modum, fm quem contingit eis,
& d. Si igitur aer, cùm separatur, &c. i. si igitur aer, cū diuiditur, est consimi
lis formæ, s. q̃ natura partis, & totius est eadem: & anima, quæ est in elementis, cū diuiditur per diuisionem elementorum, non est consimilium
partium: qm̃ illud, quod existit ex ea in parte, s. in aīalibus, est mortale, &
quod existit ex ea in toto, est nō mortale: manifestum est quòd pars, quæ
existit ex ea in toto, alia est ab ea, quæ existit in parte. ergo necesse est, aut
vt in anima, quæ est in toto, sit similis animæ, quæ est in parte, si posueri- F
mus quòd totū, & pars habent idem iudicium in recipiendo aīam aut, vt
ponamus q̃ iudicium totius, & partis in recipiendo aīam non est idem: &
illud, quod sequitur ponere eorum. s. quòd anima, quæ est in toto, est nobilior ea, quæ est in parte. Et hoc posito, destruitur argumentum eorum
per hoc, q̃ anima existit in toto, quia existit in parte. qm̃, cū natura animæ fuerit diuersa, diuersabitur etiam natura recipientis. vnde necesse est,
sicut d. vt non quælibet pars eius recipiat animam mortalem, sed partes p
Documentum. priæ. iudicium igitur totius, & partis non est idem. Et debes scire quòd
hoc contingit necessario dicentibus elementa esse non animata: & quod
est ex eis in animalibus est animatum. scilicet cōtingit eis dare causam;
propter quam fuit ita, sicut contingit hoc dicentibus elemēta animata, sed
per animam nobiliorem anima existenti in animalibus. Sed causa data à
dicentibus elementa esse non animata non potest esse data à dicētibus ea

esse

A esse animata,s. mixtio, & complexio. & ideo visum est nobis ꝙ ponentib' primas perfectiones animæ esse factas à mixtione, & complexione, non à causa extrinseca, contingit ꝙ elementa sint animata per animam æqualem animæ existenti in animalibus. & Alexan. videtur hoc opinari in primis perfectionibus animæ, & contra Arist. & cõtra ipsam veritatem. & in nullo differunt in hoc primæ perfectiones,s. & vltimæ. & ideo videmus ꝙ ista opinio similis est opinioni dicentium casum esse, & negantium causam agentem. D. d. ſm rememorationem summam eorum, quæ prædixit, & d. Quoniam autem neq; cognoscere, &c. idest manifestum est igit̃ ex hoc, quod diximus, ꝙ non est necesse vt sit ex elemẽtis pp hoc, quod cognoscit, & sentit: neq; ẽt hoc, quod dicitur, ꝙ mouet se, est verum. Resistit cõ-sist. cõtra Alex. 1. de aia cõ. 50.

Nonnullæ proponuntur difficultates de ipsius Animæ vnitate, ac partibilitate. Cap. 7.

B QVoniam autem cognoscere inest animæ, & sentire, & opinari: adhuc concupiscere, & deliberare, & omnino appetitus: fit autem & ſm locum motus ab anima in animalibus: adhuc autem augmentum & status & decrementum: verũ toti animæ vnumquodq; horũ inest, & omni intelligimus & sentimus, & aliorum vnumquodq; facimus & patimur, aut partib' alteris altera? & viuere igitur vtrum in aliquo horum sit vno, aut in pluribus, aut in omnibus? aut aliqua alia causa?

SOPH. *Quoniam autem anima est cognoscere, & sentire, & opinari: ad hæc cupere, et deliberare, & omnino appetitus: fitq; præterea motus loci animalibus ab anima, itemq; auctio, & status, & diminutio: utrũ toti animæ horum unumquodq; inest, & tota ipsa intelligimus & sentimus, & aliorum unumquodq; agimus & patimur, an partibus alijs*

C *alia? iam uero uiuere utrum in aliquo horum est, an in pluribus, an in omnibus? an etiam alia quædam causa est?*

Et, quia anima habet cognoscere, & sentire, & existimare: & ẽt appetere, & velle, & vlr modos desyderij: & etiam anima habet per animam motum in loco: & etiam augmẽtum, & complementum, & diminutionem, vtrum vnumquodq; istorũ est totius animæ, & per ipsam totam intelligit, & sentit, & mouet, & facit alios motus, & actiones, & passiones: aut non agit, & patitur, nisi p virtutes diuersas, & membra diuersa, & actiones, & passiones diuersas. Et vtrum vita est in vna istarum, aut in pluribus vna, aut in omnibus, aut habeat aliam causam.

89 Cùm contradixit sermonibus Antiquorum de anima, incœpit hic declarare ꝙ primo consyderandum est de anima, & de numero actionum

eius

eius diuersarum in genere: deinde vtrum omnes proueniant ab vna virtute, s. ab anima, aut agit vnamquanq; actionem eius diuersarum in genere per virtutes diuersas, aut sm definitionem & subiectum, aut sm definitionem tantũ. Et d. Et, quia anima, &c. i. &, quia anima habet quinq; actiones, aut passiones diuersas in genere. Quarum vna est scire, & existimare: Secũda sentire: Tertia desyderare, & velle: Quarta moueri in loco: Quinta augeri, & minui, & nutriri: vtrum qualibet illarum actionum diuersarum in genere sit totius animæ, ita ꝙ per eandem naturã intelligit, & sentit, & mouetur in loco, & desyderat, & nutritur, & vniuersaliter agit, & patitur vnoquoq; illorũ motuum: aut non agit, aut patitur vnoquoq; eorum, nisi per virtutes diuersas, & membra diuersa, & membra communia eis *conuenientia. Hæc igitur est opinio Aristo. non enim opinatur ꝙ facit diuersas actiones per virtutes diuersas, & vnica membra tantum: neq; per vnicas virtutes, & membra diuersa tantum: nec etiam per virtutes diuersas, & membra diuersa tantum: sed opinatur ꝙ faciat per virtutes diuersas, & membra vnica, s. principalia, & membra diuersa. & hoc intendebat, cum d. per virtutes diuersas, & mẽbra diuersa. i. cum hoc, quod agit cum membris conuenientibus. qm̃, si sic non intelligeretur, erit idem cũ sermone Platonis. D. d. Et vtrum vita est in vna istarum, &c. i. & perscrutandum est cum hoc, vtrũ illud, quod dicitur vita, est in vna aliqua istarum virtutum quinq;, aut in pluribus vna, aut in omnibus. D E

*a. l. consimilia. Opio Aristo. de pasilitate aiarũ. vide & īfra. c. 91. Vide ī cõ. 7. de opione Platonis, & in cõ. seq.

Dicunt itaq; quidam partibilem ipsam: & alio quidem intelligere, alio autem concupiscere. Quid igitur continet animã si partibilis est apta nata? non enim vtiq; corpus: videt enim contrariũ magis, a͡ia corpus continere: egrediente enim spirat & marcescit.

SOPH. *Equidem sunt qui eam asserant esse partibilem, atq; alia parte intelligere, alia cupere. ergo quid tandem est quod animam contineat, si partibilis est? profecto nõ corpus: uidetur enim cõtra potius anima corpus continere: egressa enim ea, euanescit putrescitq;.* F

Et quidam dicũt ꝙ anima est diuisibilis, & ꝙ ipsa intelligit per hoc, & desyderat per aliud. Quid igitur continuat animam, si naturaliter est diuisibilis? Hoc enim non est corpus. existimandum est enim contrarium, scilicet ꝙ anima continet corpus. & hoc demonstratur, quia, cùm exierit ab eo, putrefiet.

90 Innuit Platonem, qui opinatur ꝙ anima essentialiter diuiditur in corpore sm diuisiones membrorum, quibus agit suas actiones diuersas, & ꝙ non communicantur in aliquo membro, ita ꝙ pars intelligens est in cerebro tantum, & desyderans in corde tantũ, & nutriens in hepate. Et dixit & quidam dicunt, &c. i. & quidam dicunt ꝙ anima diuiditur essentialiter per diuisionem membrorum corporis, ita ꝙ intelligit per membrũ, & virtutem alia à membro, & à virtute, quibus desyderat. Deinde dicit: Quid igitur continuat animam, &c. idest sed, si posuerimus ꝙ anima diuidatur

A uidētur essentialiter per diuisionem membrorũ, in quibus existit: & manifestum est per se ꝙ anima, quæ est in singulis indiuiduis nobis est vnica: quid igitur copulat partes animæ, ita ꝙ potest dici esse vna? Non enim potest aliquis dicere ꝙ hoc sit corpus, quod copulet partes animę: quoniã magis rectum est dicere ꝙ corpus est vnum, quia anima est vna, non ecõuerso. & hoc intendebat, cùm dixit. existimandum est enim esse contrarium, &c. idest opinio enim, quam habemus naturaliter in hoc, contraria est huic opinioni, scilicet ꝙ anima magis digna est vt sit causa copulationis corporis, & suæ vnitatis in numero, q̃ vt sit corpus causa copulationis animæ. omne enim quod est, est vnum: & continuum non est per suam materiam, sed per suam formam. Sed, quia ista argumentatio est quasi latens in hoc loco, dedit significationem manifestã, & dixit. & hoc demonstratur, quia, cùm exierit à corpore putrefiet, idest diuidetur.

Si igitur alterum aliquid vnam ipsam facit, illud maxime erit
B anima. oportebit autem iterum illud quærere, verum vnum aut multipartium sit. siquidem enim est vnũ, propter quid non mox & animam vnum? si vero diuisibile, iterum ratio quęret, quid est continens: & sic vtiq; procedet in infinitum.

Ol, q̃d ẽ vnũ, & cõtinuũ, ñ ẽ p suã materiã, sed p suã formã. Cõsi. 4. Ph. 38. & 2. huius c. 7. & 8. & 60. & 3 Ph. c. 60 & alibi frequenter.

SOPH. *Si ergo aliud quidpiam unam eam faciat, illud maxime fuerit aĩa; sed rursus oportebit illud etiam quærere, utrum unum, an multarum sit partium: nam si unum, cur non protinus animã quoq; unum esse censendum est? sin partibile, rursus ratio quæret quid sit quod illud contineat: atq; ita deinum procedet in infinitum.*

Si igitur est aliud quid, quod facit eam esse vnam, illud proculdubio est aĩa. Sed quærendũ est de illo, verũ sit vnum, aut pluriũ partiũ. Si igitur fuerit vnum, & diuisibile, tũc quærendũ est quid
C est illud, quod copulat ipsum. & principia illius erunt infinita.

91 Si igitur corpus non facit eam esse vnam, & continuam, & dixerit aliquis ꝙ est aliud, quod facit eam esse vnam, dicemus ꝙ illud est anima, & reuertetur perscrutatio, s. verum illud in se est vnum, aut plura. si vnum, hoc est, quod volumus. si plura, reuertetur quęstio quid copulet illud, per quod copulatur anima: & sic in infinitum: & non erit illic principium primæ continuationis. Et hoc intendebat, cùm dixit & principia illius erũt infinita, idest principia continuationis, & vnitatis existentis in homine erunt infinita. quapropter nulla vnitas erit.

Dubitabit autẽ aliquis & de partibus ipsius, quã positionem habet vnaquæq; in corpore. si enim tota anima omne corpus cõtinet, conuenit & partiũ vnamquamq; continere aliquid corporis: hoc autẽ assimilatur impossibili: qualem enim partẽ aut quomodo intellectus continebit graue est fingere.

Quin

SOPH. *Quin etiam de eius partibus quærat quiſpiam, quam queq; habeat in corpore potentiam. ſi enim tota anima totum corpus continet, conue nit etiam ut pars queq; partem aliquam corporis contineat. quod ſimi le eſt impoſſibili. Quam nanq; partem uel quomodo intellectus contine bit, uel fingere difficile eſt.* D

Et debet homo dubitare de partibus eius, & quærere quę virt' dat cuilibet parti corporis eſſe. Qm̃, ſi tota anima copulat totum corpus, oportet vt vnaquæq; partium copulet vnãquamq; partẽ corporis. Et iſte ſermo eſt ſimilis impoſſibili. difficile eſt enim & etiã in fingendo dicere quã partem copulat intellectus, & q̃uo.

91 Cùm declarauit q contingit dicentibus animam eſſe diuiſibilem omnibus modis, vt ſit vna, ſecundum q eſt anima, & diuiſibilis, ſm q habet actiones diuerſas, dedit dubitationem ſuper hoc, & d. Et debet homo dubitare de partibus eius, cùm fuerit opinatus eam habere partes ſecundum hunc modum, ſcilicet vt ſit diuiſibilis vno modo, & vnica alio modo. & quærere quæ virtus dat cuilibet iſtarum partium corporis cõtinuationẽ: Neceſſe eſt enim ſi tota anima copulat totum corpus, ſecundum q eſt in eo ſecundum totum, vt vnaquæq; partium eius ſit in vnaquaq; parte corporis, ita q copulet ipſum, ſecundum q eſt in eo. D.d. Et iſte ſermo eſt ſimilis impoſſibili, &c. ideſt, & ponere q quælibet pars eius copulet vnãquãq; partẽ corporis, & exiſtit in ea, ferè videtur impoſſibile: intellectum enim videtur impoſſibile attribui alicui membro corporis. Et debes ſcire q iſta dubitatio non ſequitur hoc, niſi quia non determinatur vtrum ſit vnica ſecundum ſubiectum, & plura ſecundum virtutes: ita q diuiſio animæ in ſuas partes ſit ſicut pomi in odorem, colorem, & ſaporem. aut eſt vna propter vnam naturam communem, & plura, quia iſta natura habet diuerſas virtutes: ita q diuiſio animę in ſuas partes ſit, ſicut diuiſio generis in ſpecies. Quoniam ſecundum hunc modum contingit dubitatio prædicta: ſed, cùm poſuerimus eam vnicam ſecundum ſubiectum tantũ, non contingit hoc. ſubiectum enim partium eius erit vnum tantum: & quædam earum erunt ſubiectum quarundam. E F

Docũn. qua docet quõ aĩa vna ſit, & plura.

Videntur autem & plantæ deciſæ viuere: & animalium quędã inciſorũ, tanquã eandem habentia animam ſpecie, & ſi non numero: vnaquæq; quidem enim partium ſenſum habet & mouetur ſecundum locũ in quoddam tempus.

SOPH. *Videntur etiam plantæ, ſi ſecentur, uiuere, & animalium nonnulla inſectorum, utpotè quæ eandem ſpecie animam habeant, tametſi nõ numero: Vtraq; enim partiũ ſenſum habet, & aliquandiu loco mouetur.*

Et nos videmus plantas viuere etiam, cùm diuiduntur: & ſimiliter quædam animalia annuloſa, quaſi anima ſit in eis vna ſecundum

A dum formam, & si non est vna sm numerum. videmus enim q̃ vtraq; pars sentit, & mouetur in loco aliquandiu.

91 Cùm dedit impossibile contingens sermoni, q̃ tota anima est in toto corpore, & partes in partibus, & iam dederat impossibile, contingens etiã sermoni q̃ anima diuiditur per diuisionem membrorum, absq; eo q̃ sit in ea virtus vniuersalis copulans corpus, incœpit hic cõtradicere his duabus opinionibus, & d. Et nos videmus plantas, &c. idest & signum super hoc, q̃ partes animæ non existunt in partibus corporis, est quia nos videmus plantas, & plura animalia, vt annulosa, cùm diuiduntur, agit motum vtraq; pars, & sensum in animalibus, & augmentum, & nutrimentum in plantis, sicut totũ. &, si pars sensus esset in alia parte corporis ab ea, in qua existit motus, tunc cùm animal annulosum diuideretur, non moueretur, & sentiret: sed pars eius, quæ mouetur, esset alia ab ea, quæ sentit. Et similiter, si pars nutritiua esset in plantis in parte alia ab augmentatiua, tunc

[right margin: Vide cõ. l. de Aĩa. 19. & 20.]

B impossibile esset vt, cùm plures plantæ diuiduntur, viuerent: &, cùm plantarentur, vt viuerent. D. d. quasi anima sit in eis vna secundum formã, & si non est vna secundum numerum. quoniam, si esset vna secundũ numerum, contingeret vt corrumperetur apud diuisionem corporis: sicut accidit hoc in pluribus animalibus; & in quibusdam plantis. &, si partes animæ essent in partibus corporis, contingeret vt, cùm corpus diuideretur in illas partes, vt quælibet earum ageret suum proprium, ita q̃ pars motiua esset alia à sensibili, & nutritiua ab augmentabili. Et, cùm ita sit, sicut d. necesse est vt anima sit in toto animali vna in subiecto, & plures secundum virtutes: ita quòd quædam partium sit subiectum quarundam, scilicet q̃ nutritiua sit subiectum sensibilis tangibilis, & tangibilis sit subiectum aliorum sensuum. & similiter quædam quorundam: vt post declarabitur. Et, cùm anima sit talis in omni animali, aut est vna in numero, scilicet in animalibus organicis, quorum pars non viuit post diuisionem: aut oportet vt sit in eis quasi vna in specie, scilicet in eis, quorum pars viuit post diuisionem: & sunt illa, quorum membra sunt consimilia.

[right margin: Aĩa ẽ vna in subm & plãs sm virtutes. Idẽ supra cõ. 7. & 4 ibi.]

C

Si autẽ non permanent, nullum inconueniens est: instrumenta enim non habẽt quibus saluent naturã: sed nihilominus in vtraq; partiũ omnes inexistunt partes animæ, & similis speciei sunt ad inuicẽ & toti: ad inuicem quidem, sicut quæ non separabiles sunt: toti autem animæ, tanquã indiuisibili existente.

Quod si non perseuerant, nullum absurdum est: non enim habent organa, quibus conseruent naturam: Sed nihilominus in utraq; partium omnes insunt partes aĩæ, ac eiusdem speciei inter se sunt, & cum tota: inter se quidẽ, utpote nõ separabiles: cũ tota uero aĩa, ut quæ diuisibilis ẽ.

Et non est inopinabile vt remaneant. non enim habent instrũ, quibus conseruant suam naturam, sed tñ hoc non dat vt in vnaquaq;

quæq; partium sint omnes res animæ. Et sunt consimiles in specie adinuicem. totius autem animæ est, quia est diuisibilis. D

94 Et non est impossibile vt partes istorum animalium, & plantarum remaneant in agendo actiones totius. Causa enim in hoc est, quia iste modus animalis non habet diuersa instrumenta, quæ approprianter actionibus diuersis animæ cum membro communi officiali, in quo existunt in potentia omnes actiones animæ, sicut est cor cum alijs membris, vt declaratum est in libro de Animalibus: sed quodlibet membrum membrorum istius animalis adaptatur omnibus actionibus animæ. & similiter quælibet pars partium vnius membri. Et causa in hoc sic debet intelligi. quoniam definitio partis membri officialis, non est definitio totius, necesse est, cùm anima impossibile est vt existat in aliquo animali proprio illi animæ nisi habeat principium, vt pars eius adaptetur ad hoc, quod habet totum ad recipiendum animam. verbi gratia quòd, si cor habet naturam recipiendi animam, quia habet talem figuram, manifestum est q̄ pars eius non recipit illam animam, quia non habet illam figuram. Vnde necesse est vt contrarium iudicium habeant animalia, quorum membra sunt consimilia, scilicet vt illud, quod recipit totum, recipiat pars: cùm habeat eandem definitionem. Deinde dicit: sed tamen hoc non dat, &c. idest, sed, quia iste modus animalis non habet corpus officiale, neque habet membra officialia, non est remotum vt anima, quæ est in qualibet parte eius, sit consimilis adinuicem in specie, & similis etiam animæ, quæ est in toto. immo, quia mēbra eius non sunt officialia, necesse est vt sit sic. E

Aia annulosorū, & plātarum vna ī actu plures ī potentia. Idē 2. de Aia 19. 20. & 7. Met. 56

Deinde dicit: totius autem animæ est, quia est diuisibilis. idest esse autem animam, quæ est in rebus, consimilem in specie, est, quia est diuisa in actu, & vnaquæq; earum agit actionem alterius. consimilitudo autem inter animam, quæ est in partibus, & animam, quæ est in toto in specie, est scilicet tota anima per potentiam, & diuisibilitatem, non secundum actū: quoniam, cùm diuidetur, tunc nō remanebit totum. sed ipse dimisit hoc, quia propalauit alteram duarum diuisionum. quoniam hæc particula; aut, demonstrat diuisionem. & quasi dicat consimilitudo autem, quæ est in specie inter partes, est quia est diuisa in actu: totius vero, quia est diuisibilis. F

Videtur autē & quæ in plantis anima, principium quoddam esse: hac enim solum communicant & animalia & plantæ, & ipsa quidem separatur à sensibili principio: sensum autem nullum sine hac habet.

SOPH. *Videtur etiam principium, quod inest in plantis, anima esse quadā: hac enim sola plantarum & animalium communis est: Atq; ea quidem separatur à sensitiuo principio: at uero sine ea, nihil est quod sensum habeat.*

Et

A Et videtur etiam ꝙ principiũ existens in plantis sit aliqua anima. in hoc enim solo communicãt plantæ, & animalia. Et hoc differt à principio sensibili: & nihil habet sensum sine isto.

95 Cùm dedit rationem in sermone prædicto super hoc, quòd anima nõ diuiditur essentialiter per diuisionem subiecti, ex hoc, quod apparet in plantis: & iste sermo non est acceptus à ratione, nisi ei, qui concedit quòd plantæ habent animam: incœpit declarare hoc quomodo, & dicit, Et videtur etiam quòd principium, &c. idest & videtur etiam quòd principiũ, quo plantæ nutriuntur, & augentur, sit anima. in hoc enim principio existimantur habere communicationem cum animalibus secũdum vitam. & ideo non dicitur mortuum, nisi animal, quod caret principio,* idest vita, non principio sensus & motus. Et, cùm narrauit quòd animalia cõmunicant in hoc principio cum plantis secundum vitam, incœpit narrare quòd plantæ non communicant eis in hoc, & quòd communicatio sen-

B sus, & motus cum nutrimento est necessaria, & dicit: Et hoc differt à principio sensibili, &c. idest & principium, quod est nutrimenti, & augmẽti, & generationis separatur à principio sensibili in plantis: sed principium sensibile non separabitur ab illo: cùm omne animal nutritur, & augetur. Sed debes scire quòd necessitas essendi nutribile, aut augmentabile, non† est sicut necessitas essendi calidum, aut frigidum, aut humidum, aut siccum, aut graue, aut leue: & quòd suum esse augmentabile, & nutribile est ei, secundum quòd est viuum: & esse graue, aut leue est ei secundum quòd est corpus naturale. Quoniam, si non fuerit sic determinatum, non est necesse propter communicationem cum principio sensibili, vt principium secundum sit anima.

Non dicit mortuũ, nisi aial', qd caret vita, si prĩcipio sensus, & motus. Idẽ in 2. hu. c. 16. & cõ. 3. & 37.

† a 1. plãtę. Docum. Esse nutribile & augmentabile ẽ sm q̃ est viuũ. et vero graue, aut leue ẽ sm q̃ est corpus naturale.

ARISTOTELIS DE ANIMA

LIBER SECVNDVS,

Cum Auerrois Commentarijs.

SVMMAE LIBRI.

In Prima inuestigat, ac tradit Animæ definitionem.
In Secunda Animæ potentias, earum ordinẽ, ac quo pacto definiri debeant declarat.
In Tertia de potentia Animæ vegetatiua sermonem facit.
In Quarta de potentia Animæ sensitiua.
In Quinta probat non dari sextum sensum: cur'q; non vnum, sed plures habeamus.
In Sexta quærit an eodem, quo sentimus sensu, etiam sentire nos; excipiamus: Sensumq;, quem Communem appellamus, explanat.
In Septima ponit differentiam inter intelligere, sapere, ac ipsum sentire, inuestigatq; ipsius Imaginationis essentiam.

SVMMAE PRIMAE Cap. I.

Traditur Animæ definitio declarans tantummodo quòd est.

Væ quidem igitur à prioribus tradita sunt de anima, dicta sint. Iterum autem tanquã ex principio redeamus, tentantes determinare quid est anima, & quæ vtiq; erit communissima ratio ipsius. D

SOPH. *Quæ igitur à superioribus de anima tradita sunt dicta sint. Rursus autem tanquam ab initio reuertamur, conantes explicare quid sit anima, & quænam fuerit cõmunissima ratio eius.*

HOc igitur est, quod accepimus ab Antiquis de anima. modo autem incipiamus aliter in determinando animã quid est secundũ definitionẽ, quæ magis comprehendit ipsam. E

1 CVm contradixit opinionibus Antiquorum, incœpit modo quærere de substantia eius, & d. Hoc igitur est, quod accepimus, &c. idest hoc igitur est, quod diximus in contradicendo opinionibus, quas accepimus F
de anima. D. narrauit ꝙ oportet incipere in cognoscendo substantiam eius, & cõsyderare in hoc, quousq; sciatur definitio, quæ est magis vniuersalis, idest magis comprehendens omnes partes animæ, & d. modo autem incipiamus, &c. idest modo autem incipiam* loqui de anima alio modo: quia non inuenimus ab Antiquis aliquid vtile de ea. & primo debemus inuenire definitionem, quæ est magis vniuersalis omnibus partibus eius. * cognitio enim vniuersalis semper debet præcedere cognitionem propriam. & sermo eius intellectus per se.

*Cognitio vlis sp debet pcedere cognitionẽ propriã idẽ infra cõ. 14. & 1. Phy. t. cõ. 17. & 2. de Gen. t. cõ. 31. & 3. Ph. c. 2.

& in [illegible] prooemio 1. Phy. [illegible] hic. 13. & 1. Phy. 4.

Dicimus

A Dicimus itaq; vnum quoddam genus eorũ quæ sunt substantiarum: huius autem, aliud quidem est sicut materia, quę secundum se quidem non est hoc aliquid: aliud autem, formam & speciem, secũdum quam iam dicitur hoc aliquid: & tertiũ quod est ex his. Est autem materia quidem potẽtia, species aũt entelechia: & hoc dupliciter, hoc quidem sicut scientia: illud autẽ, sicut considerare.

SOPH. *Dicimus ergo unum quoddam genus eorum quæ sunt, substantiam: huiusq; aliud ut materiã, quod ex se quidem non est hoc aliquid: aliud formam & speciem, ex qua demum dicitur hoc aliquid: & tertium, quod ex eis constat. est autem materia, quidem potentia: species uero entelechia: & hoc bifariam aliud ut scientia, aliud ut contemplari.*

Dicamus igitur ꝙ substantia est vnũ generum entium. Et substantiarum quædam est substantia ſm materiam, & ista non est ꝑ se hoc. B Et quædam est forma, per quam dicitur in re, ꝙ est hoc. Est aũt tertia: & est illud, quod est ex ambob⁹. Et materia est illa, quæ est in potentia, forma autẽ est perfectio. Et forma est duobus modis: vnus est sicut scire, & alius est sicut speculari.

a Cùm voluit scire definitionem vniuersalem omnib⁹ partibus animæ, & fuit quasi manifestum ꝙ collocatur in genere substantiæ, incœpit diuidere quot modis dicitur substantia, & in quo modo est anima, & dixit ꝙ substantia est vnum generum entium, i. entium, quæ sunt ſm antecedentiam in esse, quorum anima est vnum, ꝙ anima non est accidens. Ponere enim animam accidens est impoſſe, ſm ꝙ dat nobis prima cognitio naturalis. opinamur enim ꝙ substantia est nobilior accidente: & ꝙ anima est nobilior omnibus accidentibus existẽtibus hic. Et, cùm narrauit ꝙ substantia vl'r debet poni genus talium istorũ entium, incœpit diuidere eius genera, & dixit Et substantiarum quædam est substantia, &c. idest & om- C nia, de quibus dicitur substantia, sunt tribus modis. Quorum vnus est, vt sit materia prima, quæ per se non est formata, neq; aliquid per se in actu: vt dictum est in Primo Physicorum. Secundus autem est forma, per quã indiuiduum fit hoc. Tertius est illud, quod fit ex istis ambobus. Quòd autem forma est, & cùm hoc est substantia, manifestum. est enim quia comprehenditur sensu: est autem substantia, quia est pars substantiæ. & similiter pars huius substantiæ cum aufertur, aufertur substantia. Et similiter prima materia est substantia: quia est vna partium, quæ cùm auferũtur, aufertur substantia, s. indiuiduum. Deinde incœpit describere substantiam, quæ est ſm materiam, & quæ est secundum formã, & d. Et materia est illa, quæ est in potentia, &c. idest & materia est substantia, quæ est in potentia: forma autem est substantia, per quam perficitur hæc substantia, quæ est in potentia forma. Et ista forma inuenitur duobus modis. Quorum vnus est, secundum quòd est in actu, tamen non prouenit ab ea

Ponẽ animã accñs ẽ impoſſe, ſm ꝙ dat nob prĩa cognitio nãlis.

1. Phy. 69. Indiuiduum fit hoc ꝑ formã. Idẽ infra. 7 & 9. & 60 sed vidẽ oppositũ. 12. Meta. 14. & 1. Coeli. 91. vbi dicit ꝙ per materiã. Vide cõr. 2um.

Idẽ 8. Meta. 8.

actio, quæ innata est prouenire ab ea: sicut à sciente, qui non vtitur sua scientia. Secundus est, secundum quòd prouenit ab ea illa actio: sicut est de sciente, quando scit. Et prima forma dicitur prima perfectio: secunda autem dicitur postrema. D

Substantiæ autem maxime videntur esse corpora, & horũ physica: hæc enim aliorum principia. Physicorum autem alia quidẽ habent vitam, alia autem non habent: vitam autem dicimus id quod per seipsum alimentum & augmentum & decrementum. Quare omne corpus physicum participans vita, substantia erit: Substantia autem sic, sicut composita.

SOPH. *Porrò autem corpora potissimum esse substantia videntur, & ex his, ea quæ naturalia sunt: hæc enim cæterorum sunt principia. Naturalium autem, alia habent uitam, alia non habent: uitã uero dicimus nutritionem quæ per se ipsum fit, & auctionem, & diminutionem: Itaq; omne corpus naturale uitæ particeps substantia fuerit, & ita substantia, ut composita.* E

Et corpora sunt ea, quæ proprie dicuntur substantiæ: & maxime corpora naturalia. ista enim sunt principia aliorum corporũ. Et corporum naturalium, quædam habẽt vitam, & quædam nõ. Et dicere vitã, est nutriri, & augeri, & diminui essentialiter. Vnde necesse est, vt omne corpus naturale, habens communicationem in vita, sit substantia, sm quod est compositum.

5 Cùm demonstrauit nobis numerum substantiarum, incœpit declarare nobis quæ earum sit magis digna vt habeat hoc nomen, & dixit Et corpora sunt ea, quæ proprie dicuntur, &c. idest & corpora composita habẽt hoc nomen substantia magis proprie, secundum quod est magis famosum: & maxime corpora naturalia. ista enim sunt principia corporum artificialium. D.d. Vnde necesse est, vt omne corpus naturale habens communicationem in vita. idest corpus naturale necesse est vt sit substantia: immo magis dignum est habere hoc nomen substantia. Deinde exposuit hoc nomen vita, & dixit Et dicere vitam est nutriri, &c. idest & intelligo per vitam principium, quod est commune omni animato, scilicet nutriri & augeri, & minui essentialiter. & est illud, quod appropriat plantis. quoniam hoc nomen vita dicebatur in lingua Græca de omni eo, quod nutritur, & augetur. animal enim dicitur de omni eo, quod nutrit & sentit. In Arabico autem videtur significare idem: sed tamen non dicitur mortuum, nisi animal, quod caret principio nutrimenti,* & sensus insimul, nõ principio sensus, & motus tantum. Et dicit essentialiter: quia inuenitur extra viuum aliquod, quod assimilatur augmento & diminutioni, *vt lapis, & nõ est viuum. Et cùm declarauit quod necesse est vt omne corpus habens vitam sit substantia, declarauit cuiusmodi substantia est, & d. sit substantia, F

Mortuũ si dicit, nisi alal, qđ caret principio nutrimẽti, & sensus insim. S; vide oppositũ. 1. de An. c. vlt. vbi d. quod mortuum est, qđ caret solo principio, qđ e vita. Vide cõm. Zim.

Hic vł animal hic principiũ augẽdi essentialr. *Sed vide oppositũ. 2. de An. t.c.39. *Vide 1. Cœ. c. 11 & 1. de Genera. 38. Vide adi. Zim.

A stantia, secundum quod est compositum, idest & necesse est vt corpus viuum sit substantia composita: & est hoc indiuiduum.

Quoniam autem est corpus huiusmodi, vitam enim habens, neq; vtiq; erit corpus anima: nõ est enim eorum quæ in subiecto, corpus, magis autem sicut subiectum & materia. necesse est ergo animam substantiam esse, sicut speciem corporis physici potentia vitam habentis.

SOPH. *Quoniam autem corpus est tale, nempe uitam habens, equidem non fuerit corpus anima: non enim eorum quæ sunt de subiecto corpus est, sed potius ut subiectum & materia. necesse est ergo animam esse substantiam, ut speciem corporis naturalis uitam habentis.*

Et, quia corpus viuum est corpus, & est tale, impossibile est vt anima sit corpus. corpus enim non est eorũ, quę sunt in subiecto: Imo B est sicut subiectũ, & materia. Vnde necesse est vt aĩa sit substantia, fm ꝙ est forma corporis naturalis, habentis vitam in potentia.

4 Cùm declarauit ꝙ corpus viuum est substantia, fm quòd est compositum ex substantia, quæ est fm materiam, & ex substantia, quæ est fm formam, incœpit quærere de anima vtrum sit substantia composita, scilicet corpus, aut secundum formam. dicere enim animam esse materiam impossibile est. & hoc manifestum est per se. Et d. Et, quia corpus viuum, &c. idest & anima non est substantia fm compositionem. compositum enim corpus habens vitam non est corpus viuum, fm ꝙ est corpus simpliciter, sed secundum ꝙ est tale corpus. est igitur viuum per aliquod existens in subiecto, non per aliquod existens non in subiecto. corpus autem est substantia, secundum ꝙ est subiectum. Et, cùm dedit propositiones, ex quibus consequitur vt anima non sit substantia, fm ꝙ est corpus, sed secundum ꝙ est forma, d. Vnde necesse est vt anima sit substantia, secũdum ꝙ C est forma corporis naturalis, habentis vitam in potentia, &c. Quoniam autem non est substantia secundum corpus declarabitur in secunda figura per illas duas propositiones prædictas, scilicet ꝙ anima est in subiecto, & corpus est non in subiecto. Quoniam vero est substantia fm formam, manifestum est ex hoc, ꝙ est substantia in subiecto. hoc enim proprium est formæ, scilicet vt sit substãtia in subiecto. Et differt ab accidente, quoniam accidens non est pars substantiæ compositæ: forma autem est pars huius substantiæ cõpositæ. Et etiam æquiuoce dicitur forma esse in subiecto. & accidens esse in subiecto. *Subiectũ enim accidentis est corpus cõpositum ex materia & forma, & est aliud existens in actu, & non indiget in suo esse accidenti. Subiectum autem formæ non habet esse in actu, secundum ꝙ est subiectum, nisi per formam, & indiget forma vt sit in actu: & †maxime primum subiectum, quod non denudatur à forma omnino. & propter similitudinem inter ista errauerunt plures loquentium, & dixerunt

†Primum subm nõ denudatũ a forma omnino. Idẽ 1. Phy. 76. & 2. Phy. 12. & 3. Cę. 29. sed quare primũ vide. 3. Cœ. 57. & 2. Phy. 82.

Æquiuoce dicitur forma, & accidens esse in subiecto. *Subm accidentis est ens in actu: subiectũ formę substantialis est ens in potentia. Idẽ 1. Phy. 63. & 5. Phy. 7. & 8. 1. ca. de substantia orb. sed vide illam de dimensionibus interminatis, 1. ca. de substantia orbis. Vide com. 2um.

xerunt formam esse accidens. Et ex hoc declarabitur perfecte ꝙ anima D
non est substantia secundum materiam. materia enim est substantia, secundum ꝙ est subiectum. anima autem secundum ꝙ est in subiecto. Et
dicit habentis vitam in potentia. idest necesse est vt anima sit substantia,
sm ꝙ est forma corporis naturalis, habentis vitam, sm ꝙ dicitur habere
illam formam in potentia, vt agat actiones vitæ per illam formam.

Substantia autem actus, huiusmodi igitur corporis actus: Hic
aũt dicitur dupliciter, alius quidem sicut scientia, alius sicut considerare. manifestum est igitur ꝙ sicut sciẽtia: in existere enim ani
mam, & somnus & vigilia est: proportionale autẽ vigilantia quidem ipsi considerare, somnus autem ipsi habere & non operari.

SOPH. *Hæc vero substantia est actus, ergo talis corporis est actus: hic autẽ
bifariã dicitur, partim ut scientia, partim ut contemplari. constat ergo
anim esse ut scientiam: ex eo enim quod est anima, & somnus et vigilia E
est: proportione autem respondet vigilia quidem ipsi contemplari: somnus autem ipsi habere & non operari.*

Et ista substantia est perfectio. est igit perfectio talis corporis.
&, quia perfectio dicit duobus modis: quorũ vnus est sicut scire,
& alius sicut aspicere: manifestũ est ꝙ ista perfectio est sicut scire.
Qm̃ apud ipsum est esse animæ. & vigilia est similis studio, somnus aũt est similis dispositioni rei, cùm potest agere, & non agit.

5 Cùm declarauit ꝙ anima est substãtia sm formam, & formæ sunt perfectiones habentium formas, & sunt duobus modis, incœpit demonstrare ꝙ perfectio est in definitione animæ, quasi genus, & d. Et ista substan
tia est perfectio, &c. idest &, quia substantia, quæ est secundum formam,
est perfectio corporis habentis formam: & iam declaratum est ꝙ anima
est forma: necesse est vt anima sit perfectio talis corporis, idest perfectio F
corporis naturalis habentis vitam in potentia, sm ꝙ perficitur per ipsam.
Et, cùm declarauit ꝙ anima est perfectio, declarauit sm quot modos dicitur perfectio, & d. &, quia perfectio est duobus modis, &c. idest &, quia
perfectio est duobus modis: quorũ vnus est sicut scientia existens in scien
te, quando non vtitur sua scientia: & alius est sicut sciẽtia existens in scien
te, quando vtitur ea. Deinde incœpit demonstrare secundum quem mo
dum istorum duorum dicitur ꝙ anima est perfectio, & d. manifestum est
ꝙ ista perfectio est sicut sciẽtia. i. &, quia iam declaratum est ꝙ anima est
perfectio corporis naturalis, & perfectio dicitur duobus modis, manifestũ
est quòd perfectio, quæ est animatum, & differt à corpore nõ animato est
existens in eo, sicut scientia in sciente. Deinde dedit rationem super hoc,
& dixit Quoniam apud ipsum est esse animæ, idest qm̃ apud esse istius
perfectionis in animato inuenitur aĩa, non apud esse alterius pfectionis.

Et,

A Et, cùm demonstrauit ꝙ perfectio accepta in definitione animæ, quæ est substantia animæ, est illa, quæ est quasi scientia existens in sciente, quãdo non vtitur ea, dedit exemplum super hoc, & dicit, & vigilia est similis, &c. idest &, cùm animal fuerit dormiens, tunc anima erit in eo secũdum primam perfectionem. & hoc est simile esse scientiæ in sciente in tempore, in quo non studet: & non est simile esse ignorantiæ in non sciente. Manifestum est enim ꝙ animal apud somnum habet animam sensibilem, sed non vtitur sensu: sicut sciens habet scientiam, sed non vtitur ea. Dispositio autem animæ apud vigiliam in animalibus est similis scientię in sciente, quando vtitur ea. Et hoc est in anima sensibili. Anima autem nutritiua nunquam inuenitur in animalibus, nisi secundum postremam perfectionem. Nisi aliquis ponat ꝙ sit quidam modus animalium, qui non nutritur in aliquo tempore, scilicet in tempore, in quo manet in lapidibus, vt ranæ magnæ, quæ nihil thesaurizant, & manent tota hyeme in lapidibus: & similiter plures serpẽtes. Et secundum hoc erit hoc commune B animæ sensibili, & nutritiuæ eadem intentione. &, si non, tunc perfectio accepta in eis erit secundum æquiuocationem. Et quocunq; modo sit, quando intellecta fuerit diuersitas inter vtrunq;, tunc non nocebit hoc accipere indefinite in hac definitione, cùm sit impossibile aliter. Et d. somnus autem est similis dispositioni rei, &c. idest dispositio animę apud somnum in animalibus est similis dispositioni rei in tempore, in quo potest agere, sed non agit. & hæc est descriptio primæ perfectionis: & ex ea intelligitur descriptio postremæ perfectionis: & est dispositio rei, per quã ens agit, aut patitur in tempore, in quo agit, aut patitur.

Docum. Ala nutritiua nunq̃ inuenit in alalib⁹, nisi sm postremã pfectionẽ. Idẽ 8. Ph. 10. & hic infra 14. & 5. de Aia 44.59. Vide pro hoc infra c. 30. & c. 5. tertij h⁹.

Prior autem generatione in eodem scientia est: vnde anima est primus actus corporis physici potentia vitam habentis: tale autẽ quodcunq; organicum: organa autem & plantarũ partes, sed penitus simplices: vt foliũ fructiferi cooperimentũ: fructiferum autẽ fructus: radices vero ori siles sunt: vtraq; enim trahunt alimentũ.

C.

SOPH. *Prior autem generatione in eodem scientia est: quapropter anima est actus primus corporis naturalis potentia uitam habentis: cuiusmodi est quodcunque fuerit organicum. sunt porrò plantarum quoq; partes organa, sed planè simplicia: ut folium integumẽtum est pulpæ, quæ semen complectitur: pulpa autem seminis: radices uero ori proportione respondent, utraq; enim attrahunt alimentum.*

Et scientia in eodẽ antecedit in esse. Et ideo anima est perfectio prima corporis naturalis, habentis vitam in potentia. & est sm ꝙ est organicũ. Et partes plantarum sunt etiã organa, sed valde simplicia. verbi gratia ꝙ folia sunt coopertoria, & vestes fructibus. radices aũt similes sunt ori: qm̃ isti duo modi contrahunt cibum.

6 Cùm declarauit quod genus animæ est perfectio, quæ est quasi scientia existens in sciente, quando non vtitur ipsa, incœpit narrare quod ista perfectio præcedit in esse secundam perfectionem, & quod propter hoc debet adiungi in definitione quod anima est prima perfectio corporis naturalis habentis vitam in potentia. Et d. Et scientia in eodē, &c. i. & perfectio, quæ est quasi scientia, præcedit in esse in indiuiduo secundam perfectionem, quæ est quasi studium. Et, cùm narrauit hoc, incœpit narrare quod propter hoc debemus hanc intentionem dicere in definitione, vt per primam distinguatur à perfectione postrema, & d. Et ideo anima est perfectio prima, &c. i. & ideo dicendum est in definitione animæ, &c. D. d. & est sm quod est organicum. ita cecidit in scriptura locus albus. & est corpus sm quod est organicum. i. corpus habens vitam in potentia est primum organicū corpus. Et, cùm narrauit quod omne corpus viuum est organicum, & hoc fuit manifestum in animalibus, sed latuit in plantis, incœpit demonstrare quod organa existunt etiam in plantis, & dixit Et partes plantarū sunt etiam organa, &c. i. & sermo eius in hoc est manifestus. Et hoc, quod dixit de plantis, manifestum est. folia enim ita sunt de plantis, sicut corium in animalibus, & radices sunt, sicut os: quoniam vtrunq; comprehendit cibum. & hoc intendebat, cùm dixit, quoniam isti duo modi contrahunt cibum, scilicet radices, & os, & alia ventricula, quæ transeunt ad ipsa. D

*al. alim.

Docum. E

Idē infra. 18.

Si autem aliquod cōe in omni anima oportet dicere, erit vtiq; actus primus corporis organici physici. vnde non oportet quærere si vnum est anima & corpus: sicut neq; ceram & figurā, neq; omnino vniuscuiusq; materiā, & id cuius est materia: hoc enim vnū & esse cum multipliciter dicantur, quod proprie est, actus est.

SOPH.

Ergo si quid commune de omni anima sit dicēdum, ea fuerit actus primus corporis naturalis organici. idcirco non oportet quærere an unū sit anima & corpus, quemadmodum neq; ceram & figuram, nec deniq; uniuscuiusq; materiam, & id cuius est materia: unū enim & esse cum multifariam dicatur, quod proprie est, actus est. F

Si igitur aliquod vniuersale dicendum est in omni anima, dicemus quod est prima pfectio corporis naturalis, organici. Et ideo nō est perscrutandum vtrum anima, & corpus sint idem: sicut nō est perscrutandum hoc in cera, & figura, neq; in ferro, & figura, neq; vniuersaliter in materia cuiuslibet, & in illo, quod habet illā materiam. vnū enim & ens cùm dicuntur pluribus modis, perfectio est illud, de quo dicitur hoc prima intentione.

7 Dixit Si igitur aliquod vniuersale, &c. idest si igitur possibile est definire animam definitione vniuersali, nulla definitio est magis vniuersalis quàm ista, nec magis conueniens substātiæ animę: & est quod anima est prima pfectio corporis naturalis organici. Et induxit hunc sermonē in forma dubitationis,

Docum.

A dubitationi, cùm dicit, Si igitur dicendum est, &c. excusando à dubitatione accidente in partibus istius definitionis. perfectio enim in anima rationali, & in alijs virtutibus animæ ferè dicitur pura æquiuocatione: vt declarabitur post. Et ideo potest aliquis dubitare, & dicere quod, anima non habet definitionem vniuersalem. & ideo dicit, Si igitur, &c. quasi dicit, si igitur fuerit concessum nobis quòd possibile est inuenire sermonē vniuersalem comprehendentem omnes partes animæ, erit illæ sermo iste. Deinde dicit, Et ideo non est perscrutandum, &c. idest &, cùm declaratum est quòd anima est prima perfectio corporis naturalis, & quòd animatum non habet hoc esse, nisi ex eo quòd habet animam, non est dubitandum quomodo anima, & corpus, cùm sint duo, fiant idem: sicut non est dubitandum hoc in cera, & in ferro cum figura existente in eis, & vniuersaliter in materia, cuiuslibet, & in re, quæ existit in illa materia. Hæc enim nomina, scilicet vnum, & ens licet dicantur pluribus modis, tamen prima perfectio in omnib' illis, scilicet forma, magis digna est vt habeat
B hoc nomen, scilicet vnum, & ens, quàm illud, quod est congregatum ex materia, & forma. congregatum enim non dicitur vnum, nisi per vnitatem existentem in forma. materia enim non est hoc, nisi per formam. Et, si materia & forma essent in composito existentes in actu, tunc compositum non diceretur vnum, nisi sicut dicitur in rebus, quæ sunt vnum secundum contactum, & ligamentum. †Modo autem, quia materia non differt à forma in composito, nisi potentia: & compositum non est ens in actu, nisi per formam: tunc compositum non dicitur vnum, nisi quia sua forma est vna. Et quasi innuit per hoc quæstionem contingentem dicentibus quòd anima est corpus. & est quomodo illud, quod aggregatur ex anima, & corpore, fiat vnum.

Vniuersaliter quidem igitur dictū est quid sit anima: est enim substantia quæ secundum rationem: hoc aūt est quod quid erat esse huiusmodi corporis. sicut si aliquod organorum physicum esset corpus,
C vt dolabra: erat quidem enim dolabræ esse, substātia ipsius & anima hæc. diuisa autem hac, non vtique amplius dolabra erit, sed aut æquiuocè: nunc autem est dolabra: non enim huiuscemodi corporis quod quid erat esse & ratio, anima: sed physici huiuscemodi corporis, habentis in seipso principium motus & status.

SOPH. *Vniuerse igitur dictum est quid sit anima: nempe substātia ea quæ in ratione consistit: quod quidem est Quid erat esse tali corpori: ueluti si quod instrumentū esset naturale corpus, uerbi causa securis: esset enim securi esse substantia eius & anima hoc: ea enim separata, nō amplius esset securis, nisi æquiuoce: nunc uero est securis: non enim eiusmodi corporis Quid erat esse & ratio ē anima, sed naturalis, talis scilicet quod in se motus statusque principium habeat.*

Perfectio in aīa rōnali & in alijs virtutibus aīę dī ferè pura æquiuocatiōe. Idē itra c. 30. & 3. de Aīa c. 5. cōtra Alex. Nō est dubitandum quō. ex aīa, & corpore fiat vnū. Si vide oppositū 1. de Aīa t. c. 91. cōtra Plato. vbi hoc fuit dubitatum. Vide cōt. 2. im. Ens vnū per prius dīr de forma, quam de cōgregato. Oppositū vr dicere 8. c. 3. si 1. Ph. c. 4. & 7. Met. cō 8. & 8. Meta. c. 7. idem hīc sicut huc. Vide cōtrarium. †Mā nō dfr a forma i cōposito, nisi potentia. Vide idē. 10. Met. 13

quãq; partium sint omnes res animæ. Et sunt consimiles in speciẽ D
adinuicem. totius autem animæ est, quia est diuisibilis.

94 Et non est impossibile vt partes istorum animalium, & plantarum remaneant in agendo actiones totius. Causa enim in hoc est, quia iste modus animalis non habet diuersa instrumenta, quæ appropriantur actionibus diuersis animæ cum membro communi officiali, in quo existunt in potentia omnes actiones animæ, sicut est cor cum alijs membris, vt declaratum est in libro de Animalibus: sed quodlibet membrum membrorum istius animalis adaptatur omnibus actionibus animæ. & similiter quælibet pars partium vnius membri. Et causa in hoc sic debet intelligi. quoniam definitio partis membri officialis, non est definitio totius, necesse est, cùm anima impossibile est vt existat in aliquo animali proprio illi animæ nisi habeat principium, vt pars eius adaptetur ad hoc, quod habet totum ad recipiendum animam. verbi gratia quòd, si cor habet naturam recipiendi animam, quia habet talem figuram, manifestum est quòd E pars eius non recipit illam animam, quia non habet illam figuram. Vnde necesse est vt contrarium iudicium habeant animalia, quorum membra sunt consimilia, scilicet vt illud, quod recipit totum, recipiat pars: cùm habeat eandem definitionem. Deinde dicit: sed tamen hoc non dat, &c. idest, sed, quia iste modus animalis non habet corpus officiale, neque habet membra officialia, non est remotum vt anima, quæ est in qualibet parte eius, sit consimilis adinuicem in specie, & similis etiam animæ, quæ est in toto. immo, quia mẽbra eius non sunt officialia, necesse est vt sit sic.

Deinde dicit: totius autem animæ est, quia est diuisibilis. idest esse autem animam, quæ est in rebus, consimilem in specie, est, quia est diuisa in actu, & vnaquæq; earum agit actionem alterius. consimilitudo autem inter animam, quæ est in partibus, & animam, quæ est in toto in specie, est scilicet tota anima per potentiam, & diuisibilitatem, non secundum actũ: quoniam, cùm diuidetur, tunc nõ remanebit totum. sed ipse dimisit hoc, quia propalauit alteram duarum diuisionum. quoniam hæc particula, F aut, demonstrat diuisionem. & quasi dicat consimilitudo autem, quæ est in specie inter partes, est quia est diuisa in actu: totius vero, quia est diuisibilis.

Aīa anim losorũ. & plãtarum vna ĩ actu plures ĩ potentia. Idẽ 2. de Aīa 19. 10. & 7. Met. 16

Videtur autẽ & quæ in plantis anima, principium quoddam esse: hac enim solum communicant & animalia & plantæ, & ipsa quidem separatur à sensibili principio: sensum autem nullum sine hac habet.

IO PH. *Videtur etiam principium, quod inest in plantis, anima esse quadã, hac enim sola plantarum & animalium communis est: Atq; ea quidem separatur à sensitiuo principio: at uero sine ea, nihil est quod sensum habeat.*

A Et videtur etiam ꝙ principiũ existẽns in plantis sit aliqua anima. in hoc enim solo communicãt plantæ, & animalia. Et hoc differt à principio sensibili: & nihil habet sensum sine isto.

95 Cùm dedit rationem in sermone prædicto super hoc, quòd anima nõ diuiditur essentialiter per diuisionem subiecti, ex hoc, quòd apparet in plantis: & iste sermo non est acceptus à ratione, nisi ei, qui concedit quòd plantæ habent animam: incœpit declarare hoc quomodo, & dicit, Et videtur etiam quòd principium, &c. idest & videtur etiam quòd principiũ, quo plantæ nutriuntur, & augentur, sit anima. in hoc enim principio existimantur habere communicationem cum animalibus secũdum vitam. & ideo non dicitur mortuum, nisi animal, quod caret principio,* idest vita, non principio sensus & motus. Et, cùm narrauit quòd animalia cõmunicant in hoc principio cum plantis secundum vitam, incœpit narrare quòd plantæ non communicant eis in hoc, & quòd communicatio sensus, & motus cum nutrimento est necessaria, & dicit: Et hoc differt à principio sensibili, &c. idest & principium, quod est nutrimenti, & augmẽti, & generationis separatur à principio sensibili in plantis: sed principium sensibile non separabitur ab illo: cùm omne animal nutritur, & augetur. Sed debes scire quòd necessitas essendi nutribile, aut augmentabile, non† est sicut necessitas essendi calidum, aut frigidum, aut humidum, aut siccum, aut graue, aut leue: & quòd suum esse augmentabile, & nutribile est ei, secundum quòd est viuum: & esse graue, aut leue est ei secundum quòd est corpus naturale. Quoniam, si non fuerit sic determinatum, non est necesse propter communicationem cum principio sensibili, vt principium secundum sit anima.

Non dicit̃ mortuũ, nisi aial', qd caret vita, ñ prĩcipio sensus, & motus. Idẽ in 2. li°. c. 16. & cõ. 3. & 17.

* 2 l. plãte.

† Docum. Esse nutribile & augmentabile ẽ fm q est viuũ. ẽt vero graue, aut leue ẽ fm q est corpus naturale.

ARISTOTELIS DE ANIMA

LIBER SECVNDVS,

Cum Auerrois Commentarijs.

SVMMAE LIBRI.

In Prima inuestigat, ac tradit Animæ definitionem.
In Secunda Animæ potentias, earum ordinē, ac quo pacto definiri debeant declarat
In Tertia de potentia Animæ vegetatiua sermonem facit.
In Quarta de potentia Animæ sensitiua.
In Quinta probat non dari sextum sensum: curq; non vnum, sed plures habeamus.
In Sexta quærit an eodem, quo sentimus sensu, etiam sentire nos percipiamus: Sensumq;, quem Communem appellamus, explanat.
In Septima ponit differentiam inter intelligere, sapere, ac ipsum sentire, inuestigatq; ipsius Imaginationis essentiam.

SVMMAE PRIMAE Cap. I.

Traditur Animæ definitio declarans tantummodo quid est.

Væquidem igitur à prioribus tradita sunt de anima, dicta sint. Iterum autem tanquã ex principio redeamus, tentantes determinare quid est anima, & quæ vtiq; erit communissima ratio ipsius. D

SOPH. *Quæ igitur à superioribus de anima tradita sunt dicta sint. Rursus autem tanquam ab initio reuertamur, conantes explicare quid sit anima, & quænam fuerit cõmunissima ratio eius.*

HOc igitur est, quod accepimus ab Antiquis de anima. modo autem incipiamus aliter in determinando animã quid est secundũ definitionẽ, quæ magis comprehendit ipsam. E

1 CVm contradixit opinionibus Antiquorum, incœpit modo quærere de substantia eius, & d. Hoc igitur est, quod accepimus, &c. idest hoc igitur est, quod diximus in contradicendo opinionibus, quas accepimus de anima. D. narrauit ꝙ oportet incipere in cognoscendo substantiam eius, & cõsyderare in hoc, quousq; sciatur definitio, quæ est magis vniuersalis, idest magis comprehendens omnes partes animæ, & d. modo autem incipiamus, &c. idest modo autem incipiam* loqui de anima alio modo: quia non inuenimus ab Antiquis aliquid vtile de ea. & primo debemus inuenire definitionem, quæ est magis vniuersalis omnibus partibus eius. *cognitio enim vniuersalis semper debet præcedere cognitionem propriam. & sermo eius intellectus per se. F

*Cognitio vlis sp debet pcedere cognitionẽ propriã idẽ infra cõ. 14. & 1. Phy. t.cõ. 17. & 2. de Gen. t.cõ. 31. & 3. Ph. c. 2.

& in suo proœmio 1. Phy. Idẽ hic 11. & 1. Phy. 4.

Dicimus

A Dicimus itaque vnum quoddam genus eorum quæ sunt substantiam: huius autem, aliud quidem est sicut materia, quę secundum se quidem non est hoc aliquid: aliud autem, formam & speciem, secũdum quam iam dicitur hoc aliquid: & tertiũ quod est ex his. Est autem materia quidem potẽtia, species aũt entelechia: & hoc dupliciter, hoc quidem sicut scientia: illud autẽ, sicut considerare.

SOPH. *Dicimus ergo unum quoddam genus eorum quæ sunt, substantiam: huiusque, aliud ut materiã, quod ex se quidem non est hoc aliquid: aliud formam & speciem, ex qua demum dicitur hoc aliquid: & tertium, quod ex eis constat. est autem materia, quidem potentia: species vero entelechia: & hoc bifariam aliud ut scientia, aliud ut contemplari.*

Dicamus igitur quod substantia est vnũ generum entium. Et substantiarum quædam est substantia secundum materiam, & ista non est per se hoc. Et quædam est forma, per quam dicitur in re, quod est hoc. Est aũt tertia: & est illud, quod est ex ambobus. Et materia est illa, quæ est in potentia, forma autẽ est perfectio. Et forma est duobus modis: vnus est sicut scire, & alius est sicut speculari.

a Cùm voluit scire definitionem vniuersalem omnib' partibus animæ, & fuit quasi manifestum quod collocatur in genere substantiæ, incœpit diuidere quot modis dicitur substantia, & in quo modo est anima, & dixit quod substantia est vnum generum entium, i. entium, quæ sunt secundum antecedentiam in esse, quorum anima est vnum, quod anima non est accidens. Ponere enim animam accidens est impossibile, secundum quod dat nobis prima cognitio naturalis. opinamur enim quod substantia est nobilior accidente: & quod anima est nobilior omnibus accidentibus existentibus hic. Et, cùm narrauit quod substantia vniuersaliter debet poni genus talium istorũ entium, incœpit diuidere eius genera, & dixit Et substantiarum quædam est substantia, &c. idest & omnia, de quibus dicitur substantia, sunt tribus modis. Quorum vnus est, vt C sit materia prima, quæ per se non est formata, neq; aliquid per se in actu: vt dictum est in Primo Physicorum. Secundus autem est forma, per quã indiuiduum fit hoc. Tertius est illud, quod fit ex istis ambobus. Quòd autem forma est, & cùm hoc est substantia, manifestum. est enim quia comprehenditur sensu: est autem substantia, quia est pars substantiæ. & similiter pars huius substantiæ cum aufertur, aufertur substantia. Et similiter prima materia est substantia: quia est vna partium, quæ cùm auferuntur, aufertur substantia, s. indiuiduum. Deinde incœpit describere substantiam, quæ est secundum materiam, & quæ est secundum formã, & d. Et materia est illa, quæ est in potentia, &c. idest & materia est substantia, quæ est in potentia: forma autem est substantia, per quam perficitur hæc substantia, quæ est in potentia forma. Et ista forma inuenitur duobus modis. Quorum vnus est, secundum quòd est in actu, tamen non prouenit ab ea

Ponere animã accidens est impossibile, secundum quod dat nobis prima cognitio naturalis.

1. Phy. 69. Indiuiduum fit hoc per formam. Idẽ infra. 7 & 8. & 60 secundum vnũ oppositũ. 12. Meta. 14. & 1. Celi. 91. vbi dicit quod per materiã. Vide com. Zim.

Idẽ 8. Meta. 8.

actio, quæ innata est prouenire ab ea: sicut à sciente, qui non vtitur sua D scientia. Secundus est, secundum quòd prouenit ab ea illa actio: sicut est de sciente, quando scit. Et prima forma dicitur prima perfectio: secunda autem dicitur postrema.

Substantiæ autem maxime videntur esse corpora, & horũ physica: hæc enim aliorum principia. Physicorum autem alia quidẽ habent vitam, alia autem non habent: vitam autem dicimus id quòd per seipsum alimentum & augmentum & decrementum. Quare omne corpus physicum participans vita, substantia erit: Substantia autem sic, sicut composita.

SOPH. *Porrò autem corpora potissimum esse substantia uidentur, & ex his, ea quæ naturalia sunt: hæc enim cæterorum sunt principia. Naturalium autem, alia habent uitam, alia non habent: uitã uero dicimus nutritionem quæ per se ipsum fit, & auctionem, & diminutionem:* E *Itaq; omne corpus naturale uitæ particeps substantia fuerit, & ita substantia, ut composita.*

Et corpora sunt ea, quæ proprie dicuntur substantiæ: & maxime corpora naturalia. ista enim sunt principia aliorum corporũ. Et corporum naturalium, quædam habẽt vitam, & quædam nõ. Et dicere vitã, est nutriri, & augeri, & diminui essentialiter. Vnde necesse est, vt omne corpus naturale, habens communicationem in vita, sit substantia, sm ꝙ est compositum.

9 Cùm demonstrauit nobis numerum substantiarum, incœpit declarare nobis quæ earum sit magis digna vt habeat hoc nomen, & dixit Et corpora sunt ea, quæ proprie dicuntur, &c. idest & corpora composita habẽt hoc nomen substantia magis proprie, secundum ꝙ est magis famosum: & maxime corpora naturalia. ista enim sunt principia corporum artificialium. D.d. Vnde necesse est, vt omne corpus naturale habens commu- F nicationem in vita. idest corpus naturale necesse est vt sit substantia: immo magis dignum est habere hoc nomen substantia. Deinde exposuit hoc nomen vita; & dixit Et dicere vitam est nutriri, &c. idest & intelligo per vitam principium, quod est commune omni animato, scilicet nutriri & augeri, & minui essentialiter. & est illud, quod appropriatur plantis. quoniam hoc nomen vita dicebatur in lingua Græca de omni eo, quod nutritur, & augetur. animal enim dicitur de omni eo, quod nutrit & sentit. In Arabico autem videtur significare idem: sed tamen non dicitur mortuum, nisi animal, quod caret principio nutrimenti,[a] & sensus insimul, nõ principio sensus, & motus tantum. Et dicit essentialiter: quia inuenitur extra viuum aliquod, quod assimilatur augmento & diminutioni,[b] vt lapis, & nõ est viuum. Et cùm declarauit ꝙ necesse est vt omne corpus habens vitam sit substantia, declarauit cuiusmodi substantia est, & d. sit substantia,

Mortuũ ñ dicit, nisi alal, qd̃ careret principio nutrimẽti, & id sus insil. Si vide oppositũ. 1. de Ala. c. vic. vbi d. ꝙ mortuum est, qd̃ caret solo principio, qd̃ ẽ vita. Vide cõc. Zim.

Hic vr̃ animal hr̃e principiũ augẽdi ẽẽ sentialr. [a]Sed vide oppositũ. 1. de Ala. t.c.19. [b]Vide 1. Cœ. c. 12. & 1. de Genera. 9 & Vide sõ. Zim.

A ftantia, fecundum quòd eft compofitum, ideft & neceffe eft vt corpus viuum fit fubftantia compofita: & eft hoc indiuiduum.

Quoniam autem eft corpus huiufmodi, vitam enim habens, neq; vtiq; erit corpus anima: nõ eft enim eorum quæ in fubiecto, corpus, magis autem ficut fubiectum & materia. neceffe eft ergo animam fubftantiam effe, ficut fpeciem corporis phyfici potentia vitam habentis.

SOPH. *Quoniam autem corpus eft tale, nempe uitam habens, equidem non fuerit corpus anima: non enim eorum quæ funt de fubiecto corpus eft, fed potius ut fubiectum & materia. neceffe eft ergo animam effe fubftantiam, ut fpeciem corporis naturalis uitam habentis.*

Et, quia corpus viuum eft corpus, & eft tale, impoffe eft vt anima fit corpus. corpus enim non eft eorũ, quę funt in fubiecto: fed
B magis eft ficut fubiectũ, & materia. Vnde neceffe eft vt aĩa fit fubftantia, fm q; eft forma corporis naturalis, habentis vitam in potentia.

4 Cùm declarauit q; corpus viuum eft fubftantia, fm quòd eft compofitum ex fubftantia, quæ eft fm materiam, & ex fubftantia, quæ eft fm formam, incœpit quærere de anima vtrum fit fubftantia compofita, fcilicet corpus, aut fecundum formam. dicere enim animam effe materiam impoffibile eft. & hoc manifeftum eft per fe. Et d. Et, quia corpus viuum, &c. ideft & anima non eft fubftantia fm compofitionem. compofitum enim corpus habens vitam non eft corpus viuum, fm q; eft corpus fimpliciter, fed fecundum q; eft tale corpus. eft igitur viuum per aliquod exiftens in fubiecto, non per aliquod exiftens non in fubiecto. corpus autem eft fubftantia, fecundum q; eft fubiectum. Et, cùm dedit propofitiones, ex quibus confequitur vt anima non fit fubftantia, fm q; eft corpus, fed fecundum q; eft forma, d. Vnde neceffe eft vt anima fit fubftantia, fecũdum q;
C eft forma corporis naturalis, habentis vitam in potentia, &c. Quoniam autem non eft fubftantia fecundum corpus declarabitur in fecunda figura per illas duas propofitiones prædictas, fcilicet q; anima eft in fubiecto, & corpus eft non in fubiecto. Quoniam vero eft fubftantia fm formam, manifeftum eft ex hoc, q; eft fubftantia in fubiecto. hoc enim proprium eft formæ, fcilicet vt fit fubftãtia in fubiecto. Et differt ab accidente, quoniam accidens non eft pars fubftantiæ compofitæ: forma autem eft pars huius fubftantiæ cõpofitæ. Et etiam æquiuoce dicitur forma effe in fubiecto, & accidens effe in fubiecto. *Subiectũ enim accidentis eft corpus cõpofitum ex materia & forma, & eft aliud exiftens in actu, & non indiget in fuo effe accidenti. Subiectum autem formæ non habet effe in actu, fecundum q; eft fubiectum, nifi per formam, & indiget forma vt fit in actu: & †maxime primum fubiectum, quod non denudatur à forma omnino. & propter fimilitudinem inter ifta errauerunt plures loquentium, & dixerunt

Æquoce dĩ fõa, & accñs eẽ ĩ fubiecto. *Subm accñtis ẽ ens ĩ actu; fubiectũ formę fubAt ẽens ĩ potentia. Idẽ 1. Phy. 63. & 5. Phy. 7. & 8. 1. ca. d fuba orb. fed vi de illã ua de q̃titatib⁹ interminatis, 1. ca. d fuba orbis. Vide cõi. Zim.

†Primum fubm nõ denudat̃ a fõa olno. Idẽ 1. Phy 76. & 3. Phy. 12. & 3. Cę. 29. fed quare primũ vide. 3. Cœ. 57. & 1. Phy. 82.

xerunt formam esse accidentis. Et ex hoc declarabitur perfecte ꝙ anima non est substantia secundum materiam. materia enim est substantia, secundum ꝙ est subiectum. anima autem secundum ꝙ est in subiecto. Et dicit habentis vitam in potentia. idest necesse est vt anima sit substantia, secundum ꝙ est forma corporis naturalis, habentis vitam, secundum ꝙ dicitur habere illam formam in potentia, vt agat actiones vitæ per illam formam. D

Substantia autem actus, huiusmodi igitur corporis actus: Hic autem dicitur dupliciter, alius quidem sicut scientia, alius sicut considerare. manifestum est igitur ꝙ sicut scientia: in existere enim animam, & somnus & vigilia est: proportionale autem vigilantia quidem ipsi considerare, somnus autem ipsi habere & non operari.

SOPH. *Hac uero substantia est actus, ergo talis corporis est actus: hic autem bifariam dicitur, partim ut scientia, partim ut contemplari. constat ergo animam esse ut scientiam: ex eo enim quod est anima, & somnus et uigilia est: proportione autem respondet uigilia quidem ipsi contemplari: somnus autem ipsi habere & non operari.* E

Et ista substantia est perfectio. est igitur perfectio talis corporis. &, quia perfectio dicitur duobus modis: quorum vnus est sicut scire, & alius sicut aspicere: manifestum est ꝙ ista perfectio est sicut scire. Quoniam apud ipsum est esse animæ. & vigilia est similis studio, somnus autem est similis dispositioni rei, cùm potest agere, & non agit.

5 Cùm declarauit ꝙ anima est substantia secundum formam, & formæ sunt perfectiones habentium formas, & sunt duobus modis, incœpit demonstrare ꝙ perfectio est in definitione animæ, quasi genus, & d. Et ista substantia est perfectio, &c. idest &, quia substantia, quæ est secundum formam, est perfectio corporis habentis formam: & iam declaratum est ꝙ anima est forma: necesse est vt anima sit perfectio talis corporis, idest perfectio corporis naturalis habentis vitam in potentia, secundum ꝙ perficitur per ipsam. F

Et, cùm declarauit ꝙ anima est perfectio, declarauit secundum quot modos dicitur perfectio, & d. &, quia perfectio est duobus modis, &c. idest &, quia perfectio est duobus modis: quorum vnus est sicut scientia existens in sciente, quando non vtitur sua scientia: & alius est sicut scientia existens in sciente, quando vtitur ea. Deinde incœpit demonstrare secundum quem modum istorum duorum dicitur ꝙ anima est perfectio, & d. manifestum est ꝙ ista perfectio est sicut scientia. i. &, quia iam declaratum est ꝙ anima est perfectio corporis naturalis, & perfectio dicitur duobus modis, manifestum est quòd perfectio, qua est animatum, & differt à corpore non animato est existens in eo, sicut scientia in sciente. Deinde dedit rationem super hoc, & dixit Quoniam apud ipsum est esse animæ, idest quoniam apud esse istius perfectionis in animato inuenitur alia, non apud esse alterius perfectionis.

Et,

A Et, cùm demõſtrauit ꝙ perfectio accepta in definitione animæ, quæ eſt
ſubſtantia animæ, eſt illa, quæ eſt quaſi ſcientia exiſtens in ſciente, quãdo
non vtitur ea, dedit exemplum ſuper hoc, & dicit, & vigilia eſt ſimilis, &c.
idest &, cùm animal fuerit dormiens, tunc anima erit in eo ſecũdum primam perfectionem. & hoc eſt ſimile eſſe ſcientiæ in ſciente in tempore,
in quo non ſtudet: & non eſt ſimile eſſe ignorantiæ in non ſciente. Manifeſtum eſt enim ꝙ animal apud ſomnum habet animam ſenſibilem, ſed
non vtitur ſenſu: ſicut ſciens habet ſcientiam, ſed non vtitur ea. Diſpoſitio autem animæ apud vigiliam in animalibus eſt ſimilis ſcientię in ſciente, quando vtitur ea. Et hoc eſt in anima ſenſibili. Anima autem nutritiua nunquam inuenitur in animalibus, niſi ſecundum poſtremam perfectionem. Niſi aliquis ponat ꝙ ſit quidam modus animalium, qui non
nutritur in aliquo tempore, ſcilicet in tempore, in quo manet in lapidibus, vt ranæ magnæ, quæ nihil theſaurizant, & manent tota hyeme in lapidibus: & ſimiliter plures ſerpẽtes. Et ſecundum hoc erit hoc commune
B animæ ſenſibili, & nutritiuæ eadem intentione. &, ſi non, tunc perfectio
accepta in eis erit ſecundum æquiuocationem. Et quocunq; modo ſit,
quando intellecta fuerit diuerſitas inter vtrunq;, tunc non nocebit hoc
accipere indefinite in hac definitione, cùm ſit impoſſibile aliter. Et d.
ſomnus autem eſt ſimilis diſpoſitioni rei, &c. idest diſpoſitio animę apud
ſomnum in animalibus eſt ſimilis diſpoſitioni rei in tempore, in quo po
teſt agere, ſed non agit. & hæc eſt deſcriptio primæ perfectionis: & ex ea
intelligitur deſcriptio poſtremæ perfectionis: & eſt diſpoſitio rei, per quã
ens agit, aut patitur in tempore, in quo agit, aut patitur.

Docum. Ala nutritiua nunq̄ inuenit in alalib⁹, niſi ſm poſtremã pfectioné. Idé. 8. Ph. 10. & hic infra. 14. & 5. de ala 44. 59. Vide pro hoc infra c. 30. & c. 5. metaph.

Prior autem generatione in eodem ſcientia eſt: vnde anima eſt
primus actus corporis phyſici potentia vitam habentis: tale autẽ
quodcunq; organicum: organa autem & plantarũ partes, ſed penitus ſimplices: vt foliũ fructiferi cooperimentũ: fructiferum aũt
fructus: radices vero ori ſiſes ſunt: vtraq; enim trahunt alimentũ.

C.

SOPH. *Prior autem generatione in eodem ſcientia eſt: quapropter anima
eſt actus primus corporis naturalis potentia uitam habentis: cuiuſmo-
di eſt quodcunque fuerit organicum. ſunt porrò plantarum quoq; partes organa, ſed planè ſimplicia: ut folium integumẽtum eſt pulpæ, quæ
ſemen complectitur: pulpa autem ſeminis: radices uero ori proportione
reſpondent, utraq; enim attrahunt alimentum.*

Et ſcientia in eodẽ antecedit in eſſe. Et ideo anima eſt perfectio
prima corporis naturalis, habentis vitam in potentia. & eſt ſm ꝙ
eſt organicũ. Et partes plantarum ſunt etiã organa, ſed valde ſimplicia. verbi gratia ꝙ folia ſunt coopertoria, & veſtes fructibus.
radices aũt ſimiles ſunt ori: qm̃ iſti duo modi contrahunt cibum.

6 Cùm declarauit ꝙ genus animæ est perfectio, quæ est quasi sciẽtia existens in sciente, quando non vtitur ipsa, incœpit narrare ꝙ ista perfectio præcedit in esse secundam perfectionem, & ꝙ propter hoc debet adiungi in definitione ꝙ anima est prima perfectio corporis naturalis habentis vitam in potentia. Et d. Et scientia in eodẽ, &c. i. & perfectio, quæ est quasi scientia, præcedit in esse in indiuiduo secundam perfectionem, quæ est quasi studium. Et, cùm narrauit hoc, incœpit narrare ꝙ propter hoc debemus hanc intentionem dicere in definitione, vt per primam distinguatur à perfectione postrema, & d. Et ideo anima est perfectio prima, &c. i. & ideo dicendum est in definitione animæ, &c. D. d. & est fm ꝙ est organicum. ita cecidit in scriptura locus *albus. & est corpus, fm ꝙ est organicum. i. corpus habens vitam in potentia est primũ organicũ corpus. Et, cùm narrauit ꝙ omne corpus viuum est organicum, & hoc fuit manifestum in animalibus, sed latuit in plantis, incœpit demonstrare ꝙ organa existunt etiam in plantis, & dixit· Et partes plantarũ sunt etiam organa, &c. i. & sermo eius in hoc est manifestus. Et hoc, quod dixit de plantis, manifestum est. folia enim ita sunt de plantis, sicut corium in animalibus, & radices sunt, sicut os: quoniam vtrunq; comprehendit cibum. & hoc intendebat, cùm dixit, quoniam isti duo modi contrahunt cibum, scilicet radices, & os, & alia ventricula, quæ transeunt ad ipsa. D

*a.l. alim.

Docum. E

Idẽ infra 38.

Si autem aliquod cõe in omni anima oportet dicere, erit vtiq; actus primus corpis organici physici. vnde non oportet quærere si vnum est anima & corpus: sicut neq; ceram & figurã, neq; omnino vniuscuiusq; materiã, & id cuius est materia: hoc enim vnũ & esse cum multipliciter dicantur, quod proprie est, actus est.

s o p n.

Ergo si quod commune de omni anima sit dicẽdum, ea fuerit actus primum corporis naturalis organici. idcirco non oportet quærere an unũ sit anima & corpus, quemadmodum neq; ceram & figuram, nec deniq; uniuscuiusq; materiam, & id cuius est materia: unũ enim & esse cum multifariam dicatur, quod proprie est, actus est. F

Si igitur aliquod vniuersale dicendum est in omni anima, dicemus ꝙ est prima pfectio corporis naturalis, organici. Et ideo nõ est perscrutandum vtrum anima, & corpus sint idem: sicut nõ est perscrutandum hoc in cera, & figura, neq; in ferro, & figura, neq; vniuersaliter in materia cuiuslibet, & in illo, quod habet illã materiam. vnũ enim & ens cùm dicuntur pluribus modis, perfectio est illud, de quo dicitur hoc prima intentione.

7 Dixit Si igitur aliquod vniuersale, &c. idest si igitur possibile est definire animam definitione vniuersali, nulla definitio est magis vniuersalis q̃ ista, nec magis conueniens substãtiæ animę: & est ꝙ anima est prima pfectio corporis naturalis organici. Et induxit hunc sermonẽ in forma

Docum.

dubitationis,

A dubitationi, cùm dicit, Si igitur dicendum est, &c. excusando à dubitatione accidente in partibus istius definitionis. perfectio enim in anima rationali, & in alijs virtutibus animæ ferè dicitur pura æquiuocatione: vt declarabitur post. Et ideo potest aliquis dubitare, & dicere q̀, anima non habet definitionem vniuersalem. & ideo dicit, Si igitur, &c. quasi dicit, si igitur fuerit concessum nobis quòd possibile est inuenire sermonē vniuersalem comprehendentem omnes partes animæ, erit ille sermo iste. * Deinde dicit, Et ideo non est perscrutandum, &c. idest &, cùm declaratum est quòd anima est prima perfectio corporis naturalis, & quòd animatum non habet hoc esse, nisi ex eo quòd habet animam, non est dubitandum quomodo anima, & corpus, cùm sint duo, fiant idem: sicut non est dubitandum hoc in cera, & in ferro cum figura existente in eis, & vniuersaliter in materia, cuiuslibet, & in re, quæ existit in illa materia. Hæc enim nomina, scilicet * vnum, & ens licet dicantur pluribus modis, tamen prima perfectio in omnib⁹ illis, scilicet forma, magis digna est vt habeat B hoc nomen, scilicet vnum, & ens, quàm illud, quod est congregatum ex materia, & forma. congregatum enim non dicitur vnum, nisi per vnitatem existentem in forma. materia enim non est hoc, nisi per formam. Et, si materia & forma essent in composito existentes in actu, tunc compositum non diceretur vnum, nisi sicut dicitur in rebus, quæ sunt vnum secundum contactum, & ligamentum. † Modo autem, quia materia non differt à forma in composito, nisi potentia: & compositum non est ens in actu, nisi per formam: tunc compositum non dicitur vnum, nisi quia sua forma est vna. Et quasi innuit per hoc quæstionem contingentem dicentibus quòd anima est corpus & est quomodo illud, quod aggregatur ex anima, & corpore, fiat vnum.

Vniuersaliter quidem igitur dictū est quid sit anima: est enim substantia quę s̄m rationem: hoc aūt est quod quid erat esse huiusmodi corporis, sicut si aliquod organorum physicum esset corp⁹, C vt dolabra: erat quidem enim dolabræ esse, substātia ipsius & anima hæc. diuisa autem hac, non vtiq; amplius dolabra erit, sed aut æquiuocè: nunc autem est dolabra: non enim huiuscemodi corporis quod quid erat esse & ratio, anima: sed physici huiuscemodi corporis, habentis in seipso principium motus & status.

SOPH. *Vniuerse igitur dictum est quid sit anima: nempe substātia ea quæ in ratione consistit: quod quidem est Quid erat esse tali corpori: veluti si quod instrumentū esset naturale corpus, verbi causa securis: esset enim securi esse substantia eius & anima hæc: ea enim separata, nō amplius esset securis, nisi æquiuocè: nunc vero est securis: non enim eiusmodi corporis Quid erat esse & ratio ē anima, sed naturalis, talis scilicet quod in se motus statusq; principium habeat.*

Perfectio i aīa rōnali & in alijs virtutibus aię di fere pura ęquiuocatiōe. Idē īfra c. 32. & 3. de Aia c. 5. cōtra Alex. Nō est dubitādum quo. ex aīa, & corpore fiat vnū. Si vis de opposi tū 1. d Aīa t. c. 92. cōtra Plato. vbi hoc tu it dubitatum. Vide cōt. aim. * Ens vnū p pri⁹ dīcr de fora, q̄ d cōgregato. Opposi tū vr dicere 1. c. 3. s; 1. Ph. c. 4. & 7. Met. co R. & R. Met. c. 7. idem hi si cut hic. Vide cōtrarium. † Mā ñ dīt a fora i cōposito, nisi potētia. Vide idē. 10. Me. 13

Iam igit̃ diximus quid est anima vl'r, & est substantia s'm hanc intentionem, s. s'm illud, quod hoc corpus est. Quod est, quẽmadmodum si aliquod instrumentũ esset corpus naturale, vt securis, tunc acumen securis esset substantia, & est anima s'm hanc intentionem. & similiter istud, cùm abstractum est, nõ erit securis post nisi æquiuoce. materia autem erit post securis. anima enim nõ est quidem talis corporis, & intentio eius, sed corporis talis naturalis habentis principium motus. D

8 Cùm prædixit ꝙ anima est substantia, deinde declarauit quod est forma, & perfectio, incœpit hic inducere modum, per quem potest accidere certitudo, ꝙ formæ naturales sint substantiæ. & hoc est necessariũ in hoc loco. Et d. Iam igitur diximus, &c. idest declaratum est igitur ex hoc, qđ dixit, quid est anima vniuersaliter. & secundum ꝙ dixit in hac definitione, anima est substantia secundum intentionem, per quam dicim' in re, per quam hoc corpus naturale est substantia, non alio modo. Deinde dixit exemplum de corporibus artificialibus, & fecit differentiam in hoc inter corpora naturalia, & artificialia. Essentiæ enim rerum artificialiũ sunt *actus. & ideo existimauerunt quidam ꝙ ita est de essentijs corporũ naturalium. Et d. quemadmodum, si aliquod instrumentum, &c. idest & formæ, & essentiæ corporum naturalium sunt substantiæ. quoniam, quẽadmodum si aliquod instrumentum esset corpus naturale, vt securis, i. si imaginati fuerimus ipsum esse ens naturale, tunc acumen securis esset substantia eius. Deinde dedit rationem super hoc, & d. & similiter istud cùm abstractum est, &c. i. & necesse est in securi, si esset ens naturale, vt ei' acumen esset substantia. Securis enim non dicitur nisi illud, quod cõgregatum est ex materia, s. ferro, & forma, quæ est acumen. & , i. si acumen auferatur, & esset securis corpus naturale, tunc securis non esset: quia materia, & forma non esset, nisi diceretur securis æquiuoce. & , illud, pro cuius ablatione aufertur hæc substantia, est substantia: est enim pars eius. pars autem substantiæ est substantia. Deinde dicit: materia autem erit post securis. i. materia autem, quia securis est corpus artificiale, licet acumen sit ablatum ab eo, tamẽ post dicetur securis per suam figuram. figura enim, quæ propria est ei, eadem est in ea cùm acuitate, & fine. Et hoc, quod d. manifestabitur ex hoc, quod dico. Manifestum est enim per se ꝙ hoc nomen securis, siue fuerit naturale, siue artificiale, dicitur de illo congregato ex illo, quod est quasi forma in eo, & ex eo, quod est quasi materia. Et etiam manifestum est per se ꝙ securis dicitur de aliquo indiuiduorum substantiæ. Et sic necesse est vt hoc nomen, quod dicitur de eo, s'm ꝙ est indiuiduum substantiæ, sit dictum de eo s'm materiã, & formam insimul. vnde necesse est vt vtrunq; sit substantia. partes enim substantiæ sunt substantia. Et sic necesse est, cùm fuerit forma ablata, vt hoc nomen auferat ab ea, scilicet nomen, quod demonstrat ipsum, s'm ꝙ est indiuiduum. Aut dicamus ꝙ hoc nomen non dicitur de eo nisi secundũ materiam tantum,

E (margin, beside "per quam hoc corpus naturale est substantia")

F (margin, beside "autem substantiæ est substantia")

Marginal notes: 2. Phy. 7. — *a. l. accñs — Illud, ad ablationẽ cuius auferẽ subã, est subã. Idẽ I cõ. 2. qđ quo sit intelligẽdũ. vid. 8. Meta. c. 5. — Digressio. primũ suppositum. Secundũ.

A v.g. fm φ est corpus ferreum. & tunc forma erit in eo fm accidens. & tunc necesse erit, si forma fuerit ablata, vt hoc nomen, quod dicitur de ea, fm φ dicitur indiuiduum substantiæ, remaneat. Sed quia formæ rerum naturalium, cum fuerint ablatæ, auferentur materiæ, & nulla ens remanet nisi æquiuoce, necesse est, cùm posuerimus securim esse corpus naturale, & ablata fuerit acuitas, quæ est in ea quasi forma, vt auferatur materia, & non remaneat ens. Cùm igitur forma fuerit ablata fm hanc intentionem statim auferetur hoc nomen securis, quod demonstrat ipsum fm φ est indiuiduum substantiæ. quoniam per ablationem formæ aufertur materia &, cùm materia & forma auferuntur, nihil remanet de eis, quæ demõstrãtur per hoc nomen, fm φ demonstrat aliquod indiuiduorum substantię, nisi sit aliquod indiuiduum: & tunc non dicitur securis nisi æquiuoce. Formæ igitur naturales substantiæ sunt. quia, cùm ablatæ fuerint, auferẽ nomen, quod demonstrat ens, secundum φ est indiuiduum substantiæ.

B Et similiter definitio, quæ est fm illud nomen, quia auferuntur genus, & differentia, quorum vnum demonstrat materiam, & aliud formam. v.g. φ, cũ sensus aufertur à carne, non remanet caro, nisi æquiuoce: sicut caro mortui. Forma autem artificialis non est substantia. quia, cùm auferẽ, non aufertur materia: sed remanet nomine, & definitione. quoniam, cũ figura securis aufertur, remanet ferrum idem, sicut ante, nomine, & definitione. Et necesse est, & recte vt remaneat nomen eius, s. securis, quod demõstrat hoc instrumentum, fm quod est indiuiduum substantiæ: licet acuitas auferatur. Et hoc fuit, quia nomẽ dicitur in rebus naturalibus primo de forma, & secundo de congregato. in rebus autem artificialibus ecõtrario, s. quia primo de materia, & secundo de congregato. In rebus igitur artificialibus demonstrat indiuiduum substantię secundum suam primam significationem, quia significat materiam: & in rebus indiuiduis substantiæ naturalibus demonstrat ipsum secundũ suam* primam significationẽ

C quoniam significat formam. Hoc enim indiuiduum non est hoc, nisi per suam formam, non per suam materiam. †Materia enim nullum habet eẽ in actu in rebus naturalibus, secundum φ est materia. & esse non est in actu, nisi formæ. & hoc valde manifestatur in formis rerum simpliciũ. qm̃ cũ forma fuerit ablata, nihil remanet. Et in rebus artificialibus nihil est hoc, nisi per suam materiam, non per suam formam. & sic declarabitur tibi differentia inter naturalia, & artificialia. Et intelliges hoc, quod dixit Aristo. & auferetur dubitatio, quæ inducit credere φ formæ sint accidentia. D. d. anima enim non est, &c. i. & est de anima econuerso acuitati. nomen enim aufertur ab animato per ablationem animæ, & remanet in securi, licet acumen auferatur. anima enim non est talis corporis, in quo est acuitas, scilicet corporis artificialis organici, sed naturalis. & hoc intendebat, cùm dixit talis. & hoc, quod dicit principium motus, & quietis, est dispositio corporis naturalis.

Considerare autem & in partibus oportet quòd dictum est. si enim esset oculus animal, anima vtiq; ipsius: visus esset: hic enim

substantia

*a. L. ppriã

† Mã nullũ habet eẽ in actu ĩ rebus nãlibus, fm φ est mã. vide 2. physico. 12. 1. Ph. 76. 3. Cę. 29. 7. Met. 8 & 2. cap. de sba orbis. & 1. physi. 69.

Cũ formæ reꝝ nãliũ auferunẽ, auferunẽ materiæ ĩporũ. Sed vide opp. 1. Phy. 82. vbi dr φ mã est ingñabilis, & incorruptibilis. vi de cõtra. Zim.

Genus demonstrat mãm, & dria formã vid. 7. meta. 41. & 1. Met. 17. & 2. cæ. 49.

Nomẽ in reb* nãlib* primo de forma. scdo d cõgregato. Vide etiã 8. Met. cõ. 7. In reb* autẽ artificialib* primo dr nomẽ de mã scdario de congregato. Sed vidẽ opposi. 5. Met. c. 14. & 7. Met. c. 18. vbi dicit φ nomẽ accidentale primo significat formã, & scdo subiectũ. Vide contradi. Zim.

substantia est oculi quæ est secũdum rationem, oculus autem ma D
teria visus est: quo deficiente non est adhuc oculus, nisi æquiuoce,
sicut lapideus aut depictus. Oportet igitur accipere quod est in
parte, in toto viuente corpore: Proportionaliter namq; se habet si
cut pars ad partem, totus sensus ad totum corpus sensitiuum: secũ
dum quòd huiusmodi.

SOPH.

*Hoc uero quod diximus in partibus etiam cõsiderasse non ab re fue
rit: nam si oculus esset animal, profecto anima ei esset uisus: is enim est
oculi substantia quæ in ratione consistit: oculus autẽ materia est uisus,
quo deficiente non est amplius oculus, nisi æquiuoce, quemadmodum lapideus & pictus. Ergo quod parti alicui conuenit in totum uiuens corpus est transferendum: proportione namq; respõdet, ut pars ad partem,
sic totus sensus ad totum corpus sensitiuum, quatenus eiusmodi est.*

Et consyderandum quod dictum est in membris etiam. Ocu- E
lus enim si esset animal, tũc visus esset anima eius. iste enim est sub
stantia oculi, quæ est secundum suam intentionem. & corpus ocu
li est materia visus: qui: cùm deficit, non dicetur oculus, nisi æquiuoce, sicut dicitur de oculo lapideo. Et accipiẽdum est illud, quod
dicitur de parte in toto corpore. comparatio enim partis ad partẽ
est sicut totius sensus ad totum sensibile.

Indiuiduum nõ est indiuiduum, nisi p formam. Idẽ supra cõ. 7. l. de Ala. 9.

9 Cùm declarauit ꝙ ita est anima in corpore, sicut forma in materia: for
ma. n. in corporibus naturalibus magis habet nomen substantiæ quã materia: & ꝙ indiuiduum non sit indiuiduum, nisi per formam: quia nõ est
indiuiduum, nisi sm ꝙ est ens in actu, & est ens in actu per suam formam,
non per suam materiam. Et, quia declarauit hoc ratione, vult modo declarare hoc exemplo, & d. Et consyderandum est quod dictum est in mẽ F
bris. i. & hoc, quod dictum est in anima, quoniam est substantia, quia, cũ
aufertur, aufertur nomen ab animato, verificatur in membris habenti
bus proprie virtutes particulares animæ sensibilis. D. d. exẽplum de hoc
in oculo, & d. Oculus enim si esset animal, &c. i. quoniam proportio visus
ad oculum est sicut proportio animæ ad corpus. si igitur fuerimus imagi
nati ꝙ oculus esset animal, necesse esset vt visus esset anima eius, visus. n.
tunc esset substantia animæ, sm illud quod est, & oculus esset materia illi9
animæ. D. d. qui cùm deficit, &c. i. &, quia manifestum est de visu, ꝙ, cũ
deficit, non remanet oculus post, nisi ęquiuoce: sicut oculus factus de lapi
de, aut formatus in pariete: quia non habet de intentione oculi, nisi tantũ
figuram: & ꝙ visus est substãtia oculi: manifestum est ꝙ anima debet ha
bere talem dispositionem cum corpore, s. ꝙ, cũ aufertur, aufertur nomen
ab animato, & non remanet animatum, nisi æquiuoce. v. g. quia, cùm ani-
malitas fuerit ablata ab aliquo Indiuiduo, nõ remanet animal nisi æquiuo
ce: quapropter anima est substantia. Et, quia Aristo. posuit primo ꝙ ita
est

A est de parte, sicut de toto, & q possibile est vt habeamus certitudinem de toto, consyderando hoc in partibus, incœpit declarare modum, vt iudiciũ totius, & partis sit idem in hoc loco, & d. comparatio enim partis ad partem, &c. i. & necesse est vt ita sit de toto sicut de parte in hac intẽtione. qm̃ comparatio alicuius membri apud suam formam particularem sensibilẽ in essendo substantiam illius membri, est comparatio totius sensus ad totum corpus sensibile. Et hoc, quod d. manifestum est. comparatio enim visus, qui est pars sensus ad oculum, est sicut comparatio totius sensus ad totum corpus. &, quia comparatio est eadem: & visus est substantia: igitur anima erit substantia.

Vide cont. 5. 1. Cœ. 19. 4. Ph. 37. 1. de anima 88. 2. Cœ. 19.

Est autem non abiiciens animã potentia ens vt viuat, sed quod habens. semen autem & fructus potentia huiusmodi corpus est. sicut quidem igitur incisio & visio, sic & vigilantia actus. vt autẽ visus & potentia organi, anima: corpus autem quod potẽtia ens: sed sicut oculus pupilla & visus, & ibi anima & corpus, animal.

B

IOPH. *Caeterum quod amisit animam non est id quod potentia est ad viuẽdum, sed quod habet: semen vero & fructus id sane est quod potentia est tale corpus: ergo ut sectio & visio, sic vigilia est actus: ut vero visus & potentia organi, sic anima est: corpus autem est id quod potentia est: verum ut pupilla & visus est oculus, ita etiam illic, anima & corpus est animal.*

Et illud, quod habet potentiam vt viuat, non est illud, à quo ablata est anima, sed illud, quod habet animam. semen autem, & fructus sunt in potentia corpus tale. Et, sicut abscindere, & aspicere sunt perfectiones, ita vigiliæ. &, sicut visus est potentia instrumẽti, sic est anima: corpus aũt est illud, quod est in potẽtia. &, sicut oculus est membrum, & visus, ita animal est anima, & corpus.

C

10 Quia accepit in definitione animæ potentiam, quæ dicitur quasi æquiuoce, incœpit declarare quam intentionem intendit, & complet declarationem illius, & primæ, & secundæ intentionis hoc modo declarationis, à quo modo incœpit, s. exemplariter. Et d. Et illud, quod habet potẽtiam vt viuat, &c. i. &, cùm dicimus in corpore, s. q est quod habet potentiam vt viuat, non intendimus per hoc, sicut diximus in eo, quod non habet habitum, & formã, quibus potest agere: & pati: quemadmodum dicimus q semen, & fructus habent potentiam vt viuant: & q sanguis menstruosus habet potentiam vt sentiat, aut moueatur: sed diximus hoc in habenti animam in actu, qua agit, aut patitur, sed in illo tempore neq; agit, neq; patitur, sicut animal dormiens. Et, cum demonstrauit hoc de potentia, quæ est prima pfectio, dedit dĩam inter istã, & potentiã, quæ non est aĩa in suo esse, & incœpit ẽt declarare exẽplariter dĩam inter primã perfectionem in rebus habentibus formas, & secundã, & d. Et, sicut abscindere, &c. i. & sicut

cut abscindere in securi. & aspicere in oculo sunt postremæ perfectiones D
istarum rerum, ita vigilia est postrema pfectio animalis sensibilis. Et d. hoc: quia manifestum est quod proportio abscisionis ad instrumentum, quod abscindit, & aspectus ad oculum, qui aspicit, est sicut proportio actionis sensuum ad animal in vigilia. vigilia enim est vsus sensuum. &, sicut ista dispositio est postrema perfectio oculi, sic vigilia est postrema perfectio animalis. D.d. & sicut visus est potentia instrumenti, sic est anima. i. & sicut visus, quando anima nō vtitur ipso, dicitur esse potentia, qua oculus videt, ita dicimus quòd anima est potentia, qua animal viuit, quādo anima non agit per illas actiones animæ. D.d. corpus autem est illud, quod est in potentia. i. corpus autem animalis est illud, quod recipit illam potētiam, aut quod dicitur illam virtutē habere. & dicitur potentia: quia quandoq; agit, & quandoq; nō: & dicitur potentia in tempore, in quo nō agit. D.d. & sicut oculus est membrū, & visus, ita animal est anima, & corpus, i. & sicut hoc nomē oculus dicitur de illo membro, quod est corpus compositum, & de virtute visibili, quæ est in eo: ita animal dicitur de anima, & corpo- E
re. & sermo eius in hoc capitulo est manifestus.

Quodquidem igitur non sit anima separabilis à corpore, aut partes quædam ipsius, si partibilis apta nata est, non immanifestū est: quarundam enim actus, partium est ipsarum: at vero secundū quasdam nihil prohibet, propter id quod nullius corporis sunt act⁹. Amplius autem immanifestum, si sit corporis actus anima, sicut nauta nauis. Figuraliter quidem igitur sic determinetur & describatur de anima.

SOPH. *Animam igitur non esse separabilem à corpore aut partes quasdā eius si partibilis est, non est obscurum: quarundam enim actus partium est ipsarum: nihil tamen obstat quominus aliquæ sint, propterea quòd nullius sunt corporis actus. incertum autē adhuc est, an aīa ita sit actus corporis: vt nauta nauigii. Ac de anima quidem adūbratione quadā* F
sic explicatum descriptumq; sit.

Quoniam autem anima non est abstracta à corpore, aut pars eius, si innata est diuidi, non latet. est enim quarundam partium perfectio. Sed tamen nihil prohibet vt hoc sit in quibusdam partibus: quia non sunt perfectiones alicuius rei ex corpore. Et cum hoc non declaratur vtrum anima corpori sit, sicut gubernator naui. Secundum igitur hunc modum determinādum est hoc de anima secundum exemplum, & descriptionem.

11 Cùm accepit in definitione animæ vlī quod est perfectio corporis naturalis, incœpit declarare quantum apparet ex hac definitione de abstractione. aut non abstractione, & .d. Qm autem anima, &c. i. quoniam manifestū est ex hoc, quod dictum est in definitione animæ, quod impossibile est quod anima

sit

A sit abstracta à corpore, aut secundum omnes partes, aut per aliquam partem eius, si innata est diuidi, non latet. Apparet enim quòd quædam virtutes sunt perfectiones partium corporis, secundum ꝙ formæ naturales perficiuntur per materiam: & tale impossibile est vt sit abstractum ab eo, per quod perficitur. D.d. Sed tamen nihil prohibet, &c. i. sed hoc manifestū non est in omnibus partibus eius: cùm sit possibile vt aliquis dicat quòd quædam pars eius non est perfectio alicuius membri corporis: aut dicat ꝙ, licet sit perfectio, tamen quædam perfectiones possunt abstrahi, vt perfectio nauis per gubernatorem. Propter igitur hæc duo, non videtur manifestum ex hac definitione ꝙ omnes partes animæ nō possunt abstrahi.

Et Alexan. dicit ꝙ ex hac definitione apparet ꝙ omnes partes animæ sunt non abstractæ. & nos loquemur de hoc, quando loquemur de virtute rationabili. D.d. Secundum igitur hunc modum, &c. i. tanta igitur cognitio est data à talibus definitionibus, quæ inductæ sunt exemplariter, 1. de Ala c. 5.
B & secundum sermones vniuersales sicut nos fecimus hic. i. ꝙ non notificant rem perfecta notificatione, quousq; appareant ex ea omnia conuenientia illi rei. & ideo, cùm perscrutati fuerimus de vnaquaq; partium animæ, secundum definitionem propriam cuilibet, apparebit tunc intentio, & aliæ intentiones quærendarum in anima. Vide p il. lo. 4. ph. c. 51. 4. Cœ. 2. & 1. de Ala. c. 71. & hic c. sequenti, & tex. & c. 18

Traditur Animæ definitio propria, s. per ipsius rei causam. Cap. 2.

QVoniam autem ex incertis quidem, certioribus autem, fit quod certum & secundum rationem notius, tentandum est iterum sic aggredi de ipsa: Non enim solum Quia, oportet diffinitiuam rationem ostendere, sicut plures terminorum dicunt: sed & causam inesse & demonstrari. Nunc autem sicut cōclusiones rationes terminorum sunt. vt quid est tetragonismus? æquale altera parte longiori, orthogonium esse equilaterale: talis autem terminus ratio conclusionis: dicens autem quoniam tetra-
C gonismus est mediæ inuentio, rei causam dicit.

SOPH. *Quoniam autem ex obscuris quidem sed manifestioribus, nascitur id quod manifestum & ratione notius est, hoc eodem pacto rursus de ea disserere conandum est: neq, enim solum ipsum Quòd definitiuam rationē aperire oportet, ut plurimæ definitiones explicant, uerum etiam causam inesse & apparere: alioqui, quasi conclusiones *orationes definitionum sunt. ut quid ē quadratio? æquale ei quod altera parte est longius, rectangulum fieri equilaterum: quæ sane definitio, ratio est conclusionis: at uero qua quadrationem dicit esse mediæ inuentionem, ea rei causam dicit.* *al's rōnes terminoꝝ

Et, quia res manifesta, quę est magis propinqua in sermone ad intelligendum, est ex rebus latentibus, sed magis apparenter, quæ

rendum

rendum est etiam vt tali cursu curramus in anima. Oportet enim vt sermo definiens non tantum demonstret quid est res, sed etiam causa erit inuenta, & manifesta in ea. Modo autem intentiones definitionum sunt quasi conclusiones. v.g. quadratura: & est inuenire superficiem rectorum angulorum æqualium laterum æqualē longo. & ista definitio est intentio conclusionis. Dicens autem q̄ quadratura est inuenire medium in re, narrauit causam. D

Tetragonismi demonstratio.

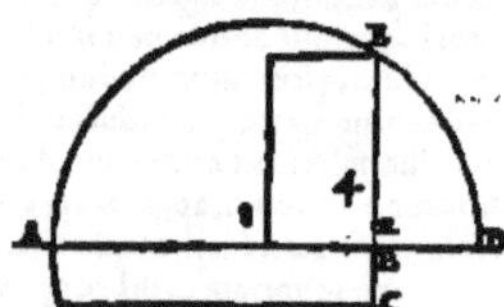

E

11 Quia cognitio acquisita ex hac definitione non sufficit in cognitione substantiæ cuiuslibet partis animæ: quoniā hæc definitio est vniuersalis omnibus partibus animæ, & dicta de eis multipliciter: & tales definitiones non sufficiunt in cognitione rei perfecte, cum fuerit vl̄es vniuocæ, nedum; cū sint vl̄es multiplices: quærendum est. n. post ad sciendum vnamquamq; partium, quæ collocatur sub illa definitione cognitione propria, cum definitio non * dicatur de eis vniuocè: incœpit igitur hic demonstrare viā ad cognitionem definitionum, quæ appropriantur cuilibet partium in rebus ignoratis, & causam, ꝑꝑ quam nō sufficiunt definitiones in talibus rebus, & d. Et, quia res manifesta, quæ est magis propinqua, &c. i. &, quia naturalis in cognitione causarum propinquarum rebus est ire de latentibus apud naturam apparentibus apud nos, & est ire de posterioribus in eē ad priora: vt dictum est in posterioribus, oportet nos ire in cognitione definitionum propriarum vnicuiq; partium animæ per istam viam. & nulla via est in cognitione talium definitionum. s. quæ componūtur ex propinquis causis proprijs rei, cūm fuerint ignoratæ, nisi à posterioribus apud nos. D. d. oportet enim ut sermo definiens non tantum demonstret, &c. i. & causa, propter quam non sufficiunt in cognitione rei tales definitiones vl̄es, est, quia oportet vt sermo definiens perfecte non demonstret genus rei tantum, sicut faciunt plures definitiones: sed sermo definiens debet demonstrare causam rei propriam propinquam existentem in ea in actu. s. formam, non genus. Et, cū notificauit hoc, narrauit cuiusmodi definitio est definitio, quam quærit in vnaquaq; partium animæ, & in cuiusmodi est definitio prædicta, & d. Modo aūt intentiones definitionum sunt quasi conclusiones. i. illa definitio, quā nō quærimus, est similis F

Definitiones vl̄es vniuocæ nō sufficiūt ī cognitiōe rei pfecte, nedū cū sint vl̄es multiplices.

* Idē. 1. de de Aīa. 8. & hic supra. 7. & infra. 30. & 3. de Aīa cō. 5.

In nullis pmūs de posterioribus ad priora. Idē. 1. ph. c. & 57. & 7. Me. c. c. 10. & 3. c. c. 61. Idē hic infra. c. 33.

A milis definitionibus, quæ sunt quasi principium demõstrationis: definitio autem vniuersalis prædicta est similis definitionibus, quæ sunt quasi demonstrationis conclusio. Et, cum declarauit hoc, dedit exemplum de definitionibus, quæ sunt quasi conclusio, si fuerint ignoratæ esse in definito: aut fuerit causa quæsita in eis, & ex definitionibus, quæ non sunt quasi conclusio demonstrationis, sed sunt, si fuerint manifestæ per se, principia demonstrationis, & si fuerint ignoratæ, tunc impossibile est, vt declarentur esse in definito, nisi per argumentum. Et, quia d. v.g. quadratura, &c. i. exemplum definitionum vsium, quæ sunt quasi conclusio demõstrationis, est respondere quærenti quid est quadratum, quod est superficies rectorum angulorum, & æqualium laterum æquale longo. D. d. exẽplum definitionis, quæ est quasi principium demonstrationis, &. d. Dicẽs autem q quadratura, &c. i. qui autem definit quadratum, quod est superficies rectorum angulorum æqualium laterum, factum super lineam mediam in proportione inter latera oblongi, quod æquatur ei, definit qua-

Si fuerint aliq̃ definitiões, quæ sint ignoratæ in esse in definito, tales si declarant nisi p argumẽtũ. vide. 1. ph. cõ. 12.

B dratum definitione, quæ est quasi principium demonstrationis, cum definiat ipsum per causam propinquam. Et cũm d. Modo autem intentiones definitionum sunt quasi conclusiones, non intendebat q ista definitio inducta in anima est conclusio demonstrationis, sed intendebat q est ex genere istarum definitionum, sm q tales definitiones sunt vl'es. & ideo. d. sunt quasi conclusiones. istæ enim definitiones, aut sunt conclusiones, aut sunt similes definitionibus, quæ sunt conclusiones. Neq; intendebat ẽt q definitio, quærenda hic in vnaquaq; partium animæ, est ex definitionibus, quæ sunt quasi principium demonstrationis: ita q sint manifestæ per se, quia sunt ignoratæ apud nos: & via ad cognoscendum eas est ex posterioribus, sicut dicit: sed intendebat q est ex genere illarum definitionum. tales enim definitiones aut sunt principium demonstrationis, aut sunt similes definitionibus, quæ sunt quasi principium demonstrationis. Et iõ sermo eius ita debet legi. sed etiam eã erit inuenta, & manifesta in ea. i. ser-

C mo definiens animam perfecte debet esse, vt causa propinqua sit manifesta in ea. & illa definitio est ex definitionibus, quæ assimilantur definitionibus, quæ sunt principia demonstrationis, inquantum est propria definitio. Definitio autem, quam dedimus modo in anima, est ex definitionibus, q̃ assimilan̄t definitionibus, q̃ sunt conclõnes demõstrationis, sm q ẽ generalis oĩbus partibus animæ, & nõ est inducta in ea causa propinqua.

Dicamus igitur principium accipientes intentionis, determinari animatum ab inanimato, in viuendo. multipliciter autem ipso viuere dicto, & si vnum aliquod horum insit solum, viuere ipsum dicimus: vt intellectus, sensus, motus & status sm locum: Adhuc autẽ, motus sm alimentũ, & decrementũ, & augumentum.

SOPH. *Dicamus igitur initio considerationis accepto animatum distinctu esse ab inanimato ipso viuere: cum autem pluribus modis viuere dicatur,*

tur, si uel unum duntaxat horum insit, uiuere ipsum dicimus: ut intellectus, & sensus, & motus & status loci: motusque item alimenti, & diminutio & auctio. D

Incipiamus igitur quęrere, & dicere φ animatum distinguitur à non animato viuendo. Et, quia viuere dicitur multis modis, si inuentus fuerit in re aliquis eorum vnus tantum, dicemus φ viuit. v.g. intelligere, & sentire, & moueri, & quiescere in loco, & nutriri, & diminui, & augeri.

Vide idē supra c. 11. & quæ ibi

Vide ꝓ il lo. 1. ph. c. 3. & illius eiam reg- re. 10. Me ch. 9.

Intelligere viuere est. Idē 12. me ta. 36. & 39. Et 2. Cœ. 61.

13 Cùm notificauit definitionem animæ vl'r, & notificauerit quantum dant tales definitiones in cognitione rei, & φ diminute faciunt cognoscere, non perfecte, cum sint vl'es, & quasi conclusio demonstrationis: & quia definitio quærenda in vnaquaq; partium animæ est similis definitionibus propriis, quæ sunt quasi principia demonstrationis: & φ, tales definitiones cùm fuerint nō manifestæ esse in definito, sicut contingit in partibus animæ, oportet tunc ire ad cognitionem earum ex rebus posterioribus, quæ sunt magis notæ apud nos. ſ. compositis, dixit. Incipiamus igitur quærere, &c. i. dicamus igitur φ, quia notam est apud nos φ animatū nō differt à non inanimato, nisi per vitam: viuum autem dicitur multipliciter. i. per multas actiones, quę sunt in eo: manifestum est φ omne, de quo dicitur vna illarum intentionum, aut vna illarum actionum, aut plures vna est animatum. & hoc intendebat, cùm dixit. si inuentus fuerit in re aliquis eorum, &c. Deinde numerauit actiones attributas vitæ, & dixit. v.g. intelligere, & sentire, & moueri, & quiescere in loco, & nutriri, & diminui & augeri. i. & istæ actiones attributæ vitæ sunt quatuor genera: quarum vnum est intelligere, secūdum sentire, tertium moueri, & quiescere in loco, quartum nutriri, & augeri, & diminui. E

Vnde & vegetabilia omnia videntur viuere: videntur enim in seipsis habentia potentiam & principium huiusmodi, per quod augmentum & decrementum suscipiunt secundum contrarios locos: non enim sursum quidem augentur, deorsum autem non: sed similiter in vtroque & penitus quæcunque aluntur & viuunt in fine, quousque possunt accipere alimentum, F

SOPH. *Quamobrem & quæ terra gignit omnia uidentur uiuere apparet enim ea in se ipsis eiusmodi habere potentiam & principium, quo auctionem & diminutionem contrariis capiant locis: neque enim sursum uersus augentur: deorsum, non item: sed peræquè in utramque partem et undique: semperque nutriuntur ac pergunt uiuere, dum possunt capere alimentum.*

Et ideo omnia uegetabilia reputantur viuere. existit. n. ſ eis potentia, & virtus, & principium, per quod recipiunt augumentū, & di-

A & diminutionem in duobus locis contrariis. non enim augent, & diminuuntur superius, & inferius. sic & omne, quod nutritur, necessario viuit, & non viuit, nisi dum potest nutrimentū accipere.

34 Quia vita magis latet in motu nutrimenti, & augmenti, & diminutionis, quam in aliis actionibus, quas numerauit, incœpit declarare quòd ista actio attribuitur animæ: quia impossibile est attribui virtutibus elementorum, ex quibus componuntur corpora, quæ agunt actiones nutrimenti, & augmenti. Et dixit, Et ideo omnia vegetabilia, &c. i. &, quia motus nutrimenti, & augmenti, & diminutionis numeratus est apud nos in actionibus animati, opinamur quòd omnia vegetabilia sint viua, in quibus videmus existere principium, quo agit motum diminutionis, & augmenti in duobus locis contrariis. s. superius, & inferius. corpus enim simplex, aut compositum ad vnam partem mouetur. quoniam, si simplex fuerit, B mouebitur aut superius, aut inferius: si compositum, mouebitur secundū elementum dominans. &, quia corpus augmentabile videtur moueri ad vtranque partem ab eodem principio. s. ramos, & radices, necesse est vt hoc principium sit neutrum, neque graue, neque leue: & tale dicitur anima. † Et, quia augmentum est perfectio actionis nutrimenti, fuit necessarium vt principium, quod agit nutrimentum, esset ex genere eius, quod agit augmentum. principium igitur nutrimenti est anima necessario. & * ideo omne animal dicitur viuere, dum nutritur.

Mixtum mouet' s. elem. dominans. idem 1. Cœ. t. c. 7. 8. & 12. & 19. & 2. de Ge. cō. 49. 2. de Aia. 40.

† Augmentū est perfectio actionis nutrimenti. Idem 1. de Gene. 38. 42. 2. Cœ. 21. 5. Ph. 18.

* Omne animal dr viuere, cū nutrit. Idē supra cō. 5. & q ibi.

Separari autem hoc ab aliis possibile est, alia autem ab hoc impossibile in rebus mortalibus. manifestum est autem in his quæ vegetantur: neq. n. vna est in ipsis potentia alia animæ.

SOPH. *Atq. id quidem ab aliis separari potest: cætera uero ab hoc non possunt in mortalibus. quod perspicuū est in iis quæ ex terra oriuntur: nulla enim alia inest eis animæ potentia.*

C Et hoc possibile est vt separetur ab aliis rebus: alia autem impossibile est vt separentur ab hoc in rebus mortalibus. Et hoc apparet in vegetabilibus. non est enim in eis nec vna virtus alia ab ista ex virtutibus animæ.

15 Cùm numerauit genera virtutum animæ, incœpit demonstrare ordines istarum virtutum adinuicem & d. Et hoc possibile est vt separetur ab aliis rebus. i. & hoc principium, existens in animato, possibile est vt separetur ab aliis principiis animæ, quæ numerauimus à sensu, s. & motu, & intellectu. D. d. alia autem impossibile est vt separentur ab hoc in rebus mortalibus. i. & impossibile est, vt hoc principium separetur, s. nutritiuum ab aliis principiis animæ. i. sensu, & motu, & intellectu ex rebus, quæ innatæ sunt moueri. † Et dixit hoc, quia corpora cœlestia manifeste videntur intelligere, & moueri, sed nō nutriri, neq; sentiri. & ideo dixit in rebus mortalibus, cum declaratum est hæc non esse mortalia. D. d. Et hoc apparet in vegetabilibus, &c. i. & apparet q hoc principium, quod est nutrimentum

† Corpora cœlestia videns intelligere, & moueri, sed nō nutriri, neq; sentire. vide 1. 2. Cœ. 61. & 37. & 3. de Anima. 61. & 1. cœ. 21. & 2. Met. 14.

Quā autē cœlū appe

tum, & augmentum separatur ab alijs virtutibus animæ in hoc, quod videtur sensui in vegetabilibus. in istis enim nulla virtus videtur ex virtutibus animæ, nisi illa. & innuit contradictionem contra fingentes quod plantæ habent somnum, & vigiliam. D

cat, & stel ligat, vide et in fine primi ca. de substantia orbis.

Viuere quidem igitur propter hoc principium est in omnibus viuentibus. Animal autem propter sensum primum. & nanque quæ non mouentur, neque mutantia locum, habentia autem sensum, animalia dicimus, & non viuere solum.

SOPH. *Ac uiuere quidem ob hoc principium adest omnibus uiuentibus. Animal autem est ob sensum primò. etenim quæ non mouentur, neque mutant locum, sensum tamen habent, ζῷα, idest animalia dicimus, & non ζῆν, idest uiuere, solum.*

Viuere igitur dicitur de omni viuo per hoc principium. Animal autem per sensum. omnia enim, quæ non mouentur, neque mutant locum, sed tantum habent sensum, vocantur animalia, & nõ sumus contenti in dicendo ea viua tantum. E

16 Vult facere differentiam inter hanc virtutem, & virtutem sensus per nomina posita apud eos, & dixit. Viuere igitur, &c. i. dicere igitur aliquid viuere non dicitur in hac lingua. s. græca, nisi de omni, quod viuit per hoc principium, quod est nutrimentum, & augmentum, non per aliud. D. d. Aial autem, &c. i. hoc nomen animal non dr. nisi de eo, quod habet principiũ sensus, inquantum habet hoc principium tñ: licet non habeat principiũ motus in loco. & signum eius est spongia maris, & multa ex habentibus testam, quæ habent sensum, tamen non mouentur, & dicuntur animalia, non tantum viua.

Videtur nõ dici lingua Græca, nisi de oĩ eo quod viuit p principiũ hoc, quod ẽ nutrimẽtum & augmẽtũ. Sed vide oppositũ supra c. ch. 13. Vide contra Zim.

Sensuum autem tactus primo inest omnibus. sicut autem vegetatiuum potest separari à tactu & ab omni sensu, sic & tactus ab alijs sensibus. vegetatiuum autem dicimus partem huiusmodi animæ qua & vegetabilia participant. animalia autem omnia videntur tangendi sensum habentia. F

SOPH. *Ex sensibus autem primò inest omnibus tactus: atque ut nutrimentũ potest separari à tactu & omni sensu, sic tactus à cæteris sensibus. nutritiuum vero eã partem animæ dicimus, cuius etiam plantæ participes sunt. animalia autem omnia uidentur tangendi sensum habere.*

Et primus sensus existens in eis omnibus. est tactus. Et quemadmodum nutrimentum potest separari à tactu, & ab omni sensu, ita tactus potest separari ab aliis sensibus. Et intelligo per nutrimentum partem animæ, in qua habent cõicationem plantæ etiã. Ergo omnia animalia videntur habere sensum tactus.

Et

A Et prima virtus sensus, quæ est prior naturaliter omnibus alijs virtutibus sen-
17 sus, est sensus tactus, quoniam sicut virtus nutritiua pōt separari in plātis à tactu & ab omni virtute sensus, ita tactus potest separari ab alijs sensibus, i. cum fuerit inuentus, non est necesse vt inueniantur alij sensus: &, cùm alij sensus fuerint inuenti, necesse est vt inueniatur tactus. est igitur prior naturaliter alijs sensibus, sicut nutrimentum est prius naturaliter sensu tactus. Deinde dixit Et omnia animalia videntur habere sensum tactus, i. & iste sensus est necessarius omnibus animalibus inter omnes modos sensus. omne enim animal habet sensum tactus, non autem sensum visus, aut alium, sed animal perfectum. & sermo eius est manifestus.

Tactus est prior nat'r alijs sensibus. Vide qua pr ontiate. 2. de Ge. c. 7. & 2. h' com. 77.

Propter quam autem causam vtrūq; horum accidit, posterius dicemus. nunc autem intantum dictum sit solum, quòd anima horum est quæ dicta sunt principium, & his determinata est: vegetatiuo, sensitiuo, intellectiuo, & motu.

Oē a'al hēt sen. tactus vid infra com. 117. & 3. de a'la t. 67. & 68.

SOPH. *Causam autem cur vtrumq; horum eueniat post dicemus: nunc hoc*
B *tātum dictum sit, Animam esse principium eorum quæ diximus, & his definitam esse: nutritiuo, sensitiuo, dianoetico, motu.*

Causa autem, propter quam vtrunq; istorum duorum contingit, dicenda est post. in hoc tantum loco tantum est declaratum, s. q anima est principium istorum, quæ dicimus, s. nutritiui, sensitiui, & distinguentis, & mouentis.

18 Idest, causa autem, propter quam virtus nutritiua videtur separari ab alijs virtutibus, & antecedere eas naturaliter, & similiter tactus cum alijs virtutibus sensus, dicenda est post, scilicet causa finalis. & hoc fecit in fine istius libri. Deinde dixit, in hoc autem loco, &c. idest in hoc autem loco tantum est declaratum, quòd anima diuiditur in hæc quatuor genera, & quòd substantia eius est in istis principijs. alia autem quærenda perscrutatus est post.

Tex. c. vlti mi & penultimi tertij huius

C Vtrum autem vnumquodq; horum est anima, aut pars animæ: & si pars, vtrùm quidem sic, vt sit separabilis ratione solùm, aut & loco, de quibusdam quidem horum nō est difficile videre, quædam autem dubitationem habent.

SOPH. *Vtrum autem vnumquodq; horum sit anima, an pars animæ: & si pars, vtrum ita ùt sit separabilis ratione solum, an etiam loco, de nōnullis non est uidere difficile: de aliquibus est quæstio.*

Vtrum igitur vnaquæq; istarum sit anima, aut pars animæ: &, si est pars animæ, vtrum est pars, secundum q est abstracta in sola intentione, aut in loco etiam: quoniam autem quædam sunt sic, nō est difficile ad sciendum, in quibusdam autem est dubitatio.

19 Cùm declarauit quòd virtutes animæ sunt plures vna, & posuit hoc positione quasi manifesta per se, dixit. Vtrum igitur vnaquæq; istarū, &c.

idest vtrum igitur vnumquodq; istorum principiorum existentium in animali sit anima, aut nõ. &, si est anima, vtrum est anima per se, aut pars animæ: &, si pars animæ, vtrum est pars, & alia in essentia, & in loco in corpore inanimato perscrutandum est. Et intendit per hoc, quod dixit, vtrum est anima, aut pars animę, vtrum est possibile vt vnum istorum sit in animali absque anima: aut impossibile est vt sit in aĩali absq; aĩa, cuius est pars. Et, cùm narrauit hoc, incœpit demonstrare diuersitatem dispositionum eorum in vnoquoq; modo animalium, & d. quoniam autẽ quædam sunt sic, non est difficile, &c. i. quoniam autem istæ virtutes in quibusdam animalibus sunt eædem in subiecto, & alia definitione, non est difficile, in quibusdam autem habet dubitationem difficilem. & similiter vtrũ vnũquodq; istorum principiorum sit in anima, aut nõ, in quibusdam est manifestum, & in quibusdã latet. D

Sicut enim in plantis quædam diuisa videntur viuentia, & separata ab inuicem, tanquam existente in his anima actu quidem vna in vnaquaq; planta, potentia autem pluribus, sic videmus & circa alias differentias animę accidere, vt in entomis decisis: & enim sensum vtraq; partium habet, & motum secundum locum: si autem sensum, & phãtasiam & appetitum. vbi quidem enim sensus est, & tristitia & lętitia est. ubi autem hæc sunt, ex necessitate desiderium est. E.

SOPH. *Vt enim in plantis sunt quæ cum secantur, et pars alia ab alia separatur, uideantur uiuere, ut pote cum anima quæ in eis est una in unaquaq; planta sit, potentia uero plures: sic etiam in aliis animæ differentiis uidemus fieri, ut in iis insectis quæ inciduntur: etenim sensum utraq; partium habet & motum loci. quòd si sensum, & phantasiam etiam & appetitum: ubi enim sensus est, & dolor & uoluptas consequitur: ubi autem hæc sunt, necessario etiam cupiditas.*

Quoniam, sicut plantarum quiddam si abscindantur, viuit, & separatur ab inuicem, quasi anima, quæ est in eo, est eadem in figura in omnibus vegetabilibus, in potentia autem plura: ita accidit aliquo modo animæ in animalibus annulosis, quando abscinduntur. Quoniam utraq; pars habet sensum, & motum in loco, & omne habens sensum habet desyderium, & imaginationem. vbi. n. inuenitur sensus, illic inuenitur voluptas. &, cùm ista inueniuntur, inuenitur necessario appetitus. F

10 Cùm narrauit quòd non est difficile in pluribus animalibus declarare quòd istæ virtutes sint eædem in subiecto, & plures in intentione, incœpit demonstrare hoc, & dixit, quoniam, sicut plantarum quiddam si abscindatur, &c. idest, & quemadmodum videmus quòd quædam plantarum, licet diuidantur, viuunt partes, postquam separentur ab inuicem, vi-

ta pro-

A ta propria plantis: ita quòd anima, quæ est in illo vegetabili, quasi sit in forma vna in actu in illo vegetabili, & plures in potentia, idest, quòd potest diuidi in animas, quæ sunt eædem in forma cum anima existente in eo: ita est in aliquo modo animaliũ, scilicet annuloso, scilicet quòd postquam abscinduntur, faciunt partes de actionibus vitę, illud, quod faciebat illud animal. Et, cùm narrauit quòd, postquam diuiditur iste modus habet partes omnes actiones, quas totum habebat, incœpit declarare quomodo hoc apparet in omnibus. Potest enim aliquis dicere ꝙ pars non habet ex actionibus totius in hoc animali, quod * dixistis, nisi sensum, & motum tantum, non alias partes animæ, quæ est imaginatio, & concupiscentia. Et dixit. Quoniam vtraque pars habet, &c. idest, & diximus ꝙ oẽs virtutes aĩę in hoc animali videntur eædem esse in subiecto, quia sentimus quòd vtraque pars, postquam diuiditur, habet sensum, & motum in loco: & omne habens sensum, & motum necesse est vt habeat desyderiũ, & imaginationem. quoniam, vbi existit sensus, illic necesse est vt existat voluptas & tristitia apud comprehensionem rei sensibilis: &, cùm illic vo- B luptas, & tristitia fuerint, illic erit necessario motus ad illud voluptuosum. & motus à contristante, & illud, ad quod est motus, non est in actu delectabile, aut contristans: vnde necesse est vt sit imaginatum, & desyderatum. * In omni igitur parte istius animalis existit anima sensibilis, & desyderatiua, & imaginatiua, & mouens in loco. quoniam, quando motus in loco fuerit propter voluptatem, & tristitiam, necessario erunt duæ virtutes illic. Sed tamen debes scire quod in quibusdam animalibus virtus imaginatiua semper est coniuncta cum sensu: non quando sensatum est absens, & animal est diminutum. in eis autem, quæ sunt perfecta, inuenitur in absentia sensatorum.

Idẽ 7. me. cõ. 56. & 1 d Ala. 94

* a. l. dixit de isto-

Oẽ hñs sẽsũ, & motum, oportet vt hẽat imaginationẽ, & d syderium. vide pro hoc. 3. de ala. 50.

illud, ad quod est motus, nõ est actu delectabile, aut contristans. vide p hoc. 3. de ala. t. c. 54.

De intellectu autem & perspectiua potentia nihil adhuc manifestum est: sed videtur genus alterum animæ esse, & hoc solum C contingere separari sicut perpetuum à corruptibili.

SOPH. *De intellectu uero & contemplatiua potentia nondum quidquam est manifestum, sed uidetur anima genus diuersum esse, idq; solum pos- se separari, quemadmodum æternum à corruptibili.*

* a. l. pte.

Intellectus autem, vt virtus speculatiua, nihil adhuc declaratũ est de eis. sed tamen videtur esse aliud genus animæ: & iste solus potest abstrahi, sicut sempiternum abstrahitur à corruptibili.

21 Cùm dixit quòd quærendum est in vnoquoq; istorum principiorum vtrum sit anima, aut non, incœpit declarare virtutem, quæ non videtur esse anima, sed manifestius est de ea vt sit non anima. Et dixit. Intellectus autem, & virtus speculatiua, &c. idest intellectus autem in actu, & virtus, quæ perficitur per intellectum in actu, adhuc non est declaratum vtrum sit anima, aut non, sicut est declaratum de aliis p̃cipiis: cùm ista vir

* In oĩ pte alaĩ sensibilis reptĩ ala sensibilis, desyderatiua, & imaginatiua. vid op posit. 156. vbi hr ꝙ aliqua carẽt imaginatiua. Vide cont. tim.

Ol. quo manifestatur, aut manifestabit quod percit, secundum formae perficiuntur per materias, necessario est anima.

tus non videatur uti in sua actione instrumento corporali, sicut aliae virtutes animae utuntur. Et ideo non fuit manifestum ex praedicto sermone verum sit perfectio, aut non. * omne enim, in quo manifestatur, aut manifestabitur quod perficitur, secundum quod formae perficiuntur per materias, necessario est anima. Et, cùm declarauit quod hoc latet in intellectu, incoepit demonstrare quae pars duarum contradictoriarum in hac intentione quaerenda est magis manifesta in opinione hominum, & secundum quod apparet, donec hoc declaretur ratione demonstratiua post, & dicit, sed tamen videtur esse aliud genus animae, &c. idest, sed tamē melius est dicere, & magis videtur esse verum post perscrutationem, ut istud sit aliud genus animae. & si dicatur anima, erit secundum aequiuocationem. &, si dispositio intellectus sit talis, necesse est ut ille solus inter omnes virtutes animae sit possibilis ut abstrahatur à corpore, & non corrumpatur per suam corruptionem, quemadmodum sempiternum abstrahitur. & hoc erit, cū quandoq; copulatur cum illo, & quandoq; non copulatur cum illo. D

Magis videtur verū ut intellectus sit aliud genus animae & si dicatur anima, erit secundum aequiuocationem. Idē 3. huius cō. 5.

Reliquae autem partes animae manifestum ex his quòd non separabiles sunt, sicut quidam dicunt: ratione autem quòd alterae manifestum: sensitiuo enim esse & opinatiuo, alterum: siquidem & sentire ab ipso opinari. similiter autem & aliorum unūquodq; quae dicta sunt. E

SOPH. *Caeteras autem partes animae ex his perspicuum est non esse separabiles, ut nonnulli dicunt: quas tamē diuersas esse ratione perspicuum est: sensitiuo enim esse, & opinatiuo, diuersum est. si quidem sentire & opinari: itémq; caeterorum quae diximus unum quodq;.*

Aliae vero partes animae manifestum est quod sunt non abstractae, sicut dicunt quidam, sed tamen manifestum est quod sunt diuersae secundum intentionem. Esse enim alicuius in sensu aliud est à suo esse in cogitatione. sentire enim aliud est à cogitare, & similiter de unaquaq; aliarum praedictarum. F

22 Cùm declarauit quòd latet de intellectu utrum sit abstractus, aut non, quamuis manifestius est ut sit abstractus secundum quòd est non anima, incoepit declarare quòd contrarium est in alijs partibus animae, & quòd videntur esse non abstractae, & dicit. Aliae vero partes animae, &c. idest, manifestum est ex sermonibus praedictis in definitione animae, quòd aliae partes animae, non sunt abstractae declaratum est enim in unaquaque earum quòd est perfectio corporis naturalis organici. perfectio enim est finis, & complementum perfecti: finis autem non separatur à finito: unde necesse est ut illae partes animae sint non abstractae. Et, cùm declarauit quòd dubium est de quibusdam harum virtutum, utrum sint abstractae, aut nō, & quòd in quibusdam manifestum est quòd sunt non abstractae, incoepit demonstrare quòd est illud, quod manifeste videtur existere in

Finis nō separat a finito.

omni-

A omnibus,& est illud, quod hæc quatuor genera sunt diuersa secundum intentionem,& dicit,sed tamen manifestum est quòd sunt diuersæ secundum intentionem,&c.idest,sed tamen manifestum est per se quòd omnes istæ virtutes sunt diuersæ secundum intentionem,& sensum: & quòd esse virtutis, quæ constituitur per sensum, aliud est ab esse virtutis, quæ constituitur per cogitationem: cùm actio cuiuslibet istarum sit altera ab actione sui comparis. sentire enim, quod ē actio virtutis sensus, aliud est ab intelligere, quod est actio virtutis intellectus. Deinde dicit & cuiuslibet aliarum prædictarum, idest, & similiter apparet in diuersitate aliarum virtutum prędictarum in intentione, & definitione, quia differunt etiam in actionibus. Sentire est actio opp. .j.12. Vide com. Zim.

Adhuc autem quibusdam quidem animalium omnia insunt hæc: quibusdam vero quædam horum: alteris autem vnum solū. hoc autem facit differentiam animalium. propter quam autem causam sit factum, posterius intendendum est. Similiter autem &
B circa sensus accidit. alia quidem enim habent omnes, alia vero * quosdam, quædam vero vnum maxime necessarium, tactum.

SOPH. *Præterea autem nonnullis animalibus adsunt omnes hæ: in quibusdā nonnulla: in aliis una duntaxat. quæ res facit differentiam animaliū. de causa vero post considerabimus. simile quiddam in sensibus euenit: quædam enim habent omnes: quædam nonnullos: quædam unum qui maxime necessarius est, tactum.* *al. l. pauciores.

Quoniam autem quædam animalia habent omnia ista, & quædam vnum tantum, & ꝙ hoc facit diuersitatem inter animalia, & quare perscrutandum est post. Et simile huic contingit in sensib⁹. quædam enim habent omnes sensus, & quędam quosdam, & quędam vnum. & est vnum, quod est valde necessarium. s. tactus.

23
C Quoniam autem quædam animalia habent illas quatuor virtutes, & quædam habent quasdam illarum virtutum, & quædam habent vnam tantum, & qui modi sint isti modi animalium, & quòd hoc inducit diuersitatem inter animalia, & qua de causa inducuntur hæc in animalibus, dicendum est post. Hoc enim quod accidit animalibus in quatuor virtutibus animæ, quas numerauimus, simile accidit animalibus in virtutibus sensus tantum. quædam enim animalia habent quinque virtutes sensus, & quędam quasdam tantum, vt talpa: & quædam vnum. s. tactum, vt * spongia maris. & sermo eius in hoc capitulo est manifestus per se. 3. de aīa a te. co. 59. vsq; in finem. * Spongia maris hēt vnū sensū s. tactū. vi. supra c. 16. & 1. de aīa. 83.

Quoniam autem quo viuimus, & sentimus dupliciter dicitur, sicut quo scimus: dicimus autem hoc quidem scientiam, illud autē animam: vtroque enim horum dicimus scire, similiter & quo sanamur, aliud quidem sanitas est, aliud autem parte quadam corporis

ris aut & toto. horum autem scientiaq; & sanitas forma & species D
quædam & ratio & vt actus susceptiuorum, hæc quidem scientifici, illa vero sanabilis. videtur enim in patiente & disposito actiuorum inesse actus, anima autem hoc quo viuimus & sentimus & mouemur & intelligimus primo. Quare ratio vtiq; quędam erit & species, sed non vt materia & subiectum.

SOPH. *Quoniam autem id quo uiuimus & sentimus duobus modis dicitur, quemadmodum id quo scimus: horum autem unum dicimus scientiam, alterum animam: nam utroq; eorum scire dicimus. similiter etiã id quo sani sumus, tum sanitate, tum parte aliqua corporis, uel etiam toto: horum autem scientia quidem & sanitas forma est et species quædam, & ratio, & uelnti actus receptiuorum, illa quidem eius quod scire, hæc uero eius quod sanari potest: uidetur enim in eo quod patitur, atq; afficitur effectiuorum inesse actus, Anima uero id est quo uiui-* E
mus & sentimus & διανοούμεθα primò, profecto anima ratio quædam erit & species, non autem ut materia & subiectum.

Et, quia illud, per quod viuimus, & sentimus, dicitur duobus modis: & similiter dicimus in re, per quam scitur. quorum vnus est scientia, & alius anima: quoniam per vtrumque istorum dicimus quòd scimus. & similiter dicimus in re, per quam sanatur, quòd vna est sanitas, & alia est aliquod membrum corporis, aut totum corpus. & scientia est ex istis. & sanitas est aliqua forma, & intentio in actu in illis duobus recipientibus: quorum hoc recipit sciẽtiam, & hoc recipit sanitatem. existimatur enim quòd F
actio agentium, non est nisi in recipiente passionem, & dispositionem. anima autem est illud, per quod primo viuimus, & sentim⁹, & distinguimus: necesse est ergo vt sit aliqua intentio, & forma, non quasi materia, & quasi subiectum.

Modo reuersus est ad declarandum ꝙ anima est substantia sola secun-
24 dum formam, non fm materiam, neq; fm compositum ex eis, s. corpus. Et d. Et, quia illud, per quod viuimus, & sentimus, &c. i. &, quia manifestũ est per se ꝙ actio nutrimenti, & sensus, & scientiæ, & aliarum virtutũ animæ attribuitur nobis per duo: quorum vnum est per ipsam virtutem, & aliud per habens illam virtutem. v. g. ꝙ sensus attribuitur nobis p sensum & per visum sentiens, quandoq; n. dicimus ꝙ videmus per visum, & qñq; per oculum. & similiter in sciã qñq; dicimus ꝙ scimus per scientiam, &
V. t. c. 8 ala 65. & t. c. 8 ala. prio. quandoque per animam: quæ est virtus habens scientiam. & similiter est de omnibus virtutibus animatis. verbi gratia ꝙ dicimus qñq; ꝙ sumus

sani

A sani sanitate, & qñq; per corpus sanum, aut per membrum sanum. Et, cũ posuit hanc propositionem pro manifesta per se, & inductionem, incœpit ponere aliam propositionem, & d. & scia est ex istis, &c. idest & apparet per vnum istorum duorum modorum, quod est quasi scientia de anima, & sanitas de corpore, ꝙ vnum est forma, & aliud est materia. forma enim est ex istis, & est intentio, quæ inuenitur in duobus recipiẽtibus ea, s. in sapiente scientiam, & recipiente sanitatem. vnde necesse est vt omnis actio attributa alicui enti propter aliqua duo existentia in eo, vt vnum eorum sit materia, & aliud forma. sed dimisit hanc conclusionem: quia bene apparebat ex his, quæ posuit. D. d. existimatur enim ꝙ actio agẽtium, &c. idest & diximus ꝙ vnum eorum duorum est forma: & est illud, quod est quasi scientia, & sanitas: quia sanitas, & sciẽtia, & similia sunt actiones agẽtis, i. dantis sanitatem, & largientis: & actio agẽtis est illud, quod existit in recipiente, & est forma. vnde necesse est vt scientia sit existens quasi forma, & anima quasi materia. Et, cùm declarauit ꝙ omnis actio attributa

B alicui enti propter aliqua duo, necesse est vt alterum eorum sit materia, & alterum forma: & fuerit manifestum ꝙ propter formam attribui actio enti primitus: & ꝙ actiones istæ animæ videntur attribui corpori, & animæ, sed primo animæ, secundo corpori: concluditur ex hoc ꝙ anima est forma, & corpus materia. Et d. anima autem est illud, per quod primo viuimus, &c. sed non propalauit nisi quasdam istarum propositionũ, & dimisit quasdam, quia erant manifestæ. & syllogismus sic cõponitur. Actiones animati attribuuntur corpori, & animæ insimul: & omnis actio, quæ attribuitur alicui enti propter aliqua duo, necesse est vt vnum eorum tantum sit materia, & aliud forma: ergo alterum istorum duorum, s. corporis, & animæ est forma, & alterũ materia. Et, cùm coniunxerimus* huic ꝙ pp formam attribuitur actio primitus enti, & ꝙ ista conuertitur: & cũ coniunxerimus suæ conuersæ ꝙ actio attribuitur animato per animam primitus: concludetur ex hoc ꝙ anima est forma, & corpus materia.

Propter formã attribuitur actio enti primitus. Idẽ. 1. Ph. 17. & 5. Ph. 1. & 9. Meta. 10. & 1. de Gener. 51. Oĩs actio, q̃ attribuitur alicui enti pp aliqua duo, necesse est vt vnũ eorũ tñ sit mã, & a'lid forma. Idẽ 3. de Aĩa cõ. 36. * Dubiũ ẽ pp c. 3. primi de Aĩa vbi ponit actionẽ attribui aĩæ pp corp°. Vide cõm. 2lm.

C Tripliciter enim dicta substantia, sicut diximus: quarum hæc quidem species: illud autem materia: aliud autem ex vtrisq;. horũ autem materia quidem, potentia, species autem, actus: postea ex vtrisq; animatũ: non corpus est actus aĩæ, sed ipsa corpis cuiusdã.

NOV TR. *Cum enim tribus modis substantia dicatur, ut diximus: quorũ aliud est species, aliud materia, aliud id quod ex utrisq; constat: atq; horum quidem materia est potentia, species autem actus: cum id quod ex ambobus constat animatum sit, profecto corpus non est actus animæ, sed ipsa corporis cuiusdam.*

Qm̃ autem substantia dicitur tribus modis, sicut diximus, materia, s. & forma, & compositũ ex eis: & materia istorum est potentia, & forma est endelechia, & quod fit ex eis, est animatum: tunc

89 corpus nõ est perfectio aĩæ: sed aĩa perfectio alicuius corporis.

Ista

25 Ista est aliâ declaratio à prædictis q anima est substantia sm formam, non sm materiam. sed, quia ista declaratio dat causam, & esse, prima autẽ dat tantum esse, induxit eam quasi causam sermonis prædicti, & dixit, &, quia iam prædiximus q substantia dicit tribus modis, materiã, & forma, & compositum ex eis: & esse materiæ est in potẽtia, & esse formæ est endelechia, & actu: & compositum ex anima & corpore est animatum, & per alterum eorum est in potentia animatum, & per alterum in actu: manifestum est q anima est endelechia corporis, nõ corpus animæ. est enim animatum in actu per animam: & quod est in actu debet esse endelechia ei⁹, quod est in potentia, & non econuerso. Et hoc intendebat, cùm dixit & quod fit ex eis est animatum. i. & quod fit ex eis est animatum in actu per animam, & in potentia per corpus, necesse est vt corpus nõ sit endelechia animæ, sed anima corporis. D

Quæ sit de mfo; dans cam, & ec. vid. 2. Co. 31. & prio Phy. 2.

Et propter hoc bene opinantur quibus videtur neq sine corpore esse, neq corpus aliquod anima. corpus quidẽ enim non est: corporis autem aliquid est. & propter hoc in corpore est, & corpore huiusmodi: & non sicut priores ad corpus aptabãt ipsam nihil diffinientes in quo & quali. & vere cùm nõ videatur accipere quodlibet contingens. sic autem fit & secundum rationẽ: vniuscuiusq enim actus in potentia existente, & in propria materia aptus nat⁹ est fieri. Quod quidem igitur actus est quidam & ratio potẽtiam habentis esse huiusmodi, manifestum ex his. E

SOPH. *Quamobrem probè censent ii quibus uidetur neq, sine corpore esse, neq, corpus aliquod anima: corpus enim non est, sed corporis aliquid: & propterea inest in corpore, & in corpore tali. & non quemadmodum superiores in corpus eam coniiciebãt, nulla præterea addita distinctione, in quonam illo, & quali: præsertim cum non uideatur quodlibet recipere quodlibet. hoc autem pacto res ratione procedit: uniuscuiusq, enim actus in eo quod est potentia, & in sua ac idonea materia, natura comparatum est ut fiat. Animam ergo actum esse quendam & rationem eius quod habet potentiam ut tale sit, ex his perspicuum est.* F

Et propter hoc bene existimauerunt dicentes q anima non est extra corpus, neq est corpus. corpus autem non est, sed est perfectio corporis. Et propter hoc est in corpore, & in tali corpore. non sicut fecerunt Antiqui in ponendo eam in corpore absq determinatione illius corporis, q corpus sit, & cuiusmodi. & hoc licet nõ quodcunq recipiat quamcunq.

26 Et propter hoc, quod apparuit de anima, quod est endelechia corporis naturalis, recte dixerunt opinantes q anima nõ est extra corpus, neq; est corpus. endelechia enim talis est, s. vt sit in corpore, & quòd nõ sit corpus.

corpus

A corpus enim non perficitur per corpus, cum corpus nõ sit innatum, vt sit in subiecto. Et hoc intendebat, cùm dixit, corpus autem non est, sed est perfectio corporis. q̃m autem est corpus, s̃m quod est perfectio non ẽ possibile, sed existit in corpore. D.d. Et propter hoc est in corpore, &c. idest & ex hoc modo, quem dedimus in substãtia animæ, possibile est dare causam, propter quam aĩa existit in corpore, & corpus recipiens eam est tale, non ex illo modo, quem dederunt Antiqui in substantia animæ, cum dixerunt ꝙ est corpus, & ꝙ intrat aliud corpus, & nõ determinauerunt quæ natura est, natura illius corporis, & quare habuit proprium, vt esset anima tiam absq; alijs corporibus, & ex quo modo fuit consimilitudo inter hæc duo corpora, s. ꝙ vnum recipit alterum, cũ non quodcunq; recipit quodcunq;. Necesse est enim istis hominibus dare causam, propter quam hoc corpus recipit illud corpus, quod est anima. & necesse est eis dicere, quare hoc corpus, quod est anima, existit proprie in hoc corpore, & non in alijs.

Corp⁹ nõ p̃ficit̃ per corpus, cũ nõ sit innatum ei in subiecto.

De hoc vide .1. de Aĩa. 71.

Et hoc intendebat, cùm d. absq; determinatione illius corporis, ꝙ corpus
B sit, scilicet receptum, & cuiusmodi, s. recipiens. Et d. hoc, quia definitiones demonstratiuæ innatæ sunt dare causas omnium, quæ videntur in definito. & si definitio non erit talis, non erit definitio.

Definitiões demõstratiuæ innatæ sunt dare causas omnium, quæ vĩr in definito. Idẽ 4. ph. 31. et 1. de Aĩa. 11. & 4. Cœ. 1.

SVMMA SECVNDA.

De Animæ potentijs, earum ordine, ac quo pacto definiri debeant.

Potentiarum autem animæ, quæ dictę sunt, alijs quidẽ insunt omnes, alijs vero quædam harum, quibusdam vero vna sola. potẽtias vero dicimus, vegetatiuum, sensitiuum, appetitiuũ, motiuum s̃m locum, intellectiuũ. Inest autem plantis vegetatiuum solum: alteris autem hoc, & sensitiuum: si autem sensitiuum & appetitiuum: appetitus quidem enim desiderium, & ira, & voluntas sunt: Animalia autem omnia habent vnum sensuum, tactum. cui autẽ sensus inest, huic
C & letitia & tristitia, & dulce, & triste: quibus aũt hęc, & concupiscentia: delectabilis enim appetitus hæc.

SOPH. *Potentiæ porrò animæ quas commemorauimus, in aliis insunt omnes: in alijs nonnullæ earum: in aliquibus una duntaxat. potentias autẽ diximus, nutritiuum, sensitiuum, appetitiuum, motiuum motu loci, dianoeticum. ac plantis quidem adest tantummodo nutritiuum: aliis autẽ, tum hoc, tum etiam sensitiuum: quòd si sensitiuum, & appetitiuum etiam: appetitus enim cupiditas est, & ira & uoluntas: cuncta autem animalia unum habent ex sensibus, tactum. cui autẽ sensus inest huic & uoluptas & dolor, & iucundum & molestum: in quibus autẽ hæc insunt, & cupiditas inest: hæc enim est appetitus iucundi.*

Istæ autem virtutes animæ, quas diximus, inueniuntur in qui D
busdam animalibus omnes, sicut diximus, & in quibusdam quędam, & in singularibus, i. in paucis inuenitur vna. Et appellamus
virtutes, nutritiuam, & sensibilem, & desyderatiuam, & mouentem in loco, & distinguentem. Et istarum in plantis est sola nutritiua: in aliis vero est ista, & sensibilis, & desyderatiua. desyderium
enim est appetitus, & ira, & voluptas. Et omnia animalia habent
saltem vnum sensum, s. tactum: & omne habens sensum habet vo
luptatem, & tristitiam. & omne habens istas habet appetitum. ap
petitus enim est desyderium voluptatis.

27 Cùm voluit incipere loqui de vnaquaq; virtutum animæ, incœpit pri
mo numerare eas esse, & q̃ quædam animalia habent proprie quasdam
earum, sm̃ q̃ artifex ponit subiectũ suæ artis. Artifex enim necesse est vt
ponat subiectum, de quo loquitur, & diuidit genera eis quasi manifesta E
in esse. artifex enim non potest demonstrare subiectum suę artis, neq; spe
cies illius subiecti. & quod dixit in hoc capitulo, est manifestum. Et hoc,
quod dixit in singularibus, intendit & in paucis, idest & in paucis animalibus existit vna virtus sensuum, s. tactus. D. d. Et appellam⁹ virtutes, &c.
idest, & cum dixerimus virtutes, intelligenda est virtus nutritiua, & sensi
bilis. Et intendit per nutritiuam omnia principia, quæ agunt in nutrimento: & sunt tria, s. nutrimentum, & augmentum, & diminutio. Et intendit per desyderium appetitum ad cibum. & ideo separauit ipsum à mo
uente in loco, & posuit ipsum genus per se: cùm ista virtus inueniatur in
animalibus, quæ non mouentur. & intelligit per distinguentē intelligentem. D. d. & istarum in plantis, &c. i. in plantis autem inuenitur sola nutritiua. in animalibus vero sensus, qui est tactus, & desyderium, quod est
desyderium nutrimenti. & hoc est cõe omnibus. D. d. desyderium enim
est appetitus & ira, & voluptas, i. & intendimus per desyderium appetitũ.
desyderium enim dicitur de appetitu, & de ira, & voluptate, & vniuersaliter de pluribus. Et voluit declarare q̃ appetitus existit in omni animali F
habenti sensum: quia hoc nõ fuit manifestum sensui. & d. & omne habẽs
sensum habet voluptatem. & sermo eius in hoc cap. est manifestus.

Artifex nõ pt demrare subm suæ artis, neq; spēm illi⁹ subi. Instãtia ē de subio lib. elēchorum, & de igne 4. Cœ. c. 12. Sed 1. phy. cõ. vlt. & 2. phy. 22. & 26. & 12. Me. c. 5. & 6. Met. c. 1. idē sentit, qd' sentit hic. vide cõ. Zim.

Adhuc autem alimenti sensum habent: tactus enim alimẽti sen
sus: siccis enim & humidis & calidis & frigidis aluntur omnia vi
uentia: horum autem sensus tactus: sed aliorum sensibilium secun
dum accidens: nihil enim in alimentum confert sonus, neq; color,
neq; odoratus. humor autem vnum aliquod est tangibilium. Exu
ries aũt & sitis concupiscentia. & exuries quidē calidi & sicci:
sitis aũt frigidi & humidi. sapor vero vt delectamentũ horũ est.

107 H. *Praterea vero sensum habent alimenti: nam tactus, sensus est alimenti: cuncta enim viuentia siccis aluntur & humidis & calidis &
frigidis:*

A *frigidis: quorum sensus, tactus est: caeterorum autem sensibilium per accidens: nihil enim ad alimentum confert sonus, nec color, nec odor: sapor autem unum quoddam est de tangilibus: fames uero & sitis cupiditas est: at fames quidem calidi & sicci: sitis uero frigidi & humidi: porrò sapor est ueluti quoddam eorum condimentum.*

Et etiam habet sensum nutrimẽti. qm̃ distinctio cibi est sensus. Omne enim viuum non nutritur, nisi per siccum, & humidum, calidum, & frigidum. & tactus sentit ista. sentiens autem alia sensibilia est secundum accidens in cibo: quoniam non iuuatur aliquid in cibo per vocem, nec per colorem, neq; per odorem. sapor autem est vnum tangibilium. fames autem, & sitis est appetitus. Fames autem calidi, & sicci: Sitis vero frigidi, & humidi: Sapor autem est quasi causa istorum.

28 B Cùm posuit ꝙ omne animal habet sensum tactus, & desyderiũ ad nutrimentum, & in declarando hoc non sufficit inductio, incœpit declarare hoc ratione, & d. & etiam habet sensum nutrimenti, i. & etiam necesse est vt omne animal habeat sensum, per quem comprehendat conueniens, & inconueniens ex nutrimentis: vt expellat nocumentum, & attrahat iuuatiuum. Et hoc fuit, quia nutrimentum eius non existit in potentia in pluribus rebus, sicut est in plantis. & ideo plantæ non indigent sensu, quo distinguant cibum. Et iste locus indiget magna consyderatione. Et, cũ narrauit ꝙ necesse est ꝙ omne animal habeat sensum, quo distinguat cibũ, incœpit declarare quis sensus est iste sensus, qui est necessarius in distinguendo cibum, & d. Omne enim viuum non nutritur, &c. i. &, quia omne viuum non nutritur nisi per siccum, & humidum, calidum, & frigidum: cum nutrimentum est loco eius, quod dissoluitur ex elementis, ex quib9 componitur: necesse est vt sensus nutrimenti sit sensus, qui innatus est cõprehẽdere has qualitates: & iste sensus est tactus. Et quasi dicat, oẽ viuum C non nutritur, nisi per siccum, & humidum, & calidum, & frigidũ: & sensus tactus est illud, quod sentit ista: necesse est vt tactus sit sentiẽs, quod distinguit cibum. omne igitur animal habet tactum necessario. D. d. Sentiens autem alia sensibilia, &c. i. sensus autem comprehendentes alia sensibilia, accidentaliter sentiunt cibum, i. non sunt necessarij in distinguẽdo cibum, sm̃ ꝙ est cibus, cùm accidentaliter sentiant cibum: sensibilia enim eorum non sunt in cibo, sm̃ ꝙ est cibus & hoc intendebat, cùm d. qm̃ non est in cibo, &c. i. secundum ꝙ est cibus. D. d. sapor autem est vnum tangibilium. i. sapor autem, si existit in cibo, sm̃ ꝙ est cibus, est vnus modorũ rerum tangibilium. & sensus gustus est aliquis tactus. Et propter hoc, qd̃ d. opinandum est ꝙ iste sensus existit etiam in omni animali, sicut sensus tactus, cum sit quasi species eius: & post declarabitur qualiter est in rei veritate. Et, cùm narrauit ꝙ frigidum, & calidum, & humidum, & siccum existunt in cibo, sm̃ ꝙ est cibus, & sapor existit in eo secundũ ꝙ est cibus; incœpit

Vide 3. de An. 61. & 12. Met. 36 ad qd de-u sint sensus. Vide infra 3. co. 114. & ibi Tho.

Sensus gustus est aliquis tact9. Vide infra co. 94.

incæpit declarare modum, fm quem existit quodlibet istorum in cibo, & D
d. fames autem, & sitis, &c. i. & si sapor existit in cibo, in eo ꝙ est cibus, tñ
primæ qualitates existunt in eo primo, & essentialiter. Et signum ei⁹ est
ꝙ, cùm desyderat cibum animal, non desyderat nisi calidum, & frigidũ,
& humidum, & siccum. Fames enim est appetitus calidi & sicci: & sitis frigidi & humidi. & non desyderat dulce, neq; amarum. Sapor autem est cõ
iunctus cum istis qualitatibus. Et hoc intendebat, cùm dixit. Sapor autẽ
est quasi causa istorum. i. causa, ꝙ animal sentit conueniens ex illis, & nõ
conueniens. Et non intendebat hic p causam, causam in esse: primæ enim
qualitates sunt causa saporis. Et forte intelligit ꝙ sapor est causa, pp quã
animal vtitur cibo, propter delectationem coniunctam cum ea.

Certificandum autem de his posterius est: nunc autem in tantum dictum sit, ꝙ animalibus habentibus tactum & appetitus in
sit: de phantasia autem immanifestum, posterius autem intenden
dum est. Quibusdam vero adhuc inest & secundum locum mo- E
tiuum: alteris autẽ intellectiuum & intellectus, vt hominibus, &
si aliquod alterum huiusmodi est, aut & honorabilius.

80 PH. *Sed de iis postea dilucidius agendum est: nunc hoc tantum dictum
sit, quod animalibus habentibus tactum, appetitus quoq; inest: de phan
tasia autem non patet, sed post considerandum est. quibusdam autem
præter hæc, inest etiam motiuum motu loci: aliis autem & dianoeticũ
& intellectus, ut hominibus, & siquid extat eius generis aliud, uel
etiam nobilius.*

Et hoc declarandum est post: in hoc autem loco cõtenti sumus
hac determinatione, & est ꝙ omne viuum, habens tactum, habet
desyderium. De imaginatione autem latet, & quærendũ est post.
Et ponamus cum hoc mouẽs in loco etiam: & in alijs distinguẽs,
& intellẽs, vt in hoĩbus, & in alijs rebus, si fuerint sic, aut meliores. F

29 Quia vult ponere hic numerum istarum virtutũ, fm ꝙ artifex ponit
subiecta suæ artis, non vult ponere, nisi illud, quod manifestum est per se,
& dimittit alia, quæ non sunt manifesta, quousq; perscrutetur de eis. Et
ideo d. Et hoc declarandum est post. In hoc aũt loco contenti sumus hac
determinatione, idest quæ est manifesta per se, aut ferè, s. ꝙ omne animal
carens tactu, caret desyderio. hoc enim est manifestũ per se. Deinde nar
rauit ꝙ hoc latet de imaginatione, & d. De imaginatione autẽ latet. idest
vtrum imaginatio existit in omni habente sensum tactus, aut non. D. d.
Et ponamus cum hoc mouens in loco. i. & ponamus pro manifesto ꝙ oẽ
motum in loco est imaginans. Et potest intelligi & ponamus in numero istarum virtutum, quæ manifestæ videntur, & differũt in definitione,
& essentia virtutem mouentem in loco. & intendit virtutem concupiscibilem. D d. & in alijs distinguens, & intellectus. idest & ponamus etiam

pro

A pro manifesto ꝙ virtus cogitatiua, & intellectus existit in alijs modis animalium, quæ non sunt homines, & ꝙ proprie sunt in aliquo genere, vt in hominibus, aut in alio genere, si demonstratio surgat ꝙ alia sunt huiusmodi, & hoc erit, si fuerint æquales hominibus, aut meliores eis.

Manifestum igitur est quoniam eodem modo vna vtiq; erit ratio animæ, & figuræ: neq; enim ibi figura est præter triangulum & figuras quæ consequenter sunt, neq; hic anima, præter prædictas est. fiet autem vtiq; & in figuris ratio cõis, quæ conuenit quidẽ omnibus, propria autem nullius erit figuræ. similiter autem & in dictis animabus. vnde ridiculum est quærere cõem rationẽ in his, & in alteris, quæ nullius erit eorum quæ sunt propria ratio, neq; secundum propriã & indiuiduam speciem, dimittentes huiusmodi.

SOPH. *Perspicuum igitur est perinde vnam esse animæ rationem, atq; figuræ: neq; enim illic figura vlla est præter triangulum, & eas quæ deinceps sunt: neq; hic anima vlla præter eas quæ dictæ sunt. fieri tamen poterit,*
B *& in figuris ratio communis, quæ omnibus quidem congruat, propria autem nullius sit figuræ: similiter etiam in dictis animabus. Idcirco ridiculum est & in his & in cæteris communem quærere rationẽ, quæ nullius eorum quæ sunt erit propria ratio, neq; ex propria & indiuidua specie, hac tali prætermissa ratione.*

Dicamus igitur ꝙ manifestum est ꝙ ex via vnius exempli eadem erit definitio animæ, & figuræ. non enim est illic perfectio extra virtutes prædictas: sed possibile est in figuris etiam vt sit definitio vniuersalis conueniens omnibus figuris, & non sit propria alicui earum. & similiter ex omnibus prædictis. Et ideo qui quæsierit in istis, & in alijs sermonem vniuersalem, qui nõ est, neq; est
C proprius alicui ex omnibus, neq; est secundum modum hunc cõuenientem, qui non diuiditur, & dimiserit talem sermonem, rectum est vt derideatur.

30 Cum genera accepta in definitionibus, aut sunt vniuoca, vt animal in definitione hominis, aut dicta multipliciter, vt †ens, & potentia, & actus; incœpit declarare cuiusmodi sit genus acceptum in definitione animæ, & d. non est æquiuocum, neq; vniuocum. Et d. dicamus igitur ꝙ manifestũ est, &c. i. dicamus ꝙ manifestum est ex exemplo ꝙ illud, quod dat definitio animæ vlis ex intentione cõi omnibus partibus animæ est simile illi, quod dat definitio figuræ vniuersalis omnibus figuris. manifestum est. n. per se ꝙ sicut nulla perfectio est alicuius partis animæ extra perfectionem vlem, quam accepimus in definitione omnium virtutum: & si istæ virtutes sint diuersæ in intentione propria vnicuiq; earum: ita non est hic figura aliqua extra definitionem figuræ vniuersalis: licet figuræ differant ab-

†Ens, potẽtia, & act' sunt multiplr dcã. Idẽ, 1, Phy. 15. & 4. Me cã. 2. 5. Me cõ. 14. 7. Me. 15. 12. Me. 11. 12.

Genera accepta i definitiõib' aut sũt vniuoca, aut sunt multiplr dicta Cõsilis hic. 4. Me. c. 2 & 5. Met. c. 4 & 1. T Ala c. 7. et 5. de A'a cõ. 4. & 3 Phy. cõ. 4.

inuicem

inuicem in terminis proprijs. quædam enim est rotunda, & quædam recta, & quædam composita ex vtroq;. Et hoc exemplum est valde simile definitioni animæ. non.n. est ex definitionibus æquiuocorum nominũ. quoniã, si ita est, tunc Geometria esset sophistica, neque esset ex generibus, quæ dicuntur vniuoce. qm̃, si ita esset, tunc necesse esset vt alterum duorum foret, aut vt sit hic vna virtus in definitione, & in nomine, in qua communicent omnes virtutes quas numerauimus: quemadmodum modi animalium conueniunt in definitione animalitatis simplicis: aut vt omnes virtutes animæ sint eædem in definitione, & essentia. Et, cùm narrauit q̃ definitio aĩæ per exemplum est similis definitioni figuræ, incœpit dare modum consimilitudinis, & d. sed possibile est in figuris etiã &c & ista definitio non est vniuoca: sed quemadmodum possibile est in oĩbus figuris, licet differant, vt habeant definitionem vlem magnam cõuenientem oĩbus eis, licet multum differãt in definitione & essentia: sic possibile est vt istæ virtutes diuersæ habeant vnam definitionem vlem conuenientem oĩbus: sicut definitio figuræ conuenit omnibus figuris, & nulli appropriatur. D. d. Et ideo qui quæsiuerit, &c & propter hoc, quod diximus, qui quæsiuerit in anima & in alijs similibus entibus vnam definitionem vlem, que non appropriatur alicui ex oĩbus, & non est talis, qualis est ista definitio, quam dedimus in anima, sed sicut vniuersalitas definitionis animalitatis simplicis specierum animalis, aut etiam est vna idest vnius naturæ definitio, non diuisibilis secundum speciem, & qui dimiserit talem definitionẽ, qualem dedimus, iustum est, vt derideatur: cũ isti duo modi definitionis non inueniantur in talibus naturis, & non inuenitur in eis, nisi iste modus definitionis, quo vsi sumus. qui enim laborat in dãdo in anima primum modum definitionis, est in hoc, quod laborat in quærẽdo impossibile: sicut qui dimittit hanc definitionem in dimittendo possibile. dimittere enim possibile est simile secundum locutionem ad quærere impossibile.

Similiter autem se habent ei quod de figuris est, & quæ sm̃ animam sunt. semper enim in eo quod est consequenter, est potentia quod prius est, & in figuris & in animatis: vt in tetragono quidẽ trigonum est, in sensitiuo autem vegetatiuum. quare & sm̃ vnũquodq; quærendum quæ vniuscuiusq; anima, vt quæ plantæ, & quæ hominis, aut bestiæ. propter quam autem causam cõsequenter sic se habent considerandum est. sine quidem enim vegetatiuo sensitiuum non est: à sensitiuo aũt separatur vegetatiuum in plantis: iterum autem sine quidem eo quod potest tangere, aliorũ sensuum neq; vnus est: tactus aũt sine alijs est. multa enim animaliũ, neq; visum, neq; auditum habẽt, neq; odoratus omnino sensum.

SOPH. *Quemadmodum autem in figuris, sic etiã in anima res habet: semper enim in eo quod est deinceps, inest potentia id quod prius est, tum in*

figuris

A *figuris tum in animatis: ut in quadrato triangulus, in sensitiuo nutritiuum. Quare sigillatim quaerẽdum, quae cuiusq; sit aĩa, uerbi gratia quae plantae quaeue hominis uel bestiae. cur autem deinceps sic se habeant, considerandum est. nã sine nutritiuo, sensitiuum non est: à sensitiuo autem separatur nutritiuum in plantis: rursus sine tactiuo nullus aliorum est sensuum: tactus uero sine aliis est: pleraq; enim animalia neq; uisum neq; auditum nec odoris planè sensum sortita sunt.*

Et dispositio in aĩa, similis est dispositioni in figuris. inuenitur enĩ semper in potentia in figuris, & in rebus animatis pręcedẽs in consequente. v.g. triangulus in quadrato, & nutritiuũ sensibili. Oportet igitur quaerere in quolibet q̃ est s̃m suam definitionẽ: v.g. aĩa plãtae qd est, & aĩa bruti quid est. Et oportet quaerere qua de causa sunt talis dispositionis ex cõsequẽtibus cũ sensibile nõ sit si-

B ne nutritiuo: sed sensibile separat̃ in plãtis. Et etiã nullus aliorum sensuum sit extra tactũ: sed tactus est extra alios sensus. multa.n. viua non habent visum, neque auditum, neque odoratum, neq; alium sensum.

QVADRATVM.

TRIANGVLVS.

C

31 Cùm declarauit q̃ definitio animae est similis definitioni figurae, incoepit declarare modum consimilitudinis & demonstrare cuius naturae naturarum definitionum sit, & d. Et dispositio in anima similis est, &c. i. & dispositio in rebus, quae continentur in definitione animae est, sicut dispositio in rebus, quae continentur in definitione figurae. quemadmodũ enim inuenitur in figuris prius & posterius: & prius existit in potẽtia in posteriori: ita est de virtutibus animae. verbi gratia in figuris quidem triangulus est prior quadrato, & triangulus existit in potentia in quadrato. & ideo, si quadratum est, triangulus est, & non e conuerso. & similiter in virtutibus animae. nutritiuum enim prius est sensibili et existit in eo in potentia, & si sensibile est, nutritiuum est, & non e conuerso.

Et, cùm declarauit naturam istius definitionis, & quantum largitur de cognitione, dixit. Oportet igitur quærere in quolibet quid est, &c. i. cùm declaratum est ꝙ ista definitio animæ est de genere definitionis figuræ: & quemadmodum non sufficit in cognitione figuræ rectarum linearũ, & figuræ circularis cognitio figuræ simpliciter, ita est in definitione aīæ vlis. quærẽda est igit᷑ post cognitionẽ istius definitionis vlis definitio ꝓpria vniuscuiusq; virtutis aīę, s. q̃ est aīa plantarũ, & q̃ aīa hoīs ꝓpria illi, et quę bruti. D. d. Et oportet quærere qua de cã sunt talis dispõnis. i. & oportet perscrutari ẽt quare inuenit᷑ in virtutibus aīę prius & consequens. sensibile enim impõle est vt sit absq; nutritiuo. nutritiuum aũt potest esse absque sensibili. & hoc est in plantis. Et ẽt apparet ꝙ impossibile est vt aliquis quatuor sensuum sit sine tactu: tactus aũt potest esse extra alios sensus. plura enim aīalia carent visu, & auditu, & odoratu, & gustu. & hoc intendebat cùm dixit neq; alium sensum. Et iste locus indiget cõsyderatione. existimatur enim ꝙ gustus est vnus modorũ tactus, secũdũ ꝙ dixit⁹ superius. Sed, si aliquod† animal nutrit᷑ ex rebus carentibus sapore, tunc gustus illius aīalis non erit nisi ſm calidum, & frigidum, & humidum, & siccum. Aut intendit, cùm d. neq; alium sensum. i. ꝙ alius sensus non distinguit, in vltimo. i. in fine, a sensu tactus, ſm ꝙ inuenitur in aīalibus perfectis. Et vr̃ opinandũ est ꝙ, si aīal habet sensum tactus, & nutritur a suis radicibus, sicut plantæ nutriuntur, vt dicitur de spongia maris, & istud aīal habet sensum tactus sine gustu. & forte innuit tales istos modos animalium. omne enim animal habens os, habet aliquem gustum. D E

Nutritiuũ pōt eẽ absq; sensibili. Idem supra. 15.

Digressio qua ꝗrit᷑ vtrum oẽ aīal hẽat gustum.

Te. c. 38.

† Si aliqđ aīal nutrit᷑ ex reb⁹ carẽtibus sapore, gustus: enim est ſm calidum, & frigidum.

Et sensitiuorum autem, alia quidem habent ſm locũ motiuũ, alia vero non habent: vltimum autem & minimum, ratiocinationem & intellectũ: Quibus enim inest ratiocinatio corruptibiliũ, his & reliqua omnia: quibus aũt illorum vnumquodq;, non omnibus ratiocinatio: sed quibusdam quidem neq; imaginatio: alia autem hac sola viuunt. De speculatiuo autẽ intellectu altera ratio est. ꝙ quidem igitur de horum vnoquoq; ratio, hęc proprijssima & de anima, manifestum est. F

SOPH. *Inter sensitiua etiã sunt quæ habeant motiuum motu loci, sunt quæ non habeant. ultima autem & minima rationem & dianœam: in quibus enim mortalium inest ratio, iis quoq; reliqua omnia insunt: in quibus autem unumquodq; illorum, in iis non omnibus inest ratio. sed quibusdam ne phantasia quidem: quædam, hac sola uiuunt. De contemplatiuo aũt intellectu alia est ratio. ac disputationem quidem de uno quoq; horum maxime etiam ad animam pertinere perspicuum est.*

Et ex eis, quæ sentiuntur, est ꝙ quędam habent motum in loco, & quædam non: cõplementum autem, & finis est illud, quod habet cognitionẽ, & distinctionem, omne enim ex rebus corruptibilibus

A bilibus habens cognitionē, habet omnia alia. quod autem habet vnum illorum, non est necesse vt habeat cognitionem: sed quædam non habent imaginationem, & quædam viuunt per ista tãtum. Sermo autē de intellectu speculatiuo, & cogitatiuo alius est. Declaratum est igitur quòd sermo in vna quaque istarum virtutum, est sermo magis conueniens in anima.

32 Et cõprehenditur sensu q quædam animalia mouentur in loco, & est modus perfectus, & quędam nõ. Complementum aũt aĩalium, & finis eorum, qui intendebat in generatione, quæ cùm natura potuit pertingere, stetit, est modus aĩalium habens virtutem speculatiuam & cogitatiuã i. intelligibilem. D. d. omne enim ex reb^9 corruptibilibus, &c. i. & apparet, q omne, habens virtutē cogitatiuã ex rebus generabilibus, & corruptibilibus, necessario habet alias virtutes animæ. Et dicit hoc, præseruando se à corporibus cœlestibus. declaratum est enim q illa non habēt de virtutibus B animæ nisi concupiscentiam, & intellectum. Deinde dicit, quòd aũt habet vnum illorũ, &c. i. habens autē vnam virtutum, quæ sunt priores naturaliter intellectu, nõ est necesse vt habeat cogitationem, aut intellectum: sed quædã non habent imaginationem, nedum habeant cogitationem: quędam viuunt per illa, quę sunt sub imaginatione ex virtutibus prioribus ea, & hoc intendebat, cũ dicit. & quædam viuunt per ista tm̃. Deinde dicit, sermo autē de intellectu speculatiuo, &c. i. sermo de eo est, ita q sit extra istam naturam. existimatur enim q non est aĩa, neq; pars aĩæ. & innuit nobilitatem eius, & diuersitatem illius ad alias partes. opinandum est enim q est ex natura supiori naturæ animæ. D. d. declaratũ est enim, &c. i. Declaratum est igitur ex prædictis quod primũ, quod intenditur de scientia animæ, quod est magis conueniens sermoni in anima, est loqui de aĩa vniuscuiusq; istarum virtutum.

Corpa cœlestia de virtutibus aĩæ nõ habēt nisi cõcupiscẽtiã & intellectũ. Idē 12. Me. c. 36. Idē supra. I hoc serendo. cõ. 15. Idē 1. Cœli. 90 & 2. Cœli 58. & 61. Intellẽs speculatiuus nõ est aĩa nec pars animæ: sed est de nã superiori aĩę. Idē supra. cõ 21. sed vide opp. 3. de Aĩa. t. c. 1. Vide cõ. 2 lm.

SVMMA TERTIA.

C De potentia Animæ vegetatiua.

Explicantur Animæ vegetatiuæ opera, redarguiturq; Empedocles de alimenti causa. Cap. 1.

NEcessarium autem est debentem de his perscrutationē facere, accipere vnũquodq eorum quid est, postea sic de habitis aut & de aliis inuestigare. si autē oportet dicere quid vnumquodq ipsorum: vt quid intellectiuũ, aut sensitiuum, aut vegetatiuum, prius adhuc dicendum quid sit intelligere & quid sentire. priores enim potentijs actus & operationes sm̃ rationem sunt. si autem sic, his autem adhuc priora opposita oportet considerare, de illis vtiq primum oportebit determinare propter eandem causam; vt de alimento & sensibili & intelligibili.

SOPH. *Necesse autem est eum qui de his consideraturus est, sumere quid quodq; eorum sit, atq; tunc demum de his quae proxima ab his sunt, ac de reliquis exquirere. quod si oportet dicere quid quodq; ipsorum sit, ut quid intellectiuum aut sensitiuum aut nutritiuum, multo ante dicendum est quid sit intelligere, & quid sentire: nā operationes & actiones potentiis ratione sunt priores: quod si ita est, ac obiecta etiam multo prius quam haec oportet considerasse, profecto de illis primum ob eandē cām disserendū fuerit: ut de alimēto, & de sensibili, et de intelligibili.* D

Et indiget necessario qui voluerit pscrutari de istis, scire vnā quāq; istarum quae sit: deinde post perscrutetur de contingentibus illis. Et, si necesse est dicere vnam quāq; istarum quae sit, verbi gratia intellectus qd sit, & sentiēs quid sit, & nutritiuum quid sit, oportet etiam praedicere intelligere quid sit. actiones enim & operationes praecedunt in intellectu virtutes. Et si ita sit, & cōsyderare de alijs rebus oppositis istis debet praecedere consyderationem de istis, oportet nos vt intendamus ad definiendum istas primo propter istam cām, v.g. cibum, & sensatum, & intellectum. E

33 Cum declarauit quod definitio vniuersalis aīae praedicta nō sufficit in cognitione suae substantiae, incoepit dicere quid oportet scire de aīa post illam difinitionem, & d. Et idiget necessario, &c.i. & oportet necessario illum, qui voluerit acquirere perfectam cognitionem de anima, perscrutari de vnaquaq; virtutum aīae per se, quousq; sciat per demonstrationē vnamquāq; illarum quae sit, & quam naturam habet. verbi gratia, perscrutari quid est intellectus, & quid est sensus. Deinde post hoc perscrutari de vnicuiq; contingentibus istarum virtutum vniuersalibus, & proprijs. v.g. verum virtus intelligibilis possit abstrahi, aut non. Et, cum declarauit illud quod oportet perscrutari nos de anima, incoepit demōstrare viam ad hanc cognitionem: & quod est ex eis, quę sunt magis nota apud nos, & sunt posteriora in esse, ad ea, quae sunt magis nota apud naturam, quę sunt priora in esse. Et d. Et, si necesse est dicere vnamquāq; istarum, &c.i. & si oportet, sm ꝙ declarauimus, scire quae est vnaquaeq; istarum virtutum, necesse est praescire actiones proprias vnicuiq; istarū virtutum, quae sunt. verbi gratia quid est intelligere per intelligens, & sentire per sentiens, & nutrire per nutriens, cognitio enim actionum istarum virtutum, prior est apud nos in nrā prima cognitione, q̄ cognitio istarum virtutum. Et, cum narrauit ꝙ cognitio actionum debet praecedere cognitionem virtutum, narrauit etiā ꝙ cognitio patientium illas actiones debet praecedere cognitionem illarum actionum, propter illam eandem cām, propter quam debet praecedere cognitio actionum cognitionem virtutum, & d. Et, si ita sit, &c. Idest. &, si ita sit, s. ꝙ debemus ire semp de eis, quae apud nos sunt magis nota, ad illa, quae sunt magis nota F

Idē 1. Ph. &.1. de Aīa.11.idē 1.10 supra. 13.

apud

A apud naturã, & consyderare de rebus oppositis istis virtutibus, & sunt passiua earum, debet praecedere consyderationem in actionibus, & in virtutibus, necesse est praescire primo cibum quid sit, quod est passiuum virtutis nutritiuae, & sensatum qd sit, & intellectum quid sit, antequam sciatur nutrire, & sentire quae sunt. Et vocauit ea opposita: passiuum enim, & actiuum videntur esse quodammodo opposita.

Passiuũ & actiuũ videntur quodãmõ opposita. Idẽ 1. de Gen. 50. & 1. de Cae. 20. & 21.

Quare primo de alimento & generatione dicendum est. vegetatiua enim anima & aliĳs inest, & prima & maxime cõis potentia est animae: sm quam inest viuere omnibus. cuius sunt opera generare, & alimẽto vti. Naturalissimũ enim operũ viuentibus quaecunq perfecta & non orbata aut generationem spontaneam habent, facere alterum quale ipsum, animal quidem animal, planta aũt plantam: quatenus ipso semper & diuino & immortali participent: sm q possunt. omnia enim illud appetunt, & illius causa

B agunt omnia quaecunq agunt secundum naturam.

SOPH. *Quare primum de alimento & de generatione dicendum est. nam nutritiua anima & caeteris inest, & prima & maxime communis est animae potentia, ex qua inest uiuere in omnibus: cuius officia sunt, generare & alimento uti: hoc enim est maxime naturale inter omnia officia uiuentium, quae perfecta sunt & non mutila, aut sponte sua nascantur, procreare aliud quale ipsum est, animal, animal: planta, plantam: ut aeternitatem & diuinitatem participent quoad possunt: cuncta enim illud appetunt, & illius causa agunt, quaecunque secundum naturam agunt.*

Oportet igitur primo loqui de nutrimento, & generatione. Anima enim nutritiua est prior in oĩbus viuentibus, & est vniuersalior virtutibus aĩae, quibus viuum viuit. Et actiones istius

C sunt generare, & vti nutrimento. qm̃ actio, quae magis conuenit naturae omnis viuentis ex eis, quae sunt pefecta, & non habent occasionem, ne quae generantur casu per se, est vt agat aliud simile: animal enim facit animal & planta plantam, ita vt habeat communicationem cum sempiterno diuino sm suum posse. oĩa enim desyderant, & propter hoc agit omne: quod agit naturaliter.

14 Cũm declarauit quae definitio est magis vniuersalis inter omnes definitiones aĩę, & quãtum largitur de cognitione, & quòd non sufficit in cognitione substantiae animę perfectae, & q est necessarium pręscire quãlibet virtutum aĩę per suam definitionẽ propriam & quot modis sunt istę virtutes diuersae, & quõ adunantur, incoepit narrare q oportet primo incipere de cognitione istarum virtutum ab ea, quę est valde prior, s. nutritiua, & q primo debet consyderari de passiuis, & de actionibus istarum

virtutum. Et d. Oportet igitur primo loqui de nutrimento, & generatione, &c. i. &, cùm declaratū est q̄ primo oportet considerare de actionib⁹, & de passiuis ante virtutes, necesse est vt primo loquamur inter oēs istas actiones de cibo, & de generatione, quæ sunt passiuum aīæ istius, & actio. & est necesse vt primo loquamur de aīa nutritiua, quia est prior naturaliter alijs rebus, per quas aliquid dicitur viuū: & ideo est magis vniuersalis inter alias virtutes aīæ. Et innuit q̄ propter prioritatē, & eius vniuersalitatem oportet præponi in consyderatione. * vniuersale enim notius est apud nos quā propriū: vt dictū est alibi. Et, cùm declarauit hoc, incœpit numerare actiones attributas illi, cum ante debemus scire esse quā quid esse, & d. Et actiones istius sunt, &c. i. & actiones istius virtutis sunt nutrire, & generare, & vti cibo. & dicimus q̄ generare ē actio illi⁹ virtutis: q̄m actio, quę maxime cōuenit naturę ei⁹, quod dicit̄ viuum per hanc virtutē, est generare simile in specie. Et hoc fit tribus conditionibus, quarū vna est vt pertingat tempus, in quo habet hāc virtutē; cùm nō sit in effectu oī tempore. Secunda est vt cum hoc non habeat occasionem. ista enim impedit hanc actionem, licet pertingat tempus, in quo peruenit ab illo illa actio. Tertia est, vt illud viuum non sit ex eis, quę fiunt casu, sed per se. q̄n igitur in viuo fuerint congregata hæc tria, tunc generabit. Et hoc intendebat, cùm d. q̄m actio quæ magis conuenit, &c. D. d. causam finalem, propter quam ista virtus existit in animalibus & plantis, & d. ita vt habeat cōicationem cum sempiterno. i. & ista virtus existit in viuo, vt generabile, & corruptibile cōmunicet cū sempiterno s̄m suū posse. † sollicitudo enim diuina, cùm nō potuerit facere ipsum permanere s̄m indiuiduum, miserta est in dando ei virtutem, qua potest permanere in specie. & hoc non est dubium, s. q̄ melius est ī suo esse, quod habeat istam virtutem, quàm vt non habeat. D. d. omnia enim desyderant &c. idest & hoc fuit ideo, quia omnia desyderant permanentiam sempiternam, & mouēt ergo ipsam s̄m quod innata est natura eorum ad recipiendum: & propter hunc finem agunt omnia entia, quæ agunt naturaliter.

* Vle notius ē apd nos q̄ ꝓpriū. Idē 1. c. 1. & 1. Ph. 4. 5. & 57. 1. Ph. 2.

† Sollicitudo diuina cū nō potuerit facere gn̄abile, & corrupbile ꝑmanere s̄m indiuiduum, misera ē in dando ei virtutē, q̄ ꝑmanere possit in spe. Idē. 1. Cœ. c. 98. & 2. de Gener. & corrup. c. 59. d̄ sollicitudine autē Dei quæst. vide 12. Meta. 37. & 51. & 2. Phy. 75.

Id autem q̄ cuius causa fit, dupliciter est: hoc quidem, cuius, illud vero, quo. q̄m igitur cōicare non possunt ipso semper & diuino, continuatione: (propter id q̄ nihil contingit corruptibiliū idē & vnū numero permanere (s̄m q̄ potest participare vnūquodq̄, sic cōmunicat: hoc quidem magis, illud vero minus: & permanet non idem, sed vt idem. numero quidem non vnū, specie aūt vnū.

SOPH. *Id autem cuius causa res est duplex est, unum, Cuius, alterū, Cui. Ergo quia participare nequeunt aeternitatem & diuinitatem continuatione: quia fieri non potest ut corruptibilium quicquam idem & unum numero permaneat, quoad eorum unumquodq; participare potest, eatenus participat: aliud magis, aliud minus: & permanet non ipsum, sed quale ipsum est: numero quidem non unum, specie uero unum.*

A Et propter quid dicitur duobus modis. quorũ vnus est in quo est: alius est cuius est. Quia igitur impossibile fuit vt haberet cõmunicationem cum sempiterno diuino in æternitate, quia impossibile est vt aliquod corruptibile permaneat idẽ in numero, ideo habet communicationem quodlibet cum eo secundum suum posse: & hoc magis, & hoc minus: & sic permanet non illud idem, sed suũ simile, neq; vnum numero, sed vnum forma.

35. Cùm dedit causam finalem, propter quam virtus generatiua existit in viuo vl'r, & est assimilatio corruptibilis cum sempiterno, secundum quod habet naturam assimilandi, & quod oĩa entia faciũt actiones erga istum finem, narrauit secundum quot modos dicitur iste finis, & d. Et propter quid dicitur duobus modis: quorum vnus est illud, quod est iste finis: & alius illud, in quo est iste finis. verbi gratia in hoc sermone, quod omnia entia agunt propter permanentiam sempiternam: & propterea in quibusdam inuenitur per- (Finis duplex cuius & cui idẽ 2. Phy. 24. & hic infra 37.)
B manẽtia sempiterna, aut dispositio permanẽtię sempiternę. Et cùm declarauit hoc, incœpit declarare modum, in quo generabilia, & corruptibilia possunt cõicare cum ęternis, & cãm propter quam diminuta sunt a permanentia sempiterna, & d. Quia igitur impossibile est, &c. i. & intendit per sempiternum diuinum corpus cœleste. cœlestia enim illa permanent secundum indiuiduum. Et hoc, quod d. & hoc magis, & hoc minus. intendit generatiuum, & non generatiuum. vtrunq; enim permanet secundum speciẽ, sed generatiuum habet semper hoc, & non generatiuum in maiori parte temporis, & in pluribus subiectis.

Est autem anima viuentis corporis causa & principiũ: hæc autem multipliciter dicitur. attamen anima secundum determinatos tres modos causa dicitur: etenim vnde mot⁹ causa est: & cuius causa: & sicut substantia animatorum corporum anima causa.

SOPH. *Est autem anima uiuẽtis corporis causa & principium: hæc autem*
C *multifariam dicuntur. Anima item tribus illis expositis modis causa dicitur: etenim unde motus, & cuius causa, & ut substantia animatorum corporum anima causa est. Constat igitur eam esse causam ut substantiam: causa enim omnibus cur sint, substantia est.*

Anima igitur est corporis viui causa & principium tribus modis determinatis. est enim illud, ex quo est motus, & illud propter quod fuit corpus. Et anima etiam est causa, secundum quod est substantia, quæ est causa esse omnium.

36 Cùm apparuit ex definitione vniuersali aię quod anima est causa corporis secundum formã, & apparuit hic quod virtus generatiua est causa agẽs animatum, incœpit declarare quod aĩa non est solum causa secundum formã, sed causa secundum tres modos, secundum quos dicitur causa. & hoc est tribus modis. & hoc est necessarium prescire, antequã loquamur de vnaquaq; partium aię: licet iã sit

C3. & principiū multipl'r dñr. Idē 1. Ph. cō 1. & 5. Me. t. c. 1. & 12. Met. 13. t. c. 18. & 19.

declaratum est quod oīs forma naturalis talis est. Et d. Anima igi. est cor- D
poris viui causa, & principium. &, quia hęc duo dicuntur multipl'r, sil'r &
anima est causa fm tres modos determinatos, s. causa mouens, finalis, &
formalis : quæ determinatæ sunt in sermonibus vniuersalibus physicis. D.d. est enim illud, ex quo fit motus, s. causa agens motum, Et pos-
somus intelligere ex hoc motum in loco, & generationem, & motum in
augmento & diminutione. anima est enim causa agēs istos tres motus in
animato. D.d. & illud, pp quod fuit corpus, s. causa finalis. corpus enī non
fuit nisi propter animam : cùm declaratum est q̄ aīa ita est de corpore,
sicut, forma de materia : & declaratū est in sermonibus vl'bus q̄ materia
est pp formam tm̄, & q̄ non est aliquod cōsequens materiā, aut aliquod,
quod sit de necessitate materiæ: sicut existimabāt Antiqui, nō concedētes
causam formalē esse, neq; finalem. Et anima ēt causa, idest & anima ēt est
causa corporis fm substantiā, & formam, quæ est causa esse omnium.

In 2. Phy. a. 7 4. vsq. in finem.

Esse ē esse ētur fotæ. Idē 2. c. 7. 8. Me. 7.

Quod quidem igitur sit sicut substantia manifestum est, causa E
enim ipsius esse omnibus substantia est: viuere aūt viuentibus est
esse: causa aūt & principium horū anima. Amplius aūt eius quod
potentia, ratio actus est. Manifestum aūt est & q̄ cuius gratia aīa
causa. sicut enim intellectus gratia huius facit, eodem modo & na
tura: & hoc est ipsius finis: huiusmodi aūt in animalibus anima, et
fm naturam: oīa enim physica corpora animæ instrumenta sunt,
sicut animalium, sic & plantarū, tanquā gratia animæ existentia.
dupliciter aūt dicit q̄ cuius gratia est: & q̄ cuius, & q̄ quo. At ve
ro & vnde principium qui fm locum motus anima est. non oīb9
aūt viuentibus inest potentia hæc. Est aūt & alteratio & augmen
tum fm animā: sensus enim quædam alteratio esse videt: nihil aūt
sentit quod non habet animā. similiter aūt de augmento & decre
mento se habet: nihil enim decrementū patitur, neq̄ augmētatur
physice, nisi alatur: alitur aūt nihil quod non cōmunicet vita. F

10 3 R. *Viuere autem viuentibus esse est: quorum causa & principium est
anima. Præterea eius quod est potentia ratio est actus. Constat itē, ut
id cuius gratia, animam causam esse. ut enim intellectus gratia alicuius facit, sic etiam natura, & hoc est ei finis: eiusmodi autem est in ani
malibus anima, & secundum naturam. cuncta enim naturalia corpora animæ sunt instrumenta, ut animalium sic etiā plantarum: ut pote
quæ gratia animæ sint. Bifariam autē dicitur id cuius gratia aliquid
est, scilicet cuius & cui. Quinetiam unde primum est motus loci anima
est: uerum hæc potentia non omnibus inest uiuentibus. Præterea uero et
alteratio et auctio ab aīa est: uidetur enim sensus alteratio esse quædā.*

nihil

A *nihil autem sentit quod non habeat animam. similiter etiam de auctione & diminutione res habet: nihil enim diminuitur, neque naturaliter augetur, nisi alatur, nihil autem alitur: quin sit uitæ particeps.*

Et esse viui est viuere. & anima est causa, & principium istius. Et etiam endelechia est intentio eius, quod est in potentia ens. Et manifestum est quòd anima est causa etiam propter quid. quoniam, quemadmodum intellectus nihil agit, nisi propter aliquid, ita natura. & hoc est finis eius. & similiter anima in animalibus, & in omnibus. omnia enim naturalia sunt instrumenta animæ, sicut in animalibus, & plantis: ita quòd etiam illa est causa animati. Et propter quid dicitur duobus modis. quorum vnus est illud, ppter quod: & alius cuius est hoc. Et anima est etiam illud, ex quo
B primo fit motus in loco. sed ista virtus non inuenitur in omnibus viuis. Et alteratio etiam, & augmentum fiunt per animam, sensus enim existimatur esse alteratio aliqua. & nihil sentit nisi habeat animā. Et similiter est de augmento, & diminutione. nihil enim augetur, & diminuitur naturaliter, nisi nutriatur: & nihil nutritur, nisi habeat partem in vita.

37 Cùm posuit q anima est causa corporis tribus modis, de quibus modis dicitur hoc nomē causa, incępit declarare modos illos esse in ea, & in primo q est cā corporis secundum formam. Et d. Et esse viui, &c. i. & signū, q anima est forma corporis, est q hoc ens viuum nō habet esse, fm q est viuum, nisi per illud, per quod viuit, i. q est cā istius actionis, s. vitæ: & manifestum est q cā istius actionis est aīa: ergo hoc, quod est viuum, fm q est viuum, est per aīam. & illud, per quod est ens, & est hoc, est sua forma: ergo anima est forma animati: cùm non est hoc, & ens nisi per animam.
C D. d. secundam rōnem super hoc, & d. Et et endelechia est intentio eius, quod est in potentia ens. i. & etiam anima est, fm q iam declaratum est, pfectio: perfectio autem est forma, & intentio eius, quod est in potētia ens: ergo aīa est forma. Et, cùm declarauit eam esse cām fm formam, declarauit etiam eam esse cām fm finem, & d. Et manifestum est q aīa est cā, &c. i. manifestū est per se q aīa est cā corporis animati, fm illud, ppter quod fuit corpus animatum. Quemadmodum enim* multa artificialia non agunt nisi propter aliquid, sic etiam est de natura, s. q non agit nisi ppter aliquid. & hoc est finis naturæ, s. q non agit nisi propter aliquid, sicut ars non agit nisi propter aliquid. D. declarauit quòd illud, pp quod natura agit, videtur esse anima in animalibus, & non solum in animalibus, sed oībus rebus naturalibus, & d. & similiter anima in animalibus, & in omnibus. i. & quemadmodum forma est finis artis in artificialibus, ita anima ē finis naturæ in animabus, & in omnibus naturalibus. D. declarauit modum, ex quo apparet quòd anima est finis omnium naturalium, & dicit,

Forma est id, p quod aliquid ē ens. Idē supra. 7. R. & 16. & 8 Meta. 7.

* a. l. intellecta.

omnia

Oia nãlia sunt instr̃a aię. Vide infra t.cõ. 37.

omnia enim naturalia sunt instrumenta animę,&c. i.& diximus ꝙ anima D est finis omnium naturalium,quia omnia naturalia videntur instrumẽta esse indifferenter in omnibus animatis.&,sicut videtur in animalibus, ita videtur in plantis. D.d. ita ꝙ etiam ista est causa animati,&c. i.& hoc, quod diximus de ea,non latet,immo est manifestum per se: adeo ꝙ apparet ex hoc ꝙ anima etiã est causa animati. Illud enim pp quid inuenitur aliquid,dicitur duobus modis. Quorum vnus est illud,propter quod inuenitur aliquid:& illa propositio animæ ad corpus. Et alius est illud,cuius est hoc,propter quod inuenitur aliquid : & ista est proportio animæ ad animatum.dicimus enim ꝙ anima,& corpus vtrunq; non sunt nisi propter animatum. Et,cùm declarauit eam esse causam sm formam,& sm finem,declarauit etiam eam esse causam mouentem sm oẽs modos motuum,existentes in animato,siue veros,siue existimatos esse motus,& d. Et anima etiam est illud,ex quo primo fit motus in loco. sed ista virtus non est in oĩbus viuis,i.in omnibus animalibus. Deinde.d. Et alteratio etiam,& augmentum,&c. i.& alteratio attributa sensibus, sicut quidã E reputant,si concesserimus eam esse motum,erit per aĩam:& silr augmentum,& diminutionem.nihil n.dicitur habere hunc motum,s.sensum,nisi habeat animam. D.d. Et silr est de augmento,& diminutione,idest quemadmodum apparet ꝙ non sentit nisi habens animam,sic apparet ꝙ non augmentatur,neq; diminuitur nisi illud,quod habet cõicationẽ cũ animalibus in aliqua parte animæ. Nihil enim diminuit naturaliter aut augmentatur naturaliter,nisi habeat virtutem nutriendi. & nihil nutritur,nisi habeat communicationem in vita attributa animalibus. & ideo hoc nomen mortuum non dicitur de animali,nisi cùm caruerit communicatione,quam habet cum plantis.

Mortuũ nõ dr de aĩali, nisi cũ caruerit cõicatione q̃ habet cũ plãtis. Idẽ 1. de ala cõ.vlt. & hic c. 3. & 16. & 14.

Empedocles autem non bene dixit hoc,addens augmentum accidere plantis,deorsum quidem radicem mittentibus, propter id ꝙ terra sic fertur secundum naturam:sursum autem propter ignẽ F similiter. Neq; enim sursum & deorsum bene accipit. non enim idem omnibus sursum & deorsum & omni.sed sicut caput animalium,sic radices plantarum sunt:si congruit instrumenta dicere altera & eadem,operibus.

Empedocles autem non recte dixit hoc addens auctionem fieri in plantis,deorsum quidem radices agentibus, propterea quòd terra sic feratur natura,sursum que itidem propter ignem:neq; enim has differẽtias uidelicet sursum & deorsum,recte usurpat:non enim idem est sursum & deorsum omnibus,atq; rerum uniuersitati:sed quam caput animalium eã obtinent rationem radices plantarum: siquidem instrumenta diuersa & eadem ex eorum officiis dicere conuenit.

Empedocles autem non recte dixit in hoc,& vere,cùm dixit ꝙ augmen-

A augmentum accidit in plantis. in hoc autem, quod ramificatur per radices inferius, fit per motum ipsius terræ naturaliter ad istam partem: & hoc posuit causam. in hoc vero, quod ramificatur superius, fit, quia ignis mouet similiter ad superius: & hoc posuit causam. Hoc etiam, quo vsus fuit in suo sermone de superiori, & inferiori, non recte fuit dictum. superius enim & inferius non sunt idē omnibus rebus, & in omni. sed, quemadmodum caput est animalibus, ita radices plantis: cùm per actiones debemus dicere in instrumentis eorum, quę sunt conuenientia, aut diuersa.

38 Cū declarauit φ motus augmēti non est ex principio, quod est elītū. incœpit declarare φ Empedocles errauit, cū opinabatur φ hoc principiū est ex elementis, & φ augmentū in plantis ad inferius est ꝓp partem grauem, s. terrā, & aquā: & superius propter leuē, s. aerē, & ignē. Et. d. Empe-
B docles aūt, &c. i. Empedocles aūt non bene existimabat, cū opinabatur φ hoc principiū non est aīa: & φ hoc, quod accidit de augmento in plantis, est per naturam elementorū. illud igitur, quod augetur inferius, est per naturā terræ: & hoc posuit causam eius. i. & posuit cām motus istius ad inferius naturā grauē: & cām in augmento ramorū ad superius naturā leuē, s. igneam. D. incœpit narrare quid contingit huic sermoni de errore, & d. Hoc etiam, quo vsus fuit in sermone suo de superiori, &c. i. & iste sermo, quem induxit in dando cām istius motus contrarij, qui inuenitur in augmentabili, non est verus. Hoc. n. quod existimabatur φ superius in plantis est superius in mundo, & inferius inferius, non est verū: qm̃ neq; in parte conueniunt, neq; in natura, neq; in potētia. In parte autem: quia licet hoc concedamus in plantis, tñ in pluribus aīalibus non possumus illud concedere. superius enim in eis non respicit superius mundi. & veritas
C non concedit hoc. natura. n. inferioris in plantis alia est à natura inferioris in mundo, sed contingit congregatio eorū in parte eadem casu: & ipsa eadem est natura superioris in aīalibus. Et signū eius est, φ caput in animalibus est simile radicibus in plantis: cū actio eorū sit eadem. & per actiones debemus respicere conuenientiā, & diuersitatem in partibus augmētabilibus. Et. d superius enim, &c. i. & primus error Empedoclis est, φ superius, & inferius non sunt eadem pars in omnibus rebus, & in omni, scilicet mundo, quoniā, licet hoc concedamus in plantis, quid possumus dicere in pluribus aīalibus? superius enim in animalibus non respicit superius mundi. D. d. sed quemadmodū caput, &c. idest sed non cōcedamus φ inferius in plantis sit inferius in mūdo ſm naturam, & potentiam: neque superius in eis superius in mundo, licet sint in eadem parte. Natura enim capitis in animalibus est natura radicis in plātis, cum habeant easdem actiones, & secūdum actiones est dicēdum quòd partes aīalium, & plātarū & instrumenta eorum sunt conuenientia, aut diuersa in natura. Et, cùm natura radicis in plantis est natura capitis in animalibus, tunc superius in plantis est in rei veritate inferius in mūdo. Et, si nos cōcessissemus φ esset inferius

Scdm actiones ē dicēdū φ partes aīaliū, & plātarū & instrumēta eorū sunt cōuenientia, aut diuersa in natura.

Per actiones debemus respicere cōuenientiā, & diuersitatē in partibus augmētabilibus. Vide φ isto 7. Me. 9. & 8 Me. 11. & 9. Me. cō. 7. & hic t. c.

Inferius, tunc hoc, quod accidit plantis, s. quod inferius in eo est inferius mundi, non accidit nisi casualiter, non quia habent eandem naturam: ita quod ad inferius in plantis mouetur pars grauis, & ad superius leuis. quoniam, si ita esset, tunc neq; superius, neq; inferius haberet animal: neque natura superioris, & inferioris in plantis, & animalibus esset eadem. Et d. quod potentia capitis in animalibus est potentia radicis in plantis. quia hoc est principium eius, per quod animal est animal. s. sensus. hoc autem est principiũ eius, per quod plantæ sunt plantæ. s. cibi qui per radices attrahuntur. & ideo si caput ex animali, & radix ex plantis abscinditur, depereunt. D

Hic d. Cõ. caput esse principiũ sensibilis. oppo. d. in lib. de sensu & sensa. Vide etiam. Zim.

Adhuc autem quid est continens in contraria quæ feruntur ignem & terram? distrahentur enim nisi aliquid sit prohibens. si uero erit, hoc est anima, & causa alimenti & augmenti.

SOPH. *Adhæc quid est quod continet dum ad contrarias partes feruntur ignem & terram? distrahentur enim nisi aliquid fuerit quod sit prohibiturum: quod si erit, id ipsum est anima, & causa cur res augescant & alantur.* E

Et postea quid est illud, quod retinet ignem, & terram, cũ moueatur ad partes contrarias. sunt enim veloces ad separationem, nisi aliquid prohibeat. Et, si illic fuerit aliquod prohibens, illud prohibens debet esse causa, vel anima, & causa in augmento, & nutrimento.

39 Et si concesserimus quod natura superioris, & inferioris in plantis est natura superioris, & inferioris in mundo, & quod pars ignea mouetur in plantis ad superius, & terrestris ad inferius: & nos videmus quod eadem pars mouetur ad superius, & ad inferius insimul: videmus enim quod quælibet pars potentiæ sensibilis, & quodlibet membrum mouetur ad vtranq; partem insimul: si igitur posuerimus quod illa pars sit vnica, s. quæ mouet ad vtrãq; partem: tunc principium, per quod mouetur istis duobus motibus insimul, est vnicum principium. Istud igitur principium habet potentiam vt moueatur ad vtranq; partem insimul: quod non est in elementis: quoniã vna pars eorum non habet nisi vnicum motum, siue fuerit simplex, siue composita. Quoniam, si fuerit composita ex eis, mouebitur secundum elementum dominans. Et, si partes, quæ mouentur in illa eadem parte in sensu, aut natura, ad superius, sint aliæ à partibus, quæ mouentur in illa parte ad inferius, tunc illæ partes necessario sunt distinctæ ab inuicé, aut quia sunt simplices, aut quia illud, quod dominatur in eis, quæ mouentur ad inferius de corporibus simplicibus, est aliud ab illo, quod dominatur in eis, quæ mouentur ad superius. Et, si ita sit, quid est illud, quod retinet ignem, & terram, aut partem igneam, & terrestrem? cũ non possumus dicere quod hæc duo sint admixta. quia, si essent admixta, mouerentur ad eandem partem, scilicet dominantis. Et, si ita esset, cito separarentur, nisi aliquid prohiberet. F

Idẽ. 3. ph. 6. & . 8. ph. 23.

Motus mixti est secundum elementum dominans. Idẽ I. cõ. 14. & quæ ibi.

A ret. sed contingit eis necessario dicere illic esse prohibens, cũ videantur nõ separari, sed permanere insimul, dum viuit planta. & hoc est necessarium eis. & cum concesserint illic esse prohibens, cuius potentia non est potentia elementorum, dicemus eis ꝙ illud prohibens est anima. fm hoc igitur est sermo eius in hoc intelligendus, licet sit ualde breuis.

Videtur autem quibusdam ignis natura simpliciter causa alimenti & augmenti esse. & nanque ipsum videtur solum corporum & elementorum quod alitur & augmentatur. vnde & in plantis & in animalibus putabit vtique quis esse hoc quod operatur.

SOPH. *Sunt autem qui censeant ignis naturam simpliciter causam esse nutritionis & auctionis, is namque solus omnium corporum uel elementorũ uidetur ali & augeri: quamobrem & in plantis & in animalibus putauerit aliquis eum esse id quod operatur.*

B Et quidam existimant ꝙ natura ignis est simpliciter causa nutrimenti, & augmenti. ignis enim inter corpora, aut inter elementa nutritur & augetur. & ideo existimatur ꝙ ipse facit hoc in plantis etiam, & in animalibus.

40 Cùm destruxit sermonem fingentium ꝙ augmentum est per principium elementare, s. graue, aut leue, incœpit etiam destruere sermonẽ fingentium ꝙ principium nutrimenti, & augmenti nutribilis est ignis, aut pars ignis, aut aliquod igneum, & d. Et quidam &c. i. & quidam existimãt ꝙ natura ignis, in eo ꝙ est ignis, non fm ꝙ est aliquis ignis. & hoc intendebat, cũ. d. simpliciter est causa nutrimenti, & augmenti. Et opinati sunt hoc, quia viderunt ignem alterare omnia in sua substantia, adeo ꝙ augmentatur per illud. & quia nutribile apud eos nutritur alterando omnia in suam substantiam, ideo existimauerunt per duas affirmatiuas in secunda figura ꝙ ignis facit hoc simpliciter.

C Hoc autem concausa quidem quodãmodo est: non tamen simpliciter causa: sed magis anima. ignis enim augmentum in infinitum est, quousque fuerit combustibile: natura autem constantium omnium terminus est, & ratio magnitudinis & augmenti. hoc autem est animæ, sed non ignis: & rationis magis quam materiæ.

SOPH. *Verum is concausa quodammodo est, non tamen simpliciter causa, sed anima potius: ignis enim auctio in infinitum procedit, quandiu sub est res cremabilis: at omnium natura constantium terminus statutus est, & ratio magnitudinis & auctionis: hæc autem animæ sunt, & non ignis: & rationis potius quam materiæ.*

Dicamus igitur nos ꝙ ignis non est coniunctus causæ nisi aliquo modo, & non est causa simpliciter, sed anima est dignior vt

sit

sit causa. augmentum enim ignis est in infinitum, dum combustibile est. ea autem, quæ constituuntur per naturam, omnia habent finem, & terminum in quãtitate, & augmento. & ista sunt animæ non ignis, & sunt digniora intentioni, quã materiæ. D

41 Cùm narrauit hanc opinionem, incœpit primo narrare partem verã, quæ est in ea, & partem falsam, & dicit. Dicamus igitur nos quòd ignis non est causa nutrimenti, & augmenti in animalibus simpliciter, sed attribuitur causæ quasi instrumentum suorum instrumentorum: immo anima est illa, ad quam attribuitur simpliciter hæc actio: & concessit quòd ignis est coniunctus causæ secundum quòd aliquid attribuitur alicui, cuius actio non perficitur, nisi per illud. quia nutribile non videtur alterare cibum, nisi per partem igneam existentem in eo. hoc enim elementum inter alia, aut est alterans alia: aut magis dominatur in eo alterare quam in aliis elementis. & ideo fuit necesse vt ignis esset dominans in corporibus nutribilibus. Et, cùm declarauit quòd, si ista actio fuerit attributa ei, non erit attributa, nisi secundum quòd est coniunctus causæ, non quòd ipse sit causa, declarauit modum, ex quo non oportet attribuere illam actionem igni simpliciter, & quòd dignius est attribuere eam simpliciter animæ, & dicit, augmentum enim ignis est in infinitum, &c. idest & signũ quòd primum mouens in nutrimento, & augmento est anima, non pars ignea, est quia iste motus, scilicet alterare aliquid in substantiam alterantis, & eius augmentum per illud, quod alterat, si fuerit in solo igne absque alia virtute sibi coniuncta, scilicet, vt primum mouens sit potentia ignis, secundum quòd est ignis, non alia virtus coniuncta igni, inuenietur infinitus, & non cessabit in aliquo termino, dum combustibile inuenerit: motus autem alterandi, & augmentandi, qui inuenitur in hac natura augmẽtabili, semper inuenitur finitus, & terminatus in quantitate: vnde manifestum est in secunda figura, quòd iste motus non est ignis simpl. &, cùm non est ignis, necessario est alterius principii, & illud vocamus animam nutritiuam. Et intendit per terminum, & mensuram vltima naturalia, quæ inueniuntur, in quantitatibus corporum augmentabilium. Deinde dicit, & sunt digniora intentioni, quam materiæ. i. & ista actio, quæ inuenitur in hoc motu. s. qui incœpit à principio terminato, & peruenit ad finem terminatum, dignius est vt attribuatur ei, quod est in ista actione quasi forma, scilicet anima, quã illi, quod est quasi materia & instrumentum, s. ignis. Et d. hoc, quia apparet quòd actio augmenti est composita ex actione ignis, & ex aliqua intentione in igne. alterare enim, quod est in eo, debet attribui igni. &, quia est terminatum, debet attribui virtuti coniunctæ cum igne: quemadmodum mollificare ferrum per ignem ad faciendum aliquod instrumentum, secundũ quod est mollificare, attribuitur igni: & secundum quod illa mollificatio habet terminum notum in vnoquoque instrumento, attribuitur virtuti artis. E F

Ignis dñatur in corporib⁹ nutribilibus Sed oppo. 2. de Ge. & corruptione t. com. 45. vbi dicit q terra vincit de rōne Lim.

Vide 6. ph. 91. & 8. ph. 61. Vide etiam istius rōnem 3. phy. 19. 60. & 3. cœ 17. & 72. & 3. c. 4 substantia orbis. vbi dicit q terminus est a forma.

De,

A *De virtutis vegetatiuæ obiecto, Alimento scilicet.* Cap. C.

QVoniam autem est eadem potentia vegetatiua & generatiua, de alimēto necessarium est determinare primum. separatur enim ab aliis potentiis opere hoc.

SOPH. *Cum autem eadem sit animæ potentia nutritiua & generatiua, primum de nutrimento disserere necesse est, hoc enim officio ab aliis distinguitur potentiis.*

Et quia potentia nutriendi, & generandi sunt eædem, oportet prius necessario determinare quid est nutrimentum, & distinguere ab aliis virtutibus.

42 Cùm narrauit quod vult loqui primo de virtute nutritiua, cùm sit magis vniuersalis: & principium eorum, quæ apparent in eo, vel principium eorum, de quibus consyderatur ex hac virtute, est quod anima, & suæ actiones sunt augmētare, & nutrire, & generare: incœpit modo determinare quod

B est illud, de quo oportet consyderare, primo in hac virtute, postquam cognoscitur esse anima, & d. Et quia potentia nutriendi, & generandi, &c. i. & quia subiectum potentiæ nutritiuæ, & augmētabilis, & generatiuæ idē est, s. nutrimentum: * & iam diximus primo quod via ad cognitionem substantiarum istarum virtutum, non est nisi per cognitionem passiuorum earum primo: vnde necesse est primo incipere, & determinare cibū quid sit, & nutrire quid sit. Et, cū narrauit hoc, incœpit demōstrare quid ē cib⁹.

Subiectū potentiæ nutritiuæ, & augmētabilis, & generatiuæ idē est. vide. 1. d ; & tertia, 39. & 41.

Videtur autem esse alimentum contrarium contrario: non omne autem omni: sed quæcunque contrariorum, non solum generationem habent ex inuicem, sed & augmentum. fiunt enim multa ex inuicem, sed non omnia augentur, vt sanum ex laborante. Videntur autem neque illa eodem modo ad inuicem esse alimentum:

C sed aqua quidem igni alimentum est, ignis autem non alit aquā. In simplicibus quidem igitur corporibus hoc esse videtur maxime, aliud quidem alimentum, aliud uero quod alitur.

* Supra t. co. 33.

SOPH. *Videtur igitur nutrimentum esse contrarium contrario: non tamen quodlibet cuiuis: sed quæcunque contrariorum non solum ex se mutuo generantur, uerumetiam augentur: fiunt enim multa ex se mutuo, sed non oīa * augētur ut sanū ex ægrotāte. quinimo ne illa quidem eodē modo uidentur sibi mutuo esse alimentum. sed aqua quidem ignis est alimentū: ignis autem non alit aquam. Ac in simplicibus quidem corporibus hæc esse uidentur maximè, unum alimentum, alterum quod alitur.*

* al. Lola quanta.

Dicamus igitur quod existimatur quòd nutrimentum est contrarium contrario: & non omne contrarium omni contrario, sed cōtraria, quæ non tantum fiunt abinuicem, sed etiam augentur. plura enim fiunt abinuicem, sed non omnia augentur: verbi gratia sanum ab infirmo. Videmus etiam quòd non eodem modo sunt nutrimentum adinuicem: sed aqua est nutrimentum igni, ignis autem non est nutrimentum aquæ. In corporibus autem simplicibus hæc duo proprie existimantur, quòd alterum est nutrimentum, & alterum nutribile. D

41 Dicit ꝙ, existimatum est ꝙ nutrimentum est illud, quod est contrarium nutribili, sicut quidam existimati sunt. sed ista existimatio non est in omni contrario, sed in eis contrariis, quæ non tantum fiunt abinuicem, sed etiam augmentantur. plura enim contraria, quæ generantur abinuicem, nõ augmentantur abinuicem: sanum enim fit ab infirmo, sed nõ nutritur ex eo. Et hoc intendebat, cùm d. & non omne contrarium omni cõtrario, &c. & sermo eius est intellectus per se. & innuit per hoc contraria, quæ sunt in substantia. ista enim existimantur augmentari abinuicem, & nutriri abinuicem. Et, cùm declarauit ꝙ ista existimatio non inuenitur nisi in cõtrariis, quæ sunt in substantia, & sunt ea, quæ possibile est vt nutriri reputentur ab inuicem, declarauit etiam ꝙ hoc non æqualiter inuenitur in vtroq; contrario. contraria enim nõ videntur nutrire se adinuicem æqualiter. Et d. Videmus etiam ꝙ non eodem modo sunt nutrimentum, &c. idest & ista existimatio non inuenitur in vtroq; contrariorum, quæ sunt in substantia æqualiter, s. vt vtrumq; eorum nutriat suum compar æqualiter. aqua enim & vīr corpora humida videntur esse nutrimentum ignis, ignis autem non vr̃ esse nutrimẽtum alicui. Et, cùm narrauit ꝙ ista existimatio debilis est, si accepta fuerit absolute, narrauit ꝙ ista existimatio tantum inuenitur in elementis, & d. In corporibus autẽ simplicibus, &c. i. existimare autem ꝙ nutriens est contrarium nutribili, non inuenitur ꝓprie nisi in duobus his corporibus simplicibus: quorum alterum est ignis & alterum humidum, vt aqua, & aer. E

Dubitationem autem habet. dicunt enim hi quidem simile ali simili, sicut & augeri. aliis autem sicut diximus econtrario, videtur ali contrarium contrario: tanquam impassibile sit simile à simili, alimentum autem mutari & decoqui: mutatio autem omnibus in contrarium aut in medium. F

ΙΟΦΗ. *Sed quæstio existit: sunt enim qui dicant simile ali simili, quemadmodum etiam augeri: contrà aliis, ut diximus, contrarium uidetur cõtrario: utpote cum simile pati non possit, alimentum uero mutetur ac concoquatur: mutatio uero omnibus in oppositũ fiat, aut in medium.*

Sed in hoc est locus dubitationis. Quidam enim dicunt ꝙ simile nutritur per simile, & similiter etiam augmentatur. Et quidam econuerso, scilicet ꝙ contrarium nutritur per suum contrarium

A rium: simile enim non patitur à suo simili. & nutrimentum transmutatur, & digeritur: & trāsmutatio in quolibet est ad dispositionem oppositam, aut ad medium.

44 Sed ista existimatio, licet inueniatur in elementis per sensum, & inductionem, tamē I ipsa quęstione est locus dubitationis ex propositiōibus famosis. est enim sermo quidā qui dat ꝙ nutrimētū est sīle, & alius, qui dat nutrimentum esse contrarium. D. d. rōnem super vtrunq; sermonem, & d. Quidam enim dicunt, &c. i. quidam enim Antiquorum opinabantur ꝙ nutrimentum debet esse simile, quia sīle nutrit suum simile, & augmētat ipsum. contrarium. n. transmutat suū contrariū: sed non nutrit ipsum neq; augmentat. Et, cū dixit hanc rōnem, dixit etiam rōnem, ꝙ nutrimētum est contrarium, & d. Et quidam econuerso. i. & dixerunt hoc. s. ꝙ contrarium nutritur à suo contrario, nō à suo simili, quia opinati sunt ꝙ nu- B trimentū patitur à nutribili, & sīle non patitur à suo simili: ergo nutrimētum non est sīle. & cū viderunt etiam ꝙ nutrimentū transmutatur in nutribile, & patitur: & omnis transmutatio est à contrario ad contrarium, aut ad illud, quod est medium inter contraria: concluserunt ex hoc quòd nutrimentum est contrarium.

1. de Gene. 39. & 1. tx. 21.

Idē 5. ph. 9. 19. & 52 & 10. Me. 13. cō. ph. à 40. ad 50.

Adhuc autem patitur aliquid alimētum ab eo quod alitur, sed non hoc ab alimēto: sicut neq; instructor à materia, sed ab illo hæc instructor autem mutatur solum in actum ex ocio. Vtrum autem sit alimentum quod vltimo aduenit, aut quod primò, habet differentiam: si autem vtrumq;, sed hoc quidem non coctum, illud au- C tem coctū, vtrobiq; vtiq; continget alimentum dicere: inquantū enim non coctum, contrarium contrario alitur: inquantum autē coctum, simile simili. Quare manifestum quod dicunt quodam modo vtriq; & recte & non recte.

SOPH. *Præterea alimentum patitur aliquid ab eo quod alitur: sed non hoc ab alimento: quemadmodum neq; faber à materia, sed ea ab illo: faber autem, ex otio duntaxat ad negocium mutatur. utrum autem sit alimētū id quod ultimo adhibetur, an id quod primo, differētia est: quòd si utrunq;, sed alterum crudum, alterum concoctum, utroq; modo possimus alimentum dicere: nam quatenus crudum est, contrarium contrario alitur: quatenus concoctum, simile simili: itáq; constat utrósq; quodammodo & rectè & non rectè dicere.*

Et etiam nutrimentum patitur quoquo modo à nutribili, sed non econuerso. sicut Carpentarius non à materia, sed materia ab illo. Carpentarius autem transmutatur tantum ad actionem ex ocio. Inter hoc igitur, ꝙ nutrimentum sit illud, quod copulatur in postremo, & hoc scilicet vt sit illud, quod prius copulatur, est differentia. Si igitur nutrimentum est vtrūq;, sed hoc est illud, quod D digeritur, illud autem quod digestum est: possibile est dicere, ꝙ nutrimentum est vtrunq;. secundum enim ꝙ est non digestum, cōtrarium nutritur à contrario: secundum vero ꝙ digestum, simile à simili. Quòd autem vtraq; istarum duarum sectarum vere, & non vere dicit aliquo modo, manifestum est.

Prim⁹ modus introducendi terminum.

45 D. Et ēt nutrimentum patitur quoquo modo, &c. i. potest intelligi ꝙ iste sermo est quasi ratiocinatio iuuans dicentem ꝙ nutrimentum est cōtrarium, & remouens obiectiones contradicentes huic sermoni. Potest enim aliquis dicere ꝙ, si nutrimentum esset contrarium nutribili, oporteret vt vtrunq; transmutaretur à suo cōpari, & pateretur ab eo. & quasi dicit rñdendo ꝙ nutrimentū est quod patit̃ à nutribili, nō nutribile à nutrimento. Non. n. est necesse vt ab oī patiente patiat̃ agens eo modo, quo patiens patitur ab eo. lignū. n. patitur à Carpentario, sed Carpentarius nō E patitur à ligno: nisi aliquis vocet illam transmutationem quæ est ex ocio ad operationem, passionē. Et forte præponebat̃ iste sermo ad illud, quod vult de dissolutione istius dubitationis, & ad demōstrādū illud, quod collocatur de vero in vtroq; istorū duorum sermonū oppositorū. Qm̄, cùm hoc fuerit scitū de nutrimēto & nutribili. s. ꝙ nutrimentū est illud, quod transmutat̃ in formā nutribilis, non nutribile in formā nutrimenti, neq; vtrūq; à suo compari æqualiter. Et ꝙ ita est de nutrimento & nutribili, sicut de Carpentario ad lignū, non sicut cōtraria, quorū eadem materia, declarabit̃ statim, cū nutrimentū dr̃ duobus modis. Dr̃. n. de illo, quod adhuc nō digerit̃, neq; transmutat̃ in naturā nutribilis: & dr̃ ēt de illo, quod digestum est, & transmutatur in naturā nutribilis, ꝙ cibum esse similem vere dr̃ de digesto, & contrarium de indigesto. Et ideo dicit post. Inter hoc igitur ꝙ nutrimentū, &c. i. &, cū nutriens est illud, quod alterat nutrimentum in substātiā suā, manifestū est ꝙ magna dr̄ia est inter hoc, quod fit nutrimentum, & inter hoc, quod copulatū est cum nutribili apud com- F plementum digestionis, & inter illud, quod innatum est vt copuletur cū nutribili, sed nondū copulatur. D. d. Si igitur nutrimētū est vtrūq;, &c. i. si igitur hoc nomen nutrimentū dr̃ de vtroq;: sed alterū eorū est nutrimentū in potentia, cū innatū est digeri, sed tñ adhuc non digerit̃: alterū aūt est nutrimentum in actu, & illud est, quod iā digerit̃: vere possumus dicere vtrunq; de cibo, s. simile, & dissimile sine aliqua cōtradictione. Hi enim duo sermones non essent cōtrarij, nisi hoc nomen nutrimentū diceretur eodē modo. Nutrimentum. n. nō digestū est nutrimentū in potētia, quod vere potest dici contrariū: nutriens. n. nō agit in ipsum, nisi fm̄ ꝙ est cōtrarium. nutrimentū aūt digestū pōt dici simile: nō. n. est pars nutribilis, nisi fm̄ ꝙ est simile. D. d. Quòd aūt vtraq; istarum duarū sectarū, &c. i. manifestum est igit̃ ex hoc sermone, ꝙ in sermone vtriusq; istarum duarum sectarum est aliqua pars vera, & aliqua falsa.

"Nō ē necesse vt ab oī patiente patiat̃ agēs eo mō quo patiēs patitur ab eo. Idem a Cō 41. Seruadus modus.

Nutrimētū dr̃ duob⁹ modis. Idē 1. de Ge. 38.

Quoniam

A Quoniam autem nihil alitur non participans uita, animatum vtique est corpus quod alitur, inquantum animatum: quare & alimentum ad animatum est, & non secundum accidens.

SOPH. *Sed quia nihil alitur, nisi sit uitæ particeps, id quod alitur animatum corpus fuerit quatenus animatum. Quare & alimentum ad animatum est & non per accidens.*

Et, quia nihil nutritur, nisi habeat partem in vita, ideo corpus animatum est nutribile fm ꝙ animatum. nutrimentum enim attribuitur animato non accidentaliter.

46 Et, quia nihil videtur nutriri, nisi cõicet in aliqua intentione, de quibus dr̃ hoc nomen vita, vt declaratum est, ideo corpus animatũ est nutribile, fm ꝙ est corpus animatum. nutrimentum.n.nõ attribuit̃ aĩato, nisi fm ꝙ habet aĩam. nõ fm ꝙ est corpus. Ista igitur actio attribuit̃ aĩæ essẽtialiter, non accidentaliter: & * pars substantia aĩæ cui attribuitur ista actio, non est nisi virtus, quæ innata est habere istam actionem, cum igitur B cognouerimus hanc actionem proprie, tunc cognoscemus substantiam istius virtutis proprie. (*a.l. partis aĩæ subst.)

Est autem alterum alimento & augmentatiuo esse. secundum enim quòd quantum aliquod animatum est, augmentatum. fm vero ꝙ hoc aliquid & substantia, alimentum est. saluat enim substantiam, & vsque ad hoc est, quousque alatur. Et generationis autem factiuum non eius quod alitur, sed quale id quod alitur. iam.n.est ipsa substantia. generat autem nihil ipsum se ipsum, sed saluat.

SOPH. *Est autem aliud alimento & auctifico esse: nam quatenus quãtum quoddam est, auctificum est: quatenus uero hoc aliquid & substantia, alimentum: conseruat enim substantiam, & tandiu est, quãdiu alitur: effectiuumque generationis est, non eius quod alitur. sed eiusmodi est id* C *quod alitur: iam enim est ipsa substantia, & nihil generat se ipsum, sed conseruat.*

Et esse nutrimentum est aliud ab esse augmentum. est autẽ nutrimentum fm hoc: & substantia, quia conseruat substantiam nutribilis, quoniam semper nutritur. Et est agens generationem, nõ quia se generat, sed quia facit generationem nutribilis. illud enim habet esse. & nihil generat se, sed se conseruat.

47 Vult distinguere tres actiones nutrimẽti. s. nutrire, & augmẽtare, & generare, & d. Et eẽ nutrimẽtũ, &c. i. & aliquid eẽ nutrimẽtũ, aut nutritiuum aliud est ab eẽ augmẽtatiuũ. Nutrimẽtũ.n.dr̃, fm ꝙ conseruat substantiã rei nutribilis, ne corrũpat̃. dat.n.ei aliquid loco dissoluti. & ideo pmanet in eẽ, dũ nutrit̃: &, cũ cessat nutrimẽtũ, corrũpit̃. Est vero augmentatiuũ fm ꝙ perficit quãtitatẽ naturalẽ eius, quod diminuit̃ in principio pp ne-

 cessitatẽ

ceſſitate.ſed tacuit hoc,quõ dña inter augmẽtũ,& nutrimẽtũ eſt manife- D ſta.ſi forte nõ eſſet diminutio ſcriptoris. Et,cũ diuiſit has duas actiones, incœpit dicere tertiá actioné,quæ eſt gñare,& d. Et eſt agés gñationé,&c. i.& nutrimẽtũ habet aliam actioné à cõſeruatione & augmentatione, ſ. gñare. D.expoſuit gñationé,& d.nõ gñationé nutribilis,ſed gñationem ſimilis nutribili,i.in ſpecie. D.d.illud.n.habet eſſe.põt intelligi,i.illud.n. quoquo modo eſt ſuum eſſe, & conſeruat generabile, vt permaneat vnũ in ſpecie,vt prædiximus. D d.& nihil generat ſe, ſed conſeruat ſe,i.& differentia inter has duas actiones eſt,ꝙ nutrire eſt conſeruare ſe,& generare eſt generare alterũ,nõ ſe.impoſſibile enim eſt,vt aliquid generet ſe.

Quare huiuſmodi animæ principium potẽtia eſt poſsibilis ſaluare ſuſcipiens ipſa,ſecundum ꝙ eſt huiuſmodi: alimentum autẽ præparat operationẽ:vnde priuatum alimento non poteſt eſſe.

Quare tale animæ principium eiuſmodi eſt potentia, quæ cõſeruet quod habet ipſum,quatenus tale eſt.alimentum autẽ ſubminiſtrat apparatũ ad operandum:quapropter ſi priuetur alimento,eſſe non poteſt. E

Hoc igitur principium eſt virtus animæ, quæ poteſt conſeruare illud,quod eſt ei,ſm omnem diſpoſitionem. Et nutrimentum eſt illud,per quod præparatur ad agere.& ideo, cùm nutrimentũ deficit,impoſsibile eſt vt ſit.

48 Et cùm declaratũ eſt ꝙ iſtæ actiones ſunt diuerſæ, ſm diuerſitaté ſuorum finiũ:licet ſubiectũ ſit idé,ſ.nutrimẽtũ:& eſt neceſſe vt iſtæ actiones ſint attributæ alicui virtuti animæ. Et,cùm ita ſit, neceſſe eſt vt hoc principiũ animæ,ſ.virtus nutritiua,ſit virtus,quæ põt cõſeruare ens in ſua forma ſm diſpoſitioné,i. ſm aliquã diſpoſitionem conſeruationis. Et d. hoc. quia ſunt aliquæ virtutes,q̃ cõſeruãt eẽ ſm oẽm diſpõné, & oés ptes eius eodé,mõ,ſ.virtutes corporũ cœleſtiũ. D.d. Et nutrimẽtũ eſt illud,p quod præparat,&c.i.& nutrimẽtũ eſt inſtrm̃, p quod facit hãc actioné. & ideo F cùm iſta virtus caret nutrimento,tunc nõ habet hanc actionem,quemadmodum Carpentarius,cùm caret ſerra,tunc non poteſt ſecare.

Virtutes corporũ cœleſtiũ cõſeruant eẽ ſm oẽ diſpõné, & oés partes eius eodé mõ.idé 1. Cœ. 22. & 2.ca.de ſubſta orb. Sed vide opp. in 5. c. de ſubſta orb.vbi vĩ dicere permanentiã cœli nõ eẽ à virtute, Vide contra. Zim.

Quoniam autem ſunt tria,quod alitur,quo alitur,& alens:alẽs quidem eſt prima anima:quod uero alitur eſt habens hãc corpus: quo vero alitur alimentum.quoniam autem à fine appellari omnia iuſtum eſt:finis autem eſt generaſſe quale ipſum, erit vtiq; prima anima generatiuum quale ipſum.

Cum autem tria ſint,quod nutritur,& quo nutritur, & quod nutrit:id quidem quod nutrit,eſt prima anima:quod uero nutritur, corpus quod eam habet:quo autem nutritur,alimentum. ſed quia à fine appellare omnia par eſt,finis autem eſt generare quale ipſum eſt, erit prima anima generatiuum talis quale ipſum eſt.

Sunt igitur tria,nutribile,& per quod hoc nutritur, & nutritiuum.

A uum. nutritiuum igitur est prima aĩa: nutribile autẽ corpus: illud vero, per quod nutritur, est nutrimentum. Et, quia oportet vt omnia sint vocata ex suis finibus: & finis est generare simile: ideo prima anima est generans simile.

49 Cũ descripsit hoc principiũ aĩæ, & descripsit nutrimẽtũ, reuersus est ad distinguẽdũ intẽtiones istorũ nominũ, quæ denominant à nutrimento, & d. Sũt igitur tria, &c. i. & manifestũ est ꝑ hec tria eẽ diuersa sm̃ diuersitatẽ rerũ relatiuarũ, quorũ vnũ est nutribile, & sm̃ illud, ꝑ quod nutrit: tertiũ autẽ est nutriens. Et iã declaratũ est ꝙ illud, quod nutrit, est aĩa cui attribuitur hæc actio: vnde manifestũ est ꝙ nutriẽs est aĩa principia aliarũ virtutũ, quæ attribuunt nutrimẽto. Et intẽdit hic ꝑ primã priorẽ naturaliter: & ꝙ nutribile est corpus: & illud, ꝑ quod nutrit, est cibus. D. d. Et quia oportet vt oĩa. i. quia oportet vt oĩa appellent ex suis finibus, cũ hæc cã finalis sit dignior essentiæ rei oĩbus causis, necesse est vt aĩa nutritiua describatur ꝑ actionẽ, quæ est suus finis, & est generare simile, nõ per actionem nutriendi, quæ est cõseruare, vt prædiximus. Dicẽdũ est igitur ꝙ anima

Cã finalis ẽ dignior oĩbus causis. Idẽ. 5. Meth. 3

B nutritiua est virtus, quæ est innata generare à cibo sibi simile indiuiduo, in quo existit in specie: cũ omnes suæ actiones non sint nisi ꝑp hanc virtutem. & hoc manifestum est in plantis, & animalibus.

Est autem quo alitur dupliciter, sicut & quo gubernatur & manus & temo, hoc quidem mouens & motum, illud autem mouens solum. omne autem alimẽtum est necessarium decoqui: operatur autem decoctionem calidum. vnde omne animatum habet calorem. figuraliter quidem igitur alimentum quid sit dictum est, certificandum autem de ipso posterius in propriis rationibus.

SOPH. *Duplex porrò est id quo nutrit, ut etiam id quo gubernat. s. manus & temo. aliud quod mouet & mouetur, aliud quod mouet tantummodo. omne autem alimentum necesse est concoqui posse: efficit autem concoctionem calidum: quamobrem omne animatum habet calorem. Ac*
C *alimentum quidem quid sit, dictum est adumbratione quadam: de quo post idoneo loco apertius agemus.*

Et illud, per quod nutritur, est duplex: quemadmodum illud, per quod gubernatur nauis, & manus, & remus. quorum vnum est motor & motum, & aliud est mouens tantum. Et oportet necessario vt omne nutrimentum possit digeri. & faciens digestionem est calidum. vnde omne animatum habet calorem. Iam igitur diximus secundum descriptionem quid sit cibus. & post exponemus sermonem in eo.

50 Cũ demõstrauit modos actiõis aĩæ nutritiuæ, & descripsit eã, & descripsit nutrimẽtũ, incœpit declarare mõ instrm̃ primũ, ꝑ quod ista aĩa agit in cibum. iã. n. fuit dictum vlr ꝙ definitio aĩæ est ꝑfectio corporis organici.

Et.d. Et illud, per quod nutritur, &c. i. & illud, p quod cōpletur actio nu- D
trimenti, est duplex. s. primum mouens, quod nō mouet cū mouet: & pri
mum mouēs, quod mouet & mouetur, & est illud, quod est de primo mo
no: uin. tore quasi subiectū. & primus motor de eo quasi forma. Et de hoc, quod
dixit, quædam declarauit hic, & quædam in sermonibus vlibus. Quod igi
tur declaratum est hic, est ꝙ aīa nutritiua est primū mouēs in cibo, quod
agit in cibo per calorem, per quem fit digestio. Vtrum aūt oportet vt mo
ueat, & non moueatur, fm ꝙ est primum mouēs, & ꝙ calor moueat, ita ꝙ
In. 8. ph. moueat à primo motore, hoc declaratum est in sermonibus vlibus. decla
a 37. vsq; ratum est enim illic ꝙ omnis primus motor, si fuerit corporalis compo-
ad 44. & nitur ex motore non moto, & ex motore moto, fm ꝙ componūtur res ex
maxime 41. materia & forma. Sed est dubitatio in hoc, quod dixit. Motus enim vir-
Digressio. Obiectio. tutis nutritiuæ est in capitulo alterationis: & illud, quod mouetur ex se,
quod componitur ex motore non moto, & ex motore moto, non in-
Idē 2. de a uenitur nisi in motu locali. In motu autē alterationis non inuenitur mo
nima. 26. tum ex se. nō enim est necesse ꝙ primū alterās corporeum alteret, & tunc E
& 8. phy. alteret, sicut est necesse in primo motore corporeo. s. vt non moueat in lo
20. & 60. co, nisi moueatur. Qūo igitur dixit hic ꝙ alterū eorū est mouēs & motū,
& alterum mouēs tm̄: & dedit exēplum de rebus mouētibus in loco? &, si
hic esset locutus de motu locali aīalium, tūc exemplum esset verum. Di
Prima solutio. camus igitur qm̄ propinquum alterans cibum debet esse corpus manifestum est. Quoniam vero corpus alterans non sufficit in essendo primum
mouens istud motum, declaratum est prius, qn̄ d. ꝙ calor non sufficit in
Supra tex. agendo actionē alteratiuam terminatā, nisi sit illic alia virtus, quæ nō est
cō. 41. corpus, sed est in corpore. corpus igit̄, quod est primū alterās, cōponitur
ex alterante, quod nō alteratur. s. aīa, & ex alterante alterato. s. calore naturali. Declaratum est igit̄ ꝙ illud, per quod fit nutrimētum, est duplex. s. alterans non alteratum (omne enim alteratum est corpus) & istud est anima, & est alterans alteratum. s. calor naturalis. Hoc igitur nomen motus
large, & vniuersaliter accipitur in hoc loco. & fm hanc expositionem non
indigetur illo, quod declaratum est in illo sermone. s. ꝙ primus motor in F
Secunda solutio. loco cōponitur ex motore non moto, & ex motore moto. Et possumus
dicere ꝙ calor naturalis non alterat cibum, nisi primo moueat in loco. de
8. ph. a. 55 claratum est enim ꝙ motus localis antecedit cæteros motus: & maxime
vsq; ad. 61 istum motum, qui est terminatus, s. qui alterat rem in alia hora, & alia nō
& etiam non alterat tm̄, sed attrahit & expellit cibum. & hoc est motus lo
calis. Et fm hanc expositionem erit demōstratio manifesta. Sed prima
expositio videtur magis conueniens: & etiam fuit exemplum largiter acceptum. manus enim non est primus motor nauis, qui nō mouetur, sed ip
se gubernator. Et, cū declarauit ꝙ aīa nutritiua est forma in corpore, cū
propinquum alterans corpus, quod est cibus, necessario debet esse corpus:
Exponit secūdā partem tex. & ꝙ forma sit alterans non alterata, cūm sit non corpus: & ꝙ corpus alterans est alteratum, incœpit declarare quid est hoc corpus, & d Et oportet
necessario vt omne nutrimentum, &c. idest & oportet necessario vt omne
nutri-

A nutrimentum, quod iam est nutrimentum in actu, digeratur per corpus alterans, quod est instrm aiæ nutritiuæ. &, cũ hoc corpus debet esse alterans, & digerens: & tale est corpus calidũ: vnde Antiqui dixerunt ꝙ ignis nutritur: oportet necessario vt oẽ habens alam nutritiuã habeat calorẽ: sed non absolute, immo calorem naturalem. declaratũ est enim in Quarto Meteororum quod illud, quod facit digestionem, est calor conueniẽs illi enti, non extraneus. D. d. Iam igitur diximus sm descriptionem. i. vlr & largiter, &c. i. & cõplementum sermonis in vnaquaq; parte eorum, ex quibus constituitur nutrimentum, exponendum est post in loco conuenienti. Et dixit hoc: quia sermo de nutrimento, & augmento non perficitur nisi in pluribus libris. In libro. ii. de Generatione & corruptione determinatus est motus augmenti & diminutionis. In Meteororis autẽ, determinati sunt modi calorum, & modi actionum, vt decoqui, & assari. Et in hoc libro etiam declaratus est primus motor in istis motibus. Et in libro etiam de Animalibus determinatum est quot sunt instrũa istius virtutis vnoquoq; animali: & quõ completur actio per ipsam in vnoquoque
B eorum: & per quot membra: & quomodo seruiũt illi illa membra: & qualis est proportio eorum in ista actione adinuicem, & huiusmodi. & ideo dixit quòd illud, quod declaratum est hic de nutrimento, non est nisi primus motor, & primum instrumentum.

4. Me. 14.

Sermo de nutrimento & augmẽto nõ pficit nisi in pluribus libris.

SVMMA QVARTA.

De potentia Animæ sensitiua.

Sensum passiuorum esse, eumque aliquando potentia, aliquando uero actu esse: pati autem tum à simili, tum uero dissimili. Cap. I.

Eterminatis autem his dicamus communiter de omni sensu. sensus autem in ipso moueri & pati aliquid accidit, sicut dictum est: videtur enim quædam alteratio esse. aiunt autem quidam & simile à simili pati. hoc autẽ
C quomodo possibile aut impossibile, dictum est in vniuersalibus rationibus de agere & pati.

SOPH. *His expositis de omni sensu communiter disputemus. sensus fit dum aliquid mouetur aut patitur, ut dictum est. uidetur enim esse alteratio quædam. sunt etiam qui dicant simile à simili pati. id uero quomodo possibile sit aut impossibile. dictum est in uniuersalibus sermonibus de agendo & patiendo.*

Et, cùm iam determinauimus ista, dicamus iam in omni sensu vniuersaliter. Dicamus igitur quòd sentire accidit secundum motum, & passionem aliquam, sicut diximus. existimatur enim ꝙ sensus sit aliqua alteratio. Et quidem dicunt quòd simile patitur à suo simili, & dissimile à dissimili. & iam diximus in sermonibus

vniuersalibus de agere, & pati, quomodo possunt fieri, aut nõ fie D
ri. & in hoc loco etiam locuti sumus de eo.

51 Cùm fuit locutus de virtute nutritiua, incœpit loqui de sensibili, & primo de illo, quod commune est omnibus sensibus, & d. Dicamus igitur ꝙ sentire, &c. i. dicamus igitur quòd sentire sit per aliquam passionem, & motum in sensibus à sensibilibus, nõ per actionem sensuum in sensibilia. hoc enim est primum consyderatum de sensu, scilicet vtrum sit numeratus in virtutibus actiuis, aut passiuis.* Et, cùm posuit ipsum in genere virtutum passiuarum, dedit causam istius existimationis, & d. existimatur enim, &c. i. & diximus quòd sensus sit secundum passionem: quia existimatur quòd sensus alterantur à sensibilibus aliquo modo alterationis. Et dixit aliqua, vt notet proprium. quia † post declarabitur quòd ista transmutatio non dicitur alteratio, nisi multipliciter. Deinde dicit. Et quidã dicunt quòd simile, &c. i. &, cùm posuerimus quòd genus sensus est passio, consyderandum est in quibus existimatur passio. quidam enim dicũt simile pati à suo simili: & quidam econtrario, scilicet ꝙ contrarium patitur à suo contrario. Et intendebat hic per sermones vniuersales librum E de Generatione & corruptione.* & non sufficit ei, quod declaratum fuit in illo libro, quia sermo hic videtur magis proprius. subiectum enim, de quo loquitur hic, magis proprium est subiecto, de quo loquebatur illic. & primo incœpit dare dubitationem in hoc, quod posuit, quòd sensus est de virtutibus passiuis, non actiuis.

Primũ cõsideratũ de sensu ẽ vtrũ sit numeratus in virtutibus actiuis, & passiuis. *Sẽsus ẽ de virtutibus passiuis. Idẽ in cõ. seq. & † t. co. 59. & 60. Idẽ 3. de Aia cõ. 18. authoritate Alex. Idẽ 7. Ph. cõ. 12. sed vidẽ oppo. cõ. 17. & in hoc scdo, vbi dicit animã esse causam effectiuã cuiuslibet motus et veri, q̃ existimauit, vide contra. Zim. † 3. t. c. 57. & 4. h°. t. c. 28. *1. de Ge. t. c. 46. & infra.

Habet autem dubitationem propter quid sensuum ipsorũ non sit sensus, & quare sine his quæ sunt extra non faciunt sensum, in existente igne, & terra & aliis elementis. quorum est sensus per se, aut secundum accidentia his. Manifestum igitur ꝙ non est actu, sed potentia tantum. vnde non sentiunt: sicut combustibile non comburitur ipsum à se ipso sine combustiuo: combureret enim se ipsum, & nihil indigeret actu ignem esse.

Sed oritur quæstio, cur non sensuum quoq; ipsorũ nõ sit sensus, & cur, sine iis quæ sunt extra non efficiunt sensum: cum insit & ignis & terra, & reliqua elementa quorum est sensus per se, aut ea quæ ipsis accidunt: perspicuum igitur est sensitiuum non esse actu sed potentia tantũmodo: quapropter non sentit: quemadmodum res cremabilis non crematur ipsa per se, sine eo quod vim habet cremãdi: se enim ipsa cremaret, nec actu ignis indigeret.

Sed est irrationabile, quare sensus non sentiunt se: & quare etiã nullus sensus agit absq; extrinseco, & ex eis sunt ignis, & terra, & alia elemẽta, & sunt illa, quæ cõprehendunt à sensu per se, & accidentia contingentia eis. Dicamus igit̃ ꝙ sensus non est in actu, sed

tantum

A tantum in potentia. & ideo non sentimus. quemadmodum combustile non comburitur à se absq; comburente. &, si hoc nõ esset, combureret se, & non indigeret quod ignis esset in actu.

52 Cùm posuit sensum esse de virtutibus passiuis, incœpit dubitare dubitationem* cogentẽ vt sit de passiuis, non de actiuis. & hoc, si non intendit per existimationem certificationem. multoties enim vtitur existimatione pro certitudine. Et di. Sed est irrationabile, quare sensus non sentiunt se. idest vt mihi videtur, sed est irrationabile, cùm posuerimus quòd virtutes sensitiuæ sunt actiuę, dicere quare sensus non sentiunt ex se absque extrinseco. necesse enim est, si virtutes sensus essent actiuæ, vt sentirent ex se: & non vt indigerent in sentire aliquo extrinseco. Deinde di. & ex eis sunt ignis, & terra, & alia elementa. idest & sensuum quidam attribuitur in sua compositione vnicuique elemento: & ista sunt sensibilia. oportet igitur vt sentirent se. & hoc intendebat, cùm d. & accidentia contingentia eis idest cõtingentia istis sensibilibus, ex quibus B componuntur instrumenta istorum sensuum. Et, cùm narrauit quod est irrationabile dicere quare sensus non sentiunt absque extrinsecis, si posuerimus sensus esse ex virtutibus actiuis, incœpit narrare modum, secundum quem erit responsio huic quęstioni, & dixit. Dicamus igitur quòd sensus non est in actu, sed in potentia, &c. idest dicamus igitur in respondendo quòd sensus non est ex virtutibus actiuis, quæ agunt ex se, absq; eo quòd indigeant in actione, quæ prouenit ab eis, motore extrinseco: sed, quia sunt ex virtutibus passiuis quæ indigent motore extrinseco. & ideo non sentiunt ex se. quemadmomum combustibile non comburitur ex se absque motore extrinseco, scilicet igne. & quemadmodum combustibile, si esset combustibile ex se, tunc possibile esset vt combureretur sine igne extrinseco existẽte in actu: sic sensus, si sentirent ex se, secundum quòd sunt virtutes actiuæ, tunc possibile esset vt sentirent absque extrinseco. C Et debes scire quòd hæc est † prima differentia, qua virtutes animæ differunt ab inuicem: & est principium consyderationis de intellectu, de alijs virtutibus. virtus autem nutritiua manifestum est ex prædictis, quòd est ex virtutibus actiuis.

> * a. l. esitationem.
>
> Existimatio quandoque sumitur pro certitudine. Idẽ. 1. huius c. 19.
>
> Ex hoc loco colligitur quòd sensatio sensus exterioris fit sine præsentia sensibilium exteriorum. oppositum vide infra t. c. 59 & 60 & cõ. 156. Sed vide oppositum in Auer. sup. cons. libro de somno & vigilia circa dimidium, vbi habet quòd dormiens sentit se videre, & audire, & olfacere, & gustare, & tangere sine aliquo extrinseco sensibili. Vide cõ. 2um.
>
> † Prima differentia, qua virtutes animę differunt ab inuicẽ, est per esse actiuũ & passiuũ. Idem 3. de Ala cõ. 1.

Quoniam autem sentire dicimus dupliciter: potentia enim audiens & videns, audire & videre dicimus, & si forte dormiens: & quod iam operans: dupliciter vtiq; dicetur & sensus: hic quidẽ sicut potentia, ille autem sicut actu. similiter autẽ & sentire, quodq; potentia ens, & quod actu.

IO. PH. *Sed cum sentire bifariã dicatur, quod enim potentia audit uidetq;, id audire & uidere dicimus, quamuis forte dormiat: & quod iam operatur, sensus quoq; bifariã dicetur, partim ut potẽtia, partim ut actu, similiter etiam sentire: & quod potentia est, & quod actu.*

Et,

Et quia dicere quod aliquid sentit est duobus modis: quod enim in potentia audit, & videt, dicimus imperium audire, & videre licet sit dormiens: & illud. quod peruenit ad agere, dicimus in eo hoc: vnde sensus dicitur potentia, & actu. Et similiter oportet vt sentire etiam dicatur duobus modis, de potentia, & actu. D

55 Cum declarauit quod sensus est ex virtutibus passiuis non actiuis: & ista habent duplex esse, s. esse in potentia, antequam virtutes eius perficiantur à motore extrinseco, & esse in actu, quádo fuerint perfectæ & inuentæ in actu à motore extrinseco: incœpit declarare quod hęc duo cõtingunt virtutibus alæ, & d. Et quia dicere quod aliquid sentit, &c. i. &, quia manifestum est per se quod dicere quod aliquid sentit est duobus modis. Quorum vnus est cum dixerimus in aliquo audienti, & videnti in potentia, quod audit, & videt: vt dicimus de dormiente. & hoc intendebat, cum dixit. quod enim in potentia audit, & videt, &c. i. qd. n. est in potentia propinqua audiens, & videns dicitur secundum consuetudinem audiens, & videns: licet sit dormiens, qui est magis remotus alijs modis potentiæ. quod enim est in obscuro est videns in potentia. sed ista potentia est propinquior actui. quam potentia, quę est in visu dormiẽtis. D. d. & illud, quod peruenit ad agere, dicimus in eo hoc. i. & illud, quod peruenit de rebus sensibilibus vt videat, & audiat, & vlt sentiat, dicitur quod audit, & videt, & vlt sentit. Et cum declarauit quod hoc nomen sensus dicitur de vtraque intentione, dixit. Et silr oportet vt sentire etiam dicatur duobus modi, de potentia, & actu, &c. i. & similiter oportet vt sentire, quod est actio sensus, dicatur etiam duobus modis, sicut de habitu, & forma, ex quibus prouenit sentire. E

Sensus est duobus modis, s. potentia. & in actu. Idem infra t. cõ. 118. 139. & 141. & 142. & & 156.

Potentia visus existentis in obscuro est propinquior actui, quam potentia, quę est in visu dormientis.

Primum quidem igitur tanquam idem sit pati & moueri, & agere, & mouere, dicimus. & nanque motus est actus quidam, imperfectus tamen, sicut in alteris dictum est. omnia autem patiunt & mouentur ab actiuo, & actu ente: vnde est quidẽ tanquã à simili pati, est autem, vt a dissimili: sicut diximus. patitur quidem enim quod dissimile: passum autem simile est. F

SOPH. *At primum tanquam idem sit pati & moueri operariq; dicamus. etenim motus est actus quidam, sed imperfectus, ut in alijs dictũ est. omnia autẽ patiuntur & mouentur ab efficiente & eo quod actu est: iccirco partim à simili patiuntur, partim à dissimili, quẽadmodum diximus: patitur enim quod dissimile est, ubi autẽ passum est, simile est.*

Sermo igitur noster primo non est secundũ quod pati, & moueri est idem cum agere, & mouere. Motus enim est aliqua actio sed nõ perfecta, vt dictum est in alijs locis. & omne quod patitur & mouetur, non patitur, & mouetur nisi ab aliquo agẽte in actu. Et ideo pati quandoq; est à simili, quandoque à dissimili. & secundum

A cundum quod diximus, dissimile est illud, quod patitur, & post
quam patitur, fit simile.

Cùm declarauit sensum esse ex virtutibus passiuis, & quòd est duobus
54 modis, dixit. Sermo igitur noster, &c. idest & magna differentia est inter sermonem de sensu, opinando in eo quòd est virtus passiua, & sermo
nem de eo, opinando quòd est virtus actiua. sermo enim de aliquo, sm
quòd opinamur in eo quòd suum esse est pati & moueri, alius est à sermone in eo, secundum quòd opinamur quòd suum esse est agere & mouere. Et, cum narrauit hoc, dedit differentiam inter vtrunque, & d.
Motus enim est aliqua actio, sed non perfecta. idest & hec duo genera essendi sunt diuersa. esse enim vnius generis est de genere esse motus: &
iam declaratum est quòd motus est actio nõ perfecta: est enim perfectio
alicuius existentis in potentia sm quòd est in potentia: esse autem alteri'
generis est actio perfecta. Deinde dedit aliam differentiam inter vtrũq;
B esse, & d. & omne, quod patitur, & mouetur &c. idest & differunt etiam,
quoniam omne numeratum in genere passionis nõ habet esse nisi ab aliquo, s. agente. &, ideo, si agens non fuerit, hoc non erit. omne autem nume
ratum in genere actionis habet esse ex se, non ex alio. D.d. Et ideo pati
qñq; est a simili, &c. i. & quia esse virtutũ passiuarũ est admixtũ ex poten-
tia, & actu. passiuum enim antequam patiatur, est contrarium agenti. & Passiuum anq̃ patiatur ẽ cõtrariũ agẽti.
cum passio completur, est simile agenti. &, dum patitur, est admixtum. & cũ passio cõplet. ẽ sile agẽti, & dum patit. ẽ ad mixtũ sili
non enim cessat dum mouetur, corrumpi in eo pars cõtrarij, & fieri pars & contrario cõsile
similis. Et manifestum est quod qui non intellexerit virtutes passiuas 1. L. cõ. 45.
tali esse, non poterit dissoluere prædictam quæstionem: neque etiam qui & 1. de Generat. t. c. 48
non concesserit quod virtutes sensus sunt de virtutibus passiuis. Potest et & 49.
dicere vtrum sensibile sit simile, aut contrarium. & hoc est fundamentũ
& oportet vt conseruetur, sicut diximus in alijs virtutibus animæ, & maxime in virtute rationabili, sicut apparebit post.

Dicendum autem, & de potentia & de actu. nunc enim simpli-
C citer dicimus quæ habemus de ipsis. est quidem enim sic sciens
aliquod, sicut si dicamus hominem scientem, qm̃ homo scientiũ
& habentium scientiam. est autem sicut iam dicimus scientẽ habentem grammaticam. vterq; autem horũ non eodem modo pos
sibilis est. sed hic quidem quoniam genus huiusmodi, & materia
est: ille autem quia volens, possibilis est considerare, nisi aliquid
prohibeat exterius.

IOPH. *Distinguendum etiam est de potentia & actu: nunc enim simplici*
ter de eis loquimur. partim enim ita sciens quidpiã est, quasi dicamus
hominem scientem, quoniam eiusmodi est humanum genus, ut sciat &
habeat scientiam; partim iam dicimus scientem, eum qui habet gram
maticam: uterq; autem horum non eodem modo potest: sed unus quidẽ,

quia

quia genus ac materia talis est: alter uero quia cum uoluerit potest con D *templari, nisi aliquid prohibeat externum.*

Et oportet nos determinare ẽt potentiam, & perfectionem: qm̃ in hoc loco locuti sumus de eis simpliciter. Dicamus igiť ꝙ intendimus. cum dicimus ꝙ aliquid, v.g. homo, est sciens, ꝙ hõ est de habentibus sciam. Et qñq; dicimus hoc, sicut dicimus de eo, qui iam acquisiuit scientiam grammaticæ, ꝙ est sciens. Sed potentia in vtroq; istorum non est eodem modo. sed potentia primi est qa suum genus est tale: secundi autem est, quia, cum voluerit, potest inspicere, dum aliud extrinsecum non impediat ipsum.

55 Cùm declarauit quòd sensus dicitur duobus modis, potentia, s. & actu: & etiam vtrunque istorum dicitur duobus modis, incœpit determinare hoc, & d. Et oportet nos determinare etiã, &c. idest & oportet nos, cum sciuerimus quod sensus inuenitur duobus modis, potentia, s. & actu, de- E terminare Intentiones, de quibus dicitur potentia, & perfectio, & actus simpliciter: cũ in hoc loco non sumus locuti de eis nisi simpliciter. Et, cùm dedit causam, propter quam oportet loqui in hoc loco de potentia, & actu simpliciter, s. quæ existunt in sensu simpliciter, dixit Dicamus igitur quod intendimus, &c. i. dicamus igitur quòd manifestum est quòd, cum dixerimus quòd aliquid est tale in potentia, quòd hoc intenditur duobus modis, aut sicut dicimus quod homo est sciens in potentia, idest innatus scire: aut sicut dicimus in sciente grammaticam in actu, quòd est sciens in potentia, quando non vtitur sua scientia. Et, cùm declarauit istos duos modos potentiæ, dedit differentiam inter eos, & d. Sed potentia, quæ est in vtroq;, non est eodem modo, &c. idest sed intentio potẽtię in vtroq; eorum non est eodem: sed, cum dicimus, quòd ignorans est sciens in potentia, intendimus quòd genus eius, & materia est receptibile scientię. Et, cùm dicimus in sciente grammaticam ꝙ est sciens in potentia, dicimus quod habet potentiam consyderandi grammaticam, cum voluerit. F

Iam autem cõsiderans, actu ens & proprie sciens hanc literam A. Ambo quidem igitur primi ſm potẽtiam scientes sunt: sed hic quidem per doctrinã alteratus est, & multotiens ex contrario mutatus habitu. hic autem ex eo quod habet sensum aut grammaticam, non agere autem, in agere alio modo.

SOPH. *At uero qui iam speculatur, actu est & proprie sciens hoc A. Ambo igitur priores illi, potentia quidem sunt scientes, sed alter quidem per disciplinã alteratus, & sæpius ex contrario mutatus habitu: alter uero ex eo quòd habeat sensum uel grammaticam, & non operetur, ad operandum alio modo.*

Qui

A Qui aūt consyderat est in perfectione, & in rei veritate sciens hoc. Illi igitur duo primi sunt scientes in potentia. sed alter eorū, cum alterabitur per doctrinam, & mutabitur multotiens ex habitu ad dispositionem contrariam. alter autem, cūm mutabitur ex habere sensum, aut scientiam grammaticæ, sed non intelligit, quousq; agat modus igitur eius est alius.

56 Idest sciens autem grammaticam, consyderando in ea, est sciens secūdum vltimam perfectionem: & tale dicimus sciens in rei veritate. hoc autem, de quo consyderat non in eo quod scit illud, si nō consyderat actu de eo. Deinde di. Illi igitur duo primi sunt scientes in potētia, scilicet ignorans, & sciens, quando non vtitur sua scientia. D.d. sed alter eorum &c. sed alter eorum mutabitur ex potentia in actum, cū alterabitur per doctrinā, & mutabitur multotiens ex habitu ad dispositionē contrariā, & ex dispositione contraria habitū, quousq; habit' sit firm', & fixus. Et intendit

B per habitū formā scientiæ: & per dispositionem contrariā ignorantiam. D.d. alter autem cum mutabitur ex habere sensum, aut scientiā grāmaticæ, sed non intelligit, quousq; agat. idest & alter erit de potentia in actū, & in vltimam perfectionem, quando mutabit' ex habere sensum in actu, aut scientiam grammaticæ in actu in tempore, in quo non intelligat ab eo, quousq; agat ab eo. modus igitur illius virtutis est alius modus.

Non est autem simpliciter neq; agere neq; pati. sed aliud quid ē corruptio quædam à contrario: aliud autē salus magis eius quod potentia, ab eo quod est actu & simili, sic sicut potētia se habet ad actum. speculans enim fit habens scientiam: quod vere aut non est alterari: in ipsum enim additio est & in actum: aut alterum genus alterationis est.

SOPH. *Pati quoq; non est simplex, sed aliud est corruptio quædam à contrario: aliud salus potius eius quod est potētia, ab eo quod ē actu & simili:*

C *quomodo potentia se habet ad actum: cōtemplans enim fit quod habet scientiam: quod sanè aut non est alterari: nam in ipsum fit accessio, & in actum: aut certe aliud est genus alterationis.*

Et passio etiam non est simplr. sed quædā est aliqua corruptio à contrario. & quedam videtur magis esse euasio eius, quod est in potentia, ab eo, quod est in actu: & est sile. Ista igitur est dispositio eius, quod est in potentia apud perfectionem. non enim consyderat nisi habens scientiam. & hoc aut non est alteratio, additio enī in ipso est ad perfectionem: aut est aliud genus perfectionis.

57 Et hoc nomen passio non significat eandem intentionem simplicem, sed quædam est passio, quæ est corruptio patientis à contrario, à quo patitur: vt passio calidi à frigido, & humidi à sicco. D.d. & quædam videtur

detur magis,&c. idest etiam est passio, quæ est euasio paticotis in potentia ab eo, quod est in perfectione, & actu, fm ꝙ illud, quod est in actu est simile non contrarium, s. extrahens ipsum à potentia ad actum, econuerso dispositioni in prima passione. D.d. Ista igitur est dispositio, &c.i.& iste vltimus modus passionis est dispositio eius, quod est in potentia ex anima apud perfectionem mouentem illud, quod est in potentia, & extrahentem eam in actum non fm primum modum passionis. D.d. non enim consyderat, &c.i. & iste modus passionis est ex modo, qui est euasio patientis ab eo, quod est in actu, mouens ipsum, non corruptio eius. non enim consyderat in aliquo, postq̃ non consyderabat, nisi qui scit illud. & hæc non est alteratio fm primam intẽtionem, quæ est corruptio patiẽtis D.d. additio. n. in ipso est ad perfectionem, &c.i.&, quia ista trãsmutatio non est ex non esse, sed est additio in transmutabili, & ire ad perfectionẽ, absq; eo ꝙ similis corruptio, aut mutatio ex non esse, ponitur sicut mutatio ex ignorantia ad sciam. Et quasi intendit ꝙ hoc est magis remotum à vera alteratione duobus modis, alteratio enim, quæ est euasio patientis, est duplex: alteratio s. de non esse ad perfectionem, & alteratio de prima perfectione ad vltimam. & hæc est additio, quã innuit. D.d. aut est aliud genus alterationis. i. & iste modus, qui est euasio patientis, aut dicetur alteratio, aut erit aliud genus alterationis. D / E

Vnde non bene habet dicere sapientẽ cùm sapiat, alterari: sicut neq; ędificatorem cùm ędificat. In actum quidem igitur ducẽs ex potentia ente fm intelligere & sapere, nõ doctrinam, sed alteram habere denominationem iustum est: Ex potentia autem ente addiscens & accipiens scientiam ab actu ente & didascalo, aut neq; pati dicendum, sicut dictum est, aut duos esse modos alterationis, & eam quæ in priuatiuas dispositiones mutationem, & eam quæ in habitus & naturam.

SOPH. *Quamobrem non recte se habet dicere id quod scit cũ scit, alterari: quemadmodum nec ædificatorem cum ædificat. Quod igitur ad actum ducit ex eo quod est potentia intelligens & sciens, id nõ doctrinam, sed aliam habere appellationem meretur: quod autem cum sit potentia discit & comparat scientiam ab eo quod est actu, & docet, id uel nõ esse dicendum pati, quemadmodum diximus, aut certe duos esse alterationis modos: uidelicet mutationem eam quæ ad priuatiuas fit dispositiones, & eam quæ ad habitus & naturam.* F

Et similiter non est rectum dicere in eo, quod intelligit, quãdo intelligit, ꝙ alteratur, sicut non dicitur ꝙ ædificator, cũ ædificat, alteratur. Qui autem reuertitur ad perfectionem ab eo, quod in potentia existit in capitulo intelligendi, non est rectum vt vocẽt disciplina, sed oportet ponere ei aliud nomen. Qui autem addi-

scit,

A scit, postquā fuit in potētia, & accepit sciām ab eo, qui est in perfectione doctor. oportet, aut vt nō dicat̄ oīno pati, aut vt dicat̄ ꝙ alteratio est duplex, transmutatio, s. ad dispositionem non esse, & transmutatio ad habitum & naturam.

58 Et similiter non est rectū dicere in eo, qui venit de ignorantia ad scientiam, cuius dispositio dicitur disciplina ꝙ alteratur: sicut nō dr̄ hoc in eo, qui mutatur ex hoc, ꝙ non operatur ab habitu existente in eo in actu, ad hoc vt agat ab eo: vt Carpentarius, qui mutatur à non carpentari ad carpentari. Et hoc exemplum inuenimus in ali translatione. D.d. Qui autem reuertitur ad perfectionem, &c. i. qui autem acquirit perfectionim de scientia post potentiam sm̄ reuersionem ad illud, quod iam acquisiuerat primo, deinde amisit ipsum, non debet dici illo nomine quo dicitur ille, qui est in potentia primo semper, & nunquam lucratus fuit illud quod dicitur disciplina: sed iste modus debet habere aliud nomen. & ille

B modus quem innuit, dicitur rememoratio. Et dixit hoc quia Plato opinabatur quòd disciplina, & rememoratio idem sunt. D. d. Qui autem addiscit, postquam fuit in potentia. i. transmutatio autem ex ignorantia in scientiam à doctore, qui est sciens in perfectione, & in actu, necesse est aut vt non vocetur alteratio, aut vt dicatur ꝙ alteratio est duobus modis. Quorum vnus est transmutatio, quæ fit in dispositionibus non esse in patienti ab agente: Et alius est transmutatio, que fit in dispositione habitus, & formæ existentis in patiente ab agente. & ista est passio, quæ est corruptio patientis, non euasio. & hoc est illud, quod dixit ante, aut est aliud genus alterationis.

Plato opinabat̄ ꝙ disciplina, & rememoratio idē. Idē sup. tx. 5. 3. de Aīa c. 20. & 7. Phy. c. 1. Idē 1. Me. 48. & 49. Idē 7. Me. cō. 53.

Sensitiui autem prima quidem mutatio fit à generāte: cùm autem generatum est habet iam sicut scientiam & sentire. quod aūt secundum actum similiter dicitur ipsi considerare: differt autem quoniam huiusmodi actiua operationis extra sunt, visibile & au

C dibile: similiter autem & reliqua sensibilium.

SOPH. *Sensitiui autem prima quidem mutatio fit ab eo quod generat: cū autem generatum est, habet iam tanquam scientiam & sentire. quin etiam quod actu est perinde dicitur atq; contemplari: differētia tamē est, quòd ea quæ actu sensum efficiunt, extra sunt, visibile scilicet & audibile, cætera quæ itidem sensibilium.*

Et prima transmutatio sentientis est à generante, ita ꝙ, cū fuerit generatum, statim sentit. Et sentire est sicut scire. & quod est in actu est simile ad consyderare. Sed tamen differunt ꝙ agentia in hoc sunt extrinseca, vt visum, & auditū: & sil'r alia sensibiliū.

59 Et prima transmutatio sentientis, quæ est similis transmutationi hominis de ignorantia ad scientiam per doctorem, est transmutatio, quæ fit per agens generans aīal non à sensibilibus. Et innuit differentiam inter

primam

Tria perfectio sensus ab intelligentia agente. Idem 7. Met. c. 31. & 12. Met. c. 18. † In 2. de Gene. animalium cap. 3.

primam perfectionem factam in sensu, & vltimã. Opinatur.n. ꝙ prima perfectio sensus fit ab intelligentia agente, † vt declaratur in libro de animalibus. Secunda autem perfectio fit à sensibilibus. D.d. itaꝙ, cum fuerit factum, &c.i. ita ꝙ, cum prima virtus fuerit facta statim sentiet nisi aliqd impediat, aut sensibilia non sint presentia. & hoc est simile sciẽ, quæ est in sciente, qui non vtitur scientia. D.d. Et sentire est sicut scire idest & vltima perfectio sensus, quę est comprehendere sensibilia in actu, & considerare in eis simile est vti scientia, & consideratione. D.d. & quod est in actu est simile ad considerare.i. sentire in actu simile est ad considerare, & scire. D.d. Sed differunt, &c.i. sed prima perfectio sensus differt à sciẽtia scientis, quæ est in actu, qñ non considerat, in hoc, ꝙ mouens primã perfectionem in sensu, & extrahens in secundam sunt extrinseca sensata, vt visibilia, mouens autem scientem de prima perfectione in secundam est aliquid copulatum cum anima copulatione in esse. D

Causa autem est quoniam singularium quidem ſm actum sensus, sciencia autem est vniuersalium: hæc enim in ipsa quodammodo sunt anima: vnde intelligere quidem est in ipsa cùm velit, sentire autem non est in ipsa: Necessarium est autem esse sensibile. Similiter autem & hoc se habet in scientijs sensibilium, & propter eandem causam: quia sensibilia singularium sunt & exteriorum. Sed de his quidem certificare tempus fiet & in rursum. E

SOPH. *Cuius rei causa est, quia sensus qui actu est, singularium est: scientia uero uniuersalium: hac autem in ipsa quodammodo sunt anima: iccirco intelligere quidem est in ipso cum uoluerit, sentire autem nō est in ipso: necesse enim est adesse sensibile. similiter etiam res se habet in scientiis sensibilium, & ob eandem causam: quia sensibilia singularia & extra sunt. sed de his apertius disserendi erit occasio etiam aliâs.*

Et causa in hoc est, ꝙ sensus in actu comprehendit particularia scientia autem vniuersalia, & ista quasi sunt in anima. Et ideo homo potest intelligere cùm voluerit sed non sentire, quia indiget sensato. Et ista dispositio est etiam in scientia sensibilium. ista enĩ causa est causa eorum, s. ꝙ sensibilia sunt ex rebus particularibus extrinsecis. Sed sermo de istis rebus, & exponere ea erit post, & habebit horam. F

60 Idest & causa huius diuersitatis inter sensum, & intellectum in acquirẽdo vltimam perfectionem est in hoc, quod motor est in sensu extrinsecus & in intellectu intrinsecus est. quia sensus in actu non mouentur nisi motu, qui dicitur comprehensio à rebus particularib⁹ sensibilibus, & isti sunt extra animam. intellectus autem mouetur ad vltimam perfectionem à rebus vniuersalibus, & istæ sunt in anima. Et dixit & ista quasi sunt in anima. quia post declarabit ꝙ ea, quæ sunt de prima perfectione in intellectu,

tellectu,

A tellectu, sunt quasi sensibilia de prima perfectione in sensu, s. in hoc, ꝙ ambo mouent, sunt intentiones imaginabiles: & istæ sunt vniuersales potentia, licet non actu & ideo dixit. & ista quasi sunt in anima. & non dixit sunt, quia intentio v'lis, alia est ab intentione imaginata. Deinde d. Et ideo pōt homo intelligere, &c. i. & quia mouentia virtutem rationalem sunt intra animam: & habita à nobis semper in actu: ideo homo pōt considerare in eis, cum voluerit: & hoc dr̄ formare, & non potest sentire, cum voluerit: quia indiget necessario sensibilibus, quæ sunt extra alam. D. d. Et ista dispositio est etiam, &c. i. & ista dispositio est etiam in nobis in scientia sensibilium: & nos discimus ab eis, quia existunt in sensibus. & causa in esse istius dispositionis in nobis in sciētia sensibilium, est eadem causa in esse istorum in ipsis sensibilibus. Et similiter est intelligendum ꝙ dispositio existens in nobis in scientia vniuersaliū est in nobis, quia est in virtute rationali, & quod causa ꝙ sumus per illam hoc modo, est causa, qua ipsa est illo modo. Sed, quia sermo in intellectu non est hic manife-

B stus, transmisit nos ad aliud tempus, & dixit. Sed sermo de istis rebus. i. de intellectu. † Et potest aliquis dicere quod sensibilia non mouent sensus illo modo, quo existunt extra animam. mouent enim sensus secundū ꝙ sunt intentiones, cum in materia nō sint intentiones in actu, sed in potentia. Et nō potest aliquis dicere, quod ista diuersitas accidit per diuersitatem subiecti, ita quòd fiant intētione, propter materiam spiritualem quæ est sensus, non propter motorem extrinsecum. melius est enim existimare quòd causa in diuersitate materiæ est diuersitas formarum: nō ꝙ diuersitas materiæ sit causa diuersitatis formaæ. Et, cū ita sit, necesse est ponere motorem extrinsecum in sensibus alium à sensibilibus: sicut fuit necesse in intellectu. Visum est igitur ꝙ, si concesserimus ꝙ diuersitas formarum est causa diuersitatis materiæ, ꝙ necesse erit motorem extrinsecū esse. Sed Arist. tacuit hoc in sensu, quia latet, & apparet in intellectu. Et debes hoc considerare, quoniam indiget perscrutatione.

Intentio v'lis alia ē ab intētione imaginata: ex quo patet contra negātes spēs intelligibiles.

† Sēsus nō poterit sentire, cū voluerit, q2 indiget sensibilib' existētib' extra alam. Idē 2. I cō. 59. Idē 3. c. 156. Idē 7. Met. cō. 15. sed bū intelligim' cum volumus: quia mouentia virtutē rōnale sunt īra alam. Idem. 12. cō. 5. 18. & 36.

Digressio. Meli' ē existimare q. cā I diuersitate materiæ, ē diuersitas formarū, q̄ ecōtra. vt dixisse 1. de Ala cō. 53. & 2. Phy. c. 87. Sed vide oppositū. 8. Ph. c. 46. vbi ex diuersitate mãæ arguit diuersitatē formæ. Vide cōm. Zim.

C Nunc autem tantum sit diffinitum, quoniam cum non simpliciter sit quod potentia dicitur: sed aliud quidem sicut si dicamus puerum posse militare: aliud autem sicut in ætate existentem: sic se habet sensitiuum.

SOPH. *Verū hoc tantum in præsentia sit distinctum: cum non simplex sit id quod potentia dicitur, sed partim quasi dicamus puerum posse ducē esse: partim ut eum qui per ætatem idoneus sit, sic se habet sensitiuum.*

Nunc autem in tantum determineetur, ꝙ illud quod dicitur esse in potentia, non est simplr̄, sed de quodā dicitur, sicut dicitur ꝙ puer potest gubernare exercitum, & de quodam dr̄, sicut dicitur de experimento, & similiter est de sensu.

61 Idest summa eius, quod declaratum est ex hoc sermone, & in hoc loco hæc est. Et intendit per simpliciter vnam intentionem. & dixit ꝙ illud,

quod est in potentia, non est vna intentio, sed plures. & d. sed de quodam D dicitur, &c. idest sed quidam sensus dicitur esse in potentia, sicut dicitur q̃ puer põt gubernare exercitum. & ista est potentia prima remota: ex qua cum sit transmutatio ad propinquam potentiam fit per generans, non per sensibilia: & est similis potentiæ ignorantis ad scientiam. Deinde dixit, & de quodam dicitur, sicut dicitur de experimẽto, & similiter est de sensu. & intendit potentiam, quæ est prima perfectio sensus: & est illa, ex qua fit transmutatio ad vltimam perfectionem per ipsa sensibilia. & est similis scienti, quando non vtitur sua scientia. Et intendit per omnia ista declarare q̃ potentia sensus, quæ recipit sensibilia, non est pura præparatio, sicut præparatio, quæ est in puero ad recipiendum scientiam: & q̃ est aliquis actus, sicut habens habitum, quando non vtitur suo habitu.

Quoniam aũt innominata est ipsorum differentia, determinatum est autem q̃m altera, & quomodo altera, vti autẽ necesse est ipso pati & alterari tanquã propriis nominibus. sensitiuum autẽ E potentia est quale sensibile iam actu, sicut dictum est. patitur autẽ non simile ens: passum autem assimilatum est: & est quale illud.

SOPH. *Sed quia nomine caret eorum differentia, explicatumq; est ea esse diuersa, & quonã pacto diuersa, necesse est nominibus his, pati scilicet & alterari, uti tanquam propriis. sensitiuum autem potentia est tale, quale iam sensibile actu, quemadmodum dictum est. patitur igitur cum non est simile: ubi autem passum fuerit, simile factum est, & tale est quale illud.*

Sed, quia differentiæ eorum non sunt nominatæ, & iam determinauimus de eis q̃ sunt diuersæ, & quomodo necesse est nobis vti passione, & alteratione, sicut res veræ. Et, sentiens in potẽtia est sicut sensatum in perfectione, sm q̃ diximus. Patitur igitur dũ non est simile, &, cum patitur, assimilatur. F

62 Idest, sed quia differentiæ potentiæ, & trãsmutationis existentium in anima sensibili, & in rebus animatis nõ hñt noĩa propria, & iam declarauimus ea esse diuersa, & declarauimus modum, sm quem diuersantur: visum est nobis quòd necesse est, inquantum ista intentio, quam determinauimus de anima, nõ habet nomen proprium, dare ei nomen passionis & alterationis, quæ est subiectũ rerum veratũ. hoc enim non nocet, cũ iã determinauimus intẽtionẽ, sm quam diuersantur. Et dixit, necesse est nobis. quia ista intentio caret nomine apud vulgus: & transumptio nominis vsitati apud vulgus est facilior, quàm fingere aliud nomen. Et, cùm hoc fuerit declaratum de sentiente, incœpit describere eum simpliciter, & dixit, Et sentiens in potentia est, sicut sensatum in perfectione. idest manifestum est igitur ex hoc, quod diximus, quod sentiens simpliciter est illud, quod est in potentia ad intentionem, quam determinauimus de potentia

Transumptio nois vsitati apud vulg' facilior ẽ, fingere aliud nomen.

tentia

A rentia per intentionem rei sensibilis in perfectione, idest illud quod innatum est perfici p intentionem rerum sensibilium, non per ipsas res sensibiles. Et, si non, tunc esse coloris in visu, & in corpore esset idem. Et, si ita esset, tunc esse eius in visu non esset comprehensio. & ideo dixit, est illud quod est in potentia, sicut sensatū in perfectione. & non dixit, illud, quod est in potentia sensatum, quoniam si ita esset, idem esset esse coloris in visu, & in sua materia. D. d. Patitur igitur, dum non est simile, & cum patitur assimilatur, &c. i. & contingit ei illud, quod contingit omnibus alterabilibus, vt declaratum est in sermone vniuersali: & est ꝙ patitur à sensibili, dum non est simile ei: &, cum passio perficitur, tunc erit simile.

Sēsus patitur a sensibili, dū nō ē sile ei, ex quo patet sensibile cōtrariari sensui. sed oppositū vide c. 57. Vide cō. 2 im.

Sensibilia, alia per se esse, alia vero per accidens: per se autem, alia propria alia communia. Cap. 2.

B Dicendum autem ſm vnumquemq; sensum de sensibilibus primo. Dicitur autem sensibile tripliciter: quorū duo quidem dicimus per se sentiri: vnū autem ſm accidens. Duorum autē, aliud quidem proprium est vniuscuiusq; sensus: aliud autem cōe omnium. dico autem proprium quidem, quod non contingit altero sensu sentiri, & circa quod non contingit errare, vt visus coloris, auditus soni, & gustus humoris: tactus autem habet plures differentias, sed vnusquisq; iudicat de his, & non decipitur visus quoniam color: neq; auditus quoniam sonus: sed quid coloratum, aut vbi: aut quid sonans, aut vbi. Huiusmodi quidem igitur dicuntur propria vniuscuiusq;.

SOPH. *Igitur in unoquoq; sensu primum de sensibilibus dicendum est. Sensitiuum tribus modis dicitur, quorū duo quidem per se unū, uero per accidens sentiri dicimus: duorum aūt illorum, unum est propriū cuiusq; sensus, alterum cōe omnium. id autem intelligo proprium, quod non potest*
C *alio sensu sentiri, & in quo non potest fieri error: ut uisus coloris, & auditus soni, & gustus saporis: tactus autem plures habet differentias, sed unusquisq; iudicat de eis: neq; decipitur quòd color sit, uel quòd sonus: sed quid sit id quod coloratum est, aut ubi: aut quid sit id quod sonat, aut ubi: Hæc igitur dicuntur propria cuiusq;.*

Et, antequam incipiamus loqui de vnoquoq; sensuū, loquamur de sensibilibus. Dicam⁹ igitur ꝙ sensibile dicitur tribus modis: quorum duo dicuntur sentiri per se, & tertius accidentaliter. Et alter duorum proprius est vnicuiq; sensuum, & alter est communis omnibus. Et est proprius, quem non potest alter sensus sentire, & illud, quod impossibile est vt ei cōtingat error: verbi grā, visus apud colorem, & auditus apud vocem, & gustus apud saporem,

porem. tactus autē plures vno modos habet. Sed vnusquisq; eorū iudicat ista, & non errat in colore, quis color sit, neq; in voce quę vox sit: sed in colorato quid est, & vbi est: & in audito quid est, & vbi est. Quod igitur est tale, dicitur proprium. D

63 Cùm declarauit quid est sensus simpliciter, vult modo loqui de vnoquoq; sensuum. Et, quia iam prædixit quòd via ad hoc est loqui de ipsis sensibilibus, cùm sint magis nota quàm sensus, dixit Et, antequam incipiamus loqui, &c. i. & quia necesse est ire ex eis, quæ sunt apud nos magis nota ad ea quę sunt magis nota apud naturam, oportet nos loqui prius de ipsis sensibilibus. Et, quia sensibilium hæc sunt vniuersalia, & hæc propria, incœpit loqui prius de ꝓprijs, & dixit, Dicam⁹ igitur quòd sensibile &c. idest & sermo eius in capitulo isto apparet per hoc, quod dixit, sensus autem plures habet modos. Intendit ꝙ sensibilia vniuscuiusque istorum sensuum plura sunt vno modo: sed vnusquisq; sensuum iudicat suum sensatum proprium: & non errat in eo in maiori parte. visus enim non errat E in colore, verum sit albus, aut niger: neque auditus in voce verum sit grauis, aut acuta. sed isti sensus errant in comprehendendo differentias indiuiduorum istorum sensibilium, ver. gra. in comprehendendo istud albū quod est nix: aut differentias locorum istorum, ver. g. vt comprehendat ꝙ istud album est superius, aut inferius. Deinde d. Quod igitur est tale dicitur proprium. idest sensibilia autem, quæ inueniuntur alicui soli sensui, qui non errat in eis, in maiori parte dicuntur propria. Et, cum dixit. sed in colorato quid est, & vbi est: & in audito quid est, & vbi est, non intendebat quòd sensus cōprehendit essentias rerum, sicut quidam existimauerunt: hoc enim est alterius potentiæ quæ dicitur intellectus: sed intendebat quòd sensus cùm hoc, quòd comprehendunt sua sensibilia propria, comprehēdunt intentiones indiuiduales diuersas in generibus, & in speciebus. comprehendunt igitur intentionem huius hominis indiuidualis, & intentionem huius equi indiuidualis, & vniuersaliter intentionem vniuscuiusq; decem prędicamentorum indiuidualium. & hoc videtur esse proprium sensibus hominis. Vnde dicit Arist. in lib. de Sensu, & sensato, quòd sensus aliorum animalium non sunt sicut sensus hominis, aut simile huic sermoni. & ista intentio indiuidualis est illa, quā distinguit virtus cogitatiua à forma imaginatiua; & expoliat eam ab eis, quæ sunt adiuncta cùm ea ex istis sensibilibus communibus & proprijs, & reponit ea in rememoratiua. & hæc eadem est illa, quam cōprehendit imaginatiua. sed imaginatiua cōprehendit eam coniunctā istis sensibilibus: licet eius cōprehensio sit magis spiritualis, vt alibi determinatum est. F

Necesse ē ire ex eis, q̄ sūt apd̄ nos magis nota, ad ea, q̄ sunt magis nota apd̄ naturā. Idē. 1. Phy. t. c. 2. & 7. Meta. t. c. 10. Idē l. hoc. 2. t. c. 12. & 33.

Circa sensibile propriū n̄ errat sensus in maiori pte. Idē. 3. 152. 334. 161. Idē super lib. de Sensu & Sensato.

Sēsus n̄ cōprehēdūt essentias rerū, sicut qdā existimauerūt; s; hoc ē alteri⁹ potētię, q̄ dr̄ intellectus.

Sēsus hoīs cōprehendūt itētiones indiuiduales omniū decē pdicamentorū. Idē. 3. d' Aia. c. 6. 20. & 33.

Communia autem, motus, quies, numerus, figura, magnitudo: huiuscemodi autem neq; vnius sunt propria, sed communia omnibus: tactui enim motus aliquis sensibilis, & visui. per se quidem igitur sunt sensibilia hæc.

Communia

SOPH. *Communia autem, motus, quies, numerus, figura, magnitudo: hæc* A *enim nullius sunt propria sed omnium cõmunia. etenim & tactu motus quidam sensibilis est, & visu. Atq; hæc quidẽ per se sensibilia sunt.*

Comunia autem sunt, motus, & quies, & numerus, & figura, & quantitas. ista enim non sunt propria alicui, sed communia eis omnia. motus enim sentitur tactu, & visu.

64 Cùm declarauit ex duobus modis essentialibus modum proprium, incœpit declarare communem, & d. q sunt quinq; motus, & quies, &c. Et hoc quod dixit, ista enim non sunt propria, &c. non intendit q vnumquodq; istorum quinq; est cõmune vnicuiq; sensuum, vt intellexit Themistius, & sm quòd apparet: sed tria eorum, scilicet motus, & quies, & numerus sunt communia omnibus: figura autem & quantitas sunt communia tactui, & visui tantum. & sic intendit per hoc, quod dixit, sed communia eis omnia. i. sed omnia sunt communia sensibus, nõ omnia omnibus B sensibus. Quoniam autem hæc sensibilia, s. propria, & communia sunt attributa sensibus essentialiter manifestum est. non enim possumus attribuere comprehensionem sensuum eis alio modo ab eo, sm q sunt sensus. Hæc igitur est vna intentio eius, quod est accidentaliter, quod est oppositum ei, quod est essentialiter. ista enim sunt comprehensibilia sensuum sm q sunt sensus, non sm q sunt aliqui sensus.

Mot⁹, qes, et nũer⁹ sunt cõia olb⁹ sensib⁹. figura aũt, & q̃titas sũt cõia tactui. & visui tñ.

Secundum accidens autem dicitur sensibile, vt si albũ sit Diarĩj filius: sm enim accidẽs hoc sentitur, qm̃ accidit albo hoc q sentitur. vnde nihil patitur sm q huiusmodi est à sensibili. Sensibiliũ autem secũdum se, propria proprie sensibilia sunt. & ad quæ substantia apta nata est vniuscuiusq; sensus.

SOPH. *Per accidens autem sensibile dicitur, verbi causa si album sit Diaris filius: per accidens enim hoc sentimus, quia accidit albo id quod sentimus: quocirca nihil quatenus tale est à sensibili patitur. eorum autẽ* C *quæ per se sunt sensibilia, ea propriè sensibilia sunt, quæ propria sunt, & ad quæ nata atq; apta est cuiusq; sensus substantia.*

Accidentaliter autem dicitur in re q est sensibilis. album enim quod est Socrates, non sentitur, nisi accidentaliter. accidit enim q album, quod sentitur sit iste. & ideo non patitur à sensibili, sm q est sic. Ea aũt, quæ sunt sensibilia p se, & propria, sunt sensibilia in rei veritate. & sunt ea, q̃ sentire est nata subã cuiusq; sensuũ.

65 Cùm declarauit duos modos sensibilium per se, s. propriorum & communium, incœpit declarare tertium modum, qui est sensibilis per accidens, & d. Accidentaliter autem dicitur in re, quod est sensibilis. i. hoc modo. D. d. exemplum, & dixit, album enim quod est So. non sentitur, nisi accidentaliter. i. iudicare enim quòd istud album est Soc. est sentire accidentalr.

dentaliter. D.d. causam, & d. accidit enim quod album, quod sentitur, sit D
iste.i. & dicimus ꝙ ista comprehensio est per accidens: quia nos non sentimus per visum ꝙ illud est So. nisi sm ꝙ est coloratum: & coloratũ illud
esse So. est per accidens, secundum ꝙ est coloratum. Sed potest aliquis
dicere ꝙ silr accidit ei figura, & numerus, & motus, & quies. quomodo
igitur fuerunt numerata ista in eis, quæ sunt sensibilia essentialiter? quĩ,
si fuerunt numerata quia sunt communia, similiter etiam intentiones in
diuiduorum sunt communes omnibus sensibus. Et possumus dicere in
hoc duos sermones: quorum vnus est, ꝙ ista communicatio magis videtur necessaria in esse propriorum sensibilium, v.g. quantitas. color enim
non denudatur ab ea. & similiter calor, & frigus, quæ appropriantur tactui. color enim non est necesse vt sit in So. aut in Platone, neque necessi
tate propinqua, neque remota. Et etiam sensibilia † communia, vt declarabitur, sunt propria sensui communi, quemadmodum ista sunt propria
vnicuiq; sensuum: & comprehẽsio intentionis indiuidualis, licet sit actio
sensus communis. & ideo pluries indigetur in comprehensione intentio- E
nis indiuidui vti pluribus vno sensu, vt vtuntur Medici in sciendo vitam
eius, qui existimatur habere repletionẽ venarũ pluribus vno sensu. tñ vr
ꝙ ista actio est sensus cõis non sm ꝙ est sensus cõis, sed sm ꝙ est sensus ali
cui⁹ animalis v.g. aĩalis intelligentis. Iste igitur est ẽt alius modus modo
rum secundum accidens, s. ꝙ accidit sensibus comprehendere dñas indiuiduorum sm ꝙ sunt indiuidua, non sm ꝙ sunt sensus simplices, sed sm
ꝙ sunt humani: & præcipue dñæ substantiales, videtur enim ꝙ comprehensio intentionum indiuidualium, substantiarum, de quibus intellectus
considerat, est propria sensibus hominis. Et debes scire ꝙ cõprehẽsio
intentionis indiuidui est sensuum: & comprehensio intentionis vniuersalis est intellectus: & vniuersalitas † & indiuidualitas comprehenduntur
per intellectum, s. definitio vlis, & indiuidui. D.d. & ideo non patit, &c.
idest & visus non patitur ab intentione sensibile per accidens. quĩ, si pateretur ab aliquo indiuiduo, sm ꝙ est illud indiuiduum, non debet pati ab
alio indiuiduo. D.d. Ea aũt, quæ sunt sensibilia per se, &c.i. duorum aũt F
modorum rerum sensibilium per se propria sunt ea, quæ prius debent nu
merari in eis, quę sunt essentialiter: & sunt sensibilia I rei veritate, & essen
tialiter, cũm ista sunt, quæ sentiuntur primo & essentialiter: illa autẽ licet
sentiantur essentialr, tñ non sunt prima. D.d. & sunt ea, quę sentire, &c.i.
& sunt ea, quæ sunt nata sentiri primo, & essentialr ab vnoquoq; sensuũ:
& silr natura, & essentia vniuscuiusq; sensuum est in sentiendo ea.

Digressio. Solutio. Color nõ denudat a quãtit. & silr calor, & frigus, q appropriant tactui. Idẽ infra. 135. † Sẽsibilia cõia sunt ppria sẽsui cõi. oppositũ 3. tex. cõ. 133. Vide cõ. Zim. Cõphẽsio intẽtionũ indiuiduaiũ, de qb⁹ itellcs cõsyderat, ẽ ppria sensibus ho. Idẽ ĩ c. 63. Idẽ, 3. de Aĩa. cõ. 6. 20. & 35. † Vlitas, & idiuidualitas cõphẽdunt p intellm. p hoc vide cõ. 3. 3. de Aĩa.

De visu, visibilibus, ac medio, perspicuo, ac lumine. Cap. 3.

CVius quidem igitur est visus, hoc est visibile. visibile autẽ est colorq; & ꝙ ratione quidem est dicere, innominatũ autem existit ens, manifestum autem erit ingredientibus maxime. visibile enim est color: hoc autem est in eo ꝙ secũdum se visibile.

A sibile. secundum se autem, non ratione, sed quoniã in seipso habet causam essendi visibile.

SOPH. *Ergo cuius est uisus, id est uisibile. uisibile autem est color, & quod oratione quidem exprimi potest, nomine autem caret: uerum in orationis progressu maxime perspicuum fiet quod dicimus. quippe uisibile est color, qui demum est id quod in eo est, quod est per se uisibile: per se autem non ratione, sed quoniam in se habet causam cur sit uisibile.*

Illud igitur, cui attribuitur visus, est visibile. Visibile enim est color, & q est possibile dici, sed non est dictũ. & post apparebit q dicimus magis. Visibile enim est color. & hoc est visibile per se. & est dicere per se, non s̃m intentionem, sed in eo inuenitur causa in hoc, q est visibile.

B

66 Cùm cõpleuit sermonem vlem de sensibilibus, reuersus est ad sermonem propriũ de vnoquoq; sensibili, & primo de sensibili visus, & d. Illud autem cui attribuitur visus idest, & manifestum est per se q sensibile, quod attribuitur visui, proprie est visibile. & visibile est color, & sibi simile ex rebus, quæ videntur in obscuro, quę non habent nomen congregãs in colore, neq; etiam in se habent nomen, quod demonstret de eis illud quod est quasi genus, sed non possunt exponi nisi sermone composito. ver. gra. q dicamus q sunt ea, quæ videntur in obscuro, & non videntur in in luce: vt conchæ. Deinde dicit. & post apparebit, &c. idest & nos declarauimus modum post, s̃m quem dicitur quod color, & ista sunt visibilia, s. vtrum hęc dicantur æquiuoce, aut s̃m prius & posterius. D. d. Visibile enim est color, &c. i. visibile enim in rei veritate est color, aut est illud, quod per se est visibile. Et est dicere per se, non secundum primam intentionem intentionum, de quibus dicitur, illud qđ est essentialiter, &

C est modus, in quo prędicatũ est in substantia subiecti. sed s̃m intẽtionem secundam, & est illud, in quo subiectum est in definitione prædicati. color enim est causa vt res sit visibilis. & per hoc, quod dixit, sed in eo inuenitur causa. intendit secundum q color est causa, aut in eo inuenitur causa; vt aliquid sit visibile.

Color ẽ p se visibi lis scdo mõ dicẽdi per se, nõ in primo. Idẽ in eõ. seq.

Omnis enim color mouens est eius quod secundum actũ diaphani: & hæc est ipsius natura. vnde quidem non est visibile sine

34 lumine. propter quod de lumine primo dicendum est. Est igitur aliquid diaphanum.

SOPH. *Omnis autem color motiuus est eius quod est actu perlucidum, atq; id est ipsius natura. idcirco non est uisibile sine lumine: sed omnis color rei cuiusq; in lumine uidetur: quamobrẽ, de lumine prius quid sit dicendum est. est ergo aliquid perlucidum.*

Et quia omnis color est mouens diaphanum in actu. & hoc est natura eius. Et ideo nõ est visibilis absq; luce, sed necessarium est vt vnusquisq; colorum non sit visibilis nisi in luce. Et ideo dicendum est de luce quid est. Et hoc erit in dicẽdo quid est diaphanũ. D

67 Et substantia coloris, & eius essentia, sm quod est visibilis, est illud, quod mouet diaphanum in actu. D.d. & hoc est natura eius, &c.i. & ista descriptio demonstrat naturam & substantiam eius, sm quod est visibilis. Et signum, quod color est mouens diaphanum in actu non diaphanum in potentia, est, quia nõ est visibilis absq; luce, per quam diaphanum in potentia fiat diaphanum in actu, & hoc autem demonstrat quod ipse opinatur quod colores existunt in obscuro in actu. Et si lux fiat necessaria in videndo colorem, non est nisi sm quod facit diaphanum in potẽtia diaphanum in actu, aut opinatur quod lux est necessaria in videre, sm quod colores existunt in obscuro in potentia: & secundum quòd diaphanum potentia indiget etiam in recipiẽdo colorem, vt sit diaphanum in actu. Et Auempace dubitauit in hac descriptione * diaphani, & d. quòd non est necesse vt diaphanum inquantum mouetur à colore, sit diaphanum in actu: quoniã diaphaneitas eius in actu est illuminatio eius: & eius illuminatio est aliquis color. Color enim nihil est, nisi admixtio corporis lucidi cùm corpore diaphano: vt declaratum est in lib. de Sensu & sensato. Et omne recipiens aliquid non recipit ipsum nisi in modo, secũdum quem caret illo. Et hoc coegit eum ad exponendum hunc sermonem alio modo ab eo, quod dixerunt expositores, & dixit, & dicere quòd color mouet diaphanũ in actu. i. mouet diaphanum de potentia ad actum, non quod mouet diaphanum, secũdũ quod est diaphanum. Lux autem necessaria est in videre: quia colores in obscuro sunt in potentia: & ipsa facit eos in actu, vt moueant diaphanum, secundum quòd diaphanum caret luce, aut illo, quod fit à luce, scilicet colore. & ista expositio est valde difficilis, secundum quod sonant eius verba. E

Digressio, qua quæritur quo lux necessaria sit colori.

Auẽpace rhsio.

* coloris.

Oẽ recipiens aliqd nõ recipit, nisi inquã caret eo, qd recipitur. Idẽ. 3. d Ala. c. 4.

Alexan. enim dat rationem, quòd diaphanum in actu mouetur à colore ex hoc, quod apparet. Aer enim videtur multotiẽs coloratus colore, quem videmus mediante aere: vt parietes, & terra colorantur per colorem plantarum apud transitum nubium super eas. Si igitur aer non coloraretur per colorem illarum plantarum, non colorarentur parietes, & terra. Et manifestum est quod color, licet fiat à corpore lucido, tamen differt ab eo definitione, & essentia. color enim vt dicitur est vltimum diaphani terminati. lux autem est complementum diaphani non terminati. Vnde manifestum est quod non de necessitate illud, quod mouetur a colore debet esse non lucidum: sed de necessitate debet esse non coloratum. Nihil enim recipit se, aut est causa alicuius in recipiendo ipsum & ista est propositio manifesta per se. & Arist. ea multotiens vtitur, indifferenter: siue mouere necesse, & recipiere fuerint spiritualia, sicut aer recipit colorem: aut materialia, sicut corpus admixtum ex lucido, & diaphano obscuro recipit colorem. Et, cum fuerit possibile quod diaphanũ in actu moueatur à colore, necesse

Alex. opio.

Lux, & color dñnt. vide aliã diiam. 3. in cõ. 72.

E Nihil recipit se, aut ẽ cã alicuius in recipiendo ipsum. ista ppõ est p se manifesta. & Aris. vtit ea mltotiẽs tã i recipiẽdo rẽali, q̃ in recipiẽdo spũali. vide p hoc cõ. 4. & 5. 3. de Ala.

A necesse est vt hoc sit ei, aut essentialiter, aut accidentaliter. s. aut ſm ꝙ est
diaphanum in actu, aut ſm ꝙ est diaphanum tantum: sed contingit ei vt
non moueatur à coloribus, nisi essendo diaphanum in actu. hoc enim est
ſm ꝙ est diaphanum. & ista est opinio Auempace. Sed manifestum est Opi. oem mentatoris.
per se, ꝙ lux necessaria est in essendo colores visibiles. & hoc aut erit, quia
dat coloribus formam, & habitum, quo agunt in diaphano: aut quia dat
diaphano formam, qua recipit motum à coloribus: aut vtrunq;. Et est ma
nifestum quòd quando *considerauerimus quod dixit Arist. in principio *a. l. cõsideraueri mus
istius sermonis, & posuerimus ipsam propositionem quasi manifestam p
se, tunc necesse erit vt lux non sit necessaria in essendo colores mouentes
diaphanum, nisi secundum quòd dat diaphano formam aliquam, qua re
cipit motum à colore, s. illuminationem. Aristo. enim posuit principium In ppõne primi modi dicẽdi p se pdicatũ ẽ cã subiecti, ecõtra in ppõne scdi modi
quòd color est visibilis per se, & quòd simile est dicere colorem visibilẽ,
& hominem risibilem. s. de genere propositionis essentialis, in qua subie-
B ctum est causa prædicati, non prædicatum causa subiecti: vt cùm dicitur
homo est rationalis. & hoc intendebat: cum dixit, sed ſm quòd in eo inue
nitur causa in hoc, quod est visibile, secundum ꝙ exposuimus. Et hoc
concesso manifestum est quòd impossibile est dicere quòd lux est illud, Impossi ẽ ꝙ lux largiat colori habitũ, & formã.
quod largitur colori habitum, & formam, qua fit visibilis, quoniam, si ita
esset, tunc comparatio visionis ad colorem esset accidentalis, & secũda nõ
prima, s. mediãte isto habitu. visio enim manifestum est ꝙ est aliquid po
sterius visibili: & quòd eius proportio ad colorem nõ est sicut proportio
rationalis ad hominem. Manifestum est igitur ꝙ proportio eius est sicut Color ẽ visibilis nõ mediante alia for a sibi cõtingente.
proportio risibilis ad hominem: & sicut color secundum ꝙ est color est
visibilis, non mediante alia forma sibi contingente. Et, cùm ita sit, lux nõ
est necessaria in essendo colorem mouentem in actu, nisi secundũ quòd
dat subiecto sibi proprio receptionem motus a se. & Arist. videtur quòd
non posuit hoc, quod posuit, nisi intendendo dissolutionem istius quæstionis. Et secundum hoc intelligendus est sermo eius, quòd colores mo
C uent visum in obscuro in potentia. lux enim est illud, quod facit eos mo-
tiuos in actu. vnde assimilat lucem intelligentiæ agenti, & colores phantasmatibus. Quod enim inducitur secundum exemplum, & large, non est
simile ei, quod inducitur secundum demonstrationem. de exemplo autẽ
non intenditur nisi manifestatio, non verificatio. Et non potest aliquis Remouet obiectiões contra se
dicere quòd color non inuenitur in actu, nisi luce præsente. Color enim
est vltimum diaphani terminati. Lux aũt nõ est vltimum diaphani termi De exẽplo ñ requirit̃ nisi manifestatio, ñ verificatio
nati. & ideo necessaria non est in essendo colorem, sed in essendo visibilẽ,
vt determinauimus. Reuertamur igitur & dicamus ꝙ, cùm declarauit
ꝙ color, secundum ꝙ est visibilis, mouet diaphanum in actu: & ꝙ est ista
natura eius propter hoc ꝙ est visibilis per se: & quòd impossibile est vt vi- Vide 1. prl orũ sectio 4. & 1. posterior. 1. 80.
sio sit sine luce, reuersus est ad narrandum illud, quod consyderatum est
de istis rebus prius, & dixit sed necessarium est vt vnusquisq; colorum, &c.
idest sed quia vnusquisq; colorum non est visibilis nisi in luce, dicẽdum
est prius de luce. lux enim est vnum eorum, quibus completur visio. D.d.
&

& hoc erit in dicendo quid est diaphanum, idest & hoc complebitur nobis in dicendo prius quid est diaphanum. D

Diaphanum autem dico, quod est quidem visibile, non autem secundum se visibile, vt simpliciter est dicere, sed propter extraneum colorem. huiusmodi autem est aer & aqua, & multa solidorum. non.n. secundum ꝙ aqua neq; secundum ꝙ aer, diaphanum est: sed quoniã est natura eadem in his vtrisq; & in perpetuo superius corpore.

SOPH. *Id autem appello perlucidum, quod est quidem uisibile, sed ut uno uerbo dicam, non per se, sed propter alienum colorem uisibile. cuiusmodi sunt aer & aqua & complura solidorũ. non enim quatenus aqua, nec quatenus aer, perlucidum est: sed quia eadem inest natura in utroque eorum, & in æterno illo supero corpore.*

Et Diaphanum est illud, quod est visibile, sed non visibile per se, & simpliciter, sed propter colorem extranei. Et in tali dispositione inueniemus aerem, & aquam, & plura corpora coelestia. non enim secundum ꝙ aer est aer, neq; secũdum ꝙ aqua est aqua, sunt diaphana. sed propter naturam eandem existẽtem in his duobus & in corpore æterno altissimo. E

68 Cùm narrauit ꝙ oportet prius consyderare de natura diaphani, incœpit describere ipsam, & dixit. Et Diaphanũ est illud, quod est visibile, &c. i. Et Diaphanũ est illud, quod non est visibile per se, s. per colorem naturalem existentem in eo: sed illud, quod est visibile per accidens, i. per colorẽ extraneum. Et hoc, quod dixit, manifestum est. & ideo innatum est recipere colores, cùm nullum proprium habeat in se. D.d. non enim secundum ꝙ aer est aer, &c. i. & quia diaphaneitas non est in sola aqua, neque in solo aere, sed etiam in corpore cœlesti, fuit necesse vt diaphaneitas non sit in aliquo eorum, secundum illud quod est. v.g. secundum ꝙ aqua est aqua, aut cœlum cœlum, sed secundum naturam cõem, existentem in omnibus: licet non habeat nomen. & hoc, quod dixit, manifestum est. F

Lumen autem est huiusmodi actus diaphani, secundum ꝙ est diaphanum: potentia autem in quo hæc est & tenebra, lumen autem vt color est diaphani, secundum ꝙ actu diaphanum ab igne aut huiusmodi, vt quòd sursum corpus: & enim huic aliquid inest vnum & idem quid quidem igitur diaphanum, & quid lumen, dictum est: quia neque ignis est, neq; omnino corpus, neq; defluxus corporis nullius: esset enim vtique aliquod corpus, & sic, sed ignis aut huiusmodi alicuius præsentia in diaphano: neq;.n. possibile est duo corpora in eodem esse.

SOPH. *Lumen uero est eius actus, nempe perlucidi quatenus perlucidũ est: in quo aute hoc inest potentia, in eodem tenebra etiam insunt: Lumen*

autem

A *autem ueluti color est perlucidi, quando actu fit perlucidum ab igne
*aut eius generis aliquo, cuiusmodi est superum corpus. Quid igitur sit
*perlucidum & quid lumen diximus: nimirum quod nec ignis est, nec
*omnino corpus, neq; effluxio corporis ullius, (esset enim uel sic corpus ali
*quod) sed ignis aut alicuius eiusmodi præsentia in perlucido. neq; enim
duo corpora simul in eodem esse possunt.

Lux autem est actus diaphani, secundum quod est diaphanum. In
potentia autem est illud, in quo est hoc, & obscuritas. Et lux est
quasi color diaphani, cùm fuerit diaphanum secundum perfectio
nem ab igne, & similibus, vt corpus superius. in hoc enim existit
illud idem. Iam igitur dictum est quid est diaphanum, & quid est
lux. & quòd non est ignis, neque corpus omnino, neque aliquid currens à corpore omnino. quoniam, si ita esset, tunc secundum hunc
B modum esset aliquod corpus. sed est præsentia ignis, aut simile in
diaphano. impossibile enim est vt duo corpora sint in eodē loco.

69 Cùm declarauit naturam diaphani, quod est de luce quasi materia de
forma, incœpit definire lucem quod est, & d. Lux autem est actus diaphani, &c. i. substantia autem lucis est perfectio diaphani, secundum quòd est
diaphanum: aut perfectio istius naturæ communis corporibus. Et hoc,
quod dixit. in potentia autem est illud, in quo est hoc, & obscuritas. i. corpus autem diaphanum in potentia est illud, in quo inuenitur ista natura
communis cum obscuritate. D. d. Et lux est quasi color diaphani, &c. i. &
lux in diaphano non terminato est quasi color in diaphano terminato:
cū diaphanū fuerit, diaphanū ī actu à corpore lucido naturali: vt ignis: &
silia de corporibus altissimis lucidis. D. d. in hoc enim etiam &c. i. natura
enim diaphaneitatis existens in corpore cœlesti semper associatur illi,
C quod facit eam dispositionem in actu. & ideo nunquam inuenitur cœlū
diaphanum in potentia, sicut ea, quæ sunt inferius, cum quandoq; sit luci
dum præsens, & qnq; non. ista autem natura cœlestis semper est illumina NT cœlestis semp est illuminata. Id e l cō. 71.
ta. Et ex hoc declaratur etiam quod colores non acquirunt habitum à luce.
lux enim non est nisi habitus corporis diaphani.

Videtur autem lumen contrarium esse tenebræ. est autem tenebra priuatio huius habitus ex diaphano. quare palā quod huius præ
sentia lumen est, & non recte Empedocles neque si alius aliquis sic
dixit, quòd feratur & extendatur lumen in medio terræ & continentis. nos autem lateat. hoc enim est & extra eam quæ in ratione
veritatem, & extra ea quæ videmus in paruo enim spatio lateret
nos. ab oriente aūt in occidens latere, magna multum est quæstio.

SOPH. *Videtur etiam lumen esse contrarium tenebris. sunt uero tenebræ
priuatio talis habitus à perlucido. itaq; perspicuum est eius præsentiam

esse

esse lumen. neq; recte Empedocles aut si quis alius perinde locutus est D *ac si lumen feratur, ac demum extendatur inter terram et caelum ambiens, nos uero lateat. hoc enim est praeter ueritatem quae in ratione posita est, & praeter ea quae apparent. in paruo namq; internallo forte nos lateret. latere uero ab ortu ad occasum, magnum admodum postulatum est.*

Et existimatur q lux sit contrarium obscuritati. & obscuritas E est priuatio habitus à diaphano: declaratur igitur ex hoc q lux ē praesentia istius intentionis. Et non vere dixit Empedocles neque alius, si aliquis dixit sicut ipse dixit, quòd lux transfertur, & vadit in tempore inter terram, & circunferentiam. sed imperceptibilia à nobis. Iste enim sermo est extra verum, & extra apparentiā. possibile est. n. hoc non percipi in breui spatio. sed non percipi de oriente ad occidentem magna est differentia valde.

70 Cùm declarauit q lux est perfectio corporis diaphani, sm q est diaphanum, incœpit declarare modum, per quem certificabitur q lux nō est corpus, sed est dispositio, & habitus in corpore diaphano, & dixit. Et existimatur q lux est contrarium obscuritatis, &c. & videtur q lux sit opposita obscuritati sm priuationē, & habitum. D. d. declaratur igitur ex hoc q lux est praesentia istius intentionis. i. declaratur igitur ex hoc, s. q obscuritas ē priuatio lucis in diaphano, q lux non est corpus, sed est praesentia intētionis in diaphano: cuius priuatio dicitur obscuritas apud praesentiam corporis luminosi. Et hoc, quod dixit manifestum est. qm subiectum obscuritatis, & lucis est corpus, & est diaphanum: & lux est forma, & habitus istius corporis. &, si esset corpus tū corpus penetraret corp'. D. d. & nō vere dixit Empe. &c. i. & nihil dixit Emp. cum dixit q lux est corpus, & q primo transfertur, & vadit inter terram, & circunferentiam, deinde transfert ad terram, sed sensus non percipit propter velocitatem motus. D. d. Iste enim sermo est extra verum, &c. & iste sermo, s. Empe. est extra rationē. possibile enim est hoc non sentiri in breui spatio, sed in maximo spatio. s. ex oriente in occidentem est maxime recedere à ratione. F

Est autem coloris susceptiuum, quod sine colore: soni autem absonum. sine colore autem diaphanum, & inuisibile, autem q vix videtur, vt videtur quòd tenebrosum est: huiusmodi autem diaphanum quidem est: sed non cum sit actu diaphanum sed cum potentia. eadem enim natura quandoq; quidem tenebra: quandoq; autem lumen est.

ꝯ ORN. *Est autem coloris quidem receptiuum quod colore uacat, soni autem quod sono. uacat autem colore, perlucidum, & inuisibile, & quod uix cernitur: cuiusmodi uidetur esse tenebrosum: tale autem perlucidū est*

non

A *non tamen quando actu, sed quando potentia est perlucidum: eadem. n. natura modo est tenebrae, modo lumen.*

Et recipiens colorem est illud, quòd non habet colorem: & recipiens vocem est illud, quòd non habet vocem. Quod autem non habet colorem est diaphanum, non visibile, aut illud, quod videtur, secundum q existimatur de obscuro. & quod est tale, est diaphanum: sed non quando in perfectione fuerit diaphanum, sed in potentia. eadem enim natura forte erit obscuritas, & forte lux.

71 Cùm narrauit q color est mouens diaphanum, sm quòd est diaphanum in actu, incœpit dare causam in hoc, & d. Et recipiens colorem est illud, quod non habet colorem, &c. i. & color est mouens diaphanum: quia recipiens colorem debet carere colore: & quod caret colore, est diaphanū non visibile per se, sed, si dicitur visibile, erit sicut dicitur q obscurum est visibile, i. est innatum videri, cùm diaphanum sit obscurum, quando lux B non fuerit presens. & hoc intēdebat cū. d. aut illud, quod vr sicut existimat de obscuro. i. aut illud, quod est visibile, sm q dr q obscurū est visibile. D. d. & quod ē tale, est diaphanū, &c. i. & diaphanū quod nō est visibile p se, non est diaphanum, quod perficitur per lucem, sed diaphanum, quod est in potentia lucidum. D. d. eadem enim natura, &c. i. & diaphanum inuenitur sm has duas dispositiones: quia natura recipiens diaphaneitatem in quibusdam rebus, recipit vtrunq;. quandoq; enim inuenitur obscura, & qñq; diaphana. Et dixit forte, quia hoc non æqualiter accidit in ista natura, sed tantum in diaphanis generabilibus, & corruptibilibus. Natura autem cœlestis nunquā recipit obscuritatem: nisi hoc, quod existimatur de Luna in eclipsi, & apud diuersitatem situum eius à Sole: si concesserimus q natura Lunæ sit ex naturis diaphanis, non ex naturis luminosis. & forte Luna est composita ex istis duabus naturis. Docum. Nā cœlestis nunq; recipit obscuritatē. Idē 2. cō. 69. vide & hoc. 2. C. 4. c. 49.

C

Non omnia autem visibilia sunt in lumine: sed solum vniuscuiusq; proprius color. quædam enim in lumine quidem non videntur, in tenebra autem faciunt sensum, vt quæ ignea videntur & lucentia: non autem nominata sunt vno nomine. vt quercus putride, cornu, capita piscium & squamę & oculi: sed nullius horum videtur proprius color: pp quā aūt causam hæc videnē alia ratio.

SOPH. *Neq; vero omnia cerni possunt in lumine, sed suus cuiusq; duntaxat color. sunt enim nonnulla quæ in lumine quidem non cernuntur, in tenebris autem faciunt sensum, veluti quæ ignea apparent, atq; splendent: vacant autem vno nomine, ut fungus, ut cornu, ut piscium capita & squammæ, & oculi. uerum nullius horum color cernitur suus. causa autem quam obrem cernantur ad aliam pertinet disputationem.*

Et

D Et nō oīa videntur in luce, sed ex quolibet color tantum proprius. Sunt enim quædam, quę non videntur in luce, sed in obscuritate faciunt sensum, verbi gratia ea, quæ videntur ignea, & splē descere: & ista non habent vnum nomen, verbi gratia concha, & cornu, & capita quorundam piscium, & squammæ, & oculi. sed color proprius non videtur in aliquo eorum. Quare autem ista videntur, indiget alio sermone.

72 Cùm prædixit ꝙ visibilium quoddam est color, & quoddam non color, & est illud, quod non habet nomen commune, & ꝙ proprium est colori, ꝙ non videatur nisi in luce, incœpit dicere ꝙ dispositio illorum aliorum visibilium est econtrario colori, s. ꝙ videntur in obscuro, & non in luce. Et.d. Et non omnia videntur in luce, &c. i. & non omne visibile videtur in luce, sed tantum hoc est verum, quód color proprius cuiuslibet visibilis videtur in luce, & indifferenter, siue illud visibile videatur in obscuro, siue non. D.d. Sunt enim quædam, quę non videntur in luce, &c. E idest & diximus ꝙ non est necesse vt omne visibile videatur in luce: quia sunt quædam, quæ videntur in obscuro, & non in luce, vt plura animalia, & conchæ, & cornu, & alia. & omnia ista non habent idem nomen. D.d. sed color proprius non videtur, &c. idest, sed, licet ista sentiantur in obscuro, tamen color proprius vniuscuiusq; eorū non sentitur tunc, sed apud præsentiam lucis tantum: & ideo nō potest aliquis dicere, ꝙ aliquis color videtur in obscuro. D.d. Quare autem videntur ista, &c. i. causa autem, propter quam ista videntur in obscuro, & non in luce dicenda est in alio loco. Et videtur ꝙ ista videntur in nocte, & in die, quia in eis est parum de natura lucidi. latet enim veniente luce propter paucitatem eius, sicut hoc accidit in lucibus paruis cum fortibus. & ideo stellæ non apparent in die. Et natura coloris est alia à natura lucis, & lucidi. lux enim est visibilis per se, color autem est visibilis mediante luce.

Contradictio i istis verbis, vt qa primo d. ꝙ color cuiuslibet visibilis vt in luce, & post subdit, & indifferenter, si illud visibile vt in obscuro siue nō. mō si vt in luce cō quō ergo ē possibile in obscuro. Vide contra. Zim.

Documē. Propter qd aliqua vnt solū i nocte.

Lux est visibilis p se color aūt ē visibilis medianto luce. oppositū vt dicere i cō. 67. vbi d. ꝙ color ē visibilis ꝑ mediante alia sibi contingente. Vide con. Zim.

F Nunc autem in tantum manifestum sit, quoniam quod quidē in lumine videtur color est, vnde non videtur sine lumine: hoc. n. erat ipsi colori esse, motiuum esse secundum actum diaphani. actꝰ autem diaphani lumen est. Signum autem huius manifestum: si quis enim ponat habens colorem super ipsum visum, non videtur. sed color quidem mouet diaphanum puta aerem. ab hoc autē iam continuo existente, mouetur quod sensitiuum est.

Nunc hoc tantum constat, colorem id esse quod in lumine cernitur: quamobrem sine lumine non cernitur: hoc enim erat ipsi esse colori, motiuo esse eius quod est actu perlucidum: actus autem perlucidi lumen est: cuius euidens indicium est, nam siquis rem colore præditam apponat uisui, non uidebit: sed color quidem mouet perlucidum, uerbi causa aerem: ab eo autem ut pote continuo, mouetur sensus instrumentum. 60 P.R.

In

A In hoc loco autem tantum apparet, s. φ omne visum in luce est color, & similiter non videtur sine luce. hoc enim etiam est illud, quod fuit in colore, qui est scilicet: quòd est illud, quod mouet diaphanum in actu, & perfectio diaphani est lux. Et signum eius manifestum est. qm̃, si posueris aliquod habens colorem super ipsum visum, non videbitur. sed color mouet diaphanum: sicut aer, cum continuatur, mouetur sensus ab eo.

71 Cùm declarauit quid est visibile, s. color, & quid est diaphanum, & lux, incœpit dicere summam eorum, quæ declarauit, &. d. In hoc autem loco hoc tantum, &c. & hoc, quod dixit, manifestum est, s. istæ duæ propositiones. quarum vna est φ omne, quod videtur in luce, est color. secunda est, econtrario, s. φ omnis color videtur in luce. illa enim, quæ apparent in obscuro, manifestum est quòd non videntur sm̃ colorem proprium. D.d. hoc enim etiam est illud, &c. i. hoc enim etiam est illud, quod induxit nos B ad dicendum cognitionem substãtiæ coloris, sm̃ φ est visibile, φ est illud quod mouet diaphanum in actu. Et intendit per hoc φ ista definitio nõ declarat eẽ coloris, nisi sm̃ φ apparuit nobis φ impossibile est vt color videatur sine luce, & φ lux iuuat visionem, sm̃ φ largitur diaphano præparationem vt moueatur à coloribus, non φ largiatur coloribus habitum. & hoc declaratum fuit prius. D.d. & perfectio diaphani ẽ lux, &c. i. & lux est actus diaphani tantum. Et signum eius, φ lux non habet esse absque diaphano, est quia, si positum fuerit aliquod coloratum super ipsum visum, non comprehenditur: tunc enim nõ erit lux inter colorem & visum quia non est illic diaphanum. cùm igitur diaphanum aufertur, aufertur lux: & cùm lux erit, erit diaphanum. D.d. sed color mouet diaphanũ, &c. i. sed propter hoc, quod diximus, φ cũ color fuerit positus super visum nõ videtur, fuit necesse vt visio coloris non compleatur, nisi color moueat C diaphanum, quod est medium inter ipsum & videns, & medium moueat per suam continuationem cum vidente videntem, vt aer, qm̃, cũ copulat cũ vidente, mouetur à colore, qñ illuminatur, deinde ipse mouet visum.

Illa, q̃ vĩdẽ i obscuro nõ vĩdẽ sᵐ colorẽ ꝓpriũ. Idẽ i cõ. 72.

Docum. Lux largit diaphano ꝓparationẽ vt moueat a coloribus, nõ aũt largit coloribus habitum. Idẽ i 67. ac. 69. cõ. Idẽ infra cõ. 74.

Non enim bene hoc dicit Democritus qui opinatur, si esset vacuum quod mediũ, ꝑspici vtiq; certe, & si formica esset in cœlo. hoc enim impossibile. patiente enim aliquid sensitiuo fit ipsum videre. ab ipso igitur qui videtur colore, impossibile est. relinquitur autem, quòd à medio. quare necesse est aliquod esse medium. vacuo autem facto non aliquid certe, sed omnino nihil videbitur. ꝓpter quam quidem igitur causam colorẽ necesse est in lumine videri, dictum est. ignis autem in vtrisq; videtur, & in tenebra, & in lumine. & hoc ex necessitate. diaphanum enim ab hoc lucidũ fit.

10 PH. *Enimuero non rectè hoc dicit Democritus, putans si aeris internallum fiat uacuum, cerni posse exquisite si uel formica in cœlo fuerit: nã hoc fieri nequit. uisio enim fit sensitiuo aliquid patiente. ut igitur ab ip*

so co-

so colore qui cernitur, fieri non potest: restat ergo ut ab intermedio: D *quamobrem necesse est aliquid esse intermedium. quod si uacuum fiat non modo non exquisitè, sed prorsus nihil uidebitur. causa igitur cur necessā sit colorē in lumine uideri dicta est. ignis autem in utroq; cernitur, & in tenebris, & in lumine: idq; necessariò, nam perlucidum ab eo fit perlucidum.*

Democritus igitur non vere dixit in hoc, ꝙ existimauit quòd si medium esset vacuum, tunc visio esset magis vera, etiam si formica esset in coelo. Hoc enim impossibile est. visus enim non fit, nisi quando sensus patitur aliqua passione. sed impossibile est vt visus patiatur à colore: remanet igitur vt patiatur à medio. vnde necesse est vt aliquid sit in medio. Si autem fuerit vacuum, non tantum visio non erit vera, sed nihil omnino videbitur. Iam igitur di- E cta est causa, propter quam color necesse est vt non videatur, nisi in luce. Ignis autem videtur i vtroq;, s. in obscuro, & in luce & hoc necesse est. diaphanum enim per hoc est diaphanum.

74 Cùm declarauit ꝙ actio visus non perficitur, nisi per diaphanum medians, per signum ꝙ si color fuerit positus super visum non videtur: & etiam, quia visus non perficitur nisi per lucem, & lux non inuenitur, nisi in diaphano medio, incœpit reprehendere Democritum, dicentem ꝙ, si visus esset in vacuo, tunc esset magis vera. Et d. Democritus, &c. i. &, cùm declaratum est ꝙ visio non fit nisi per medium, non recte opinabatur Democritus quòd, si visio esset mediante vacuo, tunc esset magis vera. D. d. Hoc enim impossibile est, &c. i. hoc enim, quod dixit, ꝙ visio magis perfecta erit in vacuo, impossibile est. Et signum eius est, quod iam declaratum est ꝙ visus, secundum quòd est virtus sensibilis, mouetur, & patitur à F colore, & color mouet ipsum. Et impossibile est vt visus patiatur, & moueatur à colore, si corpus coloratum fuerit extra visum, nisi ita ꝙ illud coloratum prius moueat medium secundum tactum, & medium moueat visum. &, si vacuum esset inter visum & visibile, tunc non posset mouere visum. omnis enim habitus existens in corpore non agit nisi secundum tactum. Si igitur vltimum motũ non tangit à motore, necesse est vt inter ea sit mediũ, quod reddat passionem: & illud medium erit tactum, & tangens, primum autem erit tangens non tactum, & motum postremum tactum non tangens. vnde necesse est vt visibile patiatur à medio, non à vacuo, sicut existimauit Democritus. Et hęc est demonstratio, ꝙ visio impossibile est vt fiat per vacuum, non ꝙ visus impossibile est vt fiat nisi per medium. Potest enim aliquis dicere quòd, si necessitas ad essendum medium esset propter sensatum esse distinctum à sentiente, tunc necesse esset vt, cum sensatum tangeret visum, quòd sentiret ipsum. sed non est ita. & ideo non intendit Arist. per hunc sermonem quòd visus indiget medio necessario, sed declarare

Impossibile est vt visus patiatur, et moueatur a colore, si corpus coloratum fuerit extra visum: nisi illud coloratum prius moueat medium secundum tactum: & medium moueat [illegible] 3. cō. 71. vide 7. ph. cō. 12.

A sed declarare quòd, cum sensibilia fuerint distincta ab eo, impossibile erit vt sit per vacuum: vt existimauit Democr. Et est sustentatus super hoc, ꝙ sensus indigent medio necessario. s. quia sensibilia, cùm fuerint posita sup eos, non sentient: & ꝙ visus etiam non erit nisi per lucem, & lux non inde nitur, nisi per medium. D. d. Iam igitur dicta est causa, &c. i. &, cùm declaratum est ꝙ, visus necessario indiget medio, declarata est per hoc causa, ppter quam color non videtur nisi in luce, & est quia non videtur nisi per medium. Et hoc demonstrat ꝙ ipse non opinatur ꝙ causa in essendo lucem in visione est vt faciat colores, in actu: sicut quidam opinati sunt. Deinde dicit. Ignis autem videtur in vtroq;, &c. idest, & ignis videtur in obscuro, & luce: quia congregatum est in ea vtrunq;, scilicet, quia facit medium diaphanum in actu. secundum ꝙ est lucidum, & mouet ipsum, secundum ꝙ est color in corpore.

Eadem autem ratio est de sono & de odore: nihil enim ipsorum tangens sensitiuum sensum facit: sed ab odore quidem & sono me
B dia mouentur, ab hoc autem sensitiuum vtrunq;. cum autem sup ipsum sensitiuum aliquis apponit odorans aut sonans, neq; vnū sensum faciet. De tactu autem & gustu habet se similiter, non autē vr: propter quam autem causam, posterius erit manifestum.

ROTE. *Eadem de sono & odore ratio est: nihil enim eorum tangendo sensorium, efficit sensum: sed ab odore quidem et sono mouetur intermediū, ab eo autem instrumentum utrumq;. si autem aliquis ipsi instrumento rem appsuerit olentem aut sonantem, nullum sensum faciet: De tactu etiam & gustatu pari quidē modo res habet, sed non apparet: causa autem post declarabitur.*

Et iste sermo idem est de voce etiam, & de odore. nullum enim eorum, si tetigerit suum sensum, facit sentire. sed medium mouetur ab odore, & à voce, & ab isto mouetur vtrunq; sensuum. si igi
C tur tu posueris super ipsum sensum aliquid habens vocem, aut habens odorem, non faciunt omnino sentire. Et similiter est de tactu & gustu, sed hoc non apparet: & post declarabimus cām in hoc.

75 Cùm declarauit ꝙ sensus visus non fit nisi per medium, incepit dicere etiam ꝙ per istam eandem declarationem tres sensus necessario indigent medio. & sermo eius est manifestus. Et per hoc, quòd dixit, & similiter est de tactu, & gustu, intendit & opinio nostra in sensu tactus, & gustus in hoc, quòd indigent medio, est sicut opinio nostra in alijs sensibus: licet illi duo sensus videantur sentire, cùm sua sensibilia fuerint posita super eos. & ideo non ita manifeste videntur indigere medio, sicut illa tria alia. Deinde. d. & post declarabimus causam in hoc, i. causam, propter quam sensus tactus, & gustus sentiunt sensibilia posita super ipsa: & nō est sic de tribus sensibus alijs.

Medium autem, sono quidem, aer est. odori autem, innominatum ē. Communis enim quędam passio est ab aere & aqua, sicut diaphanum colori, sic & habenti odorem quod est in vtrisq; his. Videtur enim animalium aquatica habere odoris sensum. sed homo quidem & pedibus ambulantium quæcunque respirant, impossibilia sunt odorare, nisi respirantia. causa autem & de his posterius dicetur. D

SOPH. *Intermedium autem sonorum quidem, est aer: odoris autem uacat nomine. nam in aere & in aqua communis est quadam affectio, ut res perlucida colori, sic colore prædito, id quod in utrisq; his inest: nam & aquatilia animalia habere sensum odoris uidentur: sed homo quidē & inter pedestria quæ spirant, nisi spiritum trahant, olfacere nequeunt: quorum etiam causam post reddemus.*

Et medium in voce est aer, in odore autem non habet nomen. est enim aliqua passio communis in aere, & in aqua. est & in odoratu quasi diaphaneitas in colore, & propter hoc inuenitur ex vtroq;. Animalia enim habitātia in aqua habent sensum odoratus. sed homo, & omnia animalia ambulantia anhelantia nō possunt odorare sine anhelitu. Et post dicetur causa in istis rebus. E

76 Dicit ꝙ medium in voce est aer, non aqua: quia animalia, quæ sunt in aqua, non sentiunt, vt mihi videtur, nisi per voces cadentes in aere ex aq̄. apparet enim ꝙ vox non fit ex percussione corporum in aqua, econtrario de odore. D. d. in odore autem non habet nomen. i. natura autem recipiens odorem. s. quæ est in medio, non habet nomen, sicut habet natura, quæ recipit colorem in aqua, & in aere, s. hoc nomē diaphanum. D. d. est enim aliqua passio cōis, &c. i. apparet enim ex hoc ꝙ, receptio odoris non est aeris sm ꝙ est aer, neq; aqua sm ꝙ est aqua, sed aliquam passionē esse in natura cōi eis. & illa natura innata est recipere odores extraneos. & hoc erit vt nō habeat in se odorem omnino, quemadmodum diaphanū est natura, quæ recipit colores extraneos, sm ꝙ non habet colorem proprium. Et hoc demonstrat ꝙ ipse non opinatur ꝙ odor sit corpus dissolutum in aere ab odorabili, sed est qualitas aliqua, per quam illa natura innata est perfici: sed odor non perficitur per illam, quemadmodum diaphanum per colorem, sed color non per diaphanum. Et sicut color † habet duplex esse: quorum vnum est in diaphano non terminato, & est illud, in quo est extraneum: & aliud in diaphano terminato, & est esse eius naturale: sic odor habet similia hæc duo esse. s. esse in humido saporabili, & est eē naturale: & esse in humido non saporabili, & est esse extraneum. Et post declarabimus hoc, cū locuti fuerimus de hoc sensu. D. d. & pp hoc inuenitur ex vtroq;. i. pp hanc naturam cōem inuenitur odor ex vtroq; elemento. s. aqua, & aere. Animalia enim aquatica habent sensum odoratus, F

Documentum. Arist. nō opinatur ꝙ odor sit corpus dissolutū in aere ab odorabili. Ide 3. cō. 97. & 101

† Color habet duplex eē, vnū est n̄ale. & aliud extraneū. Ide 3. co. 97. 111

A odoratus & non est dubium, quin hoc fiat mediante aqua. D. d. sed homo, & omnia animalia ambulantia, &c. & intendebat per hoc declarare q pisces odorant absq; anhelitu. & hoc non est impossibile, sicut odorant plura animalia habitantia in aere, non anhelantia sine anhelitu. Deinde dicit. Et post dicetur causa in hoc. idest quare quædam animalia odorent per anhelitum, & quædam non.

De auditu, sono, ac eius dif. De ipsa Echo: ac etiam de Voce. Cap. 4.

NVnc autem primum de sono & olfactu determinemus. Est autem duplex sonus: hic quidem enim actu: alius autem potentia. alia enim non dicimus habere sonum, vt spongiam, lanam, & pilos. quædam autem habent, vt æs: & quæcunq plana & lenia sunt: quoniam possunt sonare: hoc autem est ipsius medii & auditus facere sonum actu.

B

SOPH. *Nunc de sono primum et auditu disseramus. Duplex est sonus, unus actu, alter potentia: quædam enim non habere sonum dicimus, ut spongiam, lanam: quædam habere, ut æs, & quæcunq solida sunt & lenia, quia possunt sonū edere, idest inter se & auditū actu sonū efficere.*

In hoc autem loco determinemus primo de voce, & de odore. Et dicamus q vox est duplex. est enim in actu, & est in potentia. sunt enim quædam, quæ non dicuntur facere sonum, vt spongia, & lana. & quædam dicuntur habere sonum, vt cuprum, & omne durum. lene enim potest facere sonum. & hic potest facere inter ipsum, & auditum sonum in actu.

17 Videtur ordinare consyderationem de virtutibus sensus fm nobilitatem, non fm naturam: & ideo præposuit sermonem de visu alijs sensibus, deinde de auditu, deinde de odoratu. Et sermonis eius in hoc capitulo abbreuiatio est. & quædam habent sonum, vt res duræ, & quædam non, vt molles. & habentium sonum, quædam dicuntur habere sonum in actu: & quædam in potentia. Ari. ordinauit cōsyderationē de virtutibus sensus fm nobilitatē, non fm naturā. Idem 3. c.101.

C

Fit autem qui secundum actum sonus, semper alicuius ad aliquid & in aliquo. percussio enim est faciens. vnde impossibile est cum sit vnum, facere sonum: alterum enim est verberans, & quod verberatur. Quare sonans ad aliquid sonat. tangit enim aliquid: cum autem ictu tangitur, sonat: ictus autem non fit sine motu. sicut autem diximus, non contingentium ictus, sonus est. nullus. n. sonum faciunt pili & si percutiantur: sed æs, & quæcunq lenia & concaua sunt: æs quidem quoniam lene est, concaua autem ex repercussione faciunt multos ictus post primum, impotentis exire quod motum est.

SOPH. *Fit autem actu sonus semper alicuius ad aliquid & in aliquo: ictus enim est qui efficit: itaq; fieri non potest, ut si unum sit, sonus fiat: aliud* D *enim est quod uerberat, aliud quod uerberatur. quare id quod sonat ad aliquid sonat: ictus autem non fit sine latione. uerum ut diximus nõ quorumuis ictus, sonus est. nullum enim sonum edit lana si percutiatur, sed aes, & quaecunq; leuia & concaua sunt. aes quidem quia leue est: concaua autem refractione multos post primum ictus efficiunt, dum quod motum est exire non potest.*

a. l. siue ra[illegible] siue percutiatur.

Et sonus in actu semper fit per aliquid & apud aliquid, & in aliquo, percussio enim est illud, quòd agit. Et ideo impossibile est ꝙ fiat sonus ab aliquo vno. percutiens enim est aliquid, & percussũ est aliud. vnde necesse est. vt faciens sonum non faciat sonum, nisi apud aliquid. & percussio non fit sine motu, & translatione. Et sicut diximus, sonus non est percussio cuiusq; corporis. sicut vellera lanae, cum fricantur, non faciunt sonum omnino: sed cuprum, & omne lene concauum. cuprum autem, quia est lene: corpora au- E tem concaua, quia per reflexionem faciũt plures pcussiones post primam propter prohibitionem exitus.

78 Et intendit per aliquid, percutiens: & apud aliquid, percussum: & per in aliquo medium, s. aerem, & aquam. & quod dicit in hoc capitulo, manifestum est. Et abbreuiatio eius est ꝙ sonus fit à percutiẽte, & à percusso, & ab aliquo, in quo percussio cadit. percussio enim est actio: ergo habet agens. s. percutiens, & materiam, s. percussum. Et, quia percussio est motus localis, non fit nisi in aqua & aere. qm̃ impossibile est vt fit in vacuo: vt declaratum est in sermonibus vniuersalibus. Percussum autem, ex quo fit sonus, est duobus modis, aut lene durum, sicut cuprum, aut concauum. Sonus igitur fit à leni propter expulsionem aeris apud percussionẽ à par- F tibus eius aequaliter. & hoc intendebat, cũ d. cuprum autem, quia est lene. qm̃ ita est de sono in hac intentione, sicut de reflexione radiorum. s. ꝙ fortiter apparet in corporibus duris, quia aequaliter existit in eis, qua propter congregatur in eis vna actio: vt homines, qui attrahũt ponderosum. à corporibus autem concauis propter reflexionem aeris in eis frequenter, quia non potest exire aer ab eis: & sic expellitur, sicut pila expellitur à pariete. & hoc intendebat per reflexionem. Et debes scire ꝙ sonus non fit in aere, ita quòd aer, qui expellitur à percutiente, mouetur per se singulariter, donec perueniat ad auditum. Sed debes scire quòd illud, quod fit in aere de percussione corporum adinuicem, est simile ei, quod fit in aqua, quando lapis proijcitur in aquam de circulatione, s. quia fit in aere apud percussionem figura sphaerica, aut prope sphaericam: cuius centrum est locus percussionis per expulsionem aeris ab illo loco aequaliter, aut prope. Et signum eius est, ꝙ possibile est audiri in quolibet puncto aeris, cuius remotio à percutiente est eadem: & est remotio naturalis actus, à cu-

Docum.

ium

A ius remotiori non potest audiri illa vox: & ideo omnis percussio habet sphæram terminatam. sic est de odore, & de colore, s. quia mouent aerem ex omnibus partibus secundum illam figuram sphæricam.

Amplius auditur in aere & in aqua, sed minus in aqua. non est autem soni proprius aer neque aqua: sed oportet firmorum fieri percussionem ad inuicem & ad aera. hoc autem fit cum permaneat percussus aer, & non soluatur. unde si velociter & fortiter percutiatur, sonat: oportet enim præoccupare motum serientis fracturā aeris: sicut si congregationem aut cumulum lapillorum percutiat aliquis latum velociter.

SOPH. *Præterea & in aere auditur & ī aqua, sed minus. Neq; uero penes aerē soni potestas est, nec penes aquā: sed oportet solidorū inter se & cū aere conflictionem ictumq; fieri: quod tum contingit, cum percussus aer persistit, nec dissipatus fuerit. itaq; si celeriter & uehementer per-*
B *cutiatur, sonum edit: oportet enim ut motus ferientis anticipet dissipationem aeris, non secus ac si quis arenæ cumulum, aut certe arenam perpetuo lapsu præcipitantem celeriter diuerberet.*

Et etiam auditur in aere, & in aqua, sed minus. Et aer, nō solus sufficit in sono: neque aqua. sed indigetur vt percussio sit à corporibus solidis in inuicem, aut ad aerem. & hoc erit, quando fuerit aer, fixus ad recipiendum percussionem, & non diuidetur. Et ideo, cū aliquid fuerit percussum velociter, & fortiter, faciet sonum. necesse est enim vt motus percutiētis antecedat diuisionem aeris, vt homo si percusserit cumulum arenæ.

79 Cùm declarauit q̇ percussio fit per aliquid, apud aliquid, & in aliquo, & declarauit ea, per quæ fit percussio, & secundum quæ, incœpit declarare illud, in quo fit percussio, & dixit. Et ē auditur in aere, & in aqua, sed mi-
C nus. i. sed aqua minus reddit vocem fortiter quā aer. D.d. Et aer non est solus sufficiens in sono, &c. i. & aer non sufficit vt fiat sonus absq; aliquo pcussio: neq; aqua ēt sufficit in hoc: sed indiget vt in aere fiat pcussio à corporibus solidis in inuicē, & in ipso aere. D.d. & hoc erit, qn̄ aer fuerit fixus, &c. i. & sonus fit, qn̄ percussio fuerit à solidis corporibus ad inuicē, & in ipsum aerē: & fuerit percussio ipsius aeris p velocē motū, ita q̇ præcedat motū aeris: & fuerit pcutiens habens latitudinem, & quantitatē: qn̄ resistet tunc ei aer. cū. n. percutiens, & pcussio fuerint talia, continget vt aer videatur quasi fixus, & non diuisus. s. quando percutiens non fuerit diuisum: & motus eius non fuerit tardus. D.d. Et ideo, cùm aliquid fuerit percussum, &c. i. & signum eius, q̇ sonus non fit, nisi quando motus percutientis fuerit velocior diuisione, est q̇, cum aliquid fuerit percussum ex eis, quæ non sunt innata facere sonum fortiter, & velociter, fiet sonus. vt accidit, quando homo percusserit cumulum arenæ fortiter, & velociter

Ois. pcussio habet sphærā terminatā & sic ē de odore, & colo. cōsse hēt: infra cō. 97.

Contradictio hic & l. cō. 76. qa ibi vr q̇ mediū in quo fit sonus, est aer tm̄, nō aqua. & idē hēt infra c. 81. hoc vero cō. hēt oppositum. Vide sol. Zim.

& propter hoc, quod dixit accidit, ꝙ ea, quæ sunt velocis motus, faciunt sonum in aere, licet non percutiant aliud, vt motus corrigiæ in aere. D

Echon autem fit cum ab aere vno facto, ꝓpter vas determinans & prohibens diffundi, iterum aer repellitur sicut sphæra. videtur autem semper fieri echon, sed non certus: quia accidit in sono sicut & in lumine, etenim lumen semper repercutitur, neq; enim fieret penitus lumen sed tenebra, extra solem. sed non sic repercutit sicut ab aqua, aut aere, aut ab aliquo alio lenium: Quare tenebrã facit qua lumen terminamus.

SOPH. *Echo autem fit cum ab aere, qui propter vas quod eum terminauit friariq; prohibuit unus efficitur, retro aer veluti pila pulsus fuerit. videtur aũt semper Echo fieri, sed non clara. quandoquidem ut in lumine sic usu venit in sono; etenim semper lumen refringitur: alioqui non fieret ubiq; lumen sed tenebra, extra locum à sole illustratum: sed non ita refringitur, ut ab aqua vel aere vel quouis alio lenium, ut umbram efficiat, qua lumen terminamus.* E

Echo autem fit ex aere, quando fuerit vnus propter vas, à quo continetur, & prohibetur à diuisione, quando aer reuertetur, & expelletur ab eo quasi sphæra. Et forte echo fit semper, sed nõ manifeste. Accidit enim in sono, sicut accidit in luce. Lux enim semp reflectitur. &, si non esset ita, non esset in omni loco, sed obscuritas esset semper extra locum, super quem cadit Sol. sed nõ reflectitur sicut reflectitur ab aqua, & à cupro, & ab aliis corporibus lenibus

80 ita quòd faciat vmbram, & est illud, per quod venit lux.

Cum declarauit ea, ex qbus fit sonus, & quo fit, incœpit declarare quoddã accidens soni, quod dr̃ echo: & est iteratio soni, cõseruando suam figuram, vt accidit in domibus nõ habitatis. Et d. Echo aũt, &c. i. echo fit ex aere, qui fit vnus. i. terminatus, & inclusus ꝓp illud, à quo continet̃, & prohibet̃ ab exitu. qm̃, cũ motus eius à primo percutiente ꝑficit̃, percutit aer à lateribus eius, à quo continet̃: & ꝑcutit ipsum secunda ꝑcussione sĩli primæ ꝑcussioni, quæ fecit sonũ: & sic audit̃ idẽ sonus iteratus ei, quasi rñdẽs primo. Et assimilauit istud sphæræ expulsæ. qm̃, qñ sphæra expellit̃, contingit in ea motus sĩlis primo motui: & echo audit̃ post primũ sonũ, quasi rñdens: quia iã declaratũ est ꝙ inter oẽs duos motus est quies. Et non est intelligẽdũ ex hoc, quod dixit, fit ab aere, qñ fuerit vnus, ꝙ fiat ex vno aere, quia est distinctus ꝑ motũ ab aliis partibus aeris, vt lapis, qñ proiicitur, aut pila: sed oportet intelligere ꝙ intendit per vnũ aerẽ, vnũ, quia est terminatũ, & cõtentũ à vase. Aer. n. qui est talis, cũ in eo cõtigerit aliqua passio, & motus fortis: cõtinget eũ à ꝑcussione sĩle ei, quod cõtingit à iactu lapidis in aqua, s. ꝙ ille motus non perficitur ꝓp ipsum terminãs: quapropter F

Vbi declaratũ ꝙ inter omnes duos motus ẽ quies. ꝓ hoc vide 8. ph. c. cõ. 61. 63. 64. 65. & 66

A propter pcutiẽ ſcd'o à lateribus vaſis terminatis: & ſic cõtingit alia paſſio
ſimilis primæ, quapropter ille ſonus iteratur. Ariſt. igiť aſſimilauit aerem
in hoc motui ſphæræ: quæ, cũ proiiciť, expellitur mota ab eo, quod occur
rit, qñ motus ſuus nõ pficitur expulſioni ſilí primæ, nõ ſm ꝙ vna pars aeris eſt illa, cui accidit ſcd'o iſta reflexio, & expulſio. D. d. Et forte echo ſem
per fit, ſed nõ manifeſte. & innuit per hoc quõ motus ſphæræ fit in aere a-
pud percuſſionẽ. Talis. n. motus nõ fit in aere à pcuſſione, niſi motu refle-
xionis. Percutiens. n. primo expellit aerẽ in directo eius ad partem, ad quã
mouet percutiens: &, niſi partibus aeris acciderit motus cõuerſionis, nõ fie
ret iſte motus ex oĩbus partibus rei percuſſæ æqualiter, aut prope, ita ꝙ ex
hoc fieret figura ſphærica, aut prope, cuius cẽtrũ eſt res pcuſſa. & dixit. Et
forte echo fit ſemp. i. & forte cã, pp quam fit echo. ſ. cõuerſio, ſemp eſt in
ſono, ſed debiliter. Cũ. n. fuerit ita fortis ꝙ faciet paſſionem permanentẽ
in aere, aliam numero à prima paſſione, & ſilem ei in qualitate, tunc fiet
echo. D. d. ſicut accidit in luce. Lux. n. reflectitur, &c. i. & hoc, quod accidit in ſono, ſile eſt illi, quod accidit luci. Lux. n. habet duas reflexiones, for
B tem, & debilem. Fortis enim facit lucẽ ſecũdã. & eſt cõuerſio, quæ fit à cor
poribus terſis: & eſt ſilis reflexioni, q̃ facit in aere ſonũ ſcdm, qui eſt echo.
Scda aũt eſt lux debilis, pp quã vĩr res in vmbra: & eſt ſilis cõuerſioni, p
quam audit homo ſonũ ſuum, & eſt illud, quod nõ peruenit ad hoc, ꝙ ſit
ſicut cõuerſio, quæ fit ab aqua, & cupro, quæ facit ſecundã lucem in parte
oppoſita primæ luci, ſicut cõuerſio fortis facit in aere ſecũdã vocẽ in parte
oppoſita primæ voci. Et illud, per quod ſcimus hãc cõuerſionẽ lucis, ſicut dixit, eſt quia videmus in loco, ſuper quẽ nõ cadit ſol. Lux. n. innata eſt
exire à lucido ſm rectas illuminationes ad partẽ oppoſitam lucidæ parti
ex corpore luminoſo, ſicut declarauerunt facientes libros aſpectũ. Si igiť
non eſſet illic cõuerſio, tunc obſcuritas eſſet in omnibus partibus præter
ptẽ, cui opponũť radii. quẽadmodũ, ſi mot' aeris, q̃ facit ſonũ, eẽt ĩ parte, ĩ
qua ĩpelliť à pcutiẽte tm̃, tũc ſonus nõ audireť, niſi ab eo, q̃ eſt in illa parte
C tm̃. ſed ſonus audiť in oĩbus partibus rei pcuſſę. & iõ ſcimus ꝙ illud, quod
cõtingit luci de figura ſphærica, ſile eſt ei, quod cõtingit motui percuſſio
nis in aere. Scdm hoc igitur eſt intelligẽda cõſimilitudo inter has duas re
flexiones. Corpus aũt, cũ fuerit luminoſum ex oĩbus partibus, nõ eſt du
biũ ꝙ faciet ſphærã lucidã, & hoc declaratũ eſt in aſpectibus. Dĩa igitur
inter hãc ſphærã, & primã, eſt ꝙ lux eſt in iſta cõſimilis, & in illa diuerſa
ſm fortitudinẽ, & debilitatẽ. Et vr ẽt ꝙ ſphæra lucis facta à corpore luminoſo ex vna ſuarũ partiũ, cũ hoc ꝙ eſt nõ cõſimilis ſibi in luce, eſt ẽt non
pfectæ rotũditatis. ſ. ꝙ lõgiſſima diameter eſt illa, q̃ exit à corpore luminoſo ad circũferẽtiã in parte, cui opponunť radij: & breuiſſima ĩ pte oppoſita: & eſt pars, q̃ eſt ſpiſſioris vmbrę oĩbus ptibus, & paucioris lucis.

Lux hẽt duas reflexiones, fortem, & debilem.

Vacuum enim recte dicitur proprium audiendi. videtur enim
eſſe vacuum aer. hoc autem eſt faciens audire cum moueatur con
tinuus & vnus: ſed propter id ꝙ frangibilis eſt, non ſonat, niſi le-

ne fit quod percutiatur. tunc autem vnus fit, simul enim propter D
planum. vnum enim est lenis planum.

SOPH.

Penes uacuum autem recte dicitur esse audiendi potestas: nam aer uidetur esse uacuum: is autem est qui audire facit, cum mouetur continuus et unus: uerum quia friabilis est, non personat, nisi res percussa sit leuis: tunc autem unus fit simul propter planum: unū n. est lenis planū.

Recte igitur fuit dictum quod vacuum prodest in auditu. existimatur enim quod aer sit vacuum. & hoc est quod facit audire, cū mouebitur continuum, & vnum. Sed non ppter hoc, quod est obediēs. non. n. fit nisi percussum fuerit lene. & tunc sonus fiet vnus. qm̄ venit insimul à superficie eius, superficies enim lenis est vna.

Cùm declaratum est ex hoc quod, aer est materia soni, quod impossibile ē fie
81 ri nisi per illum, non errauit ex hoc modo, qui dixit quod sonus fit p vacuū,
cū credebat aerem esse vacuum, & si errauerit, inquantum credebat aerē
esse vacuum. Ipse igitur laudat eos, quia recte dixerunt vno modo: licet E
errauerint in existimatione sua. D. d. Sed non propter hoc, quod est obe
diens, &c. i. & aer est illud, quod facit audire, cum mouebitur vnum conti
nuum. sed iste motus non inuenitur ei vnus, & continuus, sm quòd est o-
bediens tantum, & rarum: sed cum percussum fuerit corpus lene. Et, cū
dedit causam, propter quam motus sit vnus, & continuus: & est quòd per
cussum sit corpus lene, dedit causam in hoc, & d. & tūc sonus fiet vnus, &c.
i. & dicimus quod necesse est in fiendo sonum vt percussum sit lene: quia v-
nus sonus non fit nisi ab vno motu, quando corpus percussum fuerit lene. tunc igitur motus, qui fit in aere, fit ab vna percussione: quoniam insimul expelluntur partes aeris à superficie eius, quoniam superficies rei le
nis est vna: quapropter & percussio, erit vna, quapropter & sonus erit v-
nus. superficies autem à sphæra non est vna, sed plures superficies. quapro
pter percussio erit plures: quapropter sonus non fiet illic omnino propter
diuersitatem, & vniformitatem earum. &, quia vna earum non sufficit in
faciendo sonum, nec omnes insimul, fiunt vna percussio. F

Qñ corpus percussum fuerit lene, sonus erit vnus. Idem supra. c. 78.

Sonatiuum quidem igit̄, quod motiuum vnius aeris continuitate vsque ad auditum. auditus autem cōnaturalis est aeri. propter id autē quod in aere est, moto exteriori quod intra mouetur. propter quod quidem non vbique audit animal, neque vbique penetrat aer. non enim vbique habet aerem mouenda pars, & animatum, sicut pupilla humidum.

SOPH.

Sonatiuum igitur est, quod continuatione unum aerem usque ad auditum mouere potest. porro autem in auditu inest aer quidam natiuus: sed quoniam in aere est, moto externo mouetur internum: quamobrem animal qualibet sui parte non audit, neque quouis permeat aer: neque enim ubique habet aerem pars mouenda & animatā.

alii hoc loco interponunt hæc uerba, sicut pupilla hūidū.

Habens

A Habens igitur sonum est mouens vnum aerem ſm continuatio nem, quousq; perueniat ad auditum. Et auditus est copulatus cū percussione, quia est in aere. Et ideo non in omni loco audit animal, neque in omni loco transit aer. membrum enim motum, & anhelans non in omni loco habet hoc, sicut dispositio videntis apud humorem.

81 Cùm declarauit dispositiones, quibus fit sonus, scilicet dispositiones percutientes, & percussi & aeris, incœpit declarare quomodo fit copulatio soni cum auditu ab istis rebus, & d. Habens igitur sonum, &c. i. desi necesse est igitur ex hoc, quod declarauimus, vt agens sonum sit mouens vnum aerem motum vno motu continuo, quousq; perueniat ad auditum Et intendit per hoc, quod dixit vnū, non vnum pp distinctionem ab alijs partibus aeris, sed vnum pp vnū motum cōtinuum. D.d. Et auditus est copulatus, &c. i. & sensus auditus copulatur cum sono: quia in eo existit B aer continuus cum aere extrinseco: qui si non esset, nihil sentiret. D.d. Et ideo non in omni loco, &c. i. &, quia necesse est vt in hoc sensu sit aer continus cum aere extrinseco, in quem cadit percussio, ideo animal non potest audire in omni loco, sed in locis, in quibus nihil diuidit inter aerē percussum, & aerem in sensu auditus: neq; ex omni membro auditur, sed ex membro, in quod transit aer, s. auris. D.d. membrum enim motum, & anhelans, &c. i. ita est de hoc, quod animal non audit, nisi ex membro proprio, sicut de anhelitu, & visu. membrum enim per quod anhelatur, non est quodcunq; membrum sit, sed membrum proprium, scilicet pulmo. & similiter est dispositio vidētis in comparatione ad humorem glacialem, s. q visio nō aptatur, ei nisi per membrum, in quo est humor diaphanus, aptus ad recipiēdum colores, v.g. humor glacialis. & ideo animal carens istis instrumentis caret istis sensibus. Hic cōm̄etatur vt ta oere visio nō fieri in humore glaciali.

Per se quidem igitur insonabilis aer, propter id quod facile ces sibilis est. cùm vero prohibeatur diffluere, huiusmodi motus so- C nus est. hic autem est in auribus ædificatus, cum hoc q immobilis sit quatenus certe sentiat oēs differentias motus. propter hoc autem & in aqua audimus, qm̄ non ingreditur ad ipsum connaturalem aerem, sed neq; in aurem propter reflexiones ipsius. cùm autem hoc accidit non audit, neq; si miringa laboret: sicut quę in pupilla pellis cum laboret.

SOPH. *Aer igitur ipse soni expers est: propterea quòd est friatu facilis: cū autem prohibetur friari, tunc motus eius est sonus. is porrò qui in auribus est situs, propterea intus est conditus, ut sit immobilis, nimirum ut exquisite sentiat omnes motus differentias: quo fit ut etiā in aqua audiamus, quoniam non penetrat in ipsum natiuum aerem, sed ne in aurem quidem propter anfractus: quod cum contigerit, nō audit: neq; etiā si mem-*

si membrana agrotauerit: quemadmodum pellis eã quã pupilla obtegitur, cum agrotauerit. D

Hoc igitur ipsum non habet sonum, s. aer, quia est velocis diuisionis. cùm igitur prohibetur a diuisione, tunc motus eius erit sonus. Aer autem, qui est in auribus, fuit positus in eis non motus, vt sentiat perfecte oẽs modos motus. Et propter hoc audimus & in aqua: quia non intrat super ipsum aerem copulatum, cùm non intrat, neq; in aure propter sphæram. Et, cum hoc acciderit, nõ audiemus: neque etiam cum acciderit matri cerebri occasio, sicut dispositio cutis, quæ est super visum, quando accidit occasio. Et quod accidit de destructione auditus per introitum aquæ super istũ aerẽ. Istud idẽ accidit ex introitu aeris extrinseci sup̃ ipsum. & scias hoc.

81 Cùm declarauit ꝙ per aerẽ fit ꝙ sonus copulatur cùm sensu, & ꝙ ipse est elemẽtum proprium isti sensui, sicut est etiam elementum proprium sensui visus, incœpit declarare modum, fm quem aer recipit sonum, & d. Hoc igitur ipsum non habet sonum, scilicet aer, &c. idest & aer est recipiens proprium sonum, quia non habet in se sonum, cum in ipso non sit motus, qui faciat sonum. & cũ in hoc est, quia est velocis diuisionis hoc. & hoc in aere simile est in diaphano. quemadmodum enim si diaphanũ haberet colorem, non reciperet colores, ita aer, si haberet sonos, ex se nõ reciperet sonos. D.d. cum igitur prohibetur, &c. i. & cum in eo continget per aliud motus, qui prohiberet eum à diuisione, & est motus, qui fit à percutiẽte in percussum, tunc iste motus facit in eo sonum. D. narrauit ꝙ ista est causa, propter quam natura posuit in auribus aerem non mutatum, sed valde quiescentem, & d. Aer autem, qui est in auribus fuit positus in eis non motus, vt sentiat perfecte omnes modus motus factos in aere extrinseco. iste igitur aer positus in auribus excedit aerem extrinsecũ in quiete. D.d. Et pp hoc audimus etiam in aqua, &c. i. &, quia aer est F necessarius in sensu auditus, audimus in aqua, quando aqua non intrauerit super aerem, qui est in aure, neq; corruperit eum propter sphæram, quæ est in creatione auris. & quando intrauerit non audiemus: & tunc accidet nobis illud, quod accidit, quando * pelli cerebri accidit occasio. quia tunc non audiemus, quemadmodum quando cuti, quæ est super visum, acciderit occasio, non videmus. Et intendebat declarare ꝙ comparatio aeris positi in aure, est sicut comparatio membri proprij vnicuiq; sensato, s. hoc, per quod primo perficitur actio istius sentientis. & ideo assimilauit illud, quod accidit huic aeri de destructione per introitum aquæ super ipsum ei, quod accidit de percussione cadente super aurem, & super ipsum visum. Et illud, quod accidit de corruptione auditus per introitum aquę super istum aerem positum in auribus, accidit per introitum aeris extrinseci super ipsum. E

Sicut si diaphanum hẽret colores, si reciperet colores, ita si aer hrer sonos, nõ reciperet sonos. Idem ĩ cõ. 67. et h. c. 71.

* a. l. matri

Docum.

Sed

A Sed ſignum eſt audiendi aut non, ſonare aurẽ ſicut cornu. ſemper enim quodam proprio motu aer mouetur in auribus. ſed ſonus extraneus & non proprius eſt. & propter hoc dicunt audire vacuo & ſonante, quia audimus in habente determiminatũ aerẽ.

OPH. *Quinetiam ſignum audiendi uel non audiendi eſt, ſi auris ſemper ſonet ut cornu: ſemper enim aer in auribus conditus motu quodam mouetur ſuo: at ſonus alienus eſt, & non proprius: & propterea dicũt nos audire uacuo & ſonante, quia eo audimus quod definitum habet aerem.*

Et etiam ſignum auditus primo eſt audire tinnitũ in aure ſemper, vt cornu. aer enim in aure ſemper mouetur quoquo modo motu proprio: ſed ſonus eſt extraneus, non proprius. Et ideo dixerũt ꝙ auditus fit per vacuum terminabile, quia nõ audimus, niſi per B aliquid, in quo exiſtit aer diſtinctus.

84 Cùm declarauit ꝙ iſte aer, qui exiſtit in auditu, eſt neceſſarius in hoc, incœpit dare teſtimonium ꝙ in aure exiſtit aer diſtinctus ab aere extrinſeco. & d. Et etiam ſignum auditus, &c. i. & demonſtrat ꝙ iſte aer exiſtit in aure hoc, quod ſignum verificationis auditus in homine, vt Medici dicunt, eſt ꝙ ſemper audiat tinnitum in auribus, cùm hoc fuerit ſine occaſione: vt accidit homini, quando poſuerit cornu in aures, & aſcultauerit ſonum in eo, propter aerem incluſum in cornu, & duritiem cornu. * D. d. aer enim in aure ſemper mouetur, &c. i. & cauſa huius tinnitus, quẽ audit acuti auditus, eſt quia aer, qui eſt in aure, ſemper mouetur motu proprio. ſed iſte motus eſt proprius, & motus ſoni eſt extraneus: quapropter iſte motus non impedit motum ſoni. D. d. Et ideo dixerunt, &c. i. & propter iſtum tinnitum, quia audiatur in aure propter aerem incluſum, dixerũt antiqui ꝙ auditus fit per vacuum habens tinnitum: q̃a credebant C aerem eſſe vacuum. & dixerunt hoc, quia nos non audimus niſi per mẽbrum, in quo exiſtit aer diſtinctus ab aere extrinſeco.

* Aer, q eſt in aure, ſp mouet. S. oppoſitũ dixit cõ. ſuperiori. Vide cõ. Zim.

Vtrum autẽ ſonat verberans aut quod verberatur, aut vtrũq; modo autem altero. eſt enim ſonus motus poſſibilis moueri hoc modo, quo quidem ſaltantia à lenibus cùm aliquis truſerit, non igitur ſicut dictum eſt omne ſonat quod verberat & verberans, vt ſi obijciatur acus acui. ſed oportet quod percutit regulare eſſe, vt aer ſubito diſſiliat & moueatur.

SOPH. *Vtrum autem ſonat id quod uerberat, an quod uerberatur? An & utrunq; modo tamen diuerſo. eſt enim ſonus motus eius quod poteſt moueri, ueluti quæ reſiliunt à lenibus, cum quis percuſſerit. nam ut diximus, non quiduis ſonat dum percutitur & percutit: uerbi cauſa, ſi acus acum feriat: ſed oportet ut id quod percutitur planum ſit, ita ut aer cõfertim reſiliat & quatiatur.*

Verum autem sonorum est percutiens, aut percussum? Dica- D
mus igitur quod est vtrunque, sed duobus modis diuersis. Sonus enim est motus illius, quod potest moueri tali modo, scilicet vt à corpore aliquo reflectatur corpora lenia. Sed non omne percussum, & percutiens habet sonũ, sicut est dictum, ver.gra. si acus percusserit acum: sed necesse est vt sit æquale.

85 Cùm sonus fit, a percussione, percussio autem fit à percutiente, & à percusso incœpit quærere cui attribuitur sonus, & d. Verum autem, &c. D.d. hoc enim fit duobus modis diuersis, sonus enim est motus illius, &c. idest sonus enim est motus illius aeris, qui mouetur expulsus à casu percutientis super percussum: sicut aliquid euadit, & mouetur à corpore leni, cum fuerit percussum super illud corpus per aliud corpus leue. Quemadmodum igitur motus rerum euasarum attribuitur percutienti secundum agens, & percusso ſm subiectum, ita sonus, qui est motus aeris, qui est tali modo, attribuitur percutienti, & percusso. D.d. Sed non omne percus- E
sum, & percutiens, &c. ista est alia conditio addita in corporibus sonoris, s. vt sint lata. sunt igitur tres conditiones, s. vt sint lenia, dura, lata, quæ possunt præcedere per suum motum diuersionem aeris.

a.l. resilientium. a.l. incisarum

Tres sunt cõditiões i corpib⁹ sonoris. s. vt sint lenia, dura, & lata.

Differentiæ autem sonantium in sono ſm actum ostenduntur. sicut enim nõ videntur colores sine lumine, sic neque sine sono acutum & graue. hæc autem dicuntur ſm metaphoram ab illis quæ tanguntur. acutum enim mouet sensum in pauco tempore, multum: graue autem in multo, paucum. neque tñ velox est acutum, graue autem tardum, sed fit hoc quidem propter velocitatẽ huiusmodi motus. illud vero propter tarditatem. & videntur similitudinem habere, circa tactum cum acuto & hebeti. acutum enim quasi pungit: hebes vero quasi pellit: propter id quod mouet, hoc quidem in pauco, illud autem in multo. Quare accidit, hoc quidẽ F
velox, illud autem tardum esse.

SOPH. *Differentiæ autẽ sonantium in sono qui actu est patefiunt: ut enim colores sine lumine non cernuntur, sic nec acutum & graue sine sono. hæc autem per translationem dicuntur à tactilibus: acutum enim mouet sensum breui tempore, multum: graue longo tempore, parum: neque verò acutum uelox est, neque graue tardum. sed motus unius fit talis propter uelocitatem: alterius, propter tarditatem. atque uidentur proportione respondere ei acuto & obtuso quod in tactu consistit: acutum enim quasi pungit: obtusum, quasi pellit: propterea quòd unum in multo, alterum in pauco mouet tempore: itaque accidit, ut alterum uelox, alterũ tardum sit. Ac de sono quidem sic expositum sit.*

*a.l. sic de motu acutu velox ẽ, & graue tardum

Modi

A Modi autem rerum sonorarum declarantur in sono, qui est in actu. quemadmodum enim colores non videntur sine luce, sic graue, & acutum non sentiuntur sine sono. Et hoc dicitur secundum transumptionem ex rebus tãgibilibus. acutum enim mouet sensum in modico tempore multum. graue autem in tempore lõgo parum. Sed tñ acutus non est velox, neq; grauis tardus, sed motus illius erit sicut velocitas, & motus istius sicut tarditas. Et forte hoc est simile ei, quod inuenitur in sensu tact⁹ de acuto, & obtuso. acutum enim quasi est stimulans, obtusum vero quasi expellit. illud enim mouet in modico tempore, & illud in longo. contingit igiť ex hoc vt istud sit velox, & istud tardum. Hoc igitur est, qđ determinauimus de sono.

86 Vult declarare in hoc capitulo, quando comprehenduntur primi modi soni, & qui sunt, & dicit, Modi autem rerum sonorarum, &c. idest differentiæ autem rerum sonorarum comprehenduntur, & declarantur apud esse soni in actu. D.d. quemadmodum enim colores non videntur, &c. i. quemadmodum enim differentiæ colorum non comprehenduntur sine essentia coloris in actu, illud erit apud presentiam lucis, sic acutũ & graue in sono, quæ sunt primæ differentiæ soni, non comprehenduntur sine essentia soni in actu. D.d. Et, hoc dicitur fm transumptionem, &c. idest & vocare differentias soni graue, & acutum est fm similitudinem ad res tangibiles. quoniam quidem sonus mouet sensum magno motu in modico tempore: & tangibile acutum est tale: & ideo transumebatur nomẽ eius ad illud. & similiter etiam quia quidam sonus mouet auditum longo tempore paruo motu similis est tangibili, quod mouet tactum in longo tempore paruo motu, s. obtuso. D.d. Sed tamen acutus non est velox, &c. idest sed tamen sonus, qui mouet auditum motu magno in tempore paruo, non est velox in rei veritate neq; sonus, grauis tardus. velox enim & graue in rei veritate sunt de dispositionibus mobilium. sed hoc dicitur graue, quia mouet tarde: hoc acutum: quia mouet velociter. D.d. Et forte hoc ẽ simile, &c. idest & forte ista intẽtio, quæ inuenitur in sono de motu veloci, & tardo, est quasi similis, ei quod inuenitur in sensu tactus de acuto & obtuso. & ideo transumpta fuit ista ordinatio de acuto, & obtuso, non de veloci & tardo, &, quia obtusum simile est graui, ideo talis sonus dicitur grauis. D.d. acutum enim, &c. i. sonus enim acutus quasi stimulat, sicut stimulat corpus acutum: & sonus grauis quasi expellit, sicut expellit corpus obtusum, quia assimilatur graui. contingit igitur ex hoc vt illud sit velox, & hoc tardum, idest, & ex quo contingit secundum consuetudinem vocare sonum, qui videtur quasi stimulare, acutum, & sonum, qui videtur quasi expellere, grauem.

De sono igitur sic determinatum sit. vox autem sonus quidem est animati, inanimatorum enim nullum vocat, sed fm similitudinem

nem dicitur vocare, vt tibia & lyra, & quæcunque alia inanimato- D
rum extensionem habent, & melodiam, & locutionem: assimilantur enim quia & vox hæc habet. Multa autem animalium vocem
non habent, vt quæ sunt sine sanguine: & sanguinem habentium
pisces: & hoc rationabiliter: siquidē aeris motus sonus est. sed qui
dicuntur vocare, vt qui in Acheloo, sonant branchijs, aut aliquo
huiusmodi altero.

SOPH. *Vox autem est sonus quidam animati: nullum enim inanimatorum voce utitur, sed similitudine quadam dicuntur uocem emittere, ut tibia, ut lyra: cæterorumq; inanimatorum quæcunq; habent extensionē & melos & locutionem. sunt enim similia, quia & uox hæc eadem habet. multa autem animalia non habent uocem, ut exanguia: & inter sanguine prædita, pisces: neq; adeò iniuria: siquidē sonus motio quædam est aeris. sed quos ferunt uocem mittere, ut in Acheloi amne pisces quosdam, ii sonant branchiis, uel eius generis alio.* E

Vox autem est aliquis sonus in animato, v.g. ꝙ fistula, & alia, quæ habent expansionem, & tonum, & idioma, & sunt similia, quoniam in voce sunt etiam ista. Et plura animalia non habent vocem, vt carentia sanguine, & pisces de animalibus habentibus sanguinem, & hoc necesse fuit. sonus enim aliquis motus aeris. Sed ea, quæ dicuntur vociferare. vt animalia, quæ sunt in flumine, quod dicitur Achelous, non faciunt sonum, nisi per vias narium, aut per similia. & hoc non dicitur vox nisi æquiuoce.

87 Cùm locutus fuit de sono vl', siue de animato, siue de non animato, incœpit loqui de sono animati, & d. Vox autem est, &c. idest vox autem est sonus animalis animati, in quo inuenitur neuma, vel nete, & itach, & dictiones. & ideo plura instrumenta dicuntur vociferantia secundum similitudinem: quia hæc tria inueniuntur in eis. aut sua representantia. Fistula enim & alia instrumenta non dicuntur vociferantia, nisi quia habent expansionem, idest neuma, vel nete, & tonum, idest itach, dictiones idest aliquod simile literis, & dictionib'. D.d. & sunt silia, &c.i. & ista instrumenta in vociferando sunt silia, animalibus. hæc enim tria existunt in animali in rei veritate: in illis vero per similitudinem. D.d. & plura F
animalia non habēt vocem, &c. idest & recte accidit ꝙ plura animalia nō habent vocem, vt animalia carentia sanguine, & piscis de animalibus habentibus sanguinem: cum sit declaratum ꝙ sonus est motus factus à percutiente, & percusso in aere, & ista animalia carent aere, qui percutiat eā in suis interioribus: & carent instrumentis, quæ percutiunt aerem. Et, cū narrauit hoc de istis animalibus, induxit ꝙ forte aliquis dubitabit de huiusmodi ex hoc, ꝙ quidam modus piscium vociferat, & d. Sed ea, quæ

Son' ē motus factus a percutiente, & percusso in aere. sed supra t.c. 78.

dicuntur

A dicuntur vociferare, &c. & intendit per vias branchos. & intendebat ꝙ ista non dicitur vociferatio, nisi æquiuoce, cum non inueniantur in ea illa tria genera, quæ suntocurum, vel nete, & irach, & literæ, aut similia literis.

Vox autem sonus animalis est: & non qualibet parte. sed quoniam omne sonat verberante aliquo, & aliquid, & in aliquo: hoc autem est aer: rationabiliter vtiq; vocabunt hæc sola, quæcunq; suscipiunt aera. Iam enim aere respirato vtitur natura in duo opera, sicut lingua in gustum & locutionem, quorũ quidem gustus necessarius est, vnde & in pluribus inest, Interpretatio autẽ est propter bene esse: sic & spiritu, & ad calorem interiorem tanquam necessariũ (causa autem in alteris dicta est) & ad vocem vt sit quod bene.

SOPH. *Vox autem est sonus animalis, nec quauis parte: sed quoniam omnia sonant percutiente aliquo, & aliquid, & in aliquo: idq; est aer, merito ea sola uocem fundere censendum est, quæcunq; recipiunt aerem.* B *Iam enim spiritu abutitur natura ad duo officia, ut lingua ad gustatũ & ad sermonẽ (quorum gustatus quidem necessarius est, quãobrem pluribus etiam inest, sermo uero ut bene sit) sic quoq; spiritu tum ad natiuum calorem ut quod sit necessarium (causa autem aliâs dicetur) tum uero ad uocem, ut id quod bene est, adsit.*

Vox autem est sonus animalis, sed non per quodcunq; membrum. Sed, quia omnis res non habet sonum, nisi percutiendo aliquid, s. aerem, necesse est etiam vt ista enim vociferant, s. recipientia aerem. Natura enim vtitur aere anhelato in duabus actionibus, sicut lingua in gustu, & loquela, sed gustus est necessarius, & ideo est in pluribus, loquela autem propter melius. Et similiter vtitur anhelitu in calore intrinseco, & hoc est necessarium: & iam dedimus causam C in hoc in alio libro: & in vociferatione propter melius.

88 Cùm declarauit quòd vociferatio dicitur æquiuoce in eis, quæ vociferant per branchos, & in animalibus anhelantibus, vult modo notificare genus animalium, in quo inuenitur vera vox, & dicit, Vox autem, &c. i. vox aũt vera est sonus animalis proprij, & per membrũ proprium. Deinde incœpit declarare sermonem quod membrum est, & quod animal est, & d. Sed quia omnis res non habet sonum, &c. i. quia iam declaratum est ꝙ omne sonorum non habet sonum, nisi percutiẽs, & percussum in aere, manifestum est ꝙ impossibile est inuenire animal sonorum, nisi habeat membrum, ex quo fiat percutiẽs, & percussum, & aerem, quem immittat in illud membrum, & extrahat ab ipso: & ꝙ illud membrum habeat figuram, & quantitatem, & situm terminatum. Vnde necesse est, vt etiam animalia vociferantia in rei veritate sint animalia, quæ recipiunt aerẽ in interioribus suis, & extrahunt ipsum. in illis enim inueniuntur illa tria, ex

quibus

quibus fit vox in rei veritate. Deinde incœpit declarare ꝙ istud iuuamē- D
tum, per quod natura vtitur aere in animali anhelāte, est aliud à iuuamento, quod est infrigidatio: & ꝙ natura vtitur eodem membro ad duo, quorum vnum est vtile, & reliquum necessarium, vt declaratur in animalib⁹ & d. Natura enim vtitur aere anhelato, &c. & intendit per duas actiones vociferationem, & infrigidationem. Deinde dicit sed gustus est necessarius, &c. i. sed gustus ex his duobus est necessarius in essendo animalia: & ideo inuenitur in pluribus animalium. iuuamentū autem suum in loquela est propter melius: & ideo carent eo multa animalia. Deinde d. Et similiter vtitur anhelitu in calore, &c. i. & natura vtitur immissione anhelitus propter calorem, qui est interius & hoc fuit necessārium animalib⁹ anhelantibus: & vtitur eo propter melius in vociferatione. Et locus, quē
Arist. fecit lib. de Anhelitu. & de anhelitu nō suffi cienter dixit Gal. innuit quòd in eo fuit locutus de hac intentione, est suus tractatus, quem fecit de Anhelitu. & iste tractatus non peruenit ad nos. & oportet perscrutari de hoc singulariter. videtur enim ꝙ illud, quod dicit Galenus in hoc, non est sufficiens. E

Organum autem respirationis vocalis arteria est. cuius autem causa hæc pars est, pulmo. hac enim parte plus habēt calorem pedibus gradientia, aliīs. indiget autem respiratione & circa cor locus primus. vnde necesse est interius respirante ingredi aerem.

809 H. *Instrumentum autem spiritus est guttur: id vero cuius gratia hæc pars est, pulmo est: hac enim parte plus habent caloris pedestria quàm cætera. indiget etiam respiratione locus is qui circa cor est primus. quo circa necesse est intro spiritu ductum intrare aerem.*

Et trachea arteria est instrumētum anhelitus, & vocis. & illud propter quod fuit hoc membrum, est pulmo. per hoc enim membrum excedit animal ambulans alia animalia in calore. Et indiget anhelitu propter cor prius. & ideo indiget necessario vt aer infrigidetur, vt anhelet ad interius. F

89 Et, cum declarauit ꝙ necesse est vt nullum animal habeat vocem, nisi sit anhelans, & ꝙ per idem membrum facit animal vtrunq;, incœpit dicere illud membrum, & d. Et trachea arteria. & intendit per tracheam arteriam epiglotum, & cannam. Et manifestum est ꝙ hoc membrum est
Documēta Prīa necessitas ī anhelitu est ad immittēdū ī secūda ad extrahēdū. prīa ē pp cor: & scđa est pp pulmonem. instrm̄ vocis: quoniam in estremo huius membri est corp⁹ simile linguę fistulæ. & similiter est manifestum ꝙ hoc membrum est pp pulmonem: quia est via ad ipsum. Et d. per hoc enim membrum excedit, &c. i. quia hoc membrum inuenitur in animalibus habentibus sanguinem ambulantibus, ideo sunt calidiora animalibus carentibus hoc membro. D. d. Et indiget anhelitu propter cor prius. i. & ista animalia indigent anhelitu pp calorem cordis prius, & secundo propter calorem illius membri. D. d. & ideo indiget necessario vt aer frigidetur, &c. i. pp calorem cordis indiget animal ad immittendum aerem frigidum prius, & propter calorem

A rem pulmonis: secundo indiget vt extrahat ipsum. Et hoc, quod dixit, necessarium est. Prima enim necessitas in anhelitu est ad immitendum: Secunda ad extrahendum. prima aūt est propter cor: & secunda propter pulmonem. qm̃, nisi esset calor pulmonis, nō indigeret animal ad extrahendum aerem frequenter. & hoc est simile ei, quod inuenitur in pluribus artificijs, s. quia indigēt mutare instrumentum, per quod agunt propter illud, quod contingit illi instrumento, ab eo, qui vtitur. instrumētum.n. non mutatur, nisi qñ consumitur, & consumptio contingens ei aut est propter utentem aut propter ipsum vsum. Si igitur pulmo desyderat ad extrahendum aerem calidum, tunc motus eius non est ex pectore tantū, ut opinatur Galenus. & ista intentio indiget perscrutatione per se.

Quare percussio respirati aeris, ab anima quæ est in his partibus, ad uocalem arteriā, vox est. Non enim omnis animalis sonus vox est sicut diximus. est enim & lingua sonare sicut tussientes:
B sed oportet animatum esse verberans, & cū imaginatione aliqua. significatiuus enim quidam sonus est uox, & non respirati aeris sicut tussis: sed isto uerberat eum qui est in arteria, ad ipsam. signū autem est non posse uocare respirantem neque expirantem, sed detinentem. mouet enim isto retinens.

SOPH. *Itaq; ictus spiritu ducti aeris ab anima quæ est in his partibus, ad eam partem quæ arteria uocatur, uox est. neq; enim quilibet sonus animalis uox est, ut diximus licet enim & lingua sonum edere, ut qui tussiunt. sed oportet id quod uerberat animatum esse & cum phantasia quadam. uox enim sonus est significans: & non aeris qui spiritu ducitur, ut tussis: sed hoc ipso ferit eum qui est in arteria, ad ipsam. Cuius rei indicium est, quòd nemo posset uocem emittere ducens aut reddens spiritum, sed retinens: hoc enim ipso mouet, qui retinet.*

C Oportet igit̃ ex hoc ut percussio aeris anhelati ab anima, quæ est in istis mēbris, ad illud, quod vocatur cāna pulmonis, sit vox. Non enim omnis sonus, qui fit in animalib⁹ est vox, vt diximus: possumus.n. facere sonum per linguam, sicut apud tussim: sed indigetur vt percutiēs sit animatum, & cùm aliqua imaginatione. vox.n. ē sonus illi⁹, & nō est aeris anhelati, sicut tussis, sed per hoc percussit aerem, qui est in canna. Et signum eius est q̃ nos nō possumus vociferare in respirando. aut expirando. & nos non mouemus per illud membrum, nisi cum clauserimus ipsum.

90 D. Oportet igitur vt percussio aeris anhelati ab anima, quæ est in istis membris ad cānam, sit illud, quod facit vocem. necesse est igitur vt essentia vocis non sit aliud, nisi percussio aeris anhelati ad membrum, quod canna dicitur, ab expulsione animæ imaginatiuæ voluntariæ, quæ est in istis

Essētia vocis non est aliud, nisi pcussio aeris anhelsed ad mẽbrũ d?,ab expulsiõe alæ imaginatiuę uo luntariæ, quæ est in illis mẽbris.

istis membris: quemadmodum fistulatio est percussio aeris ad linguã fistulæ à fistulante habente animam expellentem apud imaginationem neumatum, vel nete. Deinde d. Non enim omnis sonus, &c. idest & diximus ꝙ necesse est in essendo vocem ut percutiens habeat animam imaginatiuam. quia non oĩs sonus factus ab animali est vox: vt sonus, qui fit sine voluntate apud tussim, & apud motum linguæ. sed vox est sonus, qui fit cùm imaginatione, & voluntate. & ideo dixit. animatum, & cũ aliqua imaginatione. innuit enim quòd ista actio completur duabus virtutibus animæ: quarum vna est concupiscibilis, altera imaginatiua. Deinde dicit vox enim est sonus illius, &c. idest primum enim mouens in voce est anima imaginatiua, & concupiscibilis. & ideo vox est sonus illius primi, idest volentis, & nõ est sonus mouẽtis aerẽ anhelatũ: vt sonus, qui fit apud tussim. sed mouẽs in voce est aliud ab isto mouẽte, licet nõ moueat nisi ꝑ ipsum. & hoc intẽdebat, cũ d. sed per hoc percutit aerem, qui est in cãna. i. sed illud primũ mouẽs, quod est propriũ voci, percutit aerem, qui est in cãna apud vocẽ, per illud, quod mouent aerẽ anhelatum. D. d. Et signum **E** eius est ꝙ nos nõ possumus vociferare &c. i. & signũ eius ꝙ primũ mouẽs in voce mouet aerẽ, mediante primo mouente aerẽ in anhelitu, est ꝙ, nos nõ possumus vociferare, dũ inspiramus aut expiramus. mouẽs. n. in anhelitu alio instrumẽto vtitur in illa hora, ab instrumẽto primę motionis in percussione, quæ facit sonum. sed impossẽ est vt vno instrumẽto vtatur in diuersis actionibus in vna hora. D. d. & nos non mouemus per illud membrũ, nisi cùm cõcluserimus ipsum. i. & ideo nos nõ mouemus aerẽ motu vocis per hoc mẽbrũ, quod inspirat, & expirat, nisi quando incluserimus anhelitũ, & reddiderimus ipsum ociosum ab actione, quæ est anhelitus.

Primum mouẽs in voce est anima imaginatiua, & concupiscibilis.

Manifestum autem & quia pisces sine voce: non. n. hñt guttur. hanc aũt partem non habent quia non recipiunt aerem, neq; respirant. sed qui dicunt sic, peccant: propter quam igitur causam altera ratio est.

SOPH. *Patet etiam causa cur pisces sint uocis expertes: nimirum quia non habent guttur: hanc porrò partem non habent, quia nõ recipiunt aerẽ, neq; spirant: sed qui ita dicunt aberrant: causa autem ad aliam sit reiecta disputationem.* **F**

Contradictio, quia ponit non hic p̃imo nem cãm remotã. sed in primo l'oste. posuit eã cã propinquã. Vide cum. Zim.

Et manifesta est etiam causa, propter quam pisces carent voce. carent. n. canna quia non recipiunt aerẽ. & qui dicit hoc esse, peccat. Causa autem in hoc dicenda est in alio loco.

Dicit ꝙ causæ, propter quas pisces non habent vocem, sunt tres. & pri- 91
mo incœpit à remotiore, & d. quia non habent pulmonem, & cannam. D. d. causam huius causæ, & d. quia non recipiunt aerem. i. quia non indigent immissione aeris, aut emissione. D. d. causa autem in hoc dicenda est alio loco. idest causa autem istius esse, & est causa propria, & propinqua huic accidenti dicenda est in alio libro de Animalibus.

De

A

De olfactu, olfactibili ac medijs. Cap. 5.

DE odore aũt & olfactibili minus bene determinabile est dictis. non. n. manifestum est quale quid sit odor, sicut sonus aut visibile, aut lumen. causa autẽ est, quia sensum hũc nõ habemus certum, sed peiorem multis animalibus. Praue. n. odorat homo, & nihil odorat odorabilium, sine lætitia & tristitia: sicut non existente certo eo quod sentimus.

NOPH. *De odore & odorabili minus facile explicare est, quàm de iis quæ dicta sunt: non enim constat quale quid sit odor. quomodo sonus aut lumen aut color: causa est, quia non habemus exquisitum hunc sensum, sed deteriorem compluribus animalibus: homo enim exiliter olfacit, atq; sine dolore & voluptate nihil sentit odorabilium: ut pote cum non*
B *sit exquisitum hoc instrumentum.*

Odor autem, & odoratũ difficilius determinatur, quàm prędicta. odor. n. non declaratur quid sit, sicut de voce, luce, aut colore. Et causa in hoc est, quia iste sensus non est in nobis verus, sed est debilior in nobis quàm in multis animalibus. olfactio. n. hominis est valde debilis, & nos non sentimus odoratum sine delectatiõe, aut cõtristatione: quia sensus iste non est in nobis verus.

91. Cùm compleuit sermonem de auditu, vult loqui de odoratu, & dixit. Odor aũt, & odoratum, &c. i. & cognoscere aũt quid sit odor, & quid sit odorabile, ex quo possumus peruenire ad sciendum istũ sensum quid sit, sm quod dat doctrina naturalis, difficilius est q̃ scire sonũ quid sit, aut colorẽ. Et causa difficultatis in hoc est, quia non declaratur de odore, cuius odor sit, & quæ sunt differentiæ propiæ vnicuiq; eorum, sicut declarantur differentię colorũ, & vocũ. Et, cum declarauit quod est difficultatis in sciendo odo-
C rẽ quid sit est, quia dñæ specificæ non bene cõprehenduntur a nobis, dedit causam in hoc, & d. Et causa in hoc est, quia iste sensus nõ est verus in nobis, &c. i. causa propter quam imperfecte intelligimus dñas odoris est, quia iste sensus debilior est in nobis q̃ in multis animalibus. Et intẽdebat per hoc demonstrare causam propter quã intellectus difficile comprehendit differentias odorũ: & est, quia iste sensus debiliter comprehendit differentias odorũ sensibiles. cõprehensio. n. differentiarum rerũ sensibilium à sensu est causa in cõprehensione earum ab intellectu. & ideo qui caret sensu, caret intellectu illius generis sensibiliũ. D. d. sed est debilior in nobis q̃ in multis animalibus. i. in cõprehendendo differentias odorũ multa animalia videntur cognoscere sua nutrimenta per differentias odorũ, sicut nos per saporem. & non tm̃ in hoc excedunt nos animalia aliqua, scilicet, comprehendendo differentias odorum, sed in cõprehendendo eas à remoto spacio. D. d. & nos nõ sentimus odoratum sine delectatione, aut

Documentũ cõprehẽsio dñarũ rerum sensibiliũ a sensu est cã I cõprehensione earũ ab intellectu. & iõ qui caret sẽsu, caret intellectu illi⁹ generis sensibilĩ. Idem prio Post. t. cõ. 134.consi:c. 2. ph. t. c. 6.

Pro hoc vide lin. 5. de generatione alaliũ. ca. 2.

tristitia.i.& non sentimus de differentijs odorati, nisi illud, quod est delectabile, aut contristabile.i.non sentimus de eis nisi differentias magis cōmunes.delectabile.n.multos habet modos, & similiter contristabile, & delectabile non inueniuntur, nisi in remotissimis extremis. D

Rationabile autem sic & fortes oculis colores sentire, & non per manifestas ipsis esse differentias colorum, nisi terrentium & non terrentium. sic autem & odores hominum generatio videtur enim & anologiam habere ad gustum, & similiter species humorum, cum his quæ sunt odoris.

SOPH. *Consentaneum etiam est quæ durioribus sunt oculis eodem modo colores sentire, neq; perspicuas eis esse colorum differentias, nisi cum terrore & sine terrore: eodem etiam pacto odores hominū genus.enimuero species saporum, si ad gustum conferas, cum speciebus odoris habere proportionem ac similitudinem uidentur.* E

Et uidetur ꝙ sicut sentiūt animalia duri oculi colores. ꝙ apud ea non declarantur modi colorum, nisi conueniens oculo, & incōueniēs, sic genus hominū sentit odores. Vr.n.pp cosimilitudinē, quā habet odor cū gustu, ꝙ modi saporū sunt, sicut modi odorū.

93 D. Et uidetur ꝙ ita homines differentias odorum, sicut aīalia duri oculi differentias colorum, quēdmodū.n.illi non cōprehendunt de drījs colorū nisi conueniente, & inconueniente, ita homines non comprehēdūt de drījs odorum nisi delectabile, & contristabile. Visum est.n.propter cosimilitudinem, quę est inter gustum, & odoratum, vt driæ odorum sint ſm numerum driarum saporum. sed driæ saporū apud nos sunt comprehensibiles, et illæ non: cūm in hoc sensu excedamus omnia animalia, quia quoquo modo est tactus. & consimilitudo, quæ est inter sapores, & odores, est, quia non inuenitur odor nisi in habente saporem, vt declaratum est in de Sensu, & sensato. F

Sed certiorem habemus gustum propter id quod ipse quidam tactus est. hūc aūt habet homo sensum certissimum, in alijs enim deficit ab animalibus multis, secundum autem tactum, differēter certificat. unde & prudentissimum animalium est. signum autē, in genere hominum seccundum sensum hunc ingeniosos esse & non ingeniosos. ſm autem alium nullum. duri enim carne, inepti mente: moles autem carne, bene apti.

SOPH. *Sed exquisitiorem habemus gustatum, propterea quòd tactus sit quidam, et hunc sensum homo habeat exquisitissimum. in reliquis enim longe inferior est cæteris animantibus: at uero tactu, præter cætera omnia exquisite suo fungitur munere: & ideo prudentissimum est animalium*

malium

A *malium: argumēto quòd in genere hominum ob instrumentum hoc ingeniosi sunt & tardi, nec ob ullum aliud: qui .n. duras habent carnes, tardo sunt ingenio: qui uero molles ingeniosi.*

Sed gustus est in nobis magis uerus, quia est aliquis tactus. & si iste sensus est in hoīe ualde uerus, alijs diminuitur à multis aīalibus. in tactu aūt excedimus oīa. & ideo est subtilior oībus aīalibus. Et signum eius est q, in genere humano ēt propter istum sensum est homo discretus, & non est hoc propter aliud omnino. duræ .n. carnis non est discretum, & mollis carnis est discretum.

94 Idest est, & sensus gustus est nobis pfectior sensu olfactus: quia gustus est tactus quoquo modo: & sensus tactus est in nobis perfectior: q̄ in omnibus alijs animalibus. D. & si iste sensus &c. i. & licet iste sensus sit perfectior in hoīe q̄ in alijs animalibus, tamen nō consequitur ex hoc vt sit in alijs sensibus perfectio. immo diminuitur in eis à multis animalibus. D.

B d. in tactu aūt excedimus, &c. i. in bonitate aūt sensus tactus excedimus omnia animalia. & propter bonitatem istius sensus est hō subtilior, & discretior omnibus aīalibus. s. q complexio conueniens bonitati istius sensus, conuenit discretioni intellectus. D. d. Et signum eius est, &c. i. & signū conuenientiæ complexionis istius sensus ad complexionē intellectus est, q in genere hominum, quando iste sensus fuerit bonus, tunc homo erit discretus, & econtrario. D. d. & non est hoc propter aliud. i. & bonitas discretionis non videtur consequi bonitatem aliorum sensuum. boni .n. visus homo potest esse indiscretus, & similiter boni auditus: sed boni tactus semper vr discretus. D. d. duræ .n. carnis. &c. i. & signum, quod bonitas discretionis sequitur bonitatem tactus, est quòd mollis carnis, idest boni tactus, sēper videtur discretus, & intelligens, & econuerso. Et hoc quod dixit verum est. &, cùm inspexeris intelligētes homines, semper inuenies eos talis dispositionis, & ideo hō est mollioris carnis, q̄ cætera animalia.

Est autem sicut humor, hic quidem dulcis, ille uero amarus. sic

C & odores sunt. sed alia quidem habent proportionaliter odorē & humorem, dico autem dulcem odorem & dulcem humorē: alia vero contrarium. similiter autem & acer & austerus & acutus & pinguis est odor. sed sicut diximus propter id quod non multum permanifesti sunt odores sicut humores, ab his acceperunt noīa secundum similitudinē rerum: dulcis quidem .n. a croco & melle: acer autem a thymo & huiusmodi. eodem aūt modo & in alijs.

SOPH. *Quemadmodum autem sapor, alius est dulcis, alius amarus: sic etiā odores. sed alia habent proportionalem odorem & saporem, alia contrà: uerbi causa dulcem odorem, & dulcem saporem. pariter etiam acris, & austerus, & acidus, & pinguis est odor. sed quoniam ut diximus odores non admodum manifesti sunt, ut sapores, ideo ab eis du-*

Bonitas discretionis nō vr sequi bonitatē aliorū sensuū. boni enī visus potest esse indiscretus, & sic boni auditus: sed boni tactus semp est discretus oppo. in proœmio Met. de uisu & in 2. de generatione cō. 7. ubi habet q prioritas in sensu ad ea qui est prioritas secundum finē & formam tactus vero prioritas est fm materiã, & fm subtim, quę ę prioritas fm naturã oppositũ ei habet ipse supra cõm. 77. vbi dixit Arist. ordinare tractã. de virtutibus sensus fm nobilitatẽ, & nõ fm naturam. Vide contr. zum.

ncre nomina pro rerum similitudine: dulcis nimirum à croco & melle: acris à thymo atq; id genus alijs: Sic etiam in cæteris. D

Et quemadmodum in saporibus dulce, & amarum, sic in odoribus. Sed in quibusdam odor, & sapor sunt conuenientes. verbi gratia odor dulcis, & sapor dulcis: & in quibusdam contrarij. & ideo inuenitur odor acutus. & ponticus, & acetosus, & delectabilis. Sed sicut diximus quod odores nõ sunt ita manifesti: sicut sapores, ita isti nominantur istis nominibus nisi fm similitudinẽ ad sapores. odor.n. dulcis est odor croci: & acutus est odor allij & similiũ, & sic de alijs.

95 Vult declarare quomodo consequantur differentiæ odorum differentias saporum: & d. Et quemadmodum in saporibus est dulce, & amarũ. i. quemadmodum in saporibus est prima contrarietas, scilicet amaritudo & dulcedo, † ex quibus alij componuntur, sic est opinandum quod in odoribus est prima contrarietas, ex qua componuntur medij. Et, cùm narrauit quod istæ differentiæ debent esse secundum numerum illarum: & quemadmodum est in illis prima contrarietas, sic est in istis: incepit narrare quod non semper consequitur unaquæq; illarum in altero duorum generum suum simile in altero genere, & d. Sed in quibusdam odor, & sapor, &c. i. sed in quibusdam simile consequitur simile, & in quibusdam non, scilicet quod odor, & sapor non erunt eiusdem speciei. v. g. quod sapor erit dulcis, & odor acutus. D. d. & ideo inuenitur odor acutus. i. &, quia differentiæ odorum sunt conuenientes differentijs saporum, inuenitur odor acutus. i. cuius proportio ad odores est, sicut proportio acuti ad sapores: & sic de alijs. Et, cùm declarauit quod nos non comprehendimus differentias odorum, nisi propter consimilitudinem eorum cum differentijs saporum, vult narrare quod ista est causa, propter quam transumpta sunt ad eas nomina saporum, & d. Sed sicut diximus quod odores, &c. i. sed sicut diximus quia differentiæ odorum non sunt apud nos manifestæ, sicut saporum, ita quod possumus comprehendere eas absq; comparatione, & assimilatione ad alias, hoc fuit causa propter quam transumimus ad eas secundum similitudinem nomina saporum: & non imposuimus eis nomina propria, quia nõ intelleximus in eis intentiones proprias nisi per similitudinem. D. d. odor enim dulcis, &c. i. manifestũ est.n. apud nos quod odor dulcis est sicut odor croci, aut mellis. i. quod proportio odoris croci, & odoris mellis ad alios odores est, sicut proportio dulcis ad alios sapores. & sic est de alijs odoribus.

Hic primo media cõponi ex extremis cõtrarijs. Idẽ. 5. Ph. 6. 19. 52. cõ.

E

† Sicut ex saporibus extremis cõponunt̃ medij, sic ex odoribus extremis & medij resultant. Idem infra cõ. 105.

F

Adhuc aũt sicut auditus & vnusquisq; sensuum, hic quidẽ audibilis, & nõ audibilis. ille uero uisibilis & non uisibilis. & olfactus odorabilis & nõ odorabilis. non odorabile aũt aliud quidẽ fm id quod omnino impossibile est habere odorem. aliud uero paruum habens, & prauum. similiter aũt & nõ gustabile dicitur.

Præterea ut auditus & unusquisq; sensuum alius est rei audibilis & inaudibilis: alius uisibilis & inuisibilis: sic etiã odoratus rei odorabilis

SOPH.

bilis

A *bilis & inodorabilis. inodorabile autem dicitur, partim quod nullum prorsus habere potest odorē: partim quod exiguum habet, & exilem: similiter gustabile, & ingustabile dicitur.* Τὸ φαῦλον. Potest & ueri secund. textū.

Et queadmodū auditus, & unusquisque sensuū, hic quidē est audibilis & nō audibilis, hic uero uisibilis & nō uisibilis, sic et odoratus est odorabilis & nō odorabilis. Et nō odorabile dicitur nō odorabile, aut quia est impossibile vt habeat odorē: aut quia habet odorē debilē: aut quia habet malū. Et sic dicitur nō gustabile.

96 Vult narrare hic aliquid cōmune isti sensui, & alijs sensibus, & quòd omnis sensus comprehendit suum sensibile proprium, & eius priuationē, & d. Et queinadmodum auditus, &c. i. &, quemadmodum auditus, & vnusquisque sensuum comprehendit suum sensibile proprium, & eius priuationem, v.g. quia auditus comprehendit audibile & non audibile, & visus visibile & non visibile, sic etiam sensus odoratus comprehendit odo-
B rabile & non odorabile. D. incœpit narrare secundum quot modos dicuntur hæc nomina priuatiua, & d. Et non odorabile dicitur, &c. idest & non odorabile, & non visibile, & non gustabile dicuntur tribus modis: aut de eo, quod omnino caret isto sensibili: aut de eo, in quo inuenitur debile: aut in quo inuenitur male. ver. g. non odorabile dicitur de carente odore omnino, & de habenti debile, & male. & sic non gustabile.

Est autem olfactus per mediū, ut aerem aut aquam. & nanque aquatica videntur odorem sentire: similiter aūt & quæcunque cum sanguine & sine sanguine, sicut quæ in aere: etenim horum quædā à longe occurrunt ad alimentum, quæ ab odore mouentur.

SOPH. *Fit etiam olfactus per intermedium, ut aerem aut aquam. quippe & aquatilia uidentur odorem sentire, & sanguinea pariter & exanguia: quemadmodum etiam ea quæ in aere degunt. nā & nonnulla eo-*
C *rum odore impulsa procul contendunt ad alimentum.*

Et odorare etiā fit per mediū, ver. g. aerem, & aquam. animalia enim habitantia in aqua existimātur sentire odorem. & similiter habentia sanguinē, & carētia sanguine: sicut sentiunt aīalia, quæ sunt in ere. quædam. n. mouentur ad suum cibum in remoto.

97 Cùm declarauit hic de odore illud, quod potuit declarare in hoc loco dicit quòd, iste sensus ita etiam indiget medio, sicut duo sensus prædicti, Et sermo eius manifestus est, sed debet ita legi, & odorare etiam fit per medium. & hoc medium est aer, aut aqua. animalia enim habitantia in aqua videntur sentire odorem, sicut animalia habitantia in aere. & secundum hunc modum videtur quod animalia viuentia in aere, & non viuentia sentiunt odorem. Et signum eius est quod, istorum multa mouentur ad suū cibum à remoto, licet non videant. Apes enim mouentur ad suum nutri- Expositio textus.

mentum à loco remotissimo, & sunt ex animalibus carentibus sanguine: & similiter in piscibus, & in multis animalibus aquæ. Et ratiocinatio super hoc, quod dixit de medio, est ratiocinatio prædicta, s. quòd cùm odorabile fuerit positum super sensum odoratus, non sentietur. Et quod dixit de, visione, quòd natura medij, quę seruit visui, nō est aer, sīn quòd est aer, aut aqua sīn quòd est aqua, sed natura cōis, ita ē intelligēdū hic in nā quę est media, s. quia est natura cōis aquæ, & aeris, & quòd odores sunt extranei in ista nā. & quòd illa natura caret odoribus, sicut diaphanū coloribus. & sicut color habet duplex esse. s. esse in corpore colorato, & hoc est esse corporale: & esse in diaphano, & hoc est esse spirituale: ita odor habet duplex esse, scilicet esse in corpore odorabili, & esse in medio. & hoc est esse corporale, & illud spirituale: & illud naturale, & hoc extraneum. Et, cùm hoc ignorauerunt quidam, & extimauerunt quòd odor non separatur à corpore odorabili, & quòd non habet nisi vnum esse tantum, dixerunt quòd à corpore odorabili dissoluitur corpus odoriferum, habens corpus subtile, & odorem subtilem, & quòd mouetur in aere, donec perueniat ad sensum odoratus. Et hoc destruitur multis modis. Videmus enim quòd multa animalia mouentur ad nutrimentum per spacium * multarum dietarum, sicut apparet in Vulturibus: & sicut apparet de Tigribus, quæ venerunt ad locum prælij, quod accidit in terra Græcorum à remotis regionibus. Et * quando iam posuimus quòd omne sensibile, quod comprehenditur per medium æqualiter, debet sentiri ex omnibus partibus, nisi aliquid impediat. vnde necesse est, vt istud corpus vaporosum sit centrum vnum, & quòd sua semidiameter sit secundum longitudinem linearum, vnde veniunt ista animalia ad suum cibum, vt dicitur quòd Vultures mouentur à quingentis miliaribus: sed impossibile est vt corpus paruum extendatur, donec recipiat tales dimensiones, cùm impossibile est vt materia recipiat extēsionem ad tale vltimum. maxima enim remotio, quam materia recipit, est dimensio ignis, deinde aeris. Si igitur corpus odorabile alteretur totum in ignem, aut aerem, impossibile est ipsum recipere dimensionem mille miliariorum. Minima enim dimensionum, quam materia recipit, est dimensio terræ, & maxima est dimensio ignis. & inter has duas dimensiones non sentitur ex diuersitate hæc quantitas, scilicet vt magnitudo vnius palmi terræ fiat ad mille miliaria. hoc enim impossibile est. Et etiam, si ita esset, tunc illud corpus sphæricum non odorabile necesse esset vt penetraret aerem secundum totum, aut quòd aer recederet à loco suo. Et, cùm hoc impossibile est, etiam impossibile est vt odor sit in aere, sicut in corpore composito. † simplicia enim non recipiunt odores. remanet igitur vt sit in eo sicut color in diaphano. * Sed tamen apparet quòd esse coloris magis est spirituale, quā esse odoris. venti enim videntur adducere odores. & hoc est, ex quo fuit existimatum odorem esse corpus. Sed ita est de odore in hac intentione, sicut de sono. Sonus enim fit à passione in aere: sed etiam impellitur à ventis: sed tamen non consequitur ex hoc vt sit corpus. quasi

igitur

Section letters in the right margin: D (beside the first line), E (beside "le, & odorem subtilem"), F (beside "est ipsum recipere dimensionem").

Left margin notes:

Documentum. 5. text. com. 73.

Color & odor hñt duplex esse. Idē supra. 60. 67. 76. com. Vide. 76. & 101. 106. Opi. Aui. l. sexto naturalium.

Prima rō.

* a l. multarum terrarū

* a l. 9.

Minima dimēsionū, quam materia recipit, est dimēsio terræ. & maxima ē dimensio ignis compo. vide 4. ph. cō. 71. vbi habet quòd subtilitas ē diuisibilis in infinitū. Vide 16. Zim.

Right margin notes:

Ex hoc sumā dari maximū, & minimū. Idem supra. 41. Idē primo ph. 36. 6. p. 91. prio. celi. 160.

† Corpora simplicia non recipiūt odores. Idē in de Sensu & sensato.

* Esse coloris est magis spūale, quā esse odoris. Idem 101.

A igitur necesse est in istis duabus passionibus, s. soni, & odoris, cum fuerint in aere, vt non sint motus illic in aere ad aliam partem sine alia.

Vnde & dubium videtur si omnia quidem similiter odorent: homo autem odorat respirans: non respirans aut sed exspirãs, aut retinens spiritum, non odorat, neq; à longe, neq; à prope: neq; si in nasum intra ponatur. & hoc quidem in ipso positum quo sentit, insensibile esse, omnibus commune est: sed sine respiratione non sentire, proprium est homini. manifestum est autem tentantibus.

SOPH. *Proinde uidetur oriri quæstio, si cuncta quidem peræquè olfaciant, homo uerò spiritum quidem ducens olfacit: quòd si non ducat, sed reddat, aut cohibeat spiritum, non olfacit, neq; è longinquo, neq; è propinquo: ne si intra nares quidem apponatur. Ac si quid ipsi quidem apponatur*
B *sensorio, id esse insensibile, commune est omnium: nõ sentire uerò sine respiratione, peculiare est in hoibus: quod inexperiẽdo perspicitur.*

Et ideo apparet ꝙ iste est locus dubitationis, secundum ꝙ omnia animalia olfaciunt eodem modo, & ꝙ homo non olfacit, nisi quando anhelat inspirans: quando autem expirat, aut retinet, nõ olfacit neq; à remoto, neq; à propinquo, neq; etiam, si odorosum poneretur in naso. Hoc autem, ꝙ si sensibile fuerit positum super ipsum sentiens, non sentietur, commune est omnibus. hoc vero, ꝙ sentire non sit sine inspiratione, est proprium hominibus. & hoc manifestabitur experimentatoribus.

98 Idest &, cùm diximus quòd animalia habitantia in aqua, & animalia non sanguinea olfaciunt, accidit quæstio, quando cõcesserimus has duas propositiones. s. ꝙ omnia animalia debent olfacere eodem modo, & po-
C suerimus ꝙ homo olfacit, quando inspirat, & non quando expirat, aut retinet anhelitum. consequitur enim ex hoc ꝙ, si* illud animal fuerit non anhelans, vt non sit olfaciens. D.d. Hoc autem, ꝙ si sensibile fuerit positum, &c. i. & hoc autem, quod est necessarium in omnibus animalibus vt sit medium, & quòd sentire non fiet, quando sensibile fuerit positum sup ipsum sentiens, cõmune est omnibus. hoc enim opinatur Aristoteles de tactu, & gustu, vt post apparebit. D.d. hoc vero, quod sentire nõ fit absq; inspiratione, &c. i. hoc vero, ꝙ homo, & alia animalia anhelantia impossibile est vt olfaciant absq; inspiratione, manifestum est per se volentibus considerare, & experimentari.

*a. Lalfod. 'aliquod'. Opposited vide in cõ sup lib. de sensu, & sensibili ubi hẽt ꝙ propriũ é gustui, & tactui ꝙ nõ indigent medio opposituũ de gustu solo vide infra c. 101. Vid etiam Zim.

Quare sanguinem non habentia, quoniam non respirant, alterum vtiq; quendam sensum habent præter eos qui dicti sunt. sed impossibile est: si quidem odorem sentiunt: odorabilis enim sensus

sus, & boni odoramenti & mali, olfactus est. Amplius autē & corrumpi videntur à fortibus odoribus, ex quibus homo corrumpitur, vt asphalto, sulfure, & huiusmodi. olfactum quidem igitur habere necessarium est, sed non respirantia. D

SOPH. *Itaq. sanguine carentia, ut pote quæ non spirent, alium quempiam sensum habere censeas, præter eos qui vulgò dici consueuere. res tamen non ita se habet: si quidem odorem sentiunt: sensus enim rei odorabilis & fœtidæ & odoratæ, olfactus est. Præterea videntur à vehementibus odoribus corrumpi, à quibus etiam homo corrumpitur, ut bituminis, & sulphuris, atq. id genus aliis. olfaciant igitur necesse est, non tamen recipiendo spiritum.*

Oportet igitur ex hoc, vt animalia carentia sanguine, cùm non anhelant, habeant alium sensum. Sed hoc est impossibile, cùm sentiant odorem. sentire enim bonum odorem, & malum est olfacere. Odores enim fortes, qui nocent homini, nocent eis, vt putrefactionis, & sulphuris, & similium. Vnde necesse est vt olfaciant, sed non inspirando. E

99 Dixit &, cùm posuerimus q̄ omnia animalia eodem modo olfaciunt, & est manifestum q̄ homo non olfacit sine inspiratione: necesse est vt animalia carentia sanguine cùm non anhelant, & videntur venire ad suum nutrimentum à remoto, vt habeant alium sensum à sensu olfactus. D.d. Sed hoc est impossibile, &c. i. sed ponere ea habere alium sensum à sensu olfactus impossibile est, cùm posuerimus q̄ nihil comprehēdit odorem, nisi per istum sensum. comprehendere enim bonum odorem, & malum est olfacere: & olfacere est actio istius sensus, non alterius. D.d. Odores enim fortes, qui nocēt homini, nocent eis. & ista est secunda ratiocinatio, & est q̄ ista animalia infirmantur, & dolent à malis odoribus, & fugiunt eos, sicut homines. &, quia homines fugiunt eos propter sensum olfactus, oportet vt sic sit de aliis animalibus. D.d. Vnde necesse est vt olfaciant, sed non inspirando. i. necesse est igitur ex hoc, quod diximus. q̄ ista animalia olfaciunt, cùm videntur moueri ad odores, & fugere eos. &, quia impossibile est vt ista actio sit per alium sensum à sensu olfactus, ista animalia necessario olfaciunt: & non est necesse vt omnia animalia odorent eodem modo. F

Idē. 4. de Historiis aīaliū c. 8.

Videtur autem in hominibus differre hoc sensitiuū ad ea quæ aliorum animalium: sicut oculi, ad ea que durorum oculorū sunt. Hæc quidem enim habent phragma & sicut velamen, palpebras: quas aliquis non mouens, neq; retrahens non videt: fortia autem oculis nihil huiusmodi habent, sed mox vident quæ fiunt in lucido. sic igitur & odoratiuum sensitiuum, aliis quidem sine operculo est:

A lo est sicut oculi, aliis vero aerem recipientibus habere cooperimentum, quod respirantibus discooperitur, ampliatis venis & poris. & propter hoc respirantia non odorant in aqua. necessarium enim est odorem pati respirantia: hoc autem facere in humido impossibile. est autem odor sicci sicut humor humidi. odoratiuum autem sensitiuum potentia huiusmodi est.

Videtur autem in hominibus differre hoc instrumentum à caeterorum animalium instrumentis: ut oculi ab oculis eorum quae duros eos habent: nam illi quidem habent septum & veluti utriculum quendã, palpebras: quas nisi moueat, atq; attollat, non uidet. quae verò duris sunt oculis, nihil habent eiusmodi: sed illico uident quae fiunt in translucido. sic etiam odoratiuum sensorium: aliis sine operculo esse apparet, sicut ille oculus: in iis autem quae recipiunt aerem adesse uidetur operimen-
B tum, idq; cum spiritum hauriunt aperiri, dilatatis uenulis ac meatibus. Quamobrem quae spirant in humido non olfaciunt: necesse enim est spiritum ducendo olfaciant: quod in humido fieri non potest. Est autem odor sicci, ut sapor humidi: Odoratiuũ uerò sensorium est tale potẽtia.

Videtur igitur ꝙ iste sensus in hominibus differt à se in aliis animalibus, sicut oculi differunt ab oculis animalis duri oculi. Isti. n. habent coopertoria. s. palpebras, quae cùm non aperiuntur, non uidet homo. animalia autem duri oculi non habent aliquod tale: sed vident subito illud, quod fit in diaphano. Et sic videtur quod est sensus olfactus etiam, s. ꝙ in quibusdam animalibus est non coopertus, vt oculus. in animalibus vero recipientibus aerem habet coopertorium. &, cùm ista animalia inspirant, ampliantur venae, &
C viae, & aufert illud. Et ideo ea, quae anhelant, non olfaciunt in humido. inspiratio enim necessaria est in olfactu. vnde impossibile est hoc facere in humido. Et odor est sicci, sicut sapor humidi. Et olfaciens est illud, quod est in potentia istius dispositionis.

100 Cùm declaratum est ꝙ animalium quaedam sentiunt odorem sine inspiratione, & quaedam cum inspiratione, visum est ꝙ eã in hoc est ꝙ iste sensus in hominibus, & in animalibus anhelantibus differunt in creatione, & in forma à se in aliis animalibus non anhelantibus. Quemadmodũ enim oculi in homine, & in aliis differunt in creatione ab oculis animalium duri oculi. s. carentium palpebris. Et, cùm narrauit cõsimilitudinem inter ea in hac intentione, dedit modum consimilitudinis, & dixit. Isti enim habent coopertoria, &c. i. & sicut oculi in homine, & in aliis habent palpebras, quibus cooperiuntur: & est impossibile vt homo videat quousq; nõ aperiat palpebras: & in animalibus duri oculi non habent palpebras, sed

vident

videnti subito colores factos in diaphano sine aliquo coopertorio: ita vide D tur q dispositio sensus olfactus in animalibus anhelantibus, differt à se in non anhelantibus. In anhelantibus enim habet coopertorium: in non anhelantibus autem non habet coopertorium. & sic animalia anhelantia indigent apud olfactum anhelitu ad aperiēdum vias clausas olfactus, per quas impossibile est vt olfaciant, antequam aperiantur. queadmodum impossibile est vt animalia boni visus videant, quousq; palpebræ aperiātur. sed animalia non anhelantia non indigent hoc. & ista erit causa, propter Dubium. quam animalia anhelantia non olfaciunt in aqua. Sed est quæstio in hoc quod dicit: animalia enim duri oculi sunt debilioris visus aliis animalib[us]. sed animalia multa non anhelantia videntur fortioris odoratus homine. & oporteret, si palpebræ in oculis essent, sicut nasus in animalibus anhelātibus, vt animalia anhelantia essent verioris olfactus, quàm non anhelantia. Et ideo perscrutandum est vtrum, nasus in animalibus olfacientibus per nasum sit propter melius, sicut palpebræ sunt in animalibus habentibus palpebras: aut propter necessitatem. Si igitur est propter necessitatē, E Oppositū 2. phy. 82. 88. a casu esset. vide con. Zim. non oportet vt anhelantia sint verioris olfactus quàm non anhelantia. Si autem propter melius, erit econuerso. Sed hoc, quod dicit, ampliantur venæ, & viæ, demonstrat q hoc est propter necessitatem, nō propter meli[us]: & q animalia duri oculi non assimilantur olfaciētibus sine inspiratione, Solutio. nisi secundum diuersitatem creationis tantum: non q iuuamentum palpebrarum est de modo iuuamenti inspirationis. D.d. Et odor est sicci, sicut sapor humidi. i. & odor attribuitur abundantiæ partis siccæ in odorabili, sicut sapor attribuitur abundantiæ pārtis humidæ in gustabili. Et hoc declarabitur in libro de Sensu & sensato. D.d. Et olfaciens est illud, quod est in potentia istius dispositionis. I. &, cùm declaratum est quid sit odor, & quomodo comprehenditur per sensum, tunc sensus olfactus est illud, quod in natum est recipere odores.

De gustu, & gustabili. *Cap. 6.*

GVstabile autem est quiddam tangibile. & hæc est causa quare non sit sensibile per medium extraneum corpus. neq; n. tactus. & corpus autem in quo est humor, quod est quid gustabile, est in humido sicut in materia. hoc autem est quiddam tangibile, vnde & si in aqua essemus sentiremus vtiq; appositum dulce: non autem esset nobis tunc sensus per medium: sed in eo q[uo]d miscetur humido, sicut in potu. color autem non sic videtur, in eo quòd miscetur, neq; defluxionibus. F

SOPH. *Gustabile autem est tactile quiddam: atq; hoc in causa est, cur non sit sensibile per intermedium quod sit alienum corpus. nimirum quia nec tactus. corpus etiam in quo est sapor gustabile in humido ut[ut] materia: id verò est tactile quiddam. idcirco si in aqua essemus, & dulce* al. l. ūq aqua.

A *quidpiam iniiceretur, sentiremus nec esset nobis sensus per intermediũ: sed quòd admixtum esset humido, quemadmodum in potione: at color non hoc modo uidetur, nempe quòd misceatur, aut effluxionibus.*

Gustus autem est aliquis tactus. Et est illud, quod est in potentia istius dispositionis, non per mediũ, quod sit corpus extraneũ. tactus enim etiam non est sic. Et corpus, in quo est sapor, gustus in eo est in humiditate: sicut res in materia. & hoc est aliquid tangibile. Et ideo, si nos fuerimus in aqua, & in aqua fuerit aliquid dulce, sentiemus non per medium, sed admiscendo se cum humido, sicut est de vino. Color autem non videtur, eo ꝙ admiscetur, neq; quia aliquid currit ab eo.

101 Cùm compleuit sermonem de olfactu, & sensus gustus est illud, quod debet consequi numerum sm ordinem, qui incœpit à meliori, & procedit ad magis necessarium, incœpit loqui de eo, & declarare ꝙ est aliquis tactus, & ꝙ propter hoc non indiget comprehendere suum sensibile p medium, quod sit corpus extraneum, sed per medium, quod sit pars animalis. Et d. Gustus autem est aliquis tactus & hoc non est in potentia alicuius dispositionis per medium, quòd sit corpus extraneum. tactus enim est etiam sic. i. & iste sensus non est illud, quod est in potentia illius dispositionis per medium, quod est corpus extraneum, sed per mediũ, quod est corpus non extraneum. D. d. tactus enim etiam non est sic, i. tactus enim etiam comprehendit suum sensibile non per medium, quod est corpus extraneũ: sicut est de sensibus tribus p̃dictis. Et quasi inducit istũ sermonẽ pro ratione ꝙ gustus est aliquis tactus. & quasi dicit, gustus autem est aliquis tactus, cùm comprehendat suum sensibile non per medium, quod sit corpus extraneum, sicut tactus. & hoc est manifestius in secunda translatione, vbi dicit, sensus autem gustus comprehendit per tactum. Et causa illius est ꝙ sensibile per gustum non comprehenditur per medium inter gustans & gustatum, quod est corpus extraneum: neq; etiam tactus ita cõprehendit. D. d. Et corpus, in quo est sapor, &c. i. & alio modo dicimus etiam ꝙ iste sensus est aliquis tactus. corpus enim in quo existit sapor, nõ est gustabile, nisi sm ꝙ ille sapor existit ĩ eo humore: cuius proportio ad illum saporem est sicut materiæ ad formam. & ideo iste sensus non comprehendit saporem, nisi comprehendat humorem: cùm sit impossibile vt denudetur ab eo: & comprehendere humorem est aliquid tangere. vnde iste sensus videt aliquis tactus. D. d. Et ideo, si nos fuerimus in aqua, &c. i. &, quia gustus non indiget medio extraneo, ideo, cùm nos fuerimus in aqua, in qua inuenitur aliquod dulce, sentietur à nobis admiscendo se cũ aqua: nõ quia aqua recipit saporem abstractum à materia, & reddit eum isti sensui, sicut est de mediis extraneis, quæ reddunt sensibilia sensibus. illa enim non recipiunt sensibilia cum corporibus, in quibus existunt, sed abstracta à materia. Et hoc demonstrat ꝙ ipse opinatur ꝙ odor non est corpus.

B

C

Vide pro hoc q. co. 115.

Vide q. 113 vbi indigẽtia medij extrinseci nõ ẽ ꝺ necessitate tactus, sed tangibilium.

Rñs obiectioni.

Media extrinseca ñ recipiunt sensibilia cũ corporsus; in q̃ b° existūt idē 3 c.76 & .97. cō-cōtra Aui cen. corpus. si enim esset corpus, olfactus esset aliquis tactus. D.d. Color autē D non videtur, &c. idest color autem non videtur, ita q̄ aliquid ex eo admisceatur cum aqua, aut aere, neq; q̄ aliquid currat ab eo in aerē, aut aquā: sed tantum recipiunt ab eo intētionem coloris abstractam à materia. vñ dicimus in hoc, & similibus q̄ comprehenduntur per medium extraneū.

Vt quidem igitur medium, nihil est: ut autem color visibile, sic gustabile humor ē. Nihil autē facit humoris sensum sine humiditate: sed habet actu aut potentia humiditatem, vt salsum. bene. n. liquidum ipsum est, & liquefactiuum linguæ.

IOP H. *Quod autem ad intermedium attinet, nullum est. Vt autem visibile est color, sic gustabile sapor. Nihil autem saporis sensum efficit sine humiditate: sed habet actu aut potentia humiditatem, ut salsum: nam et ipsum facile liquefactu est, & colliquefaciendæ linguæ vim obtinet.* E

Secundum autem hunc modum medium non est medium. sed quemadmodum color est visibile, sic sapor est gustabile. Et nihil recipit sensum saporis absq; humiditate, sed in eo est in actu, aut potentia humiditas, verbi gratia salsum. est enim velocis dissolutionis, & cum hoc dissoluit linguam.

101 Iste autem sensus differt à sensibus, qui comprehendunt per medium extraneum in hoc, q̄ non comprehendit suum sensibile per medium. sed quemadmodum color est visibile, & in rei veritate proprium visui, ita sapor in rei veritate est gustabile proprium gustui. D.d. Et nihil recipit sensum saporis, &c. i. & nihil recipit sensum saporis, qui dicitur gustus, nisi sapor sit in humore, & humor est in saporoso, aut in actu, aut in potentia: v.g. salsum, quod est humidum in potentia propinqua, cùm velociter dissoluitur, & dissoluit humores, qui sunt in lingua. Et ideo præparauit natura saliuam in ore: & præparauit branchos in homine ad congregandum istam humiditatem, vt ea mediante gustentur sicca. vnde dicimus q̄ sapor non est sapor in actu, nisi in corpore humido in actu. F

Purpur q̃d natura p̄parauit saliuā in ore.

Sicut autem visus visibilis est & inuisibilis (tenebra autem inuisibilis, iudicat autem & ipsam visus.) adhuc autem & ualde splēdidi. etenim hoc inuisibile est. alio autem modo à tenebra. similiter autem & auditus sonique & silentii. quorū aliud audibile, aliud non audibile: & magni soni, sicut visus est splēdidi. sicut enim paruus sonus inaudibilis quodammodo, sic & magnus & violētus. Inuisibile autem aliud quidem omnino dicitur sicut & in aliis impossibile: aliud autem quamuis aptum natum, non habet, aut praue: sicut quod sine pedibus & sine grano. sic autem gustus gustabilisque & nō gustabilis. hoc autem est paruum aut prauum habens humorē

A humorem, aut corruptiuum gustus. videtur autem principium esse potabile & non potabile: gustus enim quidam ambo. sed hoc quidem prauum & corruptiuum gustus. illud autem secundum naturam. est autem commune tactus & gustus potabile.

SOPH. *Sed ut uisus est rei uisibilis & inuisibilis (nam tenebrae inuisibiles sunt, attamen has etiam uisus diiudicat:) ad haec, ualde splendidi (nã id quoq; inuisibile est, alio tamen modo atq; tenebrae) sic etiam auditus & soni & silentii: quorum alterum est audibile, alterum nõ audibile. atq; etiam magni soni, quemadmodum uisus splendidi. ut enim paruus sonus inaudibilis quodammodo est, sic etiam magnus ac uiolentus. inuisibile autem partim sicut etiam in aliis dicitur quod prorsus impossibile est: partim, si cum natum aptumq; sit, non habeat, aut certe exiliter, ut apes, & innucleatum. Sic etiam gustatus, rei gustabilis & ingustabilis. id uero est, quod aut paruum & *exilem, aut gustum corrumpentem habet saporem. Videtur autem potabile & impotabile esse principium: sed alterum prauum gustumq; corrumpens: alterum secundum naturam: Est autem potabile commune tactus & gustus.*

B

* al. l. quã aut prauũ

τὸ φαῦλον quo verbo hic vtitur Aristo. expositores tũ prauũ, tũ exiliter interpretãtur.

Et sicut visus est rei visibilis, & nõ visibilis: nam obscuritas est non visibilis, & etiam distinguetur à visu. & est etiam manifestũ in eo, quod ẽ valde fulgẽs, & splendens. hoc enim quoquo modo est non visibile: sed tamen alio modo ab obscuritate. & similiter auditus est soni, & silẽtii, quorum vnum est audibile, & aliud nõ audibile, & est maximi soni, sicut visus est resplendentis. quemadmodum enim minimus sonus est non audibilis, ita aliquo modo

C est maximus sonus etiam. Et non visibile quidem dicitur sic vniuersaliter, sicut in omnibus carentibus hoc. & quoddam est innatum videre, sed non habet: aut habet, sed diminute, vt carẽs pede. Et similiter gustus est gustabilis, & non gustabilis, & hoc est, cui⁹ sapor est debilis, aut malus, aut corrumpens gustum: Et similiter existimatur de potabili, & nõ potabili. sunt enim gustus quoquo modo: sed illud malum corrumpens gustum, & illud naturale. Et potabile est commune tactui, & gustui.

103 Sermo eius in hoc capitulo est manifest⁹. & abbreuiatio eius est quod non sensibile dicitur in vnoquoq; sensuum tribus modis: aut de eo, quod caret sensato proprio illi sensui de eis sensatis, quae innatus est habere: aut de eo, quod est sensibile intensum Ŝ se respectu illius sensus: aut de eo, quod est sensibile debile. v. g. obscuritas, quae est non sensibile Ŝm priuationem in visu: & color splendens, qui est non sensibilis propter intensionem: &

color

color latens, qui est non sensibilis propter debilitatem. Et in auditu silentium secundum priuationem: & maximus sonus secundum intensionem: & sonus latens secundum debilitatem. Et in gustu insipidum secundum priuationem: & horribile secundum maliciam, & debile secundum diminutionem. omnia enim ista dicuntur non sensibilia: quoniam vnumquodque istorum est priuatio alicuius dispositionis naturaliter sensibilis illius sensus. D.d. Et non visibile quidem dicitur, &c. i. & non visibile dicitur vtrum, sicut dicitur in aliis sensibus multis modis: aut quia non est innatum videri omnino, vt dicimus quod sonus est inuisibilis, & in colore non auditus: aut quia est innatus videri, sed non videtur, quia habet colorem, sed alio modo ab eo, secundum quem innatum est habere, s. aut propter intensionem, aut propter debilitatem hoc dicitur non visibile: sicut dicitur in eo, qui est debilis pedis, quod non habet pedem. D.d. Et potabile est commune tactui & gustui, idest quod secundum humiditatem, quae est in eo, est tangibile, & secundum saporem est gustabile. D

Cōsilem distinctionē hīs de infinito. 3. Phy. 34. & 5. in hoc. t. 110. Idē. t. 96. Idē. 5. Me. 27. & 17. cōsilis de immobili. 5. ph. t. & t. 10.

Quoniam autem humidum quod gustabile, necesse est sensitiuum ipsius neque humidum esse actu: neque impossibile fieri humidum. patitur enim gustus aliquid à gustabili secundum quod gustabile est. necessarium est ergo humectatum fore quod possibile humectari, saluatum, non humidum autem, gustatiuum sensitiuum. Signum autem, neque siccam existentem linguam sentire, neque multum humidam. hic enim tactus fit primi humidi. sicut quum aliquis qui ante gustauit fortem humorem, gustet alterum & vt laborantibus amara omnia videntur, propter id quod lingua plena huiusmodi humiditate sentit. E

SOPH.

Cum autem gustabile sit humidum, necesse est sensorium eius nec actu humidum, nec eiusmodi esse ut humectari nequeat: patitur enim gustus à gustabili quatenus gustabile. Necesse ergo est id quod humectari potest, humectari ita ut seruetur, nec esse humidū ipsum. s. gustatiuum sensorium. indicium huius est, quod lingua neque cum praearida est, sentit: neque cum admodum humida: hic enim tactus fit primi humidi: ut cum quispiam degustato uehementi sapore, degustat alium: & quemadmodum aegrotantibus amara omnia uidentur, propterea quòd lingua referta eiusmodi humiditate sentit. F

Et, quia gustabile est humidum, fuit necesse vt suus sensus non esset humidus in perfectione. neque impossibile vt humefiat. gustus enim patitur quoquo modo à gustabili, secundum quod est gustabile. Vnde necesse est vt humefiat illud, quod possibile est vt humefiat, & est saluatum. sed non est humidum sensus gustus. Et signum eius est, quod lingua non sentit, cùm fuerit valde sicca, aut valde humida. tactus enim ipse erit per primum humorem, sicut qui prius gustauit

A gustauit saporem fortem, deinde gustauit alium saporem. & sicut infirmi sentiunt omnia amara, quia sentiunt ea per linguam submersam in tali humore.

104 Cùm declarauit ea, quæ sunt cõia isti sensui, & sensui tactus, & aliis sensibus, incœpit dicere quoddã proprium membro istius sensus, s. linguæ, & d. Et, quia gustabile est humidũ, &c. i. &, quia materia saporis est humor, vt declaratũ est in de Sensu & sensato, necesse fuit vt recipiens saporem recipiat humorẽ cũ sapore. vnde necesse est, vt iste sensus nõ sit humidus in actu, neq; sit ẽt impossibile vt recipiat humorẽ, cũ sit innatus recipere saporem: quod est impossibile sine receptione humoris. & dicit ꝙ est necesse vt sit non humidus in actu: quia illud, quod est aliquid in actu, non est innatum recipere illud, quod est in eo in actu, ſm ꝙ est in eo in actu. visus enim, si haberet aliquem colorem in actu, non reciperet colores. Deinde dicit, gustus enim patitur quoquo modo, &c i. & est necesse vt iste sensus sit innatus humefieri. membrum enim gustans patitur quoquo mo-
B do à gustabili. &, quia gustabili semper associantur humidum, necesse est vt gustans patiatur ab humore, qui est in sapore. Vnde necesse est vt hoc membrum gustans sit in ea dispositione, qua possibile est vt humefiat: & hoc erit vt non sit humidum in se, & ꝙ sit cum hoc saluatum ab* accidentibus. & hoc intendebat, cùm dixit, vnde necesse est vt humefiat, &c. idest & quia necesse est vt hoc membrum humefiat, necesse est vt sit innatum humefieri, s. vt sit saluatum à siccitate intensa, & vt non sit humidum. Deinde dicit. Et signum eius est ꝙ lingua, &c. i. & signum eius est, ꝙ lingua apud comprehensionem saporum debet saluari ab intensa siccitate, & dominio humoris, est ꝙ ipsa non sentit sapores, quando fuerit intensæ siccitatis, aut intensæ humiditatis, sed tantum sentit, cùm fuerit in naturali dispositione, ſm quam innata est recipere humiditatem saporis. Deinde dicit, tactus enim ipse, &c. i. &, cùm lingua innata est recipere saporem cum eius humiditate, necesse est vt super ipsum non dominetur alia humiditas. Prima enim humiditas dominans in lingua impediet eam in re-
C cipiendo secundam humiditatem. quemadmodum qui gustauerit aliquem saporem fortem, & postea gustauerit alium saporem: tunc enim non sentiet secundum saporem propter dominium primi super linguã. Deinde dicit. &, sicut infirmi sentiunt omnes sapores amaros, quia sentisse eos per linguam submersam in humore amaro, ita etiam qui gustauerit aliquem saporem, & sua lingua fuerit humefacta in humore accidentali, tunc non comprehendet humorem saporis proprii, nisi admixtum cum qualitate illius primi humoris. & sic accidet necessario vt non comprehẽdat saporem, quia non comprehendit naturã saporis in dispositione illa, secundum quam est materia illius saporis.

Illud, qđ ẽ aliqđ in actu, nõ est innatũ recipere illud, qđ est in eo in actu, ſm ꝙ est in eo in actu. Id ẽ 1, 67. Id ẽ 3. de A ĩa cõ. 4. Id ẽ 1. c. 2. d. suba orb. id ẽ 1. ph. 69.

*excedẽtibus *excellentiis.

Species autem humorum sicut & in coloribus, simplices quidem contrariæ sunt: vt dulce & amarum. habitę autem sunt, cum hac quidem, pingue: cum illa uero, salitum. Media autem horum, acre, & austerum, & ponticum, & acutum: ferè enim hæ videntur esse humorum differentiæ. Quare gustatiuum potentia est huiusmodi. gustabile autem est factiuum actu huius.

SOPH. *Species autem saporum, ut etiam in coloribus, simplices quidē sunt quæ sunt contraria, dulce & amarum: Proxima aūt sunt, ab uno, pingue: ab altero, salsum. His interiecta sunt, acre, & austerum, & acerbū, & acidum. nam hæ propemodū esse saporum differentiæ uidentur. Quare gustatiuum est, quod est tale potentia: gustabile uero, quod est effectiuum actu eius.*

Et modi saporum sunt sicut in coloribus, simplices quidē sunt contrarii dulcis, & amarus. Sequentes autem sunt duo, istum vnctuosus, istum autem salsus. Et quæ sunt inter ea, sunt acutus, & stypticus, & ponticus, & acetosus. isti. n. modi ferè videntur esse modi saporum. Quapropter necesse est vt Gustans sit illud, quod est in potentia istius dispositionis, & Gustabile sit agens.

105 Et dispositio modorum saporum adinuicē est, sicut dispositio colorū adinuicem. quemadmodum igitur colores simplices sunt albus, & niger, ex quibus componuntur alii, quorum quidam sunt propinquiores simplicibus, ita est de saporibus. s. ꝙ simplices eorum sunt contrarii. s. dulcis, & amarus. & sequitur dulcem vnctuosus, & salsus amarum. & inter istos sunt acutus, & stypticus, & acetosus. Et hoc, quod d. in coloribus manifestum est: in saporibus vero habet quæstionem. Galenus enim opinatur quòd ponticus, & acetosus frigidi sunt, & quòd acutus est calidior amaro.

Digressio. Et, si nos concesserimus ꝙ isti sapores consequuntur calorem, & frigus, necesse est ꝙ contrarietas in istis sit in illo, quod est vltimæ calidum, & in illo, quòd est vltimo frigidum. &, si concesserimus ꝙ ita est de saporibus, sicut est de coloribus, s. quòd idem color sit à caliditate, vel à frigiditate, tunc non accidet impossibile. Et videtur ꝙ hæc opinio Galeni sit error. Videmus enim ꝙ amaritudo quandoq; inuenitur cum frigiditate. verbi gratia ꝙ amaritudo, quæ est in fructibus in primo cremento, demonstrat frigus: & amaritudo, quæ est in rebus combustis demonstrat calorem. Et similiter non est impossibile vt aliqua dulcedo sit frigida, videtur enim ꝙ plantæ amari saporis apud complementum sunt dulces, aut insipidæ in principio. Et signum eius, ꝙ isti sapores sunt medii, est quòd plantæ habentes sapores, non transferuntur ex amaritudine ad dulcedinem in eis, quæ innatæ sunt esse dulces in fine, nisi mediante aliquo illorum saporū, & hoc erit secundum ꝙ pertinet illi amaro existenti in illa planta, & illi dulci existenti in ea. quemadmodum albedo non transfertur ad nigredinem, vel econuerso, nisi mediante aliquo colorum mediorum. in aliquo igitur transfertur mediante charopo, & in aliquo mediante kiano. non enim est necesse vt translatio in extremis sit super omnia media. Et vniuersaliter

Prima rō cōtra Gal.

Scđa rō.

Nō est necessariū vt trāslatio i extremis sit sup oīa media. Idē. j. Cō. 41.

Tertia rō.

A uersaliter per se manifestum est q amarum, & dulce sunt in fine contrarietatis, in quantum sunt sapores. quapropter necesse est vt alij sapores sint medij inter hos duos, & compositi ex extremis. Secundum hoc igitur debemus ponere hoc. Quarta rō Et non debemus aduertere sermonem Galeni. suus. n. sermo non est verus in complexionibus saporum fm suas naturas. Et, si concesserimus quòd omne dulce est calidum, & omne amarum etiam est calidum, debemus etiam dicere q hoc non est nisi respectu corporis hominis, non respectu naturæ ipsius rei. experientia enim, licet testetur hoc in corpore humano, tamen hoc non demonstrat naturam ipsorum saporũ. Et videtur quòd sapor magis sequitur humiditatem & siccitatem, quã Quinta rō caliditatem & frigiditatem. Necesse est enim aliquam opinari complexionem terminari, ex qua fit amaritudo, & aliã ex qua dulcedo: & quòd istæ duæ complexiones sunt contrariæ fm hunc modum. & locus de hac perscrutatione est in libro de Sensu & sensato, & etiam de numero modorum saporum. Deinde d. Quapropter necesse est vt gustans sit illud, &c. idest declaratum est ex prædictis q iste sensus est illud, quod est in potentia omnes isti sapores, & quòd sapor, & gustus est agens, & mouens istum sensum de potentia in actum.

B

De tactu, tangibilibus, ac medio. Cap. 7.

DE tangibili autem & tactu eadem ratio. Si enim tactus nõ est vnus sensus, sed plures: necessarium est & tangibilia sensibilia plura esse. Habet autem dubitationem, vtrum plures sint, aut vnus.

SOPH. *De tactili & tactu eadem est ratio: si enim tactus non unus est sensus, sed plures: & tactilia etiam plura esse sensibilia necesse est.*

De tangibili autẽ, & de tactu idem est sermo. Tactus enim, si non fuerit vnum genus, sed plus, necesse est vt tangibilia etiã sint plura vno. Sed est dubium, vtrum sint vnum, aut plura.

C

106 Modo vult loqui de tactu, & dixit. De tangibili autem, & de tactu, &c. idest vtrum autem tangibile sit vnum, aut plura vno est dubiũ, sicutẽ de tactu. & sermo in eis est idem. Et innuit per hoc causam, propter quam latet hoc, in hoc sensu, & non latet in aliis sensibus. de illis enim quia manifestum fuit quòd sensibile eorum est vnum in genere, fuit etiam manifestum eos esse vnum in genere: in hoc sensu autem, quia ignoratum est de suis sensibilibus, fit etiam ignoratum de suo sensu. Deinde dicit. Tactus enim, si non fuerit vnum genus, &c. idest, sermo de eis in hac intentione idem est. Notum est enim nobis quòd si tactus non est vnum genus, sed plura vno, necesse est quòd tangibilia sint plura vno, &, si tangibilia sint plura vno, necesse est vt iste sensus sit plus vno. sed licet consecutio in istis duobus syllogismis sit manifesta, tamen destructio, vel positio in eo est ignorata.

Et quid est sensitiuum tangibilis: vtrum caro & in aliis proportionale, aut non, sed hoc quidem est medium, primum autem sensitiuum, aliud quiddam est intus. omnes etenim sensus vnius contrarietatis esse videntur, vt visus albi & nigri: auditus grauis & acuti: gustus amari & dulcis. In tangibili autem multe insunt contrarietates calidum & frigidum, humidum & siccum, durũ molle, & aliorum quæcunq; sunt huiusmodi. D

SOPH. *Est autem quæstio, utrum plures sint, an unus: & quid sit instrumentum rei tactilis tactiuum: utrum caro, & in aliis quod ei proportione respondet: an non, sed hoc quidem sit intermedium, primum uero sensorium aliud quidpiam intus sit. quippe omnis sensus unius esse uidetur contrarietatis, ut uisus albi & nigri, auditus grauis & acuti: gustatus amari & dulcis: at in tactili multæ sunt contrarietates, calidum, frigidum, humidum, siccum, durum, molle, & eiusmodi alia.* E

Sensus autem tactus, vtrum est in carne, aut in alio simili: aut non, sed ista est medium, primum autem sentiens est aliud intrinsecum. Omnis enim sensus existimatur esse eiusdem contrarietatis, v.g. visus albi & nigri, & auditus grauis & acuti, & gustus dulcis & amari. In tangibilibus autem sunt plura contraria, calidum & frigidum, & siccum & humidum, & durum, & molle, & asperum & lene, & alia similia.

107 Cùm narrauit q; dubium est vtrum sensus tactus sit eiusdem virtutis aut plurium, incœpit dicere sermones dubitabiles in hoc, & d. Sensus aũt tactus, &c. i. & principium consyderationis in hoc est, vtrum sensus tactus sit in carne, aut in simili carni in animalibus carentibus carne: aut sensus tactus non est in carne, sed caro est quasi medium. Et dixit hoc. quia, si fuerit declaratum q; sensus tactus est in carne, ita q; proportio carnis ad ipsum sit sicut proportio oculi ad visum, manifestum est q; sensus tactus est vna virtus: quoniam vnum instrumentum non est nisi vnius virtutis. Si autem fuerit declaratũ q; ista virtus fuerit plures vna, necesse est vt caro non sit nisi medium: & vt non sit quasi instrm. Et, cùm narrauit hoc, incœpit inducere sermones dubitabiles. & incœpit ab eis, quæ demonstrãt virtutem tactus esse plures vna: quia post inducet ea, quæ demonstrans ipsam esse vnam ex hoc, quod apparet q;, cùm sensibile fuerit positum super carnẽ, statim sentiet, ex quo existimatur q; ista virtus est vna. Et d. sed ista est medium, &c. i. vtrum sensus tactus est in carne, ita q; sit vna virtus: aut non est in carne, sed intra, & est plus quã vna virtus, est dubium. potest.n. aliquis dicere q; caro est medium, & q; primũ sentiens, quod est instrm. istius virtutis, est aliquid intrinsecũ, & q; est plus quã vnũ instrm. Et signũ eius est, quia manifestum est q; idẽ sensus nõ cõprehẽdit nisi vnã cõtrarietatẽ, & eius media: visus.n. cõprehẽdit albũ & nigrũ & media, & auditus F

Si proportio carnis ad tactũ sit sicut proportio oculi ad visum, manifestũ est q; sensus tactus est vna virtus.

Al. caro sit quasi.

graue

A grave & acutum & media, & gustus dulce & amarum & media. Tactus autem multa contraria. v.g. calidum & frigidum, & humidum & siccum, & asperum & lene, & durum & molle, & alia contraria. unde necesse est, ut ista virtus sit plures vna, & ꝙ caro sit quasi medium. Et hoc, quod dixit, manifestum est: q̃m, si vna virtus est, quæ comprehendit vnam contrarietatem, contingit oppositum conuerti cum opposito, scilicet vt quę non cõprehendit vnam contrarietatem, sed plures, non sit vna virtus. [illegible]. Pro hoc vide 2. Priorũ ca. 21. & 4. Topicorũ ca. 5.

Habet autem solutionem quandam ad hanc dubitationem: & ꝙ in aliis sensibus sunt contrarietates plures, vt in voce non solũ acumen & grauitas, sed magnitudo & paruitas, & lenitas, & asperitas vocis, & similia alia. sunt autem & circa colorem differentiæ huiusmodi alteræ. sed quid sit vnum subiectum, sicut auditui sonus, sic tactui, non manifestum est.

107 H. *Sed est solutio quædam huius quæstionis: etenim & in aliis sensi-*
B *bus plures sunt contrarietates, ut in voce non solum acumen & grauitas, uerumetiam magnitudo & paruitas, & lenitas, & asperitas uocis, cæteraq; generis eiusdem. In colore etiam eiusmodi aliæ sunt differentiæ: uerum quid sit subiectum: ut auditui sonus, sic etiam tactui, nõ est manifestum.*

Sed est hic aliquid. per q̃d dissoluitur ista quæstio. In aliis enim sensibus sunt modi contrarietatis plures vno. verbi gratia, in sono cum acuto & graui est magnum & paruũ & sonus lenis & asper, & alia similia. Et in colore etiam sunt alii similes istis. Sed tamen non est manifestum quid est illud vnum subiectũ, sicut est sonus auditus, sic tactus.

Cũ dedit sermonẽ, facientem credere ꝙ sensus tactus sit plus vno, dedit
108 alium sermonem, quasi dubitationẽ sup hũc sermonẽ, & dixit. Sed est hic
C aliquid, &c. i. potest aliquis dicere aliquid eẽ, p quod dissoluit iste sermo, per quẽ probat ꝙ sensus tactus est plus vno: & ꝙ in aliis sensibus etiã sunt modi contrarietatis plures vno. v.g. ꝙ auditus cõprehendit graue & acutum, & magnũ & paruum, & lene & asperũ. & sılr visus cõprehẽdit multa album & nigrũ, & splẽdẽs & non splendens. quapp nõ est necesse ex hoc ꝙ tactus comprehẽdit plus vna, vt sit plures, & ꝙ caro sit quasi mediũ. Et, cũ dedit hãc dubitationẽ sup sermonẽ pbãtẽ ꝙ iste sensus est plus vno, incœpit excitare modũ debilitatis eius, & dixit. Sed tñ nõ est manifestũ, &c. i. sed iste sermo nõ sequit. q̃m, si magna cõtrarietas, quæ est in tactu, sit similis cõtrarietati existẽti in vnoquoq; sensũ, necesse est vt subiectũ modorũ contrarietatis, q̃ est in tactu, sit vnũ, sicut est in visu, & in auditu. sonus n. est subiectũ illorũ cõtrariorũ prædictorũ. & sılr color est subiectũ modorũ cõtrarietatis cõprehensibiliũ per visum. sed nõ est manifestum quid est vnũ subiectũ cõtrariorũ sensus tactus, immo apparet ꝙ subiectũ multiplicatur fm multiplicationem contrariorum. Et intendit per subiectũ

7. Mc. 41. Digressio, q. tact' si sit un' ab uno obiecto.

hic genus, quod diuiditur in hæc contraria. Et hoc, quod dixit, manifestum est. Necesse est. n. si posuerimus q vnus sensus cōprehendit multos modos contrarietatis, vt genus subiectū illis modis sit vnū. Quoniam necesse ē aliquid esse commune illi multitudini, quod comprehendit ab illo vno sensu. &, si non, non erit illic aliquid, per quod ille sensus poterit dici vn'. quoniam sensus non est vnus, nisi per vnam intentionē. Et, cū cōtraria fuerint diuersa in generibus, tunc virtutes erunt diuersæ. & ideo illud, quod recipit cōtrarietatem colorum, aliud est à recipiente saporū contrarietatem: cùm ista contraria sint diuersa in genere. Vnde necesse ē, si tactus sit vna virtus, vt modi contrariorum, quos comprehendit, sit vnum genus subiectum eis, quod dicatur de eis vniuoce: vt sonus, qui dicitur vniuoce, sit de modis sonorū, & color de modis colorum. Sed contraria tactus non vīr habere genus, quod dicatur de eis nisi æquiuoce. Quale enim, quod dicitur de calido & frigido, & graui & leui, non dicitur nisi pure æquiuoce. Et illud, quod dictum est de æquiuocatione in hoc nomine quale, dicitur de sapore, de calore & frigore, & odore. omnia enim hęc nomina sunt in prædicamento qualitatis: & graue & leue in prædicamento substātiæ. Et ideo necesse est vt, virtus comprehendens contrarietatem, quæ est in graui & leui, sit quoquo modo virtus comprehendens contrarietatē, quæ est in calido & frigido necessario, & quoquo modo non, cùm illa, quæ comprehendit graue & leue, non comprehendit ea nisi mediante motu; scilicet q non comprehendit graue, nisi quando mouet eam corpus graue, aut leue. Et ideo oportet opinari q velit Arist. q sensus tactus est plus quā vnus; & q caro est quasi ei medium. † licet iste sermo sit contrarius sermoni in libro de Animalibus. sed tamen forte ille sermo fuit secundū q apparuit illic, scilicet q sciuit de membris animalium in illo tempore, tunc enim adhuc nesciebat neruos, & dixit q, instrumentum sensus isti' est caro. & iste sermo dat instrumenta esse istis animalibus tangibilibus intra carnem. & hoc conuenit ei, quod post apparuit per anatomiam. f. q nerui habent introitum in tactu, & motu, quòd ergo sciuit Aristo. ratione, apparuit post per sensum.

Occurrit tacite obiectioni. quia aliqs diceret et idē genus tāgibiliū, & ē ipm quale. Graue & leue sunt in pdicamēto substātię. Idē 4. Cę. c. 10. opp. 3. Me. c. 18 vbi .d. q sunt quātitates. Sed 4. Cęl. 35. ponit eas eē facilitates, & p cōsequens q̄litates. idē 2. de Gen. & cor. t.c. 8. & 7. ph. t.c. 11. Vid' cōtr. Zim. †Soluit cōtradictionē 2. de ptibus aīal. ca. 6. 3. d nā alalium ca. 5.

Vtrum autem est sensitiuum intus, aut non, sed mox caro, nullum videtur eē signum fieri sensum simul cum tactu. etenim nūc si quis circa carnem extenderit, vt pellem faciēs, similiter sensum mox tactum insinuat. & tamen constat q nō est in hoc sensitiuū, si autem & connaturale fuerit, citius vtiq; pertinget sensus.

Vtrum autem instrumentum sit intus nec ne, sed protinus caro, nullo videtur esse argmento, quòd sensus fiat simul atque res tanguntur. Etenim si quis circa carnem extenderit quidpiam in speciem membranæ redactum, statim peraquè sensum imprimet: & tamen constat nō esse in ea sensus instrumentum. quòd si etiam coalescat, multò citius sensus penetret.

Vtrum

M Utrum autem sentiens sit intra, aut non, sed est primum, quod apparet. s. caro, existimatur quòd istud signum nihil est. s. ꝙ sensus est, quando tangitur. Quoniam, si tu acceperis membranam, & induas carnem ea, tunc eodem modo apparebit sensus, qñ tangitur: licet sit manifestum ꝙ sentiens non est in istis rebus. Si igitur fuerit consolidatum cum eo, tunc sensus citius prouenit etiam.

109 Cùm dedit sermonẽ necessarium, ex quo apparet ꝙ sensus tactus ẽ plus vno, & ꝙ caro est quasi medium, vt exposuimus: licet sit contra opinionẽ Alex. & expositionem Themistii. quãuis Themistius dicat aperte ꝙ ista est opinio Aristo. s. ꝙ caro est quasi medium. sed isti videntur non scire rationem, super quam sustentabatur Arist. in hoc. & est, quia sensibilia tactus nõ cõicant in eodẽ genere, qd de eis dicatur vniuoce, necesse ẽt vt sit plus vno. & nos dicemus rõnem Alex. in hoc, & dissoluemus eam. Et, cũ iam compleuit hoc declarare, & dissoluere quæstionem contingentem in hoc, reuersus est ad destruendum illud, ex quo existimatur ꝙ caro est instrumentum istius virtutis, & d. Utrum aũt sentiens est intra, &c. i. dicere aũt ꝙ tangẽs nõ est intra, sed est in primo eorũ, quæ apparent. s. in carne: caro. n. cũ fuerit positũ super ipsam aliquod tangibile comprehendet ipsum: nihil est. s. ꝙ illud argumentum non tenet. s. ꝙ sensus tactus sit, quãdo tangibile tangit carnem. D. debilitauit hoc argumentum, & dixit. Quoniam, si tu acceperis membranã, &c. i. qm̃, si tu acceperis membranam non spissam, & indueris eã carne, & posueris super carnem aliquod tangibile, tunc statim cõprehẽdet eã sensu, ac si esset absq; illa membrana. D. d. licet sit manifestum ꝙ sentiens non est in istis rebus. i. licet sit manifestum ꝙ primum sentiens non est in cute, non est impossibile vt caro sit talis dispositionis, s. vt sit medium quasi cutis. in apparentibus autẽ in carne nulla dubitatio est super ea, quæ iam declarata sunt rõne. D. d. Si igit̃ fuerit consolidatum. i. & nulla differentia est in hac intentione, siue caro fuerit continua cũ sentiente, siue membrana fuerit non continua. cutis. n. si esset continua, tunc citius redderet sensum. Continuatio igitur non dat carni nisi facilitatem pertransitus sensus: non quia continuatio det vt caro sit instrumentum illius sensus.

Continuatio textus. Infra te. 111. B Expositio. Improbatio rõnis inductæ. C

Propter quod talis pars coloris videtur sic se habere, sicut si circulariter nobis aptus natus esset aer: videremur enim vno quodã sentire & sonum & odorem & colorem: & vnus quidam sensus esse, auditus, & visus & olfactus: nunc autẽ quoniam determinatũ est per qd̃ fiunt motus, manifesta sunt prędicta sensitiua altera eẽ,

110 PH. *Itaq; pars hæc corporis perinde se habere videtur, ac si circumquaq; coalitus nobis esset aer: videremur enim uno quodam & sonum, & colorem, & odorem sentire: & unus esse sensus auditus, & uisus, & olfactus: at uero quia distinctum est id per quod fiunt motus, perspicuum est quæ diximus instrumenta diuersa esse.*

Et ideo hoc membrum est de corpore, quasi aer, si esset applicatus cum corpore in circuitu. tunc enim existimaremus quòd per idem sentiremus sonum, & colorem, & odorem: & quod visus: & auditus, & olfactus esset sensus vnus. modo autem, quia aer, per quẽ fiunt isti motus. s. videre, & audire, & olfacere est distinctus, apparent sensus, quos diximus esse diuersos. D

110 Cũ declarauit quod tactus est plus vno sensu, & quod propter hoc caro debet esse media istis sensibus, & quod dubitatio super hoc, ex eo quod apparet sensui, quæ fecit multos homines dicere quod caro est instrumentum istius sensus, & quod iste sensus est vnus, non sufficit, incœpit declarare modum, ex quo contingit ista existimatio communis omnibus: & forte ipse est vnus eorũ in libro de Animalibus, qui hoc existimauerũt. Et dixit. Et ideo hoc mẽbrum est de corpore, &c. i. & ista existimatio accidit hominibus: quia hoc membrum, s. caro, assimilatur aeri, si esset applicatus cum corpore. quoniam, si aer, sm quod est medium, fuisset applicatus cum corpore, sicut caro, idest, esset pars corporis, tunc existimarem⁹ quod per idem sentiremus sonum & colorem, & odorem: & quod hæc tria sunt vnus sensus. & hoc idem accidit sensibus tactus cum carne, ita quod fuit existimatum eos esse vnũ sensum. E

D. d. modo aũt, quia aer, &c. i. sed apparet quod tres sensus isti sunt diuersi, licet sint per idẽ medium, quia medium nõ est pars nostri. Caro aũt, quia est pars nostri, non apparuit hoc in sensibus tactus, & fuit existimatum eos esse vnum sensum. sed demonstratio coegit quod sint plures vno sensu. sentit enim plura vno sensibili in* carne.

*a.l. genere.

In tactu autem hoc quidem nunc immanifestũ est. ex aere quidem. n. aut aqua impossibile est constare alatũ corpus: oportet. n. firmũ eẽ. relinquitur aũt mistũ ex terra & ex his esse, vt vult caro & proportionale. Quare necessarium est & corpus esse medium tactui, aptum natum, per quod fiant sensus cum sint plures.

SOPH. *In tactu vero id nunc obscurum est: ex aere enim aut aqua corpus animatum constare non potest: requiritur. n. ut solidũ quidpiã sit. restat ergo ut ex terra & his sit mixtum, cuiusmodi vult esse caro, & quod ei proportione respondet: nam si omnis sensus per intermedium est, etiã tactus. Quare necesse est & corpus esse inter tactiuum quod adhæreat coalitumq; sit per quod fiunt sensus, qui quidem plures sunt.* F

In tactu aũt hoc mõ latet. ĩposle est. n. vt cõstitutio corporis aĩati sit ex aere, aut ex aqua. indiget. n. vt sit durũ. remanet igit̃ vt sit ex terra, & ex istis ĩ carne, & silib⁹. Necesse ẽ igit̃ vt corp⁹ mediũ tãgẽs sit applicatũ per cui⁹ mediationẽ erũt sensus, & sũt plures vno.

111 Cùm declarauit modum, ex quo cõtingit ista existimatio in sensibus tactus, & non contingit in aliis sensibus, incœpit narrare causam, & necessitatem in hoc, quod medium in tactu est applicatum, & in aliis non applicatum,

A rum,& d. In tactu autem, &c. i. tactui autem accidit hoc, ita ꝙ ista intētio latet in eo. s. ꝙ est plus q̄ vnus sensus, ex hoc, ꝙ omnis sensus indiget medio: & animalia indigent in salute vt sentiant tangibilia: ideo fuit necesse vt medium esset pars eius. Et fuit impossibile vt hoc medium, quod est pars eius, esset aqua, aut aer, impossibile est enim sicut d. vt cōstitutio corporis esset ex aere aut aqua. animalia. n. indigent necessario corpore duro, ex quo contingit necessario vt mediū sensibus tactus esset corpus admistum, super quod abūdaret terrestritas, & est caro, & eius simile in animalibus carentibus carne. & sic est intelligendus iste sermo. Et ipse excitauit nos super hoc, quod diminuitur in sermone per hoc, quod dixit, Necesse est igitur vt corpus medium tangens sit applicatum. i. necesse est igitur ꝙ omnis sensus sit per medium: cùm * sensus non sentiant sua sensibilia nisi tangendo: & animalia indigent vt sentiant sensibilia occurrentia, vt medium sit applicatum, & pars corporis. D. d. per cuius mediationem erunt sensus, & sunt plures vno. i. sensus tactus. * al. tactus

B

Demonstrat autem ꝙ plures sint, qui in lingua tactus. omnia enim tangibilia sentit secundum eandem partem, & humorem. si quidem igitur & alia caro sentiret humorem, videretur unus & idem esse sensus gustus & tactus: nunc autem sunt duo, propter id ꝙ non conuertitur.

NOVA *Indicat autem eos esse plures is tactus qui in lingua consistit: eadē enim parte cuncta tactilia & saporem sentit: Ergo si reliqua caro saporem sentiret, sensus gustatus & tactus idem & vnū esse videretur: nunc vero duo sunt, quia non fit conuersio.*

Et demonstrat eos esse plures vno tactus linguæ. omnia enim tangibilia sentiuntur per idem membrum, & sapor. Si ergo alia caro sentiret saporem, tunc existimaretur ꝙ gustus. & tactus essent idem sensus. modo autem sunt duo, quia non conuertitur.

112 Et demonstrat ꝙ, quia sensus tactus est plus, quàm vnus, & ꝙ hoc la-
C tet, quia caro est quasi medium tactus, qui est in lingua, quoniam sentimus omnia tangibilia per hoc membrum, & etiam saporem, fuit necesse vt caro, quæ est in hoc membro, sit quasi medium, non quasi instrumentum, quoniam, si esset instrumentum saporis, non comprehenderet tangibile: &, si tangibile, non saporem. idem. n. sensus idem habet instrumētum. Si igitur alia caro, quæ est in corpore, sentiret saporem, sicut caro, quæ est in linguā, tunc existimaret ꝙ gustus, & tactus essent idem sensus. D. d. modo autem sunt duo, quia non conuertitur. i. modo autem nō accidit hoc, quia non conuertitur, s. ꝙ omnis caro gustans est tangens: sed non omnis caro tangens est gustans. Idē sensus idē habet instrm oēs. supra c. 107. & 3. de Ani. co. 50.

Dubitabit autem aliquis si omne corpus profundum habet: hæc autem est tertia magnitudo: quorum aūt corporū medium est aliquod

rum; in 4 hu⁹ exiſtit idē 3 c. 76 & c. 97. cō. cōtra Aui cen.

corpus. si enim esset corpus, olfactus esset aliquis tactus. D. d. Color autē non videtur, &c. idest color autem non videtur, ita q̄ aliquid ex eo admisceatur cum aqua, aut aere, neq; q̄ aliquid currat ab eo in aerē, aut aquā: sed tantum recipium ab eo intētionem coloris abstractam à materia. vñ dicimus in hoc, & similibus q̄ comprehenduntur per medium extraneū. D

Vt quidem igitur medium, nihil est: ut autem color visibile, sic gustabile humor ē. Nihil autē facit humoris sensum sine humiditate: sed habet actu aut potentia humiditatem, vt salsum. bene. n. liquidum ipsum est, & liquefactiuum linguæ.

Soph. *Quod autem ad intermedium attinet, nullum est. Vt autem visibile est color, sic gustabile sapor. Nihil autem saporis sensum efficit sine humiditate: sed habet actu aut potentia humiditatem, ut salsum: nam et ipsum facile liquefactu est, & colliquefacienda lingua vim obtinet.* E

Secundum autem hunc modum medium non est medium. sed quemadmodum color est visibile, sic sapor est gustabile. Et nihil recipit sensum saporis absq; humiditate, sed in eo est in actu, aut potentia humiditas, verbi gratia salsum. est enim velocis dissolutionis, & cum hoc dissoluit linguam.

102 Iste autem sensus differt à sensibus, qui comprehendunt per medium extraneum in hoc, q̄ non comprehendit suum sensibile per medium. sed quemadmodum color est visibile, & in rei veritate proprium visui, ita sapor in rei veritate est gustabile proprium gustui. D. d. Et nihil recipit sensum saporis, &c. i. & nihil recipit sensum saporis, qui dicitur gustus, nisi sapor sit in humore, & humor est in saporoso, aut in actu, aut in potentia: v. g. salsum, quod est humidum in potentia propinqua, cùm velociter dissoluitur, & dissoluit humores, qui sunt in lingua. Et ideo præparauit natura saliuam in ore: & præparauit branchos in homine ad congregandum istam humiditatem, vt ea mediante gustentur sicca. vnde dicimus q̄ sapor non est sapor in actu, nisi in corpore humido in actu. F

Propter q̄d natura p̄parauit saliuā in ore.

Sicut autem visus visibilis est & inuisibilis (tenebra autem inuisibilis, iudicat autem & ipsam visus.) adhuc autem & ualde splēdidi. etenim hoc inuisibile est. alio autem modo à tenebra. similiter autem & auditus soniq; & silentii. quorū aliud audibile, aliud non audibile: & magni soni, sicut visus est splēdidi. sicut enim paruus sonus inaudibilis quodammodo, sic & magnus & violētus. Inuisibile autem aliud quidem omnino dicitur sicut & in aliis impossibile: aliud autem quamuis aptum natum, non habet, aut praue: sicut quod sine pedibus & sine grano. sic autem gustus gustabilisq; & nō gustabilis. hoc autem est paruum aut prauum habens humorē

A humorem, aut corruptiuum gustus. videtur autem principium esse potabile & non potabile: gustus enim quidam ambo. sed hoc quidem prauum & corruptiuum gustus. illud autem secundum naturam. est autem commune tactus & gustus potabile.

SOPH. *Sed ut uisus est rei uisibilis & inuisibilis (nam tenebræ inuisibiles sunt, attamen has etiam uisus diiudicat:) Ad hac, ualde splendidi (nã id quoq; inuisibile est, alio tamen modo atq; tenebræ) sic etiam auditus & soni & silentii: quorum alterum est audibile, alterum nõ audibile. atq; etiam magni soni, quemadmodum uisus splendidi. ut enim paruus sonus inaudibilis quodammodo est, sic etiam magnus ac uiolentus. Inuisibile autem partim sicut etiam in aliis dicitur quod prorsus impossibile est: partim, si cum natum aptumq; sit, non habeat, aut certe * exiliter, ut apes, & innucleatum. Sic etiam gustatus, rei gustabilis & ingustabilis. id uero est, quod aut paruum & * exilem, aut gustum corrumpentem habet saporem. Videtur autem potabile & impotabile esse principium: sed alterum prauum gustumq; corrumpens: alterum secundum naturam: Est autem potabile commune tactus & gustus.* τὸ φαῦλον quo verbo hic vtitur Aristo. expositores tũ prauũ, tũ exiliter interpretãtur.

B * al. l. parũ aut prauũ

Et sicut visus est rei visibilis, & nõ visibilis: nam obscuritas est non visibilis, & etiam distinguetur à visu. & est etiam manifestũ in eo, quod ẽ valde fulgẽs, & splendens. hoc enim quoquo modo est non visibile: sed tamen alio modo ab obscuritate. & similiter auditus est soni, & silẽtii, quorum vnum est audibile, & aliud nõ audibile, & est maximi soni, sicut visus est resplendentis. quemadmodum enim minimus sonus est non audibilis, ita aliquo modo
C est maximus sonus etiam. Et non visibile quidem dicitur sic vniuersaliter, sicut in omnibus carentibus hoc. & quoddam est innatum videre, sed non habet: aut habet, sed diminute, vt carẽs pede. Et similiter gustus est gustabilis, & non gustabilis, & hoc est, cuius sapor est debilis, aut malus, aut corrumpens gustum: Et similiter existimatur de potabili, & nõ potabili. sunt enim gustus quoquo modo: sed illud malum corrumpens gustum, & illud naturale. Et potabile est commune tactui, & gustui.

101 Sermo eius in hoc capitulo est manifest⁹. & abbreuiatio eius est quòd non sensibile dicitur in vnoquoq; sensuum tribus modis: aut de eo, quod caret sensato proprio illi sensui de eis sensatis, quæ innatus est habere: aut de eo, quod est sensibile intẽsum l se respectu illius sensus: aut de eo, quod est sensibile debile. v. g. obscuritas, quæ est non sensibile scdm priuationem in visu: & color splendens, qui est non sensibilis propter intensionem: & color

color latens,qui eſt non ſenſibilis propter debilitatem . Et in auditu ſilen- D
tium ſm priuationem:& maximus ſonus ſm intenſionem:& ſonus latens ſm debilitatem.Et in guſtu inſipidum ſm priuationẽ: & horribile ſm maliciā,& debile ſm diminutionem.omnia enim iſta dr̃ non ſenſibilia: qm̃ vnumquodq; iſtorum eſt priuatio alicuius diſpoſitionis naturaliter ſenſibilis illius ſenſus. D.d. Et non viſibile quidem dicitur,&c. i.& non viſibile dicitur vſr,ſicut dr̃ in aliis ſenſibus multis modis: aut quia non eſt innatum videri omnino,vt dicimus ꝙ ſonus eſt inuiſibilis,& in colore non auditur:aut quia eſt innatus videri,ſed non videtur,quia habet colorem,ſed alio modo ab eo,ſm quem innatum eſt habere,ſ aut propter intenſionẽ, aut propter debilitatem hoc dicitur nō viſibile:ſicut dicitur in eo, qui eſt debilis pedis,ꝙ non habet pedem. D.d. Et potabile eſt commune tactui & guſtui,ideſt ꝙ ſecundum humiditatem,quæ eſt in eo,eſt tangibile, & ſecundum ſaporem eſt guſtabile.

Cōſiſtem diſtinctionē hēs de infinito. 3. Phy. 34. & 3. in hoc. t. 120. Idē t. 96. Idē 5. Me. 27. & 17. cōſiſt de immobili. 5. ph. 2. & t. 10.

Quoniam autem humidum quod guſtabile, neceſſe eſt ſenſitiuum ipſius neque humidum eſſe actu: neque impoſſibile fieri E
humidum.patitur enim guſtus aliquid à guſtabili ſecundum ꝙ guſtabile eſt.neceſſarium eſt ergo humectatum fore quod poſſibile humectari,ſaluatum , non humidum autem,guſtatiuum ſenſitiuum.Signum autem , neq; ſiccam exiſtentem linguam ſentire, neq; multum humidam.hic enim tactus fit primi humidi . ſicut quum aliquis qui ante guſtauit fortem humorem,guſtet alterum & vt laborantibus amara omnia videntur, propter id quod lingua plena huiuſmodi humiditate ſentit.

SOPH. *Cum autem guſtabile ſit humidum , neceſſe eſt ſenſorium eius nec actu humidum,nec eiuſmodi eſſe ut humectari nequeat : patitur enim guſtus à guſtabili quatenus guſtabile.Neceſſe ergo eſt id quod humectari poteſt,humectari ita ut ſeruetur, nec eſſe humidū ipſum.ſ. guſtatiuum ſenſorium . indicium huius eſt,quod lingua neq; cum præarida* F
eſt,ſentit:neq; cum admodum humida : hic enim tactus fit primi humidi:ut cum quiſpiam deguſtato uehementi ſapore , deguſtat alium : & quemadmodum ægrotantibus amara omnia uidentur , proptereà quòd lingua referta eiuſmodi humiditate ſentit.

Et,quia guſtabile eſt humidum,fuit neceſſe vt ſuus ſenſus non eſſet humidus in perfectione.neq; impoſſibile vt humefiat . guſtꝰ enim patitur quoquo modo à guſtabili,ſecundum ꝙ eſt guſtabile.Vnde neceſſe eſt vt humefiat illud,quod poſſibile eſt vt humefiat,& eſt ſaluatum.ſed non eſt humidum ſenſus guſtus . Et ſignū eius eſt,ꝙ lingua non ſentit,cùm fuerit valde ſicca, aut valde humida.tactus enim ipſe erit per primum humorem , ſicut qui priꝰ

guſtauit

A guſtauit ſaporem fortem, deinde guſtauit alium ſaporem. & ſicut infirmi ſentiunt omnia amara, quia ſentiunt ea per linguam ſubmerſam in tali humore.

104 Cùm declarauit ea, quæ ſunt cõia iſti ſenſui, & ſenſui tactus, & aliis ſenſibus, incœpit dicere quoddã proprium membro iſtius ſenſus, ſ. linguæ, & d. Et, quia guſtabile eſt humidũ, &c. i. &, quia materia ſaporis eſt humor, vt declaratũ eſt in de Senſu & ſenſato, neceſſe fuit vt recipiens ſaporem recipiat humorẽ cũ ſapore. vnde neceſſe eſt, vt iſte ſenſus nõ ſit humidus in actu, neq; ſit ẽt impoſſibile vt recipiat humorẽ, cũ ſit innatus recipere ſaporem: quod eſt impoſſibile ſine receptione humoris. & dicit ꝙ eſt neceſſe vt ſit non humidus in actu: quia illud, quod eſt aliquid in actu, non eſt innatum recipere illud, quod eſt in eo in actu, ſm ꝙ eſt in eo in actu. viſus enim, ſi haberet aliquem colorem in actu, non reciperet colores. Deinde dicit, guſtus enim patitur quoquo modo, &c. i. & eſt neceſſe vt iſte ſenſus ſit innatus humefieri. membrum enim guſtans patitur quoquo mo-
B do à guſtabili. &, quia guſtabili ſemper aſſociantur humidum, neceſſe eſt vt guſtans patiatur ab humore, qui eſt in ſapore. Vnde neceſſe eſt vt hoc membrum guſtans ſit in ea diſpoſitione, qua poſſibile eſt vt humefiat: & hoc erit vt non ſit humidum in ſe, & ꝙ ſit cum hoc ſaluatum ab* accidentibus. & hoc intendebat, cùm dixit, vnde neceſſe eſt vt humefiat, &c. ideſt & quia neceſſe eſt vt hoc membrum humefiat, neceſſe eſt vt ſit innatum humefieri, ſ. vt ſit ſaluatum à ſiccitate intenſa, & vt non ſit humidum. Deinde dicit. Et ſignum eius eſt ꝙ lingua, &c. i. & ſignum eius eſt, ꝙ lingua apud comprehenſionem ſaporum debet ſaluari ab intenſa ſiccitate, & dominio humoris, eſt ꝙ ipſa non ſentit ſapores, quando fuerit intenſæ ſiccitatis, aut intenſæ humiditatis, ſed tantum ſentit, cùm fuerit in naturali diſpoſitione, ſm quam innata eſt recipere humiditatem ſaporis. Deinde dicit, tactus enim ipſe, &c. i. &, cùm lingua innata eſt recipere ſaporem cum eius humiditate, neceſſe eſt vt ſuper ipſum non dominetur alia humiditas. Prima enim humiditas dominans in lingua impediet eam in re-
C cipiendo ſecundam humiditatem. quemadmodum qui guſtauerit aliquem ſaporem fortem, & poſtea guſtauerit alium ſaporem: tunc enim non ſentiet ſecundum ſaporem propter dominium primi ſuper linguã. Deinde dicit. &, ſicut infirmi ſentiunt omnes ſapores amaros, quia ſentiũt eos per linguam ſubmerſam in humore amaro, ita etiam qui guſtauerit aliquem ſaporem, & ſua lingua fuerit humefacta in humore accidentali, tunc non comprehendet humorem ſaporis proprii, niſi admixtum cum qualitate illius primi humoris. & ſic accidet neceſſario vt non comprehẽdat ſaporem, quia non comprehendit naturã ſaporis in diſpoſitione illa, ſecundum quam eſt materia illius ſaporis.

Illud, qđ eſt aliqđ in actu, nõ eſt innatũ recipere illud, qđ eſt in eo in actu, ſm ꝙ eſt in eo in actu. Idẽ t. 67. Idẽ 5. de aia cõ. 4. Idẽ, t. ca. d ſubſtãtia orb. idẽ. 1. ph. 69.
*excedẽtibus
*excellentiis.

Species autem humorum ſicut & in coloribus, ſimplices quidem contrariæ ſunt: vt dulce & amarum. habitæ autem ſunt, cum hac quidem, pingue: cum illa vero, ſalitum. Media autem horum, acre,& austerum,& ponticum,& acutum: ferè enim hæ videntur esse humorum differentiæ. Quare gustatiuum potentia est huiusmodi. gustabile autem est factiuum actu huius.

SOPH. *Species autem saporum, ut etiam in coloribus, simplices quidẽ sunt quæ sunt contraria, dulce & amarum: Proxima aũt sunt, ab uno, pingue: ab altero, salsum. His interiecta sunt, acre, & austerum, & acerbũ, & acidum. nam hæ propemodũ esse saporum differentiæ uidentur. Quare gustatiuum est, quod est tale potentia: gustabile uero, quod est effectiuum actu eius.* 1

Et modi saporum sunt sicut in coloribus, simplices quidẽ sunt contrarii dulcis,& amarus. Sequentes autem sunt duo, istum vnctuosus, istum autem salsus. Et quæ sunt inter ea, sunt acutus, & stypticus,& ponticus,& acetosus. isti.n. modi ferè videntur esse modi saporum. Quapropter necesse est vt Gustans sit illud, quod est in potentia istius dispositionis,& Gustabile sit agens. E

105 Et dispositio modorum saporum adinuicẽ est, sicut dispositio colorũ adinuicem. quemadmodum igitur colores simplices sunt albus, & niger, ex quibus componuntur alii, quorum quidam sunt propinquiores simplicibus, ita est de saporibus. s. φ simplices eorum sunt contrarii. s. dulcis, & amarus. & sequitur dulcem vnctuosus,& salsus amarum. & inter istos sunt acutus,& stypticus, & acetosus. Et hoc, quod d. in coloribus manifestum est: in saporibus vero habet quæstionem. Galenus enim opinatur quòd ponticus,& acetosus frigidi sunt, & quòd acutus est calidior amaro.

Digressio.

Et, si nos concesserimus φ isti sapores consequuntur calorem, & frigus; necesse est φ contrarietas in istis sit in illo, quod est vltimæ calidum, & in illo, quòd est vltimo frigidum. &, si concesserimus φ ita est de saporibus, sicut est de coloribus, s. quòd idem color sit à caliditate, vel à frigiditate, tunc non accidet impossibile. Et videtur φ hæc opinio Galeni sit error. Videmus enim φ amaritudo quandoq; inuenitur cum frigiditate. verbi gratia φ amaritudo, quæ est in fructibus in primo cremento, demonstrat frigus: & amaritudo, quæ est in rebus combustis demonstrat calorem. Et similiter non est impossibile vt aliqua dulcedo sit frigida, videtur enim φ plantæ amari saporis apud complementum sunt dulces, aut insipidæ in principio. Et signum eius, φ isti sapores sunt medii, est quòd plantæ habentes sapores, non transferuntur ex amaritudine ad dulcedinem in eis, quæ innatæ sunt esse dulces in fine, nisi mediante aliquo illorum saporũ, & hoc erit secundum φ pertinet illi amaro existenti in illa planta, & illi dulci existenti in ea. quemadmodum albedo non transfertur ad nigredinem, vel e conuerso, nisi mediante aliquo colorum mediorum. in aliquo igitur transfertur mediante charopo,& in aliquo mediante kiano. non enim est necesse vt translatio in extremis sit super omnia media. Et vniuersaliter

Prima rõ cõtra Gal. F G

Sc̃d a rõ.

Nõ est necessariũ vt trãslatio i extremis sit sup oĩa media. Idẽ.j.Cœ. 41.

Tertia rõ.

A uersaliter per se manifestum est q amarum, & dulce sunt in sibi contrarietatis, in quantum sunt sapores. quapropter necesse est vt alij sapores sint medij inter hos duos, & compositi ex extremis. Secundum hoc igitur debemus ponere hoc. Et non debemus aduertere sermonem Galeni. suus.n. sermo non est verus in complexionibus saporum fm suas naturas. Et, si concesserimus quòd omne dulce est calidum, & omne amarum etiam est calidum, debemus etiam dicere q hoc non est nisi respectu corporis hominis, non respectu naturæ ipsius rei. experientia enim, licet testetur hoc in corpore humano, tamen hoc non demonstrat naturam ipsorum saporũ. Quarta rõ

Et videtur quòd sapor magis sequitur humiditatem & siccitatem, quã caliditatem & frigiditatem. Necesse est enim aliquam opinari complexionem terminari, ex qua fit amaritudo, & aliã ex qua dulcedo: & quòd istæ duæ complexiones sunt contrariæ fm hunc modum. & locus de hac perscrutatione est in libro de Sensu & sensato, & etiam de numero modorum saporum. Deinde. d. Quapropter necesse est vt gustans sit illud, &c. Quinta rõ

B idest declaratum est ex prædictis q iste sensus est illud, quod est in potentia omnes isti sapores, & quòd sapor, & gustus est agens, & mouens istum sensum de potentia in actum.

De tactu, tangibilibus, ac medio. Cap. 7.

De tangibili autem & tactu eadem ratio. Si enim tactus nõ est vnus sensus, sed plures: necessarium est & tangibilia sensibilia plura esse. Habet autem dubitationem, vtrum plures sint, aut vnus.

De tactili & tactu eadem est ratio: si enim tactus non unus est sensus, sed plures: & tactilia etiam plura esse sensibilia necesse est.

De tangibili autẽ, & de tactu idem est sermo. Tactus enim, si non fuerit vnum genus, sed plus, necesse est vt tangibilia etiã sint plura vno. Sed est dubium, vtrum sint vnum, aut plura.

C 106 Modo vult loqui de tactu, & dixit. De tangibili autem, & de tactu, &c. idest vtrum autem tangibile sit vnum, aut plura vno est dubiũ, sicut ẽ de tactu. & sermo in eis est idem. Et innuit per hoc causam, propter quam latet hoc, in hoc sensu, & non latet in alijs sensibus. de illis enim quia manifestum fuit quòd sensibile eorum est vnum in genere, fuit etiam manifestum eos esse vnum in genere: in hoc sensu autem, quia ignoratum est de suis sensibilibus, fit etiam ignoratum de suo sensu. Deinde dicit. Tactus enim, si non fuerit vnum genus, &c. idest, sermo de eis in hac intentione idem est. Notum est enim nobis quòd si tactus non est vnum genus, sed plura vno, necesse est quòd tangibilia sint plura vno, &, si tangibilia sint plura vno, necesse est vt iste sensus sit plus vno. sed licet consecutio in istis duobus syllogismis sit manifesta, tamen destructio, vel positio in eo est ignorata.

Et quid est sensitiuum tangibilis: vtrum caro & in aliis proportionale, aut non, sed hoc quidem est medium, primum autem sensitiuum, aliud quiddam est intus. omnes etenim sensus vnius contrarietatis esse videntur, vt visus albi & nigri: auditus grauis & acuti: gustus amari & dulcis. In tangibili autem multe insunt contrarietates calidum & frigidum, humidum & siccum, durū molle, & aliorum quæcunque sunt huiusmodi. D

SOPH. *Est autem quæstio, utrum plures sint, an unus: & quid sit instrumentum rei tactilis tactiuum: utrum caro, & in aliis quod ei proportione respondet: an non, sed hoc quidem sit intermedium, primum uero sensorium aliud quidpiam intus sit. quippe omnis sensus unius esse uidetur contrarietatis, ut uisus albi & nigri, auditus grauis & acuti: gustatus amari & dulcis: at in tactili multa sunt contrarietates, calidum, frigidum, humidum, siccum, durum, molle, & eiusmodi alia.* E

Sensus autem tactus, vtrum est in carne, aut in alio simili: aut non, sed ista est medium, primum autem sentiens est aliud intrinsecum. Omnis enim sensus existimatur esse eiusdem contrarietatis. v.g. visus albi & nigri, & auditus grauis & acuti, & gustus dulcis & amari. In tangibilibus autem sunt plura contraria, calidum & frigidum, & siccum & humidum, & durum, & molle, & asperum & lene, & alia similia.

107 Cùm narrauit ꝙ dubium est vtrum sensus tactus sit eiusdem virtutis aut plurium, incœpit dicere sermones dubitabiles in hoc, & d. Sensus autē tactus, &c. i. & principium consyderationis in hoc est, vtrum sensus tactus sit in carne, aut in simili carni in animalibus carentibus carne: aut sensus tactus non est in carne, sed caro est quasi medium. Et dixit hoc. quia, si fuerit declaratum ꝙ sensus tactus est in carne, ita ꝙ proportio carnis ad ipsum sit sicut proportio oculi ad visum, manifestum est ꝙ sensus tactus est vna virtus: quoniam vnum instrumentum non est nisi vnius virtutis. F Si autem fuerit declaratū ꝙ ista virtus fuerit plures vna, necesse est vt *caro non sit nisi medium: & vt non sit quasi instrm̄. Et, cùm narrauit hoc, incœpit inducere sermones dubitabiles. & incœpit ab eis, quæ demonstrāt virtutem tactus esse plures vna: quia post inducet ea, quæ demonstrant ipsam esse vnam ex hoc, quod apparet ꝙ, cùm sensibile fuerit positum super carnē, statim sentiet, ex quo existimatur ꝙ ista virtus est vna. Et d. sed ista est medium, &c. i. vtrum sensus tactus est in carne, ita ꝙ sit vna virtus: aut non est in carne, sed intra, & est plus quā vna virtus, est dubium. potest.n. aliquis dicere ꝙ caro est medium, & ꝙ primū sentiens, quod est instrm̄ istius virtutis, est aliquid intrīsecū, & ꝙ est plus quā vnū instrm̄. Et signū eius est, quia manifestum est ꝙ idē sensus nō cōprehēdit nisi vnā cōtrarietatē, & eius media: visus.n. cōprehēdit albū & nigrū & media, & auditus graue

Si ꝓportio carnis ad tactū sit sicut ꝓportio oculi ad visum, manifestū ē ꝙ sensus tact⁹ sit vna virtus.

*al. caro sit quasi.

A graue & acutum & media, & gustus dulce & amarum & media. Tactus autem multa contraria. v.g. calidum & frigidum, & humidum & siccum, & asperum & lene, & durū & molle, & alia contraria. vnde necesse est, vt ista virtus sit plures vna, & ꝙ caro sit quasi medium. Et hoc, quod dixit, manifestum est. q̄m, si vna virtus est, quæ comprehendit vnam contrarietatem, contingit oppositum conuerti cum opposito, scilicet vt quę non cō prehendit vnam contrarietatem, sed plures, non sit vna virtus. nocum. Pro hoc vi de 2. Priori ca. 21. & 4. Topicorū ca. 5.

Habet autem solutionem quandam ad hanc dubitationem: & ꝙ in aliis sensibus sunt contrarietates plures, vt in voce non solū acumen & grauitas, sed magnitudo & paruitas, & lenitas, & asperitas vocis, & similia alia. sunt autem & circa colorem differentiæ huiusmodi alteræ. sed quid sit vnum subiectum, sicut auditui sonus, sic tactui, non manifestum est.

108 H. *Sed est solutio quædam huius quæstionis: etenim & in aliis sensi-*
B *bus plures sunt contrarietates, ut in uoce non solum acumen & grauitas, uerumetiam magnitudo & paruitas, & lenitas, & asperitas uocis, cæteraq; generis eiusdem. in colore etiam eiusmodi aliæ sunt differentiæ: uerum quid sit subiectum: ut auditui sonus, sic etiam tactui, nō est manifestum.*

Sed est hic aliquid, per q̄d dissoluitur ista quæstio. In aliis enim sensibus sunt modi contrarietatis plures vno, verbi gratia, in sono cum acuto & graui est magnum & paruū & sonus lenis & asper, & alia similia. Et in colore etiam sunt alii similes istis. Sed tamen non est manifestum quid est illud vnum subiectū, sicut est sonus auditus, sic tactus.

Cū dedit sermonē, facientem credere ꝙ sensus tactus sit plus vno, dedit
108 alium sermonem, quasi dubitationē sup hūc sermonē, & dixit. Sed est hic
C aliquid, &c. i. potest aliquis dicere aliquid eē, p quod dissoluit iste sermo, per quē probat ꝙ sensus tactus est plus vno: & ꝙ in aliis sensibus etiā sunt modi contrarietatis plures vno, v.g. ꝙ auditus cōprehendit graue & acutum, & magnū & paruum, & lene & asperū. & sīt visus cōprehēdit multa album & nigrū, & splendēs & non splendens, quapp nō est necesse ex hoc ꝙ tactus comprehēdit plus vna, vt sit plures, & ꝙ caro sit quasi mediū. Et, cū dedit hāc dubitationē sup sermonē, pbātē ꝙ iste sensus est plus vno, incœpit excitare modū debilitatis eius, & dixit. Sed tā nō est manifestū, &c. i. sed iste sermo nō sequit. q̄m, si magna cōtrarietas, quæ est in tactu, sit similis cōtrarietati existētī in vnoquoq; sensu, necesse est vt subiectū modorū contrarietatis, q est in tactu, sit vnū, sicut est in visu, & in auditu. sonus n. est subiectū illorū cōtrariorū prædictorū. & sīt color est subiectū modorū cōtrarietatis cōprehensibiliū per visum. sed nō est manifestum quid est vnū subiectū cōtrariorū sensus tactus, immo apparet ꝙ subiectū multiplicatur fm multiplicationem contrariorum. Et intendit per subiectū

7. Me. 45. Digressio, q; tact⁹ si sit un⁹ ab uno obiecto.

hic genus, quod diuidiretur in hæc contraria. Et hoc, quod dixit, manifestum est. Necesse est. n. si posuerimus ꝙ vnus sensus cōprehendit multos modos contrarietatis, vt genus subiectū illis modis sit vnū. Qm̄ necesse ē aliquid esse commune illi multitudini, quod comprehendit ab illo vno sensu. &, si non, non erit illic aliquid, per quod ille sensus poterit dici vn⁹. qm̄ sensus non est vnus, nisi per vnam intentionē. Et, cū cōtraria fuerint diuersa in generibus, tunc virtutes erunt diuersæ. & ideo illud, quod recipit cōtrarietatem colorum, aliud est à recipiente saporū contrarietatem: cùm ista contraria sint diuersa in genere. Vnde necesse ē, si tactus sit vna virtus, vt modi contrariorum, quos comprehendit, sit vnum genus subiectum eis, quod dicatur de eis vniuoce: vt sonus, qui dicitur vniuoce, sit de modis sonorū, & color de modis colorum. Sed contraria tactus non vīr habere genus, quod dicatur de eis nisi æquiuoce, Quale enim, quod dicitur de calido & frigido, & graui & leui, non dicitur nisi pure æquiuoce.

Occurrit taciter obiectioni. q̄a aliqs diceret eē idē genus tāgibiliū, & ē ipm quale. Graue & leue sunt in p̄dicamēto substātię. Idē 4. Cę. c. 10. opp. 5. Me. c. 18 vbi .d. ꝙ sunt quātitatea. Sed 4. Cęl. 39. ponit eas eē facilitates, & p cōsequens q̄litates. idē 2. de Gen. & cor. t. c. 8. & 7 ph. t. c. 11. Vide cōtr. Zim. †Soluit cōtradictionē. 2. de p̄tibus aīaliū ca. 6. 5. d nā aīalium ca. 5.

Et illud, quod dictum est de æquiuocatione in hoc nomine quale, dicitur de sapore, de calore & frigore, & odore. omnia enim hęc nomina sunt E in prædicamento qualitatis: & graue & leue in prædicamento substātiæ. Et ideo necesse est vt, virtus comprehendens contrarietatem, quæ est in graui & leui, sit quoquo modo virtus comprehendens contrarietatē, quæ est in calido & frigido necessario, & quoquo modo non, cùm illa, quæ comprehendit graue & leue, non comprehendit ea nisi mediante motu; scilicet ꝙ non comprehendit graue, nisi quando mouet eam corpus graue, aut leue. Et ideo oportet opinari ꝙ velit Arist. ꝙ sensus tactus est plus quā vnus: & ꝙ caro est quasi ei medium. † licet iste sermo sit contrarius sermoni in libro de Animalibus. sed tamen forte ille sermo fuit secundū ꝙ apparuit illic, scilicet ꝙ sciuit de membris animalium in illo tempore, tunc enim adhuc nesciebat neruos, & dixit ꝙ, instrumentum sensus isti⁹ est caro. & iste sermo dat instrumenta esse istis animalibus tangibilibus intra carnem. & hoc conuenit ei, quod post apparuit per anatomiam. s. ꝙ nerui habent introitum in tactu, & motu, quòd ergo sciuit Aristo. ratione, apparuit post per sensum. F

Vtrum autem est sensitiuum intus, aut non, sed mox caro, nullum videtur eē signum fieri sensum simul cum tactu. etenim nūc si quis circa carnem extenderit, vt pellem faciēs, similiter sensum mox tactum insinuat. & tamen constat ꝙ nō est in hoc sensitiuū. si autem & connaturale fuerit, citius vtiq; pertinget sensus.

Vtrum autem instrumentum sit intus nec ne, sed protinus caro, nullo videtur esse argmento, quòd sensus fiat simul atque res tanguntur. Etenim si quis circa carnem extenderit quidpiam in speciem membranæ redactum, statim peræquè sensum imprimet: & tamen constat nō esse in ea sensus instrumentum. quòd si etiam coalescat, multò citius sensus penetret.

Vtrum

A Verum autem sentiens sit intra, aut non, sed est primum, quod apparet.s.caro, existimatur quòd istud signum nihil est.s.φ sensus est, quando tangitur. Quoniam, si tu acceperis membranam, & in duas carnem ea, tunc eodem modo apparebit sensus, qñ tangitur: licet sit manifestum φ sentiens non est in istis rebus. Si igitur fuerit consolidatum cum eo, tunc sensus citius prouenit etiam.

109 Cùm dedit sermonẽ necessarium, ex quo apparet φ sensus tactus ẽ plus vno, & φ caro est quasi medium, vt exposuimus: licet sit contra opinionẽ Alex. & expositionem Themistii. quãuis Themistius dicat aperte φ ista est opinio Aristo.s.φ caro est quasi medium. sed isti videntur non scire rationem, super quam sustentabatur Arist. in hoc. & est, quia sensibilia tactus nõ cõicant in eodẽ genere, qđ de eis dicatur vniuoce, necesse ẽt vt sit plus vno. & nos dicemus rõnem Alex. in hoc, & dissoluemus eam. Et, cũ iam compleuit hoc declarare, & dissoluere quæstionem contingentem in B hoc, reuersus est ad destruendum illud, ex quo existimatur φ caro est instrumentum istius virtutis, & d. Verum aũt sentiens est intra, &c. i. dicere aũt φ tangẽs nõ est intra, sed est in primo eorũ, quæ apparent, s. in carne: caro.n. cũ fuerit positũ super ipsam aliquod tangibile comprehendet ipsum: nihil est, s.φ istud argumentum non tenet, s.φ sensus tactus sit, quãdo tangibile tangit carnem. D. debilitauit hoc argumentum, & dixit. Quoniam, si tu acceperis membranã, &c. i. qm̃, si tu acceperis membranam non spissam, & indueris eã carne, & posueris super carnem aliquod tangibile, tunc statim cõprehẽdet ã sensu, ac si esset absq; illa membrana. D.d. licet sit manifestum φ sentiens non est in istis rebus. i. licet sit manifestum φ primum sentiens non est in cute, non est impossibile vt caro sit talis dispositionis, s. vt sit medium quasi cutis. in apparentibus autẽ in carne nulla dubitatio est super ea, quæ iam declarata sunt rõne. D.d. Si igit fuerit consolidatum. i. & nulla differentia est in hac intentione, siue caro fuerit continua cũ sentiente, siue membrana fuerit non continua. cutis.n. C si esset continua, tunc citius redderet sensum. Continuatio igitur non dat carni nisi facilitatem pertransitus sensus: non quia continuatio det vt caro sit instrumentum istius sensus.

Continuatio textus. *Infra tc. 115.* *Expositio.* *Improbatio rõnis inductæ.*

Propter quod talis pars coloris videtur sic se habere, sicut si circulariter nobis aptus natus esset aer: videremur enim vno quodã sentire & sonum & odorem & colorem: & vnus quidam sensus esse, auditus, & visus & olfactus: nunc autẽ quoniam determinatũ est per qđ fiunt motus, manifesta sunt prędicta sensitiua altera eẽ,

SOPH. *Itaq; pars hæc corporis perinde se habere uidetur, ac si circumquaq; coalitus nobis esset aer: uideremur enim uno quodam & sonum, & colorem, & odorem sentire: & unus esse sensus auditus, & uisus, & olfactus: at uero quia distinctum est id per quod fiunt motus, perspicuum est quæ diximus instrumenta diuersa esse.*

Et ideo hoc membrum est de corpore, quasi aer, si esset appli- D
catus cum corpore in circuitu. tunc enim existimaremus quòd ꝑ
idem sentiremus sonum, & colorem, & odorem: & ꝙ visus: & auditus, & olfactus esset sensus vnus. modo autem, quia aer, per quē
fiunt isti motus. s. videre, & audire, & olfacere est distinctus, appa
rent sensus, quos diximus esse diuersos.

110 Cū declarauit ꝙ tactus est plus vno sensu, & ꝙ propter hoc caro debet
esse media istis sensibus, & ꝙ dubitatio super hoc, ex eo ꝙ apparet sensui,
quæ fecit multos homines dicere ꝙ caro est instrumentum istius sensus,
& ꝙ iste sensus est vnus, non sufficit, incœpit declarare modum, ex quo
contingit ista existimatio communis omnibus: & forte ipse est vnus eorū
in libro de Animalibus, qui hoc existimauerūt. Et dixit. Et ideo hoc mē
brum est de corpore, &c. i. & ista existimatio accidit hominibus: quia hoc
membrum, s. caro, assimilatur aeri, si esset applicatus cum corpore. quoniam, si aer, sm ꝙ est medium, fuisset applicatus cum corpore, sicut caro, E
idest, esset pars corporis, tunc existimaremꝰ ꝙ ꝑ idem sentiremus sonum
& colorem, & odorem: & ꝙ hæc tria sunt vnus sensus. & hoc idem accidit
sensibus tactus cum carne, ita ꝙ fuit existimatum eos esse vnū sensum.
D. d. modo aūt, quia aer, &c. i. sed apparet ꝙ tres sensus isti sunt diuersi,
licet sint per idē medium, quia medium nō est pars nostri. Caro aūt, quia
est pars nostri, non apparuit hoc in sensibus tactus, & fuit existimatum
eos esse vnum sensum. sed demonstratio coegit ꝙ sint plures vno sensu.
*a. l. genere. sentit enim plura vno sensibili in * carne.

In tactu autem hoc quidem nunc immanifestū est. ex aere quidem. n. aut aqua impossibile est constare aīatū corpus: oportet. n.
firmū eē. relinquitur aūt mistū ex terra & ex his esse, vt vult caro
& proportionale. Quare necessarium est & corpus esse medium
tactui, aptum natum, per quod fiant sensus cum sint plures.

SOPH. *In tactu vero id nunc obscurum est: ex aere enim aut aqua corpus
animatum constare non potest: requiritur. n. ut solidū quidpiā sit. restat* F
*ergo ut ex terra & his sit mixtum, cuiusmodi vult esse caro, & quod
ei proportione respondet: nam si omnis sensus per intermedium est, etiā
tactus. Quare necesse est & corpus esse inter tactiuum quod adhæreat
coalitumq; sit per quod fiunt sensus, qui quidem plures sunt.*

In tactu aūt hoc mō latet. Ipolē est. n. vt cōstitutio corporis aīa
ti sit ex aere, aut ex aqua. indiget. n. vt sit durū. remanet igit̄ vt sit
ex terra, & ex istis ī carne, & silibꝰ. Necesse ē igit̄ vt corpꝰ mediū tā
gēs sit applicatū ꝑ cuiꝰ mediationē erūt sensus, & aūt plures vno.

111 Cùm declarauit modum, ex quo cōtingit ista existimatio in sensibus
tactus, & non contingit in aliis sensibus, incœpit narrare causam, & necessitatem in hoc, ꝙ medium in tactu est applicatum, & in aliis non applicatum,

A tum, & d. In tactu autem, &c. i. tactui autem accidit hoc, ita ꝙ iſta in eſſe latet in eo, ſ. ꝙ eſt plus q̄ vnus ſenſus, ex hoc, ꝙ omnis ſenſus indiget medio: & animalia indigent in ſalute vt ſentiant tangibilia: ideo fuit neceſſe vt medium eſſet pars eius. Et fuit impoſſibile vt hoc medium, quod eſt pars eius, eſſet aqua, aut aer, impoſſibile eſt enim ſicut d. vt cōſtitutio corporis eſſet ex aere aut aqua animalia. n. indigent neceſſario corpore duro, ex quo contingit neceſſario vt mediū ſenſibus tactus eſſet corpus admixtum, ſuper quod abūdaret terreſtritas, & eſt caro, & eius ſimile in animalibus carentibus carne. & ſic eſt intelligendus iſte ſermo. Et ipſe excitauit nos ſuper hoc, quod diminuitur in ſermone per hoc, quod dixit. Neceſſe eſt igitur vt corpus medium tangens ſit applicatum. i. neceſſe eſt igitur ꝙ omnis ſenſus ſit per medium: cùm * ſenſus non ſentiant ſua ſenſibilia niſi tangendo: & animalia indigent vt ſentiant ſenſibilia occurrentia, vt medium ſit applicatum, & pars corporis. D. d. per cuius mediationem erunt ſenſus, & ſunt plures vno. i. ſenſus tactus. *a l. medio

B

Demonſtrat autem ꝙ plures ſint, qui in lingua tactus. omnia enim tangibilia ſentit ſecundum eandem partem, & humorem. ſi quidem igitur & alia caro ſentiret humorem, videretur unus & idem eſſe ſenſus guſtus & tactus: nunc autem ſunt duo, propter id ꝙ non conuertitur.

NOF R. *Indicat autem eos eſſe plures is tactus qui in lingua conſiſtit: eadē enim parte cuncta tactilia & ſaporem ſentit: Ergo ſi reliqua caro ſaporem ſentiret, ſenſus guſtatus & tactus idem & vnū eſſe videretur: nunc vero duo ſunt, quia non ſit conuerſio.*

Et demonſtrat eos eſſe plures vno tactus linguæ, omnia enim tangibilia ſentiuntur per idem membrum, & ſapor. Si ergo alia caro ſentiret ſaporem, tunc exiſtimaretur ꝙ guſtus. & tactus eſſent idem ſenſus. modo autem ſunt duo, quia non conuertitur.

112 Et demonſtrat ꝙ, quia ſenſus tactus eſt plus, quàm vnus, & ꝙ hoc latet, quia caro eſt quaſi medium tactus, qui eſt in lingua, quoniam ſentimus omnia tangibilia per hoc membrum, & etiam ſaporem, fuit neceſſe vt caro, quæ eſt in hoc membro, ſit quaſi medium, non quaſi inſtrumentum, quoniam, ſi eſſet inſtrumentum ſaporis, non comprehenderet tangibile: &, ſi tangibile, non ſaporem. idem. n. ſenſus idem habet inſtrumētum. Si igitur alia caro, quæ eſt in corpore, ſentiret ſaporem, ſicut caro, quæ eſt in linguā, tunc exiſtimaret ꝙ guſtus, & tactus eſſent idem ſenſus. D. d. modo autem ſunt duo, quia non conuertitur. i. modo autem nō accidit hoc, quia non conuertitur, ſ. ꝙ omnis caro guſtans eſt tangens: ſed non omnis caro tangens eſt guſtans. Idē ſenſus idē habet inſtrū cōſiſe ſupra c. 107. & 3. de Aīa. cō. 50.

C

Dubitabit autem aliquis ſi omne corpus profundum habet: hæc autem eſt tertia magnitudo: quorum aūt corporū medium eſt aliquod est aliquod corpus, non contingit ipsa ad inuicem se tangere. humidum autem non est sine corpore, nec humectum: sed necesse est aquam esse, aut habere aquam: quæ vero tanguntur adinuicem in aqua, nisi sicca extrema sint, necesse est aquam habere mediũ, quo repleta sunt vltima. si aũt hoc verum, impossibile est tangere aliquid aliud in aqua. eodem autem modo & in aere. similiter. n. se habet aer ad ea quæ sunt in ipso, & aqua ad ea quę sunt in aqua. latet autem magis nos, sicut & quę sunt in aqua animalia, si humectum tangit humectum. D

109 H. *Verum quærat quispiam, si omne corpus habet altitudinem, atq; hæc est tertia magnitudo: quibus autem duobus corporibus interiacet corpus aliquod, fieri non potest ut ea se mutuo tangant: humidumq; nõ est sine corpore, neq; madidũ: sed necesse est vel aquam esse, vel aquam habere: quæ vero in aqua se mutuo tangunt, cũ extrema sicca non sint, necesse est aquã habeant interiectam, cuius plena sunt extremitates: quod si hoc verum est, fieri non potest vt aliud tangat aliud in aqua: eodem etiam modo in aere: similiter enim se habet aer ad ea quæ sunt in ipso, atq; aqua: latet tamen magis nos, ut etiam ea animalia quæ in aqua sunt, an madidum tangat madidum.* E

Et ex eis, in quibus homo dubitat, est ꝙ omne corpus habet profundum, & hæc est tertia dimẽsio, & corpora, inter quæ existit aliquod corpus medium, impossibile est vt tangant se ad inuicem, & humidum non est extra corpus, neq; humectatũ, immo necesse est vt sit aqua, aut aliquid, in quo est aqua: & ea, quæ occurrũt sibi in aqua ad inuicem, cũ extrema eorũ non fuerint sicca, necesse est vt inter ea sit mediũ, & est illud, in quo vltima eorũ sũt submersa. Et, si hoc est verũ, impossibile est vt aliqd tangat aliud in aqua. Et similiter in aere. aer. n. ita est cum eis, quæ sunt in eo, sicut aqua cũ eis, quę sunt in aqua. v. g. animalia, quæ sunt in aqua, si corpus humectatum tangit corpus humectatum. F

113 Cùm declarauit ꝙ tactus indiget carne pro medio, & ꝙ est plus quàm vnus, incœpit etiam quærere vtrum iste sensus cùm hoc, ꝙ indiget carne, indigeat etiam medio extrinseco, aut sufficit etiã caro sine medio extrinseco. & ista quæstio etiã accidit in gustu. Et dixit, Et ex eis, in quibus homo dubitat, est, &c. i. & dubitat homo in hoc, utrum tactus indigeat medio extrinseco cum hoc ꝙ indiget medio, quod est caro. omne. n. corpus habet profundum, & est tertia mensura corporis. D. d. & corpora, inter quę est medium, &c. i. et, cùm omne corpus habet profundũ, necesse est vt inter omnia duo corpora non se tangentia sit corpus. &, cùm ita sit, contingit

A cōtingit vt corpora sicca, inter quæ est medium corpus humidum, impossibile est vt tangant se adinuicem, absq; eo ꝙ suæ superficies sint humefactæ ab illo corpore humido. & humiditas impossibile est vt sit extra illud medium, v.g. corpora humectata, quoniam impossibile est vt tangant se, nisi inter ea sit aqua, aut aliquid aquæ. D. d. & ea, quæ occurrunt sibi in aqua ad inuicem, cùm extrema eorum fuerint non sicca, &c. i. &, cū corpora sicca non occurrunt sibi in corporibus humidis, nisi extrema eorum fuerint humectata, necesse est, vt non occurrāt sibi, nisi inter ea sit mediū: & est corpus, in quo superficies eorum sunt submersę. Et, cū ita sit, impossibile est vt corpus siccum tangat corpus siccum in aqua, aut in aere: nisi inter ea sit corpus aut ex aqua, aut ex aere. D. d. Et similiter etiam de aere. aer enim, &c. i. & ita est de aere, sicut de aqua in hoc. sed humefactio eorum, quæ sunt in aqua, est manifesta sensui: † humefactio autem eorum, quę sunt in aere, non sentitur: sed ratio cogit eam esse eiusdem modi. v.g. animal, quod est in aqua. quoniam, cùm manifestum est ꝙ impossibile

B est vt aliquid tangat nisi mediante aqua, sic debet esse in animalibus, quæ sunt in aere.

Duo corpora dura nō pñt se immediate cōtingere.

† Humefactio in aq̄ est manifesta sēsui, sed ea, q̄ ē in aere, latet sensui. Idē primo Ppy. c. 54. idē .1. de Gener. & Co. 39. consule ꝙ aqua habes .3. huiꝰ c. 115. ad finem.

Vtrum igitur omnium sit similiter sensus, an aliorum aliter, sicut nunc videtur: gustus quidem & tactus in tangendo, alij autē a longe: hoc autem non est. sed durū & molle per altera sentimus, sicut & sonabile & visibile & odorabile: sed alia quidem a longe: alia vero a prope: propter quod latet, quoniam omnia sentimus per medium: sed in his latet. Et quidem sicut diximus prius & si per pellem sentiremus omia tangibilia, ignorato quoniam prohibet, similiter vtiq; haberemus sicut & nūc in aqua & in aere: putamus enim nunc ipsa tangere, & nihil esse per medium.

C *Vtrum igitur omnium similiter sit sensus, an aliorū aliter, ut nūc videtur, gustus quidem & tactus tangendo, alij autem e longinquo? id*

80 PR. *vero non ita se habet: sed durum & molle per alia sentimus, quemadmodū & sonatiuum, & visibile, & odorabile: sed alia è longinquo, alia è propinquo: quapropter latet: quandoquidem omnia sentimus per intermedium: uerū in his latet. Atqui, ut superius diximus, & si per membranam sentiremus omnia tactilia, nescientes eam intercedere, aeque afficeremur, atq; nunc in aqua & in aere: uidemur. n. ea tangere, & nihil esse interiectum.*

Vtrum igitur sensus omnium rerum est eodem modo, aut sensus rerū diuersarum est diuersus, vt existimatur ꝙ gustus, & tactꝰ sunt per tangere, alia aūt sunt à remoto? Aut non est ita. sed nos etiam non sentimus durum, & molle, nisi mediantibus alijs rebꝰ, sicut sentimus faciens sonum, & visibile, & audibile. sed ista à re-

moto

moto,& illa duo à propinquo. Et ideo non fuit perceptū. & ſi nõ D
omnia ſentimus per aliquod medium, ſed non comprehenditur à nobis in his duobus. Iam enim diximus etiam prius ꝙ, ſi nos ſentiremus tangibilia membrana mediante, ita ꝙ non perciperemus eam, tunc diſpoſitio noſtra eſſet, ſicut diſpoſitio noſtra modo in aqua, aut in aere. modo.n. exiſtimamus tangere ea, & nõ eſt illud.

114 Et, cùm fuerit conceſſum hoc, quod diximus, ꝙ corpora ſicca impoſſibile eſt vt tangant ſe in corporibus humidis, niſi inter ea ſit aliquod corpus ex illo humido, quærẽdum eſt vtrum ſentire omnia ſenſibilia fiat eodem modo, ſ. per medium, aut ſentire res diuerſas ſit diuerſum, ſ. ꝙ ſentire quaſdam non eſt per medium, vt exiſtimatur de tactu & guſtu, & quaſdam per medium, & ſine tactu, ſed à remoto, ut auditus, & olfactus, & viſus. Aut non eſt ita. ſed omnia tangibilia ſentimus per idem mediũ, per quod ſentimus illa tria reſidua. ſed tamen differunt in hoc, ꝙ ſenſibilia in iſtis tribus comprehẽduntur à remoto, & in tactu, & guſtu à propinquo. E
Et, cùm ita ſit, non ſentimus omnes res niſi per medium extrinſecum: ſed iſtud medium non percipitur à nobis in tactu. Quemadmodum, ſi ſentiremus tangibilia mediante membrana, abſque eo ꝙ perciperemus illam membranam eſſe ſuper nos: quoniam diſpoſitio noſtra eſſet cũ hac membrana, per cuius mediationem ſentiremus tangibilia abſque perceptione illius, ſicut eſſet diſpoſitio noſtra in ſentiẽdo mediãte aqua, aut aere. ſ. quemadmodum accideret nobis exiſtimare ꝙ nos non ſentimus tangibilia niſi tangendo, non mediante illa membrana, cum non percipimus illã eſſe omnino, ſic poſſibile eſt hoc accidere nobis in aqua, aut aere, ſ. exiſtimare ꝙ nos ſentimus res ſine mediatione earum. ſed nos in rei veritate nihil tangimus, niſi per mediationem earum.

Sed differt tangibile a viſibilibus & ſonatiuis: quoniã illa quidem ſentimus ex eo ꝙ medium mouet aliquid nos: tangibilia vero non a medio, ſed ſimul cum medio: ſicut per clypeum percuſ- F
ſus: non enim clypeus percuſſus prius percuſſit, ſed ſimul accidet vtraque percuti.

SOPH. *Sed tactile differt à viſibilibus & ſonatiuis: quia illa quidem ſentimus medio aliquid in nos agente: tactilia verò non à medio, ſed unà cum medio: veluti is qui traiecto clypeo percuſſus eſt. non.n. percuſſum clypeus percuſſit, ſed contigit ut ambo ſimul percuterentur.*

Sed tangibile differt à viſibilibus, & facientibus ſonum. nos.n. ſentimus iſta, ita ꝙ medium agit quoquo modo in nobis: & nos in tangibilibus non à medio, ſed cum medio, V. g. illi, cui accidit ictus mediante ſcuto. ſcutum enim non eſt illud: quod percuſſit ipſum, cùm percutiebatur ſcutum, ſed accidit ꝙ percuſſio amborum fuit ſimul.

A Idest, sed licet consequatur ex hoc sermone ꝙ tangibilia non sint nisi p
115 medium sicut tres sensus, tamen opinandum est ꝙ actio medij in hoc sen
su non est sicut actio medij in illis. sed tangibilia differunt à coloribus, &
à sonis in hoc, quòd indigent medio: quia sensibilia in illis tribus primo
agunt in medium, deinde medium in nos, tangibilia autem insimul agũt
in nos, & in medium. Sed debes intelligere hic per simul, non quia in Documentum.
eodem tempore patitur medium, & sensus à tangibilibus, & in illis duobus temporibus, existimatur enim ꝙ visus, & aer alterantur à calore in
eodem instanti: sed intendit hic per prioritatem, & posterioritatem in
illis, prioritatem fm causam, s. ꝙ sensibile est causa remota in motione
sensus, & medium est causa propinqua. In tactu autem medium, & sen-
sus mouentur insimul à tangibilibus. sed medium nihil facit in hoc, sed Qđo medium ẽ necessariũ i tactu.
est aliquod accidens ex necessitate: non quia est necesse inesse sensus, sicut
medium est necessariũ in esse aliorũ. Et ideo assimilauit passionem nostram à tangibilibus passioni nostræ à percussione mediante scuto. Que-
B madmodum igitur non debet aliquis dicere ꝙ scutum est necessarium
in actione percussionis nostræ, ita ꝙ scutum sit causa propinqua, & percussio est causa remota, ita est de aere cùm tangibilibus, s. ꝙ non debet ali
quis dicere ꝙ illud necesse est ad sentire tangibilia, sed dicimus quòd insimul patimur nos & scutum ab ictu. per simul igitur debemus intellige- Documentum.
re priuationem prioritatis, & posterioritatis in causa, non in tempore.
Et intendebat per hoc declarare ꝙ istud non est medium * fm ꝙ est ne- *a.l. nisi.
cessarium omni sensui in sentiendo: sed medium, quod huiusmodi est in
hoc sensu, est caro. & hoc, si dicetur medium, erit fm accidens. Sic igitur
intelligendus est iste locus, non ꝙ Aris. dubitauit in hoc, & non comple- Hic soluẽdo dubitationẽ Themisti, & Alex. excludit expõnem eorum. Themi. dubitã cap. 38.
uit, neque declarauit modum, secundum quem dicitur quòd tangibi-
C lia non sentiuntur nisi per medium extrinsecum. Neque etiam Arist.
in hoc sermone fuit valde oblitus, sicut dicit Themistius, & alij. Dicunt
enim ꝙ nos, si concesserimus ꝙ tangibilia non comprehenduntur in a-
Auer. solo qua, & in aere, nisi mediantibus istis, quid possumus dicere in comprehensione qualitatum tangibilium in istis duobus medijs ipsis? Et ego
dico ꝙ, obliuio fortis non fuit nisi à dicente hunc sermonem, licet sit val
de difficilis, fm ꝙ apparet. Oẽ enim animal, quod innatũ est esse in aqua,
aut aere, non sentit aliquam qualitatem caliditatis, aut frigiditatis in eis,
si fuerint in simplicitate, quam debent habere, quia est locus eius natu- Quarto Ph. t.c. 48
ralis, & locus est similis locato, vt declaratum est in sermonibus vniuersalibus. & iam declaratum est ꝙ sensibile est contrarium ante passionem.
Et, cùm ita sit, animal non sentit calorem aut frigus in aere, aut in aqua:
nisi quando cum eis admiscentur corpora calida, aut frigida, illa ergo
corpora sunt alia ab aqua, & ab aere naturali. Et, cùm ita sit, illud, quod
accidit ex hoc quando sentimus ꝙ aer, aut aqua calefacta sunt, aut infri-
gidata, illud idem accidit in corporibus, quæ apparent visui esse alia ab
aere, & aqua, s. ꝙ nos non sentimus ea, nisi mediante aqua, & aere naturali, vt declaratum est ex sermone prædicto. Et, si aer, & aqua continentes
animalia

animalia, haberent qualitatem contrariam, tunc impedirent comprehensionem qualitatum contrariarum ab animalibus. Et propter hoc, quod diximus, non est opinandum aquam calefieri, dum fuerit aqua pura, neq; ꝙ aer infrigidetur, dum est aer purus: ſed hoc accidit propter corpora admixta cum eis calida, aut frigida. & hoc fecit dubitare homines, ita ꝙ frigiditas non est accidens inſeparabile aquæ, ſicut calor igni. & iſta exiſtimatio accidit, quia vulgus conſueuit vocare aquam, dum liquefactio remanet in ea, licet in rei veritate non ſit aqua pura, ſed admixta. iſta enim qualitas eſt magis cognita omnibus ſuis qualitatibus ſenſibilibus, ſicut calor in igne. & ideo vulgus non abſolute vocat ignem, qui infrigidatus eſt propter admixtionem corporum frigidorum. & forte vocat ignẽ corpora calida: licet ſint humefacta per mixtionem, dum remanent calida calore igneo. D

Tertio co li. 67.

Omnino autem videtur caro & lingua ſicut aer & aqua ad viſum & auditum & olfactum ſe habent, ſic ſe habere ad ſenſitiuũ, ſicut illorum unumquodq;: ipſo autẽ ſenſitiuo tacto, neq; ibi, neq; hic vtique fiet ſenſus. vt ſi quis ponat in oculum vltimum corpus album. Quare manifeſtum eſt ꝙ intus ſit tangibile ſenſitiuum. ſic enim vtiq; accidit quod quidem in alijs. appoſita enim ſuper ſenſitiuum non ſentiunt: ſuper autem carnem poſita, ſentiunt: quare medium tactui eſt caro. E

SOPH. *Omnino videtur caro & lingua, ut aer & aqua ad uiſum & auditum & olfactũ habet, ita habere ad ſenſorium, ut illorum unũquodq;. ſi autem ipſum tangatur ſenſorium, neq; hic, neq; illic fiat ſenſus: veluti ſi quis poſuerit corpus aliquod album ſuper extremum oculum. Ex quo etiam perſpicuum eſt intus eſſe rei tactilis ſenſorium. hoc enim pacto ut in cæteris eueniet: nam ſi apponantur ſuper ſenſorium, non ſentiunt: at ſi apponantur ſuper carnem, ſentiunt. Quare intermedium tactus caro eſt.* F

Et vniuerſaliter videtur ꝙ caro & lingua eſt, ſicut aer & aqua in viſu, & auditu, & olfactu. & ſic eſt diſpoſitio eorum apud ſenſum, ſicut diſpoſitio vniuſcuiuſq; illorum duorum. ſed ipſum ſentiens, cùm tetigerit non cadit illic, neque hic ſenſus. v. g. ſi aliquis poſuerit aliquod corpus album ſuper viſum medium. Dicamus igitur ꝙ manifeſtum eſt ꝙ ſenſus tactus eſt interius. & ſi non eſſet hoc, contingeret in eo, quod contingit in alijs, quòd, cùm poneretur ſuper ſentiens non ſentiet. caro autem ſentit. cùm fuerit poſitum ſuper carn. vnde conſequitur vt caro ſit mediũ in tangente.

116 Cùm declarauit modum, ſecundum quem dicitur ꝙ aqua & aer ſunt media in tactu, ſi debeãt dici media, reuerſus eſt ad dicendum illud, quod

eſt medium

A est medium in rei veritate in hoc sensu, s. illud, quod est impossibile vt sine eo sentiat iste sensus. & est caro, cuius proportio ad ipsum est sicut proportio aquæ & aeris ad alios tres. Et d. Et vniuersaliter videtur, &c. i. & vniuersaliter opinandum est ꝙ caro & lingua sunt tactui, & gustui, sicut aer & aqua visui, & auditui, & olfactui. D. d. & sic est dispositio eorũ apud sensum, &c. i. & dispositio carnis & linguę apud tangens, & gustans sit sicut dispositio aquæ & aeris apud tres sensus. D. d. sed ipsum sentiens, cùm tetigerit, &c. i. † & in omnibus cùm super sentiens ipsum fuerit positum sensibile, non sentiet omnino. aut, si sentiet, male: vt accidit, cùm super visum fuerit positum aliquod corpus album. D. d. aliam demonstrationem à prædicta ꝙ caro est quasi medium, non quasi instrumentum, & d. Dicamus igitur ꝙ manifestum est, &c. i. & manifestum est ꝙ sensus tactus est intra carnem: & ꝙ caro non est quasi primum instrumentum ei. quoniam, si ita esset, contingeret in eo quod contingit in alijs, s. ꝙ cùm sensibile esset positum super carnem, non sentiretur à virtute tangibili: quemadmodum color, cùm fuerit positus super visum, non sentietur.

B modo autem, quia videmus ꝙ virtus tangibilis non sentit, nisi quando tangibile fuerit positum super carnem, necesse est vt caro sit medium non instrumentum. Et hoc, quod dixit, manifestum est per se, q̃m hoc, ꝙ tres sensus indigẽt medio, aut est, quia accidit suis sensibilibus, quòd sunt remota ab his, aut quia impossibile est vt recipiant sua sensibilia, nisi sint prius in medio: vt plura videntur contraria, scilicet ꝙ non transferuntur ad extrema, nisi prius transferantur ad medium. &, si hoc esset propter hoc, ꝙ sensibilia sunt remota, contingeret vt sentirent, quando essent posita super eos. tunc enim non indigent medio. sed non sentiunt: ergo non indigent medio, nisi propter ipsum sentire. Et, quia hoc accidens non potest attribui vni eorum essentialiter, cùm commune sit eis, remanet igitur vt hoc sit eis commune per naturam communem tribus sensibus. sed nulla natura communis est causa in hoc accidente, nisi hoc, quòd sunt sensus: ergo indigentia medij ad sensus est eis in hoc, quòd sensus, non secundum quòd quidã sensus: ergo omnis sensus necessario indiget medio in ipso sentire.

C non quòd medium est in istis tribus sensibus tantum: quia sensibilia eorum sunt remota, vt putat Alexan. quoniam, si ita esset, contingeret quòd, cùm essent posita super eos, sentirent. Et hoc, quod dixit Alex. contradicendo huic opinioni, scilicet quòd, si caro esset quasi medium, contingeret vt sub carne esset aliquod membrum, per quod fieret iste sensus: & illud necessario esset vnum, si iste sensus esset vnus: aut plura, si plura: nihil est. Iam enim apparuit post Arist. in tempore eius, scilicet Alex. quòd in animalibus sunt quædam corpora, quæ dicuntur nerui, & habent introitum in sensum, & motum. quod igitur apparuit Arist. ratione, manifestum est post, sensu. Et nihil est hoc, quod dicunt posteriores Peripatetici, scilicet quòd nerui non habent introitum in sensum tactus. est enim sermo Arist. in propinquo potentia: & est etiam sensibilis.

Sensibile positum supra sensũ nõ sentit. Idẽ supra t. c. 98. & ibi. Caro ẽ medium non organum, seu instrum tactus. sed oppositũ d. Cõ. 1 lib. de Sẽsu & sẽsato, & secũdo Colliget cap. de iuuamẽtis carnis, & in cap. de iuuamẽtis sensus tactus. Vide cõc. 21m.

Plura contraria non transferuntur ad extrema, nisi prius transferantur ad media. Idẽ 5. Ph. 2. Idẽ 10. Meta. 23. Idẽ supra 105.

Contra Alex. Mortuum Ale.

Idẽ supra 108.

Tangibiles quidem igitur sunt differentiæ corporis, secundum D
φ corpus. dico autem differentias quibus elementa determinãt:
calidum, frigidum, humidum, & siccum, de quibus prius dictum
est in his quę de elementis. Sensitiuum aũt ipsarum quod tactiuũ,
& in quo sensus vocatus tactus est primo, quod potentia huiusmodi pars est.

SOPH. *Tactiles igitur sunt corporis ut corpus est differentia: uoco autem
differentias, qua elementa distinguunt: calidum, frigidum, humidum,
siccum: de quibus in libris de elementis ante diximus: Sensorium aũt
ipsorum tactiuum, et in quo primo sensus is quem tactum uocamus inest, pars ea est qua potentia est talis:*

Et tangibilia autem sunt differentiæ corporis, secundum quòd
corpus. Et dico differentias, quibus determinantur elementa, s. ca
lidum, & frigidum. & humidum, & siccum: & sunt illæ, de quib[9] E
prius locuti fuimus apud sermonem de elementis. Illud autem,
quod est sentiens, & tangens. & in quo est primus sensus, qui dicitur tactus, est membrum, quod est in potentia talis dispositionis.

117 D. Et tangibilia sunt differentiæ corporis, sm φ est corpus. idest tangi
bilia vniuersaliter sunt differentiæ existentes in omnibus corporibus, scilicet cõmunes oĩbus corporibus generabilibus, & corruptibilibus. Deinde d. Et dico differentias, &c. idest & intelligo per differentias differentias
vniuersales, à quibus nullum corpus fugit: & sunt primæ differentiæ existentes in quatuor elementis, scilicet calidum, & frigidum, siccum, & hu
midum: & quæ fiunt ex eis, vt asperum, & durum: & aliæ differentiæ tangibiles, & quæ sunt coniunctæ cũ eis, vt graue, & leue. Deinde. d. de quibus prius locuti fuimus apud sermonem de elementis, scilicet in libro de
[In l.2 de Ge. & Cor. t.c. 8. & 16.] Generatione, & Corruptione. illic enim declarauit modos tangibilium
primos, & secundos. D. d. Illud autem, quod est sentiens, &c. idest illud au
tem, quod sentit has differentias, est membrum, quod est in potentia hæ F
differentiæ. i. illud, quod innatum est perfici per has differentias. & opinã-
dum est quòd hoc est caro, aut nerui.

Sentire enim quoddam pati est. quare faciens quale ipsum est
actu, huiusmodi illud facit, cum sit potentia. Vnde similiter calidũ
& frigidum aut durum & molle non sentimus sed excellentias:
tanquàm sensu velut medietate quadam existente eius quæ in sen
sibilibus contrarietatis. & propter hoc discernunt sensitiua sensibilia: medium enim discretiuũ est. fit enim ad vtrumq; ipsorum
alterum vltimorum.

*Nam sentire pati quoddam est: quare id quod facit quale est ipsum
actu, talis illud facit, cum sit potentia. Quamobrem id quod aque calidum*

A *dum est ac frigidum aut durum & molle non sentimus; sed excessus: ut pote cũ sensus mediocritas quedã sit eius contrarietatis, que in sensibilibus reperitur: & propterea iudicat sensibilia: mediũ.n.uim hẽt iudicandi: fit.n. alterum extremorum, ad utrũq; ipsorum comparatum.*

Sentire enim est aliquod pati quoquo modo. Vnde necesse est vt illud, quod agit sibi simile in actu, non agat nisi illud, quod est in potentia. Et ideo calidum non sentit sibi simile, neq; frigidum, neq; durũ, neq; molle, sed ea, quæ sunt intẽsiora: qm̃ sensus quasi est medium inter cõtrarietatẽ in sensibilibus. Et iõ distinguit sensibilia. medium.n. distinguit. efficitur.n. apud vtrũq; æqualiter.

118 Cùm dixit quòd primum sentiens est illud, quod est in potẽtia istæ differentiæ, incœpit declarare hoc, & d. Sẽtire enim, &c.i. sentire enim, quia est aliqua passio fm modum dictum, & omne patiẽs habet agens, & omne B agens agit sibi simile in actu. i. necesse est vt non agat sibi simile in actu, nisi ex aliquo, quod est sibi simile in potentia, non in actu. D. d. Et ideo calidum non sentit sibi simile, &c. i. &, quia agens non agit in eo, quod est sibi simile in actu, sed in potentia: ideo necesse est vt membrum sentiens non sentiat corpus calidum sibi æquale in calore, nec membrum frigidũ corpus frigidũ æquale sibi in frigore: & similiter de duro, & molli. D. d. causam in hoc, & d. quoniam sensus est quasi medium, &c. i. & sensus tactus comprehendit tantum intensiora ex rebus tangibilibus, econtrario alijs sensibus cum suis sensibilibus. quia sensus tactus inuenitur in aliquo, quod est medium inter contrarietatem aliquam in sensibilibus: cùm impossibile est vt aliquod corpus denudetur à qualitatibus tãgibilibus ecõtrario alijs qualitatibus sensibilibus. Et intelligo q sensus tactus impossibile est vt careat simpliciter calido, & frigido, & sicco, & humido: sicut fuit in visu colore, & in auditu carere sono. & ideo iste sensus comprehendit sua sensibilia secundum totum: sensus autem tactus comprehendit extrema. D. d. Et ideo distinguit sensibilia. mediũ enim distinguit, &c. i. & ideo C sensus tactus distinguit, & comprehendit sensibilia, quia est medium. medium enim distinguit, quia recipit vtrunque extremum, & assimilatur ei, & efficitur cum eo idem.

Documẽtũ impossẽ ẽ sẽsũ tactus carere simplr calido, & frigido, & sicco, & humido: sicut vis⁹ colore, & auditus sono. Id tñ, cõ. secũti, & 3. de aĩa cõmen. 66.

Et oportet sicut debens sentire album & nigrum, neutrum ipsorum esse actu, potentia vero vtrumq;. sic autem & in alijs & in tactu, neq; calidum, neq; frigidum.

SOPH. *Et oportet, quemadmodum id quod sensiturum est album & nigrum, neutrum eorum esse actu, sed potentia utrung;: sic & in alijs & in tactu, nec calidum esse nec frigidum.*

Et oportet, sicut diximus, vt illud, quod est innatum sentire album, & nigrum, sit neutrum, sed vtrũq; in potentia, & sic de alijs, ita in tactu debet esse neq; calidum, neq; frigidum.

119 Et, quemadmodum oportet vt illud, quod innatum est sentire album & nigrũ sit neutrũ, sed vtrunq; in potentia, & sic in vnoquoq; sensu, sic etiã oportet vt tangens sit neq; calidum, neq; frigidum fm modũ, qui est possibilis in eo, s. vt ista sunt in eo fm medium, aut propè: cum impossibile est vt denudet ab eis omnino, sicut fuit possibile in illis alijs, s. vt denudet à suis sensibilibus. Et debes scire q̃, quia illud, quod sequit ex hoc in instrumento istius sensus, illud idem consequitur in medio, nõ possu mus dicere quòd caro sit instrumentum istius virtutis, fm q̃ est media inter contraria, sicut existimauerunt plures. D

Instrumentum.

Amplius autem sicut visibilis & inuisibilis erat quodãmodò visus, similiter autem & reliqui oppositorum, sic & tactus tangibilis & intangibilis. intangibile autem, paruam omnino habens differentiam tangibilium, vt passus est aer, & tangibilium excellentiæ, sicut corruptiua. Secũdum vnũquenq; quidem igitur sensum dictum est figuraliter. E

SOPH.

Prætereà ut rei uisibilis & inuisibilis erat quodammodo uisus, cæteriq; itidem oppositorum: sic quoq; tactus, tactilis & intactilis. Intactile autem est, tum quod planè leuem habet differentiam tactilium (quod usu uenit in aere) tum tactilium excessus. cuiusmodi sunt quæ corrumpendi uim habent. Ac de sensibus quidem sigillatim disseruimus adumbratione quadam.

Et, quemadmodum visus est quoquo modo rei visibilis & non visibilis, & similiter de alijs, sic est tactus tangibilis & non tangibilis. Et non tangibile est illud, in quo est de dispositione tangibilium aliquid valde modicum, sicut aer: aut valde intensum, sicut corrumpentia. In vnoquoque igitur sensuum dictum est secundum descriptionem.

120 Cùm notificauit sensus, tactus, & naturam rerum tangibiliũ, & quomodo sit tactus, & per quot, reuersus est ad dicendum aliquid commune omnibus sensibus, comprehendũt enim alterum duorum oppositorum essentialiter, & alterum accidentaliter. Et dixit. Et quemadmodum visus, &c. idest & quemadmodum visus comprehendit visibile & non visibile quoquo modo, sicut etiam alij sensus comprehendunt priuationes suorum propriorum sensibilium, ita sensus tactus comprehendit tangibile & non tangibile. & d. quoquo modo, quia non eodem modo comprehendit habitum, & priuationem. Deinde posuit secundum quot modos dicitur non tangibile, & dixit Et non tangibile est illud, in quo est, &c. idest & non tangibile dicitur duobus modis: quorum vnus est illud, in quo existit de qualitatibus valde modicum, sicut est de aere continente nos: & alterum est illud, in quo existit de qualitatibus tangibilibus valde intensum, & corrumpens sensum. vt ignis, & glacies. F

Sensus

A *Sensus recipere sensibilia sine materia. Cur sensibilium exuperantiæ corrumpant ipsa sensoria. Item quo pacto non sentientia à sensibilibus patiantur. Cap. 8.*

OPortet autem vniuersaliter de omni sensu accipere; quoniam quidem susceptiuus est specierum sine materia. vt cera annuli sine ferro & auro recipit figuram. accipit autẽ aureum aut æneum signum, sed non in quantum aurum aut æs. similiter autem & sensus vniuscuiusque ab habente colorem aut humorem aut sonum patitur, sed non in quantum vnumquodque illorum dicitur, sed in quantum huiusmodi & secundum rationem.

SOPH. *Vniuerse autem de omni sensu hoc sumendum est: sensum id esse, quod est capax sensibilium specierum sine materia: ut cera annuli sine ferro, & auro recipit signum: sed accipit ea quidem aureum uel B æreum signum, non tamen quatenus æs uel aurum est: Pariter etiam sensus uniuscuiusque ab eo patitur quod nec odorem habeat, aut saporẽ, aut sonum: uerum non quatenus unumquodque illorum dicitur, sed quatenus eiusmodi est, & ex ratione.*

Et dicendum est vniuersaliter de omni sensu ꝙ sensus est recipiens formas sensibilium sine materia. ver. g. ꝙ cera recipit formam annuli, sine ferro aut auro. & recipit signum, quod est ex cupro aut ex auro, sed non secundum ꝙ est cuprum, aut aurum. Et similiter vnusquisque sensuum patitur ab habente colorem, aut saporem, aut sonum. sed hoc non secundum ꝙ vnusquisque eorum dicitur, sed secundum ꝙ est in hac dispositione, & intentione.

121 Intendit secundum descriptionem, i. vniuersaliter In libro enim de Sẽ-
C su & sensato loquitur de istis particulariter, Et d. Et dicendum est vniuersaliter de omni sensu, &c. i. & opinandum est ꝙ receptio formarum sensibilium ab vnoquoque sensuum est receptio abstracta à materia. si enim recipiet eas cum materia, tunc idẽ esse haberet in anima, & extra animã. & ideo in anima sunt intentiones, & comprehensiones: & extra animam non sunt comprehensiones, neq; intentiones, sed res materiales, quæ non sunt comprehensæ omnino. D. d. ver. g. ꝙ cera recipit, &c. i. & ista receptio, quæ est in sensibus, abstracta à materia, similis est receptioni ceræ ad figuram annuli. recipit. n. eam sine materia cũ eodem modo recipiat eam, siue fuerit ferri, siue auri, siue cupri. D. d. Et similiter vnusquisque sensuum patitur, &c. i. secundum hunc modum patitur vnusquisq; sensuum ab eis, à quibus innatus est pati, siue colore, siue sono. sed non patitur ab eo, secundum ꝙ est color, aut sonus. quoniam, si ita esset, contingeret ꝙ, cùm reciperet ipsum, esset color, aut sonus, non intentio. & hoc intendebat, cùm dixit, sed non secundum

Si sẽsus reciperet cũ mã, nic res idẽ eẽ haberet ĩ aĩa & extra animam. Idẽ. 12. Meta. cõ. 14. & 23. & 36. cõsilr de intellectu. 3. de Aĩa. cõ. 5

ꝙ dicitur vnusquisq;, sed sm ꝙ est intentio. * intentio.n. coloris alia est à colore. Et dixit sed secundũ ꝙ est in hac dispositione & intentione, ob seruando se ab intentionibus, † quas recipit intellectus. illæ enim sunt vniuersales: istæ autem sunt particulares. D

* Intētiones, quas recipit sensus, sūt particulares sed illæ, quę recipit intellectus, sunt vles. Idē īfra c. 119. & 3. de aia. 4. 5. 18. 19. 20 & 30.

† Intentio coloris alia ē a colore. Idē I. c. 76. 97.

Sensitiuum autem primum est in quo huiusmodi potentia. Est quidem igitur idem, sed esse alterum est: magnitudo quidẽ enim quædam erit quod sensum patitur: non tñ sensitiuo esse, neq; sensus magnitudo est: sed ratio quædam & potentia illius.

SOPH. *Id uero est primum sensorium, in quo eiusmodi potentia est. sunt ergo idem, esse uero diuersum est: magnitudo enim quaedam fuerit id quod sentit: non tamen sensitiuo esse, neq; sensus est magnitudo: sed ratio quaedam & potentia illius.*

Et quod est ista potentia est primum sentiens. Sunt igitur idẽ, in esse autem diuersa. Illud enim, quod sentit, est aliqua magnitudo: & non secundum ꝙ sentit. neq; sensus est magnitudo: sed intentio, & virtus illius. E

112 Et ꝙ recipit istam virtutem, quæ est intentio abstracta à materia, est primum sentiens. & cum receperit eam, efficietur idem: sed in numero differunt. Illud.n. quod sentit, est aliquod corpus: & non sentit ꝙ est corpus. neque sensus est corpus, sed intentio & potentia illius corporis, quod est primum sentiens.

Manifestum autem ex his & propter quid excellentiæ sensibilium corrumpunt sensitiua. Si nanq; sit fortior sensitiuo motus, soluitur ratio. hoc autem erat sensus. sicut & symphonia & tonus, percussis fortiter chordis.

SOPH. *Ex quibus etiam perspicuum est, cur sensibilium excessus corrumpant instrumenta: quippe si motus instrumento ualidior fuerit, dissoluitur ratio: id autem erat sensus: ueluti etiam concentus & tonus, uehementer pulsatis fidibus.* F

Et manifesta est ex hoc causa, propter quam sensibilia intensa corrumpunt instrumenta sensuum. Quoniam, quãdo motus sentientis à sensibili fuerit fortior eo, dissoluetur sua intentio. et hoc erit sensus. sicut dissoluitur consonantia chordarum, & neumata, cùm tanguntur fortiter.

113 D. & ex hoc, quod diximus, ꝙ sensus est intentio, declarabitur causa, ꝓp quam sensibilia intensa corrumpunt instr̃a sensuũ. qm̃, qñ motus sentientis à sensibili fuerit fortior, q̃ sentiens possit tolerare, dissoluet̃ illa intẽtio, per quã sentiẽs est sentiens, & remanebit corpus sine illa intẽtione, q̃ est sensus. sicut dissoluitur consonantia chordarum, & neumata, uel nete

eorum

A eorum, quæ sunt intentio existens in eis, qn̄ fortiter tangũtur, & mouebuntur motu fortiori, quàm motu, quem possunt tolerare.

Et propter quid plantæ non sentiunt habentes quandam partem animalem, & patientes à tangibilibus: & nanq; frigescũt & calescunt: causa.n.non habere medietatẽ neq; huiusmodi principium posse recipere species sensibiliũ, sed pati cum materia.

SOPH. *Constat etiam cur plantæ nõ sentiant, cũ tamen habeant quandam partem animæ, atq; à tactilibus aliquid patiantur, quippe quæ & frigescant, & calescant: causa huius est, quia nõ habent mediocritatem, neq; eiusmodi principium, quod sit idoneum ad recipiendas species sensibilium, sed patiuntur cum materia.*

Et causa, propter quam vegetabilia nõ sentiunt, & in eis est aliqua pars animata, & recipit passionem à tangibilibus, quia calefit, & B infrigidatur. Causa.n.in hoc est, quia non habent medium, neque principium, per quod possunt recipere formas sensibiliũ.

124 Laborat in hoc sermone ad dandũ causam, propter quam vegetabilia non hñt sensum tactus: licet habeãt alam nutritiuam, & et patiunt à tãgibilib', & calefiũt, & infrigidãtur. & intendit p aliquã partem aiatam alam nutritiuã. Et d. Causa.n.in hoc est, quia non hñt mediũ, &c.i. causa.n. in hoc nihil aliud est, nisi quia vegetabilia non hñt medium, quasi carnem, neq; tale principiũ, per quod animalia possunt recipere formas sensibiliũ. &, cùm declarauit q̀ à tangibilibus patit aliquid, quod non cõprehendit ea, incœpit narrare q̀ econtra est de alijs sensibilibus sensuum.

Dubitabit autem aliquis si patiatur aliquid ab odore quod impossibile est olfactum habere: aut a colore non possibile videre: similiter autem & in alijs. Si autem olfactibile, odor, si aliquid facit olfactum, odor facit. Quare impossibiliũ olfactum habere, nihil C possibile pati ab odore. eadem autem ratio & de alijs. neq; possibilium. sed in quantum unum quodq; sensitiuum.

SOPH. *Verum quærat quispiam, num pati possit ab odore id quod olfacere non potest: aut à colore, quod videre non potest: pari quoq; modo in cæteris: Sanè si odorabile est odor, si quid afficit odoratum, quatenus odor afficit. itaq; fit ut eorum quæ olfacere nequeunt, nullum ab odore pati possit. Eademq; ratio in cæteris est. Sed ne eorum quidem quæ possunt, sed quatenus quodq; sensitiuum est.* † al. l. si qd afficit o- doratũ o- dor afficit

Sed non patitur ab odoribus, quod nõ põt olfacere, neq; à coloribus, quod nõ potest videre. & sic de alijs. Si igitur olfactus est odor, contingit vt omnis res, quæ facit olfacere, facit per odorem. Vnde necesse est q̀ nihil ex eis, quæ non possunt olfacere, patia-

 tur ab

tur ab odore. & iste sermo est de alijs. neq; ẽt aliquid ex eis, quæ possunt. nisi secundum ꝙ quodlibet eorum est sentiens. I.

125 Idest, & licet aliquid, quod nõ est Inatum tãgere patiẽ à tãgibilibus, tñ nõ patiẽ ab odorib' passione propria odorib', i. fm ꝙ est odor, nisi illud, quod põt olfacere: nec patiẽ à coloribus passione propria coloribus, fm ꝙ est color, nisi illud, quod põt videre: neq; à sono, nisi illud, quod põt audire. D.d. & sic de alijs. Et hoc facit existimare ꝙ sapor est hui' dispõnis. sed ipse dicet post ꝙ quidã patiẽ à sapore, quod nõ est innatũ sentire ipsum. & forte fecit hoc, quia est locus dubitationis. D.d. Si igr olfactus est, &c. i. si igitur nã olfactibilis, quæ nõ existit nisi in olfaciẽte, sicodor ipse, nõ intẽdo cõparam, q cõtingit odori, manifestũ est ꝙ odor facit olfacere oẽ olfactũ: & oẽ, in quo odor agit, fm ꝙ est olfactus, est olfaciẽs. qm, si esse odoris nõ est, nisi fm ꝙ est olfactus: & olfactum non inuenitur nisi in olfaciẽte: manifestum est ꝙ oẽ, quod patiẽ ab odore, est olfaciens. D.d. Vnde necesse est, &c. i. si igitur oẽ olfaciens patitur ab odore: & oẽ, quod patitur ab odore, est olfaciens: necesse est fm conuersionẽ oppositi, vt quod non est olfaciẽs non patiaẽ ab odore. Et ipse non propalauit in sermone nisi postremum consequens, & primum principiũ: ex quo consequebatur, s. ꝙ, si odor est relatiuus, i. olfactus, necesse est vt olfactum sit olfaciens. & nõ propalauit propositionẽ dicentem ꝙ oẽ, quod patitur ab odore, est olfaciẽs, neq; propalauit conuersionem sui oppositi. Et quasi oppinatur ꝙ tactus est aliquod cõtingẽs rebus cõtrarijs tãgibilibus. & nõ opinatur ꝙ olfactibile est aliquod contingẽs odori, neq; uisibile colori, sed opinatur ꝙ olfactũ est quasi ipse odor, & visibile ipse color, & audibile ipse sonus. Et ideo fuit necesse apud ipsum vt oẽ, quod patiẽ ab odore, sit olfaciẽs, & à colore videns, & à sono audiẽs. Et non fuit necesse vt oẽ, quod patitur à tangibilib, sit tangens. & hoc indiget magna inquisitione. Ipse. n. quasi opinaẽ ꝙ sensuũ quidã sunt in capitulo relationis, & quidã sunt in capitulo actionis, & passionis per se, & accidit eis relatio. E

Ari. opinatur ꝙ sensuũ quidã sunt in c. re'onis, & quidã sũt i ca. actionis, & passiõis p se. vide j. c. sequenti, & cõ. 140. & 143.

Simul autem manifestum est & sic: neq;. n. lumen & tenebra, neq; sonus, neq; odor, nullum facit in corpora: sed ea in quibus est, ut aer qui cum tonitruis, scindit lignum. sed tangibilia & humores faciũt. si. n. non: a quo vtiq; patientẽ inanimata & alterabũtur. F

Quod etiam perspicuum uel inde est: nã nec lumen & tenebra, nec sonus, nec odor ullo modo afficit corpora, sed ea in quibus sunt: ut aer comitante tonitru scindit lignum. Atqui certe tactilia & sapores afficiunt: alioquin à quonam paterentur inanimata, & alterarentur? IOPM.

Et cum hoc manifestum est hoc modo. neq;. n. lux. neq; obscuritas, neq; sonus, neq; odor agunt aliquid in corporibus. sed ea, in quibus sunt ista. v. g. ꝙ aer, in quo est tonitruum, findit lignum. Sed tangibilia, & sapores agunt. quoniam. si non agunt, à quibus igitur patientur, & alterabuntur corpora non animata?

Idest

126 A Idest &, cùm in hoc sermone prædicto declarauimus hoc de sensibilibus, manifestum est per se. apparet enim φ neq; lux, neq; obscuritas, neq; odor, neque color agunt aliquid in corporibus: sed non agunt, nisi in rebus, in quibus sunt isti sensus. D. d. v. g. φ aer, in quo tonitruum, findit lignũ. sed sonus, qui est tonitruum, non est ipse motus, quem lignũ recipit à motu aeris. sed sonus est intentio, quæ nõ inuenitur, nisi in audiente: & quasi est in capitulo ad aliquid, non in qualitate. & similiter odor apud ipsum est, secundum φ exposuimus. D. d. Sed tangibilia, & sapores &c. idest sed tangibilia, & sapores magis sunt in capitulo de agere & pati, q̃ in capitulo relationis. quoniam, si ab eis non patitur, nisi quod habet sensum gustus, & tactus, à quo igitur patientur alia corpora non animata? contingit enim agere & pati non esse. quod est impossibile. Et hoc quod dixit in tangibilibus, est manifestum, sed in* saporibus indiget consideratione. Potest enim aliquis dicere quòd sapor est ipsum gustabile, sicut odor est ipsum olfactum. sed videmus, vt dicit Plato, quòd sapores habent in corporibus non animatis passiones diuersas additas calefactioni, B & infrigidationi verbi gratia exasperare, quod est pontici: & lenificare quod est vnctuosi: & alia multa, quæ sunt dicta in Timæo, quæ Galenus laborat exponere. Istæ igitur actiones vtrum sint saporis, aut sint de sapore quasi motus aeris de sono, indigent consyderatione. sed accepit hic φ sapor est modus tangibilis cùm sit similis ei.

Son* quasi ẽ in ca. ad aliqd, nõ in qualitate. sʒ tãgibilia, & sapes, magis sũt i c. agẽ & pati, q̃ in ca. relationis.

Digressio. Vtrum sapor agat realr.

* a. l. saporosis.

Ergo ne & illa faciunt? aut non omne corpus passiuũ ab odore & sono: & patientia indeterminata, & non manẽt, ut aer. fœtet enim sicut patiens aliquid. Quid igitur est odorare præter pati quid? aut odorare sentire est: aer aũt patiens mox sensibilis fit.

SOPH. *Num igitur illa quoq; afficiunt? An non ita natura comparatum est ut omne corpus ab odore & sono patiatur: & ea demum ipsa quæ patiuntur, carent termino, neq; perstãs, uelut aer: redolet. n. quasi aliquid passus. Quid ergo erit olfacere, nisi pati aliquid? An olfacere* C *quidem est sentire: aer uero ubi passus fuerit, celeriter sensibilis fit.*

Dicamus igitur φ non omne corpus est innatum pati à sono, ab odore: & quod patitur non est determinatum, neq; permanẽs. v. g. aer enim est ventus, & propter hoc patitur. Quæ igitur est differentia inter olfacere, & pati? Dicamus igitur φ olfacere, & est sentire: &, cum aer patitur, & velociter fit sensatus.

127 Cùm declarauit φ non patitur ab aliquo trium sensibilium nisi sensus proprij eis, incœpit dare differentiam inter passionem corporum mediorũ ab eis, & inter passionem rerum á tangibilibus, & d. Dicamus igit φ non omne corpus, &c. i. &, si aliquis finxerit φ corpora patiuntur à sono, & ab odore, & dederit rationem super hoc de passione aeris, & aquæ ab eis, dicemus ei φ nõ omne corpus est innatum pati à sono, & ab odo-

re.non.n.patitur ab eis ex corporibus, nisi illud, quod est non determinatum in se, i. non habens figuram, neq; propriam constitutionem. v.g. aer enim non patitur ab eis, nisi quia est ventus: & ventus est corpus non determinatum, neq; fixum. corpora.n. quæ patiuntur à tangibilibus, sunt determinata, & fixa. D. d. Quæ igitur est differentia inter olfacere, & pati? i. si igitur aliquis quæsiuerit, & dixerit cum olfacere sit passio, & receptio odoris à medio sit passio etiam, quæ igitur est differentia inter vtranq; passionem? Dicemus ei q, cùm aer patiatur velociter à sensibili, efficitur per hanc passionem sensatum illi sensui. sensus autem fit per hanc passionem sentiens non sensibile. D

Iuxta Græcorum sectionem hic incipit liber Tertius de Anima.

SVMMA QVINTA.

Non dari sextum sensum. Curq; non vnum, sed plures habeamus sensus, redditur causa. E

Vod autem non sit sensus alius præter quinque, dico autem hos, visum, auditum, olfactum, gustum, & tactũ, ex his credet aliquis. si enim omnis cuius est sensus tactus, & nunc sensum habemus. omnis enim tangibilis in quantum tangibile passiones, tactu nobis sensibiles sunt. necesse est si quidem deficit aliquis sensus, & organum aliquod nobis deficere.

SOPH. *Nullum autem alium sensum extare præter illos quinq; intellige autem hos, visum auditum, olfactum, gustatum, ex his crediderit quispiam. si enim oīs eius cuius est sensus tactus, nunc quoq; sensum habemus: omnes.n. rei tactilis ut tactilis est, passiones, tactu nobis sensibiles sunt: atq; necesse est, si deest aliquis sensus, sensorium quoque nobis deesse aliquod:* F

Quoniam autem non est alius sensus præter istos quinq;, s. visus, auditus, & olfactus, & gustus, & tactus ex istis creditur. Quoniam, si omne, quod tactus potest sentire, possumus nos sentire. quoniam passiones tangibilis, secundum quòd est tangibile, omnes sunt sensibiles à nobis per tactum. Et necesse est, si deficiat in nobis aliquis sensus, vt deficiat nobis aliquod sentiens.

128 Cùm compleuit sermonem de vnoquoque sensuum quinque existentium in animali perfecto, incœpit declarare q impossibile est inuenire animal habens sextum sensum, & d. Quomiam autē non est alius sensus, &c. i. quoniam autem impossibile est inuenire animal habens sensum sextum,

A sextum, præter istos sensus existentes in homine, & in animali perfecto ex istis demonstrationibus creditur. D. incœpit declarare hoc, & d. Quoniã si omne, quod tactus potest, &c. i. quoniam manifestũ est q̃ omne, quod sensus tactus potest comprehendere ex sensibilibus, nos possumus cõprehendere: & nihil deficit nobis ex eis, quæ innata sunt comprehendi ab hoc sensu. & similiter de vnoquoq; sensuum, s. q̃ non deficit nobis in aliquo animali habenti istum sensum, aliquod sensibilium, quæ innata sunt cõprehendi ab eo, ita q̃ nullus potest dicere q̃ potest inueniri aliquis tactus in animali, qui comprehendit tangibile, quod nos non possumus cõprehendere. Manifestum est enim per se q̃, omnes qualitates tangibiles, s̃m q̃ sunt tangibiles, sunt sensibiles à nobis, & comprehensæ per tactum. & similiter est de qualitatibus visibilibus, & audibilibus, & olfactibilibus. Et cum posuit hunc sermonem quasi antecedens, induxit consequens. E. d. Et necesse est, si deficiat in nobis aliquis sensus, &c. i. &, cùm posuerimus q̃ isti quinq; sensus non deficiunt nobis, nec in animali, in quo inuenitur
B aliquid eorum, quæ innata sunt comprehendi ab istis sensibus, secundum q̃ sunt isti sensus, necesse est, si deficit in nobis aliquis sensus, vt deficiat in nobis aliquod sentiens: cùm iam posuerimus q̃ istis sensibus non deficit in nobis sentire aliquid eorum, quæ innata sunt sentiri. &, cùm ita sit, ille sensus, quẽ ponimus deficere cùm nõ deficit propter aliquem sensuum existentium in nobis, necesse est vt defectus eius sit propter hoc, quia à nobis deficit sensus sextus.

Manifestũ est p se q̃ oẽs qualitates tãgibiles, s̃m q̃ sunt tangibiles, sunt sensibiles à nobis, & cõprehensæ p tactũ & similiter de qualitatibus visibilibus, & audibilibus, & olfactibilibus.

Et quæcunq; quidem ipsi tangentes sentimus tactu sensibilia sunt quem existimus habentes: quæcunq; vero per media, & nõ ipsa tangentes, simplicibus, dico autem vt aere & aqua. habent autem sic: vt si quidem per vnum plura sensibilia existẽtia, altera ab inuicem genere, necesse habentem huiusmodi sensitiuum, esse sensitiuũ vtrorumq; . vt si ex aere est sensitiuum, & est aer soni & co-
C loris. si vero plura eiusdem sint, vt coloris & aer & aqua. (vtraq; enim diaphana) & qui alterum ipsorum est habens solum, sentiet illud quod per vtraq;, aut ab ambobus.

BOЕТH. *Et quæcunque quidem ipsi tangentes sentimus, tactu sensibilia sunt quem habemus: quæ vero per intermedia, nec ipsa tangentes, simplicibus: dico autẽ ut aere & aqua. ita autem res habet: ut si per unum plura sentiri possunt genere inter se diuersa, necesse sit eũ qui eiusmodi habet sensorium, amborum sensitiuum esse: uerbi causa si ex aere sit sensorium, & aer sit & soni & coloris. quod si plura eiusdem sunt, ut coloris & aer & aqua, (ambo enim hæc, translucida sunt,) & qui alterũ duntaxat eorum habet, sentiet id quod per utrunq;.*

Et omne, quod sentimus nos tangendo ipsum, est sensibile à nobis per tactum qui est in nobis. & omne, quod sentimus p media,

non

non quia nos tangimus ipsum, est per simplicia. v.g. per aerē, aut D per aquam. Et ita est. s. ꝙ si per vnū fiant sensibilia plura vno, quæ differunt abinuicem in genere, necesse est habens istum sensum ꝙ sentiat vtrūq;. v.g. ꝙ, si sentiens est ex aere, & aer est soni, & coloris. Et, si per plura vno sit vnum. v.g. color per aerem & aquam: sunt enim æquales: manifestum est quód habens vnum tantū sentit, quod sentit per vtrunq;.

119 Cùm declarauit ꝙ, si deficit in nobis aliquis sensus necesse ē vt deficiat aliquod sentiens: & etiam fuit manifestum ex hoc ꝙ, si deficit in nobis aliquod sentiens, necesse est vt deficiat in nobis aliquis sensus, qui differat in genere à sensibus illarum virtutum, cùm istis virtutibus nō deficit sentire aliquid ex eis, quæ innata sunt inueniri in eis: & ꝙ hæc duo conuertūtur, s. quorum vtrumlibet fuerit, erit alterum: &, si vnum auferatur, auferetur & reliquum: incœpit declarare ꝙ impossibile est sextam virtutem esse: quia impossibile est vt sit sentire extraneum in genere ab illis sensationibus. Et hoc declaratur tribus demonstrationibus. Quarum prima est accepta à mediis. Secunda ab instrumentis, quibus sit sentire. & causa data in his duabus demonstrationibus est quasi materialis. Tertia autem est accepta à sensibilibus ipsis: & est magis firma illis duabus, cùm causa accepta in ea sit finalis. Et incœpit à demonstratione, quæ est accepta à medio: sed tacuit quasdam propositiones, & conclusionem. Et ista demōstratio fundatur super propositiones. Quarum vna est, ꝙ † omne, quod sentit animal, aut sentit ipsum per contactum, aut mediante corpore extraneo. & omne, quod sentimus per contactum, aut sentimus ipsum mediante carne, aut per ipsam carnem, si fuerit instrumentum. Et hoc intēdebat, cùm dixit & omne, quod sentimus, &c. i. & omne, quod sentimus nō per contactum, sed mediante corpore extraneo, sentimus ipsum mediāte altero istorum duorum elementorum, aut vtroq;, s. aqua aut aere. & hoc intendebat cum d. & omne, quod sentimus per media, &c. i. &, cùm ita sit, sicut diximus, manifestum est ꝙ necessario sequitur ex hoc, ut omne habens sensum per carnem, aut per alterum illorum duorum elementorū, aut per vtrunq; non inuenitur ei de sensu, nisi illud, quod potest fieri per hæc duo, s. per carnem, aut per medium extraneum. omne igitur animal nō habet de sensibus, nisi qui possunt fieri per hæc duo, s. per carnem, aut per medium extraneum. Et, cùm declarauit ꝙ oē animal necesse est vt non sentiat nisi per carnem, aut per media, incœpit declarare quod sequitur ex hoc, ꝙ omne animal habens aliquod medium ex istis mediis, necesse est vt habeat de sensibilibus sensibilia, quibus seruit illud medium, & reddat ea non aliud, & d. Et ita est, s. ꝙ, si per vnum, &c. i. manifestū est ꝙ, cùm posuerimus ꝙ omne animal non sentit nisi per medium, quod est caro, aut aer, aut aqua, si per vnum istorum mediorum caderent sensibilia plura vno in genere, necesse est, vt omne animal sentiens per illud medium, non habeat de sensibilibus, nisi ea, quæ innata sunt reddi ab illo medio,

† Oē alal vel sentit p cōtactū vel p mediū extraneū: sed si ē vera disiunctiua mēbra nō coincidūt sed opposita ut patet 7 Ph. t. c. 1. & supra i hoc. t. c. 113. 115. Vide cōsr. Zim.

Expō primæ partis text.

Expō secūdæ partis text.

Idē supra cō. 76.

Docum.

A dio, si duo duo, si tria tria. Et intendebat per hoc ꝙ; cum media sint determinata in numero .s. aut caro, aut aer, aut aqua: & sensibilia etiam, quæ reddũt ista media, sint etiam terminata in numero: necesse est vt virtutes sint secundum numerum istorum sensibilium, quæ reddunt media animalibus, quæ innata sunt sentire per hæc media. & manifestum est ꝙ omne, quod redditur per carnem, est aut gustabile, aut tangibile. & omne, quod redditur per aerem, aut aquam, aut per vtrunq;, est aut sonus, aut color, aut odor. omne igitur sentire est aut gustare, aut tangere, aut audire, aut videre, aut olfacere. D.d. Et si per plura vno sit, &c. i. &, si per plura vno medio sit vnum sensibile, vt color per aerem aut aquam, quæ sunt æquales in hoc, manifestum est ꝙ animal habens alterum eorum sentit de sensibilibus, sicut quod habet vtrunq;. & intendebat per hoc ꝙ animal, quod est in aqua, debet habere virtutes sensus secundum numerum virtutum sensus animalis, quod est in aere, & aïalis, quod sentit in aqua, & in aere.

B Simplicium autem ex duobus his sensitiua solum sunt, ex aere & aqua. pupilla quidem enim aquæ; auditus vero aeris: olfactus autem horum alterius est. ignis autem aut nullius est: aut communis omnibus: nihil enim sine calore sensitiuum est. terra vero aut nullius est, aut in tactu maxime miscetur. vnde relinquitur nullũ esse sensitiuum extra aerem & aquam.

SOPH. *Simplicium autem ex his duobus sensoria tantummodo sunt, uidelicet ex aere & aqua: pupilla enim aqua, auditus aeris, olfactus horum alterius est. ignis autem uel nullius, uel communis omnium est: nihil enim sine caliditate sensitiuum est. terra uero aut nullius, aut in tactu admixta præcipue est. Quapropter relinquitur nullum esse sensorium, præter aerem & aquam.*

C Et sensus ex simplicibus sunt ex aere: aut ex aqua. visus enim est ex aqua, & auditus ex aere, & olfactus ex altero istorum duorum. Ignis autem aut est nullius, aut est communis eis. quoniam nullum sentiens est extra calorem. Et terra aut est nullius eorum, aut proprie est admixta cum tactu. Remanet igitur ꝙ non est sensus extra aquam, & aerem.

130 Hæc est demonstratio accepta ex instrumentis sensuum, & d. Et sensus ex simplicibus, &c. i. & instrumenta sensuum, quæ propter suam naturam attribuuntur elementis secundum dominium sunt tria tantum, s. instrumentum, quod est ex aere, s. auditus, vt declaratum fuit prius: & instrumẽtum, quod est ex aqua, s. visus: & tertium est, quod fit ex vtroq;, s. olfactus & d. In hoc sensu, quod fit ex altero istorum duorum, s. aut ex aqua, aut ex aere: quia animalia, quæ sunt in aqua, olfaciunt in aqua, sicut olfaciũt animalia, quæ sunt in aere, per aerem. D.d. Ignis autem, &c. i. igni autem

aut

aut non attribuitur aliquis sensus hoc modo, aut attribuitur communiter. apparet enim ꝙ nullus sensus potest facere suam actionem cum infrigidatur: & hoc diminute demonstratur per quae notat iterationem. & dixit hoc, quia respectus eius ad aliquid praeter ignem est, sicut proportio alicuius ad materiam: & proportio eius ad ignem est sicut proportio alicuius ad suam formam. D.d. Et terra aut non est alicuius, &c. i. & terra aut non attribuitur alicui instrumento instrumentorum istorum sensuum, cùm non videtur seruire sensibilibus aliquo modo: aut, si attribuitur, attribuitur carni: quia istud medium, aut istud instrumentum indiget constitutione, & confirmatione: quapropter terra dominatur in eo. Deinde d. Remanet igitur ꝙ non est sensus sextus extrinsec' ab aqua & aere, cùm non sit corpus extrinsecum ab istis duobus corporibus. quia Ipossibile est inuenire instrumentum sensus aut ex igne, aut ex terra: sed tamen possibile est ex aqua, aut aere, aut vtroq;. Et, cùm materiae instrumentorum sensuum sint terminatae in numero, necesse est, vt sensus sint ita. si igitur esset sensus sextus, contingeret quintum elementum esse. sensus enim, qui sunt ex aere, aut aqua sunt aut visus, aut auris, aut nasus. D E

Id. 1. de Gene. 18. comm.

Medium, aut ultimi tactus indiget cōstitōne, & confirmatiōe. Id. 3. c. 111 &. 2. de partibus anilium. ca. 1. & 8.

Haec autem & nunc quaedam habent animalia. Omnes igitur sensus habentur à non imperfectis, neq; orbatis. videtur enim & talpa sub pelle habens oculos.

SOPH. *Quae nunc etiam nonnulla habent animalia: ergo omnes sensus habentur à non imperfectis neq; mutilis nam etiam talpa sub pelle habere oculos uidetur.*

Et haec duo sunt modo in quibusdam animalibus: ita ꝙ omnes sensus sunt distincti in eis, quae non sunt diminuta, neq; habent occasionem. Talpa. n. videtur habere oculos sub cute.

131 Et sensus attributi his duobus elementis non inueniuntur nisi in quibusdam animalibus, s. perfectis propter melius: adeo quòd propter solicitudinem naturę circa hoc, oportet vt omnes sensus sint distincti, existentes in animali perfectę creationis, quod nō habet occasionem, & ꝙ ab animali perfecto, vt homine, non deficit sensus. Talpa enim videtur habere oculos sub cute, licet non videat. Et quasi intendit per hoc ꝙ, si sensus sextus esset, oporteret vt inueniretur in homine, qui est completissimum animalium. esset enim necessario propter melius. & hoc est manifestum de solicitudine naturae in dando sensus animalibus: adeo ꝙ propter hoc dedit Talpae oculos, & cooperit eos cute, cum nō indigeat eis in maiori parte suae operationis, cum hoc, ꝙ materia eius non posset plus recipere. &, si posset, forte esset superfluum. F

Qūo sollicitetur nā circa ista, vide. 12. Met. c. 37.

Quare si non aliquid alterum est corpus & passio quae nullius est eorum quae sunt hic corporum, neq; vnus vtiq; deficiet sensus.

Quare

SOPH. A *Quare si non est aliud quidpiam corpus & passio, quae nullius sit corporum eorum quae hic sunt, atq; nullum sensum deesse censendum est.*

Oportet igitur, si nõ est aliud corpus, aut passio, quae nõ est alicuius corporũ, quae sunt apud nos, vt nõ deficiat aliquis sensus.

132 Haec est Tertia demonstratio, & deficit praecedens. & syllogismus sic componitur perfecte. Et, si sextus sensus sit, necesse est corpus sensibile esse aliud ab omnibus corporibus sensibilibus, quae sentiunt quinq; sensus, & passionem eius, & qualitatem, quam sentiens reciperet à sensibilibus, vt qualificet per eam aliam ab istis qualitatibus: sed nullum corpus sensibile est aliud ab istis corporibus sensibilibus, neq; passio extra istas passiones: ergo nullus sensus est extra hos sensus quinq;.

At vero neq; communium potest esse sensitiuum aliquod proprium quae vnoquoq; sensu sentimus non secundum accidens: vt
B motus, status figurae, magnitudinis, numeri vnius. haec enim omnia motu sentimus: vt magnitudinem motu, quare & figuram. magnitudo enim quaedam & figura est. quiescens autem in eo quod nõ mouetur. numerus vero negatione cõtinui, & propriis, vnusquisq; enim vnũ sentit sensus.

SOPH. *Neq; uero communium potest esse sensorium aliquod proprium quae unoquoq; sensu sentimus per accidens, ut motus, status, figurae, magnitudinis, numeri, unius. Haec enim omnia motu sentimus, ut magnitudinem motu: quare etiam figuram. nam figura quoq; magnitudo quadã est. quod autem quiescit, eo quòd non moueatur. numerus uero negatione continui, & propriis. nam unusquisq; sensus unum sentit.*

C Et etiam impossibile est vt aliud sentiens sit communibus, quę sentimus, nisi per vnum quinq; sensuum accidentaliter. verbi gratia motui, & quieti, & figurae, & quantitati, & numero. Omnia enim ista sentiuntur per motum, verbi gratia quantitas per motum. quapropter figura etiam. figura enim est aliqua quantitas. quies autem non per motum. numerus vero per negationem cõtinui, & per eius proprietates vnusquisq; sensuum sentit vnum.

133 Et etiam impossibile est aliud sentiens esse à quinq; sensibus, ita q̃ sensibile eius sit aliquod vnum sensibilium communium, sub quibus sunt sensibilia propria vnicuiq; sensuum quinq;, nisi sensibilia essent communia vnicuiq; sensuum accidentaliter. & d. hoc, quia, si essent eis accidentaliter, contingeret vt essent alicui sensui essentialiter. quod enim inuenitur alicui accidentaliter, debet inueniri alii essentialiter. D. d. v. g. motui, &c. i. & sensibilia communia non sunt comprehẽsa à quinq; sensibus accidentaliter,

Quod inuenit alicui accñtalr, dĕ inueniri alij essñtialr. Idẽ 4. phy. 41.

Sed uide oppositum 1 phy. cõ. 48. Idem t.cõ. 65. Vide cõ. Zim.

taliter, v.g. motus, & quies, & figura, & quantitas, & numerus. omnia enim ista sentiuntur à quinq; sensibus per aliam motionem, & passionem. & quod est ita, necesse est vt sit essentialiter D.d. ver. g quantitas, &c. i. v. g. quantitas. sensus enim innati sunt comprehendere eam per aliquam passionem, & motus. & similiter est de figura. figura enim est quantitas cum aliqua qualitate. D.d. quies autem non per motum, &c. i. comprehensio autem quietis est per comprehensionem priuationis motus. cùm enim comprehenderint motum essentialiter, comprehendunt priuationẽ eius essentialiter, s. quietem. Comprehẽsio vero numeri, & multitudinis à sensibus est per comprehensionem priuationis continui, quod est magnitudo: & iam declaratum est ꝙ continuum comprehenditur essentialiter: ergo & sua priuatio comprehenditur essentialiter. D

Si habitus cõprehẽditur essentialiter, et priuatio. Sed vide opp. t.c. 130. Vide cõ. Zim.

Quare manifestum est quoniam impossibile est cuiuslibet sensum proprium esse horum, vt motus. Sic enim erit sicut nunc visu dulce sentimus. Hoc autem quoniam amborum habentes existimus sensum, quo quum coinciderit, cognoscimus: si vero non, nequaquam vtiq; sed aut secundũ accidens sentiebamus: vt Cleonis filium: non quia Cleonis filius est, sed quoniam albus: huic autem accidit Cleonis filius eẽ. Communium autem habemus iam sensum communem non secundum accidens. non igitur est proprius. nequaquam enim vtiꝙ sentiremus, sed aut sic sicut dictum est Cleonis filium nos videre. Ad inuicem enim propria secundũ accidens sentiunt sensus: non secundum ꝙ ipsi sunt: sed secundum ꝙ vnus: cum simul fiat sensus in eodem, vt cholera quod amara & rubicunda. non enim alterius dicere, ꝙ ambo vnũ. propter quod & decipitur: & si sit rubicundum choleram opinatur esse. E

SOPH.

In græco textu ẽ particula, quã simplicius interpretatur pro καθ' ὃ idest quã ob cãm.

Quare perspicuum est fieri non posse ut cuiuslibet horum proprius sit sensus, ut motus: nam hoc modo perinde fuerit, atq; nunc uisu dulce sentimus: quod eò fit, quia amborum habemus sensum, quo cum concurrunt, cognoscimus. alioquin haudquaq; nisi per accidens sentiremus: ut Cleonis filium, non quod Cleonis filius sed quod albus, cui sane accidit filio esse Cleonis: at uero communium habemus iam sensum communem, non per accidens. non igitur est proprius: nequaquam enim sentiremus, nisi quo pacto diximus nos cleonis uidere filium. alter porrò alterius propria per accidens sentiunt sensus, nõ quatenus ipsi, sed quatenus unus, cum simul factus fuerit sensus in eodem: exempli gratia bilem esse amaram & flauam: neque enim alterius est dicere, ambo hac esse unum, quo fit ut decipiatur: & si flauum fuerit, bilem esse opinatur. F

Manifestum

A Manifestum igitur est ꝙ impossibile est vt sensus instrumentũ sit proprium alicui istorum, verbi gratia, motui. esset enim sicut nos modo sentimus dulce per visum. & hoc est, quia est in nobis sensus, in quo est vtrunq;: &, cùm sint ambo coniuncta, scit ea ut, si non esset ita, non sentiremus ipsum, nisi accidentaliter, v.g. filium Socratis. nos enim non sentimus filium Socratis, sed album. & cõtingit huic ꝙ fuit filius Socratis. Communia autem habẽt sensum communem, non accidentaliter. non igitur habent sensum proprium. &, nisi hoc esset. non sentiremus ea omnino, nisi sic, sicut diximus ꝙ nos videmus filium Socratis. Et sensus quidam non sentit sensibilia quorundam nisi accidentaliter. & non est vnius, cũ sensus fuerit insimul in eodem. v.g. cholera. n. est amara, & citrina, iudicium, quod vtrunq; est eiusdem, nõ est alterius. & ideo cadit error, ita ꝙ citrinum existimatur esse cholera.

B

134 Et, cùm declaratum est ꝙ communia sensibilia comprehendiuntur à quinq; sensibus essentialiter, manifestum est ꝙ impossibile est sensum proprium esse alicuius istorum sensibilium communiũ, v.g. motus, aut quãtitas. quoniam, si ita esset, tunc sentiremus motum, aut sibi similes de sensibilibus communibus, non per se, sed per medium: sicut comprehẽdimus per visum hoc esse dulce mediante colore. D.d. & hoc est, quia est in nobis sensus, &c. i. & accidit nobis talis comprehensio. s. iudicare per aliquem sensum super sensibile alterius sensus: quia contingit ꝙ illi duo sensus fuerint coniuncti in comprehendendo illa duo sensibilia ex eodem aliquo tẽpore. &, cum post hæc acciderit vt comprehendamus per alterum duorũ sensuum alterum sensibile, ex eadem re iudicabimus per illum sensum super sensibile alterius per coniunctionem præcedentem. v.g. quoniam nos

C non scimus per visum ꝙ hoc est dulce, nisi prius acciderit nobis in aliquo tempore quod comprehendimus per visum ꝙ, mel est citrinum, & per gustum esse dulce. cum igitur secundo sentiemus ipsum per solum visum eẽ citrinum, statim comprehendemus ipsum esse dulce, & mel. D.d. Et, si non esset ita, &c. i. &, si non esset concessum à nobis ꝙ, si vnum istorũ sensibilium communium haberet sensum proprium, contingeret vt sentire ea, esset sicut sentire per visum ꝙ hoc est dulce, necesse esset vt sentire ea esset de genere sensus, qui proprie dicitur accidentaliter. v.g. sentire per visum ꝙ iste est filius Socratis: quia sentiremus ipsum esse album: quia accidit ꝙ filius Socratis fuit albus. D.d. Communia autem habent sensum communem, &c. i. &, cum declaratum est ꝙ, si aliquod sensibilium communium haberet sensum proprium, tunc sentiretur à nobis accidentaliter: quemadmodum sentimus per visum, istum esse filium Socratis, quia est albus: aut quemadmodum iudicamus hoc esse dulce, quia est citrinũ. Hæc enim duo sunt duo modi accidẽtaliter: & iam declaratum est ꝙ sensibilia communia comprehenduntur essentialiter: ergo nullum sensibi-

lium

lium communium habet sensum proprium. quoniam, si haberēt sensum proprium, tunc sentiretur, aut sicut sentimus per visum istum filium Socratis, aut sicut quidam sensus sentit sensibile propriū cuiusdam. Et iste modus est etiam accidentalis. sed differt à primo modo, qui simpliciter dicitur accidentalis, & est comprehendere per visum istum esse filium Socratis: licet vterq; numeratus sit accidentalis. differunt scilicet in hoc: quia comprehendere per visum hoc esse dulce, fuit, quia cum visu fuit coniuncta in eadem re virtus vnius generis virtute visus. s. sensus gustus. Iudicare autem per visum istum esse filium Socratis accidit, quia in alio tempore fuit coniuncta cum visu alia virtus à virtute* visus. virtus enim qua cōprehendimus istum esse Socratem, aut filium Socratis, superior est ad virtutem sensus. & ideo iste modus videtur magis accidentalis, quā secūdus. vnde simpliciter dixit ipsum esse accidentalem, & non secundum. D.d. & non est vnius, &c. i. & iudicium non est vnius virtutis, † quando duo sensus fuerint coniuncti ad iudicandum super eandem rem ipsam esse eādem. sed illud iudicium est vtriusq; sensus, non alterius sensus ab eis: sicut existimare potest aliquis. sed, si dicitur vnus ex hoc modo, dicitur accidētaliter. D.d. v.g. cholera, &c. i. v.g. hoc esse choleram, quia est amarum citrinum. iudicare. n. ꝙ hæc duo sunt eiusdem. s. cholerę, non est alterius virtutis ab his duabus. &, quia iudicium super hanc rem eē vnam est duarum virtutum non vnius, accidit ei error in iudicando aliquid non choleram esse choleram, quia citrinum.

[Margin: * Virt⁹, qua cōprehendim⁹ istū eē Socratē aut filiū Socratis, supior est ad virtutē sēsus. Sed vide opp. T com. 63. Vide cōr. 2im. † Qñ duo sensus fuerint cōiūcti ad iudicādū sup eādē rem ipsam eē eādem, illud iudiciū est vtriusq; sensus, nō alterius sensus ab eis. oppo. T cō. 146. & c. Vide cōr. 2im.]

Inquiret autem aliquis cuius causa plures habemus sensus, sed non vnum solum. aut quatenus minus lateant consequentia & communia, vt motus, & magnitudo, & numerus. si enim esset visus solus & ipse albi, laterent vtiq; magis, & viderentur idem esse omnia, propter id ꝙ consequuntur se ad inuicem simul color, & magnitudo. nunc autem quoniam in alio sensibili cōmunia sunt, manifestum facit ꝙ aliud quiddam vnumquodq; ipsorum est.

[Margin: SOPH.]

Verum quærat aliquis cur plures sensus & non unum solum habeamus? an ne lateant consequentia & communia, ut motus, magnitudo numerus. nam si uisus esset solus, isq; albi, laterent magis atq; idem esse cuncta uiderentur: propterea quod simul se mutuo sequuntur color & magnitudo: at quia quæ sunt communia in alio sunt sensibili, res indicat aliud quidpiam esse eorum unumquodq;.

Et debet homo perscrutari, quare habemus sensus plures vno, & non vnum tantum. Dicamus igitur, vt non ignoremus consequentia communia, vt motum, & quantitatem, & numerū. Quoniam, si haberemus solum visum, tunc ipse visus esset magis dignus, vt ignoraret album, adeo vt existimaret hæc esse omnia. color

A lor enim & quantitas consequuntur adinuicem insimul. modo autem, quia communia sunt sensibilia ab aliquo, manifestatur quòd quodlibet eorum est aliud.

135 Vult dare causam, propter quam hæc sensibilia cõia non comprehenduntur ab vno sensu, & d. Et debet homo perscrutari, &c. i. debet homo perscrutari, quare hæc sensibilia cõia cõprehendũtur à pluribus sensibus vno, & nõ cõprehenduntur ab vno. D. d. rationẽ, & dixit, Dicamus igitur, vt non ignoremus, &c. i. vt non ignoremus alietatem sensibiliũ cõium à sensibilibus propriis. D. d. Quoniam, si haberemus solum visum, &c. i. & hoc esset necesse. q̃m, si poneremus ꝙ solus uisus comprehendit illa, & ꝙ ipse solus est in nobis in hac intentione, tunc accideret visui vt ignoraret, & non distingueret album ab aliquo: adeo ꝙ existimaret colorem, & quãtitatem, & figuram eandem esse. & hoc accideret ei, eò ꝙ color, & quantitas consequuntur sibi adinuicem, s. ꝙ color non inuenitur nisi in superficie, & superficies in corpore. D. d. modo aũt quia cõia, &c. i. modo autem, B quia videmus ꝙ cõia, vt quantitas, & magnitudo comprehenduntur per alium sensum à uisu. Secundum hoc igitur est intelligendus suus sermo in hoc loco, non secundum ꝙ sonant verba eius superficietenus, secundũ ꝙ loquitur: vt quare sensus sint plures vno. causa. n. formalis in hoc manifesta est, s. multitudo sensibilium. & hoc iam dictum est. & causa finalis est perscrutanda post in fine istius libri. Docum. 3. de Ala a t. c. 59. vsque l hoc.

SVMMA SEXTA.

Quæstio, an eodem, quo sentimus sensu, etiam sentire nos percipiamus Sensusq́; quem communem appellamus, explanatio.

QVoniam autem sentimus quod videmus & audimus, necesse est visu sentire quia videt, aut altero: si autem altero, aut ipso erit quod videt, aut altero: sed idẽ erit visus & C subiecti coloris. quare aut duo eiusdẽ erit: aut idẽ eiusdẽ. Amplius autem si & alter sit sensus visus, aut in infinitum procedit: aut aliquis ipse sui ipsius erit iudex: quare in primo hoc faciendum est.

60 I K. *Quoniam autem sentimus nos uidere & audire, necesse est aut uisu sentiat se uidere, aut alio: sed idem etiam erit uisus & subiecti coloris. Quamobrem aut duo eiusdem erunt, aut ipse sui ipsius. Praeterea si etiã alius sensus sit uisus, aut in infinitum procedet: aut ipse erit sui ipsius: itaq; in primo illo hoc faciendum est.*

Et, quia sentimus nos videre, & audire, necesse est quòd sentire quòd nos videmus, aut est per hunc sensum, aut per aliud. Sed illud erit visus, & coloris subiecti: aut duo eiusdem, aut idem sui. Et etiam, si sensus visionis sit alius, aut erunt hæc in infinitũ, aut erit idem sui. necesse est igitur hoc facere primo.

136 Cùm cōpleuit sermonē de quinq; sensibus, & declarauit sextū sensum non esse, incœpit declarare ꝙ isti quinq; habent virtutem cōem. Et incœpit prius dubitare secundū suā consuetudinem: & d. Et, quia sentimus nos videre, &c. i. nos, quia videmus & sentimus nos videre, & audimus, & sentimus nos audire, & sic in vnoquoq; sensuum, necesse est vt hoc fiat per virtutem visus, aut per aliam virtutē. D. d. Sed illud erit visus, & coloris, &c. i. sed si hoc, s. sentire nos videre fuerit alterius sensus à visu, continget vt ille sensus habeat duplicem cōprehensionē. cōprehendit. n. visum cōprehendere, & cōprehendit colorē, quē visus cōprehendit. impos͡e. n. est vt cōprehendat visum cōprehendere colorē, nisi etiam ipse cōprehendat colorē. D. d. aut duo eiusdem, aut idem sui. i. sequitur igitur ex hoc alterum duorum. qm̄, si posuerimus duas uirtutes esse, continget vt duo sensus sint eiusdem intentionis, sensus scilicet qui sentit eam, & sensus qui sentit ꝙ ille sensus sentit eam. vterq;. n. sentit illam. aut ponemus ꝙ idem sensus sentit seipsum, ita ꝙ agens est patiens. quod impossibile est. D. d. Et et, si sensus visionis. &c. i. et, si posuerimus duas uirtutes esse, s. ꝙ sensus, qui comprehendit nos videre, est alius ab eo, qui videt, continget etiam in illo sensus, quod contingit in primo. necesse est igitur vt habeat duplicem comprehensionem, s. comprehensionem sui primi subiecti, quod sentit, & comprehensionem, quam comprehendit. &, si etiam posuerimus hoc duarū virtutū, continget in tertia quod contingit in secunda: & sic in infinitū. quod est impos͡e. quapropter necesse est nobis ponere eādē virtutē quæ cōprehendat vtrūq;, s. suū primū subiectū. & quod cōprehēdat illud, quod ipse cōprehendit. &, cū necesse est abscindere infinitum, melius est hoc facere in primo, & ponere ꝙ per eandem uirtutē cōprehendimus colorē, & cōprehendimus ꝙ cōprehendimus ipsum. quod. n. contingit nobis posterius, faciendum est prius. & hoc intendebat, cùm dixit, necesse est igitur hoc facere primo, aut ponere ꝙ idem patitur à se, & cōprehēdit se. D E

Habet autem dubitationem, si enim visu sentire, videre est. videtur autem color, aut habens hunc. si videbit aliquis quod est videns, & colorem habebit primum videns. F

SOPH. *Sed ambiget: nam si uisu sentire est uidere: uidetur uero color, uel quod est colore praditum: si quis uidebit id quod uidet, etiam colorem id habebit quod uidet primum.*

Et in hoc est quæstio. Et est, quoniam, si visio est sentire per visum. & videre colorem, & homo non videt illud, quod habet colorem, nisi quando videt aliquid, continget vt illud, quod videt primo, habeat etiam colorem.

D. sed iste sermo habet quæstionem, s. ponere ꝙ per eandem virtutem comprehendimus colorem, & comprehendimus nos comprehendere colorem. quoniam, si visio est sentire per uisum, & uisus cōprehendit colo-

A tem, & homo non videt ipsum uidere colorē, nisi quando videt aliquid. continget ut illud, quod primo videt, quando iudicat ipsum videre, habeat etiam colorem. & intendebat per hoc ꝙ, si necesse est ut omne comprehensibile à uisu sit coloratum, & uisus comprehendit comprehensionem coloris: ergo contingit ex hoc vt ipsa comprehensio sit colorata. quod est impossibile.

Manifestum est igitur quoniam non est vnum, visu sentire. Etenim quum non videmus, visu discernimus & tenebras & lumē, sed non similiter. Amplius autem & videns tanquam coloratum est. sensitiuum enim susceptiuum est sensibilis sine materia vnunquodque. vnde abeuntibus sensibilibus insunt sensus & phantasiæ quibus sentiunt. Sēsibilis autem actus & sensus, idem est & vnus: esse autem ipsorum nō idem: dico autem vt sonus secundū actū, & auditus secundum actum. Est enim auditum habentia non au-
B dire, & habens sonum non semper sonat. cum autem operetur possibile audire, & sonet possibile sonare, tunc secundum actum auditus simul fit, & secundum actum sonus. quorū dicet vtique aliquis hoc quidem esse auditionem, hoc vero sonationem.

SOPH. *Perspicuum igitur est uisu sentire, non esse unum. etenim cum non uidemus, uisu tenebras lumenque discernimus, sed non eodem modo. Quin & id ipsum quod uidet quodammodo coloratum est: nam sensorium quodque capax est sensibilis sine materia. idcirco uel amotis sensibilibus insunt sensus phantasiaque in sensoriis. Actus porrò sensibilis & sensus idem est & unus, esse autem ipsis non idem: uerbi causa, actu sonus actuque auditus. fieri enim potest, ut auditum quis habeat, nec audiat: & quod sonum habet, non semper sonat. cum autem operatur id quod po-*
C *test audire, sonatque quod sonare potest, tūc actu auditus simul fit, actuque sonus. quorū dixerit aliquis, alterum, auditionem: alterū, sonationē esse.*

Dicamus igitur ꝙ manifestum est ꝙ sentire per visum non est num. iudicamus enim per visum nos, non videndo, obscuritatē, & lucem, sed non eodem modo. Et etiam videns est quasi coloratum. sentiens enim recipit sensibile extra materiā, quidlibet quodlibet. & ideo, cum fuerint sensibilia abstracta erunt sensus, & imaginationes existentes. Et actio sensibilis & sensus eadem est: in esse autem nō sunt eadem in eis. v.g. sonus, qui est in actu, & auditus qui est in actu. possibile est enim vt aliquis habeat auditū, sed nō audiat, & vt aliquid habeat sonum, sed non semper sonet. cùm autem fecerit illud, quod est in sua potentia, vt audiat, & sonauerit illud, quod est in potentia sua, vt sonet, tunc erunt insimul auditus

& sonus. & potest aliquis dicere ꝙ primum istorum est audire, & D
secundum est sonare.

138 Cùm dedit sermonem dubitatiuum, incœpit dissoluere eum, & d. Dicamus igitur quòd manifestum est quòd sentire, &c.i. Dicamus igitur
quòd manifestum est quòd sentire per uisum, non est eiusdē intentionis,
ita quòd consequitur ex eo vt omne comprehensibile à uisu sit coloratū.
D.d. iudicamus enim per uisum, &c. idest & signum eius est, quòd nos iu
dicamus per uisum, non uidendo coloratū, cum iudicamus obscuritatē
esse obscuritatem, & lucem esse lucem: sed neutrum habet colorem. sed
non eodem modo iudicamus per visum obscuritatē, & lucem. iudicamus
enim lucem per se, & obscuritatem, quia est priuatio lucis. Et, cùm dedit
hunc modum dissolutionis, dedit secundam dissolutionem quæstioni,
dicenti ꝙ visio debet esse colorata, si uirtus visibilis comprehendit visionem, & dixit. Et etiam videns est quasi coloratum, &c. idest, & etiā pos
sumus concedere visionem esse colorem. videns enim quando compre- E
hendit colorem, efficitur quasi coloratū quoquo modo. Et causa in hoc
est, quia sentiēs recipit sensibile, & assimilatur ei. visus itaq; recipit colorē,
quem recipit corpus extra animam. sed differunt in hoc, ꝙ receptio sentientis est non materialis, & receptio corporis extra animam, est materialis. D.d. quidlibet quodlibet. i. sentiens enim recipit sensibile nō materialiter, quilibet sensuum quodlibet sensibilium. &, quia sensus recipiunt sen
sibilia quoquo modo, dicuntur etiam de eis quoquo modo. D.d. & ideo,
cùm fuerint sensibilia abstracta, &c. i. &, quia sensus recipiunt sensibilia
extra materiam, ideo, quando sensibilia fuerint abstracta à materia, effici
untur ex sensibilibus sensus, & imaginationes non colores sensibiles, neq;
sapores, neque aliæ qualitatum sensibilium, quæ sunt extra animam in
materia. D.d. Et actio sensibilis, & sensus, &c. idest & actio sensibilis extra
animam in mouendo sentiens, & actio sensus, qui est in sentiente, scilicet
qualitas, qua sentiens qualitatur in mouendo etiam virtutem visionis,
est eadem actio: licet modus esse sensibilis extra animam differat à modo F
sui esse in sentiente. verbi gratia ꝙ sonus, qui est in actu extra animam,
ita mouet instrumentum auditus, sicut auditus, qui est in actu, mouet
virtutem auditus. & similiter dispositio coloris in mouendo videntē est
sicut dispositio qualitatis, quæ prouenit in vidente à colore in mouendo
virtutem visibilem. D. dicit, possibile est enim vt aliquis habeat auditum
&c. idest & hoc fuit ita, ꝙ possibile est, vt aliquis habeat auditum in potētia, sicut habet sonum in potentia: & vt habeat sonum in actu, sicut habet auditum in actu. et, cùm habuerit auditum in actu, habebit comprehensionem auditus in actu, idest comprehensionem ꝙ audit. & dixit, pos
sibile est enim dicere ꝙ aliquis habet auditum, & habet sonum, licet non
semper sonet, propter hoc, quia sunt sicut in potentia.

Si igitur est motus & actio & passio in eo quod agitur, necesse
est & sonum & auditum qui secundum actum, in eo quod est sen
potentiam

A potentiam esse: actiui enim & motiui actus in patiente fit. vnde non necesse est, mouens moueri. sonatiui quidem igitur actus, sonus, aut sonatio est. auditiui autem auditus aut auditio. dupliciter enim auditus, & dupliciter sonus.

SOPH. *Si igitur motus & actio & passio in eo quod mouetur est, necesse est & sonū & auditum qui actu est, in eo esse qui est potentia: actiui n. & motiui operatio in patiente fit. quamobrē necesse non est ut id quod mouet, moueatur. actus igitur sonatiui sonus est aut sonatio: auditiui, auditus aut auditio: duplex enim est auditus, ac duplex sonus.*

Et, si actio, & motus sint in passiuo, necesse est vt sonus, & auditus, qui sunt in actu sint in eo, quod est in potentia. actio enim agētis, & mouentis sunt in patiente. ideo non est necesse vt moueatur quod mouet. Et actio sonantis aut est sonus, aut sonare. & actio audiētis aut est auditus, aut est audire. auditus enim est duobus mo-
B dis, & sonus est duobus modis.

139 Cùm posuit q̄ actio sentientis & sensibilis est eadem, licet differant in esse, incœpit declarare hoc ex rebus vniuersalibus prædictis, & d. Et, si actio, & motus, &c. idest, & si necesse est vt omnis actio: quę prouenit ab agente, & omnis motus, qui prouenit à mouente non inueniantur nisi in re patiente, & mota: sensus autem patiuntur à sensibilibus, & sensibilia agunt in eos: necesse est ut actio sensibilis sit in ipso sentiente, quod est in potentia* sensibile. sonus itaq;, & auditus, qui sunt in actu, sunt in eo, quod est in potentia sonans, s. percussum: & quod est in potentia audiēs, s. sensus audiēs. D. d. ideo non est necesse ut moueat quod mouet. i. &, quia motus est in patiēte, & nō in agente, non est necesse vt omne agens sit patiens, vt declaratum est in sermonibus vniuersalibus. & induxit omne hoc ad declarandū q̄ sensus mouent uirtutes, sicut sensibilia, quæ sunt extra animam, mouent sensus. D. d. & sonus est duobus modis, &c. i. & fuit necesse q̄ ita esset de sono, sicut de auditu, s. q̄ eodē modo mouent, & q̄
C actio sit in recipiente, non in agente, propter hoc, q̄ utrunq; inuenitur duobus modis, modo in potentia, & modo in actu.

*a. l. sentiens.

Eadem autem ratio in aliis sensibus & sensibilibus est. sicut enim actio & passio in patiente, sed non in agente: sic sensibilis actus & sensitiui in sensitiuo est. Sed in quibusdam quidem & nominatum est: ut auditio & sonatio: in quibusdam autem non nominatum est alterum. visio enim dicitur uisus actus: quæ uero est coloris innominatum est. & gustatiui gustus est: humoris autē non nominatum est.

SOPH. *Eadem est in cæteris sensibus ac sensibilibus ratio: ut enim actio & passio in patiente ē, nō in agēte: sic & rei sensibilis actio in sensitiuo. verum in nonnullis nomina quoq; sunt indita, ut sonatio & auditio: in non nullis; alterum caret nomine: uisio namq; dicitur uisus actio, coloris* D *uero caret nomine: sic gustatini gustatio, saporis uero uacat nomine.*

Et iste idẽ sermo est de aliis sensibus, & aliis sensibilibus. Quẽadmodum enim actio & passio sunt in patiente non in agente, ita actio sensuum & sensibilium sunt in sentiente. Sed in quibusdam habent nomina, vt sonare, & audire. in quibusdam autem alterũ non habet nomen. actio enim uisus dicitur visio. actio autem coloris non habet nomen in lingua Græca.

140 Et iste idem sermo, quem diximus in sono, & auditu, scilicet quod actio eorum est in patiente, est de alijs sensibilibus. D. iterauit propositionem, à qua incœpit hanc declarationem, & dixit. Quemadmodum.n. actio, & passio, &c. i. & causa in hoc est. quoniam, sicut passio, & actio sunt in patiente non in agente, ita actio sensuum & sensibilium sunt in primo sentiente: cũ sensibilia sint uirtutes agentes, sensus autem agentes & patientes: primũ autẽ sentiens est patiens tantũ. Et, quia hoc latet, s. sensibilia esse virtutes agentes, & sensus esse patientes propter nominationem: plura.n. sensibilia carent nominibus, secundum quod sunt agentia: & nomina plurium eorũ passiua sunt E in figura nominum virtutum agentium, dixit. Sed in quibusdam habent nomina, &c. i. sed in quibusdã sensibus ponebantur nomina actioni ipsius sensibilis, & passioni vtriusq; sentientis, v.g. sonare, & audire. sonare enim est actio soni: audire autem est passio auditum sentientis. & in quibusdam alterum eorum caret nomine, v.g. in visu. passio enim visus habet nomen, & est videre: licet sit in figura nominis agentis. actio enim sui sensibilis, quod est color, caret nomine in Græca lingua. Et dico quod in Arabica actiones habituũ sensuũ prouenientiũ in eis à sensibilibus in primas virtutes sentientes, non uidentur habere noĩa in aliquo idiomate, cũ hoc nõ sciatur à vulgo. non.n. cõprehenduntur à sensu: nec in primo aspectu.

Quoniam autem vnus est quidem actus sensibilis & sensitiui. esse autem alterum est, necesse est simul corrumpi & saluari sic F dictum auditum, & sonum: & humorẽ igitur & gustum, & alia similiter. dicta autẽ secundum potentiam, non necesse est.

IOAN. *Sed cum unus actus sit rei sensibilis ac sensitiua, esse autem diuersum, necesse est auditũ qui hoc modo dicitur, & sonum, simul corrumpi, seruariq; sic demum & saporem et gustatum, atq; itidem cætera. at uero quæ dicuntur potentia, haud est necesse.*

Et, quia actio sensibilis & sentientis est eadẽ, sed differũt in esse, necesse est vt insimul corrũpantur, & insimul saluentur, auditus, qui dicitur secundũ hunc modũ, & sonus, & similiter sapor & gustus, & alia. In eis autẽ, quæ dicuntur in potentia non est necesse.

141 Et, quia actio sensibilis eadem est cum actione sentientis, scilicet quod habitus, qui ab eo prouenit in sentiente, est idem cum habitu, quo sensibile

A le agit id vtroq; sentiente* in essentia & forma, licet differant in subiecto, necesse est vt corruptio duorum habituum sit insimul, & saluatio insimul, scilicet habitus, per quem sensibile est mouens in actu, postquam fuit in potentia, & habitus per quem sentiens est sentiens in actu, postquã fuit in potentia. Deinde d. auditus, qui dicitur secundum hunc modum, & sonus, &c. i. & hoc sequitur in sono, qui dicitur secundum hunc modũ, & ẽ sonus in actu. & similiter contingit in sapore, qui est in actu, & in gustu, qui est in actu, & in omnibus sensibus. Insensibili autem, quod est in potentia, & in sentiente, qui est in potentia, non sequitur, scilicet quòd, cùm alterum eorum corrumpitur, ꝙ reliquum corrũpatur: aut, quando vnum fuerit, ut sit reliquum. *a Co. legit I subiecto, licet differãt in eẽntia, & forma

Sed priores philosophi hoc nõ bene dicebãt. nihil opinãtes, neque albũ, neque nigrũ, sine uisu esse: neque humorẽ sine gustu. sic quidẽ. n. dicebant recte: sic autẽ non recte. Dupliciter enim dicto sensu & sensibili: his quidem secundũ potentiã, illis vero secundũ
B actũ: de his quidem accidit quod dictum est. sed in alteris nõ accidit. sed illi simpliciter dicebant, de dictis non simpliciter.

Sed prisci naturales authores non recte hoc asserebant, quippe cum nullum prorsus nec album nec nigrum sine uisu, nec saporem sine gustatu esse putarent. partim enim recte, partim non recte loquebantur. nam cum sensus & sensibile bifariam dicatur, tum potentia, tum actu: in his quidem fit quod diximus: in illis uero aliis non itẽ: At illi simpliciter loquebantur de iis quæ non simpliciter dicuntur.

Sed Antiqui Naturales nõ bene dixerũt in hoc, cũ existimauerũt ꝙ nihil est albũ, aut nigrũ absque visu, neq; sapor absq; gustu Hoc. n. est uerum vno modo, & alio modo non uerum. qm̃, quia
C sensus, & sensibile dicuntur duobus modis, in potentia, & in actu, illud, quod fuit dictum sequitur in istis, in illis autem non. Sed illi dixerunt simpliciter ꝙ non dicitur simpliciter.

142 Sed Antiqui naturales non recte dixerunt in hac intentione. Dicebãt. n. ꝙ nullus est color sine visu, neque sapor sine gustu. & hoc dixerunt absolute, i. quia opinati fuerunt ꝙ sensibile, & sentiens sunt relatiua simpliciter: &, cùm alterum fuerit, reliquum erit: &, cùm alterum corrũpitur, reliquum corrumpetur. D. d. Hoc. n. est verũ vno modo, &c. i. & hoc, quod Antiqui dixerunt, est vno modo verum, & alio modo non uerum. sed sermo Antiquorũ sequitur in eis, quæ sunt in actu: sensus autẽ, & sensibile quandoq; dicuntur in potentia, & quandoq; in actu. in eis autem, quæ sunt in potentia, non sequitur, s. vt esse eorum, & corruptio sit semper insimul. Sed error Antiquorũ fuit in hoc, ꝙ locuti fuerunt absolute in eo, quod indiget determinatione.

Si autẽ symphonia vox quædã est: uox autẽ & auditus est sicut vnus: & est sicut nõ vnũ, aut idem. Proportio autẽ est symphonia;

necesse est & auditum rationẽ quandã esse: Et propter id corrum- D
pit vnũquodq; excellẽs graue & acutũ, auditũ: & in humoribus gustum: & in coloribus visum fortiter frigidum & opacum. & in olfactu fortis odor, & dulcis, & amarus: tanquã ratio quædam sit sensus: Vnde & delectabilia quidẽ sunt dũ ducũtur syncera & mista entia ad rationem: ut acutum, aut dulce, aut salitum. delectabilia enim tunc. omnino autẽ quod mistũ est, symphonia magis, quã acutũ & graue. tactus autẽ calefactibile est & frigorabile: sed sensus ratio est. excellẽtia autẽ contristant, aut corrumpunt.

SOPH. *Si igitur concentus vox quadam est: vox autem & auditus, partim unum, partim non unum aut non idem sunt: concentusq; est ratio, necesse est & auditum rationem esse quandam: & proinde unumquodq; modum excedens, tum graue, tum acutum, corrumpit auditum: itemq; in saporibus gustatum, & in coloribus uisum quod ualde splendidum, quodq; tenebrosum est: & in odoratu uehemens odor, tam dulcis quam amarus: ut pote cum sensus ratio quadam sit. ideoq; iucunda sunt, cum* E *syncera et non mista rediguntur ad rationem: ut acutum, aut dulce, aut salsum: tunc enim iucunda sunt. deniq; mixtum magis est concentus, quàm acutũ & graue: tactui autẽ, calidũ, aut frigidum: sensus autẽ est ratio. cũ autẽ modũ excedunt, aut corrũpunt, aut molestia afficiunt.*

al. qd calescere & frigescere potest

Si igitur consonantia est sonus, & sonus, & auditus sunt quasi idẽ, & consonantia est proportio, necesse est etiã vt, auditus sit aliqua proportio. Et ideo corrũpitur quodlibet, quãdo auditus fuerit intensus, s. aut acutus, aut grauis. & similiter in saporibus corrũpitur gustus. & in coloribus corrũpitur visus à luce intensa, & F obscuritate. & olfactus ab odore forti, & dulci, & amaro: quia sensus est aliqua proportio. Et propter hoc acetosum, & dulce, & salsum, quãdo fuerint posita cum simili, essendo pura, nõ admixta, tunc erunt delectabilia. Et vniuersaliter admixta sunt magis digna vt sint consonantia, quã acutũ, & graue. Et in tactu possibile est vt calefiat & infrigidetur. & sensus est similis proportio. &, cùm fuerint intensa, nocebunt, & corrumpent.

141 Dũ posuit q; sẽsus, q est in actu, ẽ quoquo mõ relatiuus, incipit declarare hoc, & dare ex eo causas plurimũ accidentiũ in sensu, & dixit. Si igitur cõsonãtia ẽ sonus, &c. i. si igit neumata, vel nete cõsonãtia in auditu, i. admixta mixtione delectabili fuerit son': & son' in actu ẽ auditus in actu: & cõsonãtia, q est in neumatibus vel nete, nõ est nisi proportio tẽperata inter extrema, s. inter sonũ grauẽ & acutũ, q dicunt in respectu auditus, necesse est vt illud tẽperamẽtũ existẽs inter ea, & ẽ cõsonãtia, sit ipse auditus cùm

esse

A esse auditus in actu non est nisi in hac proportione, quæ est in temperantia. Et quia temperans & temperatum sunt relatiua, & esse auditus in actu naturale est in sono temperato, contingit ꝙ auditus & audibile erũt in capitulo relationis. Et dixit quòd, necesse est vt auditus sit aliqua proportio, & non d. proportio simpliciter. quia existimatur ꝙ ista proportio quamuis sit in capitulo relationis, tamẽ est proportio agens: & proportiones in eo ꝙ sunt proportiones non sunt agentes, sed in eo ꝙ qualitates. sensus igit᷑ numerantur in relatione vno modo, & in qualitate alio modo. & sic intelligitur. D. d. Et ideo corrumpitur quodlibet, &c. i. & propter hoc, quod diximus, accidit vt quilibet sensuũ corrumpatur, q̃n ista ꝓportio transmutabitur intense in exeundo ad alterum extremorum. v. g. * corruptio auditus apud sonum intensum in acuitate & grauitate & corruptio gustus apud saporem intensum, & corruptio visus apud lucem intensam, & obscuritatem intensam, & corruptio olfactus apud odores intensos. Et causa in hoc est ꝙ esse sensus naturalis est in ꝓportione tẽperata. & cũ illa proportio fuerit corrupta, corrũpet᷑ sensus, cũ ista ꝓportio sit forma sensus quẽadmodũ sanitas est in proportione terminata inter quatuor qualitates. & cũ illa proportio corrupta fuerit, corrũpetur sanitas: cũ forma sanitatis sit in hac proportione temperata. D. d. Et propter hoc acetosum, &c. i. & quia sensus est alia intentio & alia proportio, ideo acetosum & dulce, & salsum adiuncta ad suum simile, non admixta cum aliquo, erunt delectabilia, quoniam, cùm occurrent similibus, essendo pura, erũt delectabilia: t sic. n. erunt magis abstracta à materia. D. d. Et vniuersaliter admixta sunt, &c. idest & vniuersaliter admixta ex contrarijs quæ sunt in vnoquoq; sensuũ, sunt magis digna, vt sint ꝓportio ipsis contrariis. v. g. sonus, qui est inter acutũ & graue, magis dignus est, vt sit proportio, quàm acutus, & grauis. & similiter est de tactu cum calido & frigido, & humido & sicco: licet corpus tangens possit calefieri, & infrigidari e cõtrario alijs sensibus: & vt iam prædiximus temperamentum magis est dignum vt sit
C proportio, quam extrema.

Proportiones, in eo ꝙ proportiones, nõ sunt agẽtes, sed in eo ꝙ qualitates

Sensus numerantur in relatione vno modo, & in qualitate alio modo. ex hoc p) potẽtias aiæ distingui realiter ab anima.

* Idẽ. 3. de Anima. c. cõ. 7.

B

Vnusquisq; quidem igitur sensus subiecti sensibilis est: qui est in sensitiuo inquantum sensitiuum: & discernit subiecti sensibilis differentias: vt album quidẽ & nigrum, visus: dulce vero & amarum, gustus: Similiter autem se habet hoc & in alijs.

120 *Sensus igitur quisq; subiecti sensibilis est. atq; ẽ in sensorio quatenus sensorium: discernitq; subiecti sensibilis differentias: vt album, & nigrũ, visus: dulce & amarum, gustus: Pari modo res habet in cæteris.*

Et vnusquisq; sensuum est rei sensibilis subiectæ illi: & est existens in suo sentiente, s̃m quod est sentiens, & iudicat drĩas sensibilis sibi subiecti. v. g. visus album & nigrum: & gustus dulce & amarum, & sic de alijs.

Cùm

144 Cùm incepit perscrutari de virtute, qua sentimus nos sentire, vtrum sit eadem cum virtute propria vnicuiq; sensui, an alia, dedit in primo sermonem, ex quo sequitur eam esse vnam, & post, alium, ex quo consequitur eam esse plures: deinde sermonem concludentem eam esse vnam, & dissolutionem, ex qua exiuit ad declarandum ꝙ sensus, & sensibile sunt vnum in actu, non diuersa: propter quod contingeret vt illud, quod iudicaret super ipsum sensum, esset aliud ab eo, quod iudicaret super ipsum sensibile. Et, cùm hoc fecit, reuersus est postea ad illam eandem perscrutationem, & d. Et vnusquisque sensuum, &c. idest manifestum est per se quòd vnusquisque sensuum iudicat suum subiectum propriū, quod est ei, secundum ꝙ est illud sentiens: & iudicat cum hoc differentias proprias, quæ sunt in illo subiecto proprio. v. g. quia visus iudicat colorem, qui est proprium subiectum ei, quod est secundum ꝙ est visus, & iudicat differentias contrarias existentes in eo. v. g. album & nigrum & media. & similiter auditus iudicat sonum, qui est suum subiectum, & graue & leue & media, quæ sunt differentiæ soni. D E

Quoniam autem & albū & dulce, & vnunquodq; sensibilium ad unūquodq; discernimus quodam, & sentimus quia differunt, necesse est igitur sensu, sensibilia enim sunt.

SOPH. *Sed quia & album, & dulce, & vnumquodque sensibilium cum unoquoque comparatum iudicamus aliquo, & differre sentimus, necesse sane est, sensu: sunt enim sensibilia.*

Et, quia iudicamus etiam album, & dulce, & vnumquodque sensibilium, comparando ea adinuicem. per quid igitur sentimus esse diuersa? necesse est quidem vt illud sit per sensum. sunt enim etiam sensibilia.

145 Et, cùm sensus comprehendit differentias contrarias, quæ sunt in subiectis proprijs vnicuiq; sensui, per quā igitur virtutē iudicamus illas esse diuersas, cùm fecerimus comparationem inter eas adinuicem? Apparet quidem ꝙ consequitur ex hoc sermone illud, quod à principio dictum est, & est ꝙ virtus, * qua visus iudicat album esse aliud à nigro, est alia à virtute visus. quemadmodum virtus, quæ iudicat ipsum videre, videtur alia à virtute visibili. differentia enim inter sensibilia est sensibilis. F

* a. l. quæ iudicat album esse aliud a dulci. Dīa inter sensibilia ē sēsibilis.

Quare & manifestum quoniam caro non est ultimū sensitiuū: necesse enim esset tangens ipsum discernens discernere. Neque utique separatis contingit discernere ꝙ alterum sit dulce ab albo. sed oportet uno quodam utraq; manifesta esse; sic enim & si hoc quidem ego, illud uero tu sentis, manifestum utique erit quoniam altera ad inuicem sunt. Oportet autem vnum dicere quoniam alterum. alterum enim dulce ab albo: dicit ergo idem: quare sicut dicit ita & intelligit & sentit. Quod quidem igitur non possibile separatis

A paratis iudicare separata palam. ꝙ autem nec in separato tempore, hinc: sicut enim idem dicit ꝙ alterum bonum & malum. & sic quando alterum dicit, quoniam alterum, tunc & alterum, non secundum accidens ipsum quando. Dico autẽ puta, nunc dico quoniam alterum, non tamen quoniam nunc alterum. sed sic dicit & nunc, & quoniam nunc: simul ergo. Quare inseparabile & in inseparabili tempore.

SOPH. *Ex quo perspicuum est, carnem non esse ultimum sensorium: necesse enim esset id quod iudicat, tangendo ipsum iudicare. Haud ergo fieri potest, ut separatis iudicet diversum esse dulce ab albo: sed unicuipiam ambo cognita esse oportet. alioquin & si ego hoc, tu illud sentias, cognitum esset ea diversa inter se esse. Oportet igitur, ut unum dicat diversa esse: diversum namq; est dulce ab albo: dicit ergo idem: quamobrem ut dicit, sic etiã intelligit & sentit. Fieri igitur non posse, ut separatis separata iudicentur, perspicuum est: neq; etiam fieri*
B *posse in separato tempore, hinc patebit. ut enim idem dicit diversum esse bonum & malum, sic & cum alterum dicit diversum esse, & alterum, non per accidens illud quando: verbi causa nunc dico aliud esse, nõ tamẽ aliud esse nunc: sed ita dicit & nunc, & quod nũc: ergo simul. Quare inseparabile, & in tempore inseparabili.*

Dicamus igitur ꝙ manifestum est quòd caro non est vltimum sentiens. contingeret. n. cùm tangeret quòd iudicaret. Sed impossibile est vt iudicans iudicet dulce esse aliud ab albo per duo diversa, sed necesse est vt ambo sint eiusdem per duo instrumenta. & nisi hoc esset, esset possibile quando ego sentirẽ hoc, & tu illud, quòd
C ego intelligerem ea esse diuersa. sed necesse est vt, vnus dicat hoc esse aliud ab hoc, & dulce aliud ab albo. dicens igitur est idẽ. quapropter necesse est, sicut dicimus, sic agamus, & sentiamus. Quoniam autem impossibile est iudicare diuersa, & per diuersa, manifestum est. Quoniam vero hoc non fit in tempore diuerso, ex hoc declarabitur. Quemadmodum idem dicit bonum esse aliud à malo, sic cùm dixerit in aliquo esse aliud. in illo enim instanti dicit in alio etiam; & non accidentaliter, s. cùm dico nunc esse aliud, non quia instans est aliud. sed dico sic instans, & quod est instãs. à quo igitur erit, non erit diuisibile, & in tempore indiuisibili.

146 Dicamus igitur quòd manifestum est hoc, quod dico, quòd vltimum sentiens in tactu non est in carne, neq; in visu in oculo. qm, si vltimũ sentiens esset in oculo, aut in lingua in gustu, tunc necesse esset, cum iudicaremus dulce esse aliud ab albo, iudicaret per duo diuersa. illud. n. quod

comprehendit

comprehendit dulce secundum hanc positionem, aliud est ab eo, quod D comprehendit colorem omnino. illud enim est in oculo, & hoc in carne, aut sibi simili. sed caro in tactu non est sicut oculus in visu. Deinde declarauit hoc impossibile esse, & dixit sed necesse est vt ambo sint eiusdem, &c. idest sed necesse est vt sint comprehensa ab eodē, & per duo instrumenta. &, nisi hoc esset, manifestū est ꝙ non poterit iudicare hoc esse aliud ab hoc. Si enim esset possibile iudicare hæc duo esse diuersa per duas virtutes diuersas, quarum vtraq; singulariter comprehendit alterū duorum illorum, tunc necesse esset, q̄n ego sentirem hoc esse dulce, & tu illud esse album, & ego non sensi quod tu sensisti, neque tu quod ego, vt ego comprehenderē meum sensibile aliud à tuo, licet non sentiam tuū, & vt tu comprehenderes tuum aliud à meo. & hoc est manifeste impossibile. Deinde dicit, sed necesse est vt vnus dicat hoc esse aliud ab hoc, & quod dulce est aliud ab albo, &c. idest sed quemadmodum necesse est vt idem homo dicat hoc esse aliud ab hoc, sic necesse est vt virtus, quæ indicat dulce esse aliud ab albo, sit eadem virtus. ita enim est in hoc de indi- E uiduis, sicut de membris sensus, cùm sint etiam plura in numero. Et hoc intendebat, cùm dicit. quapropter necesse est, sicut dicimus, sic agamus, & sentiamus. idest quapropter necesse est vt, sicut ille, qui dicit hoc esse aliud ab hoc, est idē homo, sic illud, quod sentit & intelligit hoc esse aliud ab hoc, sit eadem virtus. Deinde d. Quoniā aūt impossibile est, &c. id est, manifestum est igitur ex hoc sermone ꝙ non iudicamus diuersa esse sensibilia per diuersas virtutes. Q̄m aūt ista comprehensio cū hoc, quod est vnius virtutis, debet esse ēt in eodem instanti, manifestum est. quoniam, quemadmodum vnus homo dicit bonum esse aliud à malo, sic, cū dixerit in altero duorum esse aliud in aliquo instanti, manifestum est ꝙ in instanti, in quo dicimus ꝙ alterum eorum est aliud, in illo eodē dicit in altero esse aliud, cùm alietas sit aliqua relatio, & relatiua insimul existunt in actu. Deinde d. & non accidentaliter, &c. idest & non intelligo per instans hoc instans, quod dicitur accidentaliter in eo, quod illud est indiuisibile: sicut instans, in quo dicimus ratione * intrinseca esse aliud F instans, cùm fuerit comprehensum ratione intrinseca esse aliud instans enim, in quo dicitur ipsum esse aliud, est aliud ab instanti, in quo cōprehenditur ipsum esse aliud. Et hoc intendebat, cùm dixit nō quia instās est aliud. idest non quia instans, de quo dixi esse aliud, est instans, in quo comprehenditur ipsum esse aliud. sed diximus hoc instans est aliud, & quod nunc est aliud: & illud instans est aliud ab instanti comprehensionis. D. d. à quo igitur erit. i. à quo igitur erit hoc iudicium? dico erit à virtute indiuisibili & vna, & in tempore indiuisibili & vno.

Alietas est aliqua relatio.

* a.l. extrinseca eē idē instans.

At uero impossibile est simul secundum contrarios motus moueri idem, ut indiuisibile & in indiuisibili tempore: si enim dulce sic mouet sensum aut intellectum: amarum autem contrarië, & album aliter: ergo simul quidem & numero indiuisibile & separabile, quod

A le, quod iudicat: secundum esse autem separatum: Est igitur quodammodo quod diuisibile diuisa sentit: est autem quod indiuisibile. secundum esse quidem enim diuisibile: loco autem & numero indiuisibile.

SOPH. *Verum enimuero fieri non potest ut idem simul motibus moueatur contrarijs, quatenus indiuisibile est, & in indiuisibili tempore. si n. dulce sic mouet sensum & intellectum, amarum autem contrario modo, & album diuerso, num igitur simul quidem & numero indiuisibile & inseparabile est quod iudicat, ipso esse autem separatum? quodammodo igitur ut diuisibile diuisa sentit: quodammodo ut indiuisibile: ipso enim esse diuisibile est: loco autem & numero indiuisibile.*

Sed impossibile est vt idem moueatur motibus contrarijs insimul secundum q est indiuisibile in tempore indiuisibili. hoc. n. si
B fuerit dulce mouebit sensum, aut intellectũ aliquo modo motus, amarum autem contrario, album vero alio modo. Vtrum igitur est possibile vt iudicans ea insimul est numero indiuisibile, & in esse diuisibile? ita q alio modo à modo diuisionis sentit diuisibilia & alio modo, s. indiuisibile. est enim secundum esse diuisibile, sed secundum locum & numerum est indiuisibile.

Cùm declarauit q vltimum sentiẽs in omnibus sensibus debet esse ea-
147 dem virtus, incoepit quaerere modum fm quem potest esse eadẽ virtus, & iudicare omnia contraria in eodẽ tẽpore, & d. Sed impossibile est vt idẽ moueatur, &c. i. sed impossibile est ponere vt idem recipiat contraria in eodem instanti, fm q est idem & indiuisibile. D. d. hoc enim si fuerit dulce, &c. v. g. q, si fuerit hoc dulce, mouebit sentiens primum aliquo genere motus: &, cùm fuerit amarum, mouebit ipsum econtrario: & similiter de
C albo & nigro. Cùm igitur sensus iudicauerit hoc esse aliud ab hoc: hoc enim dulce & illud amarum essendo, eadem virtus & indiuisibilis tunc patietur à contrarijs insimul, fm q est vnum & indiuisibile. quod est impossibile. D. d. Vtrum igitur est possibile vt iudicans, &c. i. an igitur possibile est vt ista virtus iudicans contraria simul sit eadem subiecto & indiuisibilis, sed per intentiones, quas recipit est diuisibilis? ita q per hoc dissoluetur quaestio sic. qm̃ ista virtus, inquantum est diuisibilis, comprehẽdit res numeratas diuisibiles: & inquantum est eadẽ, iudicat ea vnico iudicio. D. d. est enim secundum esse diuisibile, sed fm locum & numerum indiuisibile. i. forte iudicans diuersa & contraria est fm essentiam & formam diuisibile, sed fm subiectum, hoc est fm materiam, est indiuisibile. vt dicimus de pomo q est indiuisibile subiecto, & diuisibile fm essentiam diuersam in eo, fm q habet colorem, & odorem, & saporem.

Iudicãs diuersa & contraria ẽ fm essentiã & formã diuisibile, sed secũdũ subiectum & materiã ẽ indiuisibile ex quo paret, idẽ fm subm posse ẽ plura definitiõe. consimile 3. Ph. 47. Idẽ. 1. Ph. 25. & 6. Ph. 14 & 4. Ph. 106. de pũcto, & instãti. Idẽ hic in cõ. sequ.

Aut non possibile: potentia quidem enim idem & indiuisibile & cõtraria, & secundum esse autem, non, sed in operari diuisibile.

& impos-

& impossibile est albū & nigrum esse simul. quare neque species pati ipsorum, si huiusmodi est sensus & intelligentia. D

SOPH. *An fieri non potest: potentia enim idem diuisibile, & indiuisibile, & contraria est: ipso autem esse nequaquam: sed patiendo diuisibile est: nec potest simul album & nigrum esse: quare nec eorum species pati, si talis est sensus & intellectus.*

Dicamus igitur quòd hoc est impossibile. Est enim idem indiuisibile duo contraria potentia, esse autem non, sed est actu diuisibile. & impossibile est ut insimul sit album & nigrū. quapropter necesse est vt neq; formas eorum recipiat, si sentire, & intelligere sint talia.

148 Cùm posuit illum modum ad dissoluēdum prædictam quæstionem, reuersus est modo ad narrandum ꝙ non sufficit in dissolutione, & d. Dicamus igitur ꝙ hoc est impossibile, &c. i. dicamus igitur ꝙ hoc est impossibile, s. vt ista virtus sit vnica in subiecto, & plures fm essentias, & formas. E Non. n. est possibile vt idem sit indiuisibile subiecto, & recipiens cōtraria insimul, nisi in potentia, non in actu & esse v. g. ꝙ idem corpus possibile est dici esse calidum & frigidum insimul potentia, actu autē non, nisi fm ꝙ est diuisibile, s. quia quædam pars eius est calida, & quædam frigida. Et hoc intendebat, cùm d. sed est actu diuisibile, &c. Et, cùm declarauit hoc, d. quapropter necesse est vt neq; formas eorum recipiat, &c. i. quapropter necesse est vt ista virtus non recipiat formas sensibilium cōtrarias, si ista virtus eadem sensitiua est talis, s. vnica in subiecto, & plures in essentia. Et d. & intelligere: quia intelligere in hac intentione simile est ad sentire, s. quia in vtroq; est virtus recipiens, & iudicans contraria insimul, vt declarabimus in virtute rationali. Et intendit per omnia hæc declarare ꝙ hęc virtus non est eadem fm ꝙ est in potentia, sicut est prima materia, sed est vnica in intellectu & in esse in actu, & multa secundum instrumēta, vt post declarabimus.

Nō ē possibile idē sit diuisibile subo, & recipiēs cōtraria insimul nisi i potentia, nō i actu. ꝙ hoc vi. 10. Meta. 13.

Sed sicut quod uocāt quidam punctum, aut unum, aut duo, sic & indiuisibile, sic autem & diuisibile. Secundū ꝙ quidem igitur indiuisibile, unum discernens est & simul: secundum uero ꝙ diuisibile, bis utitur eodem signo simul. Inquantum quidē igitur pro duobus utitur termino, duo iudicat & separata sunt ut in separato: inquantum vero vnum, vno & simul. De principio quidem igitur secundum quod dicimus sensitiuum esse animal, sic determinatum hoc modo. F

SOPH. *Sed ut id quod punctum nonnulli uocant, qua unum & qua duo, eatenus etiam diuisibile est. ergo quatenus indiuisibile est, unum est id quod iudicat, ac simul. quatenus uero diuisibile, non unum: bis .n. eodem utitur signo simul. quatenus igitur duobus utitur termino, duo iudicat*

& sepa-

A *& separata, cum ipsum quodammodo sit separatum. quatenus vero unum, uno & simul. Ac de principio quidem quo dicimus animal esse sensitiuum, sic expositum sit.*

Sed illud, quod dicitur à quibusdam punctus vnius, secundum ꝙ est duo est diuisibile. Secundum igitur ꝙ est indiuisibile iudicans, est vnum: & secundum ꝙ est diuisibile utitur eodem puncto bis, Secundum igitur ꝙ vtitur extremo pro extremis duobus, iudicat duo, quę sunt diuersa. hoc igitur erit per diuisibile, & secundum ꝙ est vnũ per vnum. Hoc modo igitur determinemus principium, quo dicimus animal esse sentiens.

149 Cùm narrauit quòd impossibile est vt hæc potẽtia sit vna in subiecto, & multa in virtutibus, incœpit dare modum, secundum quem est vna, & modum secundum quem est multa. &, quia hoc difficile est ad dicẽdum, & est magis leue ad declarandum per exemplum, induxit sermonem in B via exempli, & d. Sed illud, quod dicitur, &c idest sed ista virtus est vna & multa, vt punctus, qui est centrum circuli, quãdo ab eo fuerint ductæ multæ lineæ à centro ad circunferentiam. & hoc intendebat, cùm d. punctus vnius, hoc est punctus, qui continetur ab vna linea. D. d. fm ꝙ est duo est diuisibile. i. fm igitur ꝙ ista virtus est duo, & plures per sens⁹, qui copulant cum ea: quemadmodum punctus est duo, & plures per extrema linearũ exeuntium ab ea, est diuisibile ad patiendum à sensibilibus diuersis D. d. Secundum igitur ꝙ est indiuisibile iudicans, est vnum, &c. i. & secundum ꝙ ista virtus est aliquod indiuisibile, scilicet secundum ꝙ est finis motuũ sensuum à sensibilibus, quemadmodũ punctus est indiuisibile aliquod, secundum ꝙ est finis linearum exeuntium ad ipsum à circumferentia, potest iudicare diuersa, quæ copulantur cum ea à sensibilibus. Et, cũ declarauit modum, secundum quem potest intelligi ꝙ ista virtus est indiui- C sibilis, & modum, secundum quem potest intelligi ꝙ est diuisibilis, incœpit distinguere opus eius, fm ꝙ est diuisibilis, & eius opus, secundum ꝙ est indiuisibilis, & d. Secundum igitur ꝙ est diuisibile, vtitur, &c idest, secundum igitur ꝙ ista virtus est diuisibilis per sensus, operatur per istud vnum, quod est de ipsa quasi punctus duabus operationibus diuersis insimul. & secundum ꝙ vtitur rebus, quæ sunt de ea quasi extrema de lineis, s. sensibus, inquantum habent hanc consimilitudinem, iudicat res diuersas iudicijs diuersis: & secundum ꝙ est vna, iudicat res diuersas vnico iudicio. Et quasi opinatur ꝙ virtus primi sentientis melius est vt dicatur esse vna forma, & multa instrumentis copulatis cum ea, quę transeunt motus sensibilium, quousq; copulentur cum ea, quàm dicere ipsam esse vnam subiecto, & multa secundum formam, quæ describuntur in ea. illud. n. esse est dignius ei secundum ꝙ est iudicans, illud autem fm ꝙ est recipiẽs. Sed tamen, cùm non ponimus illic eandem intẽtionem propter formam,

Hic similiter ꝙ res difficiles ad dicẽdũ melius exemplo manifestant. de hoc uide. 1. Ph. c. 8x. & quę ibi

Quõ punctus sit indiuisibile. uid. 6. Ph. 24. & 4. Pp. 106.

hon

non possemus inuenire aliquid, per quod iudicet diuersa esse diuersa. iudicium. n. dignius est attribui isti potentiæ secundum quod est actus, quàm secundum quod est potentia. quemadmodum motio eius passiua à sensibus dignior est attribui secundum quod est recipiens subiectum. est enim apud ipsum vt videtur recipiens secundum sensus, & agens secundum iudicium. recipere enim aliquid est aliud à iudicare illud. & hæc duo debent inueniri in aliquo duobus modis diuersis. Et ideo videmus quod ista virtus iudicat intentiones, quas proprie recipit, & earum priuationes. Et similiter est de virtute rationabili. sed differunt in hoc, quod ista virtus est intentionum materialium: illa autem est intentio non mixta cum materia, ut post declarabitur. D

Recipere aliquid aliud est a iudicare illud.

SVMMA SEPTIMA.

Ponitur differentia inter intelligere, sapere, ac ipsum sentire; inuestigaturque ipsius Imaginationis essentia.

Non esse idem intelligere, ac sapere cum ipso sentire. Cap. 1.

Voniam autem duabus differentijs diffiniunt maxime animam, motu qui secundum locum, & in eo quod est intelligere, & discernere, & sentire: videtur autem intelligere & sapere tanquam quoddam sentire esse: in vtrisque enim his anima iudicat aliquid & cognoscit eorum quę sunt. Et antiqui sapere & sentire idem esse aiunt. sicut Empedocles dixit. Ad presens enim voluntas augetur in hominibus. & in alijs. Vnde eis semper sapere altera præstat. Idem autem his vult & id quod est Homeri. Talis enim intellectus est in terrenis hominibus, qualē ducit in die pater uirorúmque deorúmque. E

SOPH. *Quoniam autem duabus potissimum differentiis describunt animam .s. motu loci, & intelligendo, & iudicando, ac sentiendo: videtur autē intelligere & sapere quasi sentire quoddam esse: his .n. vtrisque Anima iudicat & cognoscit aliquid eorum quae sunt. Atque etiam prisci idem esse sapere & sentire asserunt, ut etiam Empedocles dixit.* F

Nam viget ad præsens hominum sapientia semper.

& alio loco.

Effigies rerum varias prudentia monstrat.

Hec idem sibi vult illud Homeri.

Talis enim mens semper adest mortalibus agris,

Quales ipse dies dat diuûm hominumque creator.

Et, quia determinabant animam hisduabus differentiis proprie .s. moueri in loco, & intelligere & iudicare & sentire, existimādo quod intelligere quasi est sentire corpus quocquo modo. Anima. n. in his duobus modis efficitur aliquid, & cognoscit ipsum. Et Antiqui

A tiqui dicebant ꝙ intelligere idem est cum sentire, ut Empe. cum dixit. Cū consilium in hominibus recipit sm præsens. & dixit in alio loco. Propter hoc transmutatur intellectus in eo semper. Et hoc idem intendebat Home. cum dixit ꝙ ita est de intellectu, s. ꝙ intelligere corporale est sicut sentire.

150 Quia antiqui conueniunt in definiendo animam per has duas differẽtias proprie, s. per motum localem, & per cognitionem, & comprehensionem, quæ videtur esse intelligere & sentire. D.d. existimando ꝙ intelligere, &c. idest & existimabant ꝙ intelligere est genus sensus, qui est aut corpus, aut corporalis. anima. n in his duobus iudicat res, & cognoscit eas. Et, quia Antiqui dicebant ꝙ intelligere & sentire sunt eiusdem virtutis, oportet nos perscrutari de hoc, D.d. vt Empe. &c. i. vt dixit Empe. ꝙ intellect' in hominibus iudicat rem præsentem sensibilem. & in alio loco dixit ꝙ sensus est idem cum intellectu, & propter hoc intellectus semper transmutatur in eis, sicut transmutatur sensus. Et intendit per transmutationẽ B errorem qui accidit vtrique virtuti, aut obliuionem, & alia accidẽtia, in quibus existimatur habere communicationem. & hoc intendebat Homerus, cum dixit ꝙ sensus similis est intellectui.

Primo de Ala. 25.

Antiq cõueniūt in definiẽdo aiam per motū locale, & cognitionẽ. Idem. 1. de Ala. 19.

Omnes enim hi intelligere corporeum opinantur, sicut sentire: & sentire & sapere simile simili: sicut secundum principia rationibus determinauimus, & tamẽ oportuit simul ipsos de deceptione dicere, magis proprium enim est animalibus, & plurimum tempus in hoc perficit aĩa. vnde necesse aut vt quidã dicunt oĩa quæ videntur esse uera: aut dissimilis tactum, deceptionem esse. hoc. n. contrariũ ei, ꝙ simile simili cognoscere. videtur autẽ & deceptiò & scientia contrariorum eadem esse.

SOPH. *Hi nanq omnes intelligere quẽadmodum etiam sentire, corporeum esse autumant: ut initio harum disputationum exposuimus: atqui de deceptione etiam oportebat eos dicere: magis. n. propria est animaliũ, & C plus temporis in his versatur Anima. Quare necesse est, uel ut quidam dicunt omnia esse uera quæ appareant, uel rei dissimilis tactionem esse deceptionem. hoc. n. contrarium est illi sententiæ, simils cognoscere simile. uidetur autem & deceptio & scientia contrariorũ esse eadem.*

Omnes igitur isti existimant ꝙ intelligere est corporale, sicut sentire. & sentire & intelligere sunt à simili ad simile, vt prius determinauimus. Quamuis debebant dicere cum hoc in errore etiã. hoc. n. magis proprium est animalibus, & mora animæ in eo est longo tempore. Et ideo necesse est vt sit, sicut quidam dicunt, ꝙ omnia, quæ transeunt per mentem, sunt vera, aut error sit tangere dissimile. hoc. n. est contrarium. & simile cognoscitur per suum simile, & existimatur ꝙ error in contrariis sit idem.

151 Cùm declarauit ꝙ oportet post sermonem de virtute sensus perscrutari de differentia inter hanc virtutem, & virtutem intellectus dixit ꝙ, existimatum, est intellectum esse corporalem, sicut est sensus: & est, quia multi Antiquorum credebant ꝙ sentire, & intelligere idem sunt. Deinde narrat naturam ducentem eos ad hoc dicere, & declarat quantum deficit eis in hoc, & d. Omnes igitur isti existimant, &c. i. isti igitur homines existimabant ꝙ intelligere & sentire vtrunq; corpus est: quia credebant ꝙ sentire & intelligere fiunt per simile. &, quia hæ duę virtutes comprehendūt corpus, necesse est vt sint corporeæ, vt prius determinauimus de hoc in opinione Antiquorum. D. d. Quamuis debebant dicere, &c. idest, quamuis oportet eos dicere causam erroris ex hoc modo. error enim magis inuenitur in animalibus. & anima in maiori tempore inuenitur ignorans, & errans, q̄ sciens. D. d. Et ideo necesse est, &c. idest & propter hoc, ꝙ dant causam in cognitione, contingit eis aut concedere hoc, quod dicūt sophistæ, ꝙ omnia transeuntia per mentem, & omnia imaginata sunt vera: aut dicere ꝙ verum est animam tangere simile cùm est corpus, & error tangere dissimile. dissimile .n. est contrariū simili, & error est contrariū uero. E
Et hoc, quod dixit, manifestum est, s. ꝙ si anima comprehendit res per res existentes in ea, sicut dicunt, contingit eis, si dixerunt eam similem esse omnibus, quia in ea sunt omnia, vt non sit error omnino: aut dicere eā esse compositam ex altero duorum contrariorum existentium in rebus: & sic inueniet veritatem, quando comprehenderit contrarium simile, & errabit quando comprehenderit contrarium dissimile. D. d. impossibile, quod sequitur ex hoc, & d. & existimatur ꝙ error in contrarijs sit idem. i. sed contingit huic opinioni vt error sit in proprio cōtrario ex vnaquaq; rerum contrariarum. sed manifestū est ꝙ error potest accidere in vtroq; contrario indifferenter, & quod non est proprius vni contrario tantum.

Antiq. credebant sentire & intelligere fieri per simile. Idē. t. huius. 151

Quodquidem igitur non idem sit sapere & sentire manifestū est. Hoc quidem .n. in omnibus est, illud autem in paucis animalium est: Sed neque intelligere in quo est & recte & non recte, recte quidem .n. prudentia & scientia aut opinio uera, non recte autē contraria horum: neq; hoc est idem cū ipso sentire; sensus quidem .n. propriorum semper verus est, & omnibus inest aīalibus, intelligere aūt contingit & falso, & nulli inest cui non & ratio. F

SOPH. *Ac sentire quidem & sapere non esse idem perspicuum est: hoc .n. cuncta participant animalia, illud pauca: quinimo ne intelligere quidem in quo positum est ipsum recte & non recte, ipsum enim recte prudentia est & scientia, & uera opinio: non recte autem his contrariū: neq; hoc inquam idem est quod sentire. Sensus enim propriorum uerus semper est, cunctisq; inest animalibus: ratiocinari aūt licet etiam falsò: nulliq; inest, cui non etiam ratio.*

Dicamus

A Dicamus igitur ꝙ sentire non est intelligere. & hoc manifestū est, hoc enim existit in animalibus omnibus, & hoc nō inuenitur nisi in paucis animalibus. Neq; intelligere, in quo sunt verum, & non verum contraria istis, est idem cum sentire. Sentire enim propria semper est verum, & existit in omnibus aīalibus. distinguere autem potest, falsari, & non est in aliquo animali, nisi existimet.

152 Iste sermo potest esse responsio ad hanc particulam, quia, à qua superius incœpit, cùm indiget respō sione. i. & quasi diceret, & quia Antiqui determinabant animam per motum & comprehensionem. & existimatum est ꝙ comprehensio per intellectum & sensum est eadem, cùm vtraq; sit cognitio, & etiam multi Antiquorum credebāt hoc propter hoc, quod opinabantur ꝙ simile cognoscit suum simile: &, quia hoc dicebant, dicamus nos ꝙ sentire non est intelligere per intellectum. Et potest intelligi ita ꝙ responsio sit diminuta, & erit iste sermo principium & quasi d. Et, cùm declaratum est ꝙ necesse est perscrutari de hac intentione, dicamus ꝙ sentire non est intelligere. D. d & hoc manifestum est, &c. i. & hoc, † ꝙ intellectus est alius à sensu, est manifestum per se. sensus enim existit in omnib[9] animalibus, intellectus autem in paucis, s. in homine. Et d. paucis, propter quod plura animalia cōmunicant homini in hac virtute. &, quia hoc nō fuit manifestum in hoc loco, accepit concessum, & est ꝙ nō possumus dicere ꝙ omnia animalia intelligunt. &, cùm hæ duæ virtutes sint in subiecto diuersæ: necesse est vt sint diuersæ in esse, quæ. n. differunt in subiecto, differunt in esse. D. d. Neq; intelligere, in quo sunt, &c. idest. neq; res intellectæ, in quibus est verum in maiori parte, & non verū in maiori parte, secundum ꝙ sunt contraria, sunt eadem cum cōtrarijs, quę sunt in sensu, scilicet in quorum altero est verum in maiori parte, & in altero error in maiori parte.* Sensus enim semper dicit verū in rebus proprijs, & falsum in vniuersalibus: intellectus autem econtrario, verum in vniuersalibus, & falsum in proprijs. Et etiam sensus in rebus proprijs magis durat

C sua veritas quàm intellectus in rebus vniuersalibus. & ideo dixit semper, cùm d. Sentire enim propria verum est semper. & dixit post, distinguere autem potest falsari.

Phantasia enim alterū est & a sensu & ab intellectu: & hæc non fit sine sensu, & sine hac non est opinio. Quod autem non est eadē phantasia & opinio manifestum est. hæc quidem enim passio in nobis est quum uolumus: præ oculis enim est facere, sicut in recordatiuis posici, & idolum facientes: opinari autē non in nobis est: necesse enim falsum aut verum dicere.

SOPH. *Phantasia nanq; diuersum est tum à sensu, tum à dianœa: atq; hæc eadem sine sensu non fit: & sine ea non est existimatio. Phantasiam autem & existimationem non esse idem, perspicuum est: nā affectio hæc, cum uolumus, in nobis est. licet. n. ob oculos ponere, quemadmodū qui*

† Qd intelľs est alius à sēsu, manifestū ē per se. sēsus. n. existit i oīb[9] aīalib[9]. intellect[9] verò i paucis. idē. 3. hu[9] cō. 1.

* Sēsus sp dicit verū in reb[9] ꝓprijs: & falsū i vlib[9]: itellect[9] autē ecōtrario. vid ꝑ hoc. 2. de Aīa. cō. 63 & 134. & 161. & l. li. de Sēsu & Sēsa. & 3. Met. c. 1. & 4. Met. c. 8. de intellectu. q. nō decipit circa pr a & c. ..

in mnemonicis collocant, & imagines effingunt. opinari uero non est in nobis: necesse.n.est uel fallamur, uel ueritatem assequamur. D

Imaginatio autẽ est aliud à sensu, & aliud à distinctione. & hæc non fit sine sensu, & sine hoc non fit consilium. Quoniam autẽ nõ est cum intellectu, & consilio idem manifestum est. Ista enim passio est nobis, quando voluerimus. possumus enim ponere in directo nostrorum oculorum, sicut res depositę in cõseruatione, & fingere formas. existimari autem non est nobis. necesse.n. est aut verum aut falsum dicere.

153 Cùm declarauit φ distinctio non est nisi in habentibus rationabilitatem, incepit declarare φ distinctio, quæ in quibusdam animalibus reputatur esse ratio: non est nisi distinctio, quæ fit ab imaginatione, & φ imaginatio non est neque sensus, neque intellectus, & d. Imaginatio .n. aliud est à sensu, &c. i. distinguere non inuenitur nisi in habenti rationem. Imaginari .n. aliud est à sentire, & à distinguere per intellectum: & imaginari non absq; sentire, & absq; imaginari non fit consiliari. Et quasi innuit hic alietatem istarum trium virtutum sm prius & posterius in natura. si.n. sensus fuerit, non sequitur vt sit imaginatio: sed, si imaginatio erit, sensus erit. & similiter, si intellectus erit, erit imaginatio, & nõ ecõuerso. D. d. Quoniam autem non est cum intellectu, & consilio idem, &c. i. & iste sermo manifestus est. D. d Ista enim passio est nobis, &c. i. imaginatio .n. est voluntaria nobis. cùm .n. voluerimus imaginari res depositas in virtute conseruatiua, quas prius sensimus, poterimus facere. & hoc intendebat cùm d. possumus .n. ponere, &c. i. † possumus etiam per hanc virtutem fingere formas imaginabiles, quarum indiuidua nunquàm sensimus. existimare autem non est voluntarium. & hoc intendebat, cùm d. necesse est enim aut verum, aut falsum. idest contingit enim nobis necessario aut existimare verum, aut falsum: & non est sicut in imaginatione. Et ista est vna rationum, ex quibus apparet imaginari aliud esse ab intelligere. E

Oppositũ hic cõ. 2. h⁹ c. 3 a. vbi vł velle istas virtutes easdẽ, et. vide cõ ua. Zim. Cõtradictio hic, & supra cõ. 6 o. intelligim⁹ dũ volum⁹, ergo imaginatiua in hac. φ imaginamur, dum volumus, nõ distinguit ab intellectu. vide cõ. 21.

† Per virtutẽ imaginatiuã possumus finger formas imaginabiles, quarũ indiuidua nũquã sẽsim⁹.

Amplius aũt quũ opinamur difficile aliquid aut terribile, statim compatimur. similiter aũt est & si confidendũ: sm phantasiã aũt similiter nos habemus, sicut si essemus considerantes in pictura difficilia & confidentia. Sunt aũt & ipsius acceptionis differentię scientia & opinio & prudentia, & contraria horum: de quorũ differentia altera sit ratio. F

Præterea cum opinamur rem aliquam atrocem, aut formidolosam, statim commouemur: itemq; siquid fuerit quod fiduciam afferat: at ex phantasia perinde afficimur, atq; qui spectant in pictura terribilia & fiduciam afferentia. Sunt porrò & ipsius existimationis differentiæ scientia & opinio & prudentia, & quæ his contraria sunt: de quorum differentia alia sit disputatio.

Et, cùm

A Et, cùm etiā nos existimauerimus aliquod valde timorosum, statim patiemur. & similiter, si existimauerimus aliquod audaciuum per imaginationem aut dispositio nostra erit, sicut dispositio nostra, si videremus res in formis rerum timorosarum, aut audactiuarū. Et drīæ ipsius consiliŷ sunt scīa, & existimatio, & intellect⁹, & contraria istis. & sermo de drīŷs istorū fiet in alio loco.

134 Hoc, quod dixit, manifestum est. & est alia ratiocinatio, φ imaginatio est alia à consilio, & existimatione. qm̄, cū nos existimauerimus aliquod timorosum futurum, quoquo modo nos patimur passione, ac si illud timorosum esset præsens. & similiter, cū nos existimauerimus aliquod audactiuum futurum, statim patiemur, sed non passione, quali, illo audactiuo existēti in præsenti. cùm autem imaginati fuerimus illud timorosum, statim patiemur quasi esset præsens Et intendit hic per consilium, fidem. Et locus, in quo promisit loqui de istis differentijs, videtur mihi esse liber de Sensu & sensato. illic enim loquitur de rebus particularibus illarū
B virtutum, & in omnibus accidentibus earum postremis.

Probatur imaginationem nō esse sensum, nec scientiam, nec intellectum, nec opinionem: traditurq; eius definitio. Cap. 2.

DE eo autem quod est intelligere, quoniam alterum ab eo quod est sentire: huiusmodi autem aliud phantasia: aliud opinio esse videtur: de phantasia determinantes, sic & de altero dicendum est. Si igitur phantasia est ſm quam phantasma aliquod nobis fieri dicimus, & si non aliquid ſm metaphoram dicimus, vna quædā est potentia horum aūt habitus, ſm quem discernimus, aut verum aut falsum dicimus. huiusmodi autē sunt, sensus, opinio, scientia, & intellectus.

SOPH. *De intelligendo autem, quia diuersum est à sentiendo: huius autē*
C *aliud esse phantasia uidetur, aliud existimatio: ubi de phantasia disputauerimus, tunc demum de altero dicemus. Si igitur phantasia est, qua phantasma aliquod nobis fieri dicimus (nec loquor nunc, siquid per trāslationem dicere consueuimus) profecto una earum potentiarum est aut habituum, quibus indicamus, uerumq; assequimur, aut fallimur. hæ autem sunt, sensus, opinio, scientia, intellectus.*

Et quia intelligere aliud est à sentire, & existimatur φ intelligere aliud est imaginari, aliud consiliari, determinandum est prius de imaginatione, deinde loquemur de alia intentione. Dicam⁹ igitur φ, si imaginatio est, quæ fit, quę dr̄ imaginari non ſm similitudinem, est aliqua virtus istarum virtutum, aut dispositio, per quā innuimus, & experimentamur, & dicimus verum aut falsum. & ex istis est sensus, & existimatio, & scientia, & intellectus.

155 . Cùm compleuit sermonẽ de sensu, incœpit post loqui de virtute ima- D
ginatiua, & d. Et, quia intelligere, &c. i. &, quia manifestum est, aut prope ꝙ intelligere est aliud à sentire, sed non est ita manifestum ꝙ intelligere est aliud ab imaginatione: existimatur enim ꝙ actionum intellectus, quędam est imaginari, quædam credere: & ꝙ nulla est differentia inter imaginationem, & intellectum: quapropter determinandum est prius de virtute imaginationis, deinde loquemur postea de virtute rationali. D. d. Dicamus igitur ꝙ, si est imaginatio, &c. i. dicamus igitur ꝙ, si est actio, quæ fit in nobis, quæ dicitur imaginatio non fm similitudinem, sicut dicitur sensus falsus multotiens, necesse est vt sit, aut aliqua istarum virtutũ comprehensiuarum distinctarum, s. aut sensus, aut existimatio, aut scientia, aut intellectus, aut virtus alia ab istis virtutibus, & dispositio alia ab istis dispositionibus, per quam experimentamur entia. i. eligimus ea: & est vnum eorum, per quem debemus dicere verum aut falsum. Deinde incœpit declarare ꝙ non est aliqua istarum virtutum. Et intendit per intellectum, vt mihi videtur, primas propositiones; & per scientiam illud, E
quod prouenit ab eis.

Nota cā quare pº tractatū d imaginatiua icepit tractatū d intellectu. Hic vt vel le. Con. & Aris. quatuor est habitus, qbus discernit verū a falso. sj vide oppositū. 6. Ethi. c. 4. Vidē ca. Zim.

Quodquidem igitur non sit sensus manifestum ex his est. sensus quidem enim aut potentia, aut actus: vt visus & visio: phantasiatur aũt aliquid & nullo horũ existente. ut quę in somnis: postea fm potentiam sensus quidem semper adest viuentibus & nõ orbatis, phantasia autem, non. Si vero ei quod actu idem, omnibus vtiq; contigeret bestiis phantasiam inesse. videtur aũt non, ut formicæ aũt api, aut vermi. Postea hi quidem veri semper: phantasię autem plures falsę. Amplius aũt non dicimus quum operemur certe circa sensibile, quoniam videtur hoc nobis homo. sed magis quum non manifeste sentimus, tunc aũt verus, aut falsus. Et quod quidem diximus, apparent & dormientibus uisiones.

F

SOPH. *Ac phantasiam quidem non esse sensum, ex his perspicuum est. Sẽsus enim aut potentia est, aut operatio: ut uisus uel uisio: at uero apparet aliquid, etiam cum neutrum horum adsit: ueluti ea quæ in somnis apparent. Deinde sensus semper adest: phantasia non item. Sin autem idem est quod operatio, fieri posset ut in omnibus bestiis phãtasia insit: quod tamen nõ uidetur: ut formicæ, aut api, aut uermi. Deinde illi semper ueri sũt, at phãtasiæ pleraq; sũt falsæ. Huc adde quod neq; dicim^9, cum exquisite circa sensibile operamur, hoc nobis apparere hominem: sed potius cum non expresse sentimus: & tunc aut uerus est, aut falsus. Ac denique (quod superius dicebamus) etiam clausis oculis uisa quædam apparere solent.*

Quoniam

A Quoniam autem non est sensus, declaratum est ex istis rebus. Sensus.n.est aut potentia, aut actus, v.g. uisus, aut visio. & quandoq; imaginatur aliquid, quod est neutrum, v.g. quod imaginatur in somno. Et amplius sensus semper est præsens, imaginatio aũt non. Et, si in actu esset idem, tunc esset possibile vt imaginatio esset in omnibus bestijs, & reptibilibus, quod nõ existimatur, v.g. formicis, apibus, & vermibus. Et amplius ille semper est verus, imaginatio autem est falsa in maiori parte. Et amplius, cùm in rei veritate scimus hoc sensibile esse hominem, nõ dicimus nos imaginari hoc esse hominem. hoc.n.non dicimus, nisi quando nõ manifeste fuerit hõ: & tunc erit aut verũ, aut falsum. Et ex eis, quę pri⁹ diximus, est quia ẽt clausis oculis imaginat̃ imaginationib⁹.

156 Quoniã aũt imaginatio nõ est sensus, declarabitur ex istis rebus, quas dicemus. Quarum vna est q̃, quia sensus est duobus modis, aut in poten-
B tia, v.g. visus, qñ nõ agitur: aut in actu, v.g. visio. est.n. aliqua imaginatio, quæ nõ est sensus in actu neq; in potẽtia. s. imaginatio, quæ est in somno. manifestum est.n. q̃ imaginatio, quæ est in somno, fm̃ q̃ est in actu, non est sensus in potentia: & fm̃ q̃ iste actus est ei sine præsentia rerum sensibilium, nõ est ẽt sensus in actu. D. d. Et amplius sensus semper est præsens, &c. Hoc est Scd̃m argumẽtũ. & est q̃ sensus semper fit cum præsentia sensibilis: imaginatio aũt nõ, sed cũ absentia. D. d. Et, si in actu esset idẽ, &c. i. Hoc est Tertium argumentũ. Existimatur.n. q̃ nõ oẽ aĩal imaginatur: & est animal, quod non mouetur ad sensibilia, nisi apud præsentiã eorũ in actu: vt vermes, & muscæ. Apes aũt, & formicæ necessario imaginantur. apes vero propter artificiũ: formicę aũt propter depositionẽ, † sed nõ curatur de exemplo. D. d. Et amplius ille semper est verus, &c. Hoc est aliud argumentum: & est q̃ sensus sunt veri * semper, i. in maiori parte: imaginatio autem falsa est in maiori parte. D. d. Et amplius, cùm in rei verita-
C te, &c. Hoc est Quintum argumentum: & est manifestum per se. non enim dicimus, quando sentimus aliquid esse tale in rei veritate, q̃ imaginamur esse: sed qñ sensus vere non cõprehendit ipsum esse talẽ. &, si sensus esset idem cum imaginatione, oporteret q̃ vbi dr̃ sensus, ibi diceret̃ imaginatio. D. d. Et ex eis, quæ prius diximus, &c. i. & alia ratio est, & propinqua prædictis, s. quòd multotiens imaginantur formæ clausis oculis.

Sẽsus duob⁹ modis s. actu, & in potẽtia. l. de s. te. cõ. 33. 115. 139. 141. & 142.

† De exẽplo nõ curat, an sit verũ, s. l. de supra. cõ. 57.

* Sẽsus sũt vt in maiori parte. sed oppositum. d. supra. c. 152. q̃ sensus sũt sp̃ vl. vid cõtra Zim.

At vero neq; semper vera dicentium neq; vna erit, vt scientia, aut intellectus. est.n. phantasia & vera & falsa. Relinquitur ergo videre si opinio sit. fit.n. & opinio vera & falsa: sed opinioni quidem inheret fides. non.n. contingit opinantẽ, de quibus videtur non credere. bestiarum aũt nulli inest fides. phantasia aũt multis. Amplius omnem opinionem sequitur fides: fidem aũt suasum esse: suasionem aũt sequitur ratio: bestiarum aũt quibusdam phãtasia inest quidem: ratio vero non.

SOPH. *Neq; uero eorum qui semper ueri sunt ullus erit, ut scientia, aut in* D
tellectus: nam est etiam falsa phantasia. restat igitur spectandum an
opinio sit: sit.n. opinio & uera & falsa: sed opinionem quidem, sequi-
tur fides (neque enim fieri potest, ut is qui opinatur, ea quae opina-
tur, non credat) at uero bestiarum nulli inest fides: phantasia multis.
Praeterea omnē opinionem sequitur fides: fidem persuasio: persuasionem
ratio. at bestiarū nonnullis phantasia inest, ratio non item.

Et etiam non est vnum istorum, quę semper iudicant, sicut scīa
& intellectus. est.n. imaginatio falsa. Remanet igitur consyderare
vtrum sit existimatio: cūm existimatio quandoque est vera, qñq;
falsa. Sed existimationem consequitur fides. impossibile.n. est vt
qui existimat, non credat, quod existimat. & nullum brutum, &
reptilium habet fidem. imaginatio aūt est in pluribus eorū. Oēm
igitur existimationem consequitur fides. fidem aūt consequitur E
sufficientia: sufficientiam aūt rationabilitas. & reptilium & brutorum quędam hñt imaginationem, rationem autem non.

157. Cūm destruxit imaginationem esse sensum, incepit destruere eā esse
scientiam, aut intellectum, aut existimationem, & d. Et etiam non est
vnum istorum, &c. i. &, si imaginatio esset scientia, aut intellectus, semper
veridicaret: sed non est ita: ergo non est scientia, neq; intellectus. D. d. Re
manet igitur, &c. i. remanet igitur consyderare vtrum sit existimatio, cū
vtrunque dicatur, veridicans quandoque, & quandoque falsans. & hoc facit existimare eas esse eandem virtutem secundum duas affirmatiuas in
secunda figura. D. d. Sed existimationem consequitur, &c. i. sed existima
tionem semper consequitur fides. Et, si imaginatio esset existimatio, contingeret ꝙ omne imaginans haberet fidem. sed multa imaginantur, tamen non habent fidem. nullum enim brutorum habet fidem, licet plura
eorum imaginentur. D. d. Omnem igitur existimationem, &c. i. &, quia
omne existimans est credēs: & omne credens sibi sufficit: & omne, quod F
sibi sufficit, habet rationem: necesse est vt omne existimans habeat ratio
nem. Et, si imaginatio esset existimatio, tunc omne imaginans haberet ra
tionem. sed multa brutorum & reptilium videntur habere imaginationem, sed non rationem omnino: ergo imaginatio non est existimatio.

Manifestum ergo quoniam neque opinio cū sensu: neq; per sen
sū, neq; copulatio opinionis & sensus, erit phātasia: & ꝓpter haec
& manifestum ꝙ non alia quaedam est opinio: sed illa quae quidē
est cuius est & sensus. Dico autem ex albi opinione & sensu copu
latio, phantasia est. non enim ex opinione quidem albi est. ex
sensu autem boni. Apparere igitur est opinari quod quidem sentitur non secundum accidens.

Constat

SOPH. *Constat ergo nec opinionem cum sensu, neq; per sensum, neq; conne-*
A *xionem opinionis & sensus, esse phantasiam: tum propter hæc, tum cer-*
tè, quia nō alia quædam opinio est: sed eiusdē illius, cuius et sensus est:
uerbi causa connexio ex albi opinione et sensu, phantasia est: neq; enim
ex opinione quidem boni erit, sensu autem albi. Apparere igitur est
opinari, quod sentit non per accidens.

Et manifestum est ꝙ imaginatio impossibile est vt etiam sit exi
stimatio cum sensu, neque compositio existimationis & sensus ex
istis rebus. Et ex hoc manifestum est ꝙ, existimatio non est alicuius alterius ab eo, cuius est sensus ē, s. si compositio, quę fit ex existimatione albi, & sensu eius, q̄d est imaginatio. impossibile est. n.
vt sit ex existimatione boni, & sensu albi. sed imaginatio est existi
matio eius, quod sentitur, non accidentaliter.

258 Cùm declarauit ꝙ impossibile ē vt imaginatio sit existimatio, aut sen-
B sus, aut scientia aut intellectus, & vniuersaliter aliqua virtutum rationis,
incœpit declarare & ꝙ non est compositum ex existimatione & sensu, vt
dicebant quidam Antiquorum, & d. Et manifestū est, &c. i. manifestum
est ꝙ imaginatio non est existimatio coniuncta cum sensu, neque virtus composita ex existimatione & sensu ex sermonibus prædictis, in quibus declarauimus ꝙ imaginatio nō est aliqua istarum virtutum, quoniā,
si esset composita ex eis, contingeret vt vere dicerentur de ea proprietates illarum virtutum, ex quibus componitur modo medio. compositum enim ex aliquibus necesse est vt in eo existant quoquomodo existētia in componentibus. Et ex hoc etiam manifestum est ꝙ existimatio ve
re non esset alicuius, nisi eius, cuius est sensus, sed deberet esse eiusdem rationis, s. si compositio, quæ fit ex existimatione albi & eius sensu, vt quidam dicebant, esset imaginatio. & inuit Platonem opinantem, vt reputo, ꝙ imaginatio est, vt in eodem componantur nobis existimatio, & sen
C sus insimul. D. d. impossibile est enim vt sit, &c. i. existimatio enim est
boni, & sensus albi. & impossibile est vt imaginatio sit compositio ex
existimatione eius, quod est, idē esse album & bonū. Existimatio enim,
& sensus secundum hunc modum non erunt eiusdem, nisi accidentaliter.
imaginatio autem apud eos est existimatio & sensus eiusdem rei, non
accidētaliter. Et est necessarium vt sit ita: quoniam, si imaginatio est eius
dem rei, & hoc manifestum est: & componitur ex existimatione & sensu:
necesse est vt existimatio, & sensus sint eiusdem rei essentialiter.

Apparent autem & falsa de quibus simul acceptionem ueram
habent, ut videtur sol vnius pedis, sed creditur maior esse habita-
tione. Accidit igitur aut abiicere sui ipsius ueram opinionē quā
habebat saluatam, salua re, non oblitum, neq; decredentem: aut
si adhuc habet, eandem necesse est veram esse vel falsam. sed falsa
facta est, quum lateat transcendens res.

Cōpositū ex aliqui-
b9 necesse
ē ut in eo
existant
quoquo
mō exi-
tia I cōpo
nentibus.
Idē 5. Ph.
6. 19. 52.
Idem 2.
Meth. 21.
Idē 2. de
Ge. 51. vi
de confile
5. Ph. co.
41.

Sed

SOPH. *Sed apparent etiam falsa, de quibus simul veram habet existimationem: ut sol apparet pedalis, persuasum est tamen, maiorem eum esse universa terra. vel igitur accidit ut suã opinionẽ amiserit, quã habebat verã, salva re, non oblitus, neq; de sñia depulsus: vel si adhuc hẽt, necesse est eandẽ verã esse et falsã. Atqui tũc falsa fit, cũ res mutata latuerit.* D

Et imaginamur etiam res falsas, & cum habemus in eis opinionem veram. v. g. quoniam nos imaginamur quantitatẽ Solis esse pedalem, & credimus ipsum esse maiorem terra. Contingit igitur aut vt homo proiiciat existimationem, quam habebat, & est salua salute rei, sine vigilia, & sine sufficientia econtrario: aut si fuerit pmanẽs adhuc in ipsa, necessario, hoc idẽ erit verũ & falsum. sed non efficitur falsa, nisi qñ res transmutatur, absq; eo φ sit pcepta.

159 Et signum eius, quòd existimatio, & sensus non sunt eiusdem rei comprehendentia, est quod, multotiens contradicunt sibi in eadem re. sentimus enim res falsas, & cũ hoc habemus in eis opinionem veram, verbi gratia, quòd visibiliter sentimus quantitatẽ Solis esse pedalem, & cum hoc opinamur vere Solem esse maiorem terra. D.d. contingit igitur aut vt homo proiiciat, &c. i. contingit, si æstimatio & sensus in talibus rebus sint eiusdem comprehensibilis, aut vt homo proiiciat opinionem veram in istis rebus, licet opinio sit salua, non transmutata propter transmutationem rei, de qua est opinio ab aliqua dispositione in aliam, neque propter hoc, quòd opinans etiam transmutatur propter aliquam infirmitatem, aut vigiliam, aut argumentum, quod induxit conclusionem contrarii; sed transmutatam per se, cùm sensus & existimatio, quasi sint idem, quia sunt eiusdem in dico vt proiiciat, aut vt remaneat in ea credendo duo contraria insimul, & erit res in se vera, & falsa insimul in eodem tempore. Deinde d. sed non efficitur falsa, nisi quãdo res transmutantur. i. & impossibile est vt opinio vera conuertatur, & fiat falsa per se: & non fit falsa nisi quando res transmutatur in se, absque eo φ illa sit percepta. Et, cùm impossibile est vt eadem res sit vera, & falsa: & est impossibile vt verum transmutetur ex se sine transmutatione rei; ergo impossibile est ut existimatio, & sensus sint eiusdem rei. E F

Nota ex quot causis aliquis verã opinionem abiicere pt. vide cõmẽtum 1. Post. cõ. 49.

Cũ impossibile sit vt eadem res vera sit et falsa, impossibile est vt verũ transmutetur ex se sine transmutatione rei.

Non ergo vnum aliquid horum est neq; ex his phantasia. sed quoniam est, moto hoc moueri alterum ab hoc, phantasia autem videtur motus esse, & non sine sensu fieri, sed in his quæ sentiunt, & quorum sensus est. est autem motum fieri ab actu sensus.

SOPH. *Nec ergo horum unum quidpiam, neq; ex his phantasiam esse perspicuum est. Verum quia fieri potest, ut moto hoc, moueatur aliud ab hoc, phantasia autem quidã esse motus videtur, nec sine sensu fieri, sed sentiẽtibus: eorũ q; esse quorũ sensus est, põtq; fieri motus ab actu sensus,*

Imaginatio igitur non est aliqua istarum, neq; ex eis. Sed, sicut

aliquid

A aliquid mouetur per motum alterius: & imaginatio existimatur esse motus: & impossibile est vt sit sine sensu, sed in eis, q sentiuntur, & in eis quæ habent sensum: & fit etiam motus ab actione sensus.

160 Cùm destruxit imaginationem esse aliquam istarum virtutum, aut cōpositum ex eis, incœpit demonstrare substantiam, & essentiā eius, & d. Imaginatio igit, &c. i. declaratū ē igitur ex hoc sermone ꝙ imaginatio nō ē aliqua istarū virtutū, neq; cōpōsita ex eis: sed substantia istius virtutis est quod dico. Qm̄, si sint quædā, quę mouētur ab aliis, & mouent alia: & imaginatio videtur esse virtus mobilis, & passiua ab alia: & impossibile vt sit sine sensu, sed est in rebus sensibilibus, & in animalibus habentibus sensum pfectū: & possibile est vt motus fiat à sensu, qui ē in actu: necesse ēst vt imaginatio in actu nihil aliud sit, nisi perfectio istius virtutis per intentiones sensibiles existentes in sensu fm modū, fm quē sensus perficiuntur p sensibilia, quæ sunt extra aīam: & ꝙ prima perfectio istius partis

B aīæ sit virtus, quæ innata est se assimilare sensationibus, q sunt in ipso sensu cōmuni. Sed Arist. propalauit in hoc sermone præcedens, & tacuit consequens, quia est manifestum, & post declarabit ipsum modo perfectiori. & ideo dimisit eum in hoc loco.

: Et hunc similem necesse est esse sensui, erit utiq; phantasia ipsa motus non sine sensu contingens, neq; non sentientibus inesse. & multa est secundum ipsam facere & pati habens: & esse veram & falsam. hoc autem accidit propter hoc, ꝙ propriorū quidem sensus est verus, aut quampaucissimum habens falsum. Secundo autem accidere hoc. & hic iam contingit mentiri. Quod quidem .n. album, non mentitur. si autem hoc album, aut aliud mentitur. Tertio autem communium & consequentium accidentia quibus insunt propria, Dico autem vt motus & magnitudo quæ accidunt sensibilibus: circa quę est maxime iam decipi fm sensum.

C motus aūt ab actu factus differt a sensu, qui ab his tribus sensib⁹. Et primū quidē præsentis sensus verus: alii aūt p̄sentis & absentis erunt vtiq; falsi, & maxime cū procul sit sensibile. Si qdē igit nihil aliud habet quæ dicta sunt, nisi phantasia: hoc aūt est quod dictū ēst: phantasia vtiq; erit motus a sensu secundum actum factus.

SOPH. *cùmq; similem esse sensui necesse est, hic sanè motus eiusmodi fuerit, qui neq; sine sensu, neq; non sentientibus inesse poßit: atque fit ut id quod eam habeat, complura per ipsam & agat & patiatur, ac uera sit & falsa. quod eò fit quia sensus propriorum uerus est, aut certè quam minimum habet falsitatis. Secundo eius cui accidant & hæc, atq; hic demum falsus esse potest. album enim esse, non fallitur: sed an illud album, sit hoc, aut aliud quidpiam, fallitur. Tertio cōmunium, et consequentium accidentia, quibus insunt propria: uerbi causa, motus ac magnitudo, quæ accidunt sensibilibus: in quibus deuiū maxime fieri* D *potest ex sensu deceptio. Motus igitur qui fit ab actu sensus, differens erit, uidelicet is qui ab his tribus fit sensibus. Ac primus quidem præsente sensu uerus est, cæteri uero & præsente & absente fuerint falsi, præsertim cum procul abest sensibile. Si igitur nihil aliud nisi phantasia quā iā diximus habet: atq; hoc est quod diximus: profectò phantasia fuerit motus is, qui fit à sensu qui actu est.*

Et oportet vt iste sit similis sensui. iste enim motus impossibile est vt sit extra sensum, aut sit in carēte sensu: & vt sit illud, quod habet ipsum agens & patiens multas res: & erit verus & falsus. Et contingit hoc propter hoc, quod narrabo. Sensus rerū propriarum est verus, & ferè non cadit in ipsum falsitas. Deinde post sensus rei, quem sequuntur ista: & in hoc loco potest falsari. v.g. hoc esse album, in hoc enim nō falsat: quoniam autem album est E hoc, aut aliud falsatur. Deinde tertius sensus, & est communium consequentium res, quas consequuntur propria, & sunt ea, quorum esse est proprior in eis. & dico motum, & quantitatē, & sunt ea quæ contingunt sensibilibus. & in istis proprie cadit error. Sensus igitur, & motus, qui fiunt ab actu, differunt à sensu, & differt ab istis tribus modis sensus. primus igitur quando sensus fuerit præsens, erit verus: & alius falsatur, siue fuerit præsens, siue absens, maxime quādo sensibile fuerit remotum. Si igitur quod narrauimus, non est alio modo quàm diximus: & illud, quod narratū ē, est imaginatio: Imaginatio igitur & motus à sensu, qui ē in actu.

161 Et necesse est, si imaginatio est motus à sensu in actu, vt iste motus, qui est imaginatio, sit similis sensui in eis, quæ contingunt sensui, & quòd sit impossibile vt iste motus sit extra sensum, aut extra animalia: & sint ea, quæ habent hanc virtutem ex animalibus, agentia per illam, & patientia F multas res: & si uera & falsa, sicut est de sensu. Deinde dicit. Et contingit hoc, &c. idest & contingit vt in imaginatione accidat verum & falsum, cùm sit motus à sensu, qui est in actu ex hoc, quod narrabo de hoc, quod accidit in sensu. sensus enim quidam est verus in maiori parte, & est sensus, qui est rerum propriarum, verbi gratia hoc est album, aut nigrum: & quidam est falsus in maiori parte, & est duobus modis, sensus sensibilium accidentalium, v.g. q̄ iste albus est Socrates vel Plato: & sensus sensibilium communium, verbi gratia quantitas & motus: quoniam in his duobus modis sensibilium cadit error. Et, cùm ita sit, necesse est vt imaginationi accidat de hoc illud, quod accidit sensui, & plus. Primo autem, quia motus, qui fit in imaginatione à sensu, qui est in actu, differt à motu, qui est in sensu, à sensibilibus apud absentiam sensibilium. & propter hoc accidit falsitas imaginationi. Secundo vero, quia motus istorū trium modorum

Vide sup cō. 134.

dorum

A dorum sensus ad virtutem imaginatiuam differunt abinuicem. Imaginatio autem, quæ est sensibilium propriorum, quando sensus cõprehendit
ea prius, omni modo est vera. imaginatio autem, quæ est aliorum modo
rum sensibilium, licet cõprehendat ea, est falsa, cùm sensus erat in eis. De
inde dixit. Sensus igitur, & motus, qui fiunt ab actu, differũt à sensu. idest,
vt mihi videtur, comprehensio igitur, & motus, qui fit à sensu in actu,
quæ sunt imaginatio, differunt à sensu in actu in eo, quod inuenitur de
veritate & in sensu. & intendebant per hoc ꝙ sensus est verus: &, cùm sen
sibile absentauerit se, forte transmutabuntur illa signa remanentia ex eo
in sensu. & hoc erat causa erroris virtutis imaginatiuæ, licet sensus fuerit
verus. Deinde dicit, & differt ab istis tribus, &c. idest & differt iste motus,
qui fit ex tribus modis sensus in actu, scilicet qui fit in uirtute imaginatiua ab istis tribus modis sensus. Motus igitur, qui fit à sensu, qui fit à primis sensibilibus proprijs, erit uerus, quãdo sensus fuerit præsens, idest, quã
do sensus eorum in actu præcedit imaginationem. Duo autem alii motus, qui sunt à duobus aliis modis sensus in actu, qui fit à duobus aliis mo-
B dis sensibilium, falsatur: licet sit præsens sensus, & senserit illa ante imaginationem: & maxime, quando * tempus comprehensionis sensibilis à sen * a. l. locus
su fuerit remotum. Et, quia necesse est, si imaginatio est motus à sensu Epilogus
in actu, vt imaginatio sit similis sensui in omnibus dispositionibus, & vt commenta-
sit possibile reddere causas omnium apparentium in ea per sensum: &, si toris.
fuerit similis sensui in omnibus dispositionibus, vt si motus à sensu in a-
ctu. & apparet ꝙ est similis. & iam apparuit etiam ex hoc sermone ꝙ causas omnium apparentium in ea possumus reddere sm ꝙ est motus à sensu, & ꝙ est impossibile reddere eas per aliam virtutem. Et tunc, quia neces Epilogus
se est hoc totum, congregauit omnia, quæ dixit & dedit conclusionẽ, quã iuxta litte-
intendebat, & dixit. Si igitur quod narrauimus, &c. idest si igitur, hoc qđ ram.
narrauimus de hac parte animæ, videtur esse, & omnia, quæ contingunt
in ea, non contingunt in ea, nisi secundũ ꝙ est motus à sensu, qui est in
C actu tantum, non per aliam virtutẽ animæ. sed, si posuerimus ipsam esse
aliam virtutem virtutum animæ comprehensiuarum, aut cõpositum ex
pluribus vna earum, continget impossibile: ut declaratum est ex hoc sermone: illud autẽ, quod narrauimus, est illud, quod dicitur imaginatio in
rei veritate: ergo imaginatio est motus à sensu, qui est in actu. Et debes Documen
scire ꝙ imaginatio videtur esse motus à sensu in actu per alterũ duorum. tum.
Quorum vnum est ꝙ, cum fuerit positum ꝙ nõ est modus, quem possi-
bile est dicere nisi modi prædicti, scilicet aut scientia, aut intellectus, aut Prima rõ.
existimatio, aut sensus, aut compositum ex eis, aut motus factus à sensu: &
ex omnibus accidit impossibile, nisi ab eo ꝙ fit motus à sensu: ex hoc. n.
nullum accidit impossibile: necesse est vt imaginatio sit motus à sensu in
actu. Secundum autem est ꝙ, cum fuerit positum ipsam esse cum sensi- Secũda rõ
bili & insensibili, & similem eis in omnibus suis dispositionibus, poterimus reddere causas omnium apparentium in ea ex hoc modo. vnde necesse est vt sit motus à sensu in actu. & Aristo. congregauit ambo, & cõ-
clusit

clusit quod necesse est ut substantia imaginationis sit ista substantia. Et sic debemus intelligere sermonem Arist. in hoc loco. D

Quoniam autem visus maxime sensus est, & nomen a lumine accepit: quoniam sine lumine non est videre. & quoniam immanent & similes sunt sensib⁹, multas ec̄dm ipsas operantur animalia. alia quidem quia non habent intellectum, ut bestiæ: alia vero ex velamento intellectus, aut passione, aut ægritudine, aut somno, vt homines. De phantasia quidem igitur quid est, & propter quid est, dictum sit intantum.

SOPH. *Porrò autem quia visus præcipue sensus est, ideo etiam nomen duxit ἀπὸ τοῦ φάους .i. à lumine: nimirum quia sine lumine uidere non possumus: Ac quoniam immanent, similesq; sunt sensibus, multa per ipsas agunt animalia alia, quòd non habeant intellectum, uidelicet bestia: alia, quòd interdum intellectus obruitur, aut perturbatione, aut morbo, aut somno: ut homines. Ac de phantasia quidem quid sit, & quamobrem sit, tot exposita sunt.* E

Et, quia visus est proprie sensus, deriuatum fuit ei nomen à luce. impossibile enim est videre sine luce. Et, quia sensationes figūtur in eo, & ipse est eodem modo, ideo animal agit per ipsum multa, quorum quædam sunt, quia non habent intellectum, ut bruta: & quædā, quia forte intellectus in eo sincopizatur ab aliquo accidente, aut infirmitate, aut somno, vt homines. Hoc igitur sit finis nostri sermonis, quid est, & quare.

162 Et, q̄a visus ꝓprie ē illud, q̄d dr̄ sēsus primo, cū ē nobilissimū sensuū, & n̄ pficit nisi à luce, ideo nomē isti⁹ virtutis deriuatū a nōīe lucis ī ligua Greca. Deinde incępit narrare vtilitatē isti⁹ virtutis ī aīalib⁹, s. cām finalē, & dixit. Et, q̄a sensationes figunt̄ in eo .i. &, quia sensationes figūt̄, & remanēt in aīali imaginātū post absentiā sensibiliū in eo mō, fm quē erāt apud præsentiā sensibiliū, ideo aīal mouet̄ ab istis sensationibus per hanc uirtutē apud absentiā sensibiliū, multis motibus ad sensibilia & nō sensibilia, q̄rendo vtile, & fugiēdo nociuū, quēadmodū mouebat̄ p sensus à sensibilibus: ita q̄ animal non caret vtilitate in præsentia sensibilium apud absentiam eorum: sed ista virtus remanet in eo modo, fm quem erat apud præsentiā sensibilium. & vīr vtilitas apud pręsentiā sensibilium data est huic virtuti apud absentiā sensibiliū, ita q̄ aīal p hoc habet esse nobilissimū in habendo salutē. D.d. quorū quædā sunt, quia nō habēt intellectū, &c. i. quædā aīalia agunt p hāc virtutē, quia nō habēt intellectū, & habēt istā virtutē loco intellectus in acquirendo salutē: & quædā agunt p illā, quando intellectus fuerit sincopizatus ab infirmitate, aut alio, & sunt animalia habētia intellectus, vt homines. tunc.n. est eis loco intellectus. Hic igitur est sermo de imaginatione, quid, & quare. & hæc duo naliter sunt desyderata. F

3. de Ala 63

Aristotelis

ARISTOTELIS DE ANIMA

LIBER TERTIVS,

Cum Auerrois Commentarijs.

SVMMAE LIBRI.

In prima agitur de potentia Animæ intellectiua.
In secunda de potentia Animæ motiua.
In tertia, quæ Animæ potentiæ quibus animalis sint necessariæ declaratur.

SVMMAE PRIMAE Cap. 1.

De intellectus possibilis essentia. Ipsius impassibilitatem non esse similem ei, quæ sensus. Et quando intellectus hic in actu esse dicatur.

A DE parte autem animæ qua cognoscit anima & sapit, siue separabili existente, siue non separabili secundũ magnitudinem, sed secundum rationem, considerandum quam habet differentiam, & quomodo quidẽ fit ipsum intelligere.

IOPH. *DE ea autem parte animæ, qua anima cognoscit & sapit, siue ea sit separabilis, siue etiam non separabilis magnitudine; sed*
B *ratione, considerandum est quam habeat differentiam, & quonam pacto fiat intelligere.*

DE parte autem animæ perscrutandum est per quam anima cognoscit & intelligit, vtrum est pars differens: aut nõ differens in magnitudine: sed in intentione. Et perscrutandum est, differentia quæ sit, & quo est formare per intellectũ.

1 CVm cõpleuit sermonem de virtute imaginatiua, quæ sit, & quare, incœpit perscrutari de rationabili, & quærere in quo differt ab aliis virtutibus comprehensiuis, scilicet virtute sensus & imaginationis. &
C hoc in prima & vltima perfectione, & in actione & in passione propria: cùm necesse est vt uirtutes diuersæ diuersentur in his duobus. Et, cùm in his duobus fuerint diuersæ, manifestum est quod necesse est vt, diuersentur in qualitate actionis, si fuerint actiuæ: aut passionis, si passiuæ: aut in vtroq;, si vtrunq;. Et, quia intentio eius est talis, incœpit primo demonstrare quod esse istius virtutis, scilicet ipsam esse diuersam ab aliis virtutibus animæ, manifestum est per se: cùm per hanc virtutem differat homo ab aliis animalibus, vt dictum est in multis locis. & quod hoc, quod est dubium, vtrum differat ab aliis virtutibus in subiecto, sicut in intentione, aut tantum

Intentio vniuersalis.

Idẽ 2. huius cõ. 52.

Intentio particularis.

Idẽ 2. huius cõ 152

Per virtutẽ rõnale differt hõ ab aliis aialib' cõ simile 12. Met. cõm. 38. & 10. Ethic. ca. 9.

rum differat in intentione, non est necessarium ad præsciendum in hac p D
scrutatione: sed forte ex hac perscrutatione declarabitur quomodo. Et
dixit. De parte autem animæ, &c. idest pars autem animæ, qua comprehendimus comprehensione, quæ dicitur cognoscere & intelligere, cùm
manifestum est esse diuersa ab aliis virtutitibus, & ignorare primo vtrũ
differat ab alijs virtutibus animæ subiecto, & intentione, ut Plato, & alij
dicebant quòd subiectum istius virtutis in corpore aliud est à subiecto
aliarum: aut non differt ab aliis in subiecto, sed tantum in intentione,
non nocet in hac perscrutatione, quam intendimus, modo perscutandũ
est de differentia, qua ista virtus differt ab aliis. Deinde dixit & quomodo est formare per intellectum. idest & prius perscrutandum est, quomo
do est formare per intellectum, vtrum sit actio, aut receptio. scire enim
actiones animæ prius est apud nos quàm scire eius substantiam. Et uidetur ꝙ intendebat hic per cognitionem, cognitionem speculatiuam: &
per intellectum cognitionem operatiuam: cùm intellectus sit communis
omnibus, cognitio autem non. E

Si igitur est intelligere sicut sentire, aut pati aliquid vtiqꝫ erit ab intelligibili, aut aliquid huiusmodi alterum.

10 PH. *Si igitur intelligere est quemadmodum sentire, aut pati quoddam fuerit ab intelligibili, aut aliquid eius generis aliud.*

Dicamus igitur quòd, si formare per intellectum est sicut senti re, aut patietur aliquo modo ab intellecto, aut aliud simile.

2 Cùm narrauit quòd principiũ pescrutationis de substantia huius vir-
Continuatio. tutis est perscritari de genere huius actionis, quæ est formare per intellectum, & scire genus quod præcedit differentiam, incœpit primo dubi-
tare in hoc, vtrum formare per intellectũ sit de virtutibus passiuis, sicut
sensus, aut de actiuis. Et, si est de passiuis: vtrum est passiuũ propter hoc,
quod est materiale quoquo modo, & mixtum cum corpore, idest virtus
in corpore, sicut sensus est passiuus, aut nullo modo est passiuum, quia nõ F
est materiale, neque mixtum corpore omnino, sed de intentione passio-
Expō lřę. nis tantum habet receptionem. Et dicit. Dicamus igitur quòd, si formare, &c. idest dicamus igitur quòd, si posuerimus ꝙ formare per intellectum est sicut sentire, scilicet ex virtutibus passiuis, adeo quòd prima uirtus intellectiua recipiat intellecta, & comprehendat ea: quemadmodum
virtus sentiens recipit sensibilia, & comprehendit ea: necesse est alterum
duorum, aut ut accidat ei aliqua transmutatio, & passio ab intellecto similis transmutationi, quæ accidit sensui à sensato, quia perfectio sensus
est virtus in corpore: aut vt non accidat ei transmutatio similis transmu
tationi sensuum, & passioni eorum à sensato, quia prima perfectio intellectus non est virtus in corpore, immo non accidit ei omnino. Et hoc
intendebat, cùm dixit. aliud simile. idest aut nõ patiatur passione æqua
li passioni sensus, scilicet non accidit ei transmutatio similis transmutationi,

tioni, quæ accidit sensui: sed solum assimilatur sensui in receptione: quia non est virtus in corpore.

Impassibile ergo oportet esse: susceptiuum autem speciei, & potentia huiusmodi, sed nō hoc: & similiter se habere sicut sensitiuū ad sensibilia, sic intellectiuum ad intelligibilia.

ℹ ɪ ɴ. *Ergo impatibile ipsum esse oportet: receptiuum uero speciei, & potentia tale, sed nō hoc: & similiter habere, ut sensitiuum ad sensibilia, sic intellectum ad intelligibilia.*

Oportet igitur vt sit nō passiuum, sed recipit formam: & est in potentia, sicut illud, non illud. & erit dispō eius sm similitudinē, sicut sēnsus apud sensibilia, sic intellectus apud intelligibilia. a.l. sentiens

Cùm narrauit quòd primò necesse est perscrutari de hac actione, quæ est formare per intellectum, verum est passiua, aut actiua, incœpit ponere illud, quod vult declarare, scilicet ipsum esse de virtute passiua quoquo modo, & ꝙ est non trasmutabile, quia non est corpus, neque virtus in corpore. Et dixit. Oportet igitur vt sit non passiuum, &c. idest &, cum bene fuerit perscrutatum de hoc, apparebit quòd necesse est quòd ista pars animæ per quam fit formare, est virtus non transmutabilis à forma, quam comprehendit, sed non habet de intentione passionis, nisi hoc tantum, ꝙ recipit formam, quam comprehendit: & quia est in potentia illud, quod comprehendit, sicut sentiens: non quia est aliquid hoc in actu corpus, aut virtus in corpore, sicut est sentiens. Et hoc intendebat, cùm dixit. & ē in potentia, sicut illud, nō illud. i. & ē in potentia sicut sensus: non quia illa virtus est aliquid hoc, aut corpus, aut virtus in corpore. Deinde dicit. & erit dispositio eius secundū similitudinē, sicut sensus apud sensibilia, &c. potest intelligi sic. & necesse est vt sit de virtutibus passiuis: ita quòd proportio sensus ad sensibilia sit sicut proportio intellectus ad intelligibilia. & secundum hoc in ordine sermonis erit transpositio, & tunc debet legi sic. oportet igitur ut, dispositio eius sit secundū similitudinem, sicut sensus apud sensibilia, sic intellectus apud intelligibilia: & vt sit non passiuū passione, sicut passione sensuum: sed recipit formam, & est in potentia, sicut illud, non illud. Et potest intelligi, & dispositio eius erit secundum hunc modum, sicut sentiens apud sensibilia, sic intellectus apud intelligibilia. idest quòd ponere ipsum non passiuum nō contradicit huic, quòd proportio eius ad intellectum sit sicut proportio sentientis ad sensatum. sed forte concedendo ipsum habere hanc proportionem, erit necesse vt sit non transmutabile. Et coegit nos ad illam expositionem hoc, ꝙ intellectum habere hāc proportionem manifestum est per se, aut propè, cū hoc ꝙ est quasi principiū ad sciendū ipsum esse nō passiuū, neq; trāsmutabile.

Continuatio. Expositio. Prīa expō. Sc̄da expō. Rō primę expōnis.

Necesse itaq; quoniam omnia intelligit immistum esse sicut dicit Anaxagoras, ut imperet, hoc autem est ut cognoscat. intus apparens enim prohibet extraneum & obstruit.

107 H. *Necesse igitur est cū omnia intelligat, non mixtū esse, ut ait Anaxagoras, ut dominetur siue superet, idest, ut cognoscat: nam [species] se offerens impedimento est alieno & obsepit.* D

Necesse est igitur, si intelligit omnia, vt sit non mixtum, sicut dixit Anaxagoras vt appareat, scilicet vt cognoscat. si enim apparuerit in eo, apparens impediet alienum, quia est aliud.

4 Cùm posuit quod intellectus materialis recipiens debet esse de genere virtutum passiuarum, & cùm hoc non transmutatur apud receptionem, quia neq; est corpus, neq; virtus in corpore, dedit demōstrationem super hoc, & dixit. Necesse est igitur, si intelligit, &c. idest necesse est, si comprehendit omnia existentia extra animam, vt ante comprehensionem sit nominatus ex hoc modo in genere virtutum passiuarum non actiuarum: & vt sit non mixtus cum corporibus, scilicet neque corpus, neq; virtus in corpore naturalis, aut animalis, sicut dixit Anaxagoras. Deinde dixit vt cognoscat, &c. idest necesse esse vt sit non mixtus, ut comprehendat omnia, & recipiat ea. Si enim fuerit mixtus, tunc erit aut corpus, aut virtus in corpore. &, si fuerit alterum istorum, habebit formam propriam, quæ forma impediet eum recipere aliquā formam alienam. E

Et hoc intendebat, cùm dixit. si enim apparuerit in eo, &c. idest s. n. habuerit formam propriam rerum, tunc illa forma impediet eum a recipiendo formas diuersas extraneas, quia sunt aliæ ab ea. Sed modo consyderandum est in his propositionibus, quibus Aristo. declarauit hæc duo de intellectu, scilicet ipsum esse in genere virtutum passiuarum, & ipsum esse non transmutabile: quia neq; est corpus, neq; virtus in corpore. nam hæc duo sunt principium omnium, quæ dicuntur de intellectu. Et, sicut Plato dicit, maximus sermo debet esse in principio. minimus enim error in principio est causa maximi erroris in fine, sicut dicit Aristoteles. F

Digressio

Dicamus igitur quoniam, cum formare per intellectum est aliquo modo de virtutibus receptiuis, sicut est de uirtute sensus, manifestum est ex hoc. Virtutes enim passiuæ, sunt mobiles ab eo, cui attribuūtur: actiuæ autem & mouent illud, cui attribuuntur. Et, quia res non mouet nisi secundum quòd est in actu, & mouetur secundum quòd est in potentia, necesse est inquantum rerum formæ sunt in actu extra animam, vt moueant animā rationalē sm̄ q̄ comprehendit eas: quemadmodū sensibilia inquantum sunt entia in actu, necesse est ut moueāt sensus idest, vt sensus moueantur ab eis. Et ideo anima rationalis indiget consyderare intentiones, quæ sunt in virtute imaginatiua, sicut sensus indiget inspicere sensibilia. Sed tamen videtur q̄ formæ rerum extrinsecarum mouent hanc virtutem: ita quòd mens aufert eas à materiis, & facit eas primo intellecta in actu, postquam erant intellecta in potentia. & hoc modo videtur quòd ista anima est actiua, non passiua. Secundum igitur quòd intellecta mouent eā, est passiua: & secundū quòd mouentur ab ea, est actiua. &

Primo Cœ. tex. cō. 31.

Res non mouet, nisi sm̄ q̄ ē in actu. Idē 3. phy. 17. & 9. Meta. 20.

Obiectio.

Solutio.

&

A & ideo dicit Aristoteles post, ꝙ necesse est ponere in anima rationali has Infra tex. cõ. 17.
duas differentias, scilicet virtutem actionis & virtutem passionis. & dicit
aperte ꝙ utraq; pars eius est neq; generabilis, neq; corruptibilis, vt post
apparebit. sed hic incæpit notificare substantiam virtutis passiuæ, cũ hoc
sit necesse in doctrina. ex hoc igitur declaratur quòd hæc differentia, scili
cet passionis, & receptionis existit in virtute rationali. Quòd autem sub
stantia recipiens has formas, necesse est vt non sit corpus, neque uirtus in
corpore, manifestum est ex propositionibus, quibus Aristoteles vsus est
in hoc sermone. Quarum vna est, quòd ista substantia recipit omnes for
mas materiales. & hoc notum est de hoc intellectu. Secunda autem est, Recipiens
quòd omne recipiens aliquid, necesse est vt sit denudatũ à natura recepti: dẽt esse de-
& vt sua substantia non sit substantia recepti in specie. Si enim recipiens nudatũ à
esset de natura recepti, tunc res reciperet se, & tunc mouens esset motum. nã recepti
vnde necesse est vt sensus recipiens colorem careat colore: & recipiens Idẽ 2. de
sonũ careat sono. & hæc propositio est * vera, & sine dubio. Et ex his dua aĩa 67. &
bus sequitur quòd ista substantia, quæ dicitur intellectus materialis, nul 71. & 83.
B lam habeat in sui natura de formis materialibus istis. Et, quia formæ ma & 3. Cœli 67.
teriales sunt aut corpus, aut formæ in corpore, manifestum est ꝙ ista sub
stantia, quæ dicitur intellectus materialis, non est corpus, neq; forma in * al' necessaria.
corpore: est igitur non mixtum cum materia omnino. Et debes scire ꝙ
illud, quod dedit hoc, necessario est: quia ista substantia est, & quia recipi Docum.
ens formas rerum materialium vel materiales non habet in se formam
materialẽ, scilicet † cõpositam ex materia & forma. Et neq; est etiam aliqua forma formarum materialium. formæ enim materiales nõ sunt sepa † al. q̃d sit cõpositũ.
rabiles. Neque ẽ etiam ex formis primis simplicibus. illæ enim non sunt
separabiles, & nõ recipiunt formas, nisi diuersas; & sm ꝙ sunt intellectę in
potentia, nõ in actu. est igit' aliud ens à forma, & à materia, & cõgregato
ex eis. Vtrũ autem hæc substantia habeat formam diuersam in esse à for-
C mis * materialibus, adhuc non declaratur ex hoc sermone. Propositio.n. * a Limma-
dicens ꝙ recipiens debet esse denudatum à natura recepti, intelligitur terialibus
à natura speciei illius recepti, nõ à natura sui generis, & maxime remoti,
& maxime eius, quòd dictũ est per æquiuocationem. Et ideo diximus ꝙ
in sensu tactus inuenitur medium inter contraria, quæ comprehendit, cõ 2. de aĩa
traria enim alia sunt in specie à mediis. Et, cum talis est dispositio intel- 118. 119.
lectus materialis, scilicet ꝙ est unum entium, & ꝙ potentia est abstracta,
& non habet formam materialem, manifestum est ipsum esse non passiuum: cùm passiua, scilicet transmutabilia sint formæ materiales, & ꝙ est
simplex, sicut dicit Aristote. & separabilis. & sic intelligitur natura intel
lectus materialis apud Arist. ꝙ post loquemur de eius dubiis.

ANTIQVA TRANSL.

Quare neq; ipsius est esse naturã neq; vnã, sed aut hoc, q possibilis sit. vocat utiq; animæ intellectus, dico autẽ intellectum, quo opinat & intelligit anima, nihil est actu eorũ quæ sunt ante intelligere.

MANTINI TRANSL. D

Commentum hoc Quintum à viro illo doctißimo Iacob Mantino translatum, vnà cum Antiqua translatione hic appoſuimus, ut clarior ipſum redderetur intelligentia.

SOPH. *Ita ut nulla sit eius natura niſi hæc, quòd poßibilis. ergo qui uocatur animæ intellectus, uoco autem intellectũ quo διανοῆται & existimat anima, nihil est actu eorum quæ ſunt, antequã intelligat.*

Et sic nullam habet naturam nisi istã, scilicet q est possibilis. Illud igitur de anima, quod dicitur intellectus: & dico intellectum illud, per quod distinguimus & cogitamus: non est in actu aliquod entium, antequam intelligat.

Sic ergo nullã habet naturam, nisi hanc, scilicet q est quid possibile. Ipse igitur intellectus animæ vocatur: dico autem intellectum, quo anima intelligit (seu discurrit) & opinat ipsa anima: nihil actu est ipsorum entium, antequam intelligat. E

5 Cùm declarauit q intellectus materialis non habet aliquam formã materialium, incœpit definire ipsũ hoc modo, & d. Et sic nullam habet naturam secundum hoc, nisi naturam possibibilitatis ad recipiendum formas intellectas materiales, Et d. Et sic nullam habet naturam, &c. i. illud igitur ex anima, quod dicitur intellectus materialis, nullam habet naturam, & essentiam, qua constituatur secundum quòd est materialis, nisi naturam possibilitatis, cùm denudetur ab omnibus materialibus, & intelligibilibus.

Posteaq; Arist. exposuit intellectũ materialẽ nullã obtinere formã materialẽ. incipit nũc definire eũ eo pacto, dicens. Sic ergo nullã hẽt naturã, nisi naturã possibilitatis, vt possit recipere formas intelligibiles materiales. Cũ itaq; ĩquit. Sic ergo nullam habet naturam, intelligit eam partẽ animæ, quæ Intellectus materialis nuncupatur, nullam unq; obtinere naturã, neq; essentiam, quã ipse consistat, ea ratione, s. qua materialis existit, nisi naturã potentialitatis (seu promptitudinis, vt ita loquar) cùm sit expers omniũ formarũ materialiũ, atq; intelligibilium. F.

Quid p intel'm vid. 3. cõ. 20. & 5. cõ. 1.

D. d. & dico intellectum, &c. idest & intende per intellectum hic virtutem animæ, quæ dicitur intellectus vere

Mox cùm inquit, dico autẽ intellectum, &c. hoc est, intelligo autẽ, cùm dico intellectum, eam aĩæ vim, seu

ANTIQVA TRANSL.

A vere: non virtutem, quæ dicitur intellectus large. [L] virtutem imaginatiuã in lingua Græca: sed virtutem qua distinguimus res speculatiuas & cogitamus in rebus operationis futuris. D. dixit, non est in actu aliquod entium, anteq̃ intelligat, idest definitio igitur intellectus materialis est illud, quod est in potentia omnes intentiones formarum materialium vniuersalium, & non est in actu aliquod entium, antequam intelligat ipsum.

B

Digressio. Prima pars. Differentia inter Intellectum, & materiam primam.

Et, cùm ista est definitio intellectus materialis, manifestum est quòd differt apud ipsum à prima materia in hoc, quòd iste est in potentia omnes intentiones formarum vniuersalium materialium: prima autem materia est in potentia omnes istæ formæ sensibiles, non cognoscens, neque comprehendens. Et causa, propter quam ista natura est distinguens & cognoscens, prima autem materia neque cognoscens, neque distinguens est, quia prima mate-

C ria recipit formas diuersas, scilicet indiuiduales, & istas, iste autem recipit formas vniuersales. Et ex hoc apparet quòd ista natura non est aliquod hoc, neque corpus, neque virtus in corpore. quoniam, si ita esset, tunc reciperet formas secundum quòd sunt diuersæ. & istæ. &, si ita esset tunc formæ existentes in ipsa, essent intellectæ in potentia: & sic nõ distingueret naturã formarũ secundum quod sunt formæ: sicut est dispositio in formis indiuidualibus, siue spiritualibus, siue corporalibus.

Correlariũ primum.

Et

MANTINI TRANSL.

seu facultatem, quæ vere nominetur intellectus, non eam vim, quã largo vocabulo, seu figuraliter Græci intellectũ vocãt, q̃ est ipsa potẽtia imaginaria, sed intelligo eã facultatẽ, qua discernimus, ac dignoscimus res ipsas cõtẽplatiuas, excogitamusq̃ue factiuas, seu practicas, q̃ sunt faciendæ. D. d. nihil actu est ipsorum entiũ, anteq̃ intelligat. ac si diceret ergo definitio ipsius intellectus materialis hæc vtiq; est. nẽpe quòd est id, quod est in potẽtia ad omnes conceptus formarũ materialium vniuersalium: & non est actu aliquid entium, antequam intelligat ipsa.

Et, si hæc est definitio ipsius intellectus materialis, sequitur ergo intellectũ ipsum differre inq̃, ab ipsa materia prima, atq; distingui, iuxta Aristotelis sententiã. Primo quidẽ, propterea quia intellectus est in potẽtia ad oẽs cõceptus formarũ vliũm materialium. sed materia prima est in potentia ad oẽs has formas, sensibiles. Secũdo vero, quia intells mãlis dignoscit formas, quas recipit, sed ipsa materia prima nihil dignoscit vel apprehendit. Causa aũt, ob quã hæc natura dignoscit atq; discernit, materia vero prima nihil cognoscit vel discernit, est quidẽ, quia prima materia recipit formas diuersas singulares atq; indiuiduas, intellectus vero vles recipit formas. Hinc colligit põr hãc naturã nihil singulare, vel indiuiduũ esse, tũ corpus, tũ et aliquã potentiã in corpore. qm̃, si id fieri posset, tunc reciperet formas, quatenus sunt singulares diuersæ, atque indiuiduæ formæ, ergo, quæ in eo existunt, fuissent vtiq; potẽtia intelligibiles: & sic nõ dignoscere neq;

ANTIQVA TRANSL.

Secũdum correctũ.

Et ideo necesse est vt ista natura, quæ dicitur intellectus, recipiat formas modo alio ab eo, secundum quem istæ materiæ recipiunt formas receptionis: quarum conclusio à materia est terminatio primæ materiæ in eis. Et ideo non est necesse vt sit de genere materierum illarum, in quibus prima est inclusa, neque ipsa prima materia. quoniam, si ita esset, tunc receptio in eis esset eiusdem generis. diuersitas enim naturæ recepti, facit diuersitatem naturæ recipientis. Hoc igitur mouit Aristotelem ad imponendum hanc naturam, quæ est alia à natura materiæ, & à natura formæ, & à natura congregati.

Id ẽ 1. c. 5. de subã orbis & 1. Phy. 69.

MANTINI TRANSL.

D

distingueret naturas formarũ, quatenus sunt formæ: sicut in particularibus formis fieri solet, siue sint spũales, siue materiales. necessum ergo ẽ hãc naturã, quæ intellectus nõiatur, recipe ipsas formas, mõ quidẽ diuerso ab illo, quo istæ materiæ recipiũt illas formas, quas recipiunt: quæ quidẽ ideo cõtinẽtur, ac retinẽtur in ipsa materia, quia materia ipsa prima terminatur p eas. Et idcirco nõ oportet ipsũ eẽ ex gñe illarũ materierũ, quibus materia prima cõtinetur, seu terminatur, neq; vt sit ipsamet materia prima. nã, si ita res se haberet, esse* eius generis esset res eas recipere. quoniam diuersitas naturæ rei receptæ facit diuersitatẽ in natura recipientis. Hoc igitur coegit Aristotelẽ ponere hãc naturã distinctã a natura materiæ, atque à natura formæ, atque à natura compositi ex ipsis.

E

* a. l. receptio formarũ i intellectu ẽẽt ex gñe receptionis formarũ materialium.

Secũda ps The. opio de intellectu possibili immortalitate ca. 34.

Et hoc idem induxit Theophrastum, & Themistium, & plures expositores ad opinandum quòd intellectus materialis est substantia, neque generabilis neq; corruptibilis. omne enim generabile & corruptibile est hoc. sed iam demonstratum est quod iste non est hoc, neq; forma in corpore. Et induxit eos ad opinandum cũ hoc, quod ista est sententia Aristo. Ista enim intentio, scilicet quod iste intellectus est talis, bene apparet inuenientibus demonstrationem Aristo. & sua uerba. De demonstratione autem secundum quod exposuimus: de uerbis vero, quia dixit ipsum esse non passiuum, & dixit ipsum esse separabile, & simplex. Hæc enim tria verba vsitãtur in eo ab Aristote. & non est rectum, immo est

Intellectus nõ passiuus, & simplex 3. de Ala. 12 & 6. Intellectus separabilis 3. de Ala 20. 1. de Ala. 31. 65. & 2. de Ala. 21. 12. Met. 17. quod Ipassibilis ẽ hẽs 1. de Ala. 66. vide de hoc in The. ca. 23. 24. 25. 26. 27.

Et hac eadem rõne inducti sunt Theophrastus, ac Themistius, aliiq; plures expositores credere itellectũ materialẽ esse substãtiã ingenitã & icorruptibilẽ, ppterea quia oẽ genitũ & corruptibile est singulare indiuiduũ. sed neminẽ latet ipsum intellectũ nõ esse quid indiuiduũ & singulare, & neq; corpus, neq; potẽtiã in corpore. Immo ex hoc etiã inducti sunt, ut credant hãc esse Aris. sententiã. Hanc autẽ solam, nẽpe quod is intellectus ita se habeat, affirmãt illi, qui demonstrationẽ Aristo. intelligũt, atq; eius uerba. Demonstrationẽ autẽ, eo mõ, quo nosiã exposuimus: verba vero eius: quia dixit ipsum eẽ ipassibilẽ, & immixtum, atq; siplicẽ. Tribus n. his vt Ari. denominare intellectũ atq; describere. quod quidẽ non videtur esse recte dictũ, immo

F

ANTIQVA TRANSL.

est remotum vti aliquo eorum in doctrina demonstratiua de generabili & corruptibili.

Sed, cum post viderūt Arist. dicere ꝙ necesse est, si intellectus in potētia est, ut etiā intellectus in actu sit, scilicet agens, & est illud, quod extrahit illud, quod est in potentia, de potentia ad actū: & vt sit intellectus extractus de potentia in actum, & est ille, quē intellectus agens ponit in intellectum materialem, secū-

B dum ꝙ artifex ponit formas artificiales in materia artificii. Et cum post hoc viderunt, opinati sunt ꝙ iste tertius intellectus, quem ponit intellectus agens in intellectum recipientem materialem, & est intellectus speculatiuus, necesse est vt sit æternus. cum enim recipiens fuerit æternum, & agens fuerit æternum, necesse est ut factum sit æternum necessario.

C Et, quia opinati sunt hoc, contingit vt in rei veritate non sit intellectus agens, neque factum: cum agens† & factum non intelligātur, nisi cū generatione, & tempore. Aut dicatur ꝙ dicere hoc agens, & hoc factum non est nisi secundum similitudinem. & ꝙ intellectus speculatiuus nihil aliud est, nisi perfectio intellectus materialis per intellectū agentem: ita ꝙ speculatiuus sit aliquod compositum ex intellectu materiali, & intellectu, qui est in actu. Et

† Agens, & factū si intelligunt, nisi cū generatione & tpe, idē 8. Phy. 15. 2. Phy. cō. 74. & 4. Ph. c. 129. Agēs, & factū i reb' æternis est ꝑm similitudinē. consule. 4. cœ. c. 1. vide et ꝑ hoc. 12. Me. c. 44. vide. c. 36

MANTINI TRANSL.

immo videtur absurdum describere his descriptionibus, ac denominare ipsum generabile & corruptibile in scientia demonstratiua.

At, quoniam viderūt post hoc Aristotelem dicere ꝙ, si datur intellectus in potentia, oportet etiam vt detur intellectus in actu, qui scilicet est ipse intellectus agens, qui quidem est, qui extrahit illum intellectum, qui est in potentia de ipsa potentia ad actum: & vt detur intellectus eductus de potentia ad actum, qui quidem est ille scilicet, quem intellectus agens* ponit intellectum materialē esse intellectum in actu, ea ratione, qua ipsa ars ponit formas artificiales in materiam ipsius artis. Ex hoc præterea inducti quoque sunt, vt credant hunc tertium intellectum, quem intellectus agens efficit, atq; reddit intellectum recipientem materialem, qui quidem est ipse intellectus speculatiuus, necessario esse æternum. quoniam, cum ipsum recipiens sit æternum, agens quoque æternum, necessario id, quod ex eis effectum est, erit quoq; æternū. Sed ex huiusmodi opinione eorū sequeretur reuera ut nullus reperiretur intellectus agēs, vel intellectus factus, seu adeptus, cū & agēs ipse, atq; adeptus, & ꝓductus nō possint intelligi nisi cū ipsa generatione, & tēpore. Vel ꝙ dicatur, ꝙ nolare illū agentē, illū uero factum & adeptū, non nisi similitudine quadam ita nominetur. & ꝙ intellectus speculatiuus nihil aliud sit quā pfectio, siue actus ipsius intellectus materialis per ipsum intellectum agentē habita: ita vt intellectus agēs sit quid cōpositum ex intellectu mālì &

* a. l. facit

ANTIQVA TRANSL.

*Vide pro hoc The. 3. de Aia cap. 30. & 39.

Et hoc, quod* videtur, ꝙ intellectus agens quandoq; intelligit quando fuerit copulatus nobis, & quandoq; nō intelligit, accidit ei propter mixtionem, s. propter mixtionem eius cum intellectu materiali; & ꝙ ex hoc modo tantum fuit coactus Aristo. ad ponendum intellectum materialem, non quia intelligibilia speculatiue sint generata & facta.

Et confirmauerunt hoc per hoc, ꝙ propalauit Arist. ꝙ quando intellectus agens existit in anima nobiscum, videmur denudare vniuersaliter formas à materiis primo, deinde intelligere eas. & denudare eas nihil aliud est nisi facere eas intellectas in actu, postquam erant in potentia. quemadmodum comprehēdere eas nihil aliud est quàm recipere eas.

Et, cùm viderunt hanc actionē, quæ est creare intellecta, & generare ea, esse reuersam ad nostram voluntatem, & augumentabilē in nobis secundum augumentationē intellectus, scilicet qui est in nobis, scilicet speculatiui: & iam fuit declaratum ꝙ intellectus, qui creat, & generat intelligibilia & intellecta, est intelligentia agens, ideo dixerunt ꝙ intellectus, qui est in habitu, est ipse intellectus. sed accidit debilitas quandoque, quandoque additio propter mixtionē. Hoc igitur mouit Theophrastum, & Themistium, & alios ad opinandum hoc de intellectu speculatiuo, & ad dicendum ꝙ hęc erat opinio Aristotelis.

Impugnatio Them. & Theophrasti.

Et

MANTINI TRANSL. D

& intellectu actu existente. Et ꝙ intellectus agens cū videatur quandoq; intelligere videlicet quando ē coniunctus nobis, quandoq; vero nō intelligat, id quidē contingere propterea quod ē immixtus: nempe quia ipsi intellectui materiali immixtus ē. & ꝙ ob hanc tm̄ rōnē fuit coactus Aristoteles ponere intellectū mālē: nō propterea, qd ipsa intelligibilia speculatiua sint nouiter genita & fc̄a. Quā sniam, s. ꝙ intellectus speculatiuus nihil aliud sit q̃, intellectus in actu, ideo cōfirmant, quia inueniunt Aristotelē affirmare intellectū agentē reperiri E in anima nr̄a*, cū videamur expoliare primo formas ab ipsis materiis, mox eas intelligere, q expoliano nihil aliud est, q̃, efficere eas intelligibiles actu, postquā erāt intelligibiles in potētia. quēadmodū & cognoscere eas nihil aliud est q̃, recipere eas.

*a. l. videtur

Et, cùm viderint huiuscemodi actionem, videlicet creandi, ac generandi ipsa intelligibilia, reuerti ac reduci ad nostram uoluntatem, oririq;, ac augeri in nobis ad ortū, atq; incrementū ipsius intellectus, qui in nobis existit, hoc est intellectus speculatiui: &, cùm iam sit notum ꝙ intellectus, qui creat, ac generat illa intelligibilia, q sunt in potentia, ita ut ea actu intelligibilia reddat, sit intellectus agens: ideo dixerūt ꝙ intellectus, qui habitu existit (seu adeptus) est illemet intellectus. F sed efficitur quandoque imbecillior, quandoque vero validior propter ipsam mixtionem. Hoc itaque est, quod induxit Theophrastum, & Themistiū, & alios opinari hæc de intellectu speculatino, affirmareque hanc esse Aristotelis sententiā.

Sed

ANTIQVA TRANSL.

A Et super hoc sunt quæstiones nō paucæ. Quarum prima est, quòd hæc positio contradicit huic, quod Aristo. posuit, scilicet quòd proportio intellecti in actu ad intellectum materialem est sicut proportio sensati ad sentiens. Et contradicit veritati in se. Si enim formare per intellectum esset æternum, oporteret vt formatum per intellectum esset æternum: quapropter necesse esset vt formæ sensibiles essent intellectæ in actu extra animam, & non materiales omnino. & hoc est contra hoc; quod inuenitur in istis formis.

Secūda 16.

B Et etiam Aristot. aperte dicit in hoc libro quòd proportio istius virtutis distinguentis rationalis ad intentiones formarū imaginatarum est sicut proportio sensuum ad sensata. & ideo anima nihil intelligit sine imaginatione: quemadmodū sensus nihil sentit sine præsentia sensibilis. Si igitur intentiones, quas intellectus comprehendit ex virtutibus imaginatiuis, essent æternæ, tunc intentiones virtutum imagina-

Infra. 59. & supra. c. 62.

C tiuarum essent æternæ. &, si essent æternæ, tunc sensationes essent æternæ: sensationes enim sunt de hac virtute, sicut intentiones imaginabiles de virtute rationabili. &, si sensationes essent æternę, tunc sensata essent æterna: aut sensationes essent intentiones aliæ ab intētionibus rerum existentium extra animam in materia. impossibile enim est ponere

MANTINI. TRANSL.

Sed contra hoc non pauca insurgunt dubia. Primū, quòd hæc positio, & sententia contradicit dicto Arist. qui dicit quòd eadē est rō ipsius intelligibilis actu existētis ad intellectum materialē, quæ est ipsius sensibilis ad ipsum sensitiuū, (seu sentiens.) Contradicit quoque id ipsi veritati. Nā, si ipsa cōceptio, quę p intellectū fit, esset æterna, tunc oporteret vt id quoq;, quòd ab intellectu conceptū est, esset æternū, & ob hoc oporteret ipsas formas sensibiles esse actu intelligibiles extra aīam, atq; penitus immateriales. quod quidē est cōtra id, quod de huiuscemodi formis apparet. Aristoteles præterea expresse d. in hoc lib. quòd eadē est rō huius virtutis distinctiuæ rōnalis ad conceptus, seu imagines, formarum imaginatarum, quæ est ipsorū sensoriorū ad sensibilia. & ideo aīa nihil intelligit sine ipsa imaginatiua vi. quemadmodū ipsi sensus, seu sensoria nihil sentiunt, nisi res sensatæ, seu sensibiles reperiātur corā sensu. Si igit illę imagines (seu intentiones) quas intellectus ipse adipiscitur ab ipsis* virtutib' imaginatiuis eēnt æternæ, tunc intentiones illæ, seu imagines ipsarū virtutū imaginatiuarū eēnt æternæ. &, si hæ essent æternæ, ipsæ quoq; sensationes eēnt æternę. quia ita se hñt sensationes ipsæ ad hāc virtutē, sicut intentiones seu imagines imaginatæ ad virtutē rōnalem. quòd si sensationes eēnt æternæ, & ipsa quoq; sensibilia essent æterna: vel ipsæ sensationes essent aliæ intētiones quā sint imagines rerum extra aīam existētium in ipsa mā. quia impōle est ponere easdemmet intentiones, vel imagines quãq; esse æternas & incorruptibiles,

*a. l. formis imaginis.

ANTIQVA TRANSL.

re eas talē intentiones quandoque æternas, & quandoq; corruptibiles: nisi esset possibile quòd natura corruptibilis transmutaretur, & reuerteretur æterna. Et ideo necesse est, si istæ intentiones, quæ sunt in anima, fuerint generabilium & corruptibiliū, vt illæ etiam sint generales & corruptibiles. & in hoc fuit prolixus sermo in aliquo loco.

Hoc igitur est vnum impossibilium, quæ videntur contradicere huic opinioni, scilicet huic, quod posuimus, ꝙ intellectus materialis est virtus non facta de nouo. Existimatur enim ꝙ impossibile est imaginari quomodo intellecta erunt facta, & ista non erunt facta. quando enim agens fuerit æternum, & patiēs fuerit æternum necesse est vt factum sit æternum. Et etiam, si posuerimus factum esse generatum: & est intellectus, qui est in habitu, quomodo possumus dicere in eo quòd generat, & creat intellecta?

Secda qõ.

Et est secunda quæstio magis difficilis valde, & est quod, si intellectus materialis est prima perfectio hominis, vt declaratur in definitione animæ: & intellectus speculatiuus est postrema perfectio: homo autem est generabilis & corruptibilis, vnus in numero per suam postremam perfectionem ab intellectu: necesse est vt ita sit per suam primā perfectionē, s. ꝙ per postremā perfectionem de intellectis sum alius à te, & tu alius à me, Et, si non, tu esses per esse mei, & ego per esse tui, & vniuersaliter homo eēt ens, antequam

MANTINI TRANSL.

D

ruptibiles, quãq; vero corruptibiles. nisi forte esse posse vt nã ipsius rei corruptibilis trāsmutet, & efficeretur æterna, & incorruptibilis. Etiā, si huiusmodi intētiones in aīa existētes, sint intētiones (seu imagines) rerū gñabilium & corruptibiliū, necessum erit vt ipsæ quoq; sint generabiles & corruptibiles. sed de hoc iam alibi factus fuit longus sermo.

Hoc igr̃ est vnū ex īpossibilibus & incōmodis, q̄ vident̃ cōtradicere illi snīæ, q̄ asserebat intellectū mālē esse virtutē nō factā. Qm̄ impossẽ videt̃ imaginari ipsa intelligibilia eē

E

nouiter facta ac * genita, & ipse, s. intellectus mālis, non sit nouiter factus. cū necesse sit, si agens sit æternū, & recipiēs æternū, vt id, qd̄ nouiter factū est, sit quoq; æternum. Ad hæc, si ponamus ꝙ id, quod est factū, sit genitū de nouo, quod quidē est ipse intellectus in habitu existēs (seu adeptus) quo pacto ergo poterimus dicere ipm̄ gñare & creare ipsa intelligibilia? Scdm̄ argumētum, & dubiū difficilius valde est. Qm̄, si intellectus materialis est actus primus ipsius hoīs, vt ex definitione animæ declaratū fuit:

F

intellectus vero speculatiuus est vtiq; vltimus actus: hō aūt est gñabilis & corruptibilis, & vnus numero propter vltimū actum eius, quē ab ipso intellectu obtinet: ergo oportet ipm̄ ita reperiri propter eius actum primū, nēpe ꝙ pp vltimū actum (seu perfectionē) vltimā ipsius ītellectus ego sū aliquid, qd̄ nō es tu, & tu quoq; eris aliquid aliud, qd̄ nō sū ego. Alĩs enim tu esses pp esse meū, & ego essem pp tuū esse. & tandem hō erit, anteq̄ sit. Hac ergo ratione hō esset ingenitus

* a.l. intelligibilia.

A ANTIQVA TRANSL.

quam esset. Et sic homo non esset generabilis & corruptibilis in eo ꝙ homo: sed, si fuerit, erit in eo ꝙ animal. Existimatur enim ꝙ quemadmodum necesse est quòd, si prima perfectio fuerit aliquid hoc, & numerabilis per numerationem indiuiduorum, vt postrema perfectio sit huiusmodi: ita etiam necesse est econuerso, scilicet ꝙ, si postrema perfectio est numerata per numerationem indiuiduorum hominum, vt prima perfectio sit huiusmodi.

Et alia sunt multa contingentia impossibilia huic positioni. Quoniam, si prima perfectio esset eadē
B omnium hominum, & non numerata per numerationem eorum, contingeret ꝙ, cùm ego acquirerem aliquod intellectum, vt tu etiam acquireres illud idem: & quando ego obliuiscerer aliquod intellectum, vt etiam tu. Et multa impossibilia essent contingentia huic. Existimatur enim ꝙ nulla differentia est inter vtranque positionē in hoc, ꝙ contingit de impossibilibus, scilicet ex hoc, quod ponimus ꝙ postrema, & prima perfectio sunt huiusmodi, s.
C non numeratae per numerationem indiuiduorum. Et, cùm nos fugerimus omnia ista impossibilia, continget nobis ponere ꝙ prima perfectio est hæc intentio, scilicet indiuidualis in materia numerata per numerationem indiuiduorum hominis, & generabilis & corruptibilis. Et iam declaratum est ex demonstratione Arist. prædicta ꝙ non est aliquid hoc, neque corpus, neq; virtus in corpore. quomodo igitur possumus euadere ab hoc errore: aut qualis est via dissolutionis istius quōnis?

Alex.

MANTINI TRANSL.

ingenitus & incorruptibilis quatenus est hō: sed, si est gñabilis & corruptibilis, id quidē, rōne, qua est Aīal, fiet. Nā existimari posset, ꝙ quēadmodū vr esse necessariū, si primus actus sit aliqd singularē, & indiuiduū, ac numerabile ad nūerationē īdiuiduorū, vt actus quoq; vltimus ita se habeat, sic quoq; sit necessariū hui⁹ oppositum, nēpe ꝙ, si vltimus actus cōnumeretur ad cōnumeratione indiuiduorū hoīs, vt actus ēt primus ita quoq; se habeat. Multaque alia incōmoda insurgūt cōtra hanc positionē, inter cæteraq; hoc vnum est. Qm̄, si primus actus esset vnicus in oībus indiuiduis, & nō cōnumeraretur ad cōnumerationē eorum, tunc sequeretur ꝙ, si ego assequerer aliqd intelligibile, tu quoq; illud idē assequareris: &, si ego obliuiscerer alicuius itelligibilis, tu quoq; illiusmet itelligibilis nō eēs memor. Multaq; īcōuenientia seqrentur ad hāc pōnē. Nā existimari pōt, ꝙ hæ duæ pōnes cōuiciāt īter se circa illa impossibilia, q cōtra ipsas īsurgūt, nihilq; circa id īter se differāt, nēpe si ponam⁹ primū atq; vltimū actū ita se hre, s. ꝙ non cōnumerent ad numerationē indiuiduorū. At, si voluerim⁹ euitare oīa hæc incōmoda, erimus vtiq; coacti dicere ipsū actū primū ita se habere, videlicet vt sit quid singulare indiuiduū, existēs in ipsa mā, numerabileq; ad numerationē indiuiduorū hoīs, ac gñabile & corruptibile. Sed ex demōstratione ipsius Arist. prædicta iā probatū fuit ipsū nō eē qd indiuiduū singulare, neq; corp⁹ aut potētiā in corpore. Quo igr pacto poterim⁹ euitare hoc dubiū: aut qua via vl rōne posset hmōi dubiū solui?

Alex.

ANTIQVA TRANSL.

Tertia ps digressionis Op. Alex. vid. p ea & prio de aia. cõ. 8.

Alexander autem sustentatur super hunc sermonem postremum, & dicit quòd magis conuenit naturalibus, scilicet sermonem concludentem, scilicet quòd intellectus materialis est virtus generata, ita quòd existimamus de eo quòd opinatur in eo, & in alijs virtutibus animæ esse præparationes factas in corpore per se à mixtione, & complexione, & dicit hoc non esse impossibile, scilicet vt mixtione elementorum fiat tale esse nobile mirabile: licet sit remotum à substantia elementorum propter maximam mixtionem.

Et dat testimonium super hoc esse possibile, ex hoc, ꝙ apparet quòd compositio, quæ primo accidit in elementis, scilicet compositio quatuor qualitatum simplicium, cùm hoc ꝙ est parua illa compositio, est causa maxime diuersitatis in tantũ, ꝙ vnum est ignis, & aliud est aer.

2. de Generatione. 16.

Et, cùm ita sit non est remotum vt per multitudinem compositionis, quæ est in homine, & in animalibus, fiant illic virtutes diuersæ in tantum à subiectis elementorum.

Et hoc apertè, & vniuersaliter ꝓpalauit in initio sui libri de Anima, & præcepit vt consyderans de anima, primo debet præscire mirabilia compositionis corporis hominis. Et dixit etiam in tractatu, quem fecit de intellectu secundum opinionem Arist. ꝙ intellectus materialis est virtus facta à complexione. & hæc sunt verba eius.

Cùm

MANTINI TRANSL.

D

Alexander tñ adhæret huic vltimæ rõni & dicit ipsã magis cõuenire rebus nãlibus, s. eã rõnem, quæ affirmat intellectũ mãlem esse quãdam vim genitã, ita vt idẽ existimemus de hac virtute, qđ de reliquis aiæ facultatibus existimatˀ, nẽpe ꝙ reperiãtur quędã præparationes, ac dispõnes in ipsis materijs p se à tẽperatura, & mixtiõe effectæ. Inquitq; hoc facile existimari, ac imaginari posse: nẽpe vt ex hmõi elementorũ miscella, oriatur hmõi ens nobile, atq; admirabile. licet enĩ huiuscemodi substãtia admodũ distet à substãtia elementorũ, tñ pp maximã elemẽtorũ mixtionẽ, nihil prohibet id fieri posse. Quòd aũt id fieri possit, ipse conatˀ probare testimonio eorũ, quæ ex cõpositione elementorũ, prima inuicẽ oriri solent, nẽpe ex cõpositiõe quatuor qualitatũ simpliciũ, quę quidẽ cõpositio, licet sit exigua, nihilo secius illa ꝓfecto cõstitutio est causa diuersitatis maximæ, ita vt eius gratia factum est vnum elementorum ignis, alterum vero aer.

E

Si ergo ita res se habet, nihil profecto prohibet quin oriantˀ virtutes tã diuersæ ac variæ ex substantia elementorũ pp multas cõpositiones, q̃ in homine atq; in aĩantib' reperiũtur. Hanc aũt expositionẽ tradidit ipse Alex. in initio sui libri de Aĩa, vbi præcipit vt ille, qui de aĩa tractare, ac contẽplare aggreditur, primo debeat præscire & cognoscere mirabilẽ illã humani corporis constitutionẽ. Inquit insuper in eo tractatu, quẽ edidit, de Intellectu. iuxta sententiã Arist. ꝙ intellectus materialis est quædam virtus orta ex ipsa temperatura, in his verbis.

F

Ex

A

ANTIQVA TRANSL.

Cùm igitur ex hoc corpore, quando fuerit mixtum aliqua mixtione, generabitur aliquid ex vniuerso mixti, ita quod sit aptum vt sit instrumentum istius intellectus, qui est in hoc mixto, cum sic existit in omni corpore, & istud instrumentum est etiam corpus, tunc dicetur esse intellectus in potentia: & est virtus facta à mixtione, quæ cecidit in corporibus, præparata ad recipiendum intellectum, qui est in actu.

B

Imp. Alexan. 2. de anima 21. 3. de anima 19. 10. 1. de anima 51. 65. 2. de anima 11. 12 Met. 17. 8. tex. 4.

Et ista opinio in substantia intellectus materialis maxime distat à verbis Arist. & ab eius demonstratione. A verbis autem, vbi dicit quod intellectus materialis est separabilis, & quod non habet instrumentum corporale, & quod est simplex, & non patiens, idest non transmutabilis, † & vbi laudat Anaxagoram in hoc, quod d. quod est non mixtus cum corpore. A demonstratione vero, sicut scitum est in hoc, quod scripsimus.

C

Euasio Alex. 1 exponendo demonstratione Phil. 1. c. 4. cap. 26. de intellectu practico, & speculatiuo.

Alexan. aut exponit demonstrationem Arist. à qua conclusit intellectum materialem esse non passiuum, neque aliquid hoc, neque corpus, neque virtutem in corpore, ita quod intendebat ipsam præparationem, non subiectum præparationis. Et ideo dicit in suo libro de Anima quod intellectus materialis magis assimilatur præparationi, quæ est in tabula non scripta, quàm tabulæ præparatæ: & dicit quòd ista præparatio potest dici vere quòd non est aliquid hoc, neque corpus, neque virtus in corpore, & quod non est passiua.

Sed

MANTINI TRANSL.

Ex hoc itaque corpore, cum fuerit aliqua mixtione permixtum, orietur quidem ex vniuersa illa temperatura, vel constitutione aliquid, quod erit promptum, aptumque vt sit instrumentum huius intellectus, qui in huiuscemodi mixto existit, quemadmodum reperitur in quolibet corpore, & huiusmodi instrumentum est quoque corpus, & tunc dicetur esse intellectus in potentia: & est quædam potentia orta ex ipsa compositione, facta in illis corporibus, quæ sunt parata, ac prompta recipere intellectum illum, qui actu existit.

Hæc tamen sententia, quæ habetur de essentia intellectus materialis, est vtique aliena valde à verbis Arist. ac ab eius demonstratione. A verbis autem eius, quia ipse dicit intellectum materialem esse separabilem, nullumque habere corporeum instrumentum, esseque simplicem, & impassibilem, hoc est inalterabilem, seu intransmutabilem cum laudet quoque Anaxagoram dicentem ipsum non esse mixtum cum corpore. Deuiat vero ab Arist. demonstratione, vt ex his, quæ superius diximus, perspicuum est. Sed Alex. cum exponit demonstrationem Aristo. ex qua concludit intellectum materialem esse impassibilem, & non esse quid indiuiduum, neque corpus, neque potentiam in corpore, vult quod Arist. intelligat hoc de essentia ipsius aptitudinis & promptitudinis, non de subiecto illius aptitudinis. Et ideo dixit in suo libello de Anima quod intellectus materialis similatur magis illi aptitudini, quæ inest tabulæ rasæ, quàm similatur ipsi tabulæ aptæ ac promptæ: & dicit quod huiusmodi aptitudo potest vere dici quod non est aliquod indiuiduum singulare nec corpus, neque potentia in corpore, neque passibilis quidem est.

Hoc

ANTIQVA TRANSL.

Trapezuntius dem. Sed hoc, quod dicit Alexan. nihil est. hoc enim vere dicitur de omni præparatione, s. q; neque est corpus neque forma hæc in corpore. Quare igitur appropiauit Arist. hoc præparationi, quæ est in intellectu, inter alias præparationes, si non intendebat demonstrare nobis substantiam præparati, sed substantiã præparationis? si possibile est dicere q; præparatio est substantia, cum hoc, quod dicimus, quòd subiectũ istius præparationis neq; est corpus, neq; virtus in corpore. & illud, quod conclusit demõstratio Aristo. alia intẽtio est ab ea, secundum quam dicitur quòd præparatio neque est corpus, neque virtus in corpore.

Et hoc manifestum est ex demõstratione Aristo. Propositio enim dicens q; omne recipiẽs aliquid necesse est vt in eo non existat in actu aliquid ex natura recepti, manifesta est, ex eo q; substãtia preparati, & natura eius quærit habere hoc prædicatum, secundum q; est præparatũ. præparatio enim non est recipiens, sed esse præparationis à recipiente est sicut accidens proprij. & ideo, cùm fuerit receptio, non erit præparatio, & remanebit recipiens. Et hoc manifestum est, & intellectum ab omnibus expositoribus ex demonstratione Arist.

Aliquid

MANTINI TRANSL. D

Hoc tamen, quod dicit Alex. nihil veri vtiq; habet. qm̃ illud idem, qđ de hac aptitudine dicit, potest vtiq; dici de qualibet aptitudine. nẽpe q; de qualibet aptitudine potest dici, s. q; ipsa non est corpus, neque forma indiuidua seu singularis, in corpore existens. Cur igitur Aristoteles voluit hoc esse proprium huic aptitudini, quæ in intellectu existit potius quàm reliquis aptitudinibus, si ipse Arist. his verbis suis nolebat declarare nobis substantiam ipsius rei, quæ est subiectum ipsius aptitudinis, sed essentiam ipsius aptitudinis, atque substantiam ei⁹ si ipsam aptitudinẽ liceat substãtiã nominare. E cumq; ergo dicit, subiectum huius aptitudinis non esse corpus, neq; virtutẽ in corpore, quod quidem concludebat demonstratio Arist. aliud quidem significat q̃ dicere, aptitudinem ipsam nõ esse corpus, neq; virtutem, seu potentiam in corpore.

Et hoc ex demõstratione Arist. aperte dignosci potest. Nam illa ꝓpositio, quæ dicit q; quicquid recipit aliquid, non debet habere in se actu aliquid naturæ ipsius rei receptæ, est vtique manifesta, propterea quia substantia ac essentia ipsius rei F aptæ, & promptæ, atq; eius nã exposcit, vt in reperiatur illud prędicatũ, ea ratione, qua est apta, & parata. nã ipsa aptitudo, non est ipsum recipiẽs, sed naturæ ipsius aptitudinis esse habet ad ipsum recipiens veluti accidens proprium. idcirco, dum ipsa receptio reperitur, nõ reperietur ipsa aptitudo, cum tamẽ remaneat ipsum recipiens. Et hoc quidem perspicuũ est, ac maxime cõstans apud expositores demõstrationis Aristo.

At, cum

D

ANTIQVA TRANSL.

Aliquid enim esse non corpus, neque virtutem in corpore dicitur quatuor modis diversis. Quorum vnus est subiectum intellectorum, & est intellectus materialis, cuius esse demonstratum est quòd sit. Secundus est ipsa præparatio existens in materijs. & est propiuquus modo, secundum quem dicitur ꝙ priuatio simpliciter neque est corpus, neq; virtus in corpore. Tertius autem est prima, materia, cuius etiam esse demonstratum est. Quartus est formæ abstractæ: quarum esse est etiam demonstratum. & omnia illa sunt diuersa.

Ca. erroris Alex. Fundamentum Alex. i suo lib. de ala ca. 5. 2. de ala. t. c. 7.

Et induxit Alexan. ad hanc expositionem remotam manifesti erroris fugere, s. à quæstionibus prædictis. Et etiam videmus Alexan. sustentari in hoc, ꝙ prima perfectio intellectus debet esse virtus generata sup vniuersales sermones dictos in definitione animæ, scilicet quia est prima perfectio corporis naturalis organici. Et dicit ꝙ ista definitio est vera de omnibus partibus animæ eadem intentione. & dat rationem super hoc: quoniam dicere quòd omnes partes animę sunt formæ, est vniuocum, aut prope: &, quia forma, in eo, quod est finis habentis formam, impossibile est vt separetur, necesse est, cū primæ perfectiones animæ sint formæ, ꝙ non separentur. & per hoc destruit vt in primis perfectionibus animæ sit perfectio separata: sicut dicitur de nauta cū naue. aut niuersaliter erit in ea aliqua pars, quæ dicitur perfectio intētione diuersa ab intētione, q̄ dr̄ in alijs. Et hoc quod ipse fingit, ꝙ ma-

Forma est finis habētis formā. 1. de. 4. coe. li. 21.

Rñsio ad vnum modū Alex.

MANTINI TRANSL.

At, cū dicimus aliquid eē nō corpus, neq; potētiā in corpore, id quidem quatuor dr̄ modis diuersis. Primo qdē mō dr̄ de subiecto ipsorū intelligibiliū, qd̄ quidē est ipse intellectus mālis, cuius eē iā fuit declaratū quale nā sit. Scđo dr̄ de ipsa aptitudine, & prōptitudine, q̄ in materijs existit. & is modus nō ē absimilis valde ab eo mō, quo dicim⁹ ipsā priuationē absolutā nō esse corp⁹, neq; potētiā in corpore. Tertio mō dr̄ de mā prima: q̄ quidē ꝙ sit iā probatū fuit. Quarto mō dr̄ de formis separatis: quæ ēt ꝙ sint iā probatū fuit. ij itaq; quatuor modi oēs inter se differūt. E

Lapsus tñ fuit Alex. in hmōi expositionē dissonā, atq; manifeste falsam, ut euitaret illa dubia prætacta. Adde ēt ꝙ ipse Alex. vr̄ posse se tueri, ac sibi ipsi fauere per id, quod dr̄, ꝙ actus primus ipsius intellect⁹ debet esse virtus, atq; facultas genita, ac nouiter orta, iuxta illa, quę vr̄ in definitione alæ dicta sunt. nēpe ꝙ ipsa est actus primus corporis physici organici. Et d. hanc definitionē vere dici de oībus partib⁹ aīe fm eādē rōnē. qd̄ quidē hac rōne probat, videlicet, qa, cū dicimus oēs partes aīæ eē formas, id quidē est vniuoce, vel ꝓpriè dictū: sed, cū ipsa forma, ea rōne, qua ē finis rei, cui⁹ ē forma, nō possit separari, ergo & ipsi actus primi ipsius alæ, cū sint formæ nō pñt vtiq; separari. & ex hoc affirmat nō posse reperiri inter ipsos primos actus, seu pfectiones aīæ aliquē actū separabilē, vt dr̄ d nauta respectu nauis. vel vt possit reperiri ī ipsa ala in vlī vna pars, quę possit dici actus seu perfectio vario modo ab eo, quo dr̄ act⁹ vel perfectio de reliqs partibus, F

Id

ANTIQVA TRANSL.

2. de Aia. t.cõ. 11.

ꝙ manifeſtum eſt de ſermonibus vniuerſalibus in anima, manifeſte. d. Ariſto. ꝙ non eſt manifeſtum in omnibus partibus animæ. dicere. n. formam, & primam perfectionem eſt dicere æquiuoce de anima rationali. & de alijs partibus animæ.

Quarta pars digreſſionis. Op. Auẽpa. & Abubacher.

Abubacher autem, & Auempace videtur intendere in manifeſto ſui ſermonis, ꝙ intellectus materialis ẽ virtus imaginatiua, ſecundum ꝙ eſt pręparata ad hoc, ꝙ intentiones, quæ ſunt in ea, ſint intellectæ in actu: & ꝙ nõ eſt alia virtus ſubſtantia intellectus præter iſtam virtutem. Abubacher autem videtur intendere iſtud, ſugiendo impoſſibilia contingentia Alex. ſcilicet quod ſubiectum recipiens formas intellectas eſt corpus factum ab elemẽtis, aut virtus in corpore. quoniam, ſi ita fuerit, continget aut ut eſſe formarum in anima ſit eſſe earum extra animam, & ſic anima erit non comprehenſiua: aut vt intellectus habeat inſtrumentum corporale, ſi ſubiectum ad intellecta ſit virtus in corpore, ſicut eſt de ſenſibus.

Vide ꝓ illo 2. de aia cap. 121. & hic in princ. iſtius cõ. Cõtra Alexã. prias pparatiões ad intellecta, & ad alias poſtremas perfectiones d aia fore a motore extrinſecus ſm Ariſt. ſed vide oppoſitũ 7. Meta. c. 31. cõtra Th. & Aui. ponẽte alias produci a motore extrinſeco vide cõ. 21.

Et magis inopinabile de opinione Alexan. eſt hoc, quod dixit, ꝙ primę præparationes ad intellecta, & ad alias poſtremas perfectiones de anima ſunt res factæ à complexione, non virtutes factæ à motore extrinſeco, vt eſt famoſum ex † opinione Ariſt. & omnium Peripateticorum. Iſta enim opinio in virtutibus animæ cõprehenſiuis, ſi eſt ſecundum quod nos intellexerimus, eſt falſa. à ſubſtantia enim elementorum, & à natura eorum non po-

teſt

† Opĩo Ariſt. reqre ſup hoc in. 2. de Generatione animalium. c. 3.

MANTINI TRANSL.

D

Id vero, quod ipſe imaginatur eſſe manifeſtũ ex definitionibus ipſius aĩæ Ariſt. expreſſe dicit non eſſe manifeſtũ in oĩbus partibus aĩæ. q̃m, cùm dicimus formã, & primũ actũ, id quidẽ æquiuoce dr̃ de rationali anima, & de reliquis animę partib᷒.

Auempace aũt, vt ex eius verborũ apparentia colligi põt, vr̃ opinari Itellectũ materialẽ eſſe virtutẽ imaginatiuã, quatenus eſt apta vt cõceptus, qui in ea exiſtunt, ſint actu intelligibiles: & ꝙ nõ datur alia virt᷒, quæ ſit ſubiectũ ipſorũ intelligibiliũ, præter hanc virtutẽ. Auempace

E

aũt vr̃ eẽ ita imaginatus, vt euitaret illa impoſſibilia, quæ contra Alexã. inſurgebãt, nẽpe ꝙ ſubiectum recipiens formas intelligibiles eſſet corpus factum ex elemẽtis, aut vis & potẽtia in corpore, nam, ſi ita res ſe haberet, tũc ſequeretur vt vel ipſæ formæ ita ſe haberẽt in aĩa, ſicut ſe hñt extra aĩam, & ſic aĩa nihil cõprehẽderet: vel ipſe intellect᷒ haberet organũ corporeũ, ſi ſubiectũ ipſorũ intelligibiliũ eſſet potẽtia in corpore, vt ſit in ipſis ſenſibus. Maius autẽ incõueniẽs, quod ſequitur ex opinione Alexandri, eſt id, quod dixit

F

primas aptitudines ad ipſa intelligibilia, atq; ad vltimos actus ipſius animæ eẽ res ortas ab ipſa tẽperatura, & non vires factas ab ipſo motore extrinſeco, vt ex ſentẽtia Ariſto. & omniũ ſectatorũ eius manifeſte habetur. Hæc tñ opinio, quæ d virtutibus aĩæ apprehenſiuis habetur, ſi ita ſe habeat, vt vr̃ intelligi, eſſet vtiq; falſa. quia ex ſubſtantia elemẽtorum, ac ex eorum natura non poteſt oriri virtus diſcernens, ſeu diuidẽs, atq; dignoſcẽs. q̃m, ſi ex natura

elemen-

ANTIQVA TRANSL.

test fieri virtus distinguens, aut comprehẽsiua. quoniam, si esset possibile vt à natura eorũ, & sine extrinseco motore fierent tales virtutes, tũc esset possibile vt postrema pfectio, quæ est intellecta, esset aliquod factũ à substantia eorũ elemẽtorum, vt color, & sapor fiunt. Et ista opinio est similis* opinioni negãtium causas agentes, & non cõcedentium nisi causas materiales tantum: & sũt illi, qui dicunt casum. Sed Alexan. est maioris nobilitatis, quàm vt credat hoc. sed quæstiones, quæ opponebantur ei de intellectu materiali, coegerunt ipsum ad hoc.

*Prio Ph. e.te.cõ.6. vsque ad. 42. 2. Ph. 75. vnd idẽ cõtra Alc. 2.d ala. 88 Imp. opio ala. Auẽp.

B Reuertamur igitur ad dictũ nostrum, & dicamus q forte istæ quæstiones sunt, quæ induxerunt Auẽpace ad hoc dicendum in intellectu materiali. Sed q accidit ei impossibile, manifestũ est. Intentiones. n. imaginatæ sunt mouẽtes intellectum, non motæ. Declaratur. n. q sunt illud, cuius proportio ad virtutem distinctiuam rationabilem, est sicut proportio sensati ad sentiens, nõ sicut sentiẽtis ad habitum, qui est sensus. C Et, si esset recipiens intellecta, tunc res reciperet se, & mouens esset motum. Etiam declaratum est q intellectus materialis impossibile est vt habeat formam in actu: cùm substantia, & natura eius est vt recipiat formas: sm q sunt formæ.

Digressionis pars 3.

Prima q̃o

Sc̃da q̃o.

Et, cùm hæc omnia, quæ possunt dici in natura intellect* materialis. videntur impossibilia, præter hoc quod dicit Arist. cui etiam contingunt quæstiones non paucæ. Quarum vna est, q intellecta speculatiua

MANTINI TRANSL.

elemẽtorum, & absq; motore extrinseco possẽt fieri huiuscemodi virtutes, posset, quoq; vltimus actus, qui est ipsa intellectio esse quid ortũ ex substantia illorũ elemẽtorum, quẽadmodum color & sapor oriuntur ex ipsis. Hæc aũt opinio ẽ vtiq; similis illorũ opinioni, qui negabãt causas agẽtes, & tñ causas mãles cõcedebãt: & sunt illi, qui casum, & fortunã cõcedebant. Sed, cũ Alexãder sit longe præstantioris dignitatis ac nobilitatis, nõ est is, qui huiuscemodi opiniones credat. sed fuit coactus id dicere pp illas rõnes, atq; dubia, q̃ cõtra ipsum insurgebãt circa ipsum intellectum materialem. Reuertamur aũt nunc vñ digressi sumus, & dicamus q fortasse hæc argumenta induxerunt ipsum Auẽpace, vt diceret illa de ipso intellectu mãli. Sed manifestũ est illud inconueniens, qđ cõtra ipm insurgit. Nẽpe quia conceptus ipsi imaginarij mouent vtiq; intellectũ, & non mouentur. Declaratumq; iã est q ita se habent ipsi ad virtutem discretiuã rõnalẽ, sicut se hẽt res sensibilis ad ipsum sentiens, nõ sicut sentiẽs ad ipsum habitum, qui est sensus ipse. Si. n. ipse reciperet intelligibilia, tũc res reciperet se ipsam, & ipm mouẽs esset mobile ipsum. Sed iã probatũ fuit intellectũ materialẽ nõ posse habere formam in actu, cũ eius substantiæ, ac naturæ sit recipere formas, quatenus sunt formæ. Et, cum omnia quæ de natura intellectus materialis dici possunt, videãtur esse impossibilia præter id, quod ab Aristotele dictum fuit: cõtra qđ non pauca etiam insurgũt argumẽta, seu dubia. Quorũ primũ est, quia sequeret q ipsa in-

 tel-

ANTIQVA TRANSL.

na sunt æterna. Secunda autem est fortissima earum, ꝙ postrema perfectio in homine sit numerata per numerationem indiuiduorum hominis: & prima perfectio sit vna numero in omnibus.

Tertia qõ. Tertia autem est quæstio Theophrasti: & est ꝙ ponere ꝙ iste intellectus nullã habet formam necessariũ est: & ponere etiam ipsum esse aliquod ens necessarium est. & si non, non esset receptio, neq; præparatio. Præparatio enim est receptio ex hoc, quòd non inuenitur in subiecto. &, cùm est aliquod ens, & non habeat naturam formę, remanet vt habeat naturam primæ materiæ: quod est valde inopinabile. prima.n. materia neq; est comprehensiua, neq; distinctiua. Et quomodo dicitur in aliquo, cuius esse sit tale, quod est abstractum.

Et, cùm omnia ista sint. ideo visum est mihi scribere quod videtur mihi in hoc. &, si hoc, quod apparet mihi, non fuerit completũ, erit principium complementi.

2. Met. tex. cõ. 1. Et tunc rogo fratres videntes hoc sciptum scribere suas dubitationes. & forte per illud inuenietur verum in hoc, si nondum inueni. &, si inueni, vt fingo, tunc declarabitur per illas quæstiones.

1. Eth. c. 10 veritas.n. vt dicit Aristo. conuenit, & testatur sibi omni modo.

Scdã pri- mã qõnis. 8. Phy. 15. Quæstio autem dicens, quomodo intellecta speculatiua erunt generabilia & corruptibilia, & agens ea & recipiens erit æternum: & quæ est indigentia ad ponendũ intellectum agentem

MANTINI TRANSL. D

telligibilia, speculabilia (seu cõtẽplatiua) essent æterna. Scdm, qd est cæteris alij difficilius, est ꝙ vltimus actus in hõie numeraretur ad numerationẽ indiuiduorũ hoĩs: actus tñ primus esset vnus numero in cũctis indiuiduis. Tertiũ vero est argumentum Theophrasti, quod affirmat oportere dicere hũc intellectum nullã hẽre penitus formã, atq; necessariũ eẽ dicere ipm esse aliquod ens alias.n. nulla daretur aptitudo, neq; receptio. Nã ipsa aptitudo ẽ receptio qdã, ea rõne, qua nõ reperitur in subiecto. manifestũ aũt est ipm intellectum esse quodã ens, & nõ hẽre nãm formæ, relinquitur igr̃ ipm hẽre nãm materię primæ: quod quidẽ est inopinabile. E propterea quia prima mã nihil cognoscit, nihilq; discernit & distinguit vel diuidit. Quo pacto ergo ea res, quæ ita se hẽt, poterit nominari res separata, uel abstracta? His itaq; sic se habẽtibus, dignũ putaui scribere de hoc id, quod in mentẽ meã venit, meũq; iudiciũ. &, si id, qđ ego de hoc negocio sentio, nõ fuerit pfectũ & integrũ, erit saltem initiũ pfectionis, atq; cõplementi. Quare rogo atq; obsecro fratres meos, q hęc mea perspexerint scripta, vt scribant F & ipsi opiniones suas. fortasse.n. sic veritas huius negocij reperietur, si hucusq; nondũ fuit repta. &, si iã sit reperta, vt opinor, mõstrabitur qđe per illa dubia, atq; manifestabitur. veritas etenim, vt inquit Arist. correspõdet sibiipsi, atq; testimoniũ de se vndequaq; perhibet. Dubiũ aũt illud, quod dicit, quo nã pacto intelligibilia speculabilia possint esse generabilia, & corrupbilia, cũ ipsum generãs atq; recipiẽs ipsa sit æternũ, &

ANTIQUA TRANSL.

A agentem & recipientem, si non est illic aliquod generatum, illa quæstio non contingeret, si nõ esset hoc aliquid, quod est causa esse intellecta speculatiua generata. Modo autem quia ista intellecta constituuntur per duo, quorum vnũ est generatum, & aliud non generatum, quod dictum fuit in hoc, est secundum cursum naturalem: quoniam, quia formare per intellectũ, sicut dicit Aris. est sicut comprehẽdere per sensum: comprehendere autem per sensum perficitur per duo subiecta: Quorũ

B vnum est subiectum, per quod sensus fit verus, & est sensatum extra animam: Aliud autem est subiectũ, per quod sensus est forma existens, & est prima perfectio sentientis: necesse est etiam vt intellecta in actu habeant duo subiecta: Quorum vnum est subiectum, per quod sunt uera, s. formæ, quæ sunt imagines veræ: Secundum autem est illud, per quod intellecta sunt vnum entium in mũdo, & istud est intellectus materia-

3. de Anima. 6. lis. Nulla n. est differentia in hoc inter sensum & intellectum, nisi quia subiectum sensus, per quod est ve-

C rus, est extra animam: & subiectum intellectus, per quod est verus, est intra animam. & hoc dictum est ab Aristot. in hoc intellectu, vt videbitur post.

[illegible] tex. co. 19. Et hoc subiectum in intellectu, quod est motor illius, quoquo modo est illud, quod reputauit Auempace esse recipiẽs. quia inuenit ipsum quandoq; intellectum in potẽtia, & quandoque intellectum in actu. & ista est dispositio subiecti recipientis,

MANTINI TRANSL.

& quid cogit ponere intellectum agentẽ & recipiẽtẽ, si nullũ dat sibi gñatũ. illud inq̃ dubiũ non oriret, nisi daretur aliquid aliud, qd̃ sit cã, ob quã ipsa intelligibilia speculabilia sint genita aliquo mõ. At, cũ hmõi intelligibilia ex duobus cõsistãt, quorũ alterũ genitũ, alterũ vero ingenitũ existit, & hmõi dictũ procedit quidẽ processu nãæ: qm̃, vt inquit Arist. cõceptio, q̃ fit p ipm intellectũ, ẽ veluti apprehensio, q̃ fit p sensũ: apprehensio aũt, uel cognitio, q̃ per sensũ sic pficit quidẽ p duo subiecta. Quorũ, vnũ est illud subiectum pp qd̃ ipse sensus ẽ verus, qd̃ quidẽ est ipm sensibile extra aĩam exñs: Alterũ vero ẽ illud subiectũ, p qd̃ ipse sensus est quędã forma exñs, & primus actus ipsi sentiẽtis: ita quoq; oportet dari duo subiecta ipsis intelligibilib' actu existẽtibus. Quorũ vnũ est illud subiectũ, pp quod ipsa intelligibilia sunt vera, nẽpe ipse formæ. q̃ quidẽ sunt exẽplaria, seu imagines ipsarum rerũ verarũ, & quidditatũ: Alterũ vero est illud subiectũ, pp qd̃ ipsa intelligibilia sunt vnũ ex entibus mũdi: & illud quidẽ est ipse intellectus mãlis. Nã nulla existit dñia circa hoc inter sensũ & intellectum, nisi qd̃ subiectum ipsius sẽsus, pp quod sẽsus ipse est verus, existit quidẽ extra aĩam: sed subiectũ intellectus, pp qd̃ ipse est verus, existit vtiq; intra aĩam. & hoc iã fuit dictũ ab ipso Arist. de hoc intellectu, vt post hoc apparebit. Et huiusmodi subiectũ ipsius intellectus, qd̃ quidẽ aliquo pacto mouet ipm, est illud, quod Auẽpace putauit esse recipiẽs. quia inuenit ipsum esse qñq; † intellectũ in potẽtia, qñq; vero * intellectum in actu. subiectũ. n. recipiens

† al. intelligibile. * al. intelligibilia.

us, ita

ANTIQVA TRANSL.

tis, & existimauit conuersionem.

Et ista proportionalitas magis inuenitur perfecta inter subiectum visus, quod mouet ipsum, & inter subiectum intellectus, quod mouet ipsum, Quemadmodum enim subiectum visus mouens ipsum, quod est color, non mouet, ipsum, nisi quando per præsentiam lucis efficitur color in actu, postquam erat in potentia, ita intentiones imaginatæ non mouent intellectum materialem, nisi quãdo efficiunt intellecta in actu,

Infra t.cõ. 81.

postquã erant in potentia. Et propter hoc fuit necesse Arist. ponere intellectum agentem, vt videbitur post: & est extrahens has intentiones de potẽtia in actum. Et quemadmodum color, qui est in potentia, nõ est prima perfectio coloris, qui est intẽtio comprehensa, sed subiectum, quod perficitur per istum colorem, est visus, ita etiam subiectum, quod perficitur per intellectum, non est intentiones imaginatæ, quæ sunt intellectæ in potentia, sed intellectus materialis, qui perficitur per intellecta: & est eius proportio ad ea sicut proportio intentionis coloris ad virtutem visibilem.

Solo prius pẽnis.

Et, cùm omnia ista sint, sicut narrauimus, non contingit, vt ista intellecta, quæ sunt in actu, s. speculatiua sint, gñabilia, & corruptibilia, nisi pp subiectũ, per quod sunt vera, non pp subiectum, per quod sunt vnum entiũ, s. intellectũ materialẽ.

Secũæ quæstionis examinatio.

Quæstio autem secunda, dicens quomodo intellectus materialis est vnus in numero in omnibus indiuiduis hominum, nõ generabilis neq; cor-

MANTINI TRANSL.

D

ita solet se hře, ipse aũt putauit id posse cõuerti. Hæc tñ similitudo, & rõ, seu ꝓportio exacti⁹ reperiet inter subiectũ sẽsus visus, qđ mouet visũ, & ipm visũ, & inter subiectũ ipsius intellus, qđ mouet ipm, & ipm intellectũ. Qm, quẽadmodũ subiectũ ipsius uisus, qđ mouet eũ, qđ quidẽ est color, nõ mouet eũ, nisi ipse color efficiat color actu, postq̃ fuerit color in potentia, & hoc quidẽ per pñtiã ipsius luminis, ita quoq; res se hẽt in ipsis cõceptibus (seu intentionibus) imaginatis, quę q̃dem nõ mouent intellum mãlem, nisi reddãtur actu intelligibilia, postq̃ fuerint potẽtia intelligibilia. Et ob hoc fuit coactus Arist. ponere intellum agentem, vt post hoc mõstrabit: qui quidẽ extrabit hmõi imagines (seu intẽtiones) de potẽtia ad actũ. Quẽadmodũ ergo color, qui est in potẽtia, nõ est actus prim⁹ ipsoꝝ coloꝝ, qui sũt imago, (seu intẽtio) & phantasma ipsius sensibilis, sed illud subiectũ, qđ pficitur p illũ colorẽ, est ipse vis⁹, ita quoq; illud subiectũ qđ pficit † p res intelligibiles, nõ sũt illæ itẽtiones imaginatæ, q̃ sunt Itelligibiles I potẽtia, sed ẽ ipse intellect⁹ materialis, q per

E

† al. per intellectũ.

ficit p ipsa Itelligibilia: quorũ rõ ad ipm est rõ ipsorũ colorũ ad virtutẽ visiuã. Si igr hæc ita se habeant, vt narrauimus, sequit vt illa intelligibilia, q̃ sunt actu, videlicet ipsa speculabilia, nõ sint gñabilia & corruptibilia, nisi rõne ipsius subiecti, I quo sunt vera, non rõne subiecti, in quo sunt vnũ ex entibus, & est ipse intellectus materialis. Illud vero fm dubiũ, qđ dicebat quo pacto possit intellectus materialis esse vnus numero in cũctis indiuiduis hoĩs, & ingenitus

F

A MANTINI TRANSL.

corruptibilis: & intellecta existentia in eo in actu, & est intellectus speculatiuus, sunt numerata per numerationem indiuiduorum hominum generabiliũ & corruptibilium per generationem & corruptionem indiuiduorum: hæc quidem quæstio valde est difficilis, & maximam habet ambiguitatem.

Primo probat intellectum esse vnicum.

Si enim posuerimus ꝙ iste intellectus materialis, est numeratus per numerationem indiuiduorum hominum cõtinget vt sit aliquid hoc,

B aut corpus, aut virtus in corpore. Et, cùm fuerit aliquid hoc, erit intẽtio intellecta in potentia. intẽtio aũt intellecta in potentia est subiectum mouens intellectum recipientem, non subiectũ motum. Si igitur subiectum recipiens fuerit positũ esse aliquid hoc, cõtinget vt res recipiet seipsã, vt diximus, quod est impossi.

Secundo probat ipsum esse nõ vnicum.

Et etiam, si cõcesserimus ipsam recipere seipsam, contingeret vt reciperet se vt diuisa. & sic erit virtus intellectus eadem cũ virtute sensus:

C aut nulla differentia erit inter esse formæ extra animam, & in anima. hæc enim materia indiuidualis nõ recipit formas nisi has & indiuiduales. & hoc est vnum eorum, quæ attestantur Arist. opinari ꝙ iste intellectus non est intentio indiuidualis.

Et, si posuerimus ꝙ non numeratur per numerationẽ indiuiduorum, continget vt proportio eius ad indiuidua existẽtia in sua perfectione postrema in generatione sit eadem. vnde necesse est, si aliquod istorum indiuiduorum acquisierit rem aliquam intellectam, vt illa acquiratur

ANTIQVA TRANSL.

nitus atq; incorruptibilis: & ipsa intelligibilia, quæ in eo existunt actu, ꝙ quidẽ sunt ipse intellectus speculatiuus, numerentur ad numerationẽ indiuiduorũ hoĩs, generentur q; atq; corrũpantur ad gñationẽ & corruptionẽ ipsorũ hoĩum: hoc inquã dubiũ est satis difficile, & arduũ. Quõ, si cõcedamus hmõi intellectũ materialẽ numerari ad numerationẽ indiuiduorũ hoĩs, tũc sequeretur ipsum esse aliquod indiuiduum singulare, siue illud sit corpus, siue potentia in corpore. Et, si fuerit aliquod indiuiduũ, tũc erit cõceptus (seu intẽtio) intelligibilis in potẽtia. cõcept' aũt intelligibilis in potẽtia est ipsum subiectũ, quod mouet intellectum recipientẽ, & nõ illud subiectũ, quod mouetur. Si ergo concedamus intellectũ recipientem esse aliquid singulare indiuiduũ, tũc sequeretur ꝙ aliquid reciperet se ipsum, vt diximus, quod est impossi. Et, si concesserimus quoq; ipsum recipere se ipsum, tũc oporteret vt reciperet se ipsum, quatenus est diuisibilis, & sic virtus ipsius intellectus esset vna, atq; eadẽ cũ virtute ipsius sensus: aut nulla dabitur penitus dĩa inter esse ipsius formæ extra aĩam, & esse in aĩa. quia hmõi * natura indiuidualis nõ recipit formas, nisi particulares, & indiuiduas. & hoc est vnum eorũ, quæ testimoniũ præbẽt Arist. existimasse hunc intellectum nõ esse indiuiduale cõceptũ. At, si dicamus ipsum non numerari ad numerationem indiuiduorũ, tũc sequetur ꝙ eius rõ ad cũcta indiuidua existẽtia * in vltimo actu in ipsa gñatione erit vna & eadẽ rõ. & sic, si vnũ illorũ indiuiduorũ adipiscatur aliquid intelligibile, oportebit vt illud met intelligibile, quod adipiscitur

* a. l. materia particularis.

* a. l. quo ad vltimum actum.

ANTIQVA TRANSL.

retur ab omnibus illorum. Quoniam, si continuatio illorum indiuiduorum est propter continuationẽ intellectus materialis cum eis, quemadmodum continuatio hominis cũ intentione sensibili est propter continuationẽ primæ perfectionis sensus cũ eo, qui est recipiens intẽtionẽ sensibilem: continuatio autem intellectus materialis cũ omnibus hominibus existentibus in actu in aliquo tempore in perfectione eorum postrema debet esse eadem continuatio. nihil enim facit alietatem proportionis continuationis inter hæc duo continua. quare, si hoc ita est, necesse est, cùm tu acquisieris aliqđ intellectum, vt ego etiam acquiram illud intellectum. quod est impossibile.

Excludit tacitã responsionem. Et indifferenter, siue posueris ꝙ postrema perfectio generata in vno quoq; indiuiduo subiecta illi intellectui, scilicet per quam intellectus materialis copulat, & est ex ea quasi forma separabilis à subiecto suo, cũ quo continuatur, si aliquid est tale: & siue posueris eã perfectionem esse virtutem uirtutum animæ aut virtutum corporis, idem est in sequendo impossibile.

Alia rõ ad idem. vid. 2. com. 6.71. Et ideo opinandum est ꝙ, si sunt aliqua animata, quorum prima perfectio est substantia separata à suis subiectis, vt existimatur de corporibus cœlestibus, ꝙ impossibile est vt inueniatur ex vna specie eorũ plus vno indiuiduo. quoniam, si ex eis, scilicet ex eadem specie inuenirentur plusquàm vnum indiuiduum, v. g. de corpore moto ab eodem motore, tunc esse eorum esset ociosum, & superfluum: cùm motus eorum esset

Opposit. 2. coel. cõ. 57. vbi dr̃ corpa cœlestia eẽ eiusdẽ spẽi

MANTINI TRANSL.

scitur illud indiuiduum, obtineatur etiã à cũctis indiuiduis. Qm̃, si assiduitas, & perseuerãtia illorũ indiuiduorũ sit ꝑ assiduitatẽ intellectus materialis cũ eis, quẽadmodũ coniunctio, & adherẽtia hoĩs cũ ipso cõcepto, (seu intẽtione) sensibili est quidẽ ꝑ coniunctionẽ primi actus ipsius sẽsus cũ ipso, q̃ quidẽ recipit ipsum cõceptũ seu intẽtionẽ sẽsibilẽ: ergo assiduitas ipsius intellectus, atq; eius cõiunctio cũ oĩbus indiuiduis, q̃ actu reperiunt in aliquo tpe in suo vltimo actu, debet vtiq; esse eadẽ coniunctio. nihil. n. reperit hic, qđ faciat diuersitatẽ, & distinctionẽ in rõne (seu ꝓportione) ipsi' cõiunctionis inter illa duo cõiũcta, & sic oporteret vt, cũ tu acquisiueris aliqđ intelligibile, vt ego et adipiscerer illud met intelligibile. qđ est impossibile. Et nihil differt, siue ponar illũ vltimũ actũ, qui in cũctis indiuiduis gñat, eẽ subiectũ illi * intellectui, s. cũ quo cõiũgitur intellectus materialis atq: copulatur, & ꝑ ipsum est velut forma separata à suo subiecto, cũ quo copulatur, si datur aliquid tale ita se habẽs: siue illũ actũ & perfectionẽ esse aliquã virtutẽ aĩe, aut corporis virtutẽ, nihil vtiq; refert ad hoc vt sequat illud impossibile, & inconueniẽs: E

* a.l. intelligibili

Et idcirco cõsentaneũ est existimare ꝙ, si reperiant aliqua aĩata, quorũ primus actus sit substãtia separata à suis subiectis, vt existimatur de corporibus cœlestibus, ꝙ impossibile erit vt in vna spẽ eorum reperiat plusq̃ vnũ indiuiduũ, nam, si vna specie eorum reperirentur plura indiuidua, exẽpli gratia vt detur aliquod corpus, quod moueatur ab eodem met motore, tunc eorum esse esset frustra & temere, cũ eorum motus sit F

propter

ANTIQVA TRANSL.

[margin: Supra t.c. 92. vsq; ad 95. & 12. Met. t.c. 49 Vid. com. Rom. 1]

sei propter eandem intentionem in numero. v.g. ꝙ esse plus vna naui in numero vni nautæ in eadē hora est ociosum. & similiter esse plus vno instrumento in numero vni artifici eiusdem speciei instrumentorū est ociosum.

Et hæc est intentio eius, quod fuit dictum in primo de Cœlo, & Mundo, scilicet ꝙ, si esset alius mundus, esset aliud corpus cœleste. &, si esset aliud corpus, haberet alium motorē in numero à motore illius corporis. &, si hoc esset, tunc motor corporis cœlestis esset materialis numeratus per numerationem corporum cœlestium, scilicet ꝙ impossibile est ꝙ vnicus motor in numero sit duorū corporum diuersorum in numero. & ideo artifex non vtitur plus uno instrumento, cùm ab eo nō proueniat nisi vna actio. Et vniuersaliter existimatur ꝙ impossibilia, contingentia huic positioni, contingunt huic, quod ponimus, ꝙ intellectus, qui est in habitu, est vnus in numero. & iam numerauit plura eorum Auempace in epistola sua, quam appellauit Continuationē intellectus cum homine. Et cùm ita sit, qualis igitur est via ad dissoluēdum istam quæstionem difficilem?

[margin: Solutio solæ quæstio. I a. Lineal lecti. Sic intelli ... & int ... intelli]

Dicemus igitur ꝙ manifestū est ꝙ hō nō est intelligēs in actu, nisi propter continuationem intellect' cū eo in actu. Et est ēt manifestū ꝙ materia, & forma copulātur adinuicē, ita ꝙ cōgregatum ex eis sit vnicum: & ma-

MANTINI TRANSL.

propter vnicum tantum propositū. vt exempli causa si plures naues numero traderentur vnico gubernatori nauis. nam, si tradantur ei in vnico tēpore, erit quidem ociosum ac temere. similiterq; aliquem artificē professorem vnius artis habere plura instrumenta, quę sint eiusdem generis, erit vtiq; & hoc ociosum. Et hoc est, quod Arist. sentiebat, dum dicebat in primo libro de Cœlo & Mundo ꝙ, si reperiretur alius mundus, daretur quoq; aliud corpus cœleste. &, si daretur aliud corpus cœleste, illud quidē obtineret motorem numero diuersum ab illo motore mouēte illud aliud corp'. & sic motor ipsius corporis cœlestis esset materialis, & numeraret ad cōnumerationē corporum cœlestiū. & hoc idō, quia impossibile est vt idemmet motor numero sit motor corporum diuersorum numero. hinc fit ꝙ ipse artifex, seu professor alicuius artis non vtitur pluribus vno instrumēto, dū non proueniat ab ipso nisi una tantum actio. Tandem existimandum est ꝙ illamet incōmoda, quæ sequūtur hanc positionem, sequantur ad illam, in qua posuimus intellectum in habitu (seu adeptum) esse vnum numero. Et iam narrauit Auempace multa illorū inconuenientiū in eo tractatu suo, cui titulū imposuit. De copulatione intellectus cum homine. His itaq; sic se habētib', dicendū vtiq; est quo nā pacto debeat solui hoc dubiū ita arduū. Dicam' ergo nos manifestum esse ipsum hoīem nō esse actu intelligentē, nisi propterea qđ copulat cū eo intellus in actu. Estq; rursum manifestū materiā & formā ita sibi cōiungi & vniri, vt ag-

ANTIQVA TRANSL.

in actu sit maxime unū. qđ. n. cōponitur ex eis nō ē aliqđ tertiū aliud ab eis. sed vide oppositū. 12 Met. 51 cō. vbi d. q̀ intelligens qđ fit ex intelligibili & intellectu distinctū est ab intellectu. Vide contradict. Zim. † Ex hoc sumi solet cōpositū dicere unam entitatem ex partibus distinctam. vide confirm. 7. Met. 16. 17. & 60. cō. & 1. de Ani. 77. sed vide oppositū ptio Phi. 17. & 4. Ph. 41. Vide contra. Zim. Perfectio intellectus dr̄ equiuoce. Idē. i hoc cō. cō tra Ale. & 2. de Ani. 7. 11. & 30. cōme.

& maxime intellectus materialis, & intentio intellecta in actu †. quod enim componitur ex eis non est aliquod tertium aliud ab eis: sicut est de alijs compositis ex materia & forma. Continuatio igitur intellecti cū homine, impossibile est vt sit nisi per continuationem alterius istarum duarum partium cū eo, s. partis, quæ est de eo quasi materia, & partis, quæ est de ipso, s. de intellectu quasi forma.

Et, cùm declaratum est ex prædictis dubitationibus q̀ impossibile ē vt intellectus copuletur cum vnoquoq; hominum, & numeretur per numerationem eorum per partem, quæ est de eo quasi materia, s. intellectum materialem, remanet vt cōtinuatio intellectorum cū nobis hominibus sit per continuationem intentionis intellectę cum nobis, & sūt intentiones imaginatæ, s. partis, quę est in nobis de eis aliquo modo quasi forma. Et ideo dicere puerum esse intelligentem in potentia potest intelligi duobus modis. Quorū vnus est, q̀ formæ imaginatæ, quæ sunt in eo, sunt intellectæ in potentia. Secundus autē, q̀ intellectus materialis, qui innatus est recipere intellectum illius formæ imaginatę, est recipiens in potentia, & continuatus cùm nobis in potentia.

Declaratum est igitur q̀ prima perfectio intellectus differt à primis perfectionibus aliarum virtutum animæ: & q̀ hoc nomē perfectio dicitur de eis mō æquiuoco, econtrario ei,

MANTINI TRANSL.

B

gregatū ex ipsis efficiatur sis vnū, & præcipue ipse intellectus materialis, & ipse cōceptus (seu intētio) intelligibilis in actu. qm̄ id, qđ ex eis cōstat, nō est aliqđ tertiū diuersū ab eis, vt res se habet in alijs rebus cōpositis ex materia & forma. Impossibile ergo est vt copuletur * intellectus, cū ipso homine, nisi p copulationē vnius illarū duarū partiū, videlicet illius partis, quæ se habet ad eū veluti materia, & illius, quę se habet ad ipsum, scilicet intellectū veluti forma.

* s. l. intelligibile,

E

At cùm iā per supradicta argumēta ꝓbatū fuerit q̀ intellectus nō pōt copulari cū oībus indiuiduis, & vt numeretur ad eoꝝ numerationem per eam partem, quæ se hēt ad eū vt forma, videlicet per intellectū materialē, relinquitur igitur * vt copuletur ipse intellectus nobis oībus hoībus p copulationē conceptuū (seu intētionū) intelligibiliū nobiscū: quæ quidē sunt ipsi cōceptus imaginati (seu intētiones) imaginatæ, hoc est per illā partē ipsaꝝ, quæ in nobis existit, quæ quodam pacto se hēt vt forma.

* s. l. copulentur intelligibilia.

F

Et ideo, cū dicimus puerū esse intelligentē potētia, pōt vtiq; dupliciter intelligi. Vno quidē mō, qđ formæ imaginatæ, quæ in eo existunt, sint intelligibiles potentia. Alio vero mō pōt intelligi, videlicet q̀ intellectus materialis, qui est aptus recipere intelligibile ipsum illius formæ imaginatæ, est vtiq; recipiens potentia, & copulatus nobis potentia. Ex dictis igitur iam constat primum actum ipsius intellectus differre à primis actibus reliquarū virtutū: & q̀ hoc nomen actus dr̄ de ipsis aliquo modorū equiuocationis, cōtra id, qđ opinatus est ipse Alex. Et ob hanc causam

A

ANTIQVA TRANSL.

† Excludit op. Alex. & excludit op. Auēp. ostēdēdo quō intellectus apud ipm sit numeratus.

ti, quod existimauit Alex.† Et ideo dicit Arist. in definitione animæ ꝙ est perfectio prima corporis naturalis organici: quod nondum est manifestum vtrum per omnes virtutes perficiatur corp⁹ eodem modo, aut ē ex eis aliqua, per quam corpus nō perficitur, &, si perficiatur, erit alio modo.

Præparatio autem, quæ est in virtute imaginatiua intellectorum, similis est præparationibus, quæ sunt in aliis virtutibus animę, s. perfectionibus primis aliarum virtutum animæ, sm hoc ꝙ vtraq; præparatio

B

generatur per generationem indiuidui, & corrumpitur per corruptionem eius, & vniuersaliter numeratur per numerationem eius.

Et differunt in hoc, ꝙ illa est præparatio in motore vt sit motor. s. præparatio, quæ est in intētionibus imaginatis. Secunda autem est præparatio in recipiente: & est præparatio, q̄ est in primis perfectionibus aliarū partium animæ.

C

Et propter hāc similitudinem inter has duas præparationes existimauit Auenpace ꝙ nulla est præparatio ad rem intellectam fiendam, nisi præparatio existens in intētionibus imaginatis. Et hæ duæ præparationes differunt sicut terra à cœlo. vna enim præparatio est in motore vt sit motor. alia autem est præparatio in moto vt sit motum, & recipiens.

Et

MANTINI TRANSL.

causam dixit Aristot. in definitione animæ ꝙ ipsa est actus primus corporis physici organici; sed non fuit demonstratum, vtrum per omnes virtutes eodem modo ipsum corp⁹ perficiatur, aut detur aliqua virtutū animæ, qua corpus non perficiatur. vel, si perficiatur per eam, ꝙ tamen vario modo perficiatur, & diuerso.

At illa aptitudo, quæ in virtute imaginatiua ipsorum intelligibiliū existit, similatur quidem illis aptitudinibus, quæ in aliis virtutibus animæ reperiuntur, hoc est ꝙ, sunt primi actus reliquarum virtutum aīæ. nam in vtroq; hoc genere aptitudinis generatur ipsa aptitudo & corrū pitur ad generationem ipsius indiuidui, atq; corruptionem. & tandem numeratur ad eius numerationem.

Veruntamen differūt in hoc, q̄ hæc aptitudo existit quidem in ipso motore, quatenus est motor, illa scilicet aptitudo, quæ in ipsis conceptibus (seu intentionibus) imaginatis existit. Sed secunda aptitudo existit vtiq; in ipso recipiente, & est illa aptitudo, quæ in primis actibus seu pfectionibus reliquarum virtutū animæ existit. Et propterea quòd hę duæ aptitudines sunt inter se similes ideo est opinatus Auen pace ꝙ nulla datur aptitudo ad hoc, vt aliqd fiat intelligibile, nisi illa aptitudo, quæ ī ipsis intentionibus imaginatis existit. Cùm tamē hæ duæ aptitudines differant inter se, sicut differt cœlū à terra. propterea quia vna illarum aptitudinum existit in ipso motore, ea ratione, qua est motor. altera vero est illa aptitudo, quæ in ipso mobili existit, ea ratione, quia mobile est, ac recipiens.

Et

ANTIQVA TRANSL.

Et ideo opinandum est ꝙ iam apparuit nobis ex sermone Arist. ꝙ in anima sunt duæ partes intellectus. quarum vna est recipiens: cuius eẽ declaratum est hic. alia autem est agens: & est illud, quod facit intentiones, quæ sunt in virtute imaginatiua, esse mouentes intellectum materialem in actu, postquã erant mouentes in potentia: vt post apparebit ex sermone Arist. & ꝙ hæ duæ partes sunt non generabiles neq; corruptibiles: & † ꝙ agens est de recipiente quasi forma de materia, vt post declarabitur.

† Cõtradi-ctio hic & 12. Me. cõ. 17. q̃a hic d. intell'm possem eẽ mãm intel-lect° agen-tis, sed ibi d. ꝓpriè nõ eẽ mãm, sed locũ. Vide com. 2um.

Et ideo * opinatus est Themist. ꝙ nos sumus intellectus agens, & ꝙ intellectus speculatiuus nihil ẽ aliud nisi continuatio intellectus agentis cum intellectu materiali tantum. Et non est, sicut existimauit, sed opinandum est ꝙ in anima sunt tres partes intellectus. Quarum vna est intellectus recipiens. Secunda autẽ est efficiens. Tertia autem factum. Et duæ istarum trium sunt æternæ, s. agens, & recipiẽs: tertia autem est generabilis & corruptibilis vno modo, æterna autem alio modo.

* Op. The. 3. de An. cõ. 17. 18. & 19.

Quoniam, quia opinati sumus ex hoc sermone ꝙ intellectus materialis est vnicus omnibus hoibus: & etiam ex hoc sumus opinati ꝙ species humana est æterna, vt declaratum est in aliis locis: necesse est vt intellectus materialis non sit denudatus à principiis naturalibus communibus toti speciei humanæ. s. primis propositionibus, & formationibus

1. de An. c. 34. & 8. ph. 46. & 2. de Gen. 58.

MANTINI TRANSL.

Et ob hoc consentaneum est credere quòd iã appareat nobis ex verbis Aristotelis reperiri ĩ ipsa anima duas partes ipsius intellectus. quarũ vna ẽ, quæ recipit: quæ ꝙ sit, hic fuit probatum. alia vero, quæ agit, & est illa, quæ facit vt illæ intentiones & conceptus, existentes in virtute imaginatiua, moueant intellectum materialem actu, postquam erant mouentes ipsum in potẽtia, vt post hoc apparebit ex verbis Aristotelis. & apparebit etiam has duas partes esse ingenitas & incorruptibiles: & quòd ratio ipsius agentis ad recipiens est veluti ratio ipsius formæ ad ipsam materiam, vt post hoc probabitur. E

D

Et ideo est opinatus Themistius ꝙ nos sumus intellectus agens, & ꝙ nihil aliud est intellectus speculatiuus, quã copulatio intellectus agentis cum intellectu materiali tãtum. Sed res non ita se habet, vt ipse opinatur. sed existimandum est in anima reperiri tres partes intellectus. Prima est ipse intellectus recipiens. Secunda vero ipse agens. Tertia autem est intellectus adeptus, (seu factus.) Et horum trium duo quidem sunt æterni, nempe agens, & recipiens: tertius vero est partim generabilis & corruptibilis, partim uero æternus. F

Sed, cùm ex hoc dicto nos possumus opinari intellectum materialem esse vnicum in cunctis indiuiduis: possumusq; adhuc ex hoc existimare humanam speciem eẽ æternam, vt in aliis locis declaratum fuit: ideo oportebit intellectum materialem non posse denudari à principiis vniuersalibus natura notis vniuersæ humanæ speciei. dico autem primas illas

A **ANTIQVA TRANSL.**

bus singularibus communibus omnibus. hæc enim intellecta sunt vnica secundum recipiens, & multa secundum intentionem receptam.

Secundum igitur modum, secundum quem sunt vnica, necessario sunt æterna: cũ esse non fugiat à subiecto recepto. s. motore, qui est intentio formarum imaginatarum: nec est illic impediens ex parte recipientis. Generatio igitur & corruptio non est ei, nisi pp multitudinem contingentem eis, non propter modũ, secundum

B quem sunt vnica. Et ideo, cùm in respectu alicuius idiuidui fuerit corruptum aliquod intellectũ primorum intellectorum per corruptionem sui subiecti, per quod est copulatum cum nobis, & verum, necesse est vt illud intellectum non sit corruptibile simpliciter, sed corruptibile in respectu vniuscuiusq; indiuidui. Et ex hoc modo possemus dicere q intellectus speculatiuus est vnus in omnibus.

C

Et, cùm consyderatum fuerit de istis intellectis, secundum q sunt ens simpliciter, non in respectu alicuius indiuidui, vere dicuntur esse æterna: & quòd non intelliguntur quandoque, & quandoque non, sed semper: & quòd illud esse est eis medium inter esse amissum, & esse remanens. secundum enim multitudinem, & diminutionem contingentem eis à postrema perfectione sunt generabilia & corruptibilia: &

secun-

MANTINI TRANSL.

illas propositiones, illosq; conceptus proprios particulares, qui cunctis cõmunicant rebus. qm huiusmodi intelligibilia sunt vtiq; vnum ratione recipientis, plura vero ratione ipsius conceptus recepti. Ea igitur ratione, qua sunt vnica in ipso, sunt vtiq; æterna: cum ipsum esse non separet ab ipso subiecto recepto, hoc est ab ipso mouente, quod quidem est ipsa intentio (seu conceptus) ipsarum formarum imaginatarum: nullũq; reperitur ibi prohibens ratione ipsius recipientis. Idcirco nullam habebit generationem, & corruptionem, nisi ratione pluralitatis, quæ eis accidit, & nõ ea ratione, qua sunt vnum in ipso. Et idcirco, si corrumpatur aliquod primorum intelligibilium, seu primarũ notionum, pp corruptionem subiecti ipsius, quo coniungitur nobis, & copulatur, & est verum, & vnũ, rõne, s. & respectu alicuius indiuidui, tunc oportebit illud intelligibile esse absolute incorruptibile, sed corruptibile rõne ac respectu vnius indiuiduorum. Hac ergo rõne possumus dicere intellectum speculatiuum esse vnicum in cunctis indiuiduis.

At, si huiusmodi intelligibilia considerentur, quatenus habent esse absolutum, & non in ratione ad aliquod indiuiduorum, tunc vere dicentur habere æternum esse: & non esse quandoque intelligibilia, qñq; non, sed eodem modo semper existere. videtur enim habere quandam esse medium inter esse perpetuum, & caducum, seu tabidum. nã quatenus magis, vel minus obtinẽt de vltimo actu, & perfectiõe, ea quidem ratione generabilia sunt & corruptibilia

ruptibilia

ANTIQVA TRANSL.

secundum q; sunt vnica in numero, sunt æterna.

*a. l. ab for-ma. Hoc autem erit, *si nõ fuerit positum q dispositio in postrema perfectione in hoĩe est sicut dispõ in intellectis cõibus omnibus. Cũ q eẽ mũdi non denudatur à tali indiuiduo esse. Hoc. n. impossibile non est manifestum. immo dicens hoc potest habere rationem, & causam sufficiẽtẽ, & facientem animam quiescentẽ. qm̃, cum sapientia, & esse in aliquo modo proprium hominum est, sicut modus artificiorum esse in modis propriis hominum, existimatur q impossibile est vt tota habitatio fugiat à philosophia: sicut opinandum est q impossibile est vt fugiat ab artificiis naturalibus. Si enim aliqua pars eius caruerit eis. s. artificiis v. g. quarta terræ septẽtrionalis, non carebunt eis aliæ quartæ. hoc enim declaratum ẽ, q habitatio est possibilis in parte meridionali, sicut in septentrionali.

Forte igitur philosophia inuenitur perfecta in maiori parte subiecti in omni tempore, sicut homo inuenit ab homine, & equus ab equo. Intellectus igitur speculatiuus est non generabilis neq; corruptibilis sm̃ hunc modum. Et vñr ita est de intellectu agente creante intellecta, sicut de intellectu distinguente & recipiente. quemadmodum enim intellectus agens nunquã quiescit à generando & creando simpliciter, licet ab hac. s. generatione euacuatur aliquod subiectum, ita est de intellectu distinguente.

Et

MANTINI TRANSL.

ruptibilia: sed quatenus sunt vnum numero, æterna quidem sunt.

Hoc aũt ita se habebit, si non ponamus vltimum actũ ita se hẽre in ipso hoĩe, sicuti se habent intelligibilia illa, quæ sunt cõia cũctis, hoc est q eẽ ipsius mũdi nõ expoliat ab eẽ huiusce indiuidui, neq; est expers eius. Quod aũt hoc sit impoẽ, non est demõstratũ. sed qui hoc affirmauerit, fortasse afferet rõnem satis apparẽtẽ, & probabilẽ, cui animus acquiescet. nã, quẽadmodũ scientia & ipsum eẽ sunt quid ꝓpriũ ipsi hoĩ, veluti ẽt & artes ipsæ quibusdã modis ꝓpriis vñr inesse ipsi hoĩ, ideo existimat vniuersum habitatũ nõ posse esse expers alicuius habitus ipsius philosophiæ: ita quoq; existimãdũ est q vniuersum habitatũ non põt esse expers artiũ nãliũ. Qm̃, licet in aliqua parte defuerint ipsæ artes, exẽpli grã in quadra septentrionali ipsius terræ, non ꝓpterea reliquæ quadræ priuabunt eis. nã iã fuit ꝓbatũ, q in parte meridionali põt eẽ habitatio, quẽadmodũ in parte septentrionali. Ergo fortasse reperietur philosophia in maiori parte subiecta (seu ferente) oĩ tp̃e, quẽadmodũ homo ex hoĩe, & equus ex equo gignitur. Intellꝰ ergo speculatiuus est ingenitus & incorruptibilis hac rõne. Et, vt verbo dicã, ita se hẽt intellꝰ agẽs, qui intelligibilia creat, sicut se hẽt intellꝰ, q discernit, seu distinguit & diuidit, & q intelligibilia recipit. nã quẽadmodũ intellectus agẽs nunq̃ desistit, q n intelligibilia creet, eaq; absolute generet, & si aliqd subiectũ reperiat expers huiusce gñationis, ita quoq; & ipse intellectus diuidẽs, & discernẽs se hẽt.

Et

A

ANTIQVA TRANSL.

2. de Ana. t.c. 66.

Et hoc innuit Aristote. in primo istius libri, cū d. Et formare per intellectū, & consyderare sunt diuersa ita q intus corrumpatur aliquid aliud, ipsum aūt in se nullā habet corruptionem. Et intēdit per aliquid aliud formas imaginatas humanas. & intendit per formare per intellectum receptionem, quæ est semper in intellectu materiali, de qua intendebat dubitare in hoc tractatu, & in illo, cū d. Et non sumus memores, quia iste est nō passiuus. intellectus autem passiuus est corruptibilis, & absq; hoc nihil intelligit.

3. de Ana. t.c. 20.

B

Et intendit per intellēm passiuū virtutem imaginatiuam, vt post declarabitur. Et vr ista intentio apparuit a remotis, s. animā esse immortalem. s. intellectum speculatiuum.

Vnde Plato d. q vniuersalia sunt neq; generabilia neq; corruptibilia, & q sunt existentia extra mentem. Et est sermo ver' ex hoc modo, & falsus sm q sonant verba ei': & est modus, quem Arist. laborauit destruere in Metaphysica. Et vniuersaliter ista intentio animæ est pars vera in propositionibus probabilibus, quæ dant animā esse vtrūq; s. mortalem, & non mortalem. probabilia enim impossibile est vt sint falsa sm totum. Et hoc apologizauerunt Antiqui: & in representatione illis conueniunt omnes leges.

C

Solutio q. 3. ...

Tertia autē quæstio, quæ est qūo intellectus materialis est aliqd ens, & non est aliqua formarum materialium, neq; etiam prima materia, sic

MANTINI TRANSL.

Et hoc voluit Aris. in primo lib. huius, dum dicebat. Intelligere aūt, & cōtemplari marcescunt (seu transmutant) alio quodā interius corrupto, ipsum aūt impassibile est. Intelligit aūt Arist. per hoc, quod dicebat, alio quodam, ipsas formas imaginatiuas humanas: & per id qd dicebat intelligere, intelligebat ipse illud recipere, quod semp reperitur in intellectu materiali, de qua receptione proposuit dubitare in eo capitulo, in quo et dixit. Neq; nos rememorabimur, quia ē quid impassibile. intellectus etenim passibilis ē vtiq; corruptibilis, alias. n. nihil intelligeret. Et intelligit Aristot. p intellectū passibilē ipsam virtutem cogitatiuā, vt post hoc videbit. Et, vt verbo dicam, hoc vr esse remotū videlicet alam eē mortalē, ipsum. s. intellectū speculatiuum. Plato tñ vr dicere, ipsa vlia esse ingenita & icorruptibilia, & reperiri extra animam. Et illud quidē est verū, si sic itelligatur: sed falsum, si intelligatur iuxta sensum literalē, & vt verba significant: quē sensum conat Arist. destruere in lib. Metaphysicæ. Et, vt paucis rē absoluā, hæc sentētia, quæ de ala hr, est vtique aliqua ex parte veras videlicet per ppōnes pbabiles, quæ quidē affirmant animā duplex lr esse, nempe mortale, & immortale, nam propositiones probabiles non possunt esse oī ex parte & vndequaq; falsæ. & Antiqui oēs sequuntur in hoc sententiā Platonis: omnesq; religiones in hac enarratione cōueniūt. Dubii uero Tertii, quo dubitat, qualr intellect' materialis sit aliquod ens, cū nō sit aliqua forma materialis, neq; sit ipsa mate-

ANTIQVA TRANSL.

ſic diſſoluitur. Opinandum eſt.n. ꝙ illud eſt quartum gen⁹ eſſe. quēadmodum.n. ſenſibile eē diuiditur in formam, & materiam, ſic intelligibile eſſe oportet diuidi in conſimilia his duobus, ſ. in aliquod ſimile formæ, & in aliquod ſimile materiæ. Et hoc neceſſe eſt in omni intelligentia abſtracta, quæ intelligit aliud. & ſi nō, non eſſet multitudo 1 formis abſtractis. & ideo declaratū eſt in prima philoſophia, ꝙ nulla ē forma liberata à potentia ſimpliciter, niſi prima forma, quæ nihil intelligit extra ſe: ſed eſſentia † eius eſt quiditas eius: aliæ aūt formæ diuerſantur in quiditate, & eſſentia quoquo modo. Et, niſi eſſet hoc genus entium, quod ſciuimus in ſcientia animæ, non poſſemus intelligere multitudinem in rebus abſtractis: quemadmodum, niſi ſciremus hic naturam intellectus, non poſſemus intelligere ꝙ virtutes mouentes abſtractæ debent eſſe intellectus.

Nulla forma liberata ē a potē᷑ria ſimpl'r niſi prima forma, q nihil intelligit extra ſe. Sed vide opp. 3. ph. 32. 2. Cœli 34. 9. Me. 17. 12. Me. 30. 35. 41. & 44. vbi dr q. i enti æterno nulla ē potētia oīno. Vide etiā Zim.

† Eſſentia primæ intelligentiæ ē quiditas eius: ſed i aliis diuerſāt quiditas ab eſſentia. Sed vide opp. 3. c. c. 9. & 7. Me t. c. 41 vbi dr q. i abſtractis a mā idē ē quiditas, & eſſentia. Vide etiā Zim.

Et hoc latuit multos modernos, adeo ꝙ negauerūt illud, quod dicit Ariſt. in tractatu ſui libri, ꝙ neceſſe eſt vt formæ abſtractæ mouētes corpora cœleſtia ſint ſecundum numerum corporum cœleſtium. Et ideo ſcire de Anima neceſſarium eſt in ſciendo primam philoſophiam. Et iſte intellectus recipiens neceſſe eſt vt intelligat intellectum, qui eſt in actu. Cum enim intellexerit formas materiales dignior eſt vt intelligat formas nō materiales. & illud, quod intelligit ex formis abſtractis, verbi gratia ex intelligentia agente, non impedit

MANTINI TRANSL.

D materia prima, eius quidē ſolo hæc eſt. Nēpe ꝙ exiſtimandū eſt hoc eē quartū genus eſſendi, vel entium. & ꝙ quēadmodū ens ſenſibile diuidit̄ in mām & formā, ita quoq; ens intelligibile debet diuidi ī ea, quæ his duobus ſimilant̄, nēpe in id, quod ſimilat̄ materię, & in id, quod ſimilat̄ formæ. Hoc aūt neceſſe eſt ita ſe habere in oī intelligētia ſeparata, quæ intelligit aliquid aliud à ſe alias.n. non darent̄ pluralitas in ipſis formis ſeparatis. & ob id fuit ꝓbatū in prima philoſophia ꝙ nulla reperit̄ forma abſtracta, quæ ſit ſimpl'r & penitus expers alicuius potētiæ, pter primā formā, quæ nihil extra ſe intelligit: ſed eius eſſe eſt eius quiditas: in reliqs aūt formis differt aliquo pacto ipſum eē ab ipſa qditate. Et, ſi nō dareſ hoc genus entiū, quod quidē cognoſcimus * de ſciētia alæ, tūc nō poſſemus intelligere pluralitatē in rebus abſtractis: quēadmodū et, ſi ignoraremus hanc nām ipſius intellectus, haud quaq̄ poſſemus intelligere ꝙ illæ virtutes motrices abſtractæ debeant eſſe intelligentiæ quædā. Et hoc quidem latuit plures recentiorū, quia negāt id, quod d. Ariſt. in libro ſuo primæ philoſophiæ, vbi. ſ. affirmat formas ſeparatas, quæ mouent corpora cœleſtia, debere eē tot numero, quot ſunt ipſa corpora cœleſtia. Et idcirco ſciētia de Aīa eſt quid neceſſariū ad ſciētiā primæ philoſophiæ. Iſte pterea intellectus recipiens neceſſe eſt vt intelligat illū itelłm, qui actu exiſtit. Nā, ſi intelligit formas māles, longe magis debet intelligere formas immateriales. & id, qd intelligit de ipſis formis ſeparatis, hoc ē de ipſo intellectu

E

F

* al. pdc. ſcientiā.

ANTIQVA TRANSL.

impedit ipsum intelligere formas
materiales.

Propositio aũt, dicens φ recipiẽs
nihil debet habere in actu ex eo, qđ
recipit, nõ dr̃ simpl̃r, sed cũ conditio
ne. s. φ nõ est necesse vt recipiẽs nõ
sit aliquid in actu oĩno, sed vt nõ sit
in actu aliquid ex eo, qđ illud recipit, sicut p̃diximus. Immo debes
scire φ respectus intellectus agentis
ad istum intellm̃ est respectus lucis
ad diaphanum: & respectus formarũ materialiũ ad ipsum est respect⁹
B coloris ad diaphanum. Quẽadmodũ. n. lux est perfectio diaphani, sic
intellectus agens est p̃fectio intellꝰ
materialis. Et, quẽadmodum in dia
phanum non mouetur à colore, ne
que recipit eũ, nisi qñ lucet, ita iste
intellectus non recipit intellecta, q̃
sunt hic, nisi fm̃ φ perficitur p illũ
intellm̃, & illuminatur per ipsum.
Et, quemadmodũ lux facit colorẽ ĩ
potẽtia esse in actu, ita φ possit mo
uere diaphanũ, ita intellectus agẽs
facit intentiones in potentia intellectas in actu, ita φ recipit eas intellꝰ
C materialis. fm̃ hoc igitur est intelligendum de intellectu materiali, &
agente.

Et, cùm intellꝰ materialis fuerit
copulatus, fm̃ φ perficitur per intel
lectum agẽtem, tunc nos sumus copulari cum intellectu agente. & ista
dispositio dicitur adeptio, & intellꝰ
Com. 36 adeptus, vt post videbitur. Et iste
modus, fm̃ quem posuimus essentiã
intellectus materialis, dissoluit omnes q̃ões contingentes huic, φ ponimus, φ intellectus ẽ vnus & multa. qm̃, si res intellecta apud me, &
apud te fuerit vna omnibus modis,
contingeret φ, cùm ego scirẽ aliquod
intelle-

MANTINI TRANS.

tellectu agente, nihil vtiq; obest ei,
neq; ipsum impedit, quin possit intelligere formas mãles: Illa vero
ꝓpositio, q̃ dicit φ in ipso recipiẽte
nihil dẽt actu reperiri eius, quod recipit, nõ debet intelligi sic simpl̃r &
absolute, sed cũ cõditione: videlicet,
φ nõ est necessarium vt ipsum reci
piẽs nihil sit actu absolute oĩno, sed
φ nõ sit actu aliqđ eius, qđ recipit,
vt superius diximus, Sed scire debes
φ eadẽ est rõ ipsius intellectus agẽtis ad hũc intellm̃, q̃ est ipsius lumĩ
nis ad ipsum diaphanũ. Nã quẽadmodũ lumẽ est p̃fectio, & actus ipsius diaphani, ita intellꝰ agẽs est act⁹
ipsius intellꝰ materialis. Et quemad
modũ ipsum diaphanũ non mouet
à colore, neq; recipit ipsum, nisi ad-
fuerit ibi lumẽ, ita intellꝰ is nõ recipit hæc intelligibilia, nisi p̃ficiat ab
illo intellectu, ab eoq; illumínetur.
Et quẽadmodũ lumen reddit colo-
rẽ, qui potẽtia existit, colorẽ actu, ita
vt possit mouere diaphanũ, ita quo
que intellꝰ agẽs reddit ipsos conceptus & intentiones, quæ sunt in potẽtia actu intelligibiles, ita vt intellꝰ
materialis recipiat ea. & hoc modo
dẽt intelligi hoc negociũ. s. ipsius in
tellꝰ materialis, & agẽtis. Et, cũ in
tellectus materialis fuerit cõiunctus
nobis, & copulatus pro rõne, qua p̃-
ficitur ab ipso intellꝰu agẽte, tũc nos
sumus copulari cũ intellꝰu agente. &
hæc res seu aptitudo, & dispositio
nominatur vocaturq; habitus, seu ade
ptio, aut intellectus adeptus, ut post
hoc mõstrabit. Et hac rõne, qua ex
posuimus subãm ipsius intellꝰ materialis, soluent oĩa dubia, q̃ insurge
bant contra id, quod diximus, ipm̃
intellm̃ esse vnum & plures. propterea

ANTIQVA TRANSL.

Intellectum vt tu scires etiam illud ipsum, & alia multa impossibilia. Et, si posuerimus eum esse multa, continget vt res intellecta apud me & apud te sit vnum in specie, & duæ in indiuiduo. & sic res intellecta habebit rem intellectam. & sic procedit in infinitum. Et sic erit impossibile vt discipulus addiscat à magistro, nisi scientia, quæ est in magistro, sit virtus generãs, & creans sciẽtiam, quæ est in discipulo, ad modũ secundum quem iste ignis generat alium ignem sibi similẽ in specie, quod est impossibile. Et hoc, quod scitum est idem in magistro, & discipulo, ex hoc modo fecit Plat. credere φ disciplina esset rememoratio. Cùm igitur posuerimus rem intelligibilem, quæ est apud me & apud te multa in subiecto, secũdum φ est vera, s. formam imaginationis vnam in subiecto, secundum φ est vna, per quod est intellectus ens, & est materialis, dissoluuntur istæ quæstiones perfectè.

Modus autem, quem existimauit Auen pace dissoluere quæstiones aduenientes super hoc, quod intellectus est vnus aut multa, scilicet modum, quem dedit in sua epistola intitulata, Continuatio intellectus cũ homine, non est modus conueniẽs ad dissoluendum istam quæstionẽ. Intellectus

MANTINI TRANSL.

præterea quia, si id, quod est intelligibile apud me & apud te, esset idem vndequaq; tunc sequeretur φ ego scirem aliquod intelligibile, tu quoq; scires illudmet intelligibile, & plura alia incõmoda sequerent. At, si diceremus ipsum itelligibile* multiplicari ad multiplicationẽ ipsorũ scientiũ, tũc sequeret φ ipsũ intelligibile eẽt apud me & apud te vnũ spẽ, & duo numero. & sic vna res itelligibilis haberet aliã rem intelligibilem. & sic res procederet in infinitũ. Et tũc discipulus non posset discere à præceptore. sed ipsa scientia, quę existit in præceptore, erit quędam vis generans, & producens scientiã ipsam, q existit in discipulo, ea. s. ratiõe, qua ignis generat alium ignẽ sibi similem specie, quod quidem est absurdum. Essetq; præterea id, quod sciretur, idem vtiq; in præceptore & in discipulo. & hæc rõ induxit Platonem, vt crederet ipsum scire esse reminisci. Sed, si concedamus illam rem intelligibilem, quam ego & tu cognoscimus, esse plura subiecto, ea ratione, qua vera existit in eo, quæ videlicet est ipsa forma imaginaria, vnũ vero subiecto, ea ratione, qua est* intellectus existens, & est materialis, sic omnia illa argumenta integre soluentur.

Modus vero, quo putauit Auen pace soluere illa argumenta, quæ insurgunt circa id, quod proponebat, vtrum. s. intellectus sit quid vnum vel plura, non est satis pro solutiõe huius dubii: videlicet illa via, qua ipse processit in eo tractatu suo, cui titulum dedit, De copulatione intellectus cum ipso homine, nõ est profecto sufficiens vt soluat hoc dubiũ. Quoniam

[margin: D; *a. l. esse multa.; E; F; *a. l. vnd. s quo ẽ intelligibilis quondam & est materialis.]

A ANTIQVA TRANSL.

intellectus enim, quem demonstrauit in sua epistola esse vnum, quando laborauit in dissoluendo istam quæstionem alius est ab intellectu, quem demonstrat etiam illic multa: cum intellectus, quem demonstrauit esse vnũ, est intellectus agẽs, inquantum est forma necessario intellectus speculatiui. intellectus vero, quem demonstrauit esse multa in specie, est intellectus speculatiuus. Hoc autem nomen, scilicet intellectus, æquiuoce dicitur de speculatiuo, & agente.

B Et ideo, si illud, quod intelligitur de hoc nomine intellectus in duobus sermonibus oppositis, scilicet concludenti intellectum esse multa, & concludendi intellectum esse vnum, est intentio non æquiuoca, tunc illud, quod post dedit in hoc, scilicet ꝙ intellectus agens est vnus, & speculatiuus multa, non dissoluit hanc quæstionem. Et, si illud, quod intelligitur in illis duobus sermonibus oppositis de hoc nomine intellectus, sit intentio æquiuoca, tunc dubitatio erit sophistica, non disputatiua.

C Et ideo credendum est ꝙ quæstiones, quas dedit ille vir in illa epistola, nõ dissoluunt, nisi ex hoc mõ. si illæ dubitationes non sunt sophisticæ, sed disputatiuæ. Et per istũ modum dissoluetur quæstio, in qua dubitabat in intellectu materiali, verũ sit extrinsecus, aut copulatus. Et, cũ hoc sit declaratum, reuertamur ad exponendum sermonem Arist.

MANTINI TRANSL.

Quoniam ille intellectus, quem in ea epistola probauit esse vnum, quãdo conatur soluere hoc dubiũ, est vtique alius intellectus, quàm sit ille, quem probauit ibidem esse plura. nam ille intellectus, quem probat ibi esse vnum, est ipse intellect*, agens, ea ratione, qua est omnino forma ipsius intellect* speculatiui. sed ille intellectus, quem probauit esse plura specie, est intellectus speculatiuus. Hoc autem nomen intellectus æquiuoce dicitur, de intellectu speculatiuo, & de intellectu agẽte. Et idcirco, si id, quod significatur per hoc nomen intellectus in vtraque oratione contraria, nempe in illa, in qua concluditur quod intellectus est quid vnum, & in qua concluditur ꝙ sit plura, nõ sit quid æquiuoce dictum, tunc, cũ dicit intellectum agentem esse vnum, & intellectum speculatiuum esse plura, non solueret hoc dubium. Et, si in illis duabus orationibus oppositis id, quod significatur per hoc nomen intellectus, sit æquiuoce dictũ tunc illud dubium erit sophisticũ, non dialecticum. Et ideo existimandum est ꝙ illa argumẽta, quæ Auempace attulit in illo tractatu suo, non soluantur nisi hoc modo dicto, si illæ rationes seu argumẽtationes nõ fuerint sophisticæ, sed dialecticæ. Et hac quoq; ratione soluetur illud dubium, quo dubitabatur vtrum intellectus materialis* sit externus vel cõnexus. His itaque sic expositis reuertamur ad expositionem nostrã in verba Aristotelis.

* a. l. siue ꝗ foris uenlat aut sit nobis copulatus.

Vnde neq; misceri rationabile est ipsum corpori : qualis enim aliquis utiq; fiet, calidus aut frigidus, si organum aliquod erit, sicut sensitiuo: nunc autem nullum est. Et bene iam dicentes sunt animam esse locum specierũ: nisi ꝙ non tota sed intellectiua: neq; actu sed potentia species. D

SOPH. *Itaq; nec admixtum corpore eum esse, rationi consentaneum est: fieret enim cuiusdammodi, nimirũ calidus aut frigidus: atq; etiam instrumentum aliquod adesset, quemadmodum sensitiuo : nunc uero nullum est. Atque praeclare sane censent qui dicunt animam esse locum specierũ: nisi quòd neq; tota, sed intellectiua: neq; actu, sed potẽtia species.*

Et ideo fuit necesse vt non sit mixtus cum corpore. si enim esset amixtus cum corpore, tunc esset in aliqua dispositione, aut calidus, aut frigidus, aut haberet aliquod instrumentum sicut habet sentiens. sed non est ita. Recte igitur dixerunt dicentes animam esse locum formarum. sed non vniuersa, sed intelligens. & formae non in perfectione, sed in potentia. E

6 Haec est alia demonstratio ꝙ intellectus materialis nõ est aliquid hoc, neque corpus, neque virtus in corpore. Et d. Et ideo fuit necesse, &c. i. &, quia natura eius est ista, quam narrauimus recte, & necesse fuit vt non admisceretur cum corpore. i. quòd non est virtus in eo sm ꝙ admiscetur cum corpore, vt declaratum est. D. d. secundam rationem sup hoc, & d. si .n. esset admixtus, &c. i. si. n. esset virtus in corpore, tunc esset aliqua dispositio & aliqua qualitas. &, si haberet qualitatem, tunc illa qualitas, aut attribueretur calido, aut frigido, scilicet complexioni in eo ꝙ est complexio: aut esset qualitas existens in complexione tantum addita complexioni, sicut est de aĩa sensibili, & sibi similibus: & sic haberet instrumentum corporale. D. d. sed non est ita. i. sed non habet qualitatem attributam calido & frigido neq; hẽt instrm̃: ergo non est mixtum cum corpore. Et considerare debemus in consecutione, & destructione, vtrum indigeant demonstratione, aut non. Dicamus igitur. qm̃ consecutio consequentis ad praecedens est vera, manifestum est ex praedictis. Declaratum enim est ꝙ omnis virtus in corpore composito, aut attribuitur primis qualitatibus, & formae complexionis, aut erit virtus existẽs in forma complexionali, & sic necessario erit anima organica. Destructio uero manifesta est ex praedictis etiam. Declaratum est enim ꝙ nullum est instrumentum aliud ab instrumentis quinq; sensuũ, vbi fuit declaratum ꝙ nullus est sensus sextus. & vl̃r, si intellectus esset virtus animalis in corpore, tunc aut esset sextus sensus, aut consequens sextum sensum, scilicet aliquid, cuius proportio ad sextum sensum esset sicut imaginatio ad communem sentientem. Quoniam autem intellectus materialis non est uirtus attributa F

com-

A complexioni, manifestum est ex prædictis. quoniam, cum anima sensibilis non est virtus attributa complexioni, quanto magis intellectus. Et si esset attributa complexioni, tunc, sicut dicit Aristot. esse formæ lapidis in anima, esset idem cum eis esse extra animam, & sic lapis esset comprehendens. & alia multa impossibilia contigentia huic positioni. Et quidam dubitabit in hoc, quod fuit dictum, scilicet quòd intellectus non habet instrumentum, ex hoc, quod dicitur, quòd virtus imaginatiua est in anteriori cerebri, & cogitatiua in medio, & rememoratiua in posteriori. & hoc non tantum dictum est à Medicis, sed dictum est in Sensu & sensato. Galenus autem, & alij Medici ratiocinantur super hoc, quod istæ virtutes sunt in istis locis per locum concomitantiæ. & est locus faciens existimare, non verus. Sed declaratum est in libro de sensu, & Sensato, quòd talis est ordo istarum virtutum in cerebro per demonstrationem dantem esse & causam. Sed istud non contradicit illi, quod dictum est hic. † Virtus enim cogitatiua apud Aristo. est virtus distinctiua indi-

B uidualis, scilicet quod non distinguit nisi indiuidualiter, non vniuersaliter. Declaratum est enim illic quòd virtus cogitatiua non est nisi virtus, quæ distinguit intentionem rei sensibilis à suo idolo imaginato. & ista virtus est illa, cuius proportio ad has duas intentiones, scilicet ad idolum rei, & ad intentionem sui idoli, est sicut proportio sensus communis ad intentiones quinque sensuum. virtus enim cogitatiua est de genere virtutum existentium in corpore. Et hoc aperte dixit Aristo. in illo libro, cùm posuit virtutes indiuiduales distinctas in quatuor ordinibus. In primo posuit sensum communem, deinde virtutem imaginatiuã, deinde cogitatiuam, & postea rememoratiuam. Et posuit rememoratiuam magis spiritualem, deinde cogitatiuam, deinde imaginatiuam, & postea sensibilem. Licet igitur homo proprie habeat virtutem cogitatiuam, tamen hoc non facit hanc virtutem esse rationabilem distin-

C ctiuam. ista enim distinguit intentiones vniuersales non indiuiduales, & hoc fuit aperte dictum ab Aristo. in illo libro. Virtus igitur distinctiua rationalis, si esset virtus in corpore, contingeret vt esset vna istarum virtutum quatuor. quapropter haberet instrumentum corporale: aut esset alia virtus indiuidualis distincta ab istis quatuor. sed iam declaratum est illic hoc esse impossibile. Et, quia Galenus existimauit quòd virtus cogitatiua est rationalis materialis, fecit ipsum errare in hoc locus consequentis. quia enim virtus rationalis appropriatur homini: & cogitatiua appropriatur ei: existimatur propter conuersionem affirmatiuæ vniuersalis quòd cogitatiua est rationalis. & vnus eorum, qui errauerunt in hoc, est Albelfarag Babyloniensis, in suo commento in lib. de Sensu & sensato. Deinde dicit. Recte igitur dixerunt dicentes animam esse locum formarum idest cùm declaratum sit quod nõ est mixtus alicui corpori, tunc recte dixerunt describentes animam esse locum formarum, cũ non acceperunt in notificando substantiam eius propinquam, istam consimilitudinem, & conuenientiã, quæ est inter ipsam ad spẽs, & locũ ad locatum.

Dubiũ an intellectus sit virtus organica.

Solutio vi de ꝑ illa demonstratione dãte esse & esse A- uer. super cõ. lib. de Memoria & reminiscentia.

†Virt. cogitatiua distinguit indiuidualiter. Idẽ 3. cõ. 20. & 33. Idẽ 2. de aia cõ. 63.

Error Gal.

Sola pars expositiua tex.

D D.d. sed non vniuersa, sed intelligens.i. sed ista consimilitudo non debet accipi in intelligendo oēs partes animæ, sed tm̄ in anima rationali. aliç.n. partes animæ sunt formæ in materijs, rationalis aūt non. D. d. & Formæ non in perfectione, sed in potentia. sed locus differt ab anima distinctiua intelligente in hoc, ꝙ locus nihil est eorum, quæ sunt in eo: anima autem rōnalis materialis est formæ existentes in ea non actu, sed potentia. Et fecit hoc, ne aliquis intelligat ex hac descriptione ꝙ genus acceptū in ea sit genus verū, non Rhetoricū. sed cogetur hō in talibus rebus, quæ non intelligūtur nisi per cōsimilitudinē, vt notificet ea per talia gn̄a Rhetorica.

Res q̄ non intelligunt̄ nisi p cōsimilitudinē, notificari phī p gn̄a Rhetorica. cō-silēj cō 14 & 1 Ph. & idē 4. Ph. cō. 74. & 2. de anima. 149

Quoniam autem non similis sit impassibilitas sensitiui & intellectiui, manifestum est ex organis & sensu: sensus enim non potest sentire ex valde sensibili: vt sonum ex magnis sonis: neq; ex fortibus odoribus & coloribus neq; videre, neq; adorare. sed intellect9 quum intelligat aliquid valde intelligibile, nō minus intelligit infima, sed & magis. Sensitiuum quidem enim non sine corpore est: hic autem separatus. E

SOPH. *Non esse autem similem impatibilitatem sensitiui & intellectiui, perspicuum est in sensuum instrumentis, & in sensu. nam sensus post uehemens sensibile sentire non potest: uerbi causa, sonum post magnos sonos: nec etiam post uehementes colores & odores, uidere aut olfacere: at uero intellectus ubi aliquid intellexerit uehementer intelligibile, nihilo minus inferiora intelligit, imo etiam magis. nam sensitiuum non est sine corpore: hic uero separabilis est.*

Quoniam autem priuatio passionis in sentiente, & in formatione per intellectum non est consimilis, manifestum inest sensu. Sensus.n. non potest sentire post forte sensatum: ver.g. post sonos maximos, aut post colores fortes, aut post odores fortes. Sed intellectus, quando intellexerit aliquod forte intelligibilium, tunc nō minus intelliget illud, quod est sub primo, imo magis. sentiens.n. non est extra corpus: iste autem est abstractus. F

Hęc ē cōditio necessaria d̄nio strationib9 necessariis, vt apparētia sensui nō differant ab eo, qđ vr p rōnē. Idē. 1. Cœ. cō. 22. & 8. Phy. 22. & 26.

7 Cùm declarauit ꝙ intellectus materialis non admiscetur materiæ, incœpit notificare ꝙ hoc conuenit apparentibus. Hæc enim est conditio necessaria necessarijs demonstrationibus, s. vt apparentia sensu non differant ab eo, quod videtur per rationem. Et dixit. Qm̄ autem priuatio passionis, &c. i. qm̄ priuatio transmutationis existentis in sensu non est similis priuationi transmutationis existentis in intellectu, vt demonstratum fuit ratione, manifestum est ex apparentibus. Priuatio enim transmutationis in intellectu debet esse pura & non est ita priuatio transmutationis in sensu, cùm sensus sit virtus materialis. D.d. sensus enim non potest sentire, &c. idest & signum eius est, quoniam sensus nō potest sentire sua sensibilia

sibilia

A sibilia conuenientia sibi, quando senserit aliquod forte, & recesserit ab eo subito ad illud aliud sensibile. v.g. quando sensus auditus recesserit à magno sono, aut visus à forti colore, & olfactus à forti odore. Et causa in hoc est passio, & trasmutatio, quæ accidunt sentienti à forti sensato. Et causa huius transmutationis est, quia est virtus in corpore. Et, cùm demonstrauit hoc, quod videtur de transmutatione in sensu, incœpit notificare ꝙ contrarium est de intellectu, & dixit, Sed intellectus, quando intellexerit aliquod forte, &c. i. intellectus, quando intellexerit aliquod forte intelligibile, tunc facilius intelliget intelligibile non forte. vnde scimus ꝙ non patitur, neque transmutatur à forti intelligibili. Et, cùm demonstrauit eos esse diuersos, in hoc dedit causam, & d. sentiens enim nō est extra corpus: iste autem est abstractus. idest & causa in hoc est, ꝙ prius fuit declaratum, scilicet ꝙ sentiens non est extra corpus, intellectus autem est abstractus. Et possumus ponere hunc sermonem demonstrationem tertiā per se, scilicet demonstrationem, quòd, cùm diximus quòd, si intellectus trāsmutatur essentialiter, non accidentaliter, & mediante alio: hoc enim con
B cessum est in intellectu: necesse est vt transmutatio contingat ei apud suam actionem propriam, quę est intelligere, sicut est in sensu. Et, si non transmutatur per se & essentialiter, necesse est vt nō sit virtus in corpore omnino. ols. n. virtus recipiens in aliquo corpore, debet transmutari sm ꝙ est recipiens. Et ideo non oportet obijcere huic argumento ex eo, qd accidit in intellectu de transmutatione propter transmutationem virtutum imaginationis, & maxime cogitatione. in intellectu enim existimatur accidere fatigatio hoc modo. Et non est ita, nisi accidentaliter. Virtus enim cogitatiua est de genere virtutum sensibilium. Imaginatiua autem, & cogitatiua, & rememoratiua non sunt nisi in loco virtutis sensibilis, & ideo non indigetur eis nisi in absentia sensibilis. & omnes iuuant se ad repraesentandum imaginem rei sensibilis, vt aspiciat eam virtus rationalis abstracta, & extrahat intentionem vniuersalem, & postea recipiat
C eam, idest comprehendat eam. Et forte, sicut diximus, Iducit hunc sermonem ad verificandum prædictas demonstrationes.

Ols virtus recipiēs in aliquo corpore, dbet trāsmutari sm ꝙ ē recipiens. Idē. 2. de ala. tex. 6. 123. 144.

Quū autem sic singula fiat ut sciens dicitur qui secundū actū, Hoc autem confestim accidit cum possit operari per se ipsum, est igitur & tunc potentia quodammodo, non tamen similiter & ante addiscere, aut inuenire: & ipse autem se ipsum potest intelligere.

SOPH. *Vbi autem eo modo singula factus fuerit, quo qui actu est sciens appellari solet (quod tum accidit cum per se ipsum potest operari) est quidem tunc etiam quodammodo potentia, non tamen æque ac prius quam didicisset, aut inuenisset: atq; tunc etiā ipse se potest intelligere.*

Et, cum quodlibet eorum fuerit sic, s. sicut dicitur scientia in actu: & hoc continget, quando poterit intelligere per se: tunc etiā

erit in potentia quoquo modo, sed non eodem modo, quo ante e- D
rat antequā sciuit, aut inuenit. Et ipse tunc potest intelligere p se.

8 Et cùm in eo fuerit vnumquodque intellectorum tali modo, sicut dici
tur in sciente quòd est sciens in actu, idest quando intellecta fuerint in eo
entia in actu. & hoc continget intellectui, quando poterit intelligere per
se, non quando intellexerit per aliud. Et hoc, quod dixit, est differentia in
ter virtutes agentes propinquas & remotas. Propinquæ enim actui sunt,
quæ agunt per se: & non indigent extrahente eas de potentia in actum:
remotæ autem indigent. & ideo dixit ꝙ, cùm intellectus fuerit in hac dispositione, tunc erit potentia quoquo modo, idest tunc dicetur de eo hoc
nomē potentia non vere, sed modo simili. Deinde dicit. Et ipse tunc pote
rit intelligere per se. idest &, cùm intellectus fuerit in hac dispositione, tūc
intelliget se, secundum quòd ipse non est aliud nisi formæ rerum, inquan
tum extrahit eas à materia. quasi igitur se intelligit ipse modo accidentali, vt dicit Alexan. i. secundum ꝙ accidit intellectis rerum ꝙ fuerint ipse, i. E
essentia eius. Et hoc est ecōtrario dispositioni in formis abstractis. illæ. n.
cùm intellectus earū non est aliud ab eis in intentione, per quā sunt intel
lecta isti⁹ intellectus, ideo intelligūt se essentialiter, & nō accidētaliter. &
hoc perfectius inuenitur in primo intelligente, quod nihil intelligit extra
se. Et possumus exponere istum locum, secundum quod Alfarabius dicit in suo tractatu de intellectu, & intellecto. & est ꝙ, cùm intellectus fuerit in actu, erit unū entiū, & poterit intelligere seipsum per intentionē,
quam abstrahet à se, secundum ꝙ abstrahit intentiones rerum, quæ sunt
extra animam. & sic intellectum habebit intellecta. & nos perscrutabimur
de hoc, vtrum sit possibile, aut non.

Dña inter virtutes agētes ppīquas & remotas.

Intellect⁹ intelligit seipsum mō accidētali vid̄ ꝓ hoc cō. 51. 12. Met.

Vide infra cō. 15. & 16.

Quo pacto intellectus potestatis materialis, ac earum formas, similiter & ea, quæ sunt in abstractione intelligat. Quo etiam pacto intelligat, si est impassibilis. Quomodo se ipsum intelligit. Et cur non semper intelligat, F

Cap. 2.

QVoniam autem aliud est magnitudo & magnitudinis esse, & aqua & aquæ esse: & sic in multis aliis. non autem in omnibus. in quibusdam enim idē est esse carnis, & carnem. aut ergo alio, aut aliter habente discernit. Caro. n. non sine materia, sed sicut simum, hoc in hoc.

10 P M. *Cum autem aliud sit magnitudo, & magnitudini esse: & aqua, & aquæ esse: & sic in multis alijs, sed non in omnibus: in nonnullis. n. idem est carni esse & carnem: aut alio, aut aliter se habente iudicat intellectus. caro enim non est sine materia: sed sicut simum, hoc in hoc.*

Et, quia

A Et quia magnitudo est aliquid & esse magnitudinis aliud, & aqua, est aliquid & esse aquæ aliud, & sic in multis aliis: sed non in omnibus, in quibusdam enim esse carnis idem est cum carne: necesse est vt experimentetur aut per duo, aut per diuersam dispositionem. Caro enim non est extra materiam, sicut simitas est aliquid hoc, & in aliquo hoc.

9 Cum compleuit sermonem de notificatione substantiæ intellectus materialis, & dedit differentiam inter ipsam & substantiam sentientis materialis, incœpit dare etiam differentiam inter intellectum in actu, & imaginationem in actu. Existimatur enim quòd imaginatio ipsa est intellectus: & præcipue, cùm dicimus quòd proportio eius ad intellectũ est sicur proportio sensibilis ad sensum, scilicet quòd mouet ipsum: & existimatur ꝙ motor & motum debent esse eiusdem speciei. Et incœpit dicere, Et, quia magnitudo est aliquid, &c. idest &, quia hoc indiuiduum est aliquid, & intentio per quam hoc indiuiduum est ens, scilicet quiditas, & forma eius

B est aliud. verbi gratia quòd hæc aqua est aliquid, & intentio, idest forma, per quam hæc aqua est ens, aliud est ab aqua. D. d. & sic in multis alijs. i. & hoc accidit similiter in multis rebus, scilicet in omnibus compositis ex materia & forma. & dixit. sed non in omnibus ad excipiendum res abstractas, & quæ sunt res simplices, & non compositæ. Deinde dicit in quibusdam enim esse carnis idem est cum carne. i. & causa, propter quam hę duę intentiones non inueniuntur in omnibus entibus, est ꝙ quiditas & esse essentia in entibus simplicibus est idem verbi gratia ꝙ esse carnis idem est cum carne: quia intentio carnis in eis non est in materia. Et, cùm induxit præcedens in hoc sermone, dedit consequens, & dixit, necesse est vt experimentetur, &c. idest &, cùm fuerit declaratum quòd entia sensibilia diuiduntur in duplex esse, scilicet in hoc singulare, & suam formam, necesse est vt virtus experimentatiua, idest comprehensiua comprehendat eã,

C aut per duas virtutes, aut per vnam, sed duabus dispositionibus diuersis. cum duabus autem virtutibus erit, quando comprehenderit vtrunq; per se, scilicet formam singulariter, & indiuiduum singulariter: per vnam vero virtutem & dispositionem diuersam erit, quando comprehenderit alietatem, quæ est inter has duas intentiones. † Quod enim comprehendit alietatem inter duo, necesse est, vt declaratum est, vt sit vnũ vno modo, & multa alio modo.* & ista est dispositio intellectus in comprehendendo alietatem, quæ est inter formam & indiuiduum. comprehendit enim formam per se, & comprehendit indiuiduum mediante sensu. Comprehendit igitur alietatem inter ea per dispositionem, quæ diuersatur. quemadmodum sensus communis comprehendit alietatem inter sensibilia per dispositionem diuersam, scilicet sensus pluralitatem. sed quia istas formas non comprehendit intellectus nisi cum materijs, ideo comprehendit eas per dispositionem, quæ diuersatur. Et, cum notificauit quòd necesse est vt anima comprehendat has duas intentiones per virtutem diuersam,

† Quod cõprehẽdit alietatẽ inter duo, necesse ẽ vt sit vnũ vno modo, & multa alio mõ. Idẽ 2. de aïa. 149

* aduerte hic quia vt cõ. dicere ꝙ intellectus non cõprehendit singulare, nisi cõparatione ad vle.

& comprehendat alietatem earum per vnicam virtutem, sed secundum diversam dispositionem, dedit causam, propter quam indiget anima in comprehendendo has duas intentiones diuersa dispositione, & dixit. Caro enim non est extra materiam.i. causa, propter quam forma non comprehenditur ab intellectu nisi cùm materia, quod facit ipsum intellectum cō prehendere eam diuersa dispositone, est quod formæ non sunt extra materiam. Forma enim carnis non denudatur à materia, sed semper intelligit cum materia: sicut simitas cum naso, cū simitas sit aliquid hoc in aliquo hoc. & sic est de formis sensibilibus, s. quod sunt aliquid hoc in aliquo hoc. D

Sensitiuo quidem igitur calidum & frigidum iudicat: & quorum ratio quædam caro. alio autem aut separato, aut sicut circunflexa se habet ad se ipsam, quum extensa sit, carnis esse discernit.

SOPH. *Calidum igitur & frigidum sensitiua parte iudicat, & quorum ratio quædam est caro. alio autem, uel separabili: uel ut flexa se habet ad se ipsam cum extensa fuerit, carnis esse indicat.* E

Ipsa igitur per sentiens experimentatur calidum & frigidum, & res, quæ sunt in carne, assimilantur eis, quæ sunt illius. Et experimentatur per aliud. aut secundum dispositionem lineæ sphæralis quæ diu durat quid est esse carnis.

10 Dicit. Ipsa igitur, &c. i. & cum necesse est experimentare res diuersas per virtutes diuersas, & per sentiens autem, & per sibi similia experimētat aīa calidum & frigidum, & sibi similia, necesse est secundum exemplum vt res existens in carne, per quam caro est quod est, & non illud, per quod est calida aut frigida, sit similis virtuti comprehendenti eam & vt experimentetur per aliam virtutem. Et dixit, assimilantur eis, quæ sunt illius, quia necesse est vt proportio, quæ est intentionis ad intentionem, s. indiuidualis ad vniuersalem, sit sicut proportio virtutis comprehendentis alteram earum ad uirtutem comprehendentem alteram. Et, cū necesse est vt duæ intentiones sint diuersæ, necesse est vt virtutes sint diuersæ. Intelligens igitur non est imaginatiua: cum iam declaratum est quod comprehensio virtutis imaginatiuæ & sensibilis idem est. D. d. Et experimentatur p aliud, aut sm dispositionem lineæ, &c. i. & necesse est vt forma experimentetur per aliquam virtutem. & hoc erit ex hac virtute, aut per dispositionem similem lineæ rectæ, cùm intellexerit primam formam existentem in hac re singulari: aut sm dispositionem similem lineæ sphærali, quando fuerit reuersa, quærendo intelligere etiam quiditatem illius formæ, deinde quiditatem illius quiditatis, quousque perueniat ad simplicem quiditatem in illa re. v.g. quod primo intelligit quiditatem carnis, deinde quærit intelligere quiditatē isti' quiditatis, deinde quiditatē istius quiditatis: & hoc erit, dū īueniet quiditatē in q̄ditate, & nō cessabit quousq; perueniat ad formā simplicē. Et hoc intēdebat, cū dixit, q̄ diu durat. i. quod istud intelligere ītellectū erit sit ī carne, dū erit posse ī carne quod q̄ditas ei' hēat q̄ditatē.

Cū duæ intentiones sint diuersæ, necesse ē vt virtutes sint diuersæ. Idē 3. de ala t. cō. 33.

F

Iterum

A Iterum autem in his quæ in abstractione sunt, rectum sicut simum: cum continuo enim est. quod autem quid erat esse, si est alterum recto esse & rectum, alio: sit enim dualitas: altero itaque aut aliter se habente iudicat. Omnino ergo sicut separabiles res à materia, sic & quæ circa intellectum sunt.

SOPH. *Rursus in iis quæ in abstractione consistunt, rectum est ut simum: cũ continuo enim est. ipsum autem quid erat esse, si diversum est recto esse & rectum, aliud est: sit enim dualitas: alio ergo aut aliter se habente iudicat. Omnino ut res separabiles sunt à materia, sic etiã intellectus.* a Lasio

Et etiam in rebus existentibus in Mathesi, rectum est sicut simitas, est enim cum quanto continuo. Secundum autem esse, esse recti aliud est ab eo. Si igitur experimentatur, tunc igitur per aliud, & quia dispositio eius sit alia. Et universaliter dispositio rerũ, quæ
B sunt in intellectu, currit sicut res abstractæ à materia.

11 D. Et istud intelligere intellectus non tñ invenitur in rebus † materialibus, sed in mathematicis. Rectum enim quia est in continuo, sicut in simitas in naso, necesse est quemadmodum intellectus intelligat simitatẽ cõpositam ex naso, ita intelligat quiditatem recti compositã cum continuo. Et dixit. Et etiã in rebus, &c. i. & rectum, & esse eius similis ex rebus mathematicis est simile ad esse simitatis in naso. rectum enim est in continuo, sicut simitas in naso. Deinde dixit. Secundum autem esse, esse in recto est aliud à quiditate continui: licet alterum eorum non inveniatur nisi in alio. D. d. Si igitur, &c. idest, cũ igitur posuerimus ꝙ in mathematicis etiam sunt duo, quorũ unum est in altero, tunc anima nõ experimentat ea, nisi per aliam virtutem: aut per eandem, sed tamen per dispositionem, quæ diversatur, cum non intelligit ea nisi cum re: licet non intelligat ea cum materia sensibili. Sciendum est enim, ꝙ dispositio habita ab intellectu, quæ diversatur in eo, quando comprehendit formas re-
C rum primas sensibiles, est ei per sensus: & dispositio, quæ diversatur in eo per comprehensionem quiditatis & formæ, est ei dispositio diversa in se non per sensus. Et ideo assimilat Arist. ipsum lineæ sphærali in hac dispositione: Plato autem lineæ gyrativæ. & per hanc dispositionem intelligit formas rerum mathematicarum, cum non accepit intelligendo eas * magnitudinem sensibilem. D. dixit. Et universaliter dispositio rerum, &c. idest, ut mihi videtur, & universaliter dispositio rerum, quas comprehẽdit intellectus, invenitur in eo in modo, sm quem sunt in se in propinquitate, & distantia, ab abstractione à materia. Quod igitur eorũ fuerit remotum à materia, poterit abstrahi ab intellectu absque materia: licet non habeat esse nisi in materia: sicut est in mathematicis. & quod eorum fuerit propinquum materiæ non poterit. cum igitur dixit secundum ꝙ res abstractæ à materia, intendit sm modum essendi in rebus abstractis à mã in ordine, in quo sunt de abstractione, si iste sermo sit completus in scripto.

† a. l. materialibus.

* a. l. memoriam.

Quod fuerit remotũ à mã, poterit abstrahi ab intellectu à mã licet non habeat esse

Dubitabit

Dubitabit autem vtiq; aliquis, si intellectus simplex est & impassibilis, & nulli nihil habet commune, sicut dicit Anaxagoras; quomodo intelliget: si intelligere pati aliquid est? Inquantum enim aliquid commune vtrisque est, hoc quidem agere, illud vero pati videtur. D

nisi i mā, sicut est i mathematicis. & q̄d fuerit propinqu m materiæ nō poterit

SOPH. *Sed quærat quispiam, si intellectus est simplex & impatibilis, nec cum ullo quidquam habet commune, ut dixit Anaxagoras, quomodo intelliget, si intelligere pati quoddam est? nam quatenus commune quidpiam utrisq; inest, alterum agere, alterum pati uidetur.*

Et dubitat homo ꝙ intellectus est simplex, non patiens, & ꝙ impossibile est vt habeat aliquam communicationem cū alia re, sicut dixit Anaxa. quomodo igitur intelligitur ꝙ formare per intellectum est aliqua passio. qm̄ pp hoc, ꝙ aliquid est commune vtriq;, existimatur ꝙ alterum eorum agit, & alterum patitur. E

12 Cùm dedit differentiam inter intelligere & imaginari, reuersus est ad dubitandum de intellectu passibili, & dixit. Et dubitat homo, &c. idest & dubitat homo in hoc, quod dictum est, ꝙ intellectus materialis est simplex & non passibilis: quia non existimatur ipsum habere communicationem aliquam cum re materiali, sicut dixit Anaxa. & sicut declaratum fuit prius. Quæstio autem est: quomodo intelligatur ꝙ formare per intellectum sit passio, idest de genere virtutum passiuarum, & nullam habeat cōmunicationem cum re, à qua patitur: quoniam per aliquod commune agenti & patienti existimatur hoc agere, & hoc pati. Nisi enim esset materia non esset passio. &, cum posuerimus intellectum non esse materiam neq; in materia: quomodo igitur intelligemus cū hoc ꝙ intelligere est passio, non actio. Sumus igitur inter duo, aut ut non ponamus ꝙ intelligere est in capitulo passionis: aut ponamus quòd intellectus materialis communicat corpori, quemadmodum forma imaginationis mouens ipsum communis est corpori. F

Nisi esset mā nō eēt passio. sed quō hoc sit intelligēdū vide infra c. 25. & in cō. 14.

Amplius autem si intelligibilis & ipse: aut enim aliis inerit intellectus: si non secundum aliud ipse intelligibilis est, vnum autē aliquid intelligibile est specie: si autem sit mistum, aliquid habebit quod facit intelligibilem ipsum, sicut alia.

SOPH. *Præterea an ipse quoq; intelligibilis sit: nel enim cæteris etiam inerit intellectus, si nō ipse per aliud est intelligibilis, ac intelligibile unū quoddam est specie: nel aliquod mixtum habebit, quod eum ut reliqua reddat intelligibilem.*

Et etiam vtrum est in se intelligibile. qm̄ autem intellectus erit aliarum rerum, si non est intellectum alio modo, sed illud formatum

A tum per intellectum fuerit vnum in sua forma, aut erit mixtio in eo ab aliquo, quod ipsum fecit intellectum, sicut est de aliis.

13 Ista est secunda dubitatio de intellectu materiali: & est vtrum est in se intelligibilis, non per naturam existentem in eo, adeo quòd intellectus & intellectum in eo idem erit omnibus modis, sicut est dispositio in rebus abstractis: aut intellectum ex eo est aliud quoquo modo ab ipso. Et dixit. Et etiam vtrum est in se, &c. i. & etiam vtrum ipsum est illud, quod est intellectum ex eo. necesse est enim alterum duorū, aut vt aliæ res, quæ sunt extra animam, habeant intellectum, si intellectus est intellectum ex eo omnibus modis, & non est alius modus de intelligere res, sed intelligere est idē in omnibus rebus: aut vt non sit intellectum per se, sed per intentionem in eo, quæ fecit ipsum intelligibilem: sicut est dispositio in rebus, quæ sunt extra animā. & tacuit, vt videtur, illud, quod consequitur hanc positionem: & est quòd intellectus in se est non intelligens. Et abbreuiatio dubitationis est talis, vt videtur, aut enim erit intellectū sicut aliæ res B abstractæ intellectæ: & sic res, quæ sunt extra animam, erunt intelligentes: aut erit intellectum, sicut aliæ res, quæ sunt extra animam: & sic erit in se non intelligens, neq; comprehendens.

Intelligēs. & intellm sunt idē i abstractis oībꝰ modis. Idem 12. Me. 51.

Aut pati quidem secūdum cōmune aliquid diuisum est prius: quoniam potentia quodammodo est intelligibilia intellectus: sed actu nihil, ante quam intelligat. oportet autem sic, sicut in tabula nihil est actu scriptum: quod quidem accidit in intellectu.

60 p H. *An ipsum quidem pati communi quadam ratione superius explicatum est, quòd intellectus potentia quodammodo est intelligibilia, actu uero nullum, antequam intelligat. oportet autem uelut in codice nihil esse actu descriptum: quæ res accidit in intellectu.*

*a L. grande alr. oportet atq; in codice in qua nihil actu dicriptum est.

Dicamus igitur quòd passio, secundum quòd prius vtebatur, est vniuersalis & quòd intellectus est in potentia quoquo modo intellecta, perfectione autem non est, quousq; intelligat. Et quòd accidit in C intellectu, debet currere tali cursu, sicut tabula est aptata picturæ, non picta in actu omnino.

14 Cùm dedit has duas quæstiones de intellectu materiali, incepit dissoluere eas, & primo primā dicens, quomodo intelligimus quòd intellectus materialis est aliquid simplex, & non mixtum cum aliquo, opinando quòd intelligere est aliqua passio: & iam declaratum est in vniuersalibus sermonibus quòd ea, quæ agunt, & patiūtur, communicant in subiecto. Et dixit. Dicamus igitur quòd passio, &c. idest ista quęstio dissoluetur in sciendo quòd passio, qua prius vtebamur in quæstione, est magis vniuersalis quàm aliquod dictum in rebus naturalibus quòd sit passiuum. Deinde exposuit quid significat hoc nomen passio in intellectu, & dixit quòd, intellectus

L. de Gñone t. cō. 4.

D

tellectus est in potentia, &c. id est & ista intentio vniuersalis de passione in intellectu nihil aliud est, nisi quod est in potẽtia intellectum, nõ in actu, quousque intelligat. Et dicere etiam ipsum esse in potẽtia, est alio modo ab eis, secundum quos dicitur ꝙ res materiales sunt in potentia. & hoc est quod diximus prius, quod intelligendum est hic quòd hæc nomina, scilicet potentia, & receptio, & perfectio modo æquiuoco dicuntur cum eis in rebus materialibus. Diuersitas enim istius intentionis, scilicet receptionis, quæ est in intellectu, à receptione, quæ est in rebus materialibus res est, ad quam ducit ratio. Vnde non est opinandum ꝙ prima materia est causa receptionis, sed causa receptionis transmutabilis: & est receptio huius singularis. causa autem receptionis simpliciter est ista natura. Et ex hoc modo fuit possibile ꝙ corpora cœlestia reciperent formas abstractas, & intelligerent eas: & fuit possibile vt intelligentiæ abstractæ † perficerentur per se ad inuicem. Et, si non, non esset possibile vt illic intelligeretur recipiens, neque receptibile. unde videmus ꝙ illud ꝙ est liberatũ ab hac natura est, primum intelligens. Et ponendo istam naturam, dissoluetur quæstio dicens, quomodo intelligitur multitudo, & quomodo intelliguntur multæ ex formis abstractis, & intellectus idem est eis cum intellecto. Et, cum notificauit modum passionis in intellectu & ꝙ æquiuoce dicitur in intellectu in rebus materialibus, incœpit dare ex rebus sensibilibus exemplum, per quod intelligitur ista intentio in intellectu materiali. &, licet non sit verum, tñ est via ad intelligendum. Et iste modus doctrinæ necessarius ẽ in talibus rebus, licet si rhetoricus. Et dixit. Et quod accidit in intellectu, &c. i. & intelligendũ est hoc, quod diximus de hac intentione vniuersali, scilicet passione, quæ est in intellectu, quæ est tantũ receptio sine transmutatione, sicut receptio picturæ in tabula. Quẽadmodum. n. tabula nõ patitur à pictura, neq; accidit ei ab hac transmutatio: sed tñ inuenitur in ea de intẽtione passionis, quod perficitur per picturã, postquã erat in potentia picta, ita est dispositio in intellectu materiali. Et hoc exemplũ, quod induxit, valde est simile dispositioni intellectus, qui est in potentia, cum intellectu, qui est in actu. Quẽadmodum. n. tabula nullam picturam habet in actu, neq; in potẽtia propinqua actui: ita in intellectu materiali nõ est aliqua formarum intellectarum, quas recipit, neq; in actu, neq; in potentia propinqua actui. Et voco hic potentiã propinquam actui, dispositionem mediam inter remotã potentiã & postremam perfectionem, & hoc est vt non sit in eo intentio, quæ fit in potentia intellecta. & hoc est propriũ soli intellectui. Perfectio enim prima sentientis est aliquid in actu respectu potentiæ remotæ: & est aliquid in potentia respectu postremæ perfectionis. Et ideo assimilauit Arist. primam perfectionem sensus Geometræ, quando non vtitur Geometria. scimus enim certe ꝙ habemus uirtutem sensibilem existentem in actu, licet nihil sentiamus. Declaratus est igitur modus consimilitudinis istius exempli huic, quod dictũ fuit ab Arist. in intellectu materiali. Dicere autem quòd intellectus materialis est similis præparationi, quæ est in tabula, nõ

E

F

Pñtia, receptio, & perfectio æquiuoce dñr in reb' materialibus, & abstractis.

Nõ ẽ opinandum ꝙ prima mã ẽ cã receptionis, sed causa receptionis trãsmutabilis & est receptio huius singularis. sed cã receptionis simpliciter ẽ ista nã.

Idẽ supra c. 5. idẽ infra. c. 26.

a Quomõ formæ abstractæ ad inuicẽ pficiantur, Vidẽ c. 44 12. Meta.

Sermo rhetoricus in rebus difficilibus ẽ necessarius. 1. phy. 82. & 4. phys. 84. idem sup. cõ. 6.

Digressio cõtra Ale. de eo ꝙ intellectus nõ sit ppa ratio sim.

tabulæ

A tabulæ secundum quòd est præparata, vt exposuit Alexand. hunc sermonẽ, falsum est. Præparatio enim est priuatio aliqua, & nullam habet naturã propriam nisi propter naturam subiecti. & propter hoc fuit possibile vt præparationes diuersentur in vnoquoque ente. O Alex. reputas Aristo. intendere demonstrare nobis naturam præparationis tantum, non naturam præparati: & non est natura istius præparationis, propria ei, si fuerit possibile cognosci sine cognitione naturæ præparati: sed naturam præparationis simpliciter in quocunque sit. Ego autem verecundor ex hoc sermone, & ex hac mirabili expositione. Si enim Aristo. intendebat demonstrare naturam præparationis, quæ est in intellectu per omnes sermones prędictos in intellectu materiali, necesse est aut vt intendat demonstrare per eos naturam præparationis simpliciter, aut naturã præparationis propriæ. Natura autem præparationis propriæ in intellectu impossibile est demonstrare sine natura subiecti: cùm præparatio propria vnicuiq; subiecto currit cursu perfectionis, & formæ ex eo: sed oportet necessario per cognitionem naturæ præparationis scire naturam præparati. Et, si intendebat per illos

B sermones demonstrare naturam præparationis simpliciter, tunc illud non est id proprium intellectui. & omne hoc est perturbatio. Omnis enim præparatio in eo quod est præparatio, vere dicitur nihil esse in actu ex eis quæ recipit: & quod est non passibile: & vere dicitur esse non corpus, neque virtus in corpore: quomodo igitur possumus exponere illud, quod Aristoteles intendebat hic demonstrare nobis de natura intellectus materialis, illud, quod est commune omnibus recipientibus, scilicet in quibus est præparatio ad recipiendum vnumquodque genus formarum, & nõ ad demonstrandum naturam præparati per cognitionem naturæ præparationis propriæ ei, * nisi intellectus materialis esse solummodo præparatio sine aliquo subiecto: quod est impossibile. præparatio enim ostendit præparatum. Vnde Aristote. cum inuenit præparationem, quæ est in intellectu esse diuersam ab aliis, iudicauit præcise quòd natura subiecta ei

C differt ab aliis naturis præparatis: & quod est proprium isti subiecto præparationis, scilicet intellectui, est quòd non est in eo alia intentionum intellectorum in potentia, aut in actu. Vnde necesse fuit ipsum non esse corpus, neq; formam in corpore. &, cùm non fuerit corpus, neq; virtus in corpore, non erit etiam formæ imaginationis. illæ enim sunt virtutes in corporibus, & sunt intentiones intellectæ in potentia. Et, cùm subiectum istius præparationis neq; est forma imaginationis, neq; mixtum ex elementis, vt Alex. intendit: neque possumus dicere quòd alia præparatio denudetur à subiecto, recte videmus quòd Theophrastus, & Themistius, & Nicolaus, & alii Antiquorum Peripateticorum magis retinent demonstrationẽ Arist. & magis conseruant verba eius. Cum enim intuerentur sermones Arist. & eius verba, nullus potuit ferre ea super ipsam præparationem tantum, neque super rem subiectam præparationi: si posuerimus ipsam esse virtutem in corpore, dicendo eam esse simplicem, & abstractam, & non passibilem, & non mixtam corpori. Et, si illud non esset opinio Aristote.

*al. sin. intellectus m̃alis eẽt solummodo præparatio, esset sine aliquo subiecto.

oporteret

oporteret opinanari eam esse opinionem veram, sed propter hoc, quod D dico, nullus debet dubitare quin ista sit opinio Arist. Omnes. n. hoc opinãtes non credunt nisi propter hoc, quod dixit Aris. qm̃ ita est difficile hoc: adeo ꝙ, si sermo Arist. non inueniretur in eo, tunc ualde esset difficile cadere super ipsum, aut forte impossibile, nisi inueniretur aliquis talis, vt Arist. credo. n. ꝙ iste homo fuerit regula in natura, & exẽplar, quod natura inuenit ad demonstrandum vltimam perfectionem humanam in materiis. Et forte opinio attributa Alex. fuit ficta ab eo solo: & in tempore eius erat inopinabilis, & abiecta ab omnibus. Et ideo videmus Themistiũ dimittentem eam omnino, & fugere eam, sicut cauentur inopinabilia. Et est contrarium ei, quod contingit modernis. nullus enim est sciens, & perfectus apud eos, nisi qui est Alexandreus. & causa in hoc est famositas istiꝰ viri. & quia credimus, & vere scimus ꝙ fuit vnus de bonis expositoribus. licet Alfarabius, cum hoc ꝙ maximus erat in istis, sequitur Alexã. in hac intentione: & addidit huic opinioni quoddam inopinabile. In li. enim de Nichomachia videtur negare continuationem esse cum intelligentiis ab E stractis: & dicit hanc esse opinionem Alex. & quòd non est opinandum ꝙ finis humanus sit aliud quã perfectio speculatiua. Auempace autem exposuit sermonem eius, & dixit ꝙ opinio eius est opinio omnium Peripateticorum, s. ꝙ continuatio est possibilis, & ꝙ est finis. Et forte hæc est vna cãrum, pp quam videmus ꝙ consuetudo, & mos plurium dantiũ se Philosophiæ in hoc tempore sunt corrupti. & hoc habet alias causas non latentes consydetantes in Philosophia operatiua.

Laus magna de Aristo. uide cõsi°e I. p̃. cemio 4. mer. sup. 1. ph. & 2. de Gen. c. 58. & 3. Meteorum. ca. de Iride.

De opinione alfarabii uide 3. c. 36. & Auẽpace & ibidem & 9. Met. cõ. 22.

Et ipse autem intelligibilis est sicut intelligibilia. In his quidẽ enim quæ sunt sine materia, idem est intelligens, & q̃d intelligit. Scientia autem speculatiua & scibile, idem est.

SOPH. *Atq; etiam ipse intelligibilis est, quemadmodum intelligibilia: in iis enim quæ sine materia sunt, idem est id quod intelligit, & quod intelligitur: nam contemplatiua scientia & quod ita scibile est, idẽ sunt.* F

Et est etiam intellectum, sicut intellecta. Formare enim per intellectum, & formatum per intellectum, quæ sunt extra materiã, idem sunt. Scientia enim speculatiua, & scitum secundum hunc modum idem sunt.

15 Cũ dubitauit de intellectu materiali, vtrum intellectum ex eo est ipse intellectus, aut aliud aliquo modo, & oportet, si intellectus ĩ eo est ipsum intellectum, vt sit intellm̃ per se non per intentionẽ in eo, &, si fuerit aliud aliquo modo vt sit intellm̃ per intentionẽ in eo, incœpit declarare ꝙ est intellectum per intentionem in eo, sicut aliæ res intellectæ: sed differt ab eis in hoc, ꝙ illa intentio est in se intellectus in actu, & in aliis rebus est intellectus in potentia. Et dixit. Et est etiam intellectum, sicut intellecta. i. & est intellectum per intentionem in eo, sicut res aliæ intellectæ. D. dedit

demon-

A demonstrationem super hoc, & dixit Formare enim per intellectum, &c. i. & necesse est ut intellectum sit per intentionem in eo, quia formare per intellectum, & formatum idem sunt in rebus non materialibus. Et, si iste intellectus esset intellectus per se, contingeret ut scientia speculatiua, & scitum essent idem: quod est impossibile.

Non autem semper intelligendi causa consideranda est. In habentibus autem materiam, potentia solum unumquodque intelligibilium. Quare quidem illis non inerit intellectus: sine materia n. potentia est intellectus talium. Illud autem intelligibile erit.

SOPH. *Causa porrò cur non semper intelligat consideranda est. In iis autem quæ habent materiã potentia est unumquodq; intelligibilium. quare illis quidem non inerit intellectus: nam intellectus horum talium potentia*

B *est sine materia: illi autem intelligibile inerit.*

Et perscrutanda est causa, propter quam non semper intelligit. In eo autem, quod habet materiam, quodlibet intellectorum est in potentia tantum. Istis igitur nõ est intellectus. intellectus enim ad ista, non est nisi potentia istorum abstracta à materia. isti autẽ quia est intellectum.

16 Et oportet perscrutari de causa, pp quam non semper intelligit, ita q intellecta eius sint in se. Et cã in hoc est, q illud ex intellectis, quod nõ habet materiam, suum intellectum est intellectus in se, & ipse semper intelligit: q autem habet materiam, unumquodq; intellectorũ est in ipso in potentia: & ideo res intellectæ materiales non intelligunt. Et hoc intendebat, cum dixit. Istis igitur non est intellectus. i. & ideo intellecta materia-

C lia non habent intellectum. & quod diminuitur à sermone intelligitur per suum oppositum, & per hanc particulã, aũt, quæ notat diuisionẽ. &c. q.d. & cã in hoc est, quia intellectum eius, qd non habet materiam est semper, & in actu. intellectũ aũt eius, qd habet materiã, est in potentia. D.d. Istis igitur non est intellectus &c. i. ista igitur intellecta pp hoc, s. quia sunt intellecta in potentia, non habent intellm. Intells enim attributus istis nõ est nisi formæ istorum abstractæ à materia, & ideo istæ formæ respectu eorum non erunt intellectæ in actu. i. non comprehensæ ab eis, neq; per eas erunt intelligentia: & in respectu illius, quod abstrahet ea à materiis suis, erunt intellecta in actu, & per ea erit intelligens, & illa per illam eandẽ intentionem erunt non intelligentia. Et hoc est complementum sermonis in dissolutione prædictæ quæstionis. Ille enim sermo cogit nos ad alterũ duorũ. Si.n. intells fuerit idem cũ intellecto in intellectu materiali, *Resumit qõnẽ ppositã t. co. 15.* necesse est ut sint aliæ res, quæ sunt extra alam intelligentes. Si vero aliud, ut sit intellm per intentionem in eo. qua pp indiget in essendo intellectũ intellecto. & hoc procedit in infinitum. Dissolutio igitur istius qõnis est, *Solutio eiusdem.* qm intentio, per quã intellectus materialis fit intellectus in actu, est quia

est

est intellectum in actu. Intentio vero, per quam res, quæ sunt extra animam, sunt entia, est quia sunt intellectæ in potentia. &, si essent in actu, tunc essent intelligentes. D

De intellectu agente. Cap. 5.

QVoniam autem sicut in omni natura est aliquid, hoc quidem materia vnicuique generi, hoc autem est potentia omnia illa: alterum autem causa & factiuum, quod in faciendo omnia, ut ars ad materiam sustinuit: necesse & in anima has esse differentias.

SOPH. *Quoniam autem ut in uniuersa natura est aliquid, alterum materia cuique generi: quod ideo sic est, quod potentia est illa omnia: alterum causa & effectiuum, eo quod omnia efficiat: quæ res usu uenit in arte si cum materia comparetur: ita etiam in anima hæc adsint differentia necesse est.* E

Et quia, quemadmodum in natura est aliquid in vnoquoque genere, quod est materia, & est illud, quod est illa omnia in potentia: & aliud, quod est causa, & agẽs, & hoc est illud, propter quod agit quidlibet, sicut dispositio artificii apud materiam: necesse est vt in anima existant hæ differentiæ.

17 Cùm declarauit naturam intellectus, qui est in potentia, & qui est in actu, & dedit differentiam inter ipsum & virtutem imaginationis, incœpit declarare quod necessariũ est tertium genus intellectus esse: & est intelligẽtia agens, quæ facit intellectum, qui est in potentia, esse intellectũ in actu. Et dixit, quod ita est in ponendo intelligentiam agentem in hoc genere entium sicut est dispositio in omnibus rebus naturalibus. quemadmodum enim necesse est in unoquoque genere rerum naturalium generabilium & corruptibilium esse tria ex natura illius generis, & ei attributa, agens, s. patiens, & factum, ita debet esse in intellectu. Et dixit. Et quia, quemadmodum in natura. i. & quia ita est hoc sicut in rebus naturalibus. i. & quia consyderatio de a\u0304ia ẽ cõsyderatio naturalis, quia anima est vnum entium naturalium: rebus autem naturalibus commune est vt habeant in vnoquoque genere materiam, & est illud, quod est in potẽtia omnia, quæ sunt in illo genere, & aliud, quod est causa & agens, & est illud, propter quod generatur omne, quod est illius generis, sicut est artificium apud materiã: necesse est, vt hæ tres differentiæ sint in anima. F

Et est intellectus, hic quidem talis, in omnia fieri: ille vero, in omnia facere: sicut habitus quidam, sicut lumen. quodam .n. modo & lumen facit potentia existentes colores, actu colores.

Atque

10 PR. *Atq; est quidam intellectus talis, quòd omnia fiat: quidam, quòd*
A *omnia faciat, veluti habitus quidam, perinde ac lumen: nam lumen quoque quodammodo facit actu colores, eos qui sunt potentia colores.*

Oportet igitur vt in ea sit intellectus, qui est intellectus, secundum quòd efficitur omne: & intellectus, qui est intellectus, secundum quòd facit ipsum intelligere omne. & intellectus, secundum quòd intelligit omne, est quasi habitus, qui est quasi lux. lux.n. quo quo modo etiã facit colores, qui sunt in potentia: colores in actu.

18 D. Et, cùm necesse est inueniri in parte aïæ, quæ dr̃ intellectus, istas tres differentias, necesse est vt in eo sit pars, quæ dicitur intellectus, scđm q̃ efficitur omne, modo similitudinis, & receptionis: & q̃ in ea sit etiam secunda pars, quæ dicit intellectus, secundũ quòd facit istum intellectum, qui est in potẽtia intelligere omnia in actu. Causa.n. propter quã facit intellectũ, qui est in potentia, intelligere omnia in actu, nihil aliud ẽ nisi q̃ sit I actu. B hoc enim, quia est in actu, est causa vt intelligat in actu omnia: & q̃ in ea etiam sit tertia pars, quæ dr̃ intellectus scđm q̃ facit oẽ intellm in potẽtia eẽ intellm in actu. Et dixit. Oportet igit. &c. & intendit per istum intellectũ materialem hec igit est sua descriptio prædicta. D.d. & intellectus secundũ q̃ facit ipsum intelligere oẽ. & intendit per istum, illud quod fit, quod est in habitu. Et hoc pronomẽ, ipsum, potest referri ad intellectum materialem, sicut diximus: & potest referri ad hominẽ intelligentẽ. & oportet addere in sermone secundũ q̃ facit ipsum intelligere omne ex se, & quando voluerit. hæc enim est definitio huius habitus. s. vt habens habitum intelligat per ipsum illud, quod est sibi propriũ ex se: & quando voluerit, absq; eo quod indigeat in hoc aliquo extrinseco. D.d. & intellectus, secundum q̃ intelligit, &c. & intendit per istũ intelligentiã agentẽ. & per hoc, quod dixit intelligit omne, quasi aliquis habitus, intendit q̃ facit oẽm rem intellectã in actu, postquã erat in potentia, quasi habitus & forma. D.d. qui C est quasi lux, &c. modo dat modũ, ex quo oportuit ponere in aĩa intelligentiã agentẽ. nõ enim possumus dicere q̃ proportio intellectus agentis in aĩa ad intellectũ generatũ est, sicut proportio artificij ad artificiatum omnibus modis. ars enim imponit formã in tota materia absq; eo q̃ in materia sit aliquid existens de intentione formæ, antequã artificium fecerit eam. & non est ita in intellectu. qm̃, si ita esset in intellectu tunc homo non indigeret in cõprehendẽdo intelligibilia sensu, neq; imaginatione: immo intellecta peruenirẽt in intellectũ materialẽ ab intellectu agente, absq; eo q̃ intellectus materialis indigeret aspicere formas sensibiles. † Neq; etiã possumus dicere q̃ intẽtiones imaginatæ sint solæ mouẽtes intellectũ materialẽ, & extrahentes eũ de potentia in actũ. Quoniã, si ita esset, tunc nulla differentia esset inter vle, & indiuiduum: & tunc intellectus esset de genere virtutis imaginatiuæ. Vnde necesse est cũ hoc, quod posuimus quod proportio intentionum imaginatarum ad intellectum materialẽ est

Intell^s possibilis efficitur omnia modo similitudinis, & receptionis. Idẽ 1 t.c. 6. & 7 18.

Definitio habitus.

Ars ponit formã in toto mã, absq; eo q̃ in mã sit aliqd existens de intẽtione formæ, antequã artificium fecerit eam. vide 6. Lib. ca. 5. & 2. phy. 1. 2. & 3. & 86 c. Idẽ 12. me. c. 13. & 7 Me. c. 2 v.

Intentiones imaginatæ non sunt solæ mouentes intellm̃.

est sicut proportio sensibilium ad sensus, vt Aris. post dicet, ponere alium D
motorem esse, qui facit eas mouere in actu intellectum materialē: & hoc nihil est aliud quàm facere eas intellecta in actu, abstrahendo eas à materia. Et, quia hæc intentio cogens ad ponendum intellectum agentem alium à materiali, & formis rerum, quas intellectus materialis comprehēdit, est similis intentioni, propter quam visus indiget luce: cum hoc ꝙ agens & recipiens alia sunt à luce: contentus fuit in notificando hunc modum per hoc exemplum. & quasi d. & modus, qui coegit nos ad ponendū intellectum agentem, idem est cum modo, propter quem indiget visus luce. Quemadmodum enim visus non mouetur à coloribus, nisi quādo fuerit in actu: quod non completur nisi luce præsente, cum ipsa sit extrahens eos à potentia in actum: ita etiam intentiones imaginatæ non mouent intellectum materialem, nisi quando fuerint intellectæ in actu: quod nō pficitur eis nisi aliquo præsente, quod sit intellectus in actu. Et fuit necesse attribuere has duas actiones in nobis alæ, s. recipere intellm, & facere eū, quāuis agens & recipiēs sint substātiæ æternæ, pp hoc, quia hæ duæ actiones reductæ sunt ad nīam voluntatē, s. abstrahere intellecta, & intelligere ea. Abstrahere. n. nihil est aliud q̄ facere intētiones imaginatas in actu, postquā erant in potentia. Intelligere aūt nihil est aliud quā recipere has intētiones. Cùm enim inuenimus idem transferri in suo esse de ordine in ordinem, s. intētiones imaginatas, diximus ꝙ necesse est vt hoc sit à cā agente, & recipiente. recipiens igitur est materialis, & agens est efficiens. E

Et, cùm inuenimus nos agere per has duas virtutes, cùm voluerimus: & nihil agit nisi per suam formā: ideo fuit necesse attribuere nobis has duas virtutes intellectus. Et intellectus, qui est abstrahere intellectum, & creare eum, necesse est vt præcedat in nobis intellectum, qui est recipere eum. F

Et Alex. † dixit quod rectius est describere intellectum, qui est in nobis per suam virtutem agentem, non per patientem: cum passio, & receptio communes sint intellectui, & sensibus, & virtutibus distinctiuis. actio. n. ē propria ei: & est melius vt res describatur per suam actionem. Dico etiā hoc non esse necesse omni modo: nisi hoc nomen passio diceretur in eis modo vniuoco: non enim dicitur nisi modo æquiuoco. Et omnia dicta ab Arist. in hoc sunt ita, ꝙ vniuersalia nullum habent esse extra animam: quod intendit Plato. qm̄ si ita esset, non indigeret ponere intellm agētē.

Digressio. Hæ duæ actiones reductæ sūt ad nīam voluntatē s. abstrahere intellecta & intelligere ea. idē 2. de aia, 60. & hic. 36. intellm legit recipiere. Nihil agit nisi p suā formā idē 3. ph. 17. 2 de Ge. 53. 7. Me. 20. uide pro hoc 2. de aia c. 24. vlt. & 1 hoc 3. c. 36.

† idē infra 36.

Ola dicta ab Aristo. sunt ita, ꝙ vlia nol lū hūt eē extra ala; qd intēdit Pato. idē 1. d ala. c. 8. 2. de ala c. 60. 1. Me ta. 6. 16. 17. 3. Me. cō. 20. 7. Me. 17. 12. Me. 4. & 14. 21. 27. 28. idē 10. Me. c. 6.

Et hic intellectus separabilis & impassibilis & immistus, substantia actu ens: semper enim honorabilius est agens patiente: & principium materia. Idem autem est secundum actum sciētia, rei.

IOPH. *Et hic intellectus separabilis est, & non mixtus, & impatibilis, & sui substantia operatio, semper enim agens patiente, & principium materia nobilius est. Idem autem est scientia quæ actu est, quod res ipsa.*

Et iste intellectus etiam est abstractus, non mixtus, neque passibilis, & est in sua substantia actio. Agens enim semper est nobilius

A lius patiente, & principium nobilius materia. Et scientia in actu
eadem est cum re.

19 Cùm declarauit secundum genus esse intellectus, & est agens, incœpit
facere comparationem inter eum & materialẽ, & dixit. Et iste intellectus
etiam, &c. i. & iste etiam intellectus est abstractus, sicut materialis: & est
etiam non passibilis, neq; mixtus, sicut ille. Et, cùm narrauit ea, in quibus
communicant intellectui materiali, dedit dispositionem propriam intelle
ctui agenti, & dixit & est in sua substãtia actio. i. ꝙ nõ est in eo potentia ad
aliquid, sicut in intellectu recipiente est potentia ad recipiendum formas.
intelligentia enim agens nihil intelligit ex eis, quæ sunt hic. Et fuit neces
se vt intelligentia agens sit abstracta, & nõ mixta, neq; passibilis, secundũ
quòd est agens omnes formas intellectas. Si igitur esset mixta, non esset
agens omnes formas: sicut fuit necesse vt intellectus materialis, sm ꝙ est
recipiens omnes formas, sit etiam abstractus, & non mixtus. quia, si non
B esset abstractus, haberet formam hanc singularem: & tunc necesse esset alterum duorum, scilicet aut vt reciperet se, & tunc motor in eo esset motum, aut vt non reciperet omnes species formarum. Et similiter, si intelligentia agens esset mixta cum materia, tunc necesse esset aut vt intelligeret & crearet se, aut non crearet omnes formas. Quæ igitur est differẽtia inter has duas demonstrationes in considerando per eas: sunt enim val
de consimiles. & mirum est quomodo omnes concedunt hanc demonstra
tionem esse veram de intellectu, scilicet agente, & non conueniunt in demonstratione de intellectu materiali: & licet etiam sint valde consimiles,
ita ꝙ oportet concedentem alteram etiam concedere aliam. Et possumus scire ꝙ intellectus materialis debet esse non mixtus ex iudicio, & eius
comprehensione. Quia enim iudicamus per ipsum res infinitas in numero in propositione vniuersali: & est manifestum ꝙ virtutes animæ iudicantes, scilicet indiuiduales, & mixtæ non iudicant nisi intentiones finitas,
contingit sm conuersionem oppositi ꝙ illud, quod non iudicat intentio-
C nes finitas, necesse est vt non sit virtus animæ mixta. &, cùm huic coniunxerimus ꝙ intellectus materialis iudicat res infinitas & non acquisitas à
sensu, & ꝙ non iudicat intentiones finitas: continget vt sit virtus non mix
ta. Auempace autem videtur concedere hanc propositionẽ esse veram
in epistola expeditionis, scilicet ꝙ virtus, per quã iudicamus iudicio vniuersali est infinita: sed existimauit hanc virtutem esse intellectum agẽ
tem sm manifestum sui sermonis illic. Et non est ita. iudicium enim, &
distinctio non attribuitur in nobis nisi intellectui materiali. & Auic. certe
vtebatur hac propositione: & est vera in se. Et, cùm notificauit ꝙ intelle
ctus agens differt à materiali, in eo ꝙ agens semper est pura actio, materia
lis aũt est vtrũq;, pp res, quæ sunt hic, dedit cãm finalem in hoc, & d. Agẽs
n. semper est nobilius patiente. i. & iste semp est in sua substantia actio: &
ille inuenit in vtraq; dispõne. Quia iam declaratũ est ꝙ proportio intellꝰ
agentis ad intellectum, patientem est sicut proportio principii mouentis

Intelligentia agens nihil intelligit ex eis q sũt hic. Idẽ Thē. hic ca. 31.

Per intellm materialẽ iudicamus infinita sm propositionẽ vlẽ. Vidẽ p hoc 2. Me. 11. & 12. c. & 12. Me. 14. & 31.

quoquomodo ad materiam motam. agens enim semper nobilius est patiente, & principium nobilius materia. Et ideo opinandum est secundū Aristo. q̄ vltimus intellectus abstractorum in ordine est iste intellectus materialis. Actio enim eius est diminuta ab actione illorum: cum actio eius magis videtur esse passio quàm actio: non quia est aliud, per quod differat iste intellectus ab intellectu agente, nisi per hanc intentionem tātum. Quoniam, quemadmodum nō scimus multitudinem intellectuum abstractorum, nisi per diuersitatem actionum eorum, ita etiam non scimus diuersitatem istius intellectus materialis ab intellectu agēte, nisi per diuersitatem suarum actionum. Et, quemadmodum intellectui agenti accidit vt quandoq; agat in res existentes hic, & quandoq; non, ita isti accidit vt quandoq; iudicet res existentes hic, & quandoq; non. sed differūt tantum in hoc, q̄ iudicium † est aliquid in capitulo perfectionis iudicis: actio autem non est secundum illum modum in capitulo perfectionis agentis. Considera igitur hoc, quoniam est differentia inter hos duos intellectus. &, nisi hoc esset, nulla esset alietas inter eos. O Alex. si hoc nomen intellectus materialis non significasset apud Aristo. nisi præparationem tantum, quomodo faceret hanc comparationem inter ipsum & intellectum agentem, s. in dando ea in quibus conueniūt, & ea in quibus differunt? D. d. Et scientia in actu idem est cum re. & innuit, vt reputo, aliquod proprium intellectui agenti, in quo differt à materiali, s. q̄ in intelligentia agente scientia in actu eadem est cum scito. & non est sic in intellectu materiali, cùm suum intellectum est res, quæ non est in se intellectus. Et, cū notificauit q̄ sua substātia est sua actio, dedit cām sup hoc, & dixit.

D

†Iudiciū est aliqd i c. pfectionis iudicis actio vero nō ē i ca. pfectionis agentis. cō. hic. 3. ph. 19. & 2. d Aia. 139. Exclamatio contra Alex.

E

Quæ vero secundum potentiam prior in vno est: omnino autē neq; tempore. sed non aliquando quidem intelligit: aliquando vero non intelligit. Separatus autem est solum hoc quod vere est: & hoc solum immortale & perpetuum est. Non reminiscimur autē: quia hoc quidem impassibile: passiuus vero intellectus corruptibilis, & sine hoc nihil intelligit anima.

F

SOPH.

Ea uero quæ potentia est, prior tempore est in uno: omnino uero ne tēpore quidem. sed non interdum intelligit, & interdum nō intelligit. ubi autem separatus fuerit, tunc est solum id quod reuera est: & hoc solum est immortale & æternum: sed non meminimus: quia hoc quidem impatibile est: intellectus autem passiuus corruptibilis, & nihil sine eo intelligit.

*al. legunt simplr.

Et quod est in potentia, est prius tempore indiuiduo. vniuersaliter autem nō est neq; in tēpore. neq; est qñq; intelligens, & qñq; non intelligens. Et, cū fuerit abstractus, est quod est tm̄, non mortalis. Et non rememoramur, quia iste est non passibilis. & intellectus passibilis est corruptibilis, & sine hoc nihil intelligit.

Istud

20 Istud capitulum pōt intelligi tribus modis. Quorum vnus est fm opi-
A nionem Alex. Et secundus fm opinionem Theophrasti, & aliorum expo- Expō alex.
sitorum. Et tertius fm opinionem, quam nos narrauimus: & est magis
manifestū fm verba. Potest.n. intelligi fm Alex. ꝙ intendebat per intellectum in potentia præparationem existentem in cōplexione humana. C.
ꝙ potentia & præparatio, quæ est in hoīe ad recipiendū intellm̄ in respectu vniuscuiusq; indiuidui, ē prior ipe intellectu agente: simpl'r aūt intel
lectus agens est prior. Et, cùm dixit. neq; est qūq; intelligens, & qnq; nō.
intendit intellectum agentem. Et, cùm dixit. Et, cùm fuerit abstractus, est
quod est tantum, non mortalis. intendit ꝙ iste intellectus, cùm fuerit copulatus in nobis, & intellexerimus per illum alia entia, fm quòd est forma nobis ipse solus, tunc inter partes intellectus est nō mortalis. D.d. Et
non rememoramur, &c. hæc est quæstio circa intellectum agētem, fm ꝙ
copulatur nobis, & intelligimus per illum. Potest.n. quis dicere ꝙ, cùm in
tellexerimus per aliquod æternum, necesse est vt intelligamus per illud
B idem post mortem, sicut ante. & dixit respondendo ꝙ intellectus iste non
copulatur nobis, nisi mediante esse intellectus materialis generabilis &
corruptibilis in nobis: &, cū iste intellectus fuerit corruptus in nobis, neq;
rememorabimur. Forte igitur Alex. ita exposuit hoc capitulum: licet nō
videtimus expositionem suam in hoc libro. Themistius autem intelli- Expō Th. 3. de Aīa cā. 16.
git per intellm̄, qui est in potentia, intellm̄ materialem abstractum, cuius
esse demonstratum est. Et intelligit per intellm̄, cuius fecit comparationē
cum hoc intellm̄ agentem, fm ꝙ continuatur cum intellu, qui est in potentia, & hoc quidem est intellectus speculatiuus apud ipsum. Et, cùm dixit. & non qūq; intelligit, & qnq; non intelligit. intelligit agentem, fm ꝙ
non tangit intellm̄ materialem. Et, cū d. Et, cùm fuerit abstractus, est ꝙ ē
tantum non mortalis, intendit intellectum agentem, fm ꝙ est forma intel
lectui materiali & hoc est intellectus speculatiuus apud ipsum. & erit ista
qō contra intellectum agentem, fm ꝙ tangit intellm̄ materialem: & est
C speculatiuus, fm ꝙ est forma intellectui materiali: & hoc est intellect' speculatiuus. Sed, cùm dixit. Et non rememoramur. dicit ꝙ remotum est vt
ista dubitatio ab Arist. sit circa intellectum, nisi fm ꝙ intellectus agēs est
forma in nobis. Dicit enim ꝙ ponenti intellectum agentem esse æternū,
& intellectum speculatiuum esse non æternum, non contingit hæc qō. s.
quare non rememoramur post mortem, quod intelligimus in vita. Et Sciētia est
est, sicut dixit. ponere enim istam qōnem circa intellectum agentem, fm sciētia in no
ꝙ ē adeptus: vt Alex. dicit, remotū est. Scientia enim existens in nobis in bis in di-
dispositione adeptionis æquiuoce dicitur cum scientia in nobis existente spōne ade
per naturā, & disciplinam. Ista igitur qō, vt apparet, non est nisi in sciētia ptiōis ęq
existente per naturā. Impossibile est.n. vt ista qō sit nisi circa cognitionē uoce. dr
æternam, existentem in nobis, aut per naturam, vt dicit Themistius, aut cū sciā exi
p intellm̄ adeptū in postremo. Quia igit' hęc qō apud Themist. est circa stēte i no
intellm̄ speculatiuū, & initiū sermonis Arist. est de intellectu agēte, iō opi bis p nām
natus fuit ꝙ intell's speculatiuus est agens apud Arist. fm ꝙ tangit intellm̄ & disciplinam.

materialem. Et testatur super oia ista ex hoc, quod dixit in primo tracta D
tu de intelłu speculatiuo. Fecit enim illic eandem qõnem, quã hic: & dissoluit eam per hanc eandẽ dissolutionẽ. Dicit n. in principio istius libri.
3. de aĩa t.c. 65. & 66. Intellũ aũt vr̃ esse aliqua substantia exñs in re, & nõ corrũpi. qm̃, si corrũ-
peret, tunc magis esset hoc apud fatigationem senectutis. Et postea dedit
modum, ex quo possibile est vt intellectus sit nõ corruptibilis, & intellige
» re per ipsum erit corruptibile, & dixit. Et formare per intelłm, & cõsydera
» re sunt diuersa: ita q̃ intus corrũpetur aliquod aliud, ipsum aũt in se nullã
» habet occasionem. Distinctio aũt & amor non sunt cãæ illius: sed illius,
» cuius est hoc fm̃ q̃ est eius. Et ideo et, cùm iste corrumpetur, non reme-
» morabimur, neq; diligemus. Themistius igr̃ dicit q̃ sermo eius in illo
Vidẽ The. in. 3. de aĩa. ca. 35. tractatu, in quo dicit, intellectus aũt vr̃ esse substantia aliqua existẽs in re,
& nõ corrũpi, idem est cum illo, in quo dixit hoc. &; cũ fuerit abstractus ẽ
quod est tantum nõ mortalis, æternus. & quod dixit hic, & nõ rememoramur, quia iste est non passibilis. & intellectus passibilis est corruptibilis. &
sine hoc nihil intelligit, idem est cum eo, quod illic dixit, s. & formare per E
intellectum, & consyderare diuersantur, &c. Et dixit pp hoc q̃ intẽdebat
hic per intellectum passibilem partem concupiscibilem animæ ista enim
pars vr̃ habere aliquã rõnem. auscultat enim ad concedendum illud, quod
respicit aĩa rõnalis. Nos aũt, cũ videmus opinionem Alex. & Themistii
Expõ Cõ. esse impossibiles, & inuenimus verba Arist. manifesta fm̃ nostram expositionem, credimus q̃ ista est opinio Arist. quam nos diximus, & sunt ver
ba in se uera. Qm̃ aũt verba eius apparentia sunt in hoc capitulo declara-
Expõ. t. 19 bitur sic. Cùm enim dixit. Et iste intellectus etiã est abstractus, nõ mixt',
neq; passibilis, loquitur in intellectu agente. & nõ possumus aliud dicere.
& hæc particula etiam ostendit aliũ intellm̃ esse non passibilem, neq; mi
xtum. Et silr̃ comparatio inter eos est, vt manifestum est, fm̃ q̃ est inter
intellm̃ agentẽ & intellm̃ materialẽ, fm̃ q̃ intellũs materialis cõicat agenti
in multis istarũ dispositionum. & in hoc conuenit nobiscum Themistius F
Expõ. t. 20 & differt Alex. Et, cùm dixit. Et quod est in potentia, est prius tempore in
Intellũ, q est in potẽtia, prius cõtinuatur nobis, q̃ intellũ agẽs. oppositũ dixit in c. 18. & 36. diuiduo. potest intelligi per tres opiniones eodem modo. Secundum n.
nostram opinionem, & Themistii, intellectus, qui est in potentia prius cõ
tinuatur cum nobis, quam intellectus agens. & secundum Alex. intellect',
qui est in potentia erit prior in nobis secundum esse, aut generationem,
& non secundum continuationem. Et, cùm dixit. vniuersaliter autem
non est neq; in tempore, loquitur de intellectu, qui est in potentia. quoniam, cùm fuerit acceptus simpliciter non respectu indiuidui, tunc non
erit prior intellectu agente aliquo modo prioritatis, sed posterior ab eo
Vide cõẽ. Zim. omnibus modis. & iste sermo cõuenit vtriq; opinioni, s. dicenti q̃ intellectus, qui est in potentia, est generabilis, aut non generabilis. Et, cùm di-
Pria expõ sup illis v̄bis neq; ẽ qñq; intelligẽs, &c. xit. neq; est quandoq; intelligens, & quandoq; nõ intelligens. impossẽ est
vt iste sermo intelligatur fm̃ suum manifestum, neq; fm̃ Themistium,
neq; fm̃ Alex. Qm̃ hoc verbum est, cũ dixit, neq; qñq; est intelligens, &
quandoq; non intelligens, secũdũ eos refertur ad intellectum agẽtem. sed
Themistius

A Themistius, sicut diximus, opinatur ꝙ intellectus agens est speculatiuus, secundum ꝙ tangit intellectum materialem. Alex. autem opinatur quòd intellectus, qui est in habitu, & est speculatiuus, est alius ab intellectu agente, & hoc oportet credere. Artificium enim aliud est ab artificiato & agẽs aliud ab acto. Secũdum aũt ꝙ nobis apparuit sermo, est iste secundum suum manifestum: & erit illud verbum, est, relatum ad propinquissime dictũ: & est intellectus materialis, cùm fuerit * actu simpliciter, non in respectu indiuidui. Intellectus enim, qui dicitur materialis, secundum ꝙ diximus, non accidit ei vt qñq; intelligat, qñq; non, nisi in respectu formarum imaginationis existentium in vnoquoq; indiuiduo, non in respectu speciei. v.g. ꝙ non accidit ei, vt qñq; intelligat intellectum equi, & qñq, nõ, nisi in respectu Socratis, & Platonis. simpliciter autem & respectu speciei semper intelligit hoc vle: nisi species humana deficiat omnino. quod est impossibile. & secundum hoc sermo erit secundum suum manifestũ. Et, cùm dixit. vniuersaliter autem non est neq; in tpe, intendit ꝙ intellectus, qui est in potentia, cùm non fuerit acceptus in respectu alicuius indiuidui, sed fuerit acceptus simpliciter, & in respectu cuiuslibet indiuidui, tunc non inuenitur aliqñ intelligens & aliquando non, sed semper inuenitur intelligens. Quemadmodum intellectus agens, cùm non fuerit acceptus in respectu alicuius indiuidui, tunc nõ inuenitur qñq; abstrahens, & qñq; nõ abstrahens: sed semp inuenitur abstrahere, cùm acceptus fuerit simpliciter. idem enim modus est in actione duorum intellectuum. Et secundum hoc, cùm dixit. Et, cùm fuerit abstractus, est illud, ꝙ est tantum nõ mortalis, intẽdit. &, cùm fuerit abstractus secundum hunc modum, ex hoc modo est tñ nõ mortalis, nõ secundum ꝙ accipitur in respectu indiuidui. Et erit sermo eius, in quo dixit. Et nõ rememoramur, &c. secundum suum manifestũ. Cõtra enim hanc opinionẽ surgit questio perfecte. Dicet enim quærens. Cũ intellã cõia sint nõ gñabilia, neque corruptibilia secundum hunc modum, quare nõ rememoramur post mortẽ co-

B

C gnitionum habitarũ in hac vita. Et dicetur dissoluẽdo, quia rememoratio fit per virtutes cõprehensiuas passibiles. s. materiales: & sunt tres virtutes in hoĩe, quarum esse declaratũ est in Sensu & sensato, s. imaginatiua, & cogitatiua, & rememoratiua. istæ enim tres virtutes sunt in homine ad præsentãdam formam rei imaginatæ, qñ sensus fuerit absens. Et ideo dictum fuit illic ꝙ, cũ istæ tres virtutes adiuuerint se ad inuicẽ, forte repræsentabũt indiuiduum rei, secundum ꝙ est in suo eẽ, licet aũt nõ sentiamus ipsum.

Et intendebat hic per intellectum passibilem formas imaginationis, secundum ꝙ in eas agit virtus cogitatiua ꝓpria homini. Ista.n. virtus est aliqua rõ, & actio eius nihil est aliud quã ponere intẽtionẽ formæ imaginationis cum suo * indiuiduo apud rememorationem, aut distinguere eam ab eo apud formationẽ. Et manifestũ est ꝙ intellectus, qui dicitur materialis, recipit intẽtiones imaginatas post hanc distinctionẽ. Iste igit' intellˢ passibilis necessarius est in formatione. Recte igitur dixit, Et nõ rememoramur, quia iste ẽ nõ passibilis. & intellectus passibilis ẽ corruptibilis, & sine hoc nihil ĩtelligit. i. & sine ṽtute imaginatiua, & cogitatiua nihil ĩtelligit

Artificiũ aliud est ab artificiato, & agẽs aliud ab acto.

* a. l. acceptus.

Intellectus materialis, vt indiuidum * nõ accidit ei qñq; intelligere, & qñq; non, nisi respectu indiuidui nõ respectu speciei. Idẽ l. c. 5. & 19.

Virtus cogitatiua ẽ aliqua rõ, & actio eius ẽ ponere intẽtionẽ formæ imaginationis cũ suo Idolo* indiuiduo apud rememorationem aut distinguere ea apud formationẽ. Vide cõmẽ i cõ. 6.

* a. l. Idolo Scdla expõ

intellectus, qui dicitur materialis. hæ enim virtutes sunt quasi res, quæ pre- D
parant materiam artifici ad recipiendum actionem artificii. hæc igitur
est vna expositio. Et potest exponi alio modo, & est ꝙ, cùm dixit, & non
est quandoq; iste intelligens, & quandoq; non intelligens, intendit cùm
non fuerit acceptus, secundum ꝙ intelligit, & formatur à formis materia
libus generabilibus & corruptibilibus, sed fuerit acceptus simpliciter, & secundum quòd intelligit formas abstractas, liberatas à materia, tunc non
inuenitur quandoq; intelligens & quandoq; non intelligens, sed inuenie
tur in eadem forma. v. g. in modo, per quem intelligit intellectum agentem: cuius proportio est ad ipsum, sicut diximus, sicut lucis ad diaphanũ.
Opinandum est enim ꝙ iste intellectus, qui est in potentia, cùm declaratum est ꝙ est æternus, & ꝙ innatus est perfici per formas materiales, dignior est vt sit innatus perfici per formas non materiales, quæ sunt intellectæ in se: sed non in primo copulatur nobiscum ex hoc modo, sed in postremo, quando perficitur generatio intellectus, qui est in habitu, vt declarabimus post. Et secundùm hanc expositionem, cùm dixit. Et, cũ fue- E
rit abstractus est, ꝙ est tantum non mortalis, innuit intellectum materialem, secundum ꝙ perficitur per intellectum agentem, quando fuerit copulatus nobiscum ex hoc modo, deinde abstrahitur. Et forte innuit intellectum materialem in sua continuatione prima nobiscum. s. continuatione, quæ est per naturam. & appropriauit ipsum per hanc particulã tñ,
annuendo ad corruptionem intellectus, qui est in habitu ex modo, p quẽ
est corruptibilis. Et vr, quando quis intuebitur intellectum materialem
cum intellectu agente, apparebunt esse duo vno modo, & vnum alio modo. Sunt enim duo per diuersitatem actionis eorũ. actio enim intellectus
agentis est generare: istius autem informari. Sunt autẽ vnum, quia intelle
ctus materialis perficitur per agentem, & intelligit ipsum. Et ex hoc modo dicimus ꝙ intellectus continuatus nobiscum apparent in eo duæ virtutes. quarum vna est actiua, & alia est de genere virtutum passiuarum.
Et quã bene assimilat illum Alex. igni. Ignis enim est innatus alterare oẽ
corpus per virtutem existentem in eo: sed tamẽ cum hoc patitur quoquo F
modo ab eo, quod alterat: & assimilatur cum eo aliquo modo similitudinis. i. acquirit ab eo formam igneam minorẽ forma ignea alterante. hæc
enim dispositio valde est similis dispõni intellis agentis cũ passibili, & cum
intellectis, quæ generat. est enim agens ea vno modo, & recipiens ea alio
modo. Et sm hoc erit sermo, in quo dixit, & non rememoramur, &c. dissolutio q̃õnis, quæ fecit Antiquos expositores credere intellectum, qui est
in habitu, esse æternum: & fecit Alex. opinari intell'm materialem esse generabilem & corruptibilem, in qua dicebatur q̃ño intell'a à nobis sunt nõ
æterna cum hoc ꝙ intellectus est æternus, & recipiens est æternũ. Et quasi d. respondẽdo ꝙ cã in hoc est, quia intellectus materialis nihil intelligit
sine intell'u passibili, licet sit agẽs, & recipiẽs sit sicut cõprehendere colorẽ.
color. n. nõ est, licet lux sit & visus sit, nisi coloratũ sit. Et tũc sm quã istarũ
expõnum dicat' litera erit cõueniens verbis Arist. & suis demonstrationibus

Hic innuit dari reactionē: de 1. de Ge. 13 & 1. ph. 8. & 4. Meteor. c. 10

A bus ſine aliqua contradictione, aut exitu à manifeſto ſui ſermonis. Et iō non eſt recte vti in doctrina verbis æquiuocis, niſi in eis, quæ licet ſint diuerſa, tamen conueniunt in omnibus intentionibus, de quibus poſſunt dici. Et demonſtrat quòd intendebat hic per intellectum paſſibilem virtutem imaginatiuam humanam hoc, quod cecidit in alia tranſlatione loco eius, quod dixit, quòd eſt non paſſibilis, & intellectus paſſibilis, eſt corruptibilis. Dicit.n.in illa tranſlatione, & quod induxit nos ad dicendum ꝙ iſte intellectus non alteratur, neq; patitur, eſt ꝙ exiſtimatio eſt imaginatio intellectus paſſibilis, & quod corrumpitur & non comprehendit intellectum, & nihil intelligit ſine imaginatione. Hoc nomen igitur intellectus ſecundum hoc dicitur in hoc li. quatuor modis. dicitur.n. de intellectu materiali: & de intellectu, qui eſt in habitu: & de intellectu agente: & virtute imaginatiua. Et debes ſcire quòd nulla differentia eſt ſecundum expoſitionem Themiſtij, & Antiquorum expoſitorum, & opinionem Platonis in hoc ꝙ intellecta exiſtentia in nobis ſunt æterna, & addiſcere eſt rememorari. ſed Plato dixit ꝙ iſta intellecta ſunt in nobis qñq;, & quandoque non, propter hoc, quòd ſubiectum præparatur quandoq;
B ad recipiendum ea quandoque, & quandoque non: & ipſa in ſe ita ſunt: antequàm recipiamus, ſicut poſt: & ita ſunt extra aſam, ſicut in anima. Themiſtius autem dixit. & hoc ſcilicet ꝙ quandoque ſunt copulata, & quandoque non, accidit eis propter naturam recipientis. Opinatur enim quòd intellectus agens non eſt innatus continuari nobiſcum in primo, niſi ſecundum ꝙ tangit intellectum materialem. & ideo accidit ei ex hoc modo diminutio iſta, cùm continuatio cū intentionibus imaginatis eſt vno modo quaſi receptio, & alio modo quaſi actio: & ideo intellecta ſūt in eo in diſpoſitione diuerſa à ſuo eſſe in intellectu agente. Et fiducia in intelligendo hāc opinionem eſt ꝙ cauſa mouens Ariſt. ad ponendum intellectum materialem eſſe non eſt, quia eſt hic intellectum factum: ſed cā in hoc eſt, aut quia, cū fuerit inuenta intellecta, quæ ſunt in nobis ſecundum diſpoſitiones non conuenientes intellectibus ſimplicibus, tunc fuit
C dictum ꝙ iſte intellectus, qui eſt in nobis, eſt compoſitus ex eo, quod eſt in actu, ſ. intellectu agente, & ex eo, quod eſt in potentia: aut quia continuatio eius ſecundum hanc opinionem eſt ſimilis generationi, & aſſimilatur agenti & patienti, ſ. in ſua continuatione cū intentionibus imaginationis. Secundum igitur hanc opinionem agens, & patiens, & factum erūt idem. & eſt dictum ab iſtis tribus diſpoſitionibus per diuerſitatem, quæ accidit ei. Nos autem opinamur ꝙ non mouit ipſum ad ponendum intellectum agentem niſi hoc, ꝙ intellecta ſpeculatiua ſunt generata ſecundum modum, quem diximus. Conſydera ergo hoc, quoniam eſt differentia inter iſtas tres opiniones, ſcilicet Platonis, & Themiſtij, & opinionem noſtrā. & ſm expoſitionē Themiſtij, nō indiget in iſtis intellectis niſi ad ponendum intellectum materialem tantum, aut intellectum materialem, & agentem ſecundum modum ſimilitudinis. vbi.n. non eſt vera generatio, non eſt agens. Et nos conuenimus cum Alex. in modo ponen-

di

Nō eſt recte vti in doctrina v̄bis ęquiuocis, niſi in eis, quę licet ſint diuerſa tñ cōueniūt i oībus intētionib⁹ de quibus pñt dici. Cōſſe. 2. & ala. cō. 30.

Hoc nomē intellectus dr̄ quatuor modis.

Sc̄d'ȝ Themiſt. idem eſt agens, patiens, & factū. Vide 3. de Ala cap. 25. in Themiſt.

di intellectum agentem: & differimus ab eo in natura intellectus materia- D
lis. & differimus à Themistio in natura intellectus, qui est in habitu, & in modo ponendi intellectum agentem. & nos etiam quoquo modo conuenimus cum Alexan. in natura intellectus, qui est in habitu, & alio modo differimus. Hæ igitur sunt differentiæ, quibus diuiduntur opiniones attributæ Arist. Et debes scire quod vsus, & exercitium sunt causæ eius, quod apparet de potentia intellectus agentis, qui est in nobis ad abstrahendum, & intellectus materialis ad recipiendum: sunt (dico) causæ propter habitũ existentem per vsum, & exercitium in intellectu passibili, & corruptibili, quem vocauit Arist. passibilem. & dicit aperte ipsum corrumpi. &, si non, contingeret vt virtus, quæ est in nobis agens intellecta esset materialis, & similiter virtus passibilis. Et ideo nullus potest rationari per hoc super hoc quod intellectus materialis admiscetur corpori. Illud enim quod dixit opinans ipsum esse admixtum in responsione istius sermonis in intellectu agente, dicimus nos in responsione eius in intellectu materiali. † Et per illum intellectum, quem vocat Arist. passibilem, diuersantur homines in quatuor virtutibus dictis in Topicis, quas Alfarabius numerauit in E
Elenchis. Et per istum intellectum differt homo ab aliis animalibus. &, si non, tunc necesse esset vt continuatio intellectus agentis & recipientis cũ animalibus esset eodem modo. Intellectus quidem operatiuus differt à speculatiuo per diuersitatem preparationis existentis in hoc intellectu. his igitur declaratis reuertamur ad nostram viam, & dicamus.

Primo Topic. c. 1. vbi numerat quatuor gradus probabiliũ. vi 2. Top. ca. 12. & 3. Topi. ca. 3 vbi numerat quatuor virtutes morales. † Per intellectũ, quẽ vocat Aristo. passibilem diuersant in quatuor virtutibus dictis in Top. & per istũ intellectũ & hõ differt ab aliis aialibus.

De intelligibilibus, ipsius intellectus obiectis, quibusque ipsius intellectus operationibus intelliguntur. Cap. 5.

Indiuisibilium quidem igitur intelligentia, in his est, circa quę non est falsum: in quibus autem & falsum iam & verũ est, compositio quædã iam intellectuum est, sicut eorum quæ vnũ sũt, quemadmodum Empedocles dixit. vere multorum quidem capita sine ceruice germinauerunt. postea composita sunt cõcordia: sic & hæc, separata, composita sunt: ut assymetron & diametros. F

In iis igitur indiuisibilium intellectio est, in quibus non reperitur falsitas: in quibus aũt reperitur falsitas & ueritas, in iis demum compositio quædam est conceptuum, quasi sint unum: atque, ut Emped. dixit. Pullulat ampla seges capitum ceruice carentum: deinde componi Amore: sic etiam hæc cum separata sint, cõponuntur; ut incommensurabile, & diameter.

Formare autem res indiuisibiles erit in istis rebus, s. in quibus non est falsitas. Res autem, in quibus est verum, & falsum, illud est aliqua cõpositio tunc ad res intellectas, secũdum, quod sunt entia. Sicut

A Sicut dixit Empedocles, quòd multa capita, & colla disponuntur in postremo per compositionem amicitię: ita etiam sunt separata per compositionem. verbi gratia dicere assimetrum & dicere diametrum.

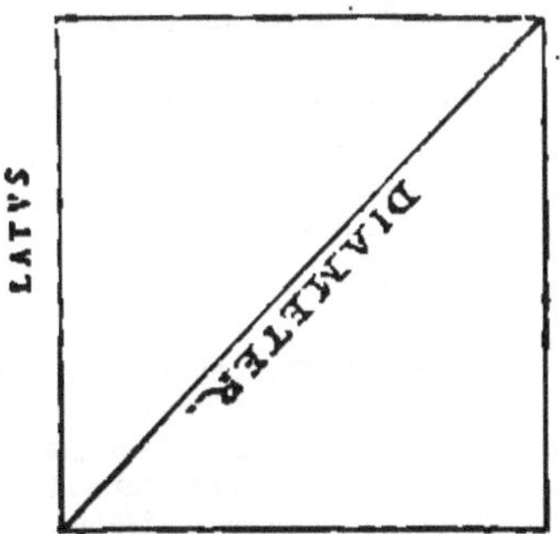

B

21 Cùm compleuit notificare substantiam trium intellectuũ, scilicet materialis, & eius, qui est in habitu, & agentis, incœpit considerare de actionibus, & proprietatibus intellectus. & hoc est, quod remansit de cognitione istius virtutis. Et, quia famosior differentiarum, per quas diuiditur actio intellectus, sunt duæ actiones, quarum vna dicitur formatio, & alia fides, incœpit hic notificare differentiam inter has duas actiones, & dixit. Formare autem res indiuisibiles, &c. i. apprehendere autẽ res simplices non compositas erit per intellecta, quæ non falsantur, neque verificantur: quæ dicuntur informatio. comprehendere autem ab eo res
C compositas erit per intellecta, in quibus est falsitas & veritas. & contentus fuit prima diuisione sine secunda: cùm oppositum intelligatur per suum oppositum. Deinde dicit, Res autem, in quibus inuenitur verum & falsum. &c. idest intellecta autem, in quibus inuenitur veritas & falsitas, est in eis aliqua compositio ab intellectu materiali. Intellectus quidem primo intelligit simplicia. Si igitur hæc compositio fuerit conueniens enti, erit vera: si non, erit falsa. Et ista actio intellectus ad intellecta similis est ei, quod Empedo. dicit de actione amicitiæ in entia. Quemadmodum enim dixit Empedo. quòd multa capita erant separata à collis, deinde amicitia congregauit ea, & composuit simile cum simili: ita intellecta existunt primo diuisa in intellectu materiali. verbi gratia dicere diametrum quadrati, & dicere assimetrum laterum. intellectus enim intelligit ista primo simplicia, deinde componit ea, scilicet simetrum, aut assimetrum. si igitur composuerit secundum ens, est verum: si non, falsum.

Famosior differentiarum, per quas diuidit actio intellcti, sunt duæ actiones: quarum vna dr formatio, & alia fides. Idẽ 5. Metaph. 14. Opposita intelligit per suũ oppositũ. Idem primo Cœli. & 1. Cœli. 4 c. [illegible] de ala. 35.

Si

Si autem [illegible] & futurorum tempus cointelligens est & D
compon[illegible] enim in compositione semper est. & nanq; si
album, non [illegible] si non album albo, componit. contingit autẽ
& diuisi[illegible] dicere omnia. Sic ergo est non solum falsum aut uerum ꝙ [illegible] Cleon est, sed & quod erat, aut erit: vnum autem fa-
[illegible] intellectus est vnumquodque.

IOPH. *[illegible] prateritorum uel futurorum, tempus insuper intelligens*
[illegible] ponens: semper enim falsitas in compositione consistit: etenim si
[illegible] non album dixerit, non album composuit: porro autem licet ẽt
[illegible] omnia dicere: attamen non solum falsum est aut uerum al-
[illegible] esse Cleonem, sed fuisse uel fore. quod autem unumquodq; unum fa
cit, id intellectus est.

Et si fuerint præterita aut futura, tunc cum hoc intelligit tempus, & componit ipsum. Falsitas enim semper est in compositio- E
ne. quoniam, cùm dixeris album esse non album, iam composuisti non album cum albo, sicut dicens non album. Et possibile est
dicere omnia esse diuisionem. sed non istud solum est verum &
falsum, scilicet Socratem esse album, seu cùm hoc fuit, aut erit. Et
ꝙ facit hoc, & suum simlie vnum est intellectus.

22 Idest &, si illa intellecta simplicia fuerint rerum, quæ innatæ sunt esse
aut in præterito tem pore, aut in futuro, tunc intellectus intelligit cũ illis
rebus tempus, in quo sunt, & postea componet ipsum cum eis, & indica-
bit ꝙ illæ res fuerunt, aut erunt, sicut iudicat ꝙ diametrum est assimetrũ
costæ. Et, quia narrauit primo ꝙ veritas & falsitas inueniuntur in compo
sitione, incœpit declarare ꝙ falsitas est compositio, & non inuenitur in ali
qua actionum intellectus, & d. Falsitas. n. semper est in cõpositione. & ratiocinatio super hoc est, qm̃, cùm dicitur hoc in re alba ꝙ non est alba, est F
compositio similis ad dicere in re alba ꝙ est alba: licet illud sit falsum, &
hoc verum. Et, quia apparet ꝙ affirmatio est magis digna compositioni,
& negatio diuisioni, dixit. Et possibile est dicere in eis omnibus, ꝙ sunt di
uisio. i. & sic possumus dicere negationem & affirmationem esse compositionem, sicut possumus dicere vtrunq; esse diuisionem: licet affirmatio
magis videatur habere hoc nomen cõpositio, & negatio hoc nomen diui
sio. qm̃ in affirmatione componitur prædicatum cum subiecto: in negatione aũt primo diuidit intellectus prædicatum à subiecto, & post compo
nit ea. Et, cum declarauit ꝙ veritas, & falsitas accidunt compositioni rerum adinuicem, declarauit ẽt ꝙ hoc idem accidit, quando componit eas
cum tempore, & dixit. Sed non illud solum est verũ & falsum, &c. i. & veritas & falsitas non accidunt solum compositioni in propositionibus, in
quibus prædicatum est nomen, sed ẽt in eis, in quibus prædicatum est verbum, ver. g. Socrates fuit aut erit. D, d. Et ꝙ facit hoc, &c. i. & ꝙ facit hæc
intellecta

A intellecta singularia esse vnum per compositionem, postquàm erant multa, est intellectus materialis. Iste n. distinguit intellecta simplicia, & cõponit consimilia, & diuidit diuersa. Oportet enim vt virtus comprehendẽs simplicia & composita sit eadem. quõ proportio istius virtutis ad intentiones formarum imaginatarum debet esse sicut proportio sentientis cõmunis ad sensibilia diuersa, nõ sm ꝙ apparet de verbis Auempace in initio sui sermonis de virtute rationali, scilicet quòd virtus compositiua debet esse alia ab imaginatiua. Oportet vt virt⁹ cõprehẽdẽs simplicia, & cõposita sit eadẽ.

Indiuisibile autẽ quoniam dupliciter dicitur, aut actu, aut potẽtia, nihil prohibet intelligere indiuisibile quum longitudinem intelligat. (indiuisibilis. n. actualiter est) & in tempore indiuisibili. Similiter enim tempus diuisibile & indiuisibile, lõgitudini est. Non igitur est dicere aliquid in medio intelligere utrunque. non. n. est nisi diuidatur, sed aut potentia: seorsum autẽ utrunque intelligẽs dimidiorum, diuidit & tempus simul. tunc autem ut si longitudi B nes. si vero est sicut ex vtrisque, & in tempore est quod in vtrisque.

SOPH. *Cum autem indiuisibile bifariam dicatur; nihil prohibet quominus indiuisibile intelligat, cum longitudinem intelligit (est enim actu indiuisibilis) & in tempore indiuisibili: similiter enim tempus diuisibile & indiuisibile est, atque longitudo. non igitur dicere potest quid in utroque dimidio intelligebat: non enim est si non diuidatur, nisi potentia. at cum seorsum utrunque dimidiorum intelligit, unà etiam tempus diuidit: tunc uero quasi longitudines. quod si ut ex utrisque, & in tempore quod in utrisque.* a. intelligit.

Et, quia indiuisibile est duobus modis, aut in potentia, aut in actu, nihil prohibet hoc, ꝙ quando intellexerit longitudinem, vt intelligat indiuisibile, & illud indiuisibile in actu, & in tempore indiuisibili. tempus. n. sm hunc modum est diuisibile, & indiuisi C bile, in lõgitudine. Nullus. n. potest dicere ꝙ intelligit vtrunque modum esse aliquod, cùm non sit, quousque diuidatur, sed in potentia. Sed, cum intellexerit vtrunque duorum per se, tunc diuidetur tempus etiam. & tunc erunt quasi duæ longitudines: congregatæ autem in tempore, quod est super eas.

25 Cùm declarauit ꝙ actio intellectus indiuisibilis est in rebus indiuisibilibus, incœpit hic declarare ex quo modo contingit ei intelligere diuisibilia, habentia quantitatem intellectione indiuisibili, & in tẽpore indiuisibili: & ex quo modo contingit ei vt intelligat ea indiuisibiliter, & in tempore diuisibili, sicut est dispositio in intelligendo res multas, & dixit. Et, quia indiuisibile est, &c. i. & quia indiuisibile dicitur duobus modis, potentia, & actu, possibile est dicere ꝙ intellectus intelligit res ex rebus diuisibilibus

bus potentia in indiuisibilibus actu, sicut longitudo, & tempus latens, quod est in eis, est indiuisibile in actu: & hoc sit intellectione indiuisibili, & in tempore indiuisibili: quemadmodum intelligit res indiuisibiles vtroq; mõ. necesse est.n. vt intelligat intentionem indiuisibilẽ indiuisibiliter: siue illa intentio fuerit diuisibilis aliquo modo, aut nullo modo. Et, cùm dixit vt intelligat indiuisibilem, &c. intendit vt intelligat intentionem indiuisibilem: & illud intellectum est indiuisibile, & in tempore indiuisibili. D.d. tẽpus.n. fm hunc modum est diuisibile, & indiuisibile. i. tempus.n. inuenitur etiam vno modo diuisibile, & alio modo indiuisibile, sicut in longitudine. Et, cùm declarauit ꝙ intellectus intelligit magnitudinem & tempus, & vniuersaliter omne, quod est indiuisibile in actu, & diuisibile potẽtia per intellectionem indiuisibilem, & in tempore indiuisibili: declarauit etiã ꝙ impossibile est aliquem dicere ꝙ intelligere talia fit per intellectionẽ diuisibilem, & in tpe diuisibili, & d. Nullus.n. põt dicere, &c. i. nullus igr̃ põt dicer̃ ꝙ, cùm intellectus intelligit lineã, nõ subito intelligit eã, sed primo aliquã partẽ, & secũdo aliã. illæ.n. duæ partes nõ sunt duæ actu in linea, donec linea diuidatur, sed tantum sunt duæ in potentia. &, cùm d. vtrunq; modum, intendit vtranq; partem lineæ, & quasi d. nullus igitur potest dicere ꝙ quãdo intellectus intelligit lineam, primo intelligit vtranq; partem per se, deinde totum. illæ.n. duæ partes non sunt in actu, quousque linea diuidatur: sed sunt duæ in potentia. D.d Sed, cùm intellexerit vtrunq;, &c. i. sed accidit ei vt intelligat vtranque partem longitudinis per se, quando diuidit longitudinem. & tunc ita intelligit illam longitudinem, sicut intelligit duas longitudines. & hoc intellexit, cùm d. & tũc erunt quasi duæ longitudines. D.d. congregatæ autem, &c. i. qñ enim intelligit eas congregatas, i. partes, & quasi vnam longitudinem, intelligit eas in eodẽ tempore indiuisibili in eodem instanti, in quo sunt insimul, non in duobus instantibus diuersis. & hoc intendebat, cùm d. vt mihi videtur, in tempore, quod est super ea.

Quod autem non secundum quantitatem indiuisibile est, sed specie, intelligit indiuisibili tempore, & indiuisibili animæ: secũdum accidens autem, & non inquantum illa diuisibilia: quod intelligit & in quo tempore: sed inquantum sunt indiuisibilia. inest autem vtrisq; his aliquid indiuisibile, sed forte nõ separabile, quod facit tempus vnum, & longitudinem. & hoc similiter est in omni continuo & tempore & longitudine.

SOPH. *Quod porro non quantitate sed specie indiuisibile est, id in tempore indiuisibili, & indiuisibili anima intelligit: per accidens autem, & non quatenus illa diuisibilia sunt, quo intelligit & in quo tempore, sed quatenus indiuisibilia: nam in his etiam inest aliquid indiuisibile, sed forte non separabile, quod vnũ & tẽpus & magnitudinẽ efficit: & hoc peræque in omni cõtinuo reperitur, tum tẽpore tũ longitudine.*

a.l. quod

Illud

A Illud autem, quod non est indiuisibile per quantitatem, sed per formam, intelligit ipsum in tempore indiuisibili, & per indiuisibile animæ, sed accidentaliter. sed ista duo sunt diuisibilia, scilicet illud, per quod intelligit, & tempus, in quo intelligit, quia sunt in diuisibilia. In his etiam est aliquod indiuisibile, sed dignius est vt sit nõ separabile ab eis. & est illud, quod facit tempus esse vnum, & longitudinem esse vnam. & hoc eodem modo est in omni continuo, & in tempore, & in longitudine.

24 Cũ declarauit modũ, fm quẽ intelligit intellectus qđ est indiuisibile p quantitatẽ, & est illud, quod est indiuisibile in actu. & diuisibile potẽtia, incœpit & declarare modũ, fm quẽ intelligit illud, qđ est indiuisibile per formã, & hoc ẽ indiuisibile actu, & pñia, nisi accñtaliter, & dixit. Illud aũt, qđ nõ est indiuisibile, &c. i. quod aũt est indiuisibile forma & qualitate, nõ quãtitate, qm̃ indiuisibile dr̃ duob' modis, cõprehendit ab intellectu B in tpe Idiuisibili, & p intellectionẽ indiuisibilẽ. D. d. sed accñtaliter, &c. i. & iste sermo est diminutus, & trãspositus, & sic debet legi. sed ista duo sũt diuisibilia non essentialiter, sed accidentaliter. s. tempus in quo intelligit. & res qua intelligit, aut per quod intelligit D. dedit causam in hoc, φ sunt diuisibilia accidentaliter, & d. quia sunt indiuisibilia, &c. idest &, quia tempus, in quo intelligit, & res, quã intelligit, sunt indiuisibilia in se, sed tamen sunt in diuisibilibus, s. instãs, in quo intelligit, & formã, quã intelligit. instãs n. est indiuisibile, & ẽ in tpe, qđ est diuisibile: & forma ẽt est in diuisibilis, & est in magnitudine, q est diuisibilis. D. d. In his ẽt est aliquod indiuisibile. i. in magnitudine & in tpe. D. d. sed dignius est ut sit nõ separabile ab eis. sed illud, quod est indiuisibile in tpe, & in magnitudine, est nõ separabile ab eis: & iõ fuit diuisibile per accñs. D. d. & est illud, quod facit tps esse vnũ, &c. i. & hoc indiuisibile exñs in istis rebus facit longitudinẽ esse vnã, & tps esse vnum. &, si non, non intelligeretur hæc vna longi- C tudo, neq; vnũ tempus, si non esset hæc nã in eis. Hæc igr̃ natura est causa in hoc, φ istę res sunt vnæ, cũ hoc φ sunt diuisibiles. &, quia sũt in istis rebus, ideo contingit eis vt sint diuisibiles per accñs. & hoc, φ hæc natura est exñs in rebus materialibus, est causa φ intelligere fuit in non tpe. hoc est summa eius, quod intendebat in hoc capitulo. Et Deinde, d. & hoc eodem modo est in omni continuo, &c. i. & ista natura existit eodem modo, s. in tẽpore, & in lõgitudine, & in alijs speciebus, non separabilis ab eo, in quo existit. qm̃, si separetur, tunc diuisio per accidens non accideret.

Punctum autem & omnis diuisio, & sic indiuisibile, monstratur sicut priuatio: & similis ratio in aliis est: ut quomodo malum cognoscit aut nigrum: cõtrario. n. aliquo modo cognoscit. Oportet autem potentia esse cognoscens, & esse in ipso. Si vero alicui non inest contrarium ipsum seipsum cognoscit, & actu est, & separabile.

Punctum

SOPH. *Punctum autem, omnisq; diuisio, & quod ita indiuisibile est, sicut priuatio cognoscitur. quæ ratio similis est in cæteris, scilicet quo malum aut nigrum cognoscit: nam contrario, quodammodo cognoscit. Oportet autem id quod cognoscit potentia esse, & inesse in ipso. Quod si causarum alicui nihil est contrarium, ipsa se ipsam cognoscit, & actus est, & separabilis.* D

Punctus autem, & omnis differentia, & quod est indiuisibile hoc modo intelligitur, quasi accidens. & sic de alijs. & secundum hunc modum cognoscit nigredinem, & nigrum. quoniam, quasi per contrarium cognoscit ipsum. Et cognoscens potentia debet esse vnum in se. Si igitur aliquod rerum est, in quo non est contrarietas, illud intelligit se tm̃, & est in actu abstractum.

25 Cùm declarauit quomodo intellectus intelligit indiuisibilia in actu, & diuisibilia potentia, s. magnitudines & quomodo et intelligit indiuisibilia essentialiter diuisibilia accidentaliter, s. qualitates, & formas, incœpit hic declarare etiam q̃o intelligit indiuisibilia, neq; essentialiter, neq; accidentaliter, neq, potentia, neq; actu, v.g. pũctum, & instans, & vnitatem, & dixit P, unctus aũt, &c. i. intelligere aũt pũctum, & sibi simile ex eis, quæ dicuntur esse indiuisibilia, & vniuersaliter omnem dr̃iam priuatiuam, est per accidens, s. sm̃ q̃ ei accidit carere re priuatiua. punctus. n. non intelligitur, nisi q̃ contingit ei de priuatione diuisibilitatis existentis in magnitudine. & similiter de instãti, & aliis. D. d. & sm̃ hunc modum cognoscit nigredinem, & nigrum. ipse. n. quasi per contrarium cognoscit. sic cecidit ablatiuo in exemplari, s. inter hanc particulam sm̃ modum, & hanc particulam cognoscit. & est sermo completus per se. sed si aliquid deficit forte est sic. sm̃ hunc modum intellectus, aut visus cognoscit nigredinem aut nigrum: & vniuersaliter omnes priuationes non cognoscuntur nisi per contraria, s. per cognitionem habitus, & per cognitionem defectus habitus. Et hic intendebat per nigredinem priuationem albedinis. ita. n. est de sensibus in istis rebus, sicut de intellectu. Quẽadmodum. n. dictum fuit illic q̃ visus comprehendit obscuritatem per comprehensionem defectus lucis, ita intellectus comprehendit priuationem per comprehensionem defectus formæ. D. d. Et cognoscens potentia debet esse vnũ in se. i. & oportet vt intellectus cognoscens habitum, & suam priuationem, sit eadẽ virtus in se. quemadmodum cognoscens obscuritatem, & lucem est eadem virtus visus: & q̃ ista virtus cognoscens comprehendat priuationem cõprehendendo se esse in potentia, cùm fuerit in potentia, comprehendit ex se vtrunq;, scilicet esse potentia & esse actu. & ista est dispositio intellectus materialis. Possumus igitur dicere talem esse præparationem tantum, & nihil aliud, vt dicit Alex. D. d. Si igitur aliquod rerum, &c. i. si igitur fuerit aliquis intellectus, in quo non est potentia contraria actui existenti in eo. i. si fuerit aliquis intellectus, qui non inuenitur quandoque intelligens

in

A in potentia, & quandoque intelligens in actu, tunc ille intellectus non intelligeret priuationem omnino: imo nihil intelligeret extra se. & hoc est vnum eorum, quibus diuiditur iste intellectus ab intellectu agente, scilicet ꝙ in hoc intellectu inuenitur vtrunq;, in agente autem actus tantum, non potentia & ideo recte vocauit Arist. istum intellectum materialem, non quia est mixtus, & habens materiam, vt Alex. opinabatur.

Est autem dictio quidem aliquid de aliquo, sicut affirmatio. & vera aut falsa omnis. Intellectus autem non omnis: sed qui est ipsi⁹ quid est, secundum quòd aliquid erat esse, verus est: & non aliquid de aliquo: sed sicut uidere proprii verum est, si autem homo albus, aut non, non verum semper: sic autem se habent quæcunq; sine materia sunt.

SOPH. *Est autem dictio quidem aliquid de aliquo, quemadmodum affirmatio: estq; uera uel falsa omnis: at intellectus non omnis, sed qui est ipsius*

B *Quid est ex ipso Quid erat esse, uerus est: & nõ aliquid de aliquo. sed ut uisus proprii uerus est, an uero hoc album, homo sit, nec ne, non uerum semper est: sic se habent quæcunque sine materia sunt.*

Et dicere aliquid de aliquo, sicut affirmatio, & omne compositum est verum uel falsum. Et non omnis intellectus, sed qui dicit quiditatem rei est verus, non qui dicit aliquid de aliquo. Sed quẽadmodum actiones propriæ sunt ueræ, vtrum autem nigrũ, aut album est homo, non semper est verum, ita etiam est dispositio eius, quod est abstractum à materia.

26 Idest & prædicare per intellectum aliquid de aliquo, sicut affirmatio

7 & negatio, est compositio per actionem intellectus. & omne compositũ est verum, aut falsum in intellectu. i. in materiali semper inueniuntur veritas & falsitas admixtæ. & hoc est proprium huic intellectui. D. incœpit

C declarare ꝙ hoc non est proprium omnibus actionibus istius intellectus, sed tantum actioni, quæ dicitur fides, non formatio, & dixit. Et nõ omnis intellectus, &c. i. & non in omni actione istius intellectus inueniuntur falsitas, & veritas admixtæ: † sed actio quæ est informatio, est semper vera, non actio, quę est prædicare aliquid de aliquo. D. incœpit narrare quòd hoc quod accidit intellectui, est simile ei, quod accidit sensui, & quòd eadem est causa in hoc, & d. Sed quemadmodum actiones, &c. i. sed causa in hoc est eadem cum causa in sensu. Quemadmodum. n. actiones propriæ visui, s. comprehendere colorem sunt veræ in maiori parte: sentire autem album esse Socratem, aut Platonem non semper est verum, sed multotiẽs accidit in eo falsitas: ita erit dispositio intellectus, scilicet ꝙ semper est verus in sua actione propria. fides. n. accidit ei, nisi quia intellectum eius est materiale, i. compositum. Et, cũ d. ita est dispositio eius, quod est abstractum à materia, intendebat ita est dispõ intellectus materialis, qui est ab-

[Left margin: Idẽ. 1. de Aïa. 63. 134. 152. & 61. vid cõ. Zim.]

[Right margin: † Actio intellũ, q est formatio, ẽ sẽp vera Sed vid op po. 1 c. 21. vbi. d. ꝙ nõ ẽ vera, neq; falsa. Si vid op po. 5. Met. t. cõ. 34. vbi dr ꝙ ẽ aliqua cõ in se falsa, nõ solũ ẽ aliquo falsa.]

[Right margin: Pria expõ.]

stractus à materia in suis cõprehensionibus.s.quia veridicat in propriis si G
Sc̃da expõ bi,s.in formatione,& falsat in eis,quæ non sunt propria. Et põt intelligi sic. ita est dispositio intellectuũ, quorum intellectum est abstractũ à materia in hoc,q semper veridicat:cùm non inueniatur in eis actio,quæ est per accidens,quia suum intellectum est abstractum à materia.

Idem aũt est ẽm actũ scia,rei:quę uero ẽm potẽtiã, tpe prior est in vno.oĩno aũt neq; tempore, Fiunt.n.ex actu ente oĩa quæ fiũt.

SOPH. *Scientia autẽ quæ actu est , idem est quod res:ea uero quæ potentia*
a.l.simpli *est,in uno prior est tempore : Omninò uero ne tempore quidem : cuncta enim quæ fiunt ,ex eo fiunt quod actu existit.*

Et scientia,q̃ est in actu,est ipsa res scita.& quæ est in potẽtia,ẽ prior tẽpore indiuiduo.Sed vniuersaliter,neq; in tempore . omne enim quod generatur,generatur ab eo,quod est in actu.

27 Idest & scientia,quæ est in actu,est ipsum scitum:& scientia,quæ est in E potentia,est prior tempore indiuiduo,q̃ scientia,quæ est in actu. vniuersaliter autem & simpliciter scientia,quæ est potentia,non est prior scien-
Scia gñalis a scia in actu.oppo. 3.de ala c.5. l solone 5. quęstionis.Vide cõtra. 7 lm. tia,quæ est in actu: cùm scientia exiens de potentia in actum , est generata:& omne generatum generatur ab eo,quod est in actu speciei illius generati. vnde necesse est vt scientia,quæ est in actu,sit prior omnibus modis scientia,quę est in potentia. Et forte intendebat hic per hunc sermonẽ inuenire causam, propter quam comprehensio intellectuum separatorũ est formatio tantum,& veritas in eo nunquam admiscetur cum falsitate: & est quòd scientia illorum est ipsum scitum omnibus modis, econtra dispositioni in scitis intellectus materialis.

In multis intellectum sensumq; conuenire. De intellectu practico, ac ipsius à speculatiuo differentia. Quo etiam pacto ea, quæ abstractiua dicuntur, intelligantur. Cap. 5. F

VIdetur autem sensibile ex potẽtia existente sensitiuo , actu agens:non enim patitur,neq; alteratur . vnde alia hæc spẽs motus,motus.n.imperfecti actus.simpliciter aũt actus, alter est, qui perfecti. Sentire quidem igitur simile est ipsi dicere solum,& intelligere : quum autem delectabile, aut triste , aut affirmans,aut negans,prosequitur aut fugit.

SOPH. *Videtur autem sensibile ex eo quod est potentia , sensitiuum actu efficere: non enim patitur nec alteratur . quamobrem alia est hæc motus spẽs . motus enim ,actus erat imperfecti, at uero qui simpliciter est actus ,alius est: is scilicet qui perfecti est . Sentire igitur simile est ipsi dicere solum & intelligere : cum aũt iucundum aut molestum iudicauerit , non secus ac si affirmasset aut negasset , persequitur aut fugit .*

Et

A Et videmus sensibile facere sentiens in actu, postquam erat in potentia, neque patiendo alterationem. Et ideo iste est alius modus motus. motus.n.est actio non perfecta. actio aũt simpliciter est alius motus, & est actio perfecti. Sentire igitur simile est vt tantum dicatur uerbis, & vt intelligatur per intellectum. Si igitur fuerit delectabile, aut tristabile, sicut affirmatio & negatio eius, quaeretur, aut fugietur.

28 Plus, quod hic vult dare de dispositione istius virtutis, f. rationalis, est propter assimilationẽ eius sensui. hęc.n. in quibus assimilatur, manifestiora sunt in sẽsu, q̃ in intellu. Et primo incœpit cõparare inter eas in re, q̃ dr̃ in eis motus, & passio. & d. Et videmus sẽsibile facer, &c. i. &, quia videm' sensibile facere sentiẽs in actu, postq̃ fuit in potẽtia: nõ ita ꝙ sentiẽs apud exitũ de potentia in actum transmutatur, aut alteratur, fm ꝙ res materiales exeuntes de potentia in actum transmutantur, aut alterantur: sed ꝙ B res materiales exeuntes de potentia in actum transmutantur: ideo opinandum est alium modum esse motus, & passionis à modo, qui est in rebus mobilibus. quapropter non est inopinabile hoc, quod dictum est in intellectu, f. ꝙ est exitus de potentia ad actum sine trãsmutatione, & alteratione. D.d. motus.n.est actio nõ perfecta &c. i. & causa, propter quã isti motui contingit transmutatio & alteratio, illi autẽ non, est quia iste motus, cui accidit transmutatio, est actio non perfecta, & via ad complementum. ille aũt est actio perfecta, immo complementum. Et quasi intendebat ꝙ, cùm ita sit, motum esse actionẽ imperfectam, accidit ei propter materiam, non fm ꝙ est actio. Et cũ hoc accidit actioni, necesse est aliquam actionem esse liberatam ab hoc accidente. quod.n. accidit alicui per accidens, necesse est vt non sit ei fm ꝙ est. &, si non fuerit ei fm ꝙ est, necesse est vt separetur ab eo. Et hoc, quod induxit hic, quasi est dissolutio quaestionis, maxime omniũ quaestionum aduenientiũ in hac opinione. Potest.n. aliquis dicere qũo possumus imaginari receptionem in substantia C nõ mixta cum mã: cum declaratum est ꝙ causa receptionis est mã. Et quasi innuit dissolutionem, dicendo ꝙ materia non est causa receptionis simplr̃, sed causa receptionis transmutabilis, f. receptionis huius entis indiuidualis. vnde necesse est vt illud, quod nõ recipit receptione indiuiduali, non sit materiale aliquo modo. & sic nõ remanet locus quaestioni. Et cùm declarauit modũ consimilitudinis inter sensum & intellectũ, in hoc modo passionis, & motus, f. ꝙ in vtroq; est actio perfecta, incœpit notificare consimilitudinem inter sentire & intelligere, & d. Sentire igitur simile est vt tm̃ dicatur verbis, & vt intelligatur per intellectum, i. & hoc, ꝙ sentire sit per se actio perfecta, & sine tempore, & absq; eo ꝙ precedat ipsum actio diminuta, simile est ad intelligere intentionem intellectã, qñ illa intentio pronũciatur ab aliquo, f. quia fit ab hoc actio perfecta, absq; eo ꝙ praecedat ipsum actio diminuta. & quasi intendit cum hoc declarare causam, propter quam intellectus intelligit sine tempore. Deinde. d. Si

Sẽsibile facit sentiẽs in actu, postq̃ fuit in potẽtia. Idẽ 2. de anima. 60. Vide cõsimile dictõ nũ de motu. 2. d aia te. cõ. 57. Idẽ 3. Ph. 4. & 6. Idẽ 5. Phy. 4. & 9.

Vide ꝑ ista. 1. Cel. 14. & 4. Ph. 31. 41. 67. & 2. d Aia. 133. Mã nõ est cã receptionis simplr̃ sed solũ ẽ cã receptionis trãsmutabilr̃. Item supra cõ. 5

materialem. Et testatur super oĩa ista ex hoc, quod dixit in primo tracta D
tu de intellˢu speculatiuo. Fecit enim illic eandem q̃ōnem, quã hic: & dissoluit eam per hanc eandẽ dissolutionẽ. Dicit. n. in principio istius libri.
1. de Aĩa t. c. 65. & 66. Intellˢ aũt vr̃ esse aliqua substantia exñs in re, & nõ corrũpi. qm̃, si corrũ-
peret, tunc magis esset hoc apud fatigationem senectutis. Et postea dedit
modum, ex quo possibile est vt intellectus sit nõ corruptibilis, & intellige
,, re per ipsum erit corruptibile, & dixit. Et formare per intellˢm, & cõsydera
,, re sunt diuersa: ita q intus corrũpetur aliquod aliud, ipsum aũt in se nullã
,, habet occasionem. Distinctio aũt & amor non sunt cãæ illius: sed illius,
,, cuius est hoc sm̃ q est eius. Et ideo et, cùm iste corrumpetur, non reme-
,, morabimur, neq; diligemus. Themistius igr̃ dicit q sermo eius in illo
Vid' Them. in. 3. de aĩa. ca. 35. ,, tractatu, in quo dicit, intellectus aũt vr̃ esse substantia aliqua existẽs in re,
& nõ corrũpi, idem est cum illo, in quo dixit hoc. & icũ fuerit abstractus ẽ
quod est tantum nõ mortalis, æternus. & quod dixit hic, & nõ rememoramur, quia iste est non passibilis. & intellectus passibilis est corruptibilis. &
sine hoc nihil intelligit, idem est cum eo, quod illic dixit, s. & formare per E
intellectum, & consyderare diuersantur, &c. Et dixit pp hoc q intẽdebat
hic per intellectum passibilem partem concupiscibilem animæ ista enim
pars vr̃ habere aliquã rõnem. auscultat enim ad concedendum illud, quod
respicit aĩa rõnalis. Nos aũt, cũ videmus opinionem Alex. & Themistii
Expõ Cõ. esse impossibiles, & inuenimus verba Arist. manifesta sm̃ nostram expositionem, credimus q ista est opinio Arist. quam nos diximus, & sunt ver
Expõ t. c. 19 ba in se uera. Qm̃ aũt verba eius apparentia sunt in hoc capitulo declarabitur sic. Cùm enim dixit. Et iste intellectus etiã est abstractus, nõ mixtᵘ,
neq; passibilis, loquitur in intellectu agente. & nõ possumus aliud dicere.
& hæc particula etiam ostendit aliũ intellˢm esse non passibilem, neq; mi
xtum. Et sift comparatio inter eos est, vt manifestum est, sm̃ q est inter
intellˢm agentẽ & intellˢm materialẽ, sm̃ q intellˢ materialis cõicat agenti
in multis illarũ dispositionum. & in hoc conuenit nobiscum Themistius F
Expõ t. c. 20 & differt Alex. Et, cùm dixit. Et quod est in potentia, est prius tempore in
Intellˢ, q est in potẽtia, prius cõtinuaᵗ cũ nobis, q̃ intellˢ agẽs. oppositũ dixit in c. 18. & q. 36. Vide cõm. Zim. diuiduo. potest intelligi per tres opiniones eodem modo. Secundum n.
nostram opinionem, & Themistii, intellectus, qui est in potentia prius cõ
tinuatur cum nobis, quam intellectus agens. & secundum Alex. intellectᵘ,
qui est in potentia erit prior in nobis secundum esse, aut generationem,
& non secundum continuationem. Et, cùm dixit. vniuersaliter autem
non est neq; in tempore, loquitur de intellectu, qui est in potentia. quoniam, cùm fuerit acceptus simpliciter non respectu indiuidui, tunc non
erit prior intellectu agente aliquo modo prioritatis, sed posterior ab eo
omnibus modis. & iste sermo cõuenit vtriq; opinioni, s. dicenti q intellectus, qui est in potentia, est generabilis, aut non generabilis. Et, cùm di-
Prĩa expõ sup illis ṽbis neq; ẽ qñq; intelligẽs, &c. xit. neq; est quandoq; intelligens, & quandoq; nõ intelligens. impossẽ est
vt iste sermo intelligatur sm̃ suum manifestum, neq; sm̃ Themistium,
neq; sm̃ Alex. Qm̃ hoc verbum est, cũ dixit, neq; qñq; est intelligens, &
quandoq; non intelligens, secũdũ eos refertur ad intellectum agentem. sed
Themistius

A Themistius, sicut diximus, opinatur ꝙ intellectus agens est speculatiuus, secundum ꝙ tangit intellectum materialem. Alex. autem opinatur quòd intellectus, qui est in habitu, & est speculatiuus, est alius ab intellectu agente, & hoc oportet credere. Artificium enim aliud est ab artificiato & agẽs aliud ab acto. Secũdum aũt ꝙ nobis apparuit sermo, est iste secundum suum manifestum: & erit illud verbum, est, relatum ad propinquissime dictũ: & est intellectus materialis, cùm fuerit* actu simpliciter, non in respectu indiuidui. Intellectus enim, qui dicitur materialis, secundum ꝙ diximus, non accidit ei vt qñq; intelligat, qñq; non, nisi in respectu formarum imaginationis existentium in vnoquoq; indiuiduo, non in respectu speciei. v.g. ꝙ non accidit ei, vt qñq; intelligat intellectum equi, & qñq, nõ, nisi in respectu Socratis, & Platonis. simpliciter autem & respectu speciei semper intelligit hoc vle: nisi species humana deficiat omnino. quod est impossibile. & secundum hoc sermo erit secundum suum manifestũ. Et, cùm dixit. vniuersaliter autem non est neq; in spe, intendit ꝙ intellectus, qui est in potentia, cùm non fuerit acceptus in respectu alicuius indiuidui, sed fuerit acceptus simpliciter, & in respectu cuiuslibet indiuidui, tunc non inuenitur aliqñ intelligens & aliquando non, sed semper inuenitur intelligens. Quemadmodum intellectus agens, cùm non fuerit acceptus in respectu alicuius indiuidui, tunc nõ inuenitur qñq; abstrahens, & qñq; nõ abstrahens: sed semp inuenitur abstrahere, cùm acceptus fuerit simpliciter. idem enim modus est in actione duorum intellectuum. Et secundum hoc, cùm dixit. Et, cùm fuerit abstractus, est illud, ꝙ est tantum nõ mortalis, intẽdit. &, cùm fuerit abstractus secundum hunc modum, ex hoc modo est tñ nõ mortalis, nõ secundum ꝙ accipitur in respectu indiuidui. Et erit sermo eius, in quo dixit. Et nõ rememoramur, &c. secundum suum manifestũ. Cõtra enim hanc opinionẽ surgit questio perfecte. Dicet enim quaerens. Cũ intell'a cõia sint nõ gñabilia, neque corruptibilia secundum hunc modum, quare nõ rememoramur post mortẽ cognitionum habitarũ in hac vita. Et dicetur dissoluẽdo, quia rememoratio fit per virtutes cõprehensiuas passibiles. s. materiales: & sunt tres virtutes in hoīe, quarum esse declaratũ est in Sensu & sensato, s. imaginatiua, & cogitatiua, & rememoratiua. istae enim tres virtutes sunt in homine ad praesentãdam formam rei imaginatae, qñ sensus fuerit absens. Et ideo dictum fuit illic ꝙ, cũ istae tres virtutes adiuuerint se ad inuicẽ, forte repraesentabũt indiuiduum rei, secundum ꝙ est in suo eẽ, licet aũt nõ sentiamus ipsum.

Artificiũ aliud est ab artificiato, & agẽs aliud ab acto.

*a. l. acceptus.

Intellectus materialis, in dum nõ accidit ei qñq; intelligere, & qñq; non, nisi respectu indiuidui nõ respectu speciei. Vide Idẽ ĩ c. 5. & 19.

Et intendebat hic per intellectum passibilem formas imaginationis, secundum ꝙ in eas agit virtus cogitatiua ꝑpria homini. Ista. n. virtus est aliqua rõ, & actio eius nihil est aliud quã ponere intẽtionẽ formae imaginationis cum suo* indiuiduo apud rememorationem, aut distinguere eam ab eo apud formationẽ. Et manifestũ est ꝙ intellectus, qui dicitur materialis, recipit intẽtiones imaginatas post hanc distinctionẽ. Iste igit' intell's passibilis necessarius est in formatione. Recte igitur dixit, Et nõ rememoramur, quia iste ẽ nõ passibilis. & intellectus passibilis ẽ corruptibilis, & sine hoc nihil ĩtelligit. i. & sine ṽtute imaginatiua, & cogitatiua nihil ĩtelligit

Virtus cogitatiua ẽ aliqua rõ, & actio eius ẽ ponere intẽtionẽ formae imaginationis cũ suo Indiuiduo apud rememorationem aut distinguere ea; apud formationẽ. Vide cõsimile ĩ cõ. 6.

*a. l. Idolo Scala cpõ

intellectus, qui dicitur materialis. hæ enim virtutes sunt quasi res quæ præ- **D**
parant materiam artifici ad recipiendum actionem artificii. hæc igitur est vna expositio. Et potest exponi alio modo, & est quòd, cùm dixit, & non est quandoq; iste intelligens, & quandoq; non intelligens, intendit cùm non fuerit acceptus, secundum quòd intelligit, & formatur à formis materialibus generabilibus & corruptibilibus, sed fuerit acceptus simpliciter, & secundum quòd intelligit formas abstractas liberatas à materia, tunc non inuenitur quandoq; intelligens & quandoq; non intelligens, sed inuenitur in eadem forma. v. g. in modo, per quem intelligit intellectum agentem: cuius proportio est ad ipsum, sicut diximus, sicut lucis ad diaphanũ. Opinandum est enim quòd iste intellectus, qui est in potentia, cùm declaratum est quòd est æternus, & quòd innatus est perfici per formas materiales, dignior est vt sit innatus perfici per formas non materiales, quæ sunt intellectæ in se: sed non in primo copulatur nobiscum ex hoc modo, sed in postremo, quando perficitur generatio intellectus, qui est in habitu, vt declarabimus post. Et secundùm hanc expositionem, cùm dixit. Et, cũ fue- **E**
rit abstractus est, quòd est tantum non mortalis, innuit intellectum materialem, secundum quòd perficitur per intellectum agentem, quando fuerit copulatus nobiscum ex hoc modo, deinde abstrahitur. Et forte innuit intellectum materialem in sua continuatione prima nobiscum. s. continuatione, quæ est per naturam. & appropriauit ipsum per hanc particulã tñ, annuendo ad corruptionem intellectus, qui est in habitu ex modo, per quẽ est corruptibilis. Et vl̃r, quando quis intuebitur intellectum materialem cum intellectu agente, apparebunt esse duo vno modo, & vnum alio modo. Sunt enim duo per diuersitatem actionis eorũ. actio enim intellectus agentis est generare: istius autem informari. Sunt autẽ vnum, quia intellectus materialis perficitur per agentem, & intelligit ipsum. Et ex hoc modo dicimus quòd intellectus continuatus nobiscum apparent in eo duæ virtutes, quarum vna est actiua, & alia est de genere virtutum passiuarum.

Hic innuit dari reactionẽ idẽ 1. de Ge. t. & 4. ph. & & 4. Meteor. c. 10

Et quã bene assimilat illum Alex. igni. Ignis enim est innatus alterare oẽ corpus per virtutem existentem in eo: sed tamẽ cum hoc patitur quoquo **F**
modo ab eo, quod alterat: & assimilatur cum eo aliquo modo similitudinis. i. acquirit ab eo formam igneam minorẽ forma ignea alterante. hæc enim dispositio valde est similis dispõni intell's agentis cũ passibili, & cum intellectis, quæ generat. est enim agens ea vno modo, & recipiens ea alio modo. Et sm̃ hoc erit sermo, in quo dixit, & non rememoramur, &c. dissolutio q̃õnis, quæ fecit Antiquos expositores credere intellectum, qui est in habitu, esse æternum: & fecit Alex. opinari intell'm materialem esse generabilem & corruptibilem, in qua dicebatur q̃ño intell'a à nobis sunt nõ æterna cum hoc quòd intellectus est æternus, & recipiens est æternũ. Et quasi d. respondẽdo quòd cã in hoc est, quia intellectus materialis nihil intelligit sine intell'u passibili, licet sit agẽs, & recipiẽs sit sicut cõprehendere colorẽ. color. n. nõ est, licet lux sit & visus sit, nisi coloratũ sit. Et tũc sm̃ quã istarũ expõnum dicat litera erit cõueniens verbis Arist. & suis demonstrationi-

bus

A bus sine aliqua contradictione, aut exitu à manifesto sui sermonis. Et ideo
non est recte vti in doctrina verbis æquiuocis, nisi in eis, quæ licet sint di
uersa, tamen conueniunt in omnibus intentionibus, de quibus possunt
dici. Et demonstrat quòd intendebat hic per intellectum passibilem
virtutem imaginatiuam humanam hoc, quod cecidit in alia translatione loco eius, quod dixit, quòd est non passibilis, & intellectus passibilis,
est corruptibilis. Dicit.n.in illa translatione, & quod induxit nos ad dicen
dum ꝙ iste intellectus non alteratur, neq; patitur, est ꝙ existimatio est
imaginatio intellectus passibilis, & quod corrumpitur & non comprehendit intellectum, & nihil intelligit sine imaginatione. Hoc nomen igitur intellectus secundum hoc dicitur in hoc li. quatuor modis. dicitur.n.
de intellectu materiali: & de intellectu, qui est in habitu: & de intellectu
agente: & virtute imaginatiua. Et debes scire quòd nulla differentia est
secundum expositionem Themistij, & Antiquorum expositorum, & opi
nionem Platonis in hoc ꝙ intellecta existentia in nobis sunt æterna, & ad
discere est rememorari. sed Plato dixit ꝙ ista intellecta sunt in nobis quãq;,
& quandoque non, propter hoc, quòd subiectum præparatur quandoq;
B ad recipiendum ea quandoque, & quandoque non: & ipsa in se ita sunt:
antequàm recipiamus, sicut post: & ita sunt extra alam, sicut in anima.
Themistius autem dixit. & hoc scilicet ꝙ quandoque sunt copulata, &
quandoque non, accidit eis propter naturam recipientis. Opinatur.enim
quòd intellectus agens non est innatus continuari nobiscum in primo,
nisi secundum ꝙ tangit intellectum materialem. & ideo accidit ei ex hoc
modo diminutio ista, cùm continuatio cũ intentionibus imaginatis est
vno modo quasi receptio, & alio modo quasi actio: & ideo intellecta sũt
in eo in dispositione diuersa à suo esse in intellectu agente. Et fiducia in
intelligendo hãc opinionem est ꝙ causa mouens Arist. ad ponendum intellectum materialem esse non est, quia est hic intellectum factum: sed cã
in hoc est, aut quia, cũ fuerit inuenta intellecta, quæ sunt in nobis secundum dispositiones non conuenientes intellectibus simplicibus, tunc fuit
C dictum ꝙ iste intellectus, qui est in nobis, est compositus ex eo, quod est
in actu, s. intellectu agente, & ex eo, quod est in potentia: aut quia continuatio eius secundum hanc opinionem est similis generationi, & assimi
latur agenti & patienti, s. in sua continuatione cũ intentionibus imaginationis. Secundum igitur hanc opinionem agens, & patiens, & factum erũt
idem. & est dictum ab istis tribus dispositionibus per diuersitatem, quæ
accidit ei. Nos autem opinamur ꝙ non mouit ipsum ad ponendum intellectum agentem nisi hoc, ꝙ intellecta speculatiua sunt generata secũ
dum modum, quem diximus. Consydera ergo hoc, quoniam est differentia inter istas tres opiniones, scilicet Platonis, & Themistij, & opinionem nostrã. & sm expositionẽ Themistij, nõ indiget in istis intellectis ni
si ad ponendum intellectum materialem tantum, aut intellectum materialem, & agentem secundum modum similitudinis. vbi.n. non est vera
generatio, non est agens. Et nos conuenimus cum Alex. in modo ponendi

Nõ est rectũ vti in doctrina v̾bis ęquiuocis, nisi in eis, quę licet sint diuersa tñ cõueniũt ĩ oĩbus intẽtionib⁹ de quibus pñt dici. cõsfe. 2. 3 ala. cõ. 30. Hoc nomẽ intellectus dr̃ quatuor modis.

Sed; Themis. idem est agens, patiens, & factũ. Vid. 3. de Ala cap. 25. in Themist.

di intellectum agentem: & differimus ab eo in natura intellectus materialis. & differimus à Themistio in natura intellectus, qui est in habitu, & in modo ponendi intellectum agentem. & nos etiam quoquo modo conuenimus cum Alexan. in natura intellectus, qui est in habitu, & alio modo differimus. Hæ igitur sunt differentie, quibus diuiduntur opiniones attributæ Arist. Et debes scire ꝙ vsus, & exercitium sunt causæ eius, quod apparet de potentia intellectus agentis, qui est in nobis ad abstrahendum, & intellectus materialis ad recipiendum: sunt (dico) causæ propter habitũ existentem per vsum, & exercitium in intellectu passibili, & corruptibili, quem vocauit Arist. passibilem. & dicit aperte ipsum corrumpi. &, si non, contingeret vt virtus, quæ est in nobis agens intellecta esset materialis, & similiter virtus passibilis. Et ideo nullus potest ratiocinari per hoc super hoc ꝙ intellectus materialis admiscetur corpori. Illud enim quod dixit opinans ipsum esse admixtum in responsione istius sermonis in intellectu agente, dicimus nos in responsione eius in intellectu materiali. † Et per istum intellectum, quem vocat Arist. passibilem, diuersantur homines in quatuor virtutibus dictis in Topicis, quas Alfarabius numerauit in Elenchis. Et per istum intellectum differt homo ab aliis animalibus. &, si non, tunc necesse esset vt continuatio intellectus agentis & recipientis cũ animalibus esset eodem modo. Intellectus quidem operatiuus differt à speculatiuo per diuersitatem præparationis existentis in hoc intellectu. his igitur declaratis reuertamur ad nostram viam, & dicamus. D E

Primo Topic. c. 1. & 4 numerat quatuor grad9 probabilid. vt 1. Top. ca. 1. & 3. Topi. ca. 1 vbi numerat quatuor virtutes morales.

† Per intellectũ, quẽ vocat Aristo. passibilẽ diuersant in quatuor virtutibus dictis in Top. & p istũ intellectũ hõ differt ab aliis aialibus.

De intelligibilibus, ipsius intellectus obiectis, quibusq; ipsius intellectus operationibus intelliguntur. Cap. 5.

Indiuisibilium quidem igitur intelligentia, in his est, circa quę non est falsum: in quibus autem & falsum iam & verũ est, compositio quædã iam intellectuum est, sicut eorum quæ vnũ sũt, quemadmodum Empedocles dixit. vere multorum quidem capita sine ceruice germinauerunt. postea composita sunt cõcordia: sic & hæc, separata, composita sunt, vt assymetron & diametros. F

In iis igitur indiuisibilium intellectio est, in quibus non reperitur falsitas: in quibus aũt reperitur falsitas & ueritas, in iis demum compositio quædam est conceptuum, quasi sint unum: atq; ut Emped. dixit.

Pullulat ampla seges capitum ceruice carentum:
deinde componi Amore: sic etiam hæc cum separata sint, cõponuntur;
ut in commensurabile, & diameter.

Formare autem res indiuisibiles erit in istis rebus, s. in quibus non est falsitas. Res autem, in quibus est verum, & falsum, illud est aliqua cõpositio tunc ad res intellectas, secũdum, ꝙ sunt entia.

Sicut

A Sicut dixit Empedocles, ꝙ multa capita, & colla disponuntur in postremo per compositionem amicitię: ita etiam sunt separata per compositionem. verbi gratia dicere assimetrum & dicere diametrum.

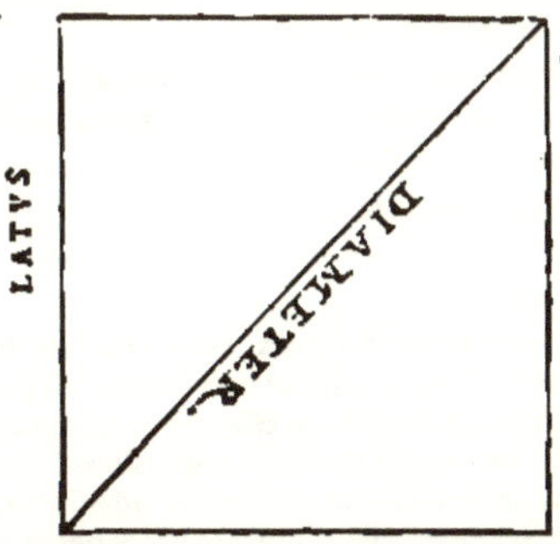

B

21 Cùm compleuit notificare substantiam trium intellectuū, scilicet materialis, & eius, qui est in habitu, & agentis, incœpit considerare de actionibus, & proprietatibus intellectus. & hoc est, quod remansit de cognitione istius virtutis. Et, quia famosior differentiarum, per quas diuiditur actio intellectus, sunt duæ actiones, quarum vna dicitur formatio, & alia fides, incœpit hic notificare differentiam inter has duas actiones, & dixit. Formare autem res indiuisibiles, &c. i. apprehendere autē res simplices non compositas erit per intellecta, quæ non falsantur, neque verificantur: quæ dicuntur informatio. comprehendere autem ab eo res

C compositas erit per intellecta, in quibus est falsitas & veritas. & contentus fuit prima diuisione sine secunda: cùm oppositum intelligatur per suum oppositum. Deinde dicit, Res autem, in quibus inuenitur verum & falsum. &c. id est intellecta autem, in quibus inuenitur veritas & falsitas, est in eis aliqua compositio ab intellectu materiali. Intellectus quidem primo intelligit simplicia. Si igitur hæc compositio fuerit conueniens enti, erit vera: si non, erit falsa. Et ista actio intellectus ad intellecta similis est ei, quod Empedo. dicit de actione amicitiæ in entia. Quemadmodum enim dixit Empedo. quòd multa capita erant separata à collis, deinde amicitia congregauit ea, & composuit simile cum simili: ita intellecta existunt primo diuisa in intellectu materiali. verbi gratia dicere diametrum quadrati, & dicere assimetrum laterum. intellectus enim intelligit ista primo simplicia, deinde componit ea, scilicet simetrum, aut assimetrum. si igitur composuerit secundum ens, est verum si non, falsum.

Famosior differ. p quas diuidit actio intelli, sunt duę actiones: quarum vna dr formatio, & alia fides. Idē. 3. Metha. 34.

Oppositū intelligit p suū oppositū. Idem 1. Cœli 101. & 2. Cœli 4c. cōtinuē... de aia. 53.

Si autem factorum & futurorum tempus cointelligens est & componens: falsum enim in compositione semper est. & namque si album, non album aut si non album albo, componit. contingit autē & diuisionem dicere omnia. Sic ergo est non solum falsum aut uerum quod albus Cleon est, sed & quod erat, aut erit: vnum autem faciens hoc intellectus est vnumquodque.

SOPH. *Si autem præteritorum uel futurorum, tempus insuper intelligens & componens: semper enim falsitas in compositione consistit: etenim si album non album dixeris, non album composuit: porrò autem licet ēt diuisionem omnia dicere: attamen non solum falsum est aut uerum album esse Cleonem, sed fuisse uel fore. quod autem unumquodq; unum facit, id intellectus est.*

Et si fuerint præterita aut futura, tunc cum hoc intelligit tempus, & componit ipsum. Falsitas enim semper est in compositione, quoniam, cùm dixeris album esse non album, iam composuisti non album cum albo, sicut dicens non album. Et possibile est dicere omnia esse diuisionem. sed non istud solum est verum & falsum, scilicet Socratem esse album, seu cùm hoc fuit, aut erit. Et quod facit hoc, & suum simlie vnum est intellectus. E

Idest &, si illa intellecta simplicia fuerint rerum, quæ innatæ sunt esse aut in præterito tem pore, aut in futuro, tunc intellectus intelligit cū illis rebus tempus, in quo sunt, & postea componet ipsum cum eis, & iudicabit quod illæ res fuerunt, aut erunt, sicut iudicat quod diametrum est assimetrū costæ. Et, quia narrauit primo quod veritas & falsitas inueniuntur in compositione, incœpit declarare quod falsitas est compositio, & non inuenitur in aliqua actionum intellectus, & d. Falsitas. n. semper est in cōpositione. & ratiocinatio super hoc est, qm̄, cùm dicitur hoc in re alba quod non est alba, est compositio similis ad dicere in re alba quod est alba: licet illud sit falsum, & hoc verum. Et, quia apparet quod affirmatio est magis digna compositioni, & negatio diuisioni, dixit. Et possibile est dicere in eis omnibus, quod sunt diuisio. i. & sic possumus dicere negationem & affirmationem esse compositionem, sicut possumus dicere vtrunq; esse diuisionem: licet affirmatio magis videatur habere hoc nomen cōpositio, & negatio hoc nomen diuisio. qm̄ in affirmatione componitur prædicatum cum subiecto: in negatione aūt primo diuidit intellectus prædicatum à subiecto, & post componit ea. Et, cum declarauit quod veritas, & falsitas accidunt compositioni rerum adinuicem, declarauit ēt quod hoc idem accidit, quando componit eas cum tempore, & dixit. Sed non istud solum est verū & falsum, &c. i. & veritas & falsitas non accidunt solum compositioni in propositionibus, in quibus prædicatum est nomen, sed ēt in eis, in quibus prædicatum est verbum, ver. g. Socrates fuit aut erit. D. d. Et quod facit hoc, &c. i. & quod facit hæc F

intellecta

A intellecta singularia esse vnum per compositionem, postquàm erant multa, est intellectus materialis. Iste.n. distinguit intellecta simplicia, & cõponit consimilia, & diuidit diuersa. Oportet enim vt virtus comprehendẽs simplicia & composita sit eadem. quoniam proportio istius virtutis ad intentiones formarum imaginatarum debet esse sicut proportio sentientis cõmunis ad sensibilia diuersa, non secundum quod apparet de verbis Auempace in initio sui sermonis de virtute rationali, scilicet quòd virtus compositiua debet esse alia ab imaginatiua.

Oportet vt uirt⁹ cõprehẽdẽs simplicia, & cõposita sit eadẽ.

Indiuisibile autẽ quoniam dupliciter dicitur, aut actu, aut potẽtia, nihil prohibet intelligere indiuisibile quum longitudinem intelligat. (indiuisibilis.n. actualiter est) & in tempore indiuisibili. Similiter enim tempus diuisibile & indiuisibile, lõgitudini est. Non igitur est dicere aliquid in medio intelligere vtrunque. non.n. est nisi diuidatur, sed aut potentia: seorsum autẽ vtrunque intelligẽs dimidiorum, diuidit & tempus simul. tunc autem ut si longitudi B nes. si vero est sicut ex vtrisque, & in tempore est quod in vtrisque.

SOPH. Cum autem indiuisibile bifariam dicatur, nihil prohibet quominus indiuisibile intelligat, cum longitudinem intelligit (est enim actu indiuisibilis) & in tempore indiuisibili: similiter enim tempus diuisibile & indiuisibile est, atque longitudo. non igitur dicere potest quid in utroque dimidio intelligebat: non enim est si non diuidatur, nisi potentia. at cum seorsum utrumque dimidiorum intelligit, unà etiam tempus diuidit: tunc uero quasi longitudines. quod si ut ex utrisque, & in tempore quod in utrisque.

a. Lintelli- gil.

Et, quia indiuisibile est duobus modis, aut in potentia, aut in actu, nihil prohibet hoc, quod quando intellexerit longitudinem, vt intelligat indiuisibile, & illud indiuisibile in actu, & in tempore indiuisibili. tempus.n. secundum hunc modum est diuisibile, & indiuisi C bile, in lõgitudine. Nullus.n. potest dicere quod intelligit vtrunque modum esse aliquod, cùm non sit, quousque diuidatur, sed in potentia. Sed, cum intellexerit vtrunque duorum per se, tunc diuidetur tempus etiam. & tunc erunt quasi duæ longitudines: congregatæ autem in tempore, quod est super eas.

21 Cùm declarauit quod actio intellectus indiuisibilis est in rebus indiuisibilibus, incœpit hic declarare ex quo modo contingit ei intelligere diuisibilia, habentia quantitatem intellectione indiuisibili, & in tẽpore indiuisibili: & ex quo modo contingit ei vt intelligat ea indiuisibiliter, & in tempore diuisibili, sicut est dispositio in intelligendo res multas, & dixit. Et, quia indiuisibile est, &c. i. & quia indiuisibile dicitur duobus modis, potentia, & actu, possibile est dicere quod intellectus intelligit res ex rebus diuisibilibus

bus potentia: indiuisibilibus actu, sicut longitudo, & tempus latens, quod est in eis, est indiuisibile in actu: & hoc sic intellectione indiuisibili, & in tempore indiuisibili: quemadmodum intelligit res indiuisibiles vtroq; mõ. necesse est.n. vt intelligat intentionem indiuisibilẽ indiuisibiliter: siue illa intentio fuerit diuisibilis aliquo modo, aut nullo modo. Et, cùm dixit vt intelligat indiuisibilem, &c. intendit vt intelligat intentionem indiuisibilem: & illud intellectum est indiuisibile, & in tempore indiuisibili. D.d. tẽpus.n. fm hunc modum est diuisibile, & indiuisibile. i. tempus.n. inuenitur etiam vno modo diuisibile, & alio modo indiuisibile, sicut in longitudine. Et, cùm declarauit φ intellectus intelligit magnitudinem & tempus, & vniuersaliter omne, quod est indiuisibile in actu, & diuisibile potẽtia per intellectionem indiuisibilem, & in tempore indiuisibili: declarauit etiã φ impossibile est aliquem dicere φ intelligere talia sit per intellectionẽ diuisibilem, & in tpe diuisibili, & d. Nullus.n põt dicere, &c. i. nullus igr põt dicer φ, cùm intellectus intelligit lineã, nõ subito intelligit eã, sed primo aliquã partẽ, & secũdo aliã. illæ.n. duæ partes nõ sunt duæ actu in linea, donec linea diuidatur, sed tantum sunt duæ in potentia. &, cùm d. vtrunq; modum, intendit vtranq; partem lineæ, & quasi d. nullus igitur potest dicere φ quãdo intellectus intelligit lineam, primo intelligit vtranq; partem per se, deinde totum. illæ.n. duæ partes non sunt in actu, quousque linea diuidatur: sed sunt duæ in potentia. D.d Sed, cùm intellexerit vtrunq;, &c. i. sed accidit ei vt intelligat vtranque partem longitudinis per se, quando diuidit longitudinem. & tunc intelligit illam longitudinem, sicut intelligit duas longitudines. & hoc intellexit, cùm d. & tũc erunt quasi duæ longitudines. D.d. congregatæ autem, &c. i. qñ enim intelligit eas congregatas, i. partes, & quasi vnam longitudinem, intelligit eas in eodẽ tempore indiuisibili in eodem instanti, in quo sunt insimul, non in duobus instantibus diuersis. & hoc intendebat, cùm d. vt mihi videtur, in tempore, quod est super ea. D E

Quod autem non secundum quantitatem indiuisibile est, sed specie, intelligit indiuisibili tempore, & indiuisibili animæ: secũdum accidens autem, & non inquantum illa diuisibilia: quod intelligit & in quo tempore: sed inquantum sunt indiuisibilia. inest autem vtiq; his aliquid indiuisibile, sed forte nõ separabile, quod facit tempus vnum, & longitudinem. & hoc similiter est in omni continuo & tempore & longitudine. F

SOPH. *Quod porro non quantitate sed specie indiuisibile est, id in tempore indiuisibili, & indiuisibili anima intelligit: per accidens autem, &*
a.l. quod *non quatenus illa diuisibilia sunt, quo intelligit & in quo tempore, sed quatenus indiuisibilia: nam in his etiam inest aliquid indiuisibile, sed forte non separabile, quod unũ & tẽpus & magnitudinẽ efficit: & hoc peræque in omni cõtinuo reperitur, tum tẽpore tũ longitudine.*

Illud

A Illud autem, quod non est indiuisibile per quantitatem, sed per formam, intelligit ipsum in tempore indiuisibili, & per indiuisibile animæ, sed accidentaliter. sed ista duo sunt diuisibilia, scilicet illud, per quod intelligit, & tempus, in quo intelligit, quia sunt in diuisibilia. In his etiam est aliquod indiuisibile, sed dignius est vt sit nõ separabile ab eis. & est illud, quod facit tempus esse vnum, & longitudinem esse vnam. & hoc eodem modo est in omni continuo, & in tempore, & in longitudine.

24 Cũ declarauit modũ, fm quẽ intelligit intellectus qđ est indiuisibile ꝑ quantitatẽ, & est illud, quod est indiuisibile in actu. & diuisibile potẽtia, incœpit ẽt declarare modũ, fm quẽ intelligit illud, qđ est indiuisibile per formã, & hoc ẽ indiuisibile actu, & pñia, nisi accñtaliter, & dixit. Illud aũt, qđ nõ est indiuisibile, &c. i. quod aũt est indiuisibile forma & qualitate, nõ quãtitate, qm̃ indiuisibile dr duob' modis, cõprehendit ab intellectu B in tpe Idiuisibili, & ꝑ intellectionẽ indiuisibilẽ. D. d. sed accñtaliter, &c. i. & iste sermo est diminutus, & trãspositus, & sic debet legi. sed ista duo sũt diuisibilia non essentialiter, sed accñdentaliter. s. tempus in quo intelligit. & res qua intelligit, aut per quod intelligit D. dedit causam in hoc, ꝙ sunt diuisibilia accidentaliter, & d. quia sunt indiuisibilia, &c. idest &, quia tempus, in quo intelligit, & res, quã intelligit, sunt indiuisibilia in se, sed tamen sunt indiuisibilibus. s. instãs, in quo intelligit, & formã, quã intelligit. instãs. n. est indiuisibile, & ẽ in tpe, qđ est diuisibile: & forma ẽt est in diuisibilis, & est in magnitudine, q est diuisibilis. D. d. In his ẽt est aliquod indiuisibile. i. in magnitudine & in tpe. D. d. sed dignius est ut sit nõ separabile ab eis. sed illud, quod est indiuisibile in tpe, & in magnitudine, est nõ separabile ab eis: & iõ fuit diuisibile per accñs. D. d. & est illud, quod facit tps esse vnũ, &c. i. & hoc indiuisibile exñs in istis rebus facit longitudinẽ esse vnã, & tps esse vnum. &, si non, non intelligeretur hæc vna longi- C tudo, neq; vnũ tempus, si non esset hæc nã in eis. Hæc igr natura est causa in hoc, ꝙ istę res sunt vnæ, cũ hoc ꝙ sunt diuisibiles. &, quia sũt in istis rebus, ideo contingit eis vt sint diuisibiles per accñs. & hoc, ꝙ hæc natura est exñs in rebus materialibus, est causa ꝙ intelligere fuit in non tpe. hoc est summa eius, quod intendebat in hoc capitulo. Et Deinde, d. & hoc eodem modo est in omni continuo, &c. i. & ista natura existit eodem modo s. in tẽpore, & in lõgitudine, & in alijs speciebus, non separabilis ab eo, in quo existit. qm̃, si separetur, tunc diuisio per accidens non accideret.

Punctum autem & omnis diuisio, & sic indiuisibile, monstratur sicut priuatio: & similis ratio in aliis est: ut quomodo malum cognoscit aut nigrum: cõtrario. n. aliquo modo cognoscit. Oportet autem potentia esse cognoscens, & esse in ipso. Si vero alicui non inest contrarium ipsum seipsum cognoscit, & actu est, & separabile.

sopH. *Punctum autem, omnisq; diuisio, & quod ita indiuisibile est, sicut priuatio cognoscitur. quæ ratio similis est in cæteris, scilicet quo modum aut nigrum cognoscit: nam contrario, quodammodo cognoscit. Oportet autem id quod cognoscit potentia esse, & inesse in ipso. Quod si causarum alicui nihil est contrarium, ipsa se ipsam cognoscit, & actus est, & separabilis.* D

Punctus autem, & omnis differentia, & quod est indiuisibile hoc modo intelligitur, quasi accidens. & sic de alijs. & secundum hunc modum cognoscit nigredinem, & nigrum. quoniam, quasi per contrarium cognoscit ipsum. Et cognoscens potentia debet esse vnum in se. Si igitur aliquod rerum est, in quo non est contrarietas, illud intelligit se tm̃, & est in actu abstractum.

Cùm declarauit quomodo intellectus intelligit indiuisibilia in actu,
25 & diuisibilia potentia, s. magnitudines & quomodo ẽt intelligit indiuisibilia essentialiter diuisibilia accidentaliter, s. qualitates, & formas, incœpit E hic declarare etiam quõ intelligit indiuisibilia, neq; essentialiter, neq; accidentaliter, neq; potentia, neq; actu, v. g. pũctum, & instans, & vnitatem, & dixit, Punctus aũt, &c. i. intelligere aũt pũctum, & sibi simile ex eis, quæ dicuntur esse indiuisibilia, & vniuersaliter omnem dr̃iam priuatiuam, est per accidens, s. fm̃ q̃ ei accidit carere re priuatiua. punctus.n. non intelligitur, nisi q̃ contingit ei de priuatione diuisibilitatis existentis in magnitudine. & similiter de instãn, & aliis. D. d. & fm̃ hunc modum cognoscit nigredinem, & nigrum. ipse.n. quasi per contrarium cognoscit. sic cecidit ablatio in exemplari, s. inter hanc particulam fm̃ modum, & hanc particulam cognoscit. & est sermo completus per se. sed si aliquid deficit forte est sic. fm̃ hunc modum intellectus, aut visus cognoscit nigredinem aut nigrum: & vniuersaliter omnes priuationes non cognoscuntur nisi per contraria, s. per cognitionem habitus, & per cognitionem defectus habitus. F Et hic intendebat per nigredinem priuationem albedinis. ita.n. est de sensibus in istis rebus, sicut de intellectu. Quẽadmodum.n. dictum fuit illic q̃ visus comprehendit obscuritatem per comprehensionem defectus lucis, ita intellectus comprehendit priuationem per comprehensionem defectus formæ. D. d. Et cognoscens potentia debet esse vnũ in se. i. & oportet vt intellectus cognoscens habitum, & suam priuationem, sit eadẽ virt᷒ in se. quemadmodum cognoscens obscuritatem, & lucem est eadem virtus visus: & q̃ ista virtus cognoscens comprehendat priuationem cõprehendendo se esse in potentia, cùm fuerit in potentia, comprehendit ex se vtrunq;, scilicet esse potentia & esse actu. & ista est dispositio intellectus materialis. Possumus igitur dicere talem esse præparationem tantum, & nihil aliud, vt dicit Alex. D. d. Si igitur aliquod rerum, &c. i. si igitur fuerit aliquis intellectus, in quo non est potentia contraria actui existenti in eo. i. si fuerit aliquis intellectus, qui non inuenitur quandoque intelligens

in

A in potentia, & quandoque intelligens in actu, tunc ille intellectus non intelligeret priuationem omnino: imo nihil intelligeret extra ſe. & hoc eſt vnum eorum, quibus diuiditur iſte intellectus ab intellectu agente, ſcilicet q in hoc intellectu inuenitur vtrunq;, in agente autem actus tantum, non potentia & ideo recte vocauit Ariſt. iſtum intellectum materialem, non quia eſt mixtus, & habens materiam, vt Alex. opinabatur.

Eſt autem dictio quidem aliquid de aliquo, ſicut affirmatio. & vera aut falſa omnis. Intellectus autem non omnis: ſed qui eſt ipſius quid eſt, ſecundum quòd aliquid erat eſſe, verus eſt: & non aliquid de aliquo: ſed ſicut uidere proprii verum eſt, ſi autem homo albus, aut non, non verum ſemper: ſic autem ſe habent quæcunq; ſine materia ſunt.

SOPH. *Eſt autem dictio quidem aliquid de aliquo, quemadmodum affirmatio: eſtq; uera uel falſa omnis: at intellectus non omnis, ſed qui eſt ipſius Quid eſt ex ipſo Quid erat eſſe, uerus eſt: & nō aliquid de aliquo.*
B *ſed ut uiſus proprii uerus eſt, an uero hoc album, homo ſit, nec ne, non uerum ſemper eſt: ſic ſe habent quæcunque ſine materia ſunt.*

Et dicere aliquid de aliquo, ſicut affirmatio, & omne compoſitum eſt verum uel falſum. Et non omnis intellectus, ſed qui dicit quiditatem rei eſt verus, non qui dicit aliquid de aliquo. Sed quēadmodum actiones propriæ ſunt ueræ, vtrum autem nigrū, aut album eſt homo, non ſemper eſt verum, ita etiam eſt diſpoſitio eius, quod eſt abſtractum à materia.

26 Ideſt & prædicare per intellectum aliquid de aliquo, ſicut affirmatio
7 & negatio, eſt compoſitio per actionem intellectus. & omne compoſitū eſt verum, aut falſum in intellectu. i. in materiali ſemper inueniuntur veritas & falſitas admixtæ. & hoc eſt proprium huic intellectui. D. incœpit
C declarare q hoc non eſt proprium omnibus actionibus iſtius intellectus, ſed tantum actioni, quæ dicitur fides, non formatio, & dixit. Et nō omnis intellectus, &c. i. & non in omni actione iſtius intellectus inueniuntur falſitas, & veritas admixtæ: † ſed actio quæ eſt informatio, eſt ſemper vera, non actio, quę eſt prædicare aliquid de aliquo. D. incœpit narrare quòd hoc quod accidit intellectui, eſt ſimile ei, quod accidit ſenſui, & quòd eadem eſt cauſa in hoc, & d. Sed quemadmodum actiones, &c. i. ſed cauſa in hoc eſt eadem cum cauſa in ſenſu. Quemadmodum. n. actiones propriæ viſui, ſ. comprehendere colorem ſunt veræ in maiori parte: ſentire autem album eſſe Socratem, aut Platonem non ſemper eſt verum, ſed multotiēs accidit in eo falſitas: ita erit diſpoſitio intellectus, ſcilicet q ſemper eſt verus in ſua actione propria. fides. n. accidit ei, niſi quia intellectum eius eſt materiale, i. compoſitum. Et, cū d. ita eſt diſpoſitio eius, quod eſt abſtractum à materia, intendebat ita eſt diſpō intellectus materialis, qui eſt ab-

Idē. 2. de Ala. 63. 1. 14. 152. 1. 61. vid cō. Zim.

† Actio intell., q eſt formatio, ē ſēp vera. Sed vid op po. ī c. 21. vbi d. q nō ē vera, neq; falſa. Si vid op po. 5. Met. t. cō. 14. vbi dr q ē aliqua rē in ſe falſa, nō ſolū d aliquo falſa.

Pria expō.

ftractus à materia in suis cōprehensionibus,s.quia veridicat in proprijs si bi,s.in formatione,& falsat in eis,quæ non sunt propria. Et pōt intelligi sic.ita est dispositio intellectuū, quorum intellectum est abstractū à materia in hoc,q semper veridicat:cùm non inueniatur in eis actio,quæ est per accidens,quia suum intellectum est abstractum à materia. C

Scīa exp̄ō

Idem aūt est ſm actū scīa,rei:quę uero ſm potētiā, tp̄e prior est in vno.oīno aūt neq; tempore. Fiunt.n.ex actu ente oīa quæ fiūt.

SOPH. *Scientia autē quæ actu est, idem est quod res:ea uero quæ potentia est,in uno prior est tempore: Omninò uero ne tempore quidem: cuncta enim quæ fiunt,ex eo sunt quod actu existit.*

a.l.simplr

Et scientia,q̃ est in actu,est ipsa res scita.& quæ est in potētia,ē prior tēpore indiuiduo.Sed vniuersaliter,neq; in tempore, omne enim quod generatur,generatur ab eo,quod est in actu.

27 Idest & scientia,quæ est in actu,est ipsum scitum:& scientia,quæ est in potentia,est prior tempore indiuiduo,q̃ scientia,quæ est in actu. vniuersaliter autem & simpliciter scientia,quæ est potentia,non est prior scientia,quæ est in actu: cùm scientia exiens de potentia in actum, est generata:& omne generatum generatur ab eo,quod est in actu speciei illius generati. vnde necesse est vt scientia,quæ est in actu,sit prior omnibus modis scientia,quę est in potentia. Et forte intendebat hic per hunc sermonē inuenire causam, propter quam comprehensio intellectuum separatorū est formatio tantum,& veritas in eo nunquam admiscetur cum falsitate: & est quòd scientia illorum est ipsum scitum omnibus modis, econtra dispositioni in scitis intellectus materialis. E

Scīa g̃nīs a scīa in actu.oppo. 3.de aīa s c.5. I solō ne 3. quęstionis.Vi de cōtra. 7.lm.

In multis intellectum sensumq; conuenire. De intellectu practico, ac ipsius à speculatiuo differentia. Quo etiam pacto ea,quæ abstractione dicuntur,intelligantur. Cap. 5. F

VIdetur autem sensibile ex potētia existente sensitiuo, actu agens:non enim patitur,neq; alteratur. vnde alia hæc spēs motus.motus.n.imperfectū actus.simpliciter aūt actus, alter est,qui perfecti. Sentire quidem igitur simile est ipsi dicere solum,& intelligere: quum autem delectabile, aut triste, aut affirmans,aut negans,prosequitur aut fugit.

SOPH. *Videtur autem sensibile ex eo quod est potentia, sensitiuum actu efficere: non enim patitur nec alteratur. quamobrem alia est hæc motus spēs. motus enim,actus erat imperfecti, at uero qui simpliciter est actus,alius est: is scilicet qui perfecti est. Sentire igitur simile est ipsi dicere solum & intelligere: cum aūt iucundum aut molestum iudicauerit, non secus ac si affirmasset aut negasset, persequitur aut fugit.*

Et

A Et videmus sensibile facere sentiens in actu, postq̃ erat in potentia, neq; patiendo alterationem. Et ideo iste est alius modus motus. motus.n.est actio non perfecta. actio aūt simpliciter est alius motus, & est actio perfecti. Sentire igitur simile est vt tantum dicatur uerbis, & vt intelligatur per intellectum. Si igitur fuerit delectabile, aut tristabile, sicut affirmatio & negatio eius, quaeretur, aut fugietur.

28 Plus, quod hic vult dare de dispositione istius virtutis, s. rationalis, est propter assimilationē eius sensui. hęc.n. in quibus assimilatur, manifestiora sunt in sēsu, q̃ in intellu. Et primo incœpit cōparare inter eas in re, q̃ dr in eis motus, & passio. & d. Et videmus sēsibile facerē, &c.i. &, quia videm᷒ sensibile facere sentiēs in actu, postq̃ fuit in potētia: nō tm ꝙ sentiēs apud exitū de potentia in actum transmutatur, aut alteratur, sm ꝙ res materiales exeuntes de potentia in actum transmutantur, aut alterantur: sed ꝙ
B res materiales exeuntes de potentia in actum transmutantur: ideo opinandum est alium modum esse motus, & passionis à modo, qui est in rebus mobilibus. quapropter non est inopinabile hoc, quod dictum est in intellectu, s. ꝙ est exitus de potentia ad actum sine trāsmutatione, & alteratione. D. d. motus.n.est actio nō perfecta &c.i. & causa, propter quā isti motui contingit transmutatio & alteratio, illi autē non, est quia iste motus, cui accidit transmutatio, est actio non perfecta, & via ad complementum. ille aūt est actio perfecta, immo complementum. Et quasi intendebat ꝙ, cùm ita sit, motum esse actionē imperfectam, accidit ei propter materiam, non sm ꝙ est actio. Et cū hoc accidit actioni, necesse est aliquam actionem esse liberatam ab hoc accidente. quod.n. accidit alicui per accidens, necesse est vt non sit ei sm ꝙ est. &, si non fuerit ei sm ꝙ est, necesse est vt separetur ab eo. Et hoc, quod induxit hic, quasi est dissolutio quaestionis, maxime omniū quaestionum aduenientiū in hac opinione. Potest.n. aliquis dicere qūo possumus imaginari receptionem in substantia
C nō mixta cum mā: cum declaratum est ꝙ causa receptionis est mā. Et quasi innuit dissolutionem, dicendo ꝙ materia non est causa receptionis simplr, sed causa receptionis transmutabilis, s. receptionis huius entis indiuidualis. vnde necesse est vt illud, quod nō recipit receptione indiuiduali, non sit materiale aliquo modo. & sic nō remanet locus quaestioni. Et cùm declarauit modū consimilitudinis inter sensum & intellectū, in hoc modo passionis, & motus, s. ꝙ in vtroq; est actio perfecta, incœpit notificare consimilitudinem inter sentire & intelligere, & d. Sentire igitur simile est vt tm̄ dicatur verbis, & vt intelligatur per intellectum, i. & hoc, ꝙ sentire sit per se actio perfecta, & sine tempore, & absq; eo ꝙ precedat ipsum actio diminuta, simile est ad intelligere intentionem intellectā, qn̄ illa intentio pronūciatur ab aliquo, s. quia fit ab hoc actio perfecta, absq; eo ꝙ praecedat ipsum actio diminuta. & quasi intendit cum hoc declarare causam, propter quam intellectus intelligit sine tempore. Deinde. d. Si

Sēsibile facit sētiēs in actu, postq̃ fuit in potētia. Idē. 2. de anima. 60. Vide cōsimile dictō nē de motu. 2. de ala te. cō. 17. Idē. 5. Ph. 4. & 6. Idē 5. Phy. 4. & 9.

Vide ꝓ illo. 1. Cœl. 14. & 4. Ph. tx. 43. 67. & 2. d Ala. 133. Mā nō est ei receptionis simplr sed solū ē ei receptionis trāsmutabil. Idē supra. cō. 5

Igitur fuerit delectabile, &c. idest, si igitur illud comprehensum fuerit delectabile apud sensum, aut tristabile, erit quasi intellm affirmare hoc esse hoc, aut negare hoc nō esse hoc: & tūc aut queret, aut fugietur p cōprehēsionē intellualem, sicut quæret aut fugietur per cōprehēsionē sensibilē. D

Et est delectari aut tristari, agere sensitiua medietate ad bonū, aut malum, inquantū talia: & fuga aūt & appetitus hæc, quæ sm actum: & non alterum appetitiuum & fugitiuum, neque ab inuicem, neq; a sensitiuo: sed esse aliud est.

SOPH. *Atque est uoluptate aut dolore affici, operari sensitiua mediocritate ad bonum aut malum, quatenus talia sunt: & fuga demum & appetitus qui actu est, hoc sunt: nec diuersa sunt appetitiuum & sensitiuū neq; inter se, neq; à sensitiuo: sed eorum esse diuersum est.*

Et delectatio, & contristatio sunt actio mediante sensibili circa bonum aut malum, sm q sunt sic. & hoc est fugere & desyderare quæ sunt in actu. & desyderans, & fugiens non sunt diuersa vnū ab altero, neque à sentiente, sed esse disert. E

29 Idem .3. te. cō. 31.

Et contristatio, & delectatio animæ est actio ei mediante virtute sensibili. & motus eius ex hoc modo circa bonum, aut malum est, sm q malū est contristabile, & bonum delectabile: non sm q bonum est bonum, aut malum est malum: sicut est dispositio in quærere aut fugere intellectus. D. d. & hoc est fugere, & desyderare quæ sunt in actu. i. in hoc est desyderare rem præsentem, sm q est præsens & indiuidualis, & fugere eam, s. desyderium sensibile. qm̄ hoc est proprium desyderio sensibili, s. q non mouetur nisi cum præsentia sensati in actu, econtrario desyderio intellectuali. D. d. † & desiderans & fugiēs nō sunt diuersa, &c. i. & pars animæ, quæ quærit, & fugit, est eadem pars, non duæ diuersæ, neq; in intellectu, neque in sensu: sed est eadem pars in subiecto, & diuersę in actione. & hoc intendebat, cum d. sed esse differt. & intendit per hoc animam concupiscibilem. F.

Proprium desyderio sensibili q n mouetur nisi cū pñtia sensati I actu, ecōtrario desyderio intellectuali. vide in ista. iā. 1 d aīa cō. 10.

† Pars desyderās & fugiēs nō sūt duę diuersę neq; In sēsu, neq; I intellu; sed ē eadē ps I subiecto, & diuersę I actione.

Intellectiuæ autem animæ phantasmata vt sensibilia sunt. quū autem bonum aut malum affirmat, aut negat, fugit aut prosequitur. propter quod nequaquam sine phātasmate intelligit anima.

SOPH. *Dianoetica autem anima phantasmata uelut sensibilia sunt. Cū autem bonum aut malum affirmauerit uel negauerit, tunc fugit aut persequitur. Quapropter nunquàm anima sine phantasmate intelligit.*

Et in aīa sensibili inueniuntur imagines secundum modos sensuum. &, cūm diximus in aliquo ipsum esse malum, aut bonum non secundum affirmationem, & negationē, tunc aut quærimus, aut fugimus, Et ideo nihil intelligit anima sine imaginatione.

Idest

A Idest & in anima sensibili, i. in sensu communi inueniuntur imagines, 30 quarum modi sunt secundum modos sensuum, & sensibilium: ita ꝙ proportio istarum imaginum ad intellectum materialem est, sicut proportio sensibilium ad sensus. & hoc inuenitur in alia trãslatione manifestius. dicit enim, apud autem animam rationalem imago est quasi res sensibiles. D. d. & cùm diximus, &c. i. & cum anima rationalis distinguit imaginem, & iudicat eam esse bonam, aut malam: non secundum ꝙ est nota esse talis, aut non talis tantum: & est differentia propria intellectus speculatiuo: tunc anima concupiscibilis, aut quæret illud, si anima rationalis iudicauerit imaginem eius esse bonam, aut fugiet, si malam. & hoc est simile ei, quod accidit sensui de contristabili, aut delectabili. Deinde dixit. Et ideo nihil intelligit anima sine imaginatione. idest &, quia proportio imaginum ad intellectum materialem est, sicut proportio sensibilium ad sensum, ideo necesse fuit vt intellectus materialis non intelligat aliquod sensibile absque imaginatione. Et in hoc. d. expresse ꝙ intellecta vniuer-

Digressio.

B salia colligata sunt cum imaginibus, & corrupta per corruptionem earum. Et expresse etiam dicit ꝙ proportio intelligibilium ad imagines non est sicut proportio coloris ad corpus coloratum: sed sicut proportio coloris ad sensum visus: non sicut existimauit Auempace. Sed intellecta sunt intẽtiones formarum imaginationis abstractæ à materia, & ideo indigent necessario in hoc habere materiam aliam à materia, quam habebant in formis imaginationis. & hoc manifestum est per se intuentibus. Et, si intentiones imaginatæ essent recipientes intellecta, tunc res reciperet se, & motor esset motum. Et declaratio Aristo. ꝙ necesse est vt in intellectu materiali non sit aliqua intentionum existentium in actu, siue fuerit intentio intellecta in actu, aut in potentia, sufficit in destructione opinionis. Sed illud, quod fecit illum hominem errare, & nos etiam longo tempore est, quia moderni dimittunt lib. Aristot. & considerant li. expositorum, C & maxime in anima, credendo ꝙ iste liber impossibile est vt intelligatur. & hoc est propter Auicen. qui non imitatus est Arist. nisi in Dialectica: sed in aliis errauit, & maxime in Metaphysica. & hoc, quia incœpit quasi à se.

Cõtra dimittentes text. Arist. ꝗ quo vi. f. cõ. 8. Phi. cõ. 78. vide cõsi- cõtra Aui. 3. cœ. c. 67

Sicut enim aer pupillam huiusmodi fecit & ipsa autem alterũ: & auditus similiter. sed ultimum vnum: & vna medietas: esse autem ipsi plura. quo autem discernit quo differũt dulce & calidũ, dictum est quidem & prius. dicendum autem & nunc. Est enim aliquid unum: sic autem vt terminus.

SOPH. *Quemadmodum autem aer puppillam talem fecit: ipsa uero aliud: sic etiam auditus. extremum autem unum est, & una mediocritas: esse autem est ipsi plura. quo autem indicat, qua ratione differat dulce ab albo, & superius dictum est, & dicendum etiam est, sic: est enim unũ quidpiam: & ita unũ, ut terminus.*

Et quemadmodum aer est illud, quod facit visum talis disposi- D
tionis, & hoc ab alio, & similiter auditus. vltimum.n. est vnum, & medium vnum, in esse aūt multa. Et iā dictū est prius p quod iudicamus illud, per quod dulce differt à calido aeri. dicamus igr̄ ēt sm hunc modum, qm̄ sicut in esse est vnum, ita in definitione.

31 Cùm demonstrauit similitudinem inter intellectum & sensum in indigentia subiecti, à quo recipiunt intentiones: quas comprehendunt, incœpit modo declarare ꝙ proportio istius intellectus materialis ad imagines numeratas secundum species sensibiliū est, sicut proportio sensus communis ad diuersa sensibilia, & d. Et quemadmodum aer, &c. i. & sicut decla-
Vide 2. h° cō. 149. ratū est ꝙ aer mouet visum, & mouetur ab alio: & similiter auditus mouetur ab aere, & aer ab alio, quousq; perueniat motus in omnibus sensib⁹ ad vnum finē, qui est in illis motibus, quasi punctus, qui est mediū circuli de lineis exeuntibus à circumferentia: ita est de intellectu mā͞li cum intentionibus imaginantium intellectis. D. d. vltimum enim est vnum, & me- E
dium vnum. i. vltimus enim motuum sensibilium est vnus, & illud, quod
Pria expō. est ex eis quasi medium de circulo, est etiam vnum. & hic est sensus communis. D. d. Etiam dictum est prius, &c, idest & vniuersaliter dictum est prius quid est illud, per quod iudicamus diuersitatem sensibilium diuersorum, vt. g. diuersitatem dulcis à calido, & coloris à sono. ergo secundum illum modum, quo consequebatur illic tale esse in sensu, oportet hic esse in comprehendendo res diuersarum imaginum ab intellectu. Et hoc
Vide 2. de Aia. 149. intendebat, cùm d. quoniam sicut in esse est vnum, ita est in definitione. i.
Scdā expō p qua vid 2. de Anima. 146. quoniam demonstratum est à sermone prędicto ꝙ sicut iudicans esse diuersum apud sensum debet esse vnum, ita iudicans imagines rerum diuersarum debet esse vnum. Et potest intelligi sic. & sicut in esse rerum diuersarum est vna intentio, quæ facit vt comprehendens eas sit vnum: & est proportio, quam accipit virtus comprehensiua, quando facit comparationem inter duas res diuersas: ita in imaginibus diuersis est vna inten-
Tertia expō p qua Vid. 2. de Aia. 33. tio, quæ facit ꝙ iudicans eas sit vnum. Et potest intelligi sic. idest & causa
in hoc, s. in similitudine inter intellectum & sensum in hoc est. quoniam F
sicut in hoc esse singulari est vnum, quod est ens apud sensum, ita imaginatio est vnum apud intellectum, quod est imaginatum. &, cùm multa fuerint apud imaginatum, erunt multa apud imaginationem, & hoc cōueniens est sermoni sequenti.

Et hoc in proportionali aut numero ens vnū, hēt se ad vtrū ꝙ, sicut illa ad inuicē. Quo. n. differt non homogenea iudicare, aut cōtraria: ut albū & nigrū? Sit igr̄ sicut. A. albū, ad, B. nigrū. G. ad. D. sicut illa ad inuicem. Quare & permutatim: si igitur. G. D. vni sunt existētia, sic hēbunt sicut & A. B. idē quidē, esse aūt non idē: & illud similiter. Eadem aūt ratio est si. A. quidē dulce sit. B. uero album. Spēs quidē igit' intellectiuū in phātasmatibus intelligit'.

Et hæc

A *Et hæc unum sunt proportione & numero quem habet ad utrunq, ut illa inter sese, quid enim refert dubitare quomodo ea quæ eiusdẽ generis sunt, iudicet, aut cõtraria: ut albũ ac nigrũ: sit igitur ut A quod est album ad B quod est nigrum, C ad D, ut illa inter se: quare etiam cõmutato ordine. Si igitur C D unum sunt, ita se habebunt, sicut & A B: idem. s. & unum, esse uero non idem: & illud similiter: Eadem etiam ratio est, si A quidem dulce sit. B. uero album. Intellectiuum igitur species in phantasmatibus intelligit.*

a. l. illa.

Et hoc inuenitur in numeris proportionalibus: & dispõ eius apud eos est sicut dispositio eorum adinuicem. Nulla. n. est differentia inter figuram, & qualitatẽ consyderationis rerũ inæqualiũ in genere, aut rerũ contrariarũ, v. g. albi & nigri. Sit igitur dispõ
B A albi ad B nigrũ, & C ad D, sicut dispõ illorũ adinuicem, vt inuenitur in rebus contrarijs. Si igitur C, & D, existentes in eadem in re non inueniuntur nisi per A, & B, & sunt in hoc idem. Et, si A fuerit quasi dulce, & B quasi album, tunc intellectus erit quasi intelligens. Intelligit enim formas per primas imaginationes.

32 Idest & hæc cõsecutio manifesta inuenitur in eis secundum proportionalitatem eorum in numero, & dispositio iudicantis ex anima apud utrunque esse. s. sensibile & imaginabile, est sicut dispõ vtriusq; esse adinuicem. D. d. Nulla. n. est differentia, &c. i. & indifferenter, siue iudiciũ fuerit de rebus contrarijs, aut diuersis. figura. n. & qualitas consyderationis debet esse vna eadem apud virtutem sensibilem, & rationalem in rebus diuersis in genere, & in contrarijs. Et, cum declarauit quod nulla est differentia in cõsyderatione istorum duorum generum apud virtutem sensibilem & rationalem, dedit demonstrationẽ super hoc ex proportionalitate, & æqua
C litate, quam habent in numero secundum imagines rerum cum suis indiuiduis, & d. Sit igitur dispositio A. albi. i. sit igitur A album, & B nigrũ, & C imago albi, & D. imago nigri. erit igitur proportio A ad B, sicut album ad nigrum: & proportio C ad D, sicut imago albi ad imaginem nigri. & hoc intendebat, cum d. vt mihi videtur, dispositio C apud D, est sicut dispositio illorum adinuicem, ut inuenitur in duobus contrariis, i. vt inuenitur in duobus contrarijs ex imaginibus veris. Et, cum declarauit quod talem proportionalitatẽ debent habere, dedit consequens conclusionem, & d. Si igitur C, & D, &c. idest &, cum proportio A ad B est sicut C ad D: & A & B comprehenduntur ab eadem virtute: ergo C & D debent comprehendi ab eadem virtute. & istam conclusionem diminuit ex suo sermone. Deinde dicit consequens illam, & d. Si igitur C & D, &c. idest si igit C, & D comprehenduntur ab eadem virtute, quia A, & B sunt eiusdem virtutis, tunc duæ virtutes in hac intentione, & ex hoc modo sunt idem, & non diuersantur omnino: licet diuersentur in suis naturis.

Figura, & qualitas cõsyderationis dẽt eẽ vna & eadẽ apud virtutẽ sẽsibilẽ & rõnalẽ in reb⁹ diuersis genere, & in cõtrariis. Idẽ supra cõ. præcedenti.

ris.& per hanc similitudinem inter virtutem rationalem, & sensibilem D existimauerunt plures Antiquorum, secundum quod Arist. narrauit in secundo tractatu quod duæ virtutes sunt eædem. (In. 2. de ala t. co. 152.) Et, cùm declarauit quòd dispositio earum in comprehendendo res contrarias est eadem, declarauit esse quod ita est in comprehendendo res diuersas in genere, & dicit. Et, si A fuerit quasi dulce, &c. i. &, si posuerimus loco contrariorum duas res diuersas in genere, verbi gratia dulce & album, tunc etiam intellectus comprehendet eas modo simili comprehensioni earum à sensu. tunc enim intelliget formas earum mediantibus primis suis imaginibus, idest veris: quemadmodum sensus comprehendit intentiones earum per presentiam indiuiduorum ipsorum sensibilium.

Et sicut in illis determinatum est ipsi, imitabile & fugiendum: & extra sensum quum in phantasmatibus fuerit, mouetur: ut sentiens fugibile, quia ignis communi cognoscit videns quod mouetur, quoniam impugnans est. Aliquando autem quæ sunt in anima phantasmatibus aut intellectibus tanquam videns ratiocinatur, & deliberat futura ad presentia. E

SOPH. *Et quemadmodum in illis præfinitum est ipsi quid persequendum, quidq; fugiendum sit, ita etiam extra sensum, cum in phantasmatibus fuerit, mouetur: ut sentiens facem ignem esse, communi cognoscit uidens eam moueri, hostilem esse. Aliquando autem iis quæ sunt in anima phantasmatibus, aut mentis conceptibus quasi uidens ratiocinatur, & consultat de futuris ad præsentia respiciens.*

Et ita est de quæsito, & fugito secundum hunc cursum determinatum in his rebus. & quandoque mouetur sine vsu sensus, cùm fuerit existens in imaginatione. vt quando imaginatur quod ignis inflammatur in turribus ciuitatum. commune est enim quod mouens est ignis, & ipse nunciat præliatori. cogitat enim, quasi videns rem per modos imaginationis, & cogitatio eius in rebus futuris est secundum res presentes. F

33 Idest, & ita est de quæsito, & de fugito apud intellectum, sicut de comprehensione. quoniam, quemadmodum comprehendit res mediantibus formis imaginum, & sensus cõprehendit per præsentiam rerũ sensibiliũ, ita intellectus mouetur à rebus quærendo, aut fugiendo quando formæ imaginum earum sunt presentes. quẽadmodum sensus quærit, aut fugit apud præsentiam ipsius sensibilis. D.d. & quandoque mouetur sine vsu sensus, &c. idest & quandoq; mouetur homo ad aliquid, licet non sentiat ipsum, quando imaginabitur ipsum: sicut prçliator mouetur, qñ imaginatur ignem inflammari in turribus, licet ignis nõdũ inflãmatus sit. (ria expo.) D.d. cõmune.n. est quòd mouens est ignis, & est principium prælationis. idest

&, cùm

A &,cùm præliator intrinsecus imaginabitur ignem in turribus, statim cogitabit in destruendo illum ignem,& præliator oppositus in inflammando ipsum.& communem habent cogitationem in hoc,scilicet quòd ignis est finis positus,& quæsitus apud ipsos,sed secundum modos duos diuersos. Et potest intelligi hoc,quod dixit,commune enim,idest* propositio enim communis,ex qua possumus scire omnia consequentia, est primum consequens existentiam ignis in turribus.& ideo.d.est principium per experientias præliatoris,idest principium consyderationis. Deinde d.cogitat enim,quasi videns.idest principium enim suæ cogitationis in rebus erit præsentando modos imaginum imaginationum possibilium esse in illa re,de qua cogitat,adeo ac si videret illud,de quo cogitat. Deinde d.& cogitatio eius in rebus futuris,&c.i.& causa in hoc est, quia homo ponit principium suę consyderationis in rebus possibilibus de rebus præsentibus,quas videt.& ideo possibile est vt homo cogitet in alia re, adeo quòd inueniet ex eo aliquod indiuiduum,quod ante non sensit: sed

*Secūda expō *a.l. ppōsitio.

*Hō ponit principiū suę cōsyderationis ī reb' possibilibus ex reb' pñtibus quas uidet.

B sensit ei simile,non ipsum idem. Et innuit per hoc modum,sm quem potest inueniri per cognitionem imago vera:cuius indiuiduum nunquam fuit sensatum aliquo cogitante.Iam enim posuerat quòd imagines veræ sunt numeratæ secundum indiuidua sensibilia. & quasi declarauit ꝙ iste modus imaginationum inuenitur à cogitatione ex imaginationibus, quę sunt indiuidua sensibilia.Virtus enim cogitatiua, sicut declaratum est in lib.de Sensu & sensato,quando iuuabit se cum informatiua,& rememoratiua innata est præsentare ex imaginibus rerum aliquam,quam nunquā sensit in ea dispositione, secundum quam esset, si sensisset eam fide, & informatione,tunc intellectus iudicabit illas imagines iudicio vniuersali.

*Digressio.

*Virt' cogitatiua, qñ iuuabit se cū īforma tiua, & rememoratiua innata est pñtare ex imaginibus rerū aliquā, quā nunq̄ sensit, tūc intellēs iudicat illas imagines iudicio vl'i Idē c. 5. & 20. tertii huius.

Et intentio cogitationis nihil est aliud,quàm hoc, s. vt virtus cogitatiua ponat rem absentem à sensu,quasi rem sensatam.& ideo comprehensibilia humana diuiduntur in hæc duo.s.in comprehensibile,cuius principiū est sensus,& comprehensibile,cuius principium est cogitatio. Etiam diximus quòd virtus cogitatiua non est intellectus materialis, neq; intelle-

C ctus qui est in actu,sed est virtus particularis materialis.& hoc manifestū est ex dictis in Sensu & sensato.& oportet scire hoc:quoniam consuetudo est attribuere intellectui virtutem cogitatiuam. Et non debet aliquis dicere ꝙ virtus cogitatiua componit intelligibilia singularia:& iam declaratum est quòd intellectus materialis componit ea. Cogitatio enim non est,nisi in distinguendo indiuidua illorum intelligibilium,& præsentare ea in actu,quasi essent apud sensum. Et ideo,quando fuerint præsentia apud sensum,tunc cadet cogitatio,& remanebit actio intellectus in eis.

*Cōprehēsibilia humana diuidūtur ī duo.

Et ex hoc declarabitur quòd actio intellectus est alia ab actione virtutis cogitatiuæ,quam Aristo. vocauit intellectum possibilem,& dixit eam esse generabilem & corruptibilem.& hoc est manifestum de ea, cùm habet instrumentum terminatum,scilicet medium ventriculum cerebri:& homo non est generabilis & corruptibilis nisi per hanc virtutem:& sine hac virtute,& virtute imaginationis nihil intelligit intellectus materialis. & ideo

*Hō nō est gñabilis & corruptibilis,nisi p hāc virtutē.i.cogitatiuam.

*Cogitatiua ñ cōponit oppositū vt dicere com.2. Vide cōZim.

ideo, sicut dicit Arist. non rememoramur post mortem: non quia intellectus est generabilis & corruptibilis, sicut aliquis potest existimare. D

Et quum dixerit vt ibi lætum aut triste, hic fugit aut imitatur, & omnino in actione. & quod sine actione autē verum & falsum, in eodem genere cum bono & malo est: sed in eo quod simpliciter differt, & quodam.

SOPH. *Et cum dixerit ibi esse rem iucundam aut molestam, tum fugit aut persequitur, & omnino in actione versatur. Quinetiam uerum & falsum quæ sine actione sunt, in eodem sunt genere quo bonum & malum: sed ipso simpliciter differunt, & aliquo.*

Et, cùm iudicamus q͂ delectabile est illic aut hic, tunc contristabile erit aut fugitum, aut quæsitum: & sic vniuersaliter in actionibus. Falsitas enim & veritas sunt sine operatione, & sunt ambo in eodem genere, & in bono & in malo: sed differũt, quia dicitur simpliciter, & per terminum. E

Idest Et, cùm iudicaueris per sensum quòd delectabile est illic aut hoc,
34 tunc contristabile apud intellectum erit, aut fugitum, si intellectus existimauerit illud esse malum, aut quæsitum, si existimauerit illud esse bonũ. & sic vniuersaliter accidit intellectui cum sensu in omnibus actionibus, scilicet aut contradicere ei, dicendo quòd contristabile est bonum, & quęrendo illud, quod fugit sensus: aut conuenire in eo I dicēdo delectabile esse bonum. Deinde dicit.* Falsitas enim, & veritas sunt sine operatione. & sunt in eodem genere. ita cecidit ablatio in scriptura. & potest esse. falsitas enim & veritas sunt, &c. idest falsitas enim & veritas existentes in intellectu speculatiuo, sunt aliæ à falsitate, & veritate existentibus in intellectu operatiuo. Deinde dicit & sunt ambo in eodem genere, & in bono & in malo. potest intelligi quòd hæc duo sunt in eodem genere, quia vtrunq; est cognitio: & quia veritas est in genere boni, & falsitas in genere mali. Et potest intelligi hoc, quod dixit in bono & malo, vt sit expositio eius, quod dixit, & sunt in eodem genere. & quasi dicit, & sunt in eodem genere, idest in bono & malo. Et, cùm declarauit quòd ambo collocantur sub bono, & malo, declarauit illud, per quod diuiduntur, & dicit. sed differunt, &c. idest, sed tamen diuiduntur, quia veritas est in intellectu speculatiuo bonum absolute: & falsitas est in eo malum simpliciter. in operatiuo autem veritas est bonum in respectu, & secundum conditionem. & hoc intendebat, cùm dixit & per terminum. falsitas vero est malum in respectu illius finis, qui est inueniēdus. Et potest intelligi per hoc, quod dixit & per terminum, idest, per finem. s. & diuiduntur, quia hoc est bonum simpliciter, & hoc bonum in respectu finis positi. & intentio propinqua est in istis duabus. F

* Falsitas & veritas; sunt sine opōne. Vide 2. Me. t. c. 3.

Falsitas, & veritas exn̄tes in intellectu speculatiuo aliæ sunt ab iis, quę sunt in intellectu practico.

Bonũ & malũ; & verũ & falsum sunt in eodem gn̄e. Vide oppos. 6. Me. t. c. vltimi. vbi hr̄ q̇ bonũ & malũ sunt in rebus. Vide etiam ...im.

Abstra-

A Abstractione autem dicta, intelligit, sicut simum secundum quod simum, non separatum: inquantum autem curuum si aliquod intellexit, actu sine carne vtique intellexit, in qua curuum: sic & mathematica non separata tanquam separata sint, intellexit cum intelligat illa.

SOPH. *Quæ uero in abstractione uocantur intelligit perinde quasi simum: quatenus quidem simum, non separate: quatenus uero curuum, si quid actu intelligeret, sine carne intelligeret in qua curuum est: sic mathematica quamuis non separata, ueluti separata intelligit, cum illa intelligit.*

Et sciuntur etiam res, quæ dicuntur negatiue. Vt simus, in eo quod est simus, non diuiditur: in eo autem quod est concauum, si intellectus intellexerit, tunc intelliget intentionem concauitatis B denudatam à carne. sed intentiones mathematicæ non sunt singularia hoc modo: & sicut res abstracta intelligit, intelligit istas res.

35 Intendit per res, quæ dicuntur negatiue, res mathematicas. & intendit per negationem abstractionem à materia. & intendit quòd, quando intellectus intelligit res secundum abstractionem à materia, non facit hoc, quia sunt in se, non in materia, sicut quidam existimauerit. sed hoc, quod facit, scilicet quòd intelligit ea non in materia, licet sint in materia, est ac si intelligeret simum, in eo quòd est simum, diuisum à materia. sed simus in eo quòd est simus, impossibile est vt diuidatur à materia. genus autem eius, quod est concauitas possibile est vt diuidatur à materia. Et innuit per hoc quòd ista possibilitas in abstractione istorum ab intellectu est consequens naturas, & quiditates earum: non quia accidit eis, quia sunt non in materia. Deinde dicit. sed intentiones mathematicæ, &c. idest & modus essendi intentionum mathematicarum extra animam, non est sicut C modus, secundum quem sunt in anima. Et iste sermo potest legi sic. & intellectus etiam potest scire res mathematicas per aliquem modum definitionis. Intelligere enim diuersatur secundum diuersitatem naturæ intellecti. verbi gratia quòd simus, in eo quòd est simus, non diuiditur quando intelligitur: in eo autem quòd est concauitas, tunc, si intellectus intellexerit eum singularem per se, non intelliget intentionem concauitatis, nisi denudatam à carne. Et exemplum, quod induxit, supplet illud, quod diminuitur à sermone.

Pythagoras. 1. Met. 19. vel t. 10. 1. Met. 35.

Intelligere diuersatur secundum diuersitatem naturæ intellecti.

Omnino

ANTIQVA TRANSL.

Omnino autẽ intellectus est qui ſm actum res est intelligẽs. vtrum autem cõtingat aliquid ſeparatorum intelligere ipſum exiſtentem nõ ſeparatum à magnitudine, aut non: conſiderandum poſterius.

SOPH. *Omnino intellectus qui actu intelligit, eſt res ipſa. an uero fieri poſsit ut ipſe à magnitudine non ſeparatus, ſeparatorum aliquod intelligat nec ne, poſt cõſiderãdũ eſt.*

Illud.n.quod eſt in actu vſr, eſt intellectus, qui eſt in actu. Et cogitatio noſtra in poſtremo erit. vtrum poſsit intelligere aliquas rerum abſtractarum, cum hoc ꝙ ipſe* eſt abſtractus à magnitudine, aut non.

a.l. nõ eſt abſtract.

36 Expoſitio D.& quemadmodum res, quam intellectus abſtrahit, ſit intellectus, quãdo abſtrahit, & intelligit ipſam cùm neceſſe eſt vniuerſaliter in intellectu vt illud, quod eſt intellectũ in actu, ſit intellectus in actu, oportet nos perſcrutari, & cogitare in poſtremo, vtrum iſte intellectus, qui ẽ in nobis, poſsit intelligere aliquid, quod eſt in ſe intellectus, & abſtractus à materia: ſicut intelligit illud, quod facit ipſum intellectũ in actu, poſtquam erat intellectum in potẽtia, Et d. cum hoc, quòd ipſe eſt abſtractus à magnitudine. ita cecidit ĩ hac ſcriptura. &, ſi eſt vera, ſic debet intelligi. ideſt debemus ĩ poſtremo cogitare, vtrum ſit poſsibile,* quòd intellectus, qui eſt ĩ nobis, intelligat res abſtractas à materia, ſm ꝙ ſunt abſtractæ à magnitudine, non ſm compa-

MANTINI TRANSL.

D

Trigeſimumſextum etiam commentum, quod tranſtulit Iacob Mantinus unà cum antiqua eiuſdem commenti translatione hic apponere uiſum fuit opportunũ.

E

Intellectus autem eſt omnino qui actu res ĩtelligit. Vtrum autem contingat ipſum intelligere aliquid ſeparatorum, ipſo exiſtente ſeparato à magnitudine, vel ne, poſt hoc conſydrabitur.

*a.l. non exiſtente.

Inquit. & quemadmodũ id, quod intellectus abſtrahit, efficitur intellectus, cũ diuidit ipſum, atq; intelligit ipſum, cũ vſr ſit neceſſariũ hoc de ipſo intellectu, ſ. vt id, quod eſt intelligibile actu, efficiatur intellect* actu, idcirco cogimur inquirere, & conſyderare in poſterum, vtrum is intellectus, qui ineſt nobis, poſsit intelligere aliquid, quod ſit de ſe intellectus quidam, & ſeparatus à materia. quemadmodũ ĩtelligit id, quod ipſe efficit actu intelligibile, quod quidem erat antea potentia intelligibile. Et cũ d. ipſo exiſtente ſeparato à magnitudine iuxta vnã translationem textus, quã habuimus, quæ ſi vera ſit, ſic debet intelligi verba ei*. Poſtremum vero perquirendũ erit vtrum intellectus, qui ineſt nobis, poſsit intelligere res abſtractas à magnitu-

F

A

ANTIQVA TRANSL.

comparationem ad alterum. Et cecidit in alia scriptura loco istius sermonis sic. Et in postremo perscrutabimur vtrum intellectus essendo in corpore, non separatus ab eo, possit comprehendere aliquod eorũ, quæ separantur à corporibus, aut non. & ista quæstio est alia à prædicta. Ista enim quæstio est concedentis quòd intellectus, qui est in potentia, intelligit formas abstractas à materia simpliciter, non secundum ꝙ est copulatus nobiscum. & secundum hãc intentionem erit perscrutatio vtrũ potest intelligere formas, secũdum

B

quòd est copulatus nobiscum: non vtrũ possit intelligere formas simpliciter. & illa intẽtio est dicta à Themistio in suo libro de Anima. & prima quęstio, quam intendebat in postremo, est dimissa.

3. de Aia co. 5.

MANTINI TRANSL.

gnitudine, seu à materia, quatenus sunt abstractæ à magnitudine, non quatenus habent rõnem ad aliud. Sed in alia translatione, quam habuimus, litera ita habet. Postremũ uero perquiremus vtrum is intellectus, dum in corpore existit, & non separatur ab eo, possit attingere aliquam ex rebus separatis à corporibus, vel non possit. Et iuxta hanc literã differt hoc dubiũ ab illo priori. nam hoc dubiũ contingit apud eũ, qui concedit intellectum potentialẽ (seu potentia existentẽ) intelligere formas abstractas à materia simplr, & absolute, & non ea rõne, qua est copulatus nobis. Et iuxta hanc sententiam sic fiet vtiq; quæsitum, videlicet vtrũ intells nobiscũ existens, possit intelligere formas, quatenus est cõiunctus nobis: & tunc nõ quæreretur vtrum possit intelligere simplr formas. & hmõi sententia vr esse Themistii in lib. suo de Aĩa tradita. & tũc illud dubiũ, qđ promiserat scrutari posterius, esset vtiq; ꝑtermissũ.

Digressio, & est prima pars eiusquã prooemium, vtrum sit posse intelligere intellectũ mãẽ res abstractas.

Oportet igitur prius perscrutari vtrum sit possibile ꝙ intellectus materialis intelligat res abstractas, aut non. Et, si intelligit eas, vtrum est

C

possibile vt intelligat eas, secundum quòd est copulatus nobiscum, aut non. Et ideo possibile est quòd in exemplari, à quo transtulimus hũc sermonem, acciderit hæc particula, non, ita quòd sic debeat legi. Et cogitatio nostra erit in postremo utrum possit intelligere aliquam rerum abstractarum cum hoc, quòd est non abstractus à magnitudine, idest secundum quòd est tangens magnitudinem, & copulatus nobiscum, ita ꝙ nos intelligamus illum intel-

At primo inuestigandũ vr, vtrũ intellectus materialis possit intelligere res abstractas à materia, vel nõ possit. Et, si eas intelligat, vtrum possit eas intelligere, quatenus est copulatus nobis, vel non. Et ideo forte tota hæc pars scripturæ deerat in illo exẽplari translationis, quã habuim⁹ ex qua transtulimus hanc orõnem, & debebat sic legi. Et nr̃a consyderatio in postremo, atq; scrutatio erit, vtrũ possit intelligere aliquod abstractorũ, cũ tñ ipse sit nõ separatus à magnitudine, hoc est, cũ ipse contangat magnitudinẽ, & sit nobiscõ iunctus, ita vt nos simus intelligẽtes illud intelligibile (seu illum intellm ꝗquem

ANTIQVA TRANSL.

intellectum, quem ipse intelligit. & ista perscrutatio, quam intēdit, valde est difficilis, & ambigua. & oportet nos perscrutari de hoc secundū nostrum posse.

Secunda pars, in qua incipit soluere quæstionē secundum opinionē aliorū & primo secundum Alex.

Dicamus igitur ꝙ, qui ponit intell. materialem esse gn̄abilem & corruptibilē, nullū modū, vt mihi vr̄, pōt inuenire naturalē, quo possumus continuari cū intellectibus abstractis. Intell. n. debet esse intell'm oībus modis, & maxime in rebus liberatis à materia. Si igit' posse eēt ꝙ substantia gn̄abilis, & corruptibilis intelligeret formas abstractas, & reuerteret' idem cum eis, tunc posse esset vt natura possibilis fieret necessaria: vt Alfarabius dixit in Nicomachia. & hoc necessarium est secūdū fundamenta sapientum.

*a.l. nisi aliquis dixerit.

*Si igitur aliquis dixerit ꝙ illa intentio, quam ītēdit Alex. s. de existētia intellectus adepti, non est informatio facta de nouo ī intellectu materiali, quæ ante non erat. sed ipse copulatur nobiscū copulatione, adeo ꝙ sit forma nobis, per quam intelligimus alia entia, sicut apparet ex sermone Alex. licet nō appareat ex eo modus, ex quo ista continuatio sit poss. Qm̄, si posuerimus ꝙ ista cōtinuatio est facta postquā non erat, sicut est necessariū, cōtinget vt in illa hora, in qua ponitur eē, fit transmutatio in recipiēte, aut in recepto, aut in vtroq;. &, cùm impossibile ē vt sit in recepto, remanet vt sit in recipiente. &, cùm in recipiente fuerit transmutatio existens, postquā non erat, necessario erit illic receptio facta de nouo, & substantia recipiens facta de nouo, postquā nō erat. Cū igitur posuerimus receptionem factam

Pro hoc vid. 8. ph. 6. 7. & 8. cō.

ctam

MANTINI TRANSL.

D

quę ipse intelligit. & hoc quæsitum quod ipse proposuit scrutari, est admodū difficile, & dubiū. quare nr̄m erit officium pro virili nostra ipsū examinare, ac indagare.

Dicam' itaq; ꝙ, q asserit intell'm materialē esse generabilē & corruptibilē, haud quaquā poterit inuenire aliquē modū naturalem, vt mea fert sententia, quo possimus cōiungi cū intelligētiis abstractis. qm̄ ipse intell's debet vndequaq; eē intelligibilis, oībusq; modis, pręsertim in rebus materiæ expertibus. Quare, si substātia gn̄abilis & corruptibilis posset intelligere formas abstractas, & effici qd vnū cū ipsis, tūc oporteret vt ipsa nā poss' efficeret' necessaria vt d. Alfarabius in Nicomachia. & hoc qdē seq' ex fūdamētis sapiētū.

E

Quòd si aliqs rn̄dēs dixerit ꝙ id, quod Alex. opinat', intell'm adeptū existere, nō intelligit id eē aliquē cōceptū nouiter factū ī intell'u mā'li, q antea nō reperiret', sed ꝙ cōiūgitur nobis ita vt sit forma in nobis,* qua adipiscamur reliqua entia, vt ex verbis Alex. colligi pōt, licet ex eis non appareat mod', quo hm̃ōi cōiūctio & copulatio sit poss. Dicam' ergo ꝙ, si cōcedamus hm̃ōi cōiunctionē eē factā, postquā nō erat, vt necessario res se habet, tūc sequeret' vt ī eo instāti, in quo poni' ipsum eē, & reperiri, oriat' trāsmutatio (seu alteratio) in ipso recipiente, aut in re recepta, aut in vtroq;. sed, cū hm̃ōi alteratio nō possit oriri in re recepta, relinquit' igr' ut sit in ipso recipiente. sed, si reperiret' trāsmutatio aliqua ī ipso recipiēte, q prius nō erat, tunc oportebit reperiri ibi receptionem de nouo factā, atq; subām recipiētis

*a.l. postꝗ adepti fuerimus.

F

de

A ANTIQVA TRANSL.

Occurrit tacitæ rñsioni.

ctã de nouo, cõtinget prædicta quæstio. Et, si non posuerimus receptionem propriam nobis, non erit differentia inter continuationem eius nobiscum, & continuationem eius cum omnibus entibus, & inter continuationem eius nobiscum in hac hora, & in alia hora: nisi ponamus continuationem eius nobiscum esse secundum modum alium à modo receptionis. quis igitur est iste modus?

B

Ostēdit cōtradictionem in dictis Alex.

Et pp latentiam istius modi fm Alex. videmus ipsum ambigere in hoc. qñq; igitur dicit q illud, quod intelligit intellectum abstractũ, nõ est intellectus materialis, neq; intellectus, qui est in habitu. Et hęc sunt verba eius in libro de Aĩa.

In cap. de intellectu agente.

Intellectus igitur, qui intelligit hoc, est ille, qui non corrumpitur: non intellectus subiectus, & materialis. intellectus enim materialis corrũpitur p corruptionem aĩæ, qui est vna virtus illius. &, cũ iste intellectus fuerit corruptus, corrumpetur sua virtus, & sua perfectio.

C

Deinde, postquã declarauit q necesse est vt intellectus, qui est in nobis, qui intelligit formas abstractas, sit nõ generabilis neq; corruptibilis, narrauit q iste intellect' est intellectus adeptus fm opinionē Arist. & dixit Intellectus igitur, qui non corrumpitur, est iste intellect', qui est in nobis abstractus, quē vocat Aristo.* deforis, qui est in nobis ab extrinseco: non virtus, quæ est in anima, neq; habitus, per quem, aut per quam intelligimus alias res, & intelligimus etiam istum intellm.

*a. l. adeptum

Si

MANTINI TRANSL.

de nouo factã, quæ antea non fuerat. Si concedamus ergo dari receptionē de nouo factã, tunc sequet' illud dubium superius positũ. Et, si nõ cõcedamus receptionē propriã in nobis, tunc nihil differet, siue coniungatur nobis, siue cõiungat' cum reliquis oĩbus entibus, & siue copulet' nobis in vno tpe, siue in alio tpe, nisi dixerimus aliũ esse modũ copulationis, quo copulatur nobis, & modum receptionis. quis ergo erit huiuscemodi modus?

Et, qm̃ hic modus inter alios modos receptionis latuit Alex. ideo videmus eum circa hoc ambigere: ita vt qñq; inueniamus eum dicentē q id, quod intelligit ipse intellectus abstractus, non est ipse intellectus materialis, neq; ipse intellectus adept'.

Inquit. n. ipse in lib. de Aĩa sic. Intellectus aũt, qui hoc intelligit, est intellectus incorruptibilis, neq; ēēt intellectus materialis, quia intellˢ materialis corrũpitur ad corruptionē aĩæ, quia ipse est vna ex eius potentiis, seu virtutibus. cũ igit' is intellˢ fuerit corruptibilis, corrũpetur etiã eius actus & perfectio, eiusq; virtus & potentia.

Et, postquã declarauit q necesse est vt ille intellˢ, qui inest nobis, qui quidem intelligit formas abstractas, sit ingenit' & incorruptibilis, notificauit q hm̃oi intellˢ iuxta sniam Arist. est ipse intellectus adeptus, & inquit. Ergo intellˢ incorruptibilis est is intellectus, qui I nobis existit abstract', ac separat', quē vocat Arist. adeptũ, qui deforis venit, & non est potentia, seu vis in aĩa existens. neq; est ēt habitus, quo intelligimus reliquas res, & intelligimus quoq; hunc intellectum.

Si

ANTIQVA TRANSL.

Si igitur intendebat per intellm adeptum, per quē intelligimus intelligentias abstractas intelligētiā agētem, tunc sermo in modo continuationis istius intellectui nobiscū adhuc remanet. Et, si intendebat intellectum abstractū alium ab agente, vt apparet ex opinione Alfarabii in sua epla de Intellu, & fm etiā ꝙ possumus intelligere ex manifesto isti' sermonis, tunc qđ etiam in modo continuationis istius intellectus nobiscum eadem est cum qōne in modo continuationis intellectus agētis apud opinantem ꝙ agens est idem cum adepto. & hoc est manifestius de sermone Alex. Hæc igitur dixit de modo continuationis intellś, q ē in actu nobiscū, in suo lib. de Aīa.

Quod autem dixit in quodā tractatu, quem fecit de Intellectu fm opinionem Aristo. vī contradicere ei, quod dixit in lib. de Aīa. Et hæc sunt verba eius. Et intellectus, qui ē in potentia, cùm fuerit completus, aut augmentatus, tunc intelliget agentem. qm, quemadmodum potentia ambulandi, quam homo habet in natiuitate, venit ad actū post tempus, quando perficitur illud, per quod fit ambulatio, ita intellectus, cùm fuerit perfectus, intelliget ea, quæ sunt per suam naturam intellecta, & faciet sensata esse intellecta, quia est agēs. Et manifestum istius sermonis contradicit sermoni eius in libro de Anima, & est ꝙ intellectus, qui est in potentia, intelligit illum, qui est in actu.

Sed

MANTINI TRANSL.

D Si igr intelligebat p intellm adeptū, quo intelligim' intelligētias abstractas, seu separatas, ipsum Intellm agētē, tūc ei' snīa de copulatione h' intellś in nobis remaneret adhuc indeterminata. Sed, si intelligebat p id aliā intelligētiā separatā diuersā ab ipso intellu agente, vt hēi pōt ex snīa Alfarabii i suo tractatu, quē de Intellu edidit, & vt nos ēt possum' cōiicere ex apparētia verborū eius, tūc idē eēt dubiū adhuc de mō copulationis h' intellś nobiscū cū dubio, quod accidit de mō copulationis ipsi' intellś agētis apud illos, qui E putāt intellm agentē eē ipsummet intellm adeptū. & hoc qdē vr eē id, quod est magis apparens ex verbis Alexan. de modo coniunctionis intellectus in nobis actu existentis in suo lib. de Anima.

At id, quod d. in quodā alio suo tractatu, cui titul' ē de Intellu, iuxta sūiam Arist. vr cōtradicere suis verbis, q in lib. suo de Aīa dixerat. Inqt n. ipse in eo tractatu hæcmet verba. Intellsaūt i potetia, cū pficit, & augetr, tūc intelligit intellm agentē. nā queadmodū potētia ad ambulādū, quā hō hēt tpe suę natiuitatis, deducit ad actū post hoc p aliquod tpis F Interuallū, nempe cū pfecta fuerit illa res, p q̄ fit ambulatio, ita quoq; intellect', cū fuerit pfect', intelligit illas res, quæ sunt ex natura sua intelligibiles, & ex ipsis rebus sensibilibus efficit res intelligibiles, quia ipse est efficiens, agensq;. Iam ergo satis constat hæc verba contradicere illis, quæ in libro de Anima attulerat, vbi dicebat intellectum potentia existentem intelligere illum intellectū quia actu existit.

Sed,

A ANTIQVA TRANSL.

Remouet Alex. a cōtradictiōe colligēdo oīa dicta sua.

Sed, cùm aliquis intuebitur omnes sermones istius viri, & cōgregabit eos, videbit opinari ipsum ꝙ qñ intellectus, qui est in potentia, fuerit perfectus, tunc intelligentia agēs copulabitur nobiscum, per quā intelligemus alias res abstractas, & per quam faciemus res sensibiles esse intellectas in actu, ſm ꝙ ipse efficitur forma in nobis. Et quasi intendit ꝑ hunc sermonem ꝙ intellectus, qui est in potentia, quando fuerit perfectus, & completus, tunc copulabitur B cum eo iste intellectus, & fiet forma in eo, & tunc intelligemus ꝑ ipsum alias res: non ita ꝙ intellectus materialis intelligat ipsum, & propter illud intelligere fiat continuatio cū hoc intellectu: sed continuatio istius intellectus nobiscum est causa eius, quod intelligit ipsum, & intelligimus per ipsum alias res abstractas.

Cōfirmat illd̄ ꝑ verba Alex.

Et potes scire ꝙ ista est opinio istius hominis per hoc, quod d. in illo tractatu. Illud igitur intellectum per suam naturam, quod est intelle- C ctus in actu, cùm fuerit cā intellect⁹ materialis in abstrahendo, & in formando vnamquamq; formarū materialium ascendendo apud illam formam, tunc dicetur ꝙ est adeptus agens, & nō pars animæ, neq; virtus alē, sed fit in nobis ab extrinseco, qñ nos intellexerimus per ipsum.

Expō verboꝝ Alex.

Manifestum est igitur ꝙ intelligit per hunc sermonem, ꝙ quando intellectus, qui est in actu, fuerit causa ſm formam intellectus materialis in actione eius propria, & hoc erit per ascensionem intellectus materialis apud illam formam, tunc dicetur intellectus adeptus: quoniam in illa di-

MANTINI TRANSL.

Sed, si exactè, quis enucleabit omnia verba huius viri, eaq; in vnū congregabit, iudicabit vtiq; ipsum existimare ꝙ, cum intellectus potentia existens fuerit perfectus, tunc copulabitur nobis ipse intellectus agens, & ꝑ ipsum intelligemus reliquas res abstractas & ꝑ ipsum efficiemus vt res sensibiles efficiantur intelligibiles actu, ea rōne, qua ipse ē effectus forma in nobis. Per hæc igitur verba vr̄ velle ꝙ, cū intellectus potentia existēs euaserit* ꝑfectus, tunc copulabitur cum eo intellectus agens: & efficietur forma in ipso, & tunc intelligem⁹ ꝑ ipsum reliquas res oēs: nō vt propterea intellectus materialis intelligat ipsum, ita vt ꝓp huiuscemodi intellectionē, qua ipsum intelligat, oriatur hmōi copulatio cum hoc intellectu: immo copulatio huius intellectus in nobis est causa, vt ipse intelligat eū, & per ipsum reliquas res abstractas omnes. Quod autem hęc sit sola huius viri, facile poteris iudicare ex verbis in eo tractatu ab ipso adductis, quæ talia sunt. Illud itaq; intelligibile ex natura sui, qui quidem est intellectus* in actu, cū fuerit cā ipsius intellectus materialis, denudando omnes formas materiales, atque eas concipiendo, donec peruenerit ad illam formam, tūc dicetur ꝙ est intellectus adeptus actu: & non est pars animæ, neq; aliqua virtus animæ, sed oritur in nobis ab extra, & deforis venit, qñ nos intelligimus ꝑ ipsum. Ex his itaque verbis constat Alexandrum velle ꝙ, cùm intellectus, qui actu existit, fuerit cā formalis ipsius intellectus materialis, ꝑ suam propriam actionē, & hoc quidem fiet, cū intellectus m̄ālis ascen-

* a. l. factu

* a. l. agens

ANTIQVA TRANSL.

spositione erimus intelligentes per ipsum. quoniam est forma nobis: quoniam tunc erit vltima forma nobis.

Idem & epilog⁹ opinionis Alex.

Sustentatio igitur istius opinionis est ꝙ intellectus agens est primo causa agens intellectum materialẽ, & intellectum, qui est in habitu: & ideo non copulatur nobiscum primo: & intelligemus ꝑ ipsum res abstractas. Cùm igitur intellectus materialis fuerit perfectus, tunc agens fiet forma materialis, & copulabit nobiscũ, & intelligemus per ipsum alias res abstractas: non ita ꝙ intellectus, qui est in habitu, intelligat hunc intellectum: cùm intellectus, qui est in habitu, est generabilis & corruptibilis, iste autem non est generabilis neq; corruptibilis.

Qõ. in opinione cõiungens.

Sed huic accidit quæstio prædicta. & est ꝙ hoc, quod modo est forma intellectui, qui est ĩ habitu, postquã non erat, prouenit ab aliqua dispositione facta de nouo in intellectu, qui est in habitu, quæ est causa, quare ille intellectus est forma intellectui, qui est in habitu, postquã non erat. Et, si ista dispositio nõ est receptio in intellectu, qui est in habitu ad intellectum agentem, quid ergo est ista dispositio? quoniam, si fuerit receptio, continget vt generatum recipiat æternum, & assimilet ei. & sic generatum fiet æternum: quod est impossibile.

Et

MANTINI TRANSL. D

derit ad illã formã, tunc vocabitur intellectus adeptus. quoniam in huiuscemodi dispositione erimus, tũc intelligentes per ipsum, cùm sit forma in nobis: tunc enim est vltima forma in nobis. Huius autem opinionis fundamentum sumitur ex hoc, ꝙ intellectus agens est prima causa efficiens ipsius intellectus materialis, atq; ipsius intellectus adepti, seu in habitu: & ideo non copulatur nobis ab initio: itelligimusq; per ipsum res abstractas. Cùm igitur intellectus materialis perfectus euaderet, tunc ipse intellectus agens efficietur forma materialis, & coniunget nobis, & intelligemus ꝑ ipsum reliquas res abstractas, non ea rõne vt ipse intellectus, qui habitu existit seu q adeptus est, intelligat hunc intellectum. s. agentẽ: cũ intellect⁹ habitu existens sit generabilis & corruptibilis, is autem intellectus ingenitus quidem ẽ, atq; incorruptibilis. E

Verũtamen idẽ dubiũ prædictũ, insurget contra hoc dictum, qñ id, quod est nunc forma ipsius intellectus habitu existentis, postquã non fuerat eius forma, ꝓueniet ꝓfecto ab aliqua dispõne de nouo, facta in ipso intellectu adepto, habituq; existẽte, quæ quidẽ est cã, ob quã ille intellectus sit forma ipsi intellectui habitu existenti, postea quã non fuerat. Et, si hmõi dispõ non est receptio ipsius intellectus habitu existentis, in quo. s. recipiatur intellectus agens, quid igitur erit hmõi dispositio? nam, si est receptio, tunc sequeretur ꝙ id, quod est genitum, reciperet æternitatem, similareturq; ipsi æterno. & sic genitum efficeretur æternum: quod est impossibile. F

Et

A

ANTIQVA TRANSL.

Cōfirmatio q̄onis argumēto Alfara.

Et ideo videmus Alfar. in poſtremo, cùm credidit opinionem Alex. eſſe veram in generatione intelleƈtus materialis, ꝙ fuit neceſſe apud ipſum ſm̄ hanc opinionem opinari ꝙ intelligentia agens non eſt niſi cauſa agens nō tm̄. & hoc manifeſte dixit in Nicomachia. Et eſt contra ſuam opinionem in epiſtola de Intelleƈtu. illic enim dixit eſſe poſſibile, vt intelleƈt᷒ materialis intelligat res abſtraƈtas: & eſt opinio Auēpace. Iſtæ igitur ſunt quæſtiones ponentibus intelleƈtum materialem eſſe generatum: & ꝙ finis eſt continuari cum abſtraƈtis.

Contradiƈtio in diƈtis Alfar.

B

Secūda pꝛo digreſſionis, in qua ponit dubitationes cōtingentes ponētibus intell̄m æternum.

Et videmus etiam ꝙ ſequuntur ponentibus ipſam eſſe virtutem abſtraƈtā q̄ones nō minores iſtis, Qm̄ ſi natura iſtius intelleƈtus materialis eſt ꝙ intelligat res abſtraƈtas, neceſſe eſt vt ſemꝑ in futuro, & in præterito ſit intelligens eas. Exiſtimat̄ igitur ꝙ ſequitur hanc poſitionem, ꝙ ſtatim, cùm intelleƈtus materialis continuatus nobiſcum, ſtatim continuabitur nobis intelleƈtus agens: quod eſt impoſſibile, & cōtrarium ei, ꝙ homines ponunt.

C

Ponit rñſionē quā īprobat.

Sed iſta q̄ō pōt diſſolui per illud, quod ante poſuimus, ſ. ꝙ intell̄s materialis nō copulat̄ nobiſcū per ſe, & primo: ſed nō copulat̄ nobiſcū niſi per ſuā copulationē cū formis imaginalibus. Et, cùm ita ſit poſſibile eſt dicere ꝙ modus, ſm̄ quē copulatur nobiſcum intell̄s materialis, eſt ali᷒ à modo, ſm̄ quē copulatur ipſe cū intelleƈtu agēte. Et, ſi eſt alius mod᷒, tunc nulla eſt cōtinuatio oīno. Et, ſi idē ſed primo ē ī aliqua diſpōne, & poſt in alia, quid igitur eſt illa diſ

posi

MANTINI TRANSL.

Et ob hoc Alfara. tandem, cū exiſtimaret ſnīam Alexandri eſſe verā de generatione intell̄s materialis, iō conatus fuit opinari iuxta eā ſnīam ꝙ intell̄s agens nihil aliud eſt quàm cā efficiens in nobis tantum. & hoc idem dixit manifeſte in Nicomachia. Et hoc quidem eſt cōtrarium ſuæ ſnīæ, quam profitetur in illo traƈtatu de Intelleƈtu. nam ibidem affirmat intell̄m materialem poſſe intelligere res ſeparatas. & hæc eſt ſententia Auen pace. Hæc itaq; dubia inſurgunt contra ponentes intell̄m materialem generabilem. & corruptibilem, eiuſq; finem eſſe, vt copuletur cum rebus ſeparatis ſeu intelligentiis abſtraƈtis. Contra eos vero, qui affirmant huiuſcemodi virtutem eē abſtraƈtā, inſurgūt quoq; dubia, & argumenta non inferiora his diƈtis. Nam, ſi de natura huius intelleƈtus materialis eſſet, vt intelligeret res abſtraƈtas, tunc ex hac poſitione videtur ſequi, ꝙ ipſe ſemꝑ intelligat eas tam in præterito, quā in futuro. q̄m ſtatim ꝙ intell̄s materialis coniungeret̄ nobis, coniungeret̄ quoque nobis ſtatim intell̄s agens: quod eſt impoſſe, & contra id, quod oēs hoīes aſſerunt. At hoc dubiū poteſt ſolui per ea, quæ paulo ante diximus, nēpe ꝙ intell̄s materialis non copulatur nobis primo, & per ſe, immo nō copulatur nobis, niſi ꝓpterea quod copulatur formis imaginariis. Si ergo res ita ſe hēat, poſſumus vtiq; dicere ꝙ ea rō, qua intelleƈtus materialis cōiūgit̄ nobis, ē quidem diuerſa ab ea, qua coniungitur cū intelleƈtu agēte. Et, ſi eſt alia rō, & modus, tūc nulla daret̄ copulatio omnino. Sed, ſi fuerit idem

 modus

ANTIQVA TRANSL.

positio? Si autem posuerimus quod intellectus materialis abstractus non habet naturam intelligendi res abstractas, tunc ambiguitas erit maior. Istæ igitur sunt omnes quæstiones contingentes ponentibus quod perfectio humana est intelligere res abstractas.

Et oportet nos etiam narrare sermones, ex quibus existimatur nos consequi quod habemus naturam intelligendi in vltimo res abstractas. isti. n. sermones sunt valde oppositi illis: & forte per hoc poterimus videre veritatem. Causa autem istius ambiguitatis, & laboris est, quia nullum sermonem ab Arist. inuenimus in hac intentione, sed tamen Arist. promisit declarare hoc.

decimo Eth. ca. 8. & 10. Dicamus igitur quod Auempace multum perscrutabatur in hac quæstione, & laborauit declarando hanc continuationem esse possibilem in sua epistola, quam vocauit Continuationis intellectus cum homine, & in lib. de Anima, & in aliis multis libris videbatur quod ista quæstio non recessit ab eius cogitatione, neque per tempus nutus voius oculi. Et nos iam exposuimus illam epistolam secundum nostrum posse. hoc. n. quæsitum valde est difficile. Et, cum talis fuerit dispositio Auempace in hac quæstione, quanto magis alterius hominis. Et verbum Auempace in hoc est firmius verbis aliorum: sed tamen occurrunt ei quæstiones quas narrauimus. & oportet nos narrare hic vias illius hominis: sed primo quid expositores dixerunt in hoc.

Dicamus

MANTINI TRANSL. D

modus, & ratio, sed primo fit sub vna dispositione, & postea sub alia, quid igitur erit illa dispositio? Et, si ponamus intellectum materialem abstractum, non habere naturam, vt intelligat res separatas, tunc maior orietur dubietas. Hæc igitur sunt omnia dubia, quæ insurgunt contra eos, qui asserunt humanam perfectionem consistere in hoc, scilicet vt intelligat in vltimo res abstractas.

Sed cogimur quoque afferre eas rationes, ex quibus videtur sequi quod natura huius intellectus est intelligere in vltimo res abstractas, sed hæc verba videntur esse valde contraria illis: E sed fortasse per hoc poterimus assequi veritatem. Huius autem ambiguitatis, & laboris causa est, quia non inuenimus Aristotelem fecisse verbum de hoc quæsito: licet ipse promiserit exponere hoc.

Auen pace tamen multum elaborauit in hoc dubio, & discussit ipsum, in eo tractatu suo, quem vocauit tractatum de Copulatione intellectus cum homine, & in lib. de Anima, & in multis aliis libris eius. videtur. n. hoc quæsitum nunquam decessisse ab F eius mente ictu oculi. Nos autem iam exposuimus illum tractatum suum pro virili nostra. est enim hoc quæsitum perdifficile. Et, si Auenpace fuit ita perplexus in hoc quæsito, longe magis erunt perplexi reliqui homines. Sententia vero Auen pace est cæteris aliis firmior circa hoc, & si contra ipsum etiam occurrant, atque insurgant dubia illa, iam superius narrata. conabimur igitur narrare hic methodos ac vias, quibus vsus est hic vir: sed primo quid expositores dixerint circa hoc.

Sententia

A ANTIQVA TRANSL.

Opinio The. p. de aĩa ca. 11.

Dicamus igitur ꝙ Themistius sustentatur in hoc per locum à minori. Dicit enim ꝙ, cùm intellectus materialis habeat potentiam ad abstrahendũ formas à materiis, & intelligẽdi eas, quãto magis hẽt ĩ actu intelligẽdi ea, quæ sunt primo denudata à materia. Et iste sermo aut fiet ita, ꝙ intellectus materialis ẽ corruptibilis, aut nõ corruptibilis. s. separabilis, aut non separabilis. Secundum autem opinionem dicentium ꝙ intellectus materialis est virtus ĩ corpore & generatus, iste sermo erit sufficiens quoquomodo, nõ probabilis. Non enim sequitur vt illud, quod est visibile in se, sit magis visibile apud nos. v.g. color, & lumen Solis. Color enim minus habet de intentione visibilitatis quàm Sol, cùm color non sit visibilis nisi per Solem: sed non possumus ita aspicere Solem sicut colorem. & hoc accidit visui ꝓpter mixtionẽ materiæ.

Impugnatio.

B

Ex hoc patet ꝙ sufficiẽtia ẽ ĩ probabilitate.

C

Si vero posuerimus ꝙ intellect⁹ materialis non est admixtus materiæ, tunc ille sermo erit verus. s. ꝙ illud, quod est magis visibile, magis comprehenditur. †quoniam quod comprehendit minus perfectũ ex eis comprehendentibus, quæ sunt non admixta materiæ, necesse est vt comprehendat perfectius: & non e contrario. Sed, si hoc est necessariũ de natura eius & substantia, continget quæstio prædicta, quæ est, quomodo non continuatur nobiscum in

Si ponamus intellectũ eẽ extra materiã, tũc verũ ẽ ꝙ illud, quod ẽ magis visibile magis cõprehenditur. Sed uide opp. hᵒ. 2. Me. c. 2. Vide cõ. 2m. †Ex eis cõ

MANTINI TRANSL.

Sententia Themistij de Intellectu.

Dicamus itaq; ꝙ sententia Themistii de hoc, est fundata super locũ à fortiori, seu à maiori, & conuenientiori. Inquit. n. ipse. si intellectus materialis habet vim abstrahendi formas à materiis & intelligendi eas, lõge magis debet habere naturam vt intelligat res de se primo abstractas à materia. Hoc itaq; dictũ idẽ significabit, quod significat dicere intellectũ materialẽ esse corruptibilem vel incorruptibilẽ, hoc est abstractũ vel non abstractum. Sed iuxta sententiam illorum, qui asserunt intellm materialem esse virtutẽ in materia existentẽ, atq; genitũ, tunc hoc dictũ esset aliquo pacto apparens, seu sufficiens, & famosum, sed nõ ꝓbabile. Qm̃, si aliquid vr̃ esse euidens & constare fm̃ se, non propterea sequit, ut idem debeat esse euidentius & magis constare apud nos: vt exẽpli gratia color & lumen Solis. Nã color videtur esse minus visibilis, q̃ sit Sol, cùm ipse color nõ videat, nisi p Solem: tamen non possumus inspicere Solem, quemadmodũ inspicimus colorem. hoc autẽ accidit ipsi visui. propterea quia est mixtus materię. Sed, si concedamus intellm materialem non esse mixtũ cũ materia, tũc illa sententia esset omnino vera: nempe quæ dicit, ꝙ quicquid ẽ magis* intelligibile, magis cognoscat. qm̃ inter oĩa cognoscẽtia, q̃ nõ sunt admixta materiæ, illud q̃dem, quod cognoscit aliquid minus pfectũ, oportet vt cognoscat quod est magis pfectũ: sed nõ cõuertitur res. Nisi forte hoc sit necessariũ ex nã illius rei, atq; eius essentia, & subã, & tunc sequet iterũ illud dubium pau

*a. l. visibile.

ANTIQVA TRANSL.

ōhēdendibus; quæ ſi ſunt admixta materiæ, quod cōprehendit minus perfectū, necesse ē vt. cōprehēdat perfectū; nec ſed nō ecōuerso.

in principio, vt ſtatim quando intellectus materialis continuatur nobiſcum. Si igitur poſuerimus ꝙ in poſtremo continuatur nobiſcum, non in primo, debemus reddere cām.

Alex. autem ſuſtentatur in hoc quæſito ſuper hoc, quod dico. & eſt ꝙ oē ens, quod generatur, quando peruenerit ad finē in generatione, & ad vltimam perfectionem, tunc perueniet ad complementum, & ad finē in ſua actione, ſi fuerit ex entibus agentibus: aut in ſua paſſione, ſi fuerit ex entibus paſſibilibus: aut in vtroq;, ſi fuerit vtriuſq;. v.g. non venit ad finem in actionem eius, quæ eſt ambulare, niſi quādo venerit ad finem in generatione. Et, quia intellectus, qui eſt in habitu, eſt vnum entium generabilium, neceſſe eſt vt quando venerit ad finem in generatione, veniat ad finem in ſua actione. &, quia actio eius eſt creare intellecta, & intelligere ea, neceſſe eſt vt cum fuerit in vltima perfectione, vt habeat has duas actiones perfecte. & perfectio in creādo intellecta eſt facere omnia intellecta in potentia eſſe intellecta in actu: & complementum in intelligendo eſt intelligere omnia abſtracta, & non abſtracta: neceſſe igitur eſt ꝙ, quando intellectus, qui eſt in habitu, venerit ad cōplementum in ſua generatione, vt habeat has duas actiones.

Et

MANTINI TRANSL. D

lo ante poſitum, quod erat, cur nam non copulatur nobis in initio, ſtatīſ. cum copulatur nobis intellectus materialis. Et, ſi dicamus ipſum coniungi nobis in vltimo, & nō in principio rei. tūc erimus coacti reddere huius rei cām. Alexādri vero rō, cui ipſe innectitur circa hoc quæſitum, hæc eſt. nempe, q̄m quodlibet ens gn̄abile, cū peruenerit ad finem ipſius gn̄ationis, & ad vltimū eius actū & perfectionē, tūc profecto perueniet ad finē, ac perfectionē ſui officii, vel actionis ſuæ, ſi ſit ex genere entiū agentium: aut ſuæ paſſionis, ſi fuerit de gn̄e entiū patientiū: aut utriuſq;, ſi fuerit vtriuſq; illorū duorū generis. vt exēpli grā id, cuius actio eſt ambulare, nō perueniet profecto ad illius finē, niſi cū peruenerit ad finē gn̄ationis. Cū igitur intellect⁹ adeptus, habituq; etiā ſit vnū ex entibus gn̄abilibus, & corruptibilibus, idcirco oportet vt, cū peruenerit ad finē gn̄ationis, perueniat quoque ad finē ſui muneris, & actionis. &, cum munus atq; officiū, & actio h⁹ intellect⁹ ſit gn̄are, & creare ipſa intelligibilia, ac intelligere ea, iō oportet vt, cūm ipſe fuerit ī ſuo vltimo actu & perfectione, obtineat quidē integre & perfecte hæc duo munera, atque duas actiones: illa itaq; pfectio, quæ ad creanda intelligibilia attinet, conſiſtit quidē in hoc, vt oīa, q̄ ſunt potentia intelligibilia, efficiantur actu intelligibilia: illa vero pfectio, q̄ ad ipſam intellectionē ſpectat, cōſiſtit in hoc, ꝙ intelligat oīa entia, ſiue abſtracta & ſeparata, ſiue nō ſeparata: neceſſum igr̄ ē cū intell̄s adept⁹ peruenerit ad perfectam ſui gn̄ationē ꝙ obtineat illa duo munera. E F

Contra

ANTIQVA TRANSL.

A

Prima rõ. abstra alc.

Et in hoc sunt q̃ones non paruæ. Non.n.est manifestum per se q̃ cõplementum actionis eius, quę est intelligere, est intelligere res abstractas: nisi hoc nomen, quod est imaginari, diceretur de eis & rebus materialibus vniuoce: sicut dicitur hoc nomen ambulare de imperfectiori, & perfectiori.

Secũda rõ.

Et etiam quõ attribuitur actio propria intellectui agenti, quæ est facere intellecta intellectui generabili & corruptibili.s.qui est in habitu: nisi quis ponat q̃ intellectus, qui

B

est in habitu, sit intellectus agens cõpositus cum intellectu materiali, vt dicit Themistius: aut ponat q̃ forma postrema nobis, qua abstrahimus intellecta & intelligimus ea, est composita ex intellectu, qui est ĩ habitu, & intellectu agente: vt Alex. & Auẽpace ponunt: sicut nos reputamus etiam esse apparens ex sermone Aristo.

C

Tertia rõ. Hic ponit intelligentias abstractas nõ cõplementũ gñabil. Sed uide opposi. in Me. 37. vbi ponit intelligẽtiã esse pfectiõ nẽ continuã sermoni omnium. Vide cõt. Zim.

Et, si etiam hoc posuissemus esse ita, non contingeret ex complemẽto actionis eius, quæ est creare intellecta, nisi complementum actionis eius, quæ est in intelligendo ea, nõ intelligendo res abstractas: cũ intelligere eas impossibile ẽ vt attribuatur generationi, aut fieri ab aliquo ente generato. v.g. ab intellectu, qui ẽ in habitu, nisi per accidens. & si nõ, tunc generabile efficietur æternum sicut diximus.

†Quarta rõ.

†Et cõtingit etiam sermoni dicenti q̃ forma, qua extrahimus intellecta, est intellectus, qui ẽ in habitu cõpositus cũ intellectu agente, ma-

MANTINI TRANSL.

Contra hoc tamen non pauca insurgunt dubia. Quĩ non est hoc de se notũ, videlicet q̃ perfectio actionis ipsius intellectionis consistat in intelligendo res abstractas: nisi forte nomen conceptus, seu imaginationis dicatur de ipsis, & de rebus materialibus vniuoce: sicut hoc nomẽ ambulatio dicitur de imperfecta & de perfecta aliquo modo. Præterea, quo nã pacto illa actio, quæ est propria ipsi intellectui agẽti, q̃ quidẽ est creare intelligibilia, poterit referri ad ipsum intellectũm gñabilem & corruptibilem, qui est vtiq; ipse intellectus adeptus: nisi quis affirmet q̃ intellectus adeptus, seu habitu exñs sit ipsemet intellectus agens, compositus cum intellectu materiali, vt dicit Themistius, vel affirmet illam vltimam formam in nobis existentem, qua abstrahimus ipsa intelligibilia, atq; intelligimus ea, sit quædã forma, quæ ex intellectu adepto, & intellectu agente constet: quemadmodũ affirmant Alex. & Auenpace: & eo modo, quo nos redimus ex verbis Aris. apparere. Et, si nos quoq; idẽ affirmaremus, nõ propterea sequeretur ex perfectione actionis huius intellectus, quę est gñare ipsa intelligibilia, nisi perfectio illius actionis, quæ est intelligere ea, nõ intelligere res abstractas: cũ illorũ intellectio sit ĩpossibilis ea rõne, qua referuntur ad ipsam gñationem, vel habeãt ortum ab aliqua re gñata, exempli gr̃a ab intellectu adepto, nisi per accidẽs. alias n. ipsum genitũ efficeretur æternũ, vt diximus. Insurgeret quoq; contra eos, q affirmant formã, qua abstrahimus ĩtelligibilia, eẽ intellectũm adeptũ compositum cum intellectu

D

ANTIQVA TRANSL.

Hic uidet Cõ. negat q; æternũ indigeat corruptibili, ad hoc vt ex eis fiat vna actio. Sed uide opp. 1.ph.t. cõ. 16.&.8. phy. 15. 1. Cç. 22. 7. Met. 31.& 3. de A Ia 18. de intellu agẽte, & phãtasmatib⁹

gna quæstio. æternum enim nõ indiget in sua actione generabili & corruptibili. quomodo igitur componitur æternum cum corruptibili ita q ex eis fiat vna actio? sed post loquemur de hoc. Videtur. n. q ista positio ẽ quasi pricipiũ, & fundamẽtum eius, quod volumus dicere de possibilitate continuationis cum rebus abstractis sm Arist. s. positio, q forma postrema nobis, qua extrahimus intellecta, & facimus ea per volũtatem nostram, est composita ex intellectu agente & intellectu, qui ẽ ĩ habitu. Hoc igitur vidimus de sermone expositorum Peripateticorũ in hunc finem esse possibile. s. intelligere in postremo res abstractas.

Tertia pars digressionis, in qua ponit opinio Auenpacis & primo prima eius 16.

Auen pace autem multum loquebatur in hoc, & maxime in epistola, quam appellauit Continuationem intellectus cum homine. Et illud, super quod sustentatus est in hac quæstione est hoc. Primo enim posuit quód intellecta speculatiua sunt facta. Deinde posuit quód omne factum habet quiditatem. Deinde posuit quód omne habens quiditatem, intellectus innatus est extrahere illam quiditatem. Ex quibus concluditur quód intellectus innatus est extrahere formas intellectorum, & quiditates eorum. & in hoc conuenit cum ipso Alfarabio in libro de Intellectu & intellecto. & inde extraxit hoc Auen pace & cum hoc conclusit quód intellectus

MANTINI TRANSL.

agente, maximũ dubiũ. quod est. s. q æternũ nõ indiget p sua actione aliquo gñabili & corruptibili. quo pacto ergo cõponit æternũ cũ gñabili & corruptibili, ita vt ex eis resultet vna actio? nos tñ loquemur de hoc posthac. Vr. n. q hæc snia sit veluti principiũ, & fundamentum eorũ, quę volumus determinare circa possibilitatem cõiunctionis intellus nostri cũ rebus abstractis iuxta sententiam Arist. videlicet ea sententia quæ affirmat q vltima forma, quæ in nobis existit, qua denudamus ipsa intelligibilia, eaq; efficimus pro arbitrio ac voluntate nostra, est vtique forma cõposita ex intellectu agẽte & intellu adepto habitu, s. aristẽte. Hoc itaq; ẽ id, quod nos vidim⁹ ex verbis expositorũ sectãtiũ ipsum Aristo. circa possibilitatẽ hui⁹ finis, hoc est q sit possibile intelligere in vltimo res abstractas. E

Snĩa Auen pace de Intellectu.

Auen pace autẽ laborauit multũ in hoc negocio, & præsertim in eo tractatu, cui titulus est de Copulatione intellus cum hoĩe Et eius fundamentum in hoc quæsito tale ẽ. Primo qdẽ ipse supponit, ipsa intelligibilia speculatiua eẽ gñata, ac de nouo facta. Scdo supponit, oẽ gñatum hre aliquam quiditatẽ. Tertio supponit, q quicquid habet aliquã quiditatẽ, ipse intells est natura prõptus abstrahere illã quiditatem, ac denudare. Ex oĩbus ergo his, ipse cõcludit ipsum intellm esse natura aptũ abstrahere formas ipsorum intelligibiliũ, eorũq; qditates. & ĩ hoc cõuenit etiam cũ ipso Alfarabio in suo lib. de Intellectu, & intelligibili. & hinc pronunciauit Auen pace, & F

A ANTIQVA TRANSL.

ctus innatus est extrahere formas intellectorum, & quiditates eorum.

Et iuit in hoc per duas vias. quarum vna est in epistola. secunda aūt in libro de Anima. & sunt vicinantes se. in libro autem de Anima cōiūxit huic ꝙ intellectis rerum non cōiungit multitudo, nisi per multiplicationem formarum spiritualium, cū quibus sustinebunt in vnoquoq; indiuiduo: & per hoc fuit intellectū equi apud me aliud, quam intellectū eius apud te. Ex quo consequitur secundum conuersionem oppositi ꝙ
B omne intellectum non habens formam spiritualem, à qua sustentatur illud intellectum, est vnū apud me, & apud te. Deinde coniungit huic ꝙ quiditas intellecti, & forma eius non habet formam spiritualem, neque indiuidualem, cui sustentatur: cùm quiditas intellecti non est quiditas indiuidui singularis, neq; spiritualis, neque corporalis. intellectum enim declaratum est quòd non est indiuiduum. Ex quo consequitur vt intellectus sit innatus intelligere quiditatem intellecti, cuius intellectus est vnus omnibus hominibus:
C & quòd est tale est substantia abstracta.

Secūda rō. In libro vero de Aīa posuit primo quòd quiditas intellecti, secundum quòd est intellectum, si non fuerit concessum nobis quòd non habet quiditatem, & quòd non est simplex sed composita, sicut dispositio in omnibus quiditatibus factis, & fuerit dictum quòd quiditas illius in-

MANTINI TRANSL.

& conclusit, intellectum esse aptum abstrahere formas intelligibiliū, & eorum quiditates. Et circa hoc vsus est duabus rationibus. quarū vna in suo tractatu, ad hoc negociū ꝓprie edito continetur. altera vero in suo lib. de Aīa habetur. quę quidem rōnes sunt inter se satis cōformes. Verum in lib. de Aīa adiecit ad hoc, & subiūxit ꝙ in intelligibilibus entiū, non accidit pluralitas, nisi propter pluralitatē formarū spiritualiū, quibus extant, & consistunt in quolibet indiuiduorū. & ideo intelligibile equi, atq; asini in me, est diuersum ab eodem intelligibili in te. Ex hoc ergo sequitur oppositum contradictorij, videlicet ꝙ oē intelligibile, qd' non habeat formā spūalem, super quem sustētetur illud intelligibile, erit vtiq; idem in me, & in te, Subiūxit insuper, & addidit huic sententię hoc, videlicet ꝙ quiditas ipsius intelligibilis, eiusq; forma non habet formam spiritualē, neq; indiuiduā, cui innitatur, & sulciatur: cū quiditas ipsius intelligibilis nō sit quiditas ipsius indiuidui singularis, tū spiritualis, tum ēt corporalis. nā iam satis constat ipsum intelligibile nō esse indiuiduū. Sequitur igitur ex hoc ipsum intellectum esse aptum vt intelligat quiditatem ipsius intelligibilis, *quo ipse intellectus est vnicus in oībus hoīb' *al. cuius
id autem, quod ita se habet, est vtiq; substantia separata. In lib. tamen de Anima dixit primo ꝙ quiditas ipsi' intelligibilis, quaten' est intelligibile, si non concedat nobis aduersarius ipsum nō habere quiditatem, neq; esse simplex sed compositum, vt res se habet in cunctis quiditatibus gnātis, & iā fuit dictum ꝙ quiditas huius

ANTIQVA TRANSL.

intellecti, secundum quod est intellectum habet etiam quiditatem, scilicet intellectum istius quiditatis, tunc iste intellectus etiam erit innatus reuerti, & extrahere illam quiditatem.

Et, si nõ fuerit cõcessum nobis ꝙ ista quiditas est simplex, & ꝙ ens ex ea est idẽ cũ intellectu, continget in ea ꝙ cõtingit in primo, & est ꝙ etiã habeat quiditatem factã. Et necesse est tũc, aut vt hoc procedat in infinitũ, aut vt intellect' secetur ibi. Sed impossẽ est hoc ꝓcedere in infinitũ: quia faceret quiditates, & intellꝰ infinitos diuersos in spẽ esse. Cũm ꝙ quędã eorũ sunt magis liberati à mã q̃ quidã: necesse est igr vt intellꝰ secet. Et, cũ secabitur, tunc, aut ꝑueniet ad quiditatẽ, quæ non habet quiditatẽ, aut ad aliquid hñs quiditatẽ, sed intellectus nõ habet naturã extrahẽdi illã: aut ad aliquid nõ habens quiditatẽ, neq; est quiditas. Sed impossẽ ẽ inuenire quiditatẽ, quã intellect' nõ est innatus extrahere à quiditate: qm̃ iste intellectus tunc non diceretur intellectus, nisi æquiuoce: cũ sit positum ꝙ intellectus innatus est abstrahere quiditatem, in eo ꝙ est quiditas: & impossibile est etiam vt intellectus perueniat ad aliquid non habẽs quiditatẽ, & non sit quiditas: quia qđ nõ est quiditas, neq; habet quiditatẽ, hoc est priuatio simpliciter. Remanet igi tertia diuisio: & est ꝙ intellectus peruenit ad quiditatem non habentem quiditatem. & quòd est tale est forma abstracta.

Qđ nõ est q̃ditas nec quiditatẽ hñs ẽ pura priuatio.

Et

MANTINI TRANSL.

D

ius intelligibilis, quatenus est intelligibile. hẽt vtiq; quiditatẽ, i. intelligibile illius quiditatis, tunc is quoq; intellectus erit aptus cõuerti, & abstrahere illã quiditatẽ. At, si aduersarius nõ cõcedet nobis illã quiditatẽ esse simplicẽ, & ꝙ id, qđ de ipsa reperiẽ, sit idẽ cũ ipso intelligibili, tũc idẽ cõtinget huic qđ cõtingebat priori, nõ pe vt hẽat et q̃ditatẽ nouiter genitã & factã. Et sequet tũc ex hoc, vel rẽ in ĩfinitũ processurã, vel ꝙ intellꝰ ibi sistatur. sed procedere rem in infinitum est impossẽ, propterea quia efficeret quiditates, atq; * intellꝰ infinitos diuersos gñe essendi, eò quia alij, vel alia eorũ alijs sint magis expres materiæ: relinquitẽ igr vt oporteat intellectũ tunc sisti. Et, si sistatẽ, tunc uel perueniet ad quiditatẽ, quę nõ habet quiditatem, vel ad quiditatẽ habentẽ quoq; quiditatẽ, attamẽ ipse intellectus nõ habeat naturã denudãdi atq; abstrahẽdi illã quiditatẽ: aut ad aliquid nõ habens quiditatẽ, neq; est & ipsum quiditas aliqua. Sed impossẽ est reperiri aliquã quiditatẽ, quam intellectus non sit aptus abstrahere ab habente eã. nã tunc is intellectus non vocaretur intellect', nisi æquiuoce: cũ iam sit sancitũ ipsum intellectũ esse aptũ abstrahere quiditatẽ, quatenus est quiditas: impossẽ quoq; est vt ipse intellect' perueniat ad aliquid, quod non habeat quiditatẽ, neq; sit quoque quiditas: quia id, quod nõ est quiditas, neque hẽt quiditatẽ, est quidẽ mera priuatio. Relinquitur igr tertia pars diuisionis, quæ est videlicet ꝙ intellꝰ perueniat ad quiditatẽ non habẽtẽ quiditatẽ. id vero, quod ita se hẽt, est vtiq; forma separata. Hãc aũt maio-

E

* a.l. intelligibilia infinita varia.

F

nem

A

ANTIQVA TRANSL.

Sermo de aia. te. cõ. 36. & l. 3 de aia. 50. & 91. & 1. de Gener. aia lib. cap. 1.

Et confirmauit hoc per illud, quod consuetus est Arist. dicere in talibus demonstrationibus, scilicet quòd si necesse est abscindere infinitum, melius est abscindere eum in principio.

Erit igitur conclusio istius demõstrationis eadẽ cum conclusione demonstrationis prædictæ. Quoniam, si nõ addiderit hoc, poterit aliquis dicere multos intellectus esse medios inter intellectum, qui est in habitu, & inter intellectũ agentem: aut vnũ, vt intendit Alfarab. in suo tractatu de Intellectu & intellecto, quẽ vocauit illic adeptum: aut plures vno. Et

B

existimatur quòd Alfarabius concedit hoc in suo lib. de Generatione & Corruptione, ubi d. quõ consumentur isti intellectus medij, scilicet quorum esse posuimus inter intellectum speculatiuũ, & inter intellectũ agentẽ. Istæ igitur sunt viæ magis firmæ, per quas iuit iste homo in hac intentione.

Nos autem dicamus, si hoc nomen quiditas dicatur de quiditatibus rerum materialiũ, & de quiditatibus intellectuũ abstractorum modo vniuoco, tunc propositio dicens

C

quòd intellect⁹ natus est abstrahere quiditates in eo quòd sunt quiditates, erit vera: & similiter dicere quòd intellecta esse composita, & indiuidua esse composita fuerit vniuocum. si autem æquiuocum, tunc demonstratio non erit vera. Quomodo autẽ, est valde difficile. manifestum est n. per se quòd hoc nomen quiditas nõ dicitur de eis pure vniuoce, neq; pure æquiuoce. Verum autẽ dicatur multipliciter quòd est medium, indiget consyderatione.

Manifestũ est per se quòd hoc nomẽ quiditas nõ dr de abstractis & mãlib⁹ pure vniuoce, nec pure equiuoce. vide ꝓ hoc 3. Me. c. 30. & 10. Me. t. cõ. vlti.

MANTINI TRANSL.

Idẽ confirmauit per id, quod Arist. ẽ assuetus dicere in huiusmodi demõstrationibus, nẽpe quòd, cùm cogimur sisti, ne in infinitũ procedamus, melius est sisti in principio rei. Sic igitur cõclusio huius demõstrationis erit vtiq; eadẽ cũ cõclusione præcedẽtis demõstrationis. Nã, si non addatur hoc ei, tũc poterit quis dicere multos intercedere intellectus inter intellectum adeptũ, & intellectũ agentẽ: vel tantũ vnũ, vt voluit Alfarabius in suo tractatu de Intellectu, & intelligibili, quẽ intellectũ vocauit ibi adeptum, seu influxũ: vel erũt plures vno, qui intercedũt. Et verũ quòd Alfarabius concedat hoc in suo lib. de Generatione & Corruptione, cũ ibi ponat modũ, quo dissoluantur huiusmõi intellect⁹ medij, quorũ esse diximus intercedere inter intellectum speculatiuũ, & intellectum agentẽ. Hæ itaq; rõnes, seu viæ sunt validiores circa hoc quæsitũ, de quibus fecit mentionẽ hic Vir. Nos aũt dicimus quòd, si quiditas dicatur vniuoce de quiditatibus rerũ materialiũ, & de quiditatibus* intelligentiarũ separatarũ, tunc illa propõ, quæ dicit quòd intellectus est nã aptus abstrahere quiditates quatenus sunt quiditates, esset utiq; vera: similiterq; illa propõ, quæ dicit quòd ipsa intelligibilia sũt cõposita, & quòd indiuidua sunt cõposita, si vniuoce dicatur, erit quoq; vera. sed si æquiuoce dicatur, tunc demõstratio non erit vera. Sed vtcũq; res se hẽat, tandẽ hoc negociũ est admodũ difficile. sed maxime de se cõstat hoc nomẽ s. quiditatẽ nec mere æquiuoce, neq; mere vniuoce dici. At vtrũ dicatur secundum pri⁹ & posterius, qui quidẽ mod⁹ ẽ medi⁹ inter vniuocũ & æquiuocũ modũ, indiget vtiq; aliqua cõsyderatione.

*a. l. intellectuũ separatorũ

ANTIQVA TRANSL.

Sed, si concesserimus hoc dici vni voce, hic continget prædicta quæstio: & est quomodo corruptibile intelligit ꝙ non est corruptibile secundum opinionem dicentium quòd intellectus materialis est corruptibilis, & est opinio Auempace: aut quomodo intelligit intellectione noua, & quòd innatum est semper intelligere ea in futuro & in præterito, secundum opinionem dicentium ꝙ intellectus materialis non est generabilis neque corruptibilis. Et etiã, si posuerimus ꝙ intelligere res abstractas est in substantia, & in natura intellectus materialis, quare igitur ista intellectio nõ currit cursu intellectionum materialiũ nobis? ita ꝙ hoc intelligere sit pars partiũ sciẽtiarum speculatiuarum: & erit vnũ quæsitorum in scientia speculatiua.

Et Auen pace videtur ambigere in hoc loco. D. enim in epistola, quã vocauit Expeditionis, quòd impossibilitas est duobus modis, naturalis, & diuina: idest ꝙ intellectio illius intellectus est de possibilitate diuina, non de possibilitate naturæ. In epistola autem Continuationis d. Et, cùm Philosophus ascenderit a-

" lia ascensione, consyderando in in-

" tellecto inquantum intellectũ, tunc

" intelliget substantiam abstractam. Et manifestum est ex hoc ꝙ intelligere intellectum secundum illũ, est pars scientiarum speculatiuarum, s. scientia Naturali. & hoc apparuit ẽt in illa perscrutatione ab eo.

Et, cùm ita sit, nos omnes homines, quod accidit nobis de ignorantia istius sciẽtiæ, aut erit quia adhuc non scimus propositiones, quæ inducunt

MANTINI TRANSL. D

Sed, si concedamus eã dici vni voce, tunc sequetur illud dubiũ supius dictum: nẽpe quo pacto, id quod est corruptibile, possit intelligere ipsũ incorruptibile iuxta sententiam illorũ, qui asserunt intellectũ materialẽ esse gñabilẽ & corruptibilẽ, & est sententia ipsius Auen pace: vel quo pacto id, quod est nã aptũ intelligere illa sẽper tã in præterito q̃ in futuro, iuxta sententiã illorũ, qui affirmãt intellectũ materialẽ esse ingenitũ & incorruptibilẽ, possit intelligerẽ nouã intellectionẽ. Præterea, si admittemꝰ ꝙ de essentia ac nã ipsius itellectus materialis sit intelligerẽ res abstractas, cur ergo hmõi intellectio non se hẽt vt se hñt aliæ intellectiones materiales in nobis? ita vt hmõi intellectio sit vna ex partibus sciarũ speculatiuarũ: & sit quoq; vnum ex quæsitis scientiæ speculatiuæ. E

Auẽ pace aũt vr̃ esse valde perplexus in hoc negotio. Nã, in sua epistola, cui titulus est de perfectione, dixit ipsum psẽ bifariã dici, nẽpe nãle, & diuinũ: & vult ꝙ intellectio huius intellectus sit quoddã psẽ diuinũ, non aũt naturale. Sed in sua epistola de Copulatione notata, dixit F hæc verba. Et, cũ Philosophus ascendit alio ascẽsu, dũ cõsyderat ipsa itel- "

ligibilia, quatenꝰ sunt intelligibilia, "

tũc intelligit substantiã intelligẽtiarũ separatarũ. "

Ex hoc aũt satis patet ipsum credere, ꝙ intellectio ipsius intellectus est pars sciarum speculatiuarũ, videlicet pars sciæ Naturalis, & hoc etiam satis apparet ex verbis eius in illa inquisitione. Si ergo ita res habet, sequeretr̃ ꝙ nos oẽs hoĩes si ignorauerimus hãc sciam, id quidẽ io cõtinget, vel quia nondũ sciuimꝰ illas

A ANTIQVA TRANSL.

ducunt nos ad hanc scientiam, vt dicitur de multis artificijs, quæ videntur esse possibilia, sed sunt causarum ignoratarum, verbi gratia Archymiæ: aut hoc intelligere hoc, acquiritur per exercitium, & vsum in rebus naturalibus, sed nondum habemus de exercitio & vsu tantum, per quod possumus hoc acquirere hanc intellectionem: aut erit hoc propter diminutionem nostræ naturæ naturaliter.

B Si igitur hoc acciderit propter diminutionem in natura, tunc nos, & omnes, qui innati sunt acquirere hanc scientiam, dicimur homines æquiuoce. Et, si hoc accidat propter ignorantiam propositionum inducentium in hanc scientiam, tunc scientia speculatiua nondum est perfecta. Et forte Auempace dicit hoc esse inopinabile, sed non impossibile. Et, si hoc accidit propter consuetudinem tunc sermo erit propinquus sermoni dicenti quòd causa in hoc est ignorantia propositionum inducentium

C in hanc scientiã. & omne hoc, quod dr̃ vr̃ esse remotum, licet non impossibile. quomodo igitur potest euadere ab illis quæstionibus prædictis?

Istæ igitur oẽs quæstiones sunt contingentes huic quæsito: & sunt ita difficiles sicut tu vides. & oportet nos dicere ꝙ apparuit nobis in hoc.

Digressiona ps qua, in qua — Dicamus igitur quoniam intellectus existẽs ĩ nobis habet duas actiones,

MANTINI TRANSL.

illas ꝓpõnes, quæ ducunt nos in hãc sciam, vt dr̃ ẽt de multis artibus, quæ vñr posse addisci, cũm tñ adhuc sint incognitæ, & occultę, ꝓpterea, quia cognitio cãrum earũ est vtiq; occulta vtgrã exempli in arte Fusoria, quæ vulgo Archymia vocatur, euenire solet: vel illud cõtinget, quia hmõi intellectio acquirit̃ per exercitationẽ & vsum factũ in rebus naturalibꝰ. sed nondum deuenimus ad tantam exercitationẽ, & vsum, qui sit satis ꝓ huiuscemodi intellectione acqrenda: vel hoc idem continget, quia natura nostra est naturalr̃ impotens atq; imbecillis vt possit ita adipisci.

Si hoc itaq; proueniat ob nr̃am naturalẽ impotentiã: naturaleq; defectũ, tunc nos, & oẽs hoĩes qui sunt natura apti adipisci hmõi sciam, vocaremur hoĩes æquoce. At, si hoc eueniat, propterea quia ignorantur ꝓpõnes, quæ in hãc ducunt sciam, sic scia speculatiua nondum esset cõpleta & pfecta. Et fortasse dixit Auẽpace huc nõ esse verisimile, neq; opinabile. sed re vera non est inopinabile. Quod, si hoc eueniat propter ipsam exercitationẽ & vsũ, tunc hmõi sententia nõ erit absimilis ab illa, q̃ affirmat huius rei causam eẽ ipsam ignorantiã propositionũ, quæ ducunt ad hãc scientiam. Hoc aũt põt dici esse remotũ, seu dissonum, sed non impossibile, quo pacto ergo poterit euitare illa dubia prædicta?

Sententia Auerrois de Intellectu.

Hæc igit̃ sunt oĩa dubia, quæ possunt afferri in hoc quæsito, quę tu vides esse valde difficilia. nos itaq; cogimur dicere id, quod nobis videtur circa hoc. Dicamus ergo ꝙ, cũ intellectus, q in nobis existit, duas habeat

ANTIQVA TRANSL.

> penit. opinio Auer. de vltima hoīs beatitudine.

nes, ſecundum ꝙ attribuitur nobis: Quarũ vna eſt de genere paſſionis, & eſt intelligere: Et alia in genere actionis, & extrahere formas & denudare eas à materijs: quod nihil ē aliud niſi facere eas intellectas in actu, poſtquam erant in potẽtia: manifeſtum eſt quoniam in uoluntate noſtra eſt, cùm habuerimus intellectum, qui eſt in habitu, intelligere quodcunque intellectum voluerimus, & extrahere quamcunq; formam voluerimus.

> Hic Cõ. attribuit extractionē cuiuſlibet formę intellectui ĩ habitu. & eſt oppoſitum: d. cõtra Alex. ſupra. Vide contra. Zim.

Et iſta actio, ſcilicet creare Itellecta, & facere ea eſt prior in nobis q̃ actio, quæ eſt intelligere: ſicut dicit Alexan. Et ideo dicit quód dignius eſt deſcribere intellectum per hanc actionem, non per paſſionem: cùm in paſſione communicet ei aliud ex uirtutibus animalibus. Sed hoc eſt de opinione dicentium quód paſſio in eis non dicitur æquiuoce.

Et propter iſtam actionem, ſcilicet extrahere quodcunque intellectum voluerimus, & facere ipſum in actu, poſtquam fuit in potentia, opinatus eſt Themiſtius ꝙ intellectus, qui eſt in habitu, eſt compoſitus ex intellectu materiali & agẽte. Et hoc idem fecit Alexan. credere quód intellectus, qui eſt in nobis, aut eſt cõpoſitus, aut quaſi compoſitus ex intellectu agente, & ex eo, qui eſt in habitu: cũ opinetur ꝙ ſubſtantia eius, quæ eſt in habitu, debet eſſe alia à ſubſtantia intellectus agentis.

Et cũ hæc duo fundamenta ſint poſita, ſcilicet quód intellectus qui eſt nobis, habet has duas actiones, ſcilicet comprehendere intellecta,

&

MANTINI TRANSL.

D

beat actiones, ea, ſ. ratione, qua eſt relatus ad nos: quarũ. Vna eſt gñis paſſionis, & illa quidē eſt ipſa Itellectio (ſeu ipſum intelligere:) Altera vero eſt gñis actionis nẽpe quę eſt abſtrahere formas, eaſq; denudare ab ipſis materiis: quod quidē officiũ, nihil aliud eſt q̃ efficere eas intelligibiles actu, poſt q̃ erant intelligibiles potẽtia: manifeſtum eſt ꝙ, qñ habemus intellectum adeptũ, ex nr̃a vtiq; voluntate pẽdet intelligere quodcũq; intelligibile voluerimus, & abſtrahere quãcunq; formã voluerimus.

E

Hæc aũt actio, quæ eſt gñare intelligibilia, eaq; efficere, prior exiſtit in nobis, q̃ actio itellectionis, eo pacto, quo Alex. dicebat. Et ideo dicebat ꝙ conuenientius erat deſcribere intellectũ hac actione, & nõ aliqua paſſione: cũ ipſe intellectus cõicet in ipſa paſſione cũ aliqua ex virtutibus animantiũ. Veruntamen hoc vr̃ eẽ verũ, iuxta ſentẽtiã illorũ, qui affirmant ipſam paſſionē non dici de eis equiuoce. Et propter huiuſmodi actionē, quæ eſt abſtrahere qď cũq; intelligibile voluerimus, & illud efficere actu exiſtens, poſtquã erat potentia, eſt opinatus Themiſt. intellectũ adeptũ cõſtare ex intellectu materiali, & intellectu agente. Et hoc idem induxit Alex. vt crederet intellectũ in nobis exiſtentē eſſe vtiq; cõpoſitũ, aut veluti cõpoſitũ ex intellectu agẽte & intellectu adepto: poſt q̄ ipſe putat ſubſtantiã intellectus adepti debere eſſe diuerſã à ſubſtantia intellectus agentis.

F

His igr̃ duobus fundamẽtis ita poſitis, nempe ꝙ intellectus, qui in nobis exiſtit, duas obtineat actiones, quę. ſ. ſunt cognoſcere intelligibilia, & efficere intelligibilia

A

ANTIQVA TRANSL.

Intellecta duob' modis fiũt in nobis. Idē. 1. Cœli. 1. & 1. Met. cõ. 1.

& facere ea: Intellecta autem duobus modis fiũt in nobis, aut naturaliter, & sunt primæ propositiones, quas nescimus quando extiterunt, & vnde, aut quomodo: aut voluntarie, & sunt intellecta acquisita ex primis propositionibus: Et fuit declaratum ꝙ necesse est vt intellecta habita à nobis naturaliter sint ab aliquo quod est in se intellectus liberatus à materia, & est intellectus agens: Et, cum hoc declaratum est, necesse est vt intellecta, habita à nobis à primis propositionibus sint aliquod factũ ex congregato ex propositionibus notis, & intellectu agente.

B

Nõ enim possumus dicere ꝙ ꝓpositiones nõ habent introitum in esse intellectorum acquisitorum. Neque etiam possumus dicere ꝙ propositiones ipsæ solæ sint agentes eas, iam enim declaratum est agens esse vnum, & æternum, vt intendebant quidam Antiquorum, & opinati sunt quòd eas intendebat Aristo. per intellectum agentem.

C

Et, cũ ita sit, necesse est vt intellectus speculatiuus sit aliquid gñatum ab intellectu agēte, & in primis propositionibus. & cõtingit ꝙ iste modus intellectorũ sit voluntarie: ecõuerso intellectus primis nãlibus. Et oĩs actio facta ex congregato duorũ diuersorũ, necesse est vt alterũ duorum illorum sit quasi materia & instrumentũ, & aliud sit quasi forma, aut agens. Intellectus igitur, qui est in nobis, cõponitur ex ĩtellectu, qui est in habitu, & intellectu agēte: aut ita, ꝙ propõnes sint quasi materia, & in-

Oĩs actio facta ex cõgregato duorũ diuersorũ, necesse est vt alterũ duorũ sit quasi materia. & alterũ quasi forma. Cõ. 5. de Aĩa. 14.

MANTINI TRANSL.

gibilia: Fiũt aũt in nobis ipsa intelligibilia bifariã: nẽpe uel nã, & sunt illæ primæ propõnes (seu prima principia) q̄ quidē sũt nobis ignotæ, quũ scilicet & vñ, vel qua rõne nobis euenerint: aut sunt intelligibilia volũtate acquisita, q̄ quidē sunt illa intelligibilia, q̄ ex illis primis propõnibus, seu principijs acquiruntur: Iã autē fuit probatũ ipsa intelligibilia, quæ natura adipiscimur, esse necessariũ, vt reperiãtur & proueniant à re, quę est de seipsa intellectus denudatus, & abstractus à mã, qui quidē est ipse intellectus agens: Cũ ergo sit probatũ ipsa intelligibilia, quæ sunt in nobis adepta ex primis propositionibus, seu primis principijs, oportere esse quid factum aggregatũ ex propositionibus veris per se notis, & ex intellectu agente, non possumus igitur dicere primas propõnes nihil facere ad inuentionē intelligibilium acquisitorum & adeptorũ. Sed non possumus quoq; dicere illas tñ propositiones efficere illa intelligibilia: nã iã probatũ fuit ipsum agens esse vnum, & æternũ, vt opinati sũt aliq Antiquorũ, qui quidē putarũt Arist. innuere eas, dũ dicebat intellectum agētem. Oportet itaq; intellectum speculatiuũ esse quid genitũ ex intellectu agēte, & primis ꝓpõnib', oporterq; hoc genus intelligibiliũ eē volũtariũ: intelligibilia vero prima naturalia cõtrario mõ se hñt. Quælibet aũt actio, quæ ex aggregato duarũ rerũ diuersarum resultat, oportet vtiq; vt vna illarũ duarũ rerũ se hēat veluti mã, & instrũm: altera vero veluti forma, aut agens. Intellectus ergo, q in nobis existit, constabit vtiq; ex intellectu adepto, & ex intellectu agente

ANTIQVA TRANSL.

intellectus agẽs est quasi forma: aut ita, quòd propositiones sint quasi instrumentum, & intellectus agens est quasi efficiens. dispositio .n. in hoc est consimilis.

Sed, si posuerimus ꝙ propositiones sunt quasi instrumentum, contingit vt actio æterna proueniat à duobus, quorũ vnum est ęternũ, & aliud nõ æternũ, aut ponatᷣ ꝙ instr̄m sit ęternum: & sic intell̄a speculatiua erunt æterna. Et hoc ẽt magis cõtin git, si posuerimus eas propositiones quasi materiã. impoſſe est.n. ut aliqđ generabile & corruptibile sit materia æterni. Quomodo igitur poterimus euadere ab hac quæstione?

Impoſſe ẽ vt aliquid gn̄abile & corruptibile sit m̄a æterni.

Dicamus igitᷣ ꝙ, si hoc, quod dicimus qđ necesse est ꝙ propõnes sint de intell̄u agẽte, aut quasi m̄a, aut q̄si instr̄m, si h̄nt ingressum in esse intellectorũ speculatiuorum, non fuit sermo necessariæ consequentiæ, sm̄ ꝙ m̄a est materia & instr̄m est instrumentũ, sed sm̄ ꝙ necesse est hic esse proportionẽ, & dispõnem inter intellectũ agentẽ, & propositiones, q̄ assimilanᷣ materiæ, & instr̄m aliquod, nõ quia est m̄a vera, aut instrumentũ verũ, & tunc vr̄ nobis ꝙ possũmus scire modũ, sm̄ quẽ est intell̄us, qui est in habitu quasi m̄a, & subiectum agentis. Et, cũ iste modus fuerit positus nobis, forte facile poterimus scire modum, sm̄ quem continuatur cum intellectis separabilib⁹.

Dicamus igitur, sermo autem dicentis ꝙ, si conclusiones acquirũtur à nobis ab intellectu agente, & propositionibus, necesse est vt propositiones sint de intellectu agente quasi materia & verum instrumentũ, ille longᷣ sermo non est necessarius: sed tamen

.MANTINI TRANSL. D

agẽte. & hoc quidem fiet, vel cũ ipsæ propositiones se habuerint veluti instr̄m, & intellectus agens se habuerit veluti efficiẽs: aut cũ ipsæ propõnes se habuerint veluti m̄a, & intellect⁹ agens veluti forma. & in hoc res est satis similis. Verũ, si cõcedamus ipsas propõnes se h̄re vt instr̄m, tũc sequetur vt actio ęterna, oriatᷣ ex duabus reb⁹, quarũ vna ẽ ęterna, & altera nõ ęterna: aut cõcedamus instr̄m eẽ æternũ: & sic ipsa intelligibilia speculatiua, seu cõtemplatiua erũt vtiq; æterna. Et hoc quidẽ potius cõtinget, si ponamus illas propõnes se h̄re veluti m̄a. qm̄ qđ gn̄abile est atque corruptibile, non põt esse materia ipsius rei æternæ. Quo pacto ergo poterimus euitare hoc dubium? Nos aũt dicimus ꝙ, si id, qđ dicebam⁹, s. oportere ipsas propõnes se h̄re ad intellectũ agentẽ veluti m̄a, aut veluti instr̄m, * si habeant ingressum in eẽ ipsorũ intelligibiliũ speculabilium, tũc hoc dictũ nõ esset necessario inferẽs conclusionẽ, ea rõne, qua m̄a ẽ m̄a, & instr̄m instr̄m, sed quatenus est necessarium vt reperiaᷣ aliqua proportio, & rõ inter intellectũ agẽtẽ, & ipsas propõnes, quæ similantur cuidã materię & alicui instr̄o, nõ ꝙ sit verẽ materia, aut vere instr̄m. & ex hoc vr̄ nobis posse nos scire modũ, quo intellectus adeptus se habeat velut materia, & subiectũ ipsius agẽtis. Hac itaq; via sic nobis posita, fortasse poterimus facile scire modũ, quo copulatur cũ intelligentiis separatis. Et idcirco, cũ dr̄ ꝙ, si propõnes sint nobis acquisitæ & traditæ p intell̄m agẽtẽ, & per propõnes, tunc oportet ipsas propõnes se h̄re ad intellectum agentẽ veluti vera materia &

* a. l. q̄ nõ ingrediũᷣ

E

F

veluti

ANTIQVA TRANSL.

A tamen necesse est illic esse respectũ, sm quem intellectus, qui est in habitu assimiletur materiæ, & intellect⁹ agẽs assimiletur formæ. Quid igitur est iste respectus, & ex quo accidit intellectui agenti habere hũc respectum cum intellectu, qui est in habitu, cùm vnus est æternus, & alius generabilis & corruptibilis? Omnes enim horum cõcedunt hunc respectum esse. & quasi coget eos hoc, ꝙ intellecta speculatiua sunt existentia in nobis ex his duobus intellectibus, scilicet qui est in habitu, & intellectu agente.

B Sed Alexan. & omnes opinantes intellectum materialem esse generabilẽ & corruptibilem, nõ possunt reddere causam huius respectus. Ponentes autem ꝙ intellectus operans est intellectus, qui est in habitu, cõtinget vt intellecta speculatiua sint æterna: & alia multa ĩpossibilia consequentia hanc positionem.

Nos aũt cũ posuerimus intellũm mãlem esse æternũ, & intellecta speculatiua esse gñabilia & corruptibi-

C lia eo mõ, quo dixim⁹: & ꝙ intellꝰus materialis cõprehendit vtrũque, s. formas materiales, & formas abstractas: manifestũ est ꝙ subiectũ intellectorũ speculatiuorum, & intellꝰus agentis sm hunc modũ est idem & vnũ, s. mãlis. Et simile huic est diaphanũ, quod recipit colorem, & lucẽ insimul: & lux ẽ efficiens colorẽ.

Et, cũ fuerit verificata nobis hæc continuatio, quæ est inter intellectum agentem, & intellectum* materialẽ, poterimus reperire modũ, secundum quem dicimus ꝙ intelle-

*a. l. qui ẽ in habitu.

ctus

MANTINI TRANSL.

veluti verũ instrm, dico ꝙ hmõi dictum nõ est necessariũ: sed hoc tantũ est necessariũ, nẽpe vt detꝛ aliqua proportio & ratio, qua intellectus adeptus similetꝛ materiæ, & intellꝰus agens similetꝛ formæ. Quæ nã ergo est hmõi proportio & rõ pp quã cõtingat intellectũ agentẽ hr̃e illũ respectũ, & cõparationẽ cũ intellꝰu adepto, cũ vnus eorum sit æternus, & alter sit gñabilis & corruptibilis? Oẽs aũt illi cõcedunt reperiri hmõi ꝓportionẽ & cõparationem. Et forte hoc cogit eos dicere ꝙ intelligibilia specolabilia ĩsint nobis pp hos duos intellectus, nẽpe intellꝰum adeptum, & intellꝰum agentem. Sed Ale. & quicunq; putant intellꝰum mãlem esse gñabilẽ & corruptibilem, non poterunt reddeꝛ cãm illius cõparationis atq; respectus. Sed qui asserũt intellectũ practicum esse ipsum intellectũ habitu exñtem (seu adeptũ) tũc sequeretꝛ ex hoc ipsa intelligibilia speculatiua esse æterna: & multa alia ĩpossibilia sequerẽtur ex hac sẽtẽtia.

Nos vero, cũ affirmemus intellectũ mãlem esse æternũ, & intelligibilia speculatiua esse genita eo mõ, quo diximus: & ꝙ itellꝰus materialis intelligat vtrunq;, videlicet formas materiales & formas abstractas: tũc perspicuũ erit ꝙ subiectũ intelligibiliũ speculatiuoꝝ & intellꝰus agẽtis hac quidẽ rõne erit vtiq; idẽ atque vnũ, s. ipse materialis. In hoc. n. ita se hẽt res sicut in ipso trãspatẽte, qꝺ quidẽ recipit colores, & lumẽ simul: lumẽ autem colores efficit. Cũ aũt verificata fuerit nobis copulatio illa, quæ inter intellꝰum agẽtẽ & intellectum* adeptũ habitu exñtem exstat, poterimus vtiq; inuenire illum

*a. l. materialem.

ANTIQVA TRANSL.

agens est similis formæ, & quod intellectus in habitu similis est materiæ.

Omnia duo, quorum subiectum est vnum, & quorum vnum est perfectius alio, necesse est vt respectus perfectioris ad imperfectius sit sicut respectus formæ ad materiam. Cõsile. 2. hyˀ. c. 24. &. 4. Cœ. com. 34.

Omnia enim duo, quorum subiectum est vnũ, & quorum alterũ est perfectius alio, necesse est vt respectus perfectioris ad imperfectius sit sicut respectus formę ad materiam, Et secundum hanc intẽtionem dicimus quod proportio primæ perfectionis virtutis imaginatiuæ ad primam perfectionem communis sensus est, sicut proportio formæ ad materiam.

Iam igitur inuenimus modum, secundum quem possibile est vt iste intellectus continuetur nobiscũ in postremo: & causam, quare non copulatur nobiscum in principio. quoniã hoc posito, continget necessario vt intellectus, qui est in nobis in actu, sit compositus ex intellectis speculatiuis & intellectu agente: ita quod intellectus agens sit quasi forma intellectorum speculatiuorum, & intellecta speculatiua sint quasi materia. Et per hunc modum poterimus generare intellecta cùm voluerimus. Quoniam illud, per quod agit aliquid suam propriam actionem, est forma: nos autem, quia agimus per intellectum agentem nostram actionẽ propriam, necesse est vt intellectus agens sit forma in nobis.

3. Phy. 17. 2. de Gña. com. 53.

Et nullus modus est, secundum quẽ generatur forma in nobis nisi iste. Quoniam, cũ intellecta speculatiua copulantur nobiscũ per formas imaginabiles: & intellectus agens copuletur cum intellectis speculatiuis: illud enim quod cõprehẽdit eas, est idẽ scilicet intellectus materialis: necesse est vt intellectus agẽs copuletur nobiscum per continuationem intellectorũ speculatiuorũ.

Et manifestum est, quando omnia

MANTINI TRANSL.

D

modum, quo possumus dicere intellectũ agentem esse similem formæ, & intellectum adeptum similem materiæ. Nã quæcunque duæ res, quarũ subiectũ est vnũ, & vna earum est perfectior altera, oportet quidẽ vt ita se habeat perfectior ad imperfectiorẽ, sicut se habet forma ad materiã. Et hac ratione dicimus ẽt ita se habere primũ actũ ipsius virtutis imaginatiuæ ad primũ actũ ipsius sensus cõmunis, sicut se habet forma ad materiam.

Iã ergo inuenimus modum, quo possit iste intellectus copulari nobis in fine. Causa vero, ob quã nõ copulatur nobis in initio, est quidẽ propterea, quia ex hac positione sequeretur omnino, vt intellectus, qui in nobis actu existit, esset cõpositus ex ipsis intelligibilibus speculatiuis & ex intellectu in actu, ita vt intellectus agens sit veluti forma ipsorũ intelligibiliũ speculatiuorum, & ipsa intelligibilia speculatiua erunt veluti materia. Et hac ratione poterimus generare ipsa intelligibilia cũ voluerimus. Nã id, quo aliqua res agit aliquid suã propriã actionẽ, est ipsa forma: nos autẽ agimus nostrã propriã actionem ipso intellectu agente: ergo oportet vt intellectus agẽs sit nobis forma. Et nullus alius modus potest reperiri, quo possit generari ipsa forma in nobis præter hunc. Quoniam, cũ ipsa intelligibilia speculatiua copulentur nobis per formas imaginarias: & intellectus agẽs coniungitur cum intelligibilibus speculatiuis: & ille intellectus, qui cognoscit ea, est idẽ, hoc est ipse intellectus materialis: ergo oportebit ut intellectus agens copuletur nobis per copulationem intelligibiliũ speculatiuorum.

Palam autẽ est, quoniam si cunque omnia

E

F

A nia intellecta speculatiua fuerint existẽtia in nobis in potentia, q ipse erit copulatus nobiscũ in potẽtia, & cũ oĩa intellecta speculatiua fuerint existẽtia in nobis in actu, erit ipse tunc copulatus nobis in actu. & cũ qdã fuerint ĩ potẽtia, & qdã ĩ actu, tũc ipse erit copulatus fm partẽ, & fm partẽ non: & tũc dicimur moueri ad continuationem. Et manifestum est, cùm iste motus complebitur, q statim iste intellectus copulabitur nobiscum omnibus modis. Et tunc

B manifestũ est quód proportio eius ad nos in illa dispositione est sicut proportio intellectus, qui est in habitu, ad nos. Et, cùm ita sit, necesse est vt homo intelligat per intellectum sibi proprium omnia entia, & vt agat actionẽ sibi propriã ĩ oĩbus entibus: sicut intelligit per intellectum, qui est in habitu, quando fuerit cõtinuatus cũ formis imaginabilibus, oĩa entia ĩtellectione propria.

Primum tur. Homo igr̃ fm hunc modũ, sicut dicit Themist. assimilatur Deo in hoc, q est oĩa entia quoquo modo, & sciens ea quoquo modo. Entia.n. nihil aliud sunt nisi sciã eius, neque causæ entium aliud sunt nisi sciẽtia eius. & quã mirabilis est iste ordo, & q̃ extraneus est iste modus essẽdi,

Secũ cur. Et fm hunc modũ verificabitur opinio Alex. in hoc, quod d. q intelligere res abstractas fiet per cõtinuationẽ

intelligibilia speculatiua extãt ĩ nobis in potentia, q ipse quoq; est coniunctus nobis potentia. & quotienscunq; omnia intelligibilia inerint nobis actu, ipse quoq; copulabit' tũc nobis actu. q si aliqua eorũ fuerint potentia, aliqua vero actu, copulabitur ipse quoq; tunc nobis fm vnam partem eius, fm vero aliam partem nõ: & tunc nos dicemur moueri ad copulationem. Manifestũ aũt est q, cũ huiusmõi motus fuerit complet', q statim copulabitur nobis intellectus iste omni ex parte. † [Constat igitur, q eadem erit tunc proportio & rõ illius intellectus in ea re ad nos, q est ipsius intellectus adepti ad nos.] His itaq; sic concessis, oportebit vt hõ intelligat omnia entia per intellectum sibi proprium, & vt agat in cuncta entia actionẽ sibi propriam: quẽadmodum intelligit oĩa entia p intellectum habitu existentem, qñ est copulatus cũ formis imaginarijs propria intellectione. Homo ergo, vt inquit Themistius, in hoc est similis Deo, quia ipse est omnia entia quodam modo, & scit ea etiam quoquo modo. Entia.n. nihil sunt præter eius scientiam. causa quoq; entium nihil est præter eius scientiam, quam scilicet ipse de ea habet. & huiusmodi ordo est vtique admiratione dignus: hocque genus essendi est valde alienum. Et hac via verificabitur sententia Alexandri, quę affirmat intellectionem rerum abstra-

† a. l. Constat igi. q talis erit tũc rõ intellectus ad nos ĩ ea re, qualis est ipsius forte acquisiti ĩ intellectu mãli p intelligibilia speculatiua, quę fuit genita & acquisita p formas mãles in ipso intellectu mã'i p actionẽ ipsius agẽtis de nouo ĩ ipsũ ĩtelligibile. hoc.n. vocat' intellectus adeptus, seu ĩ habitu, cui ipse intellectus agẽs ẽ velut forma ppria & hoc. Sit, qñ ĩtell's adeptus ẽ pfectus. & tunc intellectus materialis intelliget omnia entia per illum intellectum agentem, sicut intelligit per propriam formam. & ob hoc talis erit proportio & ratio formarũ abstractarum absolute a materia ad nos in ea re, quali est ratio ipsius intellectus adepti ad nos,

ANTIQVA TRANSL.

tione intellus nobiscū: non φ intelligere inuenitur in nobis postquam nō erat, quod est cā in cōtinuatione intellectus agētis nobiscum, vt intēdebat Auēpace: sed cā intellectionis est continuatio: & non ecōtrario.

Tertium cor. Et per hoc dissoluit quæstio Antiquorum, quomodo intelligit intellectione noua. Et est etiam manifestum ex hoc, quare non continuamur cum hoc intellectu in principio, sed in postremo. qm, dum fuerit forma nobiscum in potētia, erit continuatus nobiscum in potētia: & dum fuerit continuatus nobiscū in potentia, impossibile est vt intelligamus per illum aliquid. cum igitur efficietur forma nobis in actu, quod erit apud continuationem ei' in actu, tunc intelligemus per illum omnia, quæ intelligimus, & agem' per illum actionem sibi propriam.

Quartum cor. Intellectio in statu adeptionis nō currit cursu scientiarū speculatiuarū. Idē supra I hoc c. & 9. Met. cō. ultimo. Et ex hoc apparet quod sua intellectio non est aliquid scientiarū speculatiuarum, sed est aliquid currens cursu rei generatæ naturaliter à disciplina scientiarum speculatiuarū. Et ideo non est remotum vt homines adiuuent se in hac intentione, sicut iuuant se in scientiis speculatiuis: sed necesse est vt inueniatur illud currens à scientiis speculatiuis non ab aliis. intellecta enim falsa impos-

MANTINI TRANSL.

abstractarum fieri per copulationem huius intellect' in nobis: † [nō quòd gignatur nouiter in nobis ipsa intellectio, seu ipsum intelligere, postquam non erat.]

Hinc poterit solui illud dubiū, quod cōtra hoc insurgebat, videlicet quo pacto ipsum æternū possit intelligere nouam intellectionē. Et hinc quoq; patebit, cur non copulemur cū hoc intellectu ab initio, sed in fine propterea quia, dum est forma existens in nobis potentia est cōiunctus nobis potentia: &, dum est coniunctus nobis potētia, nō poterimus intelligere quicquam per ipsū, nisi efficiatur forma in actu. quod quidem fit, cū actu coniungitur: & tunc intelligemus per ipsum omnia illa, quæ intelligimus, & agemus per eum actionē sibi propriā.

† [Et hinc potest haberi φ eius * intellectio nihil scientiarum speculatiuarū existat, sed est quid procedens processū rei natura generatæ ex disciplina scientiarum speculatiuarum. Et ideo non est remotū, vt homines adiuuent sese in hoc negocio, sicut se adiuuant in scientiis speculatiuis:] sed oportet ut reperiatur illa res, quæ procedat processu scientiarū speculatiuarū & non aliarum.

E

† a. l. s. non φ copulet intellus agēs in nobis p nouā intellectionē rerū abstractarū, vt aliarū rerū ex rōne, q̄ eū diligiter intellū eos lu cū agēte iuxta sētētiā A tal. p nouā intellectionē rerum imaginatarū. sanores oppositō nō le hēt. nēpe φ per sui sū agēte, qui copulat' cū intellectu nisi p ipsa intelligibilia speculatiua efficiēta, fit I nobis intellectio noua abstractarum, & aliarū, non φ nouiter gignatur in nobis ipsa intellectio, postq̄ non erat. Illud. n. non est causa, ob quam intellectus agens copuletur nobiscū, ut voluit Auēpace: imo ipsa copulatio est causa ipsius intellectionis, & nō ecōtra.

† a. l. Hinc haberi potest φ suū intelligere non ē aliquid ex sciētijs speculatiuis, sed est quid procedens tenore rei genitę naturaliter ex disciplina scientiarum speculatiuarum. & illę scientiæ speculatiuæ perficiunt intellectum adeptum, per ipsa intelligibilia speculatiua, adepta & genita in intellectu materiali virtute illa efficiēte ipsa intelligibilia, quę sunt potentia vt efficiantur intelligibilia actu. quæ, cum fuerit in intellectu adepto perfecta, tunc efficietur intellectus agens forma I actu. & per illum intellectum agentem ipsa anima intelligit tunc omnia entia separata & non separata. & ideo non est remotum, vt ipsi omnes se adiuuent inter se in huiuscemodi intellectione, vel in hoc negocio, quemadmodū se adiuuabāt in ipsis scientiis speculatiuis. * a. l. intelligere.

A ANTIQVA TRANSL.

impossibile est vt habeant continuationem: quoniam non sunt aliquid currens cursu naturali: sed sunt aliquid, quod non intendebatur, sicut

Quintum dor. digitus sextus, & monstrum in creatura.

Sextum dor. Et est etiam manifestum ꝙ, cùm posuerimus intellectum materialẽ esse generabilem & corruptibilem, tunc nullam viam inueniemus, sm quam intellectus agens copuletur cũ intellectu, qui est in habitu copulatione propria, scilicet copulatione

B simili continuationi formarum cũ materijs.

Septimũ dor. Et, cum ista continuatio non fuerit posita, nulla erit diuersitas inter comparare ipsum ad hominem, & ad omnia entia, nisi per diuersitatẽ suæ actionis in eis. Et secundum hunc modum respectus eius ad hominem non erit nisi respectus agentis ad hominem, nõ respectu formę. & contingit quæstio Alfarabij, quã dicit in Nicomachia. Fiducia enim in possibilitate continuationis intellectus nobiscum est in declarando, quòd respectus eius ad hominem

C est respectus formæ & agentis, non respectus agentis tantum. Hoc igitur apparuit nobis in hoc quæsito modo. &, si post apparuerit nobis plus, describemus.

MANTINI TRANSL.

aliarum. quoniam intelligibilia falsa non possunt copulari, seu habere copulationem, quia non sunt quid procedens processu naturali: sed sunt res, quæ nullo proposito reperiuntur, vt est sextus digitus in aliquo natura mutilato & monstro.

Manifestum quoque est quòd, si concedamus intellectum materialẽ esse generabilem & corruptibilem, tunc nullum inueniemus modum, quo intellectus agens copuletur, cũ intellectu adepto vera copulatione, hoc est copulatione, quæ sit similis copulationi formarũ cum ipsis materijs. Et si huiusmodi copulatio non detur, tunc nihil differret, siue referatur ad hominem, siue ad cuncta entia referatur, nisi ratione diuersitatis actionis eius in ipsa. & hoc pacto eius ratio ad hominẽ nõ erit ratio & proportio ipsius formæ, sed ratio ipsius agentis ad ipsum hominem. & sic insurget illud dubiũ Alfarabij positum in Nicomachia. Certificare igitur possibilitatem copulationis ipsius intellectus in nobis consistit in hoc, vt declaretur ꝙ eius ratio & proportio ad hominẽ est veluti ratio formæ & agentis, nõ veluti ratio agentis tantum. Hoc itaque est id, quod nunc nobis visũ fuit dicere circa hoc quæsitum. & si aliquid aliud, post hoc dicendum nobis videbitur, illud quidem iterum scribemus.

Animam quodammodo esse, omnia. & rerum formas: ipsamq; non sine phantasmatibus intelligere. Cap. 5.

NVnc autem de anima dicta recapitulantes, dicamus iterũ, ꝙ omnia ea quæ sunt quodammodo est anima: aut enim sensibilia, quę sunt, aut intelligibilia. est autem scientia quidem scibilia quodammodo: sensus autem sensibilia.

SOPH. *Nunc quæ de anima dicta sunt in pauca conferamus, rursusq; dicamus, animam esse quodammodo omnia ea quæ sunt: Cuncta enim quæ sunt, aut sensibilia sunt aut intelligibilia. at scientia quidem est quodammodo scibilia: sensus autem sensibilia.*

Congregemus igitur secundum summam, ea quę dicta sunt in anima. Dicamus igitur ꝙ anima est quoquo modo alia entia. Entia enim aut sunt intellecta, aut sensata. Scire vero res intellectas est ƒm modum sentiendi rem sensatam. E

37 Et, cùm declaratum est quę sunt genera virtutum comprehensiuarum animæ, & ꝙ sunt duo modi, s. sensus, & intellectus, oportet nos modo facere vnam summam de anima, & dicere ƒm descriptionem ꝙ est quoquo modo omnia entia. Omnia enim entia aut sunt sensibilia, aut intelligibilia. Dispositio autem sensibilium ad sensum est sicut dispositio intelligibilium ad intellectum, & sensus ad sensatum. ergo contingit necessario vt anima sit entia omnia uno modorum, secundum quos possibile est dicere animam esse omnia entia.

Dispõ sensibiliũ ad sẽsum ẽ sicut dispõ itelligibiliũ ad itellectũ. Idẽ 5. huius t. cõ. 3.

Qualiter autem hoc, oportet inquirere. Secatur igitur scientia & sensus in res, quæ quidem potentia, in ea quæ sunt potentia: quæ vero actu, in ea quæ sunt actu. animæ autem sensitiuum, & quod scire potest, potentia hæc sunt, hoc quidem scibile: illud autem sensibile. Necesse autem est ipsa, aut species esse. ipsa quidem igitur non. non enim lapis in anima, sed species. Quare anima sicut manus est: Manus enim est organum organorum: & intellectus species specierum: & sensus species sensibilium. F

SOPH. *Quod quomodo se habeat quærendum est. secatur igitur scientia & sensus in res, quæ potentia est, in ea quæ sunt potentia, quæ actu, in ea quæ sunt actu. sensitiuum autem animæ est scientiale, potentia hæc sunt, alterum scibile, alterum sensibile. Necesse est autem, uel ipsa esse, uel species. at ipsa quidem, nequaquam: non enim lapis in anima est, sed species. itaq; anima quasi manus est: nam manus instrumentum est instrumentorum, & intellectus quoq; species specierum, & sensus species sensibilium.*

Et

K Et sciendum est quomodo. Dicamus igitur ꝙ scire, & sentire diuiduntur sm diuisionem entium: si igitur fuerint in potentia, erunt potentia: si actu, actu, intellectum, & sensatum. Necesse est enim vt entia sint aut ista, aut formæ. & non sunt iste. lapis enim non existit in anima, sed forma. Et ideo anima est quasi manus. manus enim est instrumentum instrumentis: & intellectus forma formis: & sensus forma sensatis.

38 Cùm declarauit ꝙ anima est quoquo modo omnia entia, incœpit declarare illum modum, & d. Dicamus igitur ꝙ scire, &c. i. ꝙ differentiæ entium, quibus diuiduntur, sunt eædem cum differentijs animę: & sunt potentia & actus. Quemadmodum enim sensus, & intellectus aut sunt potentia aut actu, ita omne sensibile, & intelligibile aut est in potentia: aut in actu. Et cum ita sit, si sentiens fuerit in potētia, sensatum erit in potentia: &, si fuerit in actu, sensatū erit in actu: & similiter est de intellectu cū intellecto: necesse est vt vere dicatꝰ ꝙ illa pars animæ est illa pars entiū. Res. n. B quarum differentiæ sunt eædē, ipsæ sunt eædem in illo mō, sm quē habēt easdem differentias. Intellectus igitur est intellectum: & sensus est sensatum. D. d. Necesse est enim, &c. i. quia non sunt nisi duo modi, aut vt intellectus sit intellectum existens extra animam, aut forma eius: & sic sensus cū sensato: & est impossibile vt ipsum ens sit intellectū, aut sensatū. s. per suam formam, & suam materiam, vt Antiqui opinabantur: tunc. n. quando lapidem intelligeret: anima esset lapis, & si lignum, esset lignum: remanet igitur vt illud, quod existit in anima de entibus, sit forma tantum, non materia. Et hoc intendebat, cum d. lapis enim non existit in anima, sed tantum forma eius. Deinde narrauit ꝙ ista est causa, quare anima recipit multas formas diuersas: vt manus, quę est instrumentum recipiens omnia instrumenta, & d. Et ideo anima est quasi manus, &c.

De sensu in potentia & actu vide. 2. de aia. 53. & 55. De intellectu vero vidꝰ hic 16. & 26.

Res quarū diffę sunt eædem, ipsæ sunt eædem in illo mō, sm quē habēt easdē differentias.

Vide opinionē Antiquorū. 1. de Aia. 25 & 27.

Quoniam aūt neq; res nulla est præter magnitudinem sicut vīr sensibilia separata, in speciebus sensibilibus intelligibilia sunt, & C quæ in abstractione dicuntur, & quæcunq; sensibilium habitus & passiones: & ob hoc neq; non sentiens nihil utiq; addiscet, neq; intelliget: & quum speculetur, necesse simul phantasma aliquod speculari. phantasmata autem sicut sensibilia sunt præter ꝙ sunt sine materia. Est autem phantasia alterum a dictione & negatione. compositio enim intellectionum est verum aut falsum. primę autem intellectiones quo differēt ut non phantasmata sint: aut neque alia phantasmata, sed non sine phantasmatibus.

SOPH. *Quōniā aūt nulla res, ut uidetur, est præter sensibiles magnitudines, separata, in spēbus sēsibilibus intelligibilia sunt, tū quæ in abstractione uocātur, tū quæcūq; sensibiliū habitus & passiones sūt. quaobrē si nō sētiat, nihil discere aut intelligere poterit: & cum speculatur, necesse est*

[*] Structura verborū græcorū ambigua ē itaq; ex simplici

una cũ phãtasmate speculetur: phãntasmata n. sicut sensibilia sunt: nisi D
quod sine materia sunt. porrò autem phantasia aliud est à dictione, & negatione: nam uerum uel falsum connexio est mentis conceptuum. at primi conceptus quo differunt ut non phantasmata sint? an ne rẽliqua quidem phantasmata sunt, attamen non sine phantasmatibus.

Et, quia secundum ꝙ existimatur magnitudo extra sensibilia esse sensibilium, & est species sensibilium singulariter. & intelligibilia sunt, quæ dicuntur modo velocis: res autem existẽtes in sensibilibus sunt ſm modum habitus, & passionis. Et ideo qui nihil sentit, nihil addiscit, & nihil intelligit. Si igitur viderit necessario, videt imagines aliquas. imagines enim similes sunt sensibilibus, sed sine materia. Imago enim aliud est ab affirmatione, & negatione. fides enim & non fides inueniuntur per compositionem quarundam creditionum cum quibusdam. Primæ autem creditiones per quid distinguuntur, ita ꝙ non sunt imagines? Istæ enim & si non sint imagines, tamen non fiunt sine imaginibus. E

39 Et quia secundum quòd existimatur quòd corpus, quod est vniuersalius genus rerum sensibilium, existit in ipsis sensibilibus, & est vniuersalis forma sensibilibus: secundum quòd intellectus distinguit, & abstrahit eam à sensibilibus. Deinde dicit, & intelligibilia sunt, &c. i. &, cùm corpus, quod est vniuersalius* intelligibilium, abstrahitur ab intellectu, sed est existens in rebus sensibilibus, necesse est vt formæ sint existentes in intellectu secundum velocitatem, & rem velocis transmutationis non fixã, & quòd illæ eædem formæ sint existentes extra animam in rebus sensibilibus, secundum quòd habitus existit in habente habitum, & res fixa in re patiente. Deinde dicit. Et ideo qui nihil sentit, nihil addiscit. i. &, quia intentio intellecta eadem est cum re, quam sensus comprehendit in sensato, necesse est vt qui nihil sentit, nihil addiscat secundum cognitionem, & distinctionem per intellectum. Deinde dicit. Si igitur viderit, &c. F idest & ista eadem est causa, quare intellectus, qui est in nobis, cùm viderit aliquid, aut viderit aliqua, & intellexerit, ipse non intelliget ipsum nisi coniunctum cum sua imagine. † imagines enim sunt aliqua sensibilia intellectui, & sunt ei loco sensibilium apud absentiam sensibilium: sed sunt sensibilia non materialia. Deinde dicit. Imago enim aliud est, &c. idest & diximus quòd imagines sunt de genere rerum sensibiliũ, & non sunt intellectus, quia intellectus habet propriam affirmationem & negationem. affirmatio autem & negatio est aliud ab imaginatione: fides autem, & incredulitas existentes in intellectu non à sensu, sed à ratione fiunt secundum compositionem creditionum, habitarum à sensu adinuicem. Et d. hoc, quia est dubium de propositionibus naturalibus, quas nescimus vnde veniant, aut quando, vtrum sint prouenientes à sensu,

sensda sic uertendũ, est. quia et nulla res è ꝑter magnitudies separata, eo iusmodi uidenſ et sensibilium.

*a. l. an ne hæc quidẽ.

Corp⁹ qđ è vlius genus rerũ sẽsibiliũ existit in sensibilibus.

*a. l. sensibilium.

† Imagines sũt aliqua sensibilia intellectui, & sũt ei loco sensibiliũ apud absentiã sẽsibiliũ. Idẽ supra. cõ. 33.

Vtrũ prime propõnes fiant a sensu.

A su,aut non. & dicit forte non proueniunt à sensu, sicut multæ conclusiones. D.d. Primæ autem creditiones per quid distinguuntur? i. vt mihi videtur, per quid potest aliquis dicere quòd primæ propositiones distinguuntur à sensibilibus, & non indiget eis omnino. & ideo sunt aliæ ab imaginatione. primæ enim propositiones, & si concesserimus quòd non sunt imaginatio, tamen videntur esse cum imaginatione, & hoc ostendit eas indigere sensu. Et hic est completus sermo de rationali.

SVMMA SECVNDA.

De potentia Animæ motiua.

Redarguitur quædam animæ diuisio, ac dubitatur quid id esse possit, quod motu locali animal mouet. Cap. 1.

B QVoniam autem anima secundum duas diffinita est potêtias, quæ animalium est: & discretiuo, quod intellectiuæ opus est, & sensus: & adhuc in mouendo secundum locum motu, de sensu quidem & intellectu determinata sint tanta. De mouente autem quid forte sit animæ speculandum est. vtrum vna quædam pars ipsius sit separabilis, aut magnitudine, aut ratione, aut omnis anima. & si pars aliqua, vtrū propria sit præter consuetas dici, & dictas: aut harum vna aliqua sit.

SOPH. *Quoniam autem animalium anima duabus definita est potentiis, tum ea qua iudicat, (quod dianœæ & sensus officium est) tum ea qua mouet motu loci: de sensu quidem & intellectu tot exposita sint. De eo autem quod mouet, quid tandem sit animæ, considerandum est: utrum una quædam sit eius pars, aut magnitudine aut ratione separabilis, an tota anima: & si pars aliqua, utrum peculiaris quædam, præter eas*
C *quæ dici solent, & quæ dictæ sunt: an earum una quædam.*

Et quia animæ animalium definiuntur per duas virtutes: quarum vna est distinguens, quod est ad actionem sensus & intellectus, & alia ad motum localem: et iam distinximus sermonem de sensu, & intellectu: & modo oportet loqui in motore, quid sit de anima: & vtrum sit pars vna eius distincta per magnitudinē, aut per definitionem, aut est tota aīa. & si est pars eius, vtrum est aliquod proprium aliud à rebus assuetis dici, aut ista dicta non sunt aliquid istorum.

40 Cùm compleuit sermonem de virtutibus distinguentibus, reuersus est ad sermonem de virtute motiua in loco, & incœpit dare causam, quare incœpit loqui de hac virtute, & d. Et quia animæ animaliū, &c. i. & quia Vide. 1. de Aia. 19.

Anti-

Antiqui assueti sunt definire animam animalium duabus virtutibus: quarum vna est comprehensiua distinctiua, alia autē motiua in loco: & iam D
determinauimus sermonē de virtute distinctiua per hoc, quod diximus
de virtute sensus & intellectus: oportet nos modo dicere de motore in loco quid sit de anima. D.d. & vtrum est pars, &c. i. & quærendum est etiā
Quō ista de hac virtute, vtrum sit pars animæ, aut tota anima. &, si est pars animæ,
etiā mota vtrum est separata ab aliis in quiditate & loco, vt multi Antiqui opinabā
fuit. t. de tur: aut tantum differt in quiditate, & diffinitione. Deinde. d. & si est pars
Aīa. 90. & eius, &c. i. & si ista virtus est pars animæ, vtrum est pars earum partium,
in hoc. 3. t. quæ dictæ sunt ab Antiquis: aut non est aliqua illarum, sed alia.
cō. 1.

Habet autem dubitationem mox, quomodo oportet partes ani
mæ dicere, & quot. modo enim quodam infinitę videntur: & non
solum quas quidam dicunt determinantes, rationatiuam, irascibi
lem, & appetitiuam. hi autem rationem habentem, & irrationabilem. Secundum enim differentias per quas separant has: & aliæ
videntur partes maiorem differentiam his habentes, de quibus E
& nunc dictum est: vegetatiua autem, quæ & plantis inest & om
nibus animalibus: & sensitiua, quam neq; sicut irrationabilem, ne
que sicut rationem habentem ponet quis vtiq; facile. adhuc autē
10 T H. & phantastica, quæ per esse quidem ab omnibus altera est.

*Sed oritur statim quæstio, quomodo partes animæ, quót q; dicendæ
sint: modo enim quodam infinitæ uidētur esse, nec eæ solum quas nonnulli inquiunt distinguentes, ratiocinatiuam, & irascitiuam: alii autem ratione præditam & rationis expertem. nam pro differentiis,
propter quas eas distinguunt, etiam aliæ uidentur esse partes, his magis distantes, de quibus nunc quoq; diximus: nutritiua scilicet, quæ &
plantis, & cunctis inest animalibus: & sensitiua, quam neq; ut rationis expertem, neq; ut rationem habentem quispiam facile statuat. phā
tasticaq; item, quæ ipso quidem esse ab omnibus diuersa est,* F

Et cum hoc sermone etiā oritur quæstio, & est quomodo sunt
partes animæ, & quot sunt. Videntur enim quoquo modo esse in
finitę, & q̄ non sunt illæ partes, quas homines numerant apud de
finitionem. s. rationabilis, & irascibilis, & desyderabilis: & quidā
diuidunt eas in rationabilem, & non rationabilem. Diuiduntur
enim secundum differentias diuidētes eam etiam in partes diuer
sas: inter quas existit diuersitas maior q̄ inter istas, de quibus loquimur. s. uirtutem Nutritiuam existentem in vegetabilibus, &
virtutem Sensibilem, quā nullus vult numerare. non est enim irra
tionabilis, neq; etiam rationabilis. Et virtus etiam, per quam fit
imaginatio, differt per se ab aliis.

A In hac perscrutatione oritur quæstio communis omnibus virtutibus animæ: & est quomodo partes animæ sunt plures, & vnde, & quot sunt. D. d. modum ex quo difficile cognoscitur quot sunt partes eius, & d. Videtur enim, &c. i. videntur enim, quando aliquis voluerit numerare eas, ꝙ magis sunt infinitæ quàm finitæ, partes enim eius non sunt partes illæ, quas homines assueti sunt numerare, quando definiunt animam. Et d. quoquo modo. quia, si aliquis voluerit numerare animam concupiscibilem secundum numerum rerum, quas concupiscit, tunc videtur esse illā infinitam. & innuit Platonem dicentem partes esse tres, rationabilem, & irascibilem, & desyderatiuam. & posuit irascibilem & desyderatiuā duas: & sunt vnius virtutis, s. animæ concupiscibilis. Deinde d. & quidam diuidunt, &c. i. & faciunt in hoc errorem, & peccatum. videtur enim ꝙ anima diuiditur secundum differentias habendas in partes, inter quas est maior diuersitas, quā inter istas partes, in quas diuidunt animam. Deinde numerauit illas partes, & dixit. s. virtutem nutritiuam, &c. i. verbi g. hoc, ꝙ anima diuiditur in virtutem nutritiuam & sensibilem. Nullus enim potest ponere animam sensibilem in virtutem rationabilem, neq; in virtutem irrationabilem, cùm non sit de eis, quæ carent ratione, quia est aliquid cōprehendens: neq; de habentibus rationem, ratio enim non existit in omnibus animalibus. Et intendebat per hoc notificare errorem duorum diuidentium. s. diuidentis eam in rationabilem, & irascibilem, & desyderatiuam: & diuidentium. s. diuidentis eam in irrationabilem, & non rationabilem. Qui enim diuidit eam in hæc duo, difficile potest ponere in vtraque illarum virtutes multas, v. g. sensum, & imaginationem. Qui autem diuidit eam in illas tres, peccauit duobus modis. dimisit enim multas differentias, v. g. nutriri, & imaginari. & etiam diuisit eandem virtutem. s. concupiscibilem in plures vna. & cùm anima fuerit diuisa tali diuisione, tūc partes animæ erunt infinitæ, sicut innuit primo. | Si quis numeraret animā concupiscibilem numerū rerū quas concupiscit, inueniret eā infinitā esse

B

C

Cui autem harum eadem vel altera sit habet multam dubitationem, si aliquis ponat separatas partes animæ. Adhuc autem appetitiua, & q̄ rōne & potentia altera videtur vtiq; esse ab omnibus, & inconueniens vtiq; hanc sequestrare. in rationatiua enim voluntas fit, & in irrationabili concupiscētia & ira. Si autem tria in anima, in vno quoq; erit appetitus.

SOPH. *à quanam autem harum diuersa aut eadem sit, magna quæstio est si quis separatas partes animæ statuet. Appetitiuaq; item, quæ & ratione & potentia diuersa ab omnibus esse uideatur, & certe absurdum est eam diuellere. nā & in ratione prædito uoluntas fit, & in rōna carēte cupiditas & ira. Quòd si aīa tria est, in uno quoq; erit appetitus.*

Et contingit magna quæstio in quacūq; istarum fuerit accepta & vtrum est eadem, aut diuersa: & maxime, si aliquis posuerit ꝙ

tres

tres partes animæ sunt diuersę. Et inopinabile est etiam cum hoc, quod diximus, distinguere hoc, quod existimatur esse diuersum ab omnibus in definitione, & actione. principale enim existit in parte cogitatiua. desyderium autem, & ira inueniuntur in non rationabili. Si igitur anima habet tres partes, tunc desyderiũ inuenitur in vnaquaq; illarum.

42 Et contingit nobis questio in quacunq; istarum trium virtutum, aut duarum numerauerimus virtutem imaginationis, s. vtrum ista virtus sit vna illarum virtutum, in quas diuisimus partes animæ, aut est diuersa ab eis. & maxime, si aliquis posuerit q; partes animæ sunt diuersæ in definitione, & loco. D. d. Et inopinabile est, &c. i. & inopinabile est diuidere hanc virtutem, quæ existimatur esse diuersa ab omnibus in actione, & definitione: & intendit virtutem desyderatiuam: & ponere eam in habente rationem, & in carente ratione, & non ponere eam propriam alteri duorum modorum, sicut est dispositio de aliis virtutibus animæ, sed in vtro- E
a. l. a sall. que. Virtus enim principalis non existit nisi in * anima rationali. & hoc intendebat, cùm dixit, in parte cogitatiua: & non principalis sicut desyderium, & ira existit in non rationabili. Sed nos videmus istam virtutem numerari secundum numerum virtutum: ita quòd, si partes animæ fuerint tres, tunc desyderium inuenietur in omnibus earum. Et hoc intendebat, cùm d. Si igitur anima, &c.

Et etiam de quo nunc sermo instat quid forte mouens secundũ locum animal est? secundum quidem enim augumentum & decrementũ motu, quod omnibus inest videbitur vtiq; mouere, generatiuum & vegetatiuum. De respiratione autem & expiratione, & somno & vigilia posterius perspiciendum: habent enim & hæc dubitationem multam.

107 K. *Iam uero de quo nunc instituta est disputatio, quid est quod loco mouet animal? motu enim auctionis et diminutionis, qui omnibus insunt, id quod omnibus inest, nempe generatiuum & nutritiuum, mouere uideatur. De respiratione autem & expiratione post considerandum est: nam de his quoq; non leuis est quæstio.* F

Illud autem, ad quod peruenimus in sermone, est quid est illud quod mouet animalia de loco in locum. Et existimatur q; motus, qui est secundum augmentum & diminutionem existit in omnibus. & illud, quod existit in omnibus est illud, quod existimatur mouere generatiuũ & nutritiuũ. Et post consyderabimus de anhelitu, & somno & vigilia. in istis enim sunt multæ quæstiones.

43 Idest, sed nos non intendebamus istas quæstiones in hoc loco. intentio enim nostra est perscrutari illud, quod mouet animal in loco, quid sit.

D. d.

D.d. Et existimatur q motus, &c. i. & existimatur q motus animalis secundum augmentum, & diminutionem existit in omnibus animalibus: & quod est tale, attribuitur virtuti, quę mouet ad generandum, & ad nutriendum. Et intendebat per hoc notificare q iste motus est alius à motu locali existenti à motu locali: licet vterq; sit in loco: &, q motor in eis est diuersus. D.d. Et post cōsyderabimus, i. & postquā locuti fuerimus de hac virtute, consyderabimus de anhelitu, & somno & vigilia: cùm vtrunq; sit ab anima motus, & habeat multas quæstiones.

Idē 2. de Aīa. 42. & 1. de Gen. 33 & 41.

Sed de motu secundum locum quid mouens animal secundum processiuum motum, considerandum. qđ quidem igitur non vegetatiua potentia manifestum. semper enim propter aliquid motus hic: & aut cum phantasia, aut cum appetitu est. nihil enim nō appetens, aut fugiens, mouetur, sed aut violentia. Amplius & plantę vtiq; essent motiuæ: & vtiq; haberent aliquam partem organi
B cam ad motum hunc.

60 PH. *Verum de motu loci quid sit quod moueat animal motu incessus, cōsiderandum est. Constat igitur non esse nutritiuam potentiam: semper enim alicuius gratia motus hic est: atq; uel cum phantasia, uel cum appetitu: nihil enim nisi appetat uel fugiat, mouetur, nisi ui. Præterea ēt plantis hic inesset motus, ac partem aliquam organicam ad hunc motum haberent.*

Cōsyderemus igitur de motu locali, & quid est illud, quod mouet animal motu locali. Et manifestum est q hoc non est à virtute nutritiua. Ista enim virtus semper attribuitur illi: ista autem aut est cum imaginatione, aut cum desyderio. nihil enim mouetur nisi aut per desyderium ad aliquid, aut per fugam ab ipso: nisi mot⁹
C eius sit violentus. Et, si ista esset etiam dispō plantarum, essent motæ, & haberent membrum organicum iuuans hunc motum.

44 Idest, & quia actio virtutis nutritiuæ est semper, & attribuitur vegetabilibus: actio autem illius virtutis non est semper neq; est in vegetabilibus: & ille motus, qui est in loco, semper est cum imaginatione, & desyderio ad aliquid. nihil enim mouetur voluntariè, nisi aut desyderando aliquid, aut fugiendo ipsum. Si igitur iste motus esset ab anima nutritiua, cōtingeret vt ista anima esset desyderans, & imaginans. Et, si virtus nutritiua esset mouens in loco, contingeret vt plantæ mouerentur in loco. & si plantæ mouerentur in loco, tunc haberent hāc dispositionem, scilicet imaginationem, & desyderium, & haberent etiam membrum organicum, per quod fit motus.

Vide 1. h⁹ cō. 5. & 9. 20. Nihil mouet: voluntarie, nisi aut desiderādo aliquid aut fugiēdo ipsum.

Similiter autem neq; sensitiuum. multa enim animalium sunt quæ sensum quidem habent, manentia autem & immobilia sunt per

per finem. Si igitur natura nihil facit frustra: neque deficit in necessariis, nisi in orbatis & in imperfectis: huiusmodi autem animaliū perfecta & non orbata, signum autem est quia generatiua sunt & augmentum habent & decrementum: quare & haberent vtique partes organicas processionis. B

30 F R. *Pari quoque modo nec sensitiuum: extant enim pleraque animalia, quæ sensum quidem habent, attamen stabilia ac immobilia perpetuo sunt. Quod si natura neque facit frustra quidquam, nec aliquid necessariorum prætermittit, nisi in mutilis & imperfectis: at eiusmodi animalia perfecta & non mutila sunt, argumento quod generandi vim habeant & statum & diminutionem, sanè et organicas incessus partes haberent.*

Et etiam secundum hunc modum est aliud à sensu. multa animalia enim habēt sensum, & sunt quiescentia in eodē loco, & non E mouentur omnino. Si igitur natura nihil facit ociose, & perfecte operatur in rebus necessariis, nisi sit in rebus monstruosis, quę nō sunt perfectæ, talia. n. animalia sunt perfecta, non monstruosa: & signū eius est, q generant, & habent ascensum & descensum: & idō non habent membra organica, per quæ fit motus localis.

45 D. Et oportet etiam sm hunc modum vt ista virtus mouens in loco sit alia à sensu. multa enim animalia sentiunt, sed non mouentur omnino. Et necesse est vt ista animalia non moueantur omnino. quoniam, cū natura nihil facit ociose, i. nullum membrum facit sine iuuamento, neq; diminuit in rebus necessariis, i. neq; abstulit animali membrum, in quo habet iuuamentum necessarium, nisi hoc sit propter occasiones contingentes in minori parte, vt digitus sextus. Et ista animalia non mota non ha- F bent instrumentum ambulandi, & sunt cum hoc perfecta non monstruosa. & signum eius est, q generant sibi similia, & habent in sua vita ascensum & descensum, sicut alia entia naturalia, quorum esse est naturale. ergo necesse est vt sint animalia non mota: & ideo non habēt membra motus. Et debes scire q non vtitur in loco communicantiæ in destruendo has virtutes esse motiuas, nisi ita, quia suum quæsitū est causa propinqua motus: &, si non, tunc sensus est vna causarum illius motus, sed cā remota.

Oīa entia nālia, quorū eēe nāle, habent ascensum & descensum. Vide p hoc 2. de Ge. & cor. t.c.57. & 1. Meteor. ca.1. Auer.

At vero neque rationatiua & vocatus intellectus est mouens. speculatiuus quidem enim nihil speculatur actuale: neque dicit de fugibili & prosequibili. semper autem motus aut fugientis, aut prosequentis aliquid est. sed neque quum speculatus fuerit aliquid huiusmodi, iam præcipit aut prosequi, aut fugere: puta multotiens intelligit terribile aliquid aut delectabile, non iubet autem timere: sed cor mouetur. si autem delectabile, altera aliqua pars.

Quin

Quin ne intellectiuum quidem & qui uocatur intellectus est is qui
A *mouet. Contemplatiuus enim nihil agendum contemplatur, neq; de fu*
giendo & persequendo quidquā dicit: at motus semper aut fugientis
aliquid, aut persequentis est. Neq; uero cum aliquid eiusmodi conside
rat, iā iubet uel persequi uel fugere: uerbi causa saepe intelligit aliquid
formidolosum aut iucundum, nec iubet timere, cor autem mouetur: sin
iucundum, pars aliqua alia.

Sed illud, quod mouet, non est pars cogitatiua, neq; illa, quae di
citur intellectus. Pars enim cogitatiua non videt illud, quod facit,
neq; dicit aliquid in fugito, neq; in quaesito. motus. n. semper inuenitur aut in fugiente, aut in quaerente. Neq; est etiam ex eis, quae
quando viderint rem talem, mittent ad quaerendum, aut fugien-
B dum, vt multotiens opinamur aliquid esse delectabile, aut timorosum, & non mittimus ad timorem. cor autem mouetur, quando aliud membrum delectatur.

46 Potest intelligi per partem cogitatiuam, intellectus speculatiuus: & p
partem, quae dicitur intellectus, intellectus operatiu9. Et ideo d. pars enim
cogitatiua non videt, &c. i. pars speculatiua non consyderat de rebus ope- Idē, 1. Ma. t.c. 3.
ratiuis, neq; de aliqua re vili quaesita, neq; de aliqua re norēte fugita: mo
tus autem in loco non inuenitur nisi aut in quaerente, aut in fugiente.
D. d. Neq; est etiam ex eis, &c. i. neq; est etiam pars intellectus, qui innatus est consyderare in quaesito, & fugito: & excitat membrum mobile ad
motum ad rem delectabilem, aut membrum mobile in timore ad motū
vt accidit nobis, qñ imaginamur aliquod delectabile aut timorosum, q
membrum proprium illi delectabili mouetur in nobis, & cor constringi
tur tunc ex illo timoroso: & intellectus nihil videt ex hoc: sed videmus ip
C sum moueri ex illo timoroso, aut ad aliud delectabile. Et hoc intendebat
cùm d. cor autem, &c. ita cecidit in scriptura. Et forte diminuitur ex ea
tantum, q intentio esset ista, scilicet cor autem mouetur ex timore, aut ex
delectatione, quando aliud membrum delectatur. & demonstrat hoc, q
inuenimus in alia translatione. scilicet multotiens cogitat intellectus in
aliquo timoroso, aut in aliquo delectabili, sed nō propter hoc erit timor,
aut delectatio, cor autem mouetur motu timoris, sed non ex intellectu, &
cùm cogitauerit in aliquo delectabili, tunc membrum aliud à corde mouetur motu delectationis.

Amplius & praecipiente intellectu, & dicente intelligentia fuge
rè aliquid, aut prosequi: non mouetur, sed secundum concupiscen
tiam agit, vt incontinens. Et totaliter autem videmus quoniam
habens medicatiuam non sanatur: tanquam alterius quidem sit
proprium agere secundum scientiam, sed non scientiae.

Praeterea

IOPH. *Præterea quãuis intellectus iubeat moneatq; dianœa fugere aliquid aut persequi, non mouetur: sed ex cupiditate agit, quemadmodum incõtinentes. deniq; uidemus eum qui medendi scientiam teneat, non mederi, utpote cùm aliud quidpiam sit quod habeat potestatem agendi ex scientia, & non scientia. Neq; uero penes appetitum est huius motus potestas: nam continentes quamuis appetant & cupiant, non tamen ea agunt quæ appetunt, sed parent intellectui.* D

Et, cùm intellectus miserit, & cognitio affirmauerit fugere aliquid, aut quęrere aliquid, non mouebitur, sed facit illud, quod cõuenit delectationi, s. ꝙ non potest se retinere. Et vniuersaliter videmus habentẽ artem Medicinæ non sanare: quia aliud est principale actionum, quæ fiunt per cognitionem.

47 Et videmus etiam ꝙ intellectus multotiens mittit ad quærendum aliquid aut fugiendum, sed tamen homo nõ mouetur ab eo, quod affirmat intellectus, sed ex eo, quando conuenit delectationi: vt accidit viro voluptuoso, qui non refrenat se vt deberet. D.d. Et vniuersaliter, &c.i. & vniuersaliter videmus multotiens ꝙ multi scientes aliquam artem, non agũt per illam artem, sicut videmus multos Medicos, qui non curant se, cùm infirmantur. & hoc non est, nisi quia alius motor est principalis actionis illarum actionum, quæ aguntur per cognitionem, & artem. &, si non, contingeret vt omne habens cognitionem alicuius operationis, non ageret nisi illam rem, quam scit. E

At vero neque appetitus huiusmodi motus dominus est. abstinẽtes enim, appetentes & concupiscentes non operantur, quorum habent appetitum: sed sequuntur intellectum.

Quòd intellectus, ac uoluntas causa sint localis motus in animalibus. Item quo pacto fiat iste motus. Cap. 2. F

VIdentur autem duo hæc mouentia, aut appetitus, aut intellectus: si quis phantasiam posuerit sicut intelligentiam quãdam. multa enim præter scientiam sequuntur phantasias: & in aliis animalibus non intelligentia, neque ratio est, sed phantasia. vtraque ergo motiua secundum locum, intellꝰ & appetitus.

IOPH. *Videtur igitur duo hæc mouere, aut appetitus aut intellectus: si quis phantasiam statuat uelut intellectionem quãdam. in multis enim posthabita scientia sequimur phantasias: & quidem in cæteris animalibus, nec intellectio inest, neq; ratio, sed phantasia. Ambo igitur hæc motiua sunt motu loci, intellectus & appetitus.*

Principalitas

A Principalitas igitur in hoc motu non est cognitionis, neq; etiã desyderii. eremitæ enim desyderant, & concupiscunt, sed non agunt ea, ad quæ mouentur per desyderium, quia consequuntur intellectum. Apparet igitur ꝙ illud, quod facit motum, est hæc duo, desyderium, s. & intellectus, & si aliquis posuerit ꝙ imaginatio est similis desyderio. in pluribus enim rebus cõsequimur imaginationem sine cognitione. alia enim animalia nõ habent existimationem, neq; cognitionem, sed imaginationem. Hæc igit̃ duo, s. desyderium, & intellectus, sunt mouentia de loco in locum.

48 Quid igitur dominatur in isto motu, & appropriatur ei non est cognitio, cũ multotiens moueamur à desyderio, licet intell9 videat nos non debere moueri. Neq; etiã ꝙ dñatur in isto motu est desyderium: quia multi hoĩes desyderant, sed non prosequuntur desyderiũ, sed intellectũ. Et, cùm declarauit ꝙ motus localis, impossibile est attribui alteri illarum virtutũ

B singulariter, & apparet etiam ꝙ vtraq; illarum habet introitũ in mouendo: motus.n. non fit sine desyderio, neq; sine intellectu, aut imaginatione. d.d. Apparet, &c. i. apparet igit̃ ex hoc, quod diximus, ꝙ agens motum est duo, intellectus, scilicet & desyderium, aut imaginatio, quæ est similis desyderio. In pluribus enim rebus mouemur ab imaginatiõe sine aliqua cogitatione, sicut animalia mouentur. alia enim animalia non habẽt cogitationem, sed in loco cogitationis habent imaginationem. Istæ igitur duæ virtutes sunt mouentes de loco in locum, scilicet desyderium, aut intellectus, aut imaginatio.

Intellectus autem qui propter aliquid ratiocinatur, & qui practicus est: differt aũt à speculatiuo, fine. & appetit9 pp̃ aliquid oĩs est. cuius.n. appetitus, hoc principium practici intellect9. vltimũ autem principium actionis est. quare rationabiliter hæc duo vñr

C mouentia, appetitus & intelligẽtia practica. Appetibile enim mouet: & propter hoc intelligentia mouet: quia principium huiusmodi quod appetibile.

IOVN. *intellectus (inquam) qui alicuius gratia ratiocinatur, et actiuus: differt autem à contemplatiuo fine. Appetitus etiam omnis, alicuius est gratia: cuius enim est appetitus, id principium est actiui intellectus: at quod ultimum est, principium est actionis. Quamobrem meritò hæc duo uidentur esse ea quæ moueant, appetitus & dianœa actiua. nam appetibile mouet, & propterea dianœa mouet: quia principium eius est appetibile.* *a.l. appetitiuum.

Et intellectus operatiuus, & est cogitans in re, differt à speculatiuo in perfectione. Et omne desyderiũ est desyderiũ ad aliquid. desyderiũ.n. non est principiũ intellectus speculatiui, sed ille alius est principium intellectus. Et ideo necessario apparet φ hæc duo sunt mouentia. s. desyderiũ, & cogitatio apud actionẽ. desyderatũ enim mouet: & ideo cogitatio mouet, quia est desyderatiua. D

49 D. & intellectus, per quem agitur, & est cogitatiuus, operatiuus, differt à speculatiuo in perfectione, & fine. finis enim speculatiui est scire tantũ: operatiui autem operari. D. d. Et omne desyderiũ, &c. i. &, quia omne desyderium est desyderium ad aliquid, ideo desyderium non est principiũ mouens intel℞m operatiuum: sed illud desyderatum mouet intellectum, & tunc desyderabit intellectus: &, cũ desyderauerit, tunc mouebi℞ homo, s. à virtute desyderatiua, quæ est intellectus, aut imaginatio. D. d. Et ideo necessario, &c. i. & quia principiũ motus est ex desyderato, apparet φ hæc duo mouent hōlem. s. desyderium, & consensus, qui sunt erga operationẽ ℞m hunc modum. s. φ faciens desyderare, & mouere, quod est intellectus, idem sunt: sed est mouens, quia facit desyderare rem. Et hoc intendebat, cùm d. desyderatum enim, &c. i.* desyderatum enim, quia ipsum est quod mouetur ad rem, quam comprehendit, & est intellectus operans aut imaginatio, & intellectus, qñ comprehẽdit aliquid desyderabit per scientiam & mouebit per desyderiũ: necesse est vt ipse intellectus sit mouens, ℞m φ est desyderans, non ℞m φ est cõprehẽdens, neq; ℞m φ desyderium est alia virtus ab intellectu: quæ est etiã mouẽs, ℞m φ ipse declarabit post. Et hoc, quod ipse d. de intellectu operatiuo, intelligendum est de imaginatione. animalia. n. v℞ mouentur ab imaginatione. si igitur forma fuerit imaginata ex cogitatione, tunc motus attribuetur intellectui operatiuo. &, si nõ fuerit ex cogitatione, tunc attribuetur ipsi virtuti imaginatiuæ. E g

Finis intell℞ speculatiui est scire tm: practici vero operari. Vide. 2. Met. t. cõ. 3. & hic L. t. cõ. 14.

*a. l. desyderium.

Intell℞ est mouẽs ℞m φ est desyderans, nõ ℞m φ est comprehẽdens. Idẽ ℞ com. 13.

Et phantasia quum moueat, non mouet sine appetitu. vnũ igi℞ mouens quod appetibile. si. n. duo intellectus & appetitus mouebant, ℞m cõem vtiq; aliquã speciẽ mouebant. nunc aũt intellectus non videtur mouens sine appetitu. voluntas. n. appetitus est. quũ aũt ℞m rationem mouetur, & ℞m voluntatem mouetur. appetitus autem mouet præter rationem. concupiscentia quidem enim appetitus quidam est. F

50 9 H. *Quinetiam cum phantasia mouet, non sine appetitu mouet. unum igitur quidpiam est quod mouet primò, uidelicet appetitiuum: nam si duo, intellectus nimirum & appetitus mouerent, communi aliqua specie mouerent: nunc autem intellectus non uidetur sine appetitu mouere: nam uoluntas appetitus est. cum autem ratione mouetur, uoluntate etiam mouetur: appetitus autem sine ratione mouet: cupiditas enim appetitus est quidam.*

Et principiũ huius erit in tpe, in quo mouetur imaginatio. nullus igitur motus erit extra desyderiũ. Motor igitur est vnus. s. de-

syderans

A syderans.mouens.n.si esset duo,s.intellectus & desyderiũ,tũc mo
uerent modo cõi.modo aũt intellectus non videtur mouere post
desyderium. voluntas.n.& desyderiũ,quando mouẽtur in cogitatione,tunc voluntas mouet.& desyderiũ mouet motu, qui non
intrát cogitationem.& desyderium est aliquis appetitus.

Idest. Et principium huius motus,qui est ex re desyderata, erit in tem-
30 pore,in quo imaginatio mouetur à re desyderata sine appetitu. Imagina-
tio.n.primo cõprehendit desyderatũ,s.patiẽ ab eo sm cõprehẽsionẽ:&,cũ
cõprehẽderit ipsum,forte desyderabit:& cũ desyderauerit, & nõ erit illic
aliqđ desyderiũ cõtrariũ,neq; alia virtus aĩæ cõtraria,tũc mouebit aĩal in
loco ad illud desyderatum. D.d. Motor igitur est vnus.i.motor igitur,q
est desyderatũ,quia est vnus,continget vt illud,quod mouẽ ab ea, quod
est mouens aĩal,s.virtus desyderatiua,sit vna etiam:& hoc est aut intellectus,aut imaginatio,sm q̃ vtrunq; est desyderans.&,si mouens animal es-
ser duo,s.intellectus per se,& virtus desyderatiua per se,sm q̃ sunt diuersa.
B tunc motus aĩalis non proueniret ab eis nisi accidentaliter,s.per naturam
communem istis duabus virtutibus,quæ esset alia ab vtraq; illarum. D.d.
modo aũt intellectus.i.&,si ita esset,cõtingeret vt intellectus per se moue
ret animal,& etiam desyderium per se.& nõ est ita.intellectus.n. non videtur mouere nisi voluntarie:sicut imaginatio non videtur mouere sine
desyderio. Et differentia inter voluntatem & desyderium est,quia,quan
do voluntas,& desyderium mouent,tunc voluntas mouet sm cogitationem,desyderium autẽ mouet non sm cogitationem. D.d.& desyderium
est aliquis appetitus.ita cecidit in scriptura,& est falsum, & debet legi, &
appetitus est aliquod desyderium.i.q̃ pars animæ desyderans est mouens
vniuersaliter. Si igitur desyderauerit per cogitationem,dicetur voluntas
&,si fuerit sine cogitatione,dicetur appetitus.& demonstrat hunc errorẽ
alia translatio,in qua dicitur,appetitus autẽ mouet sine cogitatione,quia
appetitus est modus desyderij.

Dfia inter voluntatẽ & appetitum.

C Intellectus quidẽ igitur oĩs rectus est.appetitus aũt & phantasia,recta,& non recta.vnde semp quidẽ mouet appetibile.sed hoc
est bonũ,aut apparens bonũ.non aũt oẽ,sed actuale bonũ.actuale
autem est contingens & aliter se habere.

SOPH. *Ac intellectus quidem omnis rectus est: appetitus autem & phan
tasia, & recta & non recta. itaq; fit ut semper quidem appetibile mo
ueat, id uero est uel bonum, uel apparens bonum, non omne tamen, sed
agendum bonum: agendum autem bonum est, quod potest etiam aliter se habere.*

Oĩs igitũ intells est rectus:appetit⁹ aũt & imaginatio qñq; sunt
recti,& qñq; nõ. Et iõ pars appetitiua mouet semp. sed hoc aut ẽ
bonũ,aut existimabitũ esse bonũ,sed nõ in oĩbus.illud. n. actuale ẽ
laudabile,& actuale est illud,quod poss est vt hẽat rẽ alio modo.

51 D & omnis actio ex intellectu est recta: actiones autē quæ fiunt ex appe D
titu & imaginatione quandoq; sunt rectæ, quandoq; non. Et ideo pars ap
petitiua mouet semper, quia mouet ad rectum, & nō rectum. intellectus
autem non mouet nisi ad rectum tantum: & ideo non mouet semper.
D.d. sed hoc, aut ē bonū, &c. sed hoc, erga qđ mouet virtus appetitiua, aut
est bonū, aut existimat esse bonū, sed non est. Et hoc bonū, ad qđ mouet
ista virtus, nō est bonū cōe omnibus. illud enim bonū, qđ est in actu sem
per, est laudabile simpliciter. Et hoc intēdebat, cū d. sed nō in omnibus,
illud enim actuale est laudabile. i. & illud bonum existēs in oībus. illud. n.
bonum, quod semper est actuale, est laudabile. D.d. & actuale est illud,
quod pōt esse, &c. i. & bonum, qđ est pura actio, est bonū, quod mouet a-
lio modo à modo, fm quem mouent ista bona, quæ qn̄q; sunt potentia,
qn̄q; actu. Et potest intelligi per hoc, quod. d. sed non in oībus. i. & bonū,
ad quod mouet ista virtus, nō est bonū fm totū. i. semp & simplr. illud. n.
bonum, qđ ē actu, ponitur esse laudabile. Vel aliter, sed non in oībus. i. sed
bonū, quod cōprehendit ista virtus, nō est bonū existens laudabile ab oī- E
bus. sed bonū intellectui operatiuo est laudabile apud illam virtutem: &
bonum, qđ potest inueniri alio modo ab eo, fm quem est bonum. bonū
autem cōe omnibus est bonum purum. Et intentio in istis est propinqua
& quasi ista postrema videtur conuenientior.

Bonū, qđ sp ē actuale est laudabile. oppositū. 5. Eth. c. 16. Vide com. 2um.

Quodquidem igitur huiusmodi potentia animæ mouet, quæ vocatur appetitus, manifestum est. Diuidentibus autem animæ partem, si secundum potentias diuidant & separent, valde multæ fiunt. vegetabile, sensibile, intellectiuum, consiliatiuum, adhuc appetitiuum. hæc enim plus differunt ab inuicem, quàm concupiscibile & irascibile.

SOPH. *Eiusmodi igitur animæ potentiam, quæ uocatur appetitus, mouere
palàm est. ex eorum autem sententia qui partes animæ diuidunt, si eas
per potentias diuidant ac separent, permulta euadunt: nutritiua, sensi- F
tiua, intellectiua, deliberatiua, atq; etiam appetitiua. hæc enim plus
inter se differunt, quā concupiscitiua & irascitiua.*

Iam igitur apparuit q̄ talis virtus animæ mouet, & est, quæ dr̄ appetitiua. Et diuidentes animam, si diuidunt eam fm virtutes, tunc inueniūt multas partes valde, s. nutritiuam, & sensibilem, & intelligentē, & cogitatiuā, & desyderatiuā. istæ. n. distinctæ sunt abinuicem, & magis desyderatiua. & similiter irascibilis.

52 Idest, iam apparuit ex hoc sermone q̄ talis virtus virtutū aīæ, quę com
prehendit rē, & desyderat ipsam, est virtus mouens aīal, & est quæ dicitur
appetitiua. Et illi, qui solent diuidere aīam in tres, aut in duas partes, opor
tebat eos, si intendebant diuidere illam fm virtutes habendas, diuidere eas

in

A In plures partes: cùm plures habeát partes illis tribus. v.g. nutritiuam, sensibilem, intelligibilem, & cogitatiuam.

Quoniam autem appetitus sunt contrarii ad inuicem. hoc autē accidit quum ratio & concupiscentia contrariæ fuerint: sunt autē in ipsis sensum habentibus. intellectus quidem enim propter futurum retrahere iubet: concupiscentia autem propter ipsum iam. videtur enim ꝙ iam delectabile & simpliciter delectabile & bonum simpliciter. propterea ꝙ non videtur quod futurum.

SOPH. *Sed quia appetitiones mutuo sibi contrariæ fiunt, quod tunc accidit, cum ratio & cupiditas contrariæ fuerint: fit autem in his quæ temporis sensum habent. nam intellectus propter futurum reluctari iubet, cupiditas uero propter id quod iam est: uidetur enim quod iam iucundum est, etiam simpliciter esse iucundum, & bonum simpliciter: propterea quod non uidet futurum.*

B Et propter diuersitatem appetitus contrariantur sibi adinuicē. & accidit hoc, quando modi appetitus fiunt oppositi. & hoc non erit nisi habenti sensum per tempus. & intellectus coget nos ad ꝓhibendum propter rem futuram. & appetitus propter rem præsentis voluptatis. existimatur igitur ꝙ res præsentis voluptatis ē voluptas simpliciter, quia non aspicit rem futuram.

51 Potest intelligi & propter diuersitatem appetituum, qui sunt in anima concupiscibili, contradicunt sibi in motu ab inuicem. Vel aliter. i. & propter diuersitatem appetitus animæ concupiscibilis ab intellectu contradicit sibi adinuicem. & hoc est manifestius. D.d. & accidit hoc, &c. i. & hoc accidit in eadem re, quando modi appetituum in ea fuerint oppositi. & iste modus contrarietatis non inuenitur nisi in animali, quod comprehēdit tempus: quia comprehendit aliquid magis ex re in præsenti tempore, quā illud, quod est ex ea in futuro. v.g. ꝙ in eadem re iudicat quod modo C est voluptabile, & in futuro contristabile. D.d. & intellectus coget ad ꝓhibendum. & intendebat demonstrare diuersitatem duorum modorum in appetitu. s. appetitum intellectus, & appetitum animæ concupiscibilis. Anima enim concupiscibilis mouet ad rem, quæ est in actu voluptuosa: anima autem rationalis multotiens prohibet. & hoc propter nocumentum futurum, v.g. coitus & crapula. Deinde d. existimatur igitur, &c. id est, multi igitur existimant ꝙ res præsentis voluptatis est voluptuosa simpliciter, & nunquā contristabilis: quia virtus concupiscibilis non inspicit contristationem contingentem in futuro.

A la cōcupiscibilis mouet ad rem, q̄ est actu voluptuosa: sed rationalis multotiēs prohibet.

Specie quidem igitur vnum erit mouens, appetibile aut appetitiuum: primum autem omnium appetibile: hoc enim mouet, quum non mouetur, eo ꝙ sit intellectum aut imaginatum. numero autem plura mouentia. Qm̄ autem tria sunt, vnum quidē mouens: ſm quo mouet: & tertium quod mouetur: mouēs autem duplex, aliud quidem immobile, aliud autem quod mouet & mouetur. Est autem immobile, actuale bonum. mouens autem & quod mouetur, appetitiuum. mouetur enim quod appetit, ſm ꝙ appetit: & appetitus actus aut motus quidam eſt. quod autem mouetur animal eſt. quo vero mouet organo appetitus, iam hoc corporeum eſt. vnde ĩ communibus corporis & animæ operibus conſiderandum de ipſis. D

IOPH. *utiq; unum ſpecie fuerit quod mouet, uidelicet appetitiuum quatenus appetitiuum: primum autem omnium appetibile, (hoc enim mouet & non mouetur, quòd intellectu aut phantaſia apprehenſum ſit) numero autem plura ſunt ea quæ mouent. Sed cum tria ſint, unum quod mouet: ſecundum quo mouet, tertiumq; item quod mouetur: atq; id quod mouet duplex ſit, partim immobile: partim quod moueat & moueatur. eſt autem immobile quidem, bonum agendum: quod uero mouet & mouetur, appetitiuum (mouetur enim quod appetit, quatenus appetit, ac appetitus motus quidam eſt aut operatio) quod uero mouetur, animal. inſtrumentum uero quo mouet appetitus, id demum corporeum eſt: quamobrem in communibus corporis & animæ muneribus de iis conſiderandum eſt.* E

Et mouens eſt appetitum, ſm ꝙ eſt appetitum. appetitum.n. præcedit alia. hoc enim mouet & non mouetur, quia mouet imaginationem, & intellectum. Mouentia autem ſunt multa in numero, quia res, per quas fit motus, ſunt tres. Quarum vna eſt motor, & alia res, per quam mouet, & tertia motum. & motor eſt duob9 modis, iſte autem eſt non mobilis, ille vero eſt mobilis. Non motũ autem eſt bonum intellectum. motor autem & motum eſt appetitiuum. mouet enim illud, quod mouetur, ſecundum quòd eſt appetitiuum: quia appetitus eſt motus. ſ. qui in actu. & quod mouetur eſt animal, & inſtrumentum mouens eſt appetitus, & iſta ſunt corporalia. Et ideo quærenda ſunt in actionibus communibus animæ & corpori. F

14 Ideſt & primus motor in hoc motu eſt res appetita, ſecundum ꝙ eſt appetita. res enim appetita præcedit alia mouentia animali in hoc motu: quia iſta mouet, & non mouetur. & iſta eſt diſpoſitio primi motoris. D. dicit. quia mouet imaginationem, & intellectum. ideſt & eſt motor, quia mouet imaginationem, quando appetitus fuerit partis imaginatiuæ: aut intellectum, ſi appetitus fuerit iſtius partis animæ. Deinde dicit. Mouentia autem ſunt multa in numero. ideſt mouentia autem, quibus fit iſte

Ex hoc patet oppoſitum mouentem mouere vt efficiens. idē 12. Me. cō. 36. Diſpō primi mo

motus

8. Phy. 35. motus sunt plura vno. Deinde dicit. quia res, per quas fit motus, &c. idest
A & cùm contingit vt motor sit plures vno, propter hoc, quod declaratum est in sermonibus vniuersalibus. s. quòd omnis motus fit per tres res, s. quarũ vna est motor, qui non mouetur, & alia illud, per quod mouet, & hoc est motor & motum, tertia autem est motum & non motor. D.d. & motor est duobus modis, &c. i. & declaratum fuit illic quòd motor est duobus modis, s. motor non motus, & iste est primus: & motor qui mouetur, & hoc est, per quod mouet primus motor. Dicit, demonstrauit quid est vnum quodq; istorum trium in hoc motu, & d. non motum autem est bonum intellectum, &c. i. illud autem, quod est in hoc motu mouens non motũ, est bonum intellectum, quod comprehendit anima appetitiua. motor autem & motum est res appetitiua, idest corporis membrum, in quo est ista pars animæ. appetitus autem est motus, quia est à re appetita per intellectum in actu. Et forte hoc intendebat, cùm d. quia appetitus est motus, scilicet qui in actu. i. appetitus, qui est à re appetita in actu. Vel aliter, idest
B appetitus, qui est appetitus in actu: motum autem, & non motor, qui est tertia res in hoc motu est animal. D.d. & instrumentum mouens est appetitus, &c. i. & quia illud mouens, per quod mouet primus motor, necesse est vt sit corpus cùm sit motum, vt declaratum est in vniuersalibus sermonibus: & appetitus hic est illud, per quod mouet primus motor: ergo res appetitiua, per quam mouetur animal est corpus, & appetitus est forma eius. Et ideo oportet quærere ea, per quæ fit iste motus, vbi loquitur de actionibus communibus animæ & corpori. i. in parte scientiæ naturalis, in qua loquitur de istis actionibus communibus, vt in somno & vigilia. Et ipse locutus fuit de hoc in tractatu, quem fecit de Motu animaliũ. sed iste tractatus non venit ad nos: sed quod trãsferebatur ad nos fuit modicum de abbreuiatione Nicolai.

Right margin: toris est vt moueat & à moue. s. Idē. 8. ph. 41. 51. 78 — 8. Phy. 35.

Nunc autem vt in summa dicatur, mouens organice ubi principium & finis idem: velut ginglysmus. hic enim gibbosum & cõcauum, hoc quidem finis, illud vero principium. vnde aliud qui-
C dem quiescit, aliud vero mouetur, ratione quidem altera entia, magnitudine vero inseparabilia. omnia enim pulsu & tractu mouentur. propter quod oportet sicut in circulo manere aliquid, & hinc incipere motum.

SOPH. *Nunc autem ut summatim dicam id quod mouet organice, est ubi principium & finis est idem, ueluti cardo. hic enim conuexum & concauum, alterum finis: alterum principium est. iccirco alterum quiescit, alterum mouetur: cũ ratione diuersa, magnitudine inseparabilia sint. cuncta enim pulsu & tractu mouentur. quapropter oportet ueluti in circulo, aliquid maneat, & inde incipiat motus.*

Et dico modo vniuersaliter quòd corpus mouetur motu cõsimilitudinis, vbi. n. est principiũ, illic etiam est finis. sicut motus gyra-

tiuus. in hoc. n. inuenitur gibbositas, & concauitas: illud aũt est fi- D
nis: hoc autem principium. Et ideo hoc est quiescẽs, hoc vero motum: quãuis in definitione sint diuersa, in magnitudine autẽ non sunt distincta. omne enim, quod mouetur, mouetur secundum aliquam gibbositatem. Vnde necesse est vt res quiescat, sicut illud quod est in circulo, & q̃ principium motus sit ex hoc.

55 Cùm notificauit q̃ quærere de rebus, per quas fit iste motus, conueniẽtius est in alio loco, incœpit hic narrare quandam rem vlem, & d. Et dico modo vlr, &c. i. & dico modo q̃ corp⁹ mouetur à primo instro, ita q̃ primum instrm, quod mouet ipsum, quod est subiectum animæ desyderatiuæ est in corpore animalis in vno loco, à quo expellũtur partes partis motæ animalis, & ad quã attrahũtur partes illius partis ab illo instro. omnis enim motus compositus ex attractione & expulsione, necesse est vt principium, à quo est expulsio, sit finis, ad quem est attractio. Et ideo. d. sicut E
motus gyratiuus. motus. n. gyratiuus compositus est ex attractione & expulsione. Quoniam autem motus animalis compositus est ex attractione & expulsione, manifestum est quoniam, quando pars dextra mouetur à nobis, & sustentati fuerimus super sinistram, tunc quædã partes illius partis erunt expulsæ ad interius, & quædam attractæ, & sunt partes, quæ sunt posterius: & attractio & expulsio earum nõ est rectitudine, sed sm lineas non rectas, magis curuas quã rectas: & ideo assimilatur gyro. & instrm, p quod corpus desyderat primo, & vlt, non est cognitum à nobis. Et in loco huius sermonis inuenimus in alia translatione sermonem manifestiorem sic. Dicamus igitur breuiter q̃ motor est quasi habẽs eandem dispõnem in suo principio, & suo fine: sicut illud, quod dr̃ Grece gigglysmus. & enim in eo gibbositas, & concauitas: et vnũ eorũ est finis, & aliud principium. D. d. in hoc enim inuenitur gibbositas, & concauitas, i. in omni. n. quod mouetur sm expulsionem & attractionem, non recte conuenit eẽ concauitatem & gibbositatem, ita quód gibbosum sit quiescens, à quo e- F
rit principium expulsionis, & ad quod sit finis attractionis: & concauum sit motum, sicut est dispositio corporis moti circulariter. Omne. n. corp⁹, quod mouetur circulariter, motus eius componitur ex attractione, & expulsione, sicut dictum est in Septimo Phy. D. d. illud autem est finis, hoc autem principium, &c. i. & ista pars quiescens est per motum attractionis finis, & per motum expulsionis principium. & ideo necesse est, vt gibbosum, aut illud, quod est loco gibbosi, sit quiescens aut concauum: aut illud, quod est loco concaui, sit motum: licet principium & finis in hoc motu sint diuersa in definitione, in magnitudine aũt idẽ sunt, sicut centrũ. & hoc est ecõtrario de motu recto, s. q̃ principiũ, & finis sint in eo diuersa in definitione, & in magnitudine, & mẽbrũ quod est tale in animali, est cor sm ipsum. D. d. omne enim, quod mouetur, mouetur sm aliquã gibbositatem. i. & fuit necesse vt in animali sit tale membrũ quiescens: quia est principium motus expulsionis, & finis attractionis, propter hoc, q̃ omne, quod

Oẽ corpus qđ mouet circulr, motus ei⁹ componit̃ ex attractiõe & expulsione. considera de motu cœli.

In motu recto principiũ & finis sunt diuersa i definitione.

A quod mouetur secundum attractionem & expulsionem, necesse est vt sit secundum aliquod gibbosum quiescens, ad quod peruenit motus attractiuus, & à quo incepit motus expulsiuus. & ideo necesse est vt in omni tali sit aliquod fixum, quod sit principium & finis, sicut centrum in circulo. Et iste sermo ædificatur super duas propositiones: quarum vna est ꝙ motus animalis in loco componitur ex expulsione & attractione: secunda est ꝙ omnis motus compositus ex attractione & expulsione habeat rem quiescentem, ex qua sit principium motus expulsiui, & ad quem sit finis attractiui. Apparet enim ꝙ necesse est in omni motu vt illud, à quo est motus, & ad quod est motus, sit quiescens. cùm igitur motus fuerit compositus ex expulsione & attractione, continget vt hoc quiescens sit idem. Cum igitur hæ duæ propositiones fuerint concessæ, consequitur ex eis ꝙ in animali est membrum quiescens, à quo incipit motus expulsiuus, & ad quod peruenit. Et quia videmus ꝙ vltimum membrum, quod quiescit in motu locali, est cor, necesse est vt eius principium sit ex eo. Sic igitur est intelligendus iste B locus, & istæ propositiones sunt manifestæ, & apparentes: sed verificare eas per inductionem, & dare causas apparentium in hoc, proprium est sermoni de motu animalium locali.

Documentum.

& in magnitudine, in circulari definitione. Cōsilie 8. ph. c. 73 & 1. cœ. L cō. 15.

Appet ꝙ necesse est in oi motu, ut id, a quo ē motus, & ad quod est motus, sit quiescens necessario idē 4. ph. 41. & 8. Phy. c. 84. & 22.

Quid sit mouens in imperfectis animalibus: & quomodo eis insit.

Cap. 3.

Omnino quidem igitur sicut prædictum est, inquantum appetitiuum animal, sic ipsius motiuum est. appetitiuum autem non sine phantasia. phantasia autem omnis, aut rationalis, aut sensibilis est. hac quidem igitur & alia animalia participant: considerandum autem & de imperfectis quid mouens est, quibus tactus solum inest sensus: verum contingat phantasiā inesse his, aut non, & concupiscentiam. videtur enim lætitia & tristitia inesse. si autem hæc, & concupiscentiam necesse. Phanta- C sia autem quomodo vtiq; inerit: aut sicut mouētur indeterminate, & hæc insunt quidem, indeterminate autem insunt.

80 PM.

Ad summam sicuti diximus, animal qua appetitiuum est, eatenus sui ipsius motiuum est. appetitiuum autem sine phantasia non est. phantasia porrò omnis, aut ratione prædita est, aut sensitiua. atq; hanc quidem reliqua etiam animalia participant: sed de imperfectis etiam considerandum est, quid sit quod ea moueat, quibus sensus duntaxat tactus inest: utrum fieri possit ut phātasia et cupiditas in iis insit, an nō? nā & dolorē & uoluptatē inesse apparet. quod si hæc insunt, & cupiditatem inesse necesse est. Atqui phantasia quomodo inerit: an quemadmodum mouentur indefinitè: ita hæc etiam, insunt illa quidem, uerum indefinitè insunt.

Et

Et vniuersaliter sicut diximus, quia res, secūdum ꝙ est animal D
habet appetitum, sic per illam intentionem mouet se. & desyderium non est extra imaginationem: omne enim imaginatum, aut
est sensibile, aut cogitabile: hoc enim inuenitur in aliis animalib⁹.
Consyderemus igitur in animalibus non perfectis quid moueat
ea, in quibus sensus non est nisi per tactum tantum. Dicamus igitur verum sit possibile vt habeant tristitiam & delectationem. &
si hæc duo habent, de necessitate, habent appetitum. Quomodo
igitur erit imaginatio? Aut forte, sicut mouentur motu interminato, sic etiam existit in eis. est enim in eis, sicut diximus cum imaginatione sensati non terminati.

56 D. & quia res, sm ꝙ est animal, habet appetitum, necesse est vt per illā
intentionem moueat se. & omnis appetitus non est sine imaginatione: o-
mne enim imaginans aut habet illam formam imaginatiuam, à qua mo
uetur ex sensu, aut habet eam ex cogitatione. in homine autem habetur E
ex cogitatione: in aliis vero animalibus ex sensu. Et, cum posuerimus ꝙ
omnis appetitus fit ex imaginatione: imaginatio autem fit ex quinque
sensibus in animalibus perfectis, oportet consyderare quomodo mouen
Dubium. tur animalia imperfecta, quæ non habent nisi tactum tantum. Et manife
stum est ꝙ, si ista habent delectationē & tristitiam, necesse est vt habeant
Idē scd̄o. appetitū. sed, si posuerimus ea habere appetitum, necesse erit vt habeant
d' ala. 10. imaginationem. sed ista existimantur non habere imaginationem, cūm
non moueantur ad sensibilia nisi apud presentiam eorum, aut mouean-
Solutio. tur motu non terminato. Sed quocunque modo sit, dicamus ꝙ quemadmodum mouentur motu non terminato, idest ad intentionem non terminatam, ita videtur ꝙ imaginantur imaginatione non terminata, cūm
sentiant sensu non terminato.

Sensibilis quidem igitur phantasia sicut dictum est, & in aliis
animalibus inest: deliberatiua autem in rationalibus. vtrum. n. F
ageret hoc aut hoc, iam rationis est opus, & necesse uno mensura
re: maius enim imitatur: quare potest vnum ex pluribus phantas
matibus facere. & causa hæc eius qđ non putari opinionē habere, quoniam eam quę ex syllogismo non habet: hæc autem illam:
propter quod deliberatum non habet appetitus. uincit autem ali
quando, & mouet deliberationem. aliquando autē mouet hęc ip
sum sicut sphæra, appetitus appetitum, quum in continentia fuerit. natura autem semper quæ sursum, principalior est, & mouet:
ut tribus lationibus iam moueatur.

SOPH. *Sensitiua igitur phantasia (quemadmodum dictum est) reliquis ēt
inest animalibus: deliberatiua uero in iis quæ rationē habent. utrum
enim hoc aget an illud, id iam rationis officium est. atq; necesse est*

vno

A *uno quodam semper metiri, maius enim persequitur: quare potest ex pluribus phantasmatibus unum facere. atq; hæc est causa cur non habere opinionem uideatur: nimirum quia eam quæ ex syllogismo proficiscitur, non habet: proinde deliberatiuum appetitus non habet. uincit tamen interdũ, & mouet uoluntatem: nonnunquã hæc illum, ueluti sphæra: appetitus. s. appetitum, cum incontinentia fit. quæ uero superior est, semper est natura dominantior, & mouet: ita ut tribus demũ lationibus moueatur.*

Et hoc etiam inuenitur in alijs animalibus. Virtus autem cogitatiua est in rationabilibus tantũ. eligere autem facere hoc, aut hoc est de actione cogitatiua. & numerat ipsum vnum de necessitate. mouetur enim erga maius: ita quod potest ex multis imaginationibus vt agat. Et hæc est causa existimationis. non enim habet co-
B gitationem, quia nõ habet rem, quæ fit à ratione. & hoc est, quod est illius propter delectationem: quia non habet virtutem cogitatiuam. Dominatur igitur, & mouet quandoque illud, & quandoque aliud. appetitus. n. mouet appetitũ secundũ sphæram, quando habuerit intentionẽ continentiæ. est enim secundum naturã prior & motor, ita quod sint motæ erga motum.

57 Dicit & imaginatio existit in alijs animalibus, cogitatio aũt in rationabilibus. Eligere enim facere hoc imaginatũ & non hoc, est de actione cogitationis, non de actione imaginationis. Iudicans enim quod hoc imaginatũ est magis amabile quàm hoc, debet esse eadem virtus de necessitate, quæ numerat imaginationes, & in quibusdam iudicat magis delectabilius. Et hoc intendebat, cum d. & numerat ipsum vnum de necessitate. & est secundum quod reputo, & necesse est vt ista virtus numeret illas imagines,
C donec comprehendat ex eis magis amatum: sicut vnum numerat numeros inæquales, donec comprehendat ex eis magis maiorem. Similiter cogitatio numerat imagines, & comparat inter eas, donec possit pati ab imaginatione alicuius earum. Et hoc est causa, quare animal rationale habet existimationem. existimatio enim est consensus, qui prouenit à cogitatione. Deinde dixit, non enim habet cogitationem, &c. i. præter animal rationale nullum habet cogitationem, quia non habet rationem: & motus animalium est propter delectationem, & est motus simplex non diuersus, quia non habet virtutem cogitatiuam cum appetitu, ita quod hæ duæ virtutes dominantur sibi adinuicem, adeo quod moueretur animal quandoque propter voluntatem, sicut in animali rationali. Deinde dicit, appetitus. n. mouet appetitum, &c. idest, accidit enim in habenti plus quàm vnum appetitum, s. vt animal moueatur in quibusdam locis à duobus appetitibus insimul, quando acciderit vt vnus appetitus fuerit dominans & continens secundum: tunc. n. inducet ipsum ad suum motum, quando appetitus do-

Differẽtia inter phãtasiã hoĩs, & aliorũ aĩalium.

minatus

minatus remanet motus in ſuo motu proprio, ſicut accidit in corporibus D
Idem . 12. Me. 17 &. 44 . &. 2. Cœli . 58. cœleſtibus. Vnuſquiſq; enim orbium ſtellarum erraticarum videtur moueri per appetitum orbis ſtellarum fixarum motu diurno: licet cum ſuo appetitu proprio moueantur motu proprio. Deinde d. eſt enim ſecundum naturam, &c. i. & accidit huic ſphæræ continenti alias, ſ dominari ſuper eas propter hoc, quia eſt prior natura aliis & mouens eas: ita vt p hoc accidat vt aliæ moueantur ab ea.

Scientificum autem non mouet, ſed manet. Quoniam autem hęc quidem vniuerſalis exiſtimatio & ratio: alia uero particularis. hæc quidem enim dicit, ꝙ oportet talem, tale agere. hęc autē ꝙ hoc quidem tale, & ego talis: iam hęc mouet opinio, non quæ vniuerſalis: aut utraque: ſed hæc quidem quieſcens magis: hæc autem non.

SOPH. Aliter hūc locum interpretari poſſemus hoc mō: utrū hęc opinio mouet, nō illa vſa? an ambæ.

Scientiale autem non mouet, ſed manet. Sed cum exiſtimatio ac ratio, quadam ſit rei uniuerſalis: quadam, ſingularis: altera namq; dicit oportere hunc talem, hoc tale agere: altera, hoc eſſe tale, & me etiam talem: hæc demum opinio mouet, non illa uniuerſalis: An utraq;, ſed illa quieſcens potius: hæc, non item. E

Virtus autem ſcientialis non mouetur, ſed quieſcit: quia illa eſt exiſtimationis, & iudicij vniuerſalis inſimul, iſta autem eſt particularium. illa. n. facit ꝙ oportet tale facere talem actionem: & illud eſt, quia iſta res eſt ſecundum hunc modū, ego etiam ſum ſecundum illum. hoc. n. etiā mouet, ſed non vniuerſale. aut vtrunq;: ſed illud eſt quieſcens, iſtud autem non.

Dicit, Virtus autem, quæ comprehendit vniuerſale, non mouetur ad
58 comprehenſum: quia iſta virtus eſt exiſtimationis tm̄, & comprehenſionis rei vniuerſalis, res autem vniuerſalis non mouet omnino, cùm nō ſit aliquod hoc, ideſt ſingulare. virtus enim, quæ comprehendit particulare, F eſt particularium, & mouetur, quando mouet. Intendebat igitur hic per virtutem, ſcientialem virtutem comprehendentem rem vniuerſalē. D. d. illa enim facit, &c. i. virtus enim, quæ comprehendit vniuerſale, affirmat ꝙ oportet omne tale agat talem actionem: virtus autem particularis eſt, quæ comprehendit exemplum ſibi ſm̄ hāc diſpoſitionē quā affirmauit, ſi eſſet ſciens ut ageret illam actionem. Proueniet igitur à comprehenſione iſtarum duarum virtutum congregatio per quam fit actio. Deinde dixit. hoc enim etiam mouet, &c. i. intentio enim particularis mouet: motio autem ad vniuerſale non eſt ei. Aut dicamus ꝙ motio eſt vtriq;. ſed eſt vniuerſali, quia eſt quieſcens, & particulari quia eſt motum. & hoc intendebat cum d. ſed illud eſt quieſcens, iſtud autem non. i. ſed ſi vniuerſale fuerit mouens, erit ſecundum ꝙ eſt quieſcens, aliud autem particulare, ſecundum ꝙ eſt motum.

A **SVMMA TERTIA.**

Quæ animæ potentiæ quibus animatis necessario insint.

Nutritiuam animam omne uiuens necessario habere: sensum uero tactus ipsum animal: atque etiam gustum, cùm sit tactus quidam. Cap. 1.

Egetabilem quidē igitur animam necesse est habere omne quodcunque viuum & animā habet, a generatione vsque ad corruptionē. necesse est.n.quod generatur, augmentum habere & statum & decrementum. hoc autem sine alimento impossibile. necesse igitur inesse vegetabilem potentiam in omnibus generatis & corruptibilibus.

SOPH. *Necesse igitur est quidquid uiuit & animam habet, nutritiuam habere animam ab ortu usque ad interitum suum: quod.n.genitum est*
B *habere auctionem & statum & diminutionem necesse ē: quæ sine nutrimento haberi nequeunt. ergo necesse est nutritiuam potentiam omnibus ijs inesse quæ oriuntur & intereunt:*

Necesse est igitur vt anima nutritiua sit in omni, & vt anima existat in eis de generatione vsque ad corruptionem. Necesse est.n. vt omne generatum habeat principiū, & finē, & descensum, quæ non possunt esse sine nutrimento. ergo de necessitate, virtus nutritiua est in omnibus rebus augmentabilibus & diminuibilibus.

59 Cùm compleuit sermonem de omnibus virtutibus animæ vniuersalibus, vult demonstrare quæ est ex eis in animalibus propter necessitatem, & quæ propter melius, & d. Necesse est igitur vt anima nutritiua sit in omni
C viuo de prima generatione vsque ad corruptionem. Necesse est enim vt omne habens animam, habeat crementum & diminutionem: cū impossibile est vt subitò veniat ad suam perfectionem postremam, sed descendendo paulatim, & intrando in senectutem. Et, quia causa crementi nihil aliud est q̄ nutrimentum, & causa diminutionis nihil aliud est q̄ defectus cibi, & eius paucitas: necesse est vt anima nutritiua sit in omni, quod crescit, & senescit. & quia oē viuū est tale, necesse est vt oē viuū sit nutribile. 2. de An. 14. 3. de an. 44. 8. Ph. 20.

Sensum autem non necesse in omnibus viuentibus. neque.n. quorumcunque corpus simplex, contingit habere tactum. neque sine hoc possibile est esse nullum animal. neque quæcunque non susceptiua specierum sine materia. animal autem necesse sensum habere, si nihil frustra facit natura. propter.n. aliquid omnia quę sunt natura, subsistunt, aut concidentia sunt eorum quæ sunt propter aliquid. Si igitur omne processiuum corpus non habet sensum, corrumpetur vtique, & ad finem non vtique veniet, qui est naturæ opus

opus. quomodo enim aleur? (manentibus quidem enim existit quod vnde nata sunt. D

10 PH.

sensum omnibus inesse uiuentibus, necesse non est: neq. n. ea quorũ corpus est simplex, possunt tactum habere: neq. sine eo ullum animal esse potest: neq. itẽ ea quæ non sunt receptiua specierum sine materia. at animal necesse est sensum habeat, si nihil frustra facit natura. cuncta n. quæ natura sunt, alicuius sunt gratia: aut sunt casus eorum quæ alicuius gratia sunt. ergo si corpus quodq. gressile non haberet sensum, utique corrumperetur, & ad finem non perueniret, quod naturæ opus & officium est. quo n. pacto nutrietur? iis n. quæ stabilia sunt, hoc adest in eodem illo loco unde orta sunt.

Et non est necessarium sensibilem esse simpliciter. Et impossibile est sine ista vt animal sit viuũ: neq; etiã in rebus, quæ non recipiunt formã sine materia. Necesse est igitur vt sensus sit in animalibus, si natura nihil facit ociosum. omnia enim existentia per naturam aut sunt propter aliquid, aut sunt accidentia consequentia, quę sunt propter aliquid. omne. n. corpus ambulans sine sensu corrumpitur, & non venit ad finem, cum fuerit de actione naturæ. Notũ est igitur quod de necessitate inuenietur sensibilis in aĩalibus. est. n. secundum modum motus sine sensu, sed iste etiam est in eis, quæ innata sunt quiescere. E

60 Et non est necessarium vt virtus sensibilis sit simpliciter, idest in omnibus rebus, quæ crescunt & corrumpuntur. Sed in animalibus tantũ est necesse vt sit virtus sensibilis. impossibile enim est sine hac virtute vt aliquid sit animal: & hoc est in rebus recipientibus eam non in materia. hoc enim nomen † vita, dicitur de eis & istis æquiuoce: & innuit corpora cœlestia. Deinde dixit. Necesse est igitur vt sensus sit in animalibus, &c. i. & apparet quod necesse est vt sensus sit in omni animali, & hoc, quia natura nihil facit ociose. Omnia * enim naturalia aut sunt propter aliquid, aut sũt accidentia consequentia naturã de necessitate, & non intenduntur. v. g. pili, qui oriuntur in locis non determinatis in corpore. & cùm ita sit, si animal non haberet sensum, cùm hoc quod est ambulans, statim corrumperetur antequã perueniret ad complementum: & tunc natura ageret ociose, cùm incœpit generare entia, quæ non possunt peruenire ad finem in maiori parte, aut omnino. Notum est igitur quod necesse est, vt virtus sensibilis sit in animalibus ambulantibus de necessitate, scilicet quærentibus nutrimentum. Deinde dicit. est enim secundum modum motus sine sensu, idest quoniam, si inueniretur aliquid moueri in loco sine virtute sensibili, tunc illius esse est modo diuerso ab esse generabilium & corruptibiliũ. & innuit corpora cælestia. Illa enim, quia non sunt generabilia neq; corruptibilia, F

Vide. 12. Met. 54. & 2. Cœ. 61. & 2. de anima. 15.

† Vita æquiuoce dicitur de superioribus, & inferioribus. Con simile. 2. Cœ. 60. & 71.

* Oĩa naturalia aut sũt propter aliquid, aut sunt accidentia cõsequẽtia naturã de necessitate. Idẽ. 2. Ph. t. cõ. 68.

ruptibilia,

A ruptibilia, si haberent sensum, tunc natura ageret ociose: quemadmodũ, si ista mobilia generabilia & corruptibilia non haberent sensum, tunc natura ageret ociose. Deinde dicit, sed iste etiam est in eis, quæ innata sunt quiescere. idest sed priuatio sensus debet esse de generabilibus & corruptibilibus in eis, quę innata sunt quiescere, & non moueri ad nutrimentum, scilicet in vegetabilibus.

Non potest autem corpus habere quidem animam & intellectum discretiuum, sensum autem non habere: non mansiuum existens, generabile autem: at vero neq; ingenerabile. quare .n. non habebit: aut .n. animæ melius, aut corpori. nunc autem neutrum est. hoc quidem enim non magis intelliget. hoc autem nihil erit magis propter illud.

SOPH. *Fieri autem non potest ut corpus ullum habeat quidem animã & intellectum iudicandi ui praditum, sensum uero non habeat, quod nõ*

B *stabile sit, sed generabile [quinimo ne ingenerabilẽ quidem] cur. n. nõ habebit? nam aut animæ melius erit, aut corpori: nunc autem neutrũ est. illa .n. nõ magis ĩtelliget: hoc uero nõ ideo magis erit propter illud.*

In aliquibus desũt hęc verba.

* a.l. cur enim habebit.

Et imposbile est vt corpus habens animam & intellectum, & iudicium sit sine sensu, cùm non sit remanẽs, siue fuerit generatũ, siue non fuerit generatum etiam. Causa enim, propter quam habet hoc, est q; non iuuatur per illud corpus, & anima. Modo autẽ non est aliquod istorum etiam. & illa autem, quia in maiori parte non intelligit: & ista quia in maiori parte non est.

61 D. Et impossibile est vt corpus habeat animum & intellectum sine sensu, cùm illud corpus non est remanens, sed generabile & corruptibile,

C siue fuerit simplex siue compositum. Et hoc intendebat, cùm d. vt repu to generatum, aut non generatum. causa enim, propter quam debet esse corpus animatum intelligens sine sensu, si potest esse, est quia illud corpus animatum non adiuuatur per sensum neque in anima, neque in corpore. Sed si posuerimus corpus animatum intelligens esse non generabile, neq; corruptibile, manifestum est quòd non indiget sensu: cùm non haberet sensus in ipso aliquod iuuamentum. iuuamentum enim, quod est per animam, non habet, quia anima sensibilis impedit in maiori parte, idest intellectum. & hoc intendebat, cum dixit, & illa autem, quia in maiori parte non intelligit. i. virtus autem sensibilis, quia in parte maiori non intelligit animali intelligenti. Iuuamentum autem virtutis sensibilis, quæ est per corpus, non habet etiam, quia sensus in maiori parte non est causa longitudinis vitæ & durationis. Et hoc intendebat, cùm d. & ista, quia in maiori parte non est. idest & sensus in maiori parte est causa, quare res non sit, idest vt corrumpantur. & ideo sensibilia sunt minoris uitæ, quàm multæ plantæ.

Vide. 2. Cœ. 61. Et 8. Met. cõ. 12. Et 12. Met. 16. Ala sensibil' ĩpedit in maiori parte. Idẽ 2. de Ala. 151.

Nullum

Nullum ergo habet animam corpus non manens sine sensu. at D uero si sensum habet, necesse est corpus esse, aut simplex, aut mistum. Impossibile autem est simplex: tactum enim non haberet: est autem hunc necesse habere.

SOPH. *Nullum ergo corpus non stabile, habet animam sine sensu. enimuero, si sensum habet, necesse est corpus sit, aut simplex aut mixtum. Sed fieri non potest ut simplex sit: nam tactum non habebit: quem tamen necesse est habeat.*

Et propter hoc iterum non est corpus motum habens animam sine sensu. Sed, si habet sensum, tunc de necessitate aut erit simplex, aut compositum. Et impossibile est vt sit simplex, quia non habet tactum. & necesse est vt habeat ipsum.

62 D. & propter hoc, quod declaratum est, si est aliquod corpus motum habens animam, non generabile neque corruptibile, tunc illud corpus non indiget sensu: & tunc quærendum est modo vtrum est corpus motum habens animam sine sensu, aut nullum corpus est tale. & innuit ꝙ quærendum est de hoc in alio loco. Deinde dicit. Sed si habet sensum, &c. idest sed manifestum est hoc ꝙ, si virtus sensus est in aliquo corpore, necesse est illud corpus sit aut simplex, idest vnum quatuor simplicium, aut compositum ex eis, quod est generabile & corruptibile. & impossibile est ut sit corpus simplex: corpus enim simplex impossibile est vt habeat sensum tactus: & necessarium est vt tactus sit in omni habente sensum. E

Hoc autem ex his manifestum, quoniam enim animal corpus animatum est, corpus autem omne tangibile, tangibile aũt quod sensibile tactu, necesse est & animal corpus tactiuum esse, si debet saluari animal. alii enim sensus per altera sentiunt, ut olfactus, uisus, auditus: tactus autem nisi habeat sensum, non poterit hæc quidem fugere, illa uero accipere. si uero hæc, impossibile erit saluari animal. propter quod & gustus est sicut tactus quidam: alimentum autem corpus tangi possibile. F

SOPH. *Quod ex his perspicuum erit. nam cum animal corpus sit animatũ, atq; omne corpus tactile sit, tactile autem est quod est tactu sensibile, necesse est etiam animalis corpus, tactiuum esse, si saluum futurum est animal. cæteri namq; sensus per alia sentiunt, ut odoratus, uisus, auditus. quod si tangendo non sentiet, alia uitare, alia parare non poterit. quod si ita est fieri non poterit ut conseruetur animal. quapropter & gustus est ueluti tactus quidam. nam alimenti est: at alimentum corpus est tactile.*

Et

A Et hoc scitur de istis rebus. Quia aĩal est corpus aĩatũ: & oẽ corpus est tangibile: & oẽ tãgibile est sensibile tactu: ergo corpus animalis necesse est vt sit tãgibile, si aĩalia innata sunt euadere. Et alij sensus residui sentiunt mediantibus aliis rebus, v.g. olfactus, & visus, & auditus. Si igitur tangibile non inuenitur in sensu, impossibile est vt recipiat quædam, & fugiat quædam, & sic impossibile est vt animal saluetur. Et propter hanc causam gustus est sicut tactus. est enim nutrimenti. & nutrimentum est corporis tãgibilis.

61 Et hoc scitur de his propositionibus. Quoniam omne animal est corpus animatum: & omne corpus est tangibile: & omne tangibile est sensibile per tactum: ergo corpus animalis, si debet saluari, & euadere ab occasionibus necesse est vt habeat tactum. Et alij sensus residui, quos habet, comprehendunt alia sensibilia mediãtibus aliis corporibus à suis propriis sensibilibus, verbi gratia, auditus, olfactus, & visus. Si igitur animal non sentit corpora tãgibilia, tunc impossibile est vt veniat ad quædã corpora, & vtatur eis in aliquo iuuamento, aut vt fugiat quædam nocentia.
B Et, cum ita sit, impossibile est vt animal saluetur. Deinde dicit. Et propter hanc causam, &c. i. & propter hanc necessitatem sensus gustus est necessarius in animalibus, sicut est tactus. Gustus. n. est propter nutrimentum, scilicet ad cognoscẽdum conueniens ab inconueniente. & nutrimentum est in corpore tangibili. & ideo necesse est vt gustans sit tangens, sicut declarauimus prius. 2. de. Aia. 101. 2. de. Aia. 101.

Sonus autem & color & odor non alunt, neq; faciunt augmentum, neq; decrementum. Quare & gustum necesse est tactũ quendam esse. quia tãgibilis & vegetatiui sensus est. Hi quidem igitur necessarii sunt aĩali: quo & manifestum, q; non possibile sine tactu animal esse. alii aũt propter bonum, & generi animalium iam nõ cuicunq;, sed quibusdã, vt processiuo, necesse inesse. Si. n. debet sal
C uari animal, non solum tactum oportet sentire: sed & de longe.

603 H. *Sonus autem & odor & color non nutriunt, neq; auctionẽ aut diminutionem efficiunt: ideo etiam gustum tactum esse quendã necesse est, quia rei tactilis & sensitiuæ sensus est: Atq; hi quidẽ animali necessarii sunt, & perspicuũ est fieri non posse ut sine tactu animal sit: reliqui uero gratia eius quod bene est, ac generi demum animalium non cuilibet, sed cuidam, ueluti gressili, necesse est insint: nam si saluum futurũ est animal, nõ solũ oportet tangẽdo sentiat: uerum etiam è longinquo.*

Sonus autem, & color, & odor non nutriunt neq; fit ex eis augmentũ, aut diminutio. Et propter hanc causam gustus de necessitate fuit aliquis tactus, quia sensus non est nisi tangibilis, & nutribilis. Isti aũt sunt animalium de necessitate, & manifestum est q;

uens: ſm quo mouet: & tertium quod mouetur. mouẽs autem duplex, aliud quidem immobile, aliud autem quod mouet & mouetur. Eſt autem immobile, actuale bonum. mouens autem & quod mouetur, appetitiuum. mouetur enim quod appetit, ſm ꝙ appetit. & appetitus actus aut motus quidam eſt. quod autem mouetur animal eſt. quo vero mouet organo appetitus, iam hoc corporeum eſt. vnde ſ communibus corporis & animæ operibus conſiderandum de ipſis. D

SOPH. *[illegible] unum ſpecie fuerit quod mouet, uidelicet appetitiuum quatenus appetitiuum: primum autem omnium appetibile, (hoc enim mouet & non mouetur, quòd intellectu aut phantaſia apprehenſum ſit) [illegible] uero autem plura ſunt ea quæ mouent. Sed cum tria ſint, unum quod mouet: ſecundum quo mouet, tertiumq́; item quod mouetur: atq; id quod mouet duplex ſit, partim immobile: partim quod moueat & moueatur. eſt autem immobile quidem, bonum agendum: quod uero mouet & mouetur, appetitiuum (mouetur enim quod appetit, quatenus appetit, ac appetitus motus quidam eſt aut operatio) quod uero mouetur, animal. inſtrumentum uero quo mouet appetitus, id demum corporeum eſt: quamobrem in communibus corporis & animæ muneribus de iis conſiderandum eſt.* E

Et mouens eſt appetitum, ſm ꝙ eſt appetitum. appetitum.n. præcedit alia. hoc enim mouet & non mouetur, quia mouet imaginationem, & intellectum. Mouentia autem ſunt multa in numero, quia res, per quas fit motus, ſunt tres. Quarum vna eſt motor, & alia res, per quam mouet, & tertia motum. & motor eſt duob⁹ modis, iſte autem eſt non mobilis, ille vero eſt mobilis. Non motũ autem eſt bonum intellectum. motor autem & motum eſt appetitiuum. mouet enim illud, quod mouetur, ſecundum quòd eſt appetitiuum: quia appetitus eſt motum. ſ. qui in actu. & quod mouetur eſt animal, & inſtrumentum mouens eſt appetitus, & iſta ſunt corporalia. Et ideo quærenda ſunt in actionibus communibus animæ & corpori. F

54 Ideſt & primus motor in hoc motu eſt res appetita, ſecundum ꝙ eſt appetita. res enim appetita præcedit alia mouentia animali in hoc motu: quia iſta mouet, & non mouetur. & iſta eſt diſpoſitio primi motoris. D. dicit, quia mouet imaginationem, & intellectum. ideſt & eſt motor, quia mouet imaginationem, quando appetitus fuerit partis imaginatiuæ: aut intellectum, ſi appetitus fuerit iſtius partis animæ. Deinde dicit. Mouentia autem ſunt multa in numero. ideſt mouentia autem, quibus fit iſte

Ex hoc patet oẽm [illegible] mſtr mouere vt efficiens. idẽ 12. Me. cõ. 36. Diſpõ primi mo

motus

8.Phy.35. motus sunt plura vno. Deinde dicit.quia res,per quas fit motus,&c.idest [tocis est vt]
A & cùm contingit vt motor sit plures vno,propter hoc,quod declaratum [moueat &]
est in sermonibus vniuersalibus.s.q omnis motus fit per tres res,s.quarũ [n moue.if]
vna est motor,qui non mouetur,& alia illud,per quod mouet, & hoc est [Id.8.ph.]
motor & motum,tertia autem est motum & non motor. D.d.& motor [42.51.78]
est duobus modis,&c.i.& declaratum fuit illic q motor est duobus modis,s.motor non motus,& iste est primus:& motor qui mouetur, & hoc est,per quod mouet primus motor. Dicit,demonstrauit quid est vnum quodq; istorum trium in hoc motu,& d.non motum autem est bonum intellectum,&c.i.illud autem,quod est in hoc motu mouens non motũ, est bonum intellectum,quod comprehendit anima appetitiua.motor autem & motum est res appetitiua,idest corporis membrum,in quo est ista pars animæ.appetitus autem est motus,quia est à re appetita per intellectum in actu. Et forte hoc intendebat,cùm d.quia appetitus est motus,scilicet qui in actu.i.appetitus,qui est à re appetita in actu. Vel aliter,idest
B appetitus,qui est appetitus in actu:motum autem,& non motor, qui est tertia res in hoc motu est animal. D.d.& instrumentum mouens est appetitus,&c.i.& quia illud mouens,per quod mouet primus motor,necesse est vt sit corpus cùm sit motum,vt declaratum est in vniuersalibus sermonibus:& appetitus hic est illud,per quod mouet primus motor:ergo 8.Phy.35.
res appetitiua,per quam mouetur animal est corpus,& appetitus est forma eius. Et ideo oportet quærere ea,per quæ fit iste motus,vbi loquitur de actionibus communibus animæ & corpori.i.in parte scientiæ naturalis,in qua loquitur de istis actionibus communibus,vt in somno & vigilia. Et ipse locutus fuit de hoc in tractatu,quem fecit de Motu animaliũ. sed iste tractatus non venit ad nos:sed quod trãsferebatur ad nos fuit modicum de abbreuiatione Nicolai.

Nunc autem vt in summa dicatur,mouens organice ubi principium & finis idem:velut ginglysmus.hic enim gibbosum & cõcauum,hoc quidem finis,illud vero principium. vnde aliud qui-
C dem quiescit,aliud vero mouetur, ratione quidem altera entia, magnitudine vero inseparabilia.omnia enim pulsu & tractu mouentur.propter quod oportet sicut in circulo manere aliquid,& hinc incipere motum.

SOPH. *Nunc autem ut summatim dicam id quod mouet organice, est ubi principium & finis est idem,ueluti cardo. hic enim conuexum & concauum,alterum finis:alterum principium est.iccirco alterum quiescit, alterum mouetur:cũ ratione diuersa, magnitudine inseparabilia sint. cuncta enim pulsu & tractu mouentur. quapropter oportet ueluti in circulo,aliquid maneat,& inde incipiat motus.*

Et dico modo vniuersaliter q corpus mouetur motu cõsimilitudinis.vbi.n.est principiũ,illic etiam est finis.sicut motus gyra-

 tiuus

tiuus. in hoc. n. inuenitur gibbositas, & concauitas: illud aūt est finis: hoc autem principium. Et ideo hoc est quiescēs, hoc vero motum: quāuis in definitione sint diuersa, in magnitudine autē non sunt distincta. omne enim, quod mouetur, mouetur secundum aliquam gibbositatem. Vnde necesse est vt res quiescat, sicut illud quod est in circulo, & ꝙ principium motus sit ex hoc. D

55 Cùm notificauit ꝙ quærere de rebus, per quas fit iste motus, conuenientius est in alio loco, incœpit hic narrare quandam rem vlem, & d. Et dico modo vlr, &c. i. & dico modo ꝙ corp° mouetur à primo instro, ita ꝙ primum instrm, quod mouet ipsum, quod est subiectum animæ desyderatiuæ est in corpore animalis in vno loco, à quo expellūtur partes partis motæ animalis, & ad quā attrahūtur partes illius partis ab illo instro. omnis enim motus compositus ex attractione & expulsione, necesse est vt principium, à quo est expulsio, sit finis, ad quem est attractio. Et ideo. d. sicut motus gyratiuus. motus. n. gyratiuus compositus est ex attractione & expulsione. E Quoniam autem motus animalis compositus est ex attractione & expulsione, manifestum est quoniam, quando pars dextra mouetur à nobis, & sustentati fuerimus super sinistram, tunc quædā partes illius partis erunt expulsæ ad interius, & quædam attractæ, & sunt partes, quæ sunt posterius: & attractio & expulsio earum nō est rectitudine, sed fm lineas non rectas, magis curuas quā rectas: & ideo assimilatur gyro. & instrm, per quod corpus desyderat primo, & vlr, non est cognitum à nobis. Et in loco huius sermonis inuenimus in alia translatione sermonem manifestiorem sic. Dicamus igitur breuiter ꝙ motor est quasi habēs eandem dispōnem in suo principio, & suo fine: sicut illud, quod dr̄ Grece gigglysmus. & enim in eo gibbositas, & concauitas: et vnū eorū est finis, & aliud principium. D. d. in hoc enim inuenitur gibbositas, & concauitas, i. in omni. n. quod mouetur fm expulsionem & attractionem, non recte conuenit eē concauitatem & gibbositatem, ita quòd gibbosum sit quiescens, à quo erit principium expulsionis, & ad quod sit finis attractionis: & concauum sit motum, sicut est dispositio corporis moti circulariter. Omne. n. corp°, quod mouetur circulariter, motus eius componitur ex attractione, & expulsione, sicut dictum est in Septimo Phy. D. d. illud autem est finis, hoc autem principium, &c. i. & ista pars quiescens est per motum attractionis finis, & per motum expulsionis principium. & ideo necesse est, vt gibbosum, aut illud, quod est loco gibbosi, sit quiescens aut concauum: aut illud, quod est loco concaui, sit motum: licet principium & finis in hoc motu sint diuersa in definitione, in magnitudine aūt idē sunt, sicut centrū. & hoc est ecōtrario de motu recto, s. ꝙ principiū, & finis sint in eo diuersa in definitione, & in magnitudine, & mēbrū quod est tale in animali, est cor fm ipsum. D. d. omne enim, quod mouetur, mouetur fm aliquā gibbositatem. i. & fuit necesse vt in animali sit tale membrū quiescens: quia est principium motus expulsionis, & finis attractionis, propter hoc, ꝙ omne, F

Oē corpus qđ mouet̄ circulr̄, motus ei° componit̄ ex attractiōe & expulsione. considera de motu celi.

In motu recto princi piū & finis sunt diuersa i definitione,

quod

A quod mouetur fm attractionem & expulsionem, necesse est vt sit fm aliquod gibbosum quiescens, ad quod peruenit motus attractiuus, & à quo incepit motus expulsiuus. & ideo necesse est vt in omni tali sit aliquod fixum, quod sit principium & finis, sicut centrum in circulo. Et iste sermo ædificatur super duas propositiones: quarum vna est ꝙ motus animalis in loco componitur ex expulsione & attractione: secũda est ꝙ omnis motus compositus ex attractione & expulsione habeat rem quiescentem, ex qua sit principium motus expulsiui, & ad quem sit finis attractiui. Apparet enim ꝙ necesse est in omni motu vt illud, à quo est motus, & ad quod est motus, sit quiescens. cùm igitur motus fuerit compositus ex expulsione & attractione, continget vt hoc quiescens sit idem. Cum igitur hæ duę propositiones fuerint concessæ, consequitur ex eis ꝙ in animali est membrum quiescens, à quo incipit motus expulsiuus, & ad quod peruenit. Et, quia videmus ꝙ vltimum membrum, quod quiescit in motu locali, est cor, necesse est vt eius principium sit ex eo. Sic igitur est intelligendus iste
B locus, & istæ propositiones sunt manifestæ, & apparẽtes: sed verificare eas per inductionem, & dare causas apparentium in hoc, proprium est sermoni de motu animalium locali.

Documentum.

& sm magnitudine, in circulari desinit, sic ꝙ. Cõsi re 8. ph. c. 71 & 1. cor. t. cõ. 35.

Appet ꝙ necesse est in oi motu, vt id, à quo ẽ motus, & ad quod est motus, sit quiescens necessario idẽ 4. ph. 41. & 8. Phy. c. 84. & 21.

Quid sit mouens in imperfectis animalibus: & quomodo eis insit.

Cap. 3.

OMnino quidem igitur sicut prædictum est, inquantum appetitiuum animal, sic ipsius motiuum est. appetitiuum autem non sine phantasia. phantasia autem omnis, aut rationalis, aut sensibilis est. hac quidem igitur & alia animalia participant: considerandum autem & de imperfectis quid mouens est, quibus tactus solum inest sensus. vtrum contingat phantasiã inesse his, aut non, & concupiscentiam. videtur enim lætitia & tristitia inesse. si autem hæc, & concupiscentiam necesse. Phanta-
C sia autem quomodo vtiq; inerit: aut sicut mouẽtur indeterminate, & hæc insunt quidem, indeterminate autem insunt.

Ad summam sicuti diximus, animal qua appetitiuum est, eatenus sui ipsius motiuum est. appetitiuum autem sine phantasia non est. phantasia porrò omnis, aut ratione prædita est, aut sensitiua. atq; hanc quidem reliqua etiam animalia participant: sed de imperfectis etiam considerandum est, quid sit quod ea moueat, quibus sensus duntaxat tactus inest: utrum fieri possit ut phãtasia et cupiditas in iis insit, an nõ? nã & dolorẽ & uoluptatẽ inesse apparet. quod si hæc insunt, & cupiditatem inesse necesse est. Atqui phantasia quomodo inerit: an quemadmodum mouentur indefinitè: ita hæc etiam, insunt illa quidem, uerum indefinitè insunt.

SO PH.

Et

Et vniuersaliter sicut diximus, quia res, secūdum φ est animal habet appetitum, sic per illam intentionem mouet se. & desyderium non est extra imaginationem: omne enim imaginatum, aut est sensibile, aut cogitabile: hoc enim inuenitur in aliis animalib⁹. Consyderemus igitur in animalibus non perfectis quid moueat ea, in quibus sensus non est nisi per tactum tantum. Dicamus igitur vtrum sit possibile vt habeant tristitiam & delectationem. & si hæc duo habent, de necessitate, habent appetitum. Quomodo igitur erit imaginatio? Aut forte, sicut mouentur motu interminato, sic etiam existit in eis. est enim in eis, sicut diximus cum imaginatione sensati non terminati. D

56 D. & quia res, sm φ est animal, habet appetitum, necesse est vt per illā intentionem moueat se. & omnis appetitus non est sine imaginatione: omne enim imaginans aut habet illam formam imaginatiuam, à qua mouetur ex sensu, aut habet eam ex cogitatione. in homine autem habetur ex cogitatione: in aliis vero animalibus ex sensu, Et, cum posuerimus φ omnis appetitus fit ex imaginatione: imaginatio autem fit ex quinque sensibus in animalibus perfectis, oportet consyderare quomodo mouentur animalia imperfecta, quæ non habent nisi tactum tantum. Et manifestum est φ, si ista habent delectationē & tristitiam, necesse est vt habeant appetitū. sed, si posuerimus ea habere appetitum, necesse erit vt habeant imaginationem. sed ista existimantur non habere imaginationem, cùm non moueantur ad sensibilia nisi apud presentiam eorum, aut moueantur motu non terminato. Sed quocunque modo sit, dicamus φ quemadmodum mouentur motu non terminato, idest ad intentionem non terminatam, ita videtur φ imaginantur imaginatione non terminata, cùm sentiant sensu non terminato. E

Dubium. Idē scd'o de ala 10. Solutio.

Sensibilis quidem igitur phantasia sicut dictum est, & in aliis animalibus inest: deliberatiua autem in rationalibus. vtrum. n. ageret hoc aut hoc, iam rationis est opus, & necesse uno mensurare: maius enim imitatur: quare potest vnum ex pluribus phantasmatibus facere. & causa hæc eius q̄d non putari opinionē habere, quoniam eam quę ex syllogismo non habet: hæc autem illam: propter quod deliberatum non habet appetitus. uincit autem aliquando, & mouet deliberationem. aliquando autē mouet hęc ipsum sicut sphæra, appetitus appetitum, quum in continentia fuerit. natura autem semper quæ sursum, principalior est, & mouet: ut tribus lationibus iam moueatur. F

SOPH. *Sensitiua igitur phantasia (quemadmodum dictum est) reliquis ēt inest animalibus: deliberatiua vero in iis quæ rationē habent. utrum enim hoc agei an illud, id iam rationis officium est. atq; necesse est*

vno

A *uno quodam semper metiri, maius enim persequitur : quare potest ex*
pluribus phantasmatibus unum facere. atq; hac est causa cur non habe
re opinionem uideatur: nimirum quia eam qua ex syllogismo proficisci
tur, non habet: proinde deliberatiuum appetitus non habet. uincit ta-
men interdũ, & mouet uoluntatem: nonnunquã hac illum, ueluti spha
ra: appetitus. s. appetitum, cum incontinentia fit. qua uero superior est,
semper est natura dominantior, & mouet : ita ut tribus demũ latio-
nibus moueatur.

Et hoc etiam inuenitur in alijs animalibus. Virtus autem cogi
tatiua est in rationabilibus tantũ, eligere autem facere hoc, aut
hoc est de actione cogitatiua. & numerat ipsum vnum de necessi
tate. mouetur enim erga maius: ita q; potest ex multis imaginatio
nibus vt agat. Et hæc est causa existimationis. non enim habet co
B gitationem, quia nõ habet rem, quæ fit à ratione. & hoc est, quod
est illius propter delectationem: quia non habet virtutem cogita
tiuam. Dominatur igitur, & mouet quandoq; illud, & quandoq;
aliud. appetitus. n. mouet appetitũ secundũ sphæram, quando ha
buerit intentionē continentiæ. est enim s̃m naturã prior & motor, ita q; sint motæ erga motum.

57 Dicit & imaginatio existit in alijs animalibus, cogitatio aũt in rationabilibus. Eligere enim facere hoc imaginatũ & non hoc, est de actione
cogitationis, non de actione imaginationis. Iudicans enim q; hoc imaginatũ est magis amabile q̃ hoc, debet esse eadem virtus de necessitate, quæ
numerat imaginationes, & in quibusdam iudicat magis delectabilius.
Et hoc intendebat, cum d. & numerat ipsum vnum de necessitate. & est
secundum q; reputo, & necesse est vt ista virtus numeret illas imagines,
C donec comprehendat ex eis magis amatum: sicut vnum numerat numeros inæquales, donec comprehendat ex eis magis maiorem. Similiter cogitatio numerat imagines, & comparat inter eas, donec possit pati ab ima
ginatione alicuius earum. Et hoc est causa, quare animal rationale habet
existimationem. existimatio enim est consensus, qui prouenit à cogitatio
ne. Deinde dixit. non enim habet cogitationem, &c. i. præter animal ratio
nale nullum habet cogitationem, quia non habet rationem: & motus ani
malium est propter delectationem, & est motus simplex non diuersus,
quia non habet virtutem cogitatiuam cum appetitu, ita q; hæ duæ virtu
tes dominãtur sibi adinuicem, adeo q; moueretur animal quandoque
propter voluntatem, sicut in animali rationali. Deinde dicit, appetitus. n.
mouet appetitum, &c. idest, accidit enim in habenti plus q̃ vnum appetitum, sic animal moueatur in quibusdam locis à duobus appetitibus insimul, quando acciderit vt vnus appetitus fuerit dominans & continens secundum: tunc. n. inducet ipsum ad suum motum, quando appetitus do-
minatus

Differētia inter phãtasiã hoĩs, & aliorũ aĩalium.

Idem. 12. Me. 37 & 44. & 2. Cœli. 58.

minatus remanet motus in ſuo motu proprio, ſicut accidit in corporibus D
cœleſtibus. Vnuſquiſq; enim orbium ſtellarum erraticarum videtur mo
ueri per appetitum orbis ſtellarum fixarum motu diurno: licet cum ſuo
appetitu proprio moueantur motu proprio. Deinde d. eſt enim ſecundum naturam, &c. i. & accidit huic ſphæræ continenti alias, ſ dominari ſuper eas propter hoc, quia eſt prior natura aliis & mouens eas: ita vt p hoc accidat vt aliæ moueantur ab ea.

Scientificum autem non mouet, ſed manet. Quoniam autem hęc quidem vniuerſalis exiſtimatio & ratio: alia uero particularis. hæc quidem enim dicit, ꝙ oportet talem, tale agere. hęc autē ꝙ hoc quidem tale, & ego talis: iam hęc mouet opinio, non quæ vniuerſalis: aut utraque: ſed hæc quidem quieſcens magis: hæc autem non.

SOPH. Aliter hūc locum interpretari poſſemus hoc mō verū hęc opinio mouet, nō illa vſu: an ambæ.

Scientiale autem non mouet, ſed manet. Sed cum existimatio ac ratio, quædam ſit rei uniuerſalis; quædam, ſingularis: altera nanq; dicit E
oportere hunc talem, hoc tale agere: altera, hoc eſſe tale, & me etiam talem: hæc demum opinio mouet, non illa uniuerſalis: An utraq;, ſed illa quieſcens potius: hæc, non item.

Virtus autem ſcientialis non mouetur, ſed quieſcit: quia illa eſt exiſtimationis, & iudicij vniuerſalis inſimul, iſta autem eſt particularium. illa. n. facit ꝙ oportet tale facere talem actionem: & illud eſt, quia iſta res eſt ſecundum hunc modū, ego etiam ſum ſecundum illum. hoc. n. etiā mouet, ſed non vniuerſale. aut vtrunq;: ſed illud eſt quieſcens, iſtud autem non.

Dicit, Virtus autem, quæ comprehendit vniuerſale, non mouetur ad
58 comprehenſum: quia iſta virtus eſt exiſtimationis tm̄, & comprehenſionis rei vniuerſalis, res autem vniuerſalis non mouet omnino, cùm nō ſit
aliquod hoc, ideſt ſingulare. virtus enim, quæ comprehendit particulare, F
eſt particularium, & mouetur, quando mouet. Intendebat igitur hic per virtutem, ſcientialem virtutem comprehendentem rem vniuerſalē. D. d. illa enim facit, &c. i. virtus enim, quæ comprehendit vniuerſale, affirmat ꝙ oportet omne tale agat talem actionem: virtus autem particularis eſt, quæ comprehendit exemplum ſibi ſm̄ hāc diſpoſitionē quā affirmauit, ſi eſſet ſciens ut ageret illam actionem. Proueniet igitur à comprehenſione iſtarum duarum virtutum congregatio per quam fit actio. Deinde dixit. hoc enim etiam mouet, &c. i. intentio enim particularis mouet: motio autem ad vniuerſale non eſt ei. Aut dicamus ꝙ motio eſt vtriq;. ſed eſt vniuerſali, quia eſt quieſcens, & particulari quia eſt motum. & hoc intendebat cum d. ſed illud eſt quieſcens, iſtud autem non. i. ſed ſi vniuerſale fuerit mouens, erit ſecundum ꝙ eſt quieſcens, aliud autem particulare, ſecundum ꝙ eſt motum.

A SVMMA TERTIA.

Quæ animæ potentiæ quibus animatis necessario insint.

Nutritiuam animam omne uiuens necessario habere: sensum uero tactus ipsum animal: atq; etiam gustum, cum sit tactus quidam. Cap. 1.

Egetabilem quidē igitur animam necesse est habere omne quodcunque viuum & animā habet, a generatione vsq; ad corruptionē. necesse est.n.quod generatur, augmentum habere & statum & decrementum. hoc autem sine alimento impossibile. necesse igitur inesse vegetabilem potentiam in omnibus generatis & corruptibilibus.

SOPH. *Necesse igitur est quidquid uiuit & animam habet, nutritiuam habere animam ab ortu usq; ad interitum suum: quod.n.genitum est*
B *habere auctionem & statum & diminutionem necesse ē: quæ sine nutrimento haberi nequeunt. ergo necesse est nutritiuam potentiam omnibus ijs inesse quæ oriuntur & intereunt:*

Necesse est igitur vt anima nutritiua sit in omni, & vt anima existat in eis de generatione vsq; ad corruptionem. Necesse est.n. vt omne generatum habeat principiū, & finē, & descensum, quæ non possunt esse sine nutrimento. ergo de necessitate, virtus nutritiua est in omnibus rebus augmentabilibus & diminuibilibus.

59 Cùm compleuit sermonem de omnibus virtutibus animæ vniuersalibus, vult demonstrare quæ est ex eis in animalibus propter necessitatem, & quæ propter melius, & d. Necesse est igitur vt anima nutritiua sit in omni
C viuo de prima generatione vsq; ad corruptionem. Necesse est enim vt omne habens animam, habeat crementum & diminutionem: cū impossibile est vt subitò veniat ad suam perfectionem postremam, sed descendendo paulatim, & intrando in senectutem. Et, quia causa crementi nihil aliud est q̄ nutrimentum, & causa diminutionis nihil aliud est q̄ defectus cibi, & eius paucitas: necesse est vt anima nutritiua sit in omni, quod crescit, & senescit. & quia oē viuū est tale, necesse est vt oē viuū sit nutribile. 2. de An. 14.3. d aia 44.8.1 b. 80.

Sensum autem non necesse in omnibus viuentibus. neque.n. quoruncunq; corpus simplex, contingit habere tactum. neq; sine hoc possibile est esse nullum animal. neq; quæcunq; non susceptiua specierum sine materia. animal autem necesse sensum habere, si nihil frustra facit natura. propter.n.aliquid omnia quę sunt natura, subsistunt, aut concidentia sunt eorum quæ sunt propter aliquid. Si igitur omne processiuum corpus non habet sensum, corrumpetur vtique, & ad finem non vtique veniet, qui est naturæ

opus

opus. quomodo enim aletur? manentibus quidem enim existit quod vnde nata sunt. D

SOPH. *sensum omnibus inesse uiuentibus, necesse non est: neq. n. ea quorũ corpus est simplex, possunt tactum habere: neq. sine eo ullum animal esse potest: neq. itẽ ea quæ non sunt receptiua specierum sine materia. at animal necesse est sensum habeat, si nihil frustra facit natura. cuncta n. quæ natura sunt, alicuius sunt gratia: aut sunt casus eorum quæ alicuius gratia sunt. ergo si corpus quodq. gressile non haberet sensum, utique corrumperetur, & ad finem non perueniret, quod naturæ opus & officium est. quo n. pacto nutrietur? iis n. quæ stabilia sunt, hoc adest in eodem illo loco unde orta sunt.*

Et non est necessarium sensibilem esse simpliciter. Et impossibile est sine ista vt animal sit viuũ: neq; etiã in rebus, quæ non recipiunt formã sine materia. Necesse est igitur vt sensus sit in animalibus, si natura nihil facit ociosum. omnia enim existentia per naturam aut sunt propter aliquid, aut sunt accidentia consequentia, quę sunt propter aliquid. omne. n. corpus ambulans sine sensu corrumpitur, & non venit ad finem, cum fuerit de actione naturæ. Notũ est igitur ꝙ de necessitate inuenietur sensibilis in aĩalibus. est. n. secundum modum motus sine sensu. sed iste etiam est in eis, quæ innata sunt quiescere. E

60 Et non est necessarium vt virtus sensibilis sit simpliciter, idest in omnibus rebus, quæ crescunt & corrumpuntur. Sed in animalibus tantũ est necesse vt sit virtus sensibilis. impossibile enim est sine hac virtute vt aliquid sit animal: & hoc est in rebus recipientibus eam non in materia. hoc enim nomen † vita, dicitur de eis & istis æquiuoce: & innuit corpora cœlestia. Deinde dixit. Necesse est igitur vt sensus sit in animalibus, &c. i. & apparet ꝙ necesse est vt sensus sit in omni animali, & hoc, quia natura nihil facit ociose. Omnia * enim naturalia aut sunt propter aliquid, aut sũt accidentia consequentia naturã de necessitate, & non intenduntur. v. g. pili, qui oriuntur in locis non determinatis in corpore. & cùm ita sit, si animal non haberet sensum, cùm hoc ꝙ est ambulans, statim corrumperetur anteq̃ perueniret ad complementum: & tunc natura ageret ociose, cùm incœpit generare entia, quæ non possunt peruenire ad finem in maiori parte, aut omnino. Notum est igitur ꝙ necesse est, vt virtus sensibilis sit in animalibus ambulantibus de necessitate, scilicet quærentibus nutrimentum. Deinde dicit. est enim secundum modum motus sine sensu, idest quoniam, si inueniretur aliquid moueri in loco sine virtute sensibili, tunc illius esse est modo diuerso ab esse generabilium & corruptibiliũ. & innuit corpora cælestia. Illa enim, quia non sunt generabilia neq; corruptibilia, F

Vide. 12. Met. 36. & 2. Cœ. 61. & 2. de anima. 15.

† Vita æquiuoce dĩ de superiorib. & inferioribus. Consimile. 2. Cœ. 60. & 71.

* Oĩa naturalia aut sũt ppter aliqd. aut sunt accidentia cõsequẽtia naturã de necessitate. Idẽ. 2. Ph. t. cõ. 58.

A ruptibilia, si haberent sensum, tunc natura ageret ociose: quemadmodũ, si ista mobilia generabilia & corruptibilia non haberent sensum, tunc natura ageret ociose. Deinde dicit. sed iste etiam est in eis, quæ innata sunt quiescere. idest sed priuatio sensus debet esse de generabilibus & corruptibilibus in eis, quę innata sunt quiescere, & non moueri ad nutrimentum, scilicet in vegetabilibus.

Non potest autem corpus habere quidem animam & intellectum discretiuum, sensum autem non habere: non mansiuum existens, generabile autem: at vero neq; ingenerabile. quare .n. non habebit: aut .n. animæ melius, aut corpori. nunc autem neutrum est. hoc quidem enim non magis intelliget. hoc autem nihil erit magis propter illud.

SOPH. *Fieri autem non potest ut corpus ullum habeat quidem animã &*

B *intellectum iudicandi ui præditum, sensum uero non habeat, quod nõ*

In aliquibus desũt hęc verba. *stabile sit, sed generabile [quinimo ne ingenerabilẽ quidem] cur .n. nõ habebit? nam aut animæ melius erit, aut corpori: nunc autem neutrũ est. illa .n. nõ magis ĩtelliget: hoc uero nõ ideo magis erit propter illud.* a.L. cur enĩ habebit.

Et imposbile est vt corpus habens animam & intellectum, & iudicium sit sine sensu, cùm non sit remanẽs, siue fuerit generatũ, siue non fuerit generatum etiam. Causa enim, propter quam habet hoc, est q; non iuuatur per illud corpus, & anima. Modo autẽ non est aliquod istorum etiam. & illa autem, quia in maiori parte non intelligit: & ista quia in maiori parte non est.

61 D. Et impossibile est vt corpus habeat animum & intellectum sine sensu, cùm illud corpus non est remanens, sed generabile & corruptibile,

C siue fuerit simplex siue compositum. Et hoc intendebat, cùm d. vt reputo generatum, aut non generatum. causa enim, propter quam debet esse corpus animatum intelligens sine sensu, si potest esse, est quia illud corpus animatum non adiuuatur per sensum neque in anima, neque in corpore. Sed si posuerimus corpus animatum intelligens esse non generabile, neq; corruptibile, manifestum est quòd non indiget sensu: cùm non haberet sensus in ipso aliquod iuuamentum. iuuamentum enim, quod est per animam, non habet, quia anima sensibilis impedit in maiori parte, idest intellectum. & hoc intendebat, cum dixit, & illa autem, quia in maiori parte non intelligit. i. virtus autem sensibilis, quia in parte maiori non intelligit animali intelligenti. Iuuamentum autem virtutis sensibilis, quæ est per corpus, non habet etiam, quia sensus in maiori parte non est causa longitudinis vitæ & durationis. Et hoc intendebat, cùm d. & ista, quia in maiori parte non est. idest & sensus in maiori parte est causa, quare res non sit, idest vt corrumpantur, & ideo sensibilia sunt minoris uitæ, quàm multæ plantæ.

Vide. 2. Cœ. 61. Et 8. Met. cõ. 12. Et 12. Met. 36. Aĩa sensibil' ĩpedit in maiori parte. Idẽ 2. de Aĩa. 151.

Nullum

A Et hoc ſcitur de iſtis rebus. Quia aĩal eſt corpus aĩatũ: & oẽ corpus eſt tangibile & oẽ tãgibile eſt ſenſibile tactu: ergo corpus animalis neceſſe eſt vt ſit tãgibile, ſi aĩalia innata ſunt euadere. Et alĳ ſenſus reſidui ſentiunt mediantibus aliis rebus, v.g. olfactus, & viſus, & auditus. Si igitur tangibile non inuenitur in ſenſu, impoſſibile eſt vt recipiat quædam, & fugiat quædam, & ſic impoſſibile eſt vt animal ſaluetur. Et propter hanc cauſam guſtus eſt ſicut tactus. eſt enim nutrimenti. & nutrimentum eſt corporis tãgibilis.

61 Et hoc ſcitur de his propoſitionibus. Quoniam omne animal eſt corpus animatum: & omne corpus eſt tangibile: & omne tangibile eſt ſenſibile per tactum: ergo corpus animalis, ſi debet ſaluari, & euadere ab occaſionibus neceſſe eſt vt habeat tactum. Et alij ſenſus reſidui, quos habet, comprehendunt alia ſenſibilia mediãtibus aliis corporibus à ſuis propriis ſenſibilibus, verbi gratia, auditus, olfactus, & viſus. Si igitur animal non ſentit corpora tãgibilia, tunc impoſſibile eſt vt veniat ad quædã cor-
B pora, & vtatur eis in aliquo iuuamento, aut vt fugiat quædam nocentia. Et, cum ita ſit, impoſſibile eſt vt animal ſaluetur. Deinde dicit. Et propter hanc cauſam, &c. i. & propter hanc neceſſitatem ſenſus guſtus eſt ne- 2.de. Aĩa. 101.
ceſſarius in animalibus, ſicut eſt tactus. Guſtus.n. eſt propter nutrimentum, ſcilicet ad cognoſcẽdum conueniens ab inconueniente. & nutrimentum eſt in corpore tangibili. & ideo neceſſe eſt vt guſtans ſit tangens, ſi- 2.de. Aĩa. 101.
cut declarauimus prius.

Sonus autem & color & odor non alunt, neq; faciunt augmentum, neq; decrementum. Quare & guſtum neceſſe eſt tactũ quendam eſſe, quia tãgibilis & vegetatiui ſenſus eſt. Hi quidem igitur neceſſarii ſunt aĩali: quo & manifeſtum, ꝙ non poſſibile ſine tactu animal eſſe. alii aũt propter bonum, & generi animalium iam nõ cuicunq;, ſed quibuſdã, vt proceſſiuo, neceſſe ineſſe. Si.n. debet ſal-
C uari animal, non ſolum tactum oportet ſentire: ſed & de longe.

SOPH. *Sonus autem & odor & color non nutriunt, neq; auctionẽ aut diminutionem efficiunt: ideo etiam guſtum tactum eſſe quendã neceſſe eſt, quia rei tactilis & ſenſitiua ſenſus eſt: Atq; hi quidẽ animali neceſſarii ſunt, & perſpicuũ eſt fieri non poſſe ut ſine tactu animal ſit: reliqui uero gratia eius quod bene eſt, ac generi demum animalium non cuilibet, ſed cuidam, ueluti greſſili, neceſſe eſt inſint: nam ſi ſaluum futurũ eſt animal, nõ ſolũ oportet tangẽdo ſentiat: uerum etiam è longinquo.*

Sonus autem, & color, & odor non nutriunt neq; fit ex eis augmentũ, aut diminutio. Et propter hanc cauſam guſtus de neceſſitate fuit aliquis tactus, quia ſenſus non eſt niſi tangibilis, & nutribilis. Iſti aũt ſunt animalium de neceſſitate, & manifeſtum eſt ꝙ impoſ-

impossibile est animal esse sine sensu. Isti aũt alij sunt vt sint meliores. & hoc non accidit cuilibet generi animalium, sed quibusdam. & sicut est necessarium, vt istud sit ambulans, si innatum est saluari: & non vt sentiat, quando tetigerit tantum, sed á remoto etiam. D

64 D. Sonus autem, & color, & odor non nutriunt corpus, quando veniũt super ipsum, neq; faciunt in corpore additionem, aut diminutionem, sicut facit nutrimentum. Et propter hanc causam, quam dicit, gustus de necessitate est aliquis tactus, idest quia sensus gustus est alicuius tangibibilis nutrientis. & hoc intendebat cùm d. quia sensus non est nisi tangibilis. Deinde dicit. Isti autem sunt animalium de necessitate, & intendebat sensum tactus, & sensum gustus. Deinde dicit. Isti autem alij, idest tres sensus alij. D.d. & hoc non accidit, &c. & isti tres sensus non inueniuntur in quolibet genere animalium sed in quibusdam. D.d. & sicut est necessarium vt istud sit ambulans, &c. idest & sicut animal, cùm necesse est ei, vt sit ambulans, si innatũ est saluari. perfectius est ei vt non comprehẽdat sensibilia nociua, & vtilia de propinquo tm̃, & per tactũ, sed ex remoto ẽt: qm̃ per istos duos modos sentiendi saluabitur perfectius, & melius. E

Hoc autem erit si per medium sensitiuũ fuerit, eo ꝙ & illud quidẽ a sensibili patiatur & moueatur, ipsum aũt ab illo. Sicut. n. mouens ſm locum, usq; alicubi permutari facit. & depellens alterum facit ut pellat, & est per medium motus. & primum quidem mouens, depellit & nõ depellitur: ultimum autem solum depellitur, non depellens. medium autem vtraq; (multa autẽ media) sic in alteratione: pręter ꝙ vnum manens in eodem loco, alterat. vt si in cerã tinxerit aliquis, vsq; ad id mota est, usq; quo tinxit: lapis aũt nihil: sed aqua vsq; quo procul: aer aũt ad plurimum mouetur, & facit & patitur, si maneat & vnus sit. vnde & de repercussione est melius ꝙ̃ visum egrediendo repercuti, aerem pati a figura & colore, vsque quo quidem sit vnus (in leni aũt est vnus) propter quod iterum hic visum mouebit: sicut vtique si in ceram sigillum ingrederetur usque ad finem: F

SOPH. *Quod quidem fiat, si per intermedium sensitiuum sit: eò quòd illud quidem à sensibili patiatur & moueatur, ipsum autem ab illo. Quemadmodũ. n. quod loco mouet, quadantenus transmutari facit: & quod pepulit aliud efficit ut pellat, & est per mediũ motus: ac primũ quidẽ mouens, pellit nec pellitur: ultimũ uero duntaxat pellitur, nõ pellẽs: mediũ aũt horũ utrunq; (multa aũt sunt media) sic ẽt in alteratione: nisi quod in eodẽ loco manentia alterant: ut si quis in cerã mergat quidpiã, usq; eò mota est, quò tinxit. lapis aũt nihil prorsus: at aqua longius: aer uero longissime mouetur, & agit & patitur, si permaneat & unus sit.*

proinde

A *proinde de refractione rectius censendũ est, aerẽ pati à colore & figura, donec sit unus, (in leui aũt est unus) quàm uisionẽ egredientẽ refringi. quàobrem rursus is quoq; uisum mouet, non secus ac si signum quod in ceram imprimitur, usq; ad imam ceram transmitteretur.*

Et hoc nõ erit, nisi quando fuerit sensibile per mediũ, quia aut illud patitur à sensibili & mouetur, hoc uero ab illo. Et, sicut illud, quod mouet in loco, agit quousq; transmutetur, & similiter quod expellit aliud, donec expellatur, & erit motus per mediũ, primũ aũt mouet, aut expellit absq; eo ꝙ expellitur, aliud aũt expellitur tm̃ & nõ expellit, mediũ aũt habet vtrunq;, & media sunt multa; & sic est de trãsmutatione, sed quiescẽs in eodẽ loco. Et, sicut q̃ ĩprimit in cerã, imprimit q̃diu mouet, & ad locũ ad quẽ ꝑuenit ĩpressio. lapis. n. nõ imprimit oĩo. sed aqua ĩprimit in remoto spatio &
B aer mouetur multum, & agit & patitur & remanet, & est idem. Et propter hanc causam melius est vt aer patiatur per conuersionẽ à corpore, & à colore, quod possibile fuerit aut visus per trãsmutationem, & cõuersionẽ, & est idẽ in rebus lenibus. Et ideo hoc mouet visum ẽt, sicut sigillũ existens in cera redditur ad vltima eius.

65 D. & hoc sentire, quod est ex remoto, fit, quando sensibile mouerit sẽdens per medium. quoniam quando illud, quod est medium, patitur, & mouetur à sensibili: & hoc, quod est sensus, patitur à medio. Deinde dicit. Et sicut illud, quod mouet in loco, &c. i. &, quemadmodum corpus mouens in loco indiget in hoc, quod moueat, vt agat, quousque moueatur & transmutetur: & similiter illud, quod expellit aliud, indiget vt expellatur, & tunc expelletur: & sic motio in talibus rebus componitur ex tribus ad
C minus, s. primo motore, & medio, & postremo moto. primus autem motor expellit & mouet, & non mouetur: postremũ aũt motum expellitur & mouetur, & non mouet: medium autem facit vtrunq;, s. mouet & mouetur: mediũ autem potest esse vnũ, & põt esse plus vno. D. d. & sic est de transmutatione, &c. i. & fm̃ dispositionẽ, quã narrauimus de motu in loco, s. ꝙ cõponitur ex tribus rebus, ita est de hac transmutatione, quæ fit à sensibilibus sensuum per media. Sensibilia. n. mouent & non mouentur, & media inter ea mouẽt sẽsus & mouent à sensibilib⁹, & sẽsus mouent & nõ mouẽt. Sed est dr̃ia inter ea, ꝙ ista trãsmutatio, q̃ est in istis reb⁹ media est, & mediũ ꝑmanẽs in eodẽ loco, & nõ trãsfert ab eo: illic aũt mediũ trãsfertur, & silr̃ postremũ motũ. Et cũ declarauit ea, in quib⁹ cõicat ista trãsmutatio cũ transmutatione in loco, & in quibus distinguitur ab ea, dedit exemplũ in hoc, & d. Et sicut qui imprimit in cerã, &c. i. & iste motus, qui est medij in suis partibus à sensibili, valde est similis impressioni sigilli in cerã: & queadmodũ cera mouet cũ suis partibus à sigillo: & ille motus peruenit in cerã ad quodcunq; põt ꝑuenire virtus imprimentis: & cera permanet in oĩbus suis partibus, ita est dispõ in motu medij cũ sensibilibus,

Octa. Phy. 34. & 35.

Vide ꝑ illo & 2. de Ala. 113.

sensibilibus, s. quod exprimitur ab eis, & expellitur ad omne, ad quod peruenit expressionis virtus: & est permanens in suo loco non motum. D. d. lapis aūt, &c. i. & iste motus non adaptatur in omni corpore: lapis autem, & sibi simile non exprimitur omnino, sed exprimitur illud, quod est sicut aqua. aqua. n. vr exprimi in remoto spatio, & similiter aer. multotiens. n. vr agere & pati ab expressione, qn̄ fuerit fixus fm totū, non motus neq; diuisus. D. d. Et pp hanc cām melius est vt aer patiat, &c. i. &, quia in medio possibilis est hæc impressio, iō melius est dicere in cōuersione, q̄ fit in audibilibus & uisibilibus, quod nihil aliud est nisi quia aer conuertitur per illū motum, qui est in eo, & illā passionē, quæ fit ex sensibilibus & visibilibus, qn̄ occurrerit aliquid, in quo non potest pertransire ille motus fm rectitudinem ad sensus, melius est quàm dicere conuersionem esse corporū extra visum: sicut dicunt quidam Antiquorum, & concedunt Perspectiui, cùm nulla sint illic corpora extrinseca. Deinde dicit. & est idem in istis rebus lenibus, &c. idest & iste motus est idem in rebus humidis. & hoc intendebat per lenibus. & ideo aer mouet visum etiam. quemadmodum si sigillum existens in cera redderetur ad postremum finem, adeo quòd moueret aerem in parte secunda, ita sensibile mouet aerē, ita quod pertranseatur p ipsum ad superficiē tangentem sensum, & sic mouet sensum. D E

Animalis corpus simplex esse minime posse: cùm sensus tactus sit ei necessarius, alij uero sint ad bene esse. Cap. 2.

QVod autem impossibile sit simplex aīalis corpus esse, manifestū est. Dico aūt puta igneum, aut aereū. Sine quidē. n. tactu, neq; vnum contingit animalium sensum habere. corpus. n. tactiuum, animatū omne, sicut dictum est. Alia autem per altera sensitiua quidem vtiq; fierent, omnia autem eo quod per alterum sentire, faciunt sensum, & per medium. tactus autem est in tangendo ipsa. propter quod & habet hoc nomen. & nā alij sensus tactu sentiunt, sed per altera. hic autem videtur solus per ipsum. Quare huiusmodi elementorum nullum vtiq; erit corpus animalis: neq; itaq; terrenum. Omnium. n. tangibilium tactus est sicut medietas, & susceptiuus sensus non solū quæcunq; differentiæ terræ sunt: sed calidi & frigidi & aliorum omniū tangi possibilium. & propter hoc ossibus & capillis, & hmōi partibus, nō sentimus, quia terræ sunt. & plantæ etiam ob hoc neq; unum habent sensū, quia terræ sunt. sine aūt tactu, neq; vnū possibile est esse aīalium. hic aūt sensus non est, neq; terræ, neq; alius elementorū nullius. F

SOPH. *Perspicuum igitur est fieri non posse ut simplex sit corpus animalis, uerbi causa igneum aut aereum: nam sine tactu, nullus alius sensus haberi potest: omne enim animatum corpus, tactiuum, ut diximus est. Reliqua uero præter terram sensoria quidem fieri possunt, cuncta uero*

per

A *per aliud sentiendo sensum efficiunt, & per intermedia. at tactus in*
tangendo ea consistit. quamobrem etiam nomen hoc habet. at qui et
alia sensoria tactu sentiunt, sed per alia: hic aũt uidetur solus per se.
Quare nullum eiusmodi elemẽtorum fuerit corpus animalis. Neq; uero
terreum. tactus.n. quasi mediocritas est omnium tactilium. atq; senso-
rium hoc, non solum differentiarum, quæ terræ sunt receptiuum est,
uerum etiam calidi & frigidi, ac reliquorum omnium tactilium. quo
fit ut nec ossibus nec pilis nec id genus aliis partibus sentiamus, quia
terra sunt. & plantæ, propterea nullũ habent sensum, quia terra sunt:
at sine tactu, nullus alius esse potest. hoc autem sensorium neq; terra est,
neq; ullius alterius elementorum.

Manifestum est igitur q impossibile est vt corpus animalis sit
B simplex, sicut ignis, aut aer. Impossibile est. n. vt habeat vnũ aliũ
sensum præter tactum. oẽ. n. corpus animatum est tangibile, sm q
diximus. Et illa alia sunt instrumenta sensus præter terram, ossa. n.
faciunt sensus, quia sentiunt per aliud, & per medium. tactus. n. fit
tangendo: & ideo vocatur hoc nomine. Et hoc est, q alia instrumẽ
ta sensus non sentiant, nisi mediante tactu. sed hoc est per alia media: illud autem existimatur contentũ per se. Et ideo nullum istorũ elementorum est corpus animalis. Neq; terra. tactus. n. est qua
si medium aliis sensibilibus. & instrm recipiens non congregat tã
tum mutationes terrestres, sed ẽt calidum, & frigidum, & alia tan
gibilia. Et ideo non sentimus per ossa, & pilos, & per tales partes.
Et ideo vegetabilia nõ habent aliquem istorũ sensuum, quia sunt
ex terra. Impossibile est. n. vt alius sensus sit sine tactu. & hoc in-
C strumentum, qd est sensui, non est ex igne, neq; ex aliquo illorum
aliorum elementorum.

66 D. Impossibile est vt corpus animalis sit simplex. impossibile est enim
vt animal habeat aliquem trium sensuum sine tactu. omne enim anima-
tum debet esse tangẽs. D. d. Et illa alia, &c. i. & corpora simplicia sunt in- Id l. 1. de Ala. 130.
strumenta trium sensuum, præter terram, quæ non est instrumentum ali
cuius sensus. & hoc fuit, quia omnes isti sensus. s. tres, agunt sensum, quia
indigent simplicibus instrumentis, & medio extrinseco. i. denudatis à sen
sibilibus. s. vt instrumentum in visu, & medium non habeat colorem, ne
que in olfactu odorem, neq; in auditu sonum. Et quæ denudãtur ab istis,
aut sunt corpora simplicia, aut in quo dominantur corpora simplicia. sed Tactus cõprehendit suũ sensibile sine medio.
tactus differt ab istis sensibus, quia comprehendit suum sensibile sine me
dio. & ideo nullo elemento medio vtitur in extrinseco. Et, cùm declaratũ
est hoc de sensu tactus, necesse est vt suum instrumentum nõ sit simplex.
Et vniuersaliter vult declarare hoc, quòd tactus in hoc differt ab aliis sen- Opp. 1. de
sibus.

Ala. 107. 108. vsq; ad. 115. Vide cōm. Zim. sibus. Alii enim sensus, si possent denudari à tactu, tunc possibile esset ꝙ D
corpus animalis habentis illos sensus esset simplex. tactus autem est econ-
trario. s. ꝙ impossibile est ꝙ suum instrumentum sit simplex. Omne. n. in
strumētum debet denudari à sensibili. &, quia impossibile est vt aliquod
corpus denudetur à quatuor qualitatibus, necesse est vt instrumentum
illius sensus sit medium. i. admixtum ex elementis. Et, cùm ita sit, contingit vt ista virtus sit causa essentialis, quare corpus animalis est compositū.
D. d. Et hoc est, ꝙ alia instrumenta sensus, &c. i. &, cùm alii sensus vtunt
elementis tribus pro instrumentis & mediis, necesse est vt tactus non vtatur aliquo eorum, & ꝙ suum instrumentum sit compositū non simplex:
licet instrumenta, quibus illi vtuntur, non possint denudari à tactu, & ex
hoc modo sunt composita. &, si hoc nō esset, necesse essent vt esset simplicia. D. d. sed hoc est per alia media. i. sed indigentia eorum à tactu non
est indigentia eius, quod comprehendit suum sensibile per illum sine me
dio, sed per alia media, & per alia instrumenta. D. d. Et ideo nullum istorum elementorum, &c. i. & propter hoc, quod diximus, nullum istorum E
est corpus animalis. Neq; terra etiam, sm ꝙ est simplex, aut proprie simplex. cùm alii sensus vtantur elementis quasi instrumēto, & medio: & ista
est alia virtus ab illis: quapropter non vtitur elementis pro instrumento,
Vide. 2 de Ala. 118. cùm suum instrumentum debet esse medium inter tangibilia, cùm non
possit denudari à qualitatibus tangibilibus, neque posset comprehendere
tangibilia, si esset tangibilis simplex. i. in fine alicuius qualitatis tangibilis.
D. d. & instrumentum recipiens non congregat, &c. i. & instrumentum
recipiens tactum non de necessitate habet qualitates terrestres tantum, sed
calidum, & frigidum, & alia tangibilia. & ideo necesse fuit, vt recipiens tā-
gibile sit medium: cùm non possit denudari ab omnibus: neq; etiam posset sentire, si aliqua alia qualitatum tangibilium denudaretur in eo. & idō
non sentimus per ossa, neq; per pilos propter dominium qualitatum ter-
restrium in his corporibus. Et ideo vegetabilia nō habent sensum tactus,
quapropter neq; aliquos sensus: quia impossibile est alios sensus inueniri
sine tactu: & instrumentum tactus neq; est ignis, neq; aliud corpus elemē F
torum, neq; est corpus attributum eis secundum dominium.

Manifestum igitur qm̄ necesse hoc solo priuata sensu animalia,
mori. neq; .n. hunc impossibile est habere, non aīal existens: neq;
cum sit animal, alium necesse est habere præter hunc. Et propter
hoc quidē alia sensibilia excellentiis non corrūpunt animal, vt co
lor & odor & sonus, sed solū sensus: nisi sm accidens. puta si simul
cum sono, depulsio fiat, & ictus: & à visis & odore alia mouentur
quæ tactu corrumpunt. & humor autem sm ꝙ accidit simul ta-
ctiuū esse, sic corrumpit. tangibilium aūt excellentia vt calidorū
& frigidorum & durorum corrumpit animal.

* O P H. *Non ergo dubium est quin animalia, cum hoc solo sensu priuantur, necessario moriantur. neq; enim fieri potest ut eum habeat quod non sit animal:*

A *animal: neq; si sit animal alium præter eum habeat necesse est. Quamobrem cætera quidem sensibilia animal excessibus non corrumpit suis, ut color, ut odor, ut sonus, sed sensoria tantummodo: nisi forte per accidens, uerbi causa si unà cum sono, pulsus fiat & ictus: & à quibusdam uisis & ab odore alia moueantur, quæ tactu corrumpant. Quinetiam sapor, quà simul accidit ut tactilis sit, eatenus corrumpit: at tactilium exuperantia, ut calidorum, frigidorum, durorum, corrumpit animal.*

Declaratum est igitur q; aĩalia moriuntur necessario, quando caruerint hoc sensu tantũ, & q; est impossibile vt non sit in animalibus. aĩalia. n. non de necessitate habent alium sensum, nisi istum. Et ideo alia sensibilia non corrũpunt animalia per dominiũ, v.g. color, & sonus: & olfactus: sed tantum corrũpunt instrumenta sensus, nisi hoc sit per accidens. v.g. q; cum sono sit magna percussio.
B oẽs. n. isti corrumpunt animalia, sed per accidens. & ideo sapores etiam nocent animalibus mediante gustu. gustus. n. est aliquis tactus. Dominium autem tangibilium, v.g. calidi, & frigidi, & duri corrumpunt animalia.

67 D. Declaratum igitur est ex hoc sermone q; animalia moriuntur, quando caruerint tactu, & q; impossibile est vt iste sensus non existat in animali, dum animal est animal: quod non est de aliis sensibus. non enim est necessarium vt animal habeat alium sensum præter tactum. & propter hoc, dominium & vigor aliorum sensibilium non corrumpunt animal, v.g. fortis color, & fortis sonus, & fortis odor: sed tantum corrumpunt sua instrumenta propria: nisi per accidens, verbi gratia, quando cum sono fuerit magna percussio. & similiter de colore, & odore. sapores autem nocent animalibus essentialiter mediante gustu: gustus enim est aliquis tactus.
C sed qualitates corrumpentes animalia sunt tangibiles, verbi gratia calidũ, frigidum, & durum.

Omnis quidem. n. sensibilis superfluitas corrũpit sensum: quare & quod tangi potest tactũ: hoc aũt determinatum est viuere. Sine aũt tactu monstratũ est q; impossibile est animal esse. Vnde tangibiliũ excellentia non solum corrumpunt sensum, sed & aĩal. quia necesse est solũ habere hunc. Alios aũt sensus habet animal sicut dictum est. non propter esse. sed propter bene esse. vt visum, quia in aere & in aqua, vt videat. oĩno autẽ quia in diaphano. gustũ autem propter delectabile & triste, vt sentiat quod in alimento, & concupiscat & moueatur. Auditum aũt, vt significetur aliquid ipsi. Linguam aũt, quatenus significet aliquid alteri.

IOPH. *Nam sensilis cuiuscuis exuperantia corrũpit sensoriũ: quamobrẽ tactile etiam tactum. hoc autem animal definitum est: ostensum namq;*

est

est fieri non posse, ut sine tactu animal sit. itaq; fit ut tactilium excessus D *non solum sensorium, sed animal etiam corrumpant. quandoquidem necesse est animalia hunc solum habere. Reliquos autem sensus habet. ut diximus animal, non ut sit, sed ut bene sit: ueluti Visum, quandoquidem in aere & in aqua & omnino in translucido uersatur, ut uideat: Gustatum, propter iucundum & molestum, ut id quod in alimento est, sentiat, idq; cupiat ac moueatur. Auditũ, ut ei aliquid significetur. Linguam, ut ipsum quidpiam alteri significet.*

Et dominiũ cuiuslibet sensibilis expellit instr̃m sensus. & ideo tangibile expellit tactum. & per istum fuit definitum, s. viuere. animal. n. impossibile est vt sit sine tactu, Et ideo dominiũ tangibilis non tantum corrũpunt instr̃m sensus, sed etiã & animal. quia est necessariũ animali vt sit ens, non vt sit in meliori dispositione. Illi aũt alii sensus sunt in aĩali propter melius. Visus aũt vt aspiciat in E aere, & aqua. Et similiter de gustu, vt sentiat delectabile, & tristabile, & vt habeat appetitũ & moueat. Et siſr de olfactu. Auditus aũt, vt audiat rem. Lingua vero, vt significet rem alio modo.

68 Idest, Et dominium omnis sensibilis, quando fuerit intensum, corrũpit suum instrumentum proprium, siue fuerit tactus, siue alterius. D. d. & per istum fuit definitum, &c. i. & per hanc virtutem, s. tactum, definitur animal. & causa in hoc est, quia impossibile est vt animal sit sine tactu. Et ideo accidit φ tangibile intensum non tantum corrumpit instrumẽtum sensus, sed animal essentialiter: quia sensus tactus est de rebus necessariis animali. s. vt sit ens, non secundum φ sit esse melioris, sicut est de aliis sensibus residuis. D. d. Visus autem, vt aspiciat in aere, & aqua. Et similiter de gustu, s. φ primo est propter appetitum cibi. Auditus, autem vt audiat rem. i. sonos, & intelligat per eos in animalibus rationabilibus, & in aliis brutis: in animalibus rationabilibus, vt intelligant intentiones, quas si- F gnificant verba. Lingua autem, vt notificet rem alio modo. & innuit, vt puto, iuuamentum, quod est in uerbis, non gustus, hoc enim iuuamentũ magis apparet propter melius quàm in gustu: quoniam gustus reputatur eẽ necessarius propter suam vicinitatem tactui. alii autem sensus sunt propter melius: & precipue visus, & auditus. & hoc est manifestum.

Librorum Trium de Anima finis.

MARCI ANTONII ZIMARAE.

Solutiones Contradictionum in dictis Aristotelis, & Auerrois.

Super Primo de Anima.

1. de an. tex. 1.

Ontradictio est super tex. primo. Aristot. enim & Commenta. asserunt scientiam alteram altera praestatiorem & nobiliorem esse ex subiecti nobilitate. Sed huius oppositum habetur ab Auerr. in primo de partib⁹ animalium iuxta finem, vbi habet q̃ scientia Naturalis plus apparet in materia viliori, quàm in alia nobiliori. Et confirmat hoc ex arte, vbi ingenium artificis, & ars magis ostenditur in materia vili quàm in materia nobili, vt testatur etiã cõmenta. 12. meta. cõ. 18. authoritate Themistij. Dixerunt nonnulli, ad pauca respicientes, non fuisse ex intentione Philosophi vnquam scientiam sumere nobilitatem à subiecti differentia. Sed mirum est de illorum audacia, ne dicam temeritate, qui vt aliquid inanis nominis sibi vendicarent, conati sunt contradicere patribus Antiquis, & veritati. Nam etiam Themistius hoc idem asserit, quod Commenta. & exempla Commenta. sunt exempla Themist. vt patet. Nã Aristo. 9. meta. tex. cõ. 12. ostendit q̃ actus praecedit potentiam nobilitate, & q̃ scientia in actu est nobilior scientia in potentia. & 6. meta. tex. cõ. 1. ostendit scientiam honorabiliorem esse honorabilioris generis. & quomodo imaginari potest q̃ altera alteram excellat in nobilitate, & non differat ab eadem. omne enim ens omni enti comparatum, aut est idem, aut diuersum, vt patet.

Solutio. Dicamus igitur q̃ secus est de natura & arte, & secus est de scientijs speculatiuis, quas nos habemus de rebus. Natura. n. facit naturalia, & ars artificialia. & ita cũ ars magis fulget in materia vili, q̃ in materia nobili propter duas causas, quia, vt dicit Themistius, vt recitat Comment. 12. meta. cõ. 18. magis debemus mirari de ingenio artificis facientis aliquid ex luto, quàm ex auro: quia nobilitas materiae obumbrat vigorem artis praesentem apud communem hominum cognitionem, qui ab extrinsecis iudicant, vt dicebat Anaxag. referente Arist. in. 10. ethi. cap. 10. qui dicere consueuit nequaquam mirari si absurdus multitudini videretur. nam multitudo solum iudicat à rebus externis. sapientes autẽ magis admirantur artem, quàm materiam arti subiectam. & sic intelligitur dictum Themist. & haec est prima causa. Secunda causa est ex impossibilitate materiae, quia materia vilis ex sui impossibilitate cum maiori difficultate recipit impressionem artis, aut naturae, & difficilior redditur generatio. & hãc causam tetigit Commen. in allegato loco. Sed habet dubium contra se. quia tunc generatio animalium ex materia putri esset difficilior quàm animalium ex semine genitorum, quod non conceditur, quia citius, & facilius generantur, vt docta experiẽtia. sed prima causa Themist. magis placet. Et ideo in talibus, vt est natura & ars, quia sunt causae rerum, secus se habet quia in operationibus naturae, & artis sapientes magis exercitantur in contemplando scientiam Naturalem, id est à qua natura dirigitur, quàm ex rebus nobilioribus, vbi in eorum generationibus patent res particulares. Sicut Philosophi plus admirantur de generatione animalium ex putri materia generatorum, quomodo talia generentur, & qualis sit eorum generatio a sibi simili vel cõueniẽti, quàm in generatione animalium, quae ab vniuoco generantur, vbi causa proxima est nota ad sensum. licet animal tale plus ex se perfectionem diuinam repraesentet, & participet, quàm animal vile. quia distantiae entium sunt diuersae valde. Sed in scientia nostra secus est: quia est causata à scibilibus rebus, & intelligere nostrum sequit̃ naturã. & nobilitatem rei intellectae, & ordinem rerum, vt dicit Commenta. in libro destruct. in disputa. 6. & 11. in plerisque locis, & 12. meta. cõmen. 51.

Secunda contradictio est in tex. 8. Arist. dicit in hoc tex. q̃ animal vniuersale, aut nihil est, aut posterius est. Sed huius oppositum habetur. 12. metaphysi. cõmen. 17. authoritate Alexan. vbi dicitur, q̃ vniuersalia sunt priora in intellectu particularibus, quae cum auferuntur, auferuntur particularia. & ideo existimantur esse substantiae. 1. de an. tex. 8.

Solutio Auer. Soluitur. Auer. locum illum interpretatur de illo vniuersali Platonico separato secundum esse à singularibus, dicens, illud, aut nihil esse, aut si sit, nihil proficere ad definitiones rerum: quia res possunt sciri per definitionem, non cogitando aliquid de tali vniuersali separato. Pro illa expositione

Aner addiderit scripta Philosophi in 2. anthi. cap. 7. in fine capituli, satis ad propositum. Alexander autem satis subtiliter interpretatus est locum illum in 1. libro naturalium quaestionum, quaest. 11. & breuiter sua interpretatio in hoc cõsistit, quod animal vt vniuersale conceptum siue vt genus posterius est. ista enim sunt de secundo intellectis, & talia non significant aliquam veram naturã, aut substantiam, sicut animal bene est significatiuum substantiae cuiusdam, quia significat substantiam animatam sensitiuã, & est res aliqua, & aliqua natura, cui accidit vniuersalitas & generalitas. sunt enim illa accidentia. semper autem accidens est posterius natura, cui accidit. Et ideo Aristo. animaduertens ad hoc, quòd animal vniuersale, idest sub intentione vniuersalitatis, vel sub intentione generalitatis, vt sic aut nihil est, quia non significat vt sic naturam aliquam subsistentem extra animam, quia talis intentio est ens in anima tantum, & diminutum: aut posterius est, quia vt sic, significat intentionem accidentem rei & naturae, cui accidit vniuersalitas, & generalitas. nam, si vnum solum animal in natura subsisteret, adhuc natura illa, quae est substantia animata sensitiua remaneret: tamen non esset illud vniuersale praedicabile de pluribus, & ideo vt sic est aliquid posterius. Dicit enim Commentator in septimo primae philosophiae commen. 46. definitiones vniuersalium habent aliquam dispositionem dispositionum substantialium existentem extra animam, & qualitatem accidentem ei: significans nobis per hoc quod vniuersale potest sumi dupliciter, videlicet pro natura & re, quae est fundamentum, & pro qualitate, quae est intentio & accidens, fundatum in illa re. & sic quò ad qualitatem vel animal sub illa qualitate conceptum, quatenus sic concipitur, aut nihil est, aut posterius. Et ita locus ille potest legi secundum mentem Aristot. Sed qualitercunque sit, quantum ad propositam contradictionem, isto modo respondetur, quòd vniuersalia possunt dupliciter comparari ad particularia, vno modo quò ad esse, alio modo, quo ad intellectum. ista est distinctio Auerro. authoritate Alexand. in 12. metaphysi. commen. 27. quòd si comparentur quò ad esse, sic sunt posteriora. vnde Aristote. dixit in praedicamentis, quòd ablatis primis substantijs, impossibile est aliquid aliorum remanere. sed quò ad intellectum secus est. Hoc dicit Cõmentat. expresse ex intentione Alexand. in cõmen. vigesimoseptimo, duodecimo primae philosophiae ita etiam dicit dominus Albertus 11. primae philosophiae, tractatu primo capit. secundo.

Solu. Alex.

Tertia contradic. est in tex. 16. Aristote. & Commen ponunt differentiam inter Physicum & Dialecticum, quia Dialecticus definit per formam, & Naturalis per materiã. Sed oppositum habetur ex primo physico. cõm. 1. vbi dicitur quod Mathematicus solum genus causae formalis considerat, & ita omnes definitiones mathematicae erunt dialecticae & vanae. aut assignetur causa diuersitatis inter Dialecticum & Mathematicum. Soluitur. ideo definitiones dialecticae sunt per formam, quia forma est subiectum vniuersalitatis & communitatis, vt dicit Commenta. primo coeli cõm. 92. & ideo non faciunt scire. Amplius autem licet forma sit causa alicuius effectus, non tamen ab ipso Dialectico consyderantur, vt est causa talis effectus, alioquin non solum per formam, verum etiam & per materiam definiret, vt appetitus vindictae, licet sit causa accensionis sanguinis circa cor, non tamen Dialecticus in definiendo iram per appetitum vindictae, definit, vt per causam accensionis: quia talis definitio esset relatiua, & non absoluta, sicut sunt definitiones naturales. vnde Commenta. dicit disputatores absolute consyderare. quod propterea dicit ad differentiam Naturalis, qui definit per formã, vt est causa materiae: secundi physicorum 26. & 92. Sed dialecticus definit per formã absolute consyderatam, non consyderando vt est causa materiae, nec alicuius materialis proprietatis. vnde cum in rebus plurimis haec tria sunt. materia, & forma, & causa, per quam forma est in materia. omnia ista ponuntur in definitionibus naturalibus. & hoc est, quod dixit Arist. 15. tex. quod ira, & quaelibet passio animae concupiscibilis definitur, vt est in materia ab hoc, & huius gratia. sed Dialecticus per solam formam debet definire. Mathematicus autem licet consyderet formam, quae sui esse est in materia, non tamen consyderat causam propter quã forma est in tali materia trãsmutabili. quia hoc considerat naturalis. & isto modo dicitur solum genus causae formalis Mathematicus consyderare, tamen bene Mathematicus istam formam consyderat, vt est causa proprietatum fluentium à tali forma, vt in talis esse abstractionis consyderatae sunt. Geometer, licet non consyderet

1. de an. tex. 16.

Solutio.

dem figuram triangularem, vt habet causam, quia est in materia sensibili, puta vel in ære aut ligno, considerat tamen causam proprietatum suarum, & vt habet talem causam, videlicet quia habet tres, & per illam demonstrat. Secus autem est de Dialectico. quia Dialecticus non solum non considerat formam abstrahendo ab hoc, quod est habere causam sui esse in materia sensibili, immo etiam neque considerat ipsam, vt est causa, vel habens causam alicuius effectus, vel alicuius proprietatis. & ideo consyderatio eius est absoluta communis, & vana per consequens, pro quanto non potest esse medium in demonstratione, quæ est per causam, propter quam res est, & quoniam illius est causa. quia, licet Dialectic⁹ definiat per illud, quod est causa, non tamen sub illa ratione, qua causa, sed vt est vnum entium absolute. Et nota bene hoc, quia pauci admodum ante nostra tempora intellexerunt istud. Et adde quòd vltra prædictam causam ideo Dialecticus dicitur artifex absolute considerans, quia circa ens simpliciter tres artifices versantur. 4. primæ philosophiæ tex. co. 5. primus Philosophus, Dialecticus, & Sophista. de omnib⁹ enim Dialecticus disserit ex communibus, & probabiliter.

Mathematicus est à rône formam considerat eã vt est finis vide The. 2. phy. super 74. & Auerr. ibi.

2. de aïa. tex. 16.

Quarta contradi. est in eodem tex. Quia Philosophus ponens differentiam inter Physicum & dialecticum, dicit quòd physicus definit per materiam, & Dialecticus per formam. Sed huius oppositum habetur in tex. immediate sequenti, videlicet in. 17. vbi inquit quòd non est aliquis artifex, qui per solam materiam definiat. Soluitur. Illa differentia est intelligenda cum præcisione. nam Dialecticus definit per solam formã sine materia, sed Physicus per materiam & formam: & qui per materiam & formam definit, dicitur per materiam definire. quia igitur illud, quod discernit Physicum à Dialectico, materia est & non forma, ideo in tali discrimine materia exprimitur. Nam expressa sententia Arist. ibi est ꝙ nullus artifex per solam materiam definire potest. Vnde hoc etiam elicitur ex intentione Philosophi ibidem nam, cum triplex possit definitio assignari, per materiam solum, per solam formam, & per materiam & formam quæ illarum inquit Philosophus definitio Naturalis erit? Et solutio est, quòd illa, quæ est ex vtrisque. & illa est melior solutio, quæ dari potest in illo loco. quia materia in Naturali Philosophia relatiue cognoscitur, vt est ad formam, & vt est materia formæ. 2. phy. 16. & per consequẽs Physicus vt Physicus per solam materiam definire non potest. Differentia illa est cum præcisione intelligẽda. quia Dialecticus per formam tantũ, sed physicus per materiã & formam simul. &, quia in materia est ratio, in qua Dialectic⁹ distat à physico, illud fuit expressum, sicut est in simili, artes & scientiam Naturalem. Nam Medicina, quæ est ars mechanica, vt dicit Cõ. est n. de artibus operatiuis, circa quædam est, quia est circa quædam corpora, s. humana. Naturalis vero est de omnibus corporibus, tam simplicibus quàm mixtis, tã animatis, quàm inanimatis. Similiter Medicina sanitatis & ægritudinis quasdam causas considerat, s. particulares, seu propinquas: sed Naturalis omnes causas & propinquas & remotas. & quia remotæ à Medico non cõsyderantur, sed à physico, ideo Arist. in principio libri de sensu & sensilibus illas expressit, dum dicit quod Physici est sanitatis prima & ægritudinis inuestigare principia. Et si dicatur quòd exemplum Aristote. est in oppositum de ira: quia dicit quòd Physicus dicit quòd est accensio sanguinis circa cor, Dialecticus vero, quòd est appetitus vindictæ. Soluitur eodem modo. quia Aristote. expressit illud, in quo est differentia inter Physicum & Dialecticum. nam, cum Physicus definit iram, dicit illam esse accensionem sanguinis circa cor propter appetitum vindictæ, & iam dixerat hoc supra quòd passiones animæ sunt communes animæ & corpori, & per consequens sunt coniunctæ, tex. commen. decimoquinto. & quòd est motus talis corporis ab hoc gratia huius. & ideo Physicus de omni tali anima, & passionibus, quæ sine materia non sunt, definit. & dat exemplum de ira, ꝙ est accensio sanguinis in tali corpore ab hoc, huius gratia. vbi expresse dicit omnes causas in ea poni & qui dicit totum, dicit & partes. vnde non dicit tex. ꝙ physicus per solã materiã definiat, sed per materiam. & hoc est multum differens. Alij dicunt ꝙ definitiones per solam materiam datæ sunt naturales, sed imperfectæ. & est solutio Themistij, & aliorum. Sed hoc non probatur. quia Arist. dicit nullum artificem per solam materiam definire. & præterea definitiones naturales sunt media in demonstrationibus, sed materia, circumscripta forma, non est causa alicuius naturalis proprietatis, sed vt est coniuncta formæ. vnde materia

Solutio.

Solutio aliorũ.

abstracta à forma nõn est naturalis consyderationis, vt alias declaraui. quia omnis cõceptus habitus de materia à naturali, est relatiuus: & ideo nullo pacto Naturalis definit per solam materiam. esset enim vana ista definitio, cum ex ea non posset concludi aliquod accidens proprium. Et consydera subtiliter hic. & hic siste gradum. quia, si quæratur quid prohibet, vt quemadmodũ Dialecticus definiens per formam, non definit per eam, vt est causa alicuius, nec vt habet causam sui esse in materia, sed solum vt est res quædam, eodem modo etiam nõ definire queat per solam materiam, non vt est causa, nec causam habens, propter quã sit sub tali forma, sed potius vt est res quædam. non enim per vitam meam videtur esse ratio diuersitatis in hoc inter materiam & formam. quia dialecticus circa vtrunque simpliciter versari potest ex. 4. primæ philosophiæ. & est dubium satis arduum, sicut vides. Nisi esset q̃ ideo Philosophi genus definiendi per formam appropriauerunt Dialectico, quia causa communitatis est forma, & Dialecticus ex communibus definit. Et ideo animaduerte q̃ definitio p̃ solã materiam nullius artificii est scientifice definiendi, neque esse poterit artificii communis per communia differendi. quia cõmunitas non est à materia, vt materia distinguitur contra formam sua proprietate, nisi subiret modum formæ, & sub ratione communitatis, sed hoc nõ erit ratione, quã materia. Et ideo videtur mihi sine præiudicio melioris sententiæ, q̃ Dialecticus vtrunque potest efficere, & vt definiat per solam formam, & per solam materiam, vt vtrunque consyderatur, vt est res quædam, quia non video, quare hoc non possit efficere. tamen semper ista consyderatio erit per communia. & quia communitas est à forma, ideo materia illo modo posita in dialectica definitione habebit modum formæ, quia non consyderatur sub ratione propria, sed sub ratione communi. Tamen animaduerte q̃ vt dicit Arist. in 2. phy. in fine. definitiones omnes naturales dantur per materiam, vel apparenter, vel consecutiue, ita etiam omnes definitiones naturales habent formã, vel apparenter, vel consecutiue. Vnde illa iræ definitio naturalis est, quæ dicit irã esse accensionem sanguinis circa cor: sed non est data per solam materiam, vt tu fingebas in argumento. quia, vt dicit in tex. ira & vniuersaliter opera, & passiones animę sunt talis corporis, & talis animæ. nõ enim sunt cuiuslibet corporis, sed corporis physici potentia vitam habentis, & hoc est animatum corpus. vnde sanguis est pars similaris corporis animati, vt dicitur in. 2. de partibus animalium. cap. 2. cor est pars dissimilari. non enim sanguis extractus à vena dicitur sanguis, nec cor in cadauere existens dicitur cor. ecce igitur q̃ apparet consecutiue forma in illa definitione. Sed, si quis interrogetur vtrum imaginando istam definitionem iræ per sanguinem, & cor datam, non vt sanguis est vere sanguis, & cor verũ cor, sed vt sunt substantiæ quædam corporeæ absolute, non in ordine ad corpus animatum, cuius sunt partes, non est dubium q̃ illa definitio taliter cõsyderata esset per communia, & dialectica, & vana ex consequenti. O quantum placet mihi per vitam meam. Deo laus illustranti intellectum. dicitur etiam Physicus materiam consyderare, quia omnẽ causam consyderat secundũ esse, quod habet in materia. Vnde causam mouentem consyderat, vt mouet materiã ad formam secundum esse, quod habet in materia: & finem, secundum q̃ est terminus motus, per quem mouetur materia, & materiam secundum quod est subiectum formæ secundum esse, quod habet forma in materia, vt dicit Albertus in digressione. vnde Commenta. 2. physico. in quo est materia, sunt omnes causæ.

Quinta contradi. est super eod. tex. Arist. & Auer. dicunt Physicum definire per materiam. Sed huius oppositum scribit Them. in. 2. phy. tex. cõ. 21. vbi dicit q̃ definiturus rem naturalem in definitionibus vtetur materia, sed definiet per formam. Solutio. sine dubio scientiæ speculatiuæ distinguuntur ex diuersis modis definiendi, vt patet. 6. primæ philosophiæ in tex. cõ. 2. & quia in definitionibus rerum naturalium dicitur apparere natura: quia res naturales constituuntur per naturam, sicut artificiales per artem: sic definitiones naturales dãtur per materiam sensibilem, quia in eis apparet natura, quæ est principium motus, & omnium qualitatum sensibilium. sed cum duplex sit natura, videlicet materia, & forma: secundum Peripateticos autem forma est tota quiditas, materia autem est veluti vehiculũ & fundamentum deferens quiditatẽ: ideo in definitionibus rerum naturalium, apparere dicitur materia, non quia ad quiditatẽ pertineat: sed pro quanto forma definiti dicitur huiusmodi secundum dispositiones, in quibus existit, vt dicit Commenta. 2. de anima. cõm. 16.

Solutio.

1. de a[n]i[m]a. tex. 16.

comm. 16. Sic igitur Themistius dixit, definitiones naturales dari per formam, quia definitio exprimit quiditatem, & forma est quiditas. materia autem neq. quiditas est, neque habens quiditatem, quia non est neque forma, neque formatum. sed quia est necessaria in definitionibus propter caussam praedictam, ideo Themistius illo modo dixit. vnde aequiuocatio est in dubio. quia Physicus definit per materiam sensibilem modo praedicto, sed sermo Themistij est in comparando materiã, quę est natura, ad formã, quae est nobilior natura, propter quam materia est in effectu.

[1. de ala. com. 14.] Sexta contradi. est in cõ. 14. Habet Auer. q; intellectus non eodem modo existit in omnibus hominibus. istud autem videtur repugnare vnitati intellectus, quam ponit [Solutio.] cõm. 5. tertij. huius. Soluitur secundum ipsum. Nã hic loquitur de intellectu particulari, qui est virtus cogitatiua: ista enim non eodem modo praeparata inuenitur in oibus hoib⁹, sed intellectus, de quo loquit' cõm. 5. dicens ipsum vnum esse, & intellectus abstractus à materia vniuersaliter comprehẽsiuus. & in illo non est varietas, sed, si quaeque apparet varietas, hoc est in relatione cogitatiuae sibi deseruientis ad intelligere nostrum.

[1. de ala. com. 30.] Septima contradi. est in cõmen. 30. Dicit Auer ignem esse manifestum est. Sed oppo [Solutio.] situm. 4. coeli cõ. 32. quia esse eius ibi demõstratur. Soluunt aliqui, esse ignis manifestũ est, & non demonstratur: sed esse ignis in loco suo proprio hoc latet, & hoc est, quod demonstratur. Solutio non sapit viam Auer. quia Commen. in cõ. illo. 32. dicit illam esse demonstrationem ad demonstrandum esse ignis, qui est species, & pars subiectiua [Alia solo.] subiecti illius libri, quod raro cõtingit. Ideo aliter soluo. ignis duplex, teste Auer. & Alexan. 2. de generatione cõm. 11. & 4. coeli. 32. scilicet inferior, & superior, qui est in vltimo continentis. Et primus quidem ignis manifestus est ad sensum: sed secundus nullo sensu comprehenditur, sed ratione, & discursu demonstratur.

[1. de ala. com. 32.] Octaua contradi. est in cõ. 32. Nullus, inquit Commen. & Philosophus, posuit ter- [Solutio.] ram esse principium. Oppositum habetur de Hesiodo. 1. meta. tex. cõ. 14. Soluitur. intelligitur de naturaliter loquentibus, quorum nullus posuit solam terram esse principium. instantia de Hesiodo cessat, quia ipse fuit leges imitatus, & Theologiam metrice composuit, vt est famosum.

[1. de ala. com. 37.] Nona contradi. est in. 37. cõ. Quia dicit, q; motus essentialiter attribuitur homini per pedes. Oppositum. 6. phy. 59. & 7. physi. [Solutio.] cõ. 4. de corde. Solutum fuit. 7. physi. cõ. 4. sed illi solutioni addo, q; licet motus progressiuus attribuatur homini essentialiter per pedes, quia motus progressiuus habet per pedes fieri, tamen radix istius motus est à corde.

[1. de ala. com. 41.] Decima contradictio est in cõmen. 41. Motus est transmutatio rei in sua substantia. Oppositum 2. phy. 51. & 5. phy. tex. cõ. 7. [Solutio.] Soluitur. argumentum est ad hominem, nam Antiqui posuerunt animam esse motũ: ergo non nisi substantialem, quia anima est substantia. & ideo contra illos ibi arguitur, & dictum Auer. ex ipsorum ore sequi, & prodire videtur.

[1. de ala. tex. 48.] Vndecima contradi. est in tex. 48. Arist. & Commen. videntur dicere quietem esse magis propriam animae, quàm motum. & Alexan. in paraphrasi cap. 6. vbi probat animam secundum se mobilem esse, expresse dicit q; magis proprium magisq; secundum animae naturam esse videtur frui potius quiete, quàm motu. Sed huius oppositum habetur à Themistio in principio libri de anima cap. 1. inquit animam esse fontem & initium omnium motuum. Item oppositum huius inuenimus ab Auer. in lib. destructio destructionum. disputa. 15. in solutione primi dubij. vbi inquit q; intentio coeli apud homines est ipsemet motus, in eo q; est mouens. nam perfectio animati, in eo q; est animatum, est motus. quod non esset verum, si anima, per quam vnum viuit. esset magis causa quietis, quàm motus. Amplius mot⁹ est tanquam vita omnibus natura constantibus. & ipse Cõmen. exponit hoc de motu coeli, sed ille, cum sit circularis. est animae. [Solutio.] Nisi esset, q; mot⁹ animae alij sunt veri, alij existimati, vt dicit Commenta. 1. de anima cõm. 57. motus veri sunt localis, alterationis, & augmenti. motus existimati sunt sensatio, & intellectio, & isti dicuntur. 8. physi. motus aequiuoce. Arist. igitur & Alexan. authoritates habens sic intelligi. q; animae motus existimati magis perfecte fiunt nobis quiescentibus. quàm motis, vnde iudicium sensus & intellectus impediuntur ex reali motu & alteratione corporis, vt patet in ebrijs, infirmis, & id genus. Non igitur est sensus q; natura animae potius est initium quietis & motus priuatio in corporib⁹ animatis, quàm motus sed eo modo, quo diximus. Arguitur enim contra Antiquos hic, qui animae essentiam definiebant per mo-

 tum,

rem, ita quòd sit eius quidditas in motu constituta.

2. de ala. tex. 48. Duodecima contradi. est super eod. tex. Aristo. scribit quòd intelligentia assimilatur potius statui, quàm motui: vbi Themist. & alij expositores colligunt motum esse magis alienum à natura animæ quàm statum. Sed huius oppositum habetur à Themistio primo de anima, vbi dicit animam esse originem & fontem omnium motuũ.

Solutio. Soluitur. Aristo. Arguit contra Antiquos, qui ponebant motum esse de essentia animæ, ita quòd constituitur per motum. sicut venti & fluuij, quorum essentia cõsistit in motu. & Aristo. improbat, quia motus impedit propriam animæ actionẽ, & quies magis perficit. vnde intellectio, quæ est præcipua animæ operatio, magis perficitur in quiete, quàm in motu. vnde sobrij, & senes, & corpore quieto, & in silentio, motus melius intelligunt, quàm ebrij, iuuenes, & qui lacessito sunt corpore, & qui interdum intelligunt. cum hoc tamen stat, vt anima sit fons omnis motus, præsertim quia motus animæ est circularis, qui est fons & origo omnium aliorum motuum, vt patet ex octauo physico. Vnde anima vt inquit Cõmen. est principium omnium motuum, tam verorum, quàm existimatorum. tamẽ animæ actiones, præsertim intellectus magis impediuntur à motu corporeo, quam à quiete. vnde confectum est vt sedentes intelligent.

2. de ala. com. 51. Decimatertia contradi. est in cõmen. 51. dicit Commen. quòd causa, propter quam cœlum moueri melius sit quàm vt quiescat, & q; circulo moueatur meli⁹ sit quàm motu recto, primæ philosophiæ est. Sed oppositum secundi patet. 2. cœli tex. cõmẽ. 11.

Solutio. Soluitur. quid inconuenit idem ingredi diuersas scientias speculatiuas, sm diuersas consyderationes? certe nihil. patet. 2. physi. cõ. 71. Dico q; principia sensibilium à Diuino consyderantur, & causæ, sed altiori modo quàm sit modus naturalis. vnde quare aliquid meliorem rationem habeat, hoc potest consyderari ab artifice consyderante finem, & præcipue primum finem, qui est ratio bonitatis in omnibus, talis autem à Diuino consyderatur. Naturalis autem assignat istorum rationes sensibiles, & existentes in motu. Vide ergo bene & consydera dicta Commentato. 12. metaphysi. commen. 1. 5. 6. & 29. vide commentum 5. & 9. septimi meta. & commen. 5. tertij metaphysico. & sic intelliges quod diximus tibi. sufficit nobis loca tibi ostendere. non oportet omnia scribere. breuitati indulgere volumus.

1. de ala. com. 64. Decimaquarta contradi. est in cõmen. 64. Motus sensationis finis er⁹ est in anima, & principium eius est ab extra. Oppositũ patet commen. 5. huius primi de anima.

Solutio. Soluitur. hic comparat sensationes animæ eiusdem rationis. nam sensationes interiores quædam restæ sunt, & quædam reflexæ. vnde prima incipit ab obiecto, & terminatur vltimate in vltima virtute sensitiua, quæ est memoria, descendendo per sensus extrinsecos & intrinsecos, tanquam per media, sed sunt quædam, quæ reflexo gradu ac retrograde procedunt. & istæ incipiunt ab anima, & terminantur ad extra, in tantum quòd, vt dicit Commentator in tertio colliget, cap. 18. ex hoc potest reddi ratio visionum, quæ contingunt melancholicis, & mulieribus dicentibus se videre mortuos, aut dæmones, aut aliquid huiusmodi. Sed hoc dixit ipse, quia non credidit Deo, nec veritati. sit maledictus. quia etiam veræ visiones angelorum fuerunt non tantũ imaginariæ: licet hoc quandoque possit esse ex sola imaginatione, & desluxu idoli formati vsque ad exteriorem sensum, sic igitur intelligitur dictum eius hic. Sed in commento tertio primi huius comparauit sensationes diuersarum rationum, quarum quædam magis tenent se ex parte corporis, sicut somnus & sensatio, quæ in somno fit. ista enim accidentia ligant animam. & ideo terminantur ad ipsam: quia à re corporali effumante causatur somnus, & ligamentum fit in sensu communi. similiter motus ille est à circumferentia ad centrum. vigilia autem est accidens formalius. & ideo tenet se magis ex parte animæ quia est solutio ligamentorum, & est ratio, propter quam anima operatur, & in ea fit motus de centro ad circumferentiam. Et ideo dicit Commenta. quòd sensus, & imaginatio, quæ in vigilia fiunt, incipit ab anima, et redundat in corpus.

1. de ala. com. 69. Decimaquinta contradi. est in commen. 69. Scribit ibi Commenta. quòd si in aliquo corpore sola quantitas remaneat, possibile est ibi imaginari mouens & motũ. Huius oppositum sequitur ex dictis suis. quarti physicorum commen. 71. ibi enim dicit quòd elementa posita in vacuo non possent moueri & tamen in casu ibi esset quantitas. Soluitur. dico q; dictum suum hic sequitur ad hominem. nam illi, contra

quas

qui ter arguit, dicebant, ꝙ puncta illa erant corpora, & cùm non sint elementa, sequitur ꝙ essent ex elementis causata. talia autem bene possunt imaginari posse remoueri, sola quantitate remanente, cùm habeant intrinsecam resistentiam. Motus etiam imaginarius est res ampla satis. dicunt enim Mathematici punctum ex sui fluxu causat lineam, & fluxus lineæ causat superficiem: & superficies fluens causat corpus. omnia autẽ ista ad imaginationem vera sunt, non autẽ secundum rem ipsam.

2. de ala. tex. 78. Decimasexta contradi. est in cõm. 78. Dicitur ꝙ impossibile est vt substantia sit elementorum aliorum oppositum. 12. metaphy 22. Fulcitur etiam hoc idem. 4. meta phy. cõ. 2. vbi dicitur substantiam esse causam omnium non sm agens & finem, sed
Solutio. sm subiectum. Soluitur. principia duplicia, propinqua, & remota. principia remota possunt esse eadem respectu omnium prædicamentorum. sed principia propinqua minime. glosa est Auer. cõ. 22. iam allegato in. 12. meta. hic autem loquitur Cõm. de principiis propinquis, quando dixit ꝙ substantia non est elementum aliorum. & reddens causam subdit, dicẽs, principia. n. non substantiæ sunt non substantiæ.

Decimaseptima contradi. est super tex.
2. de ala. tex. 79. 79. Dicit Aristo. hic, ꝙ ossa non sentiunt. Sed huic aduersatur Gale. in. 2. de crisi, vbi ponit differentiam inter rigorem tertianæ, & quartanæ, vbi dicit ꝙ in rigore quartanæ fit læsio vsque ad ossa, ita ꝙ quidam conquesti sunt se dolere in ossibus. Hoc etiam contradicit sensus in laborantibus morbo gallico, qui plurimum conqueruntur se do-
Solutio. lere in ossibus. Nisi esset ꝙ sensus communicatur ossibus mediante panniculo inuoluente illa, sed sm sui substantiam sensu carent. sicut est de substantia cerebri, pulmonis, & hepatis, quibus sensus illo modo cõmunicauit sm peritos Medicos.

SOLVTIONES Contradictionum in dictis Arist. & Auerrois,

Super Secundo de Anima.

2. de ala. tex. 1. Rima contradi. est super tex. 1. Aristo. diuidit substantiam trimembri diuisione, videlicet in materiam, formam, & in substantiam compositam ex materia & forma. Sed oppositum habetur. 7. metaphy. tex. commen. 44. vbi dicit, ꝙ dicitur quatuor modis. & ita etiam asserit Cõmen. in. 8. metaphysi. cõ. 1. Soluitur. diuisio substantiæ, alia est sm famam, alia sm rei veritatem. diuisio sm famam est quatrimembris, quia vltra tria membra, quæ sunt materia, forma, & compositum ex materia & forma, est quartum. & est vniuersale, quod sm Antiquos erat substantia. quia autem Ari. in. 7. vult inquirere de hac opinione, vt dicit Cõm. in cõ. 44. vtrum vniuersalia sint substantiæ rerum particularium, induxit ibi istam diuisionem, quæ famose dicitur de quatuor: non quia ista sit opinio eius. nam ibi late probat nullũ vniuersaliter dictorum substantiam esse. quando igitur loquitur ex mente propria diuidit substantiam in materiam, formam, & congregatum: sed quando loquitur sm famã. diuidit substantiam in materiam, formam & congregatum, & vniuersale.

Secunda contradictio est in commen. 2. 2. de ala. com. 2.
Dicitur ꝙ per formam indiuiduum fit hoc. Oppositum apparet. 12. meta. 14. & 1. cœli. 92. & 1. meta. cõ. 40. vbi patet ꝙ per materiam. Soluitur. à forma indiuiduali habe- Solutio.
tur principaliter indiuiduum hoc, quod est. Et est ista sententia eius manifeste 7. meta. cõ. 5. vbi dicit ꝙ Philosophus loquitur de principio indiuidui, & dicit ꝙ talis est substantia, quæ est forma, & per illam substantiæ demonstratæ sunt substantiæ, & vnum. Materia etiam concurrit, tamen minus principaliter quàm forma. Accedit ad hoc ꝙ, vt declaraui prolixe in quæstione mea de principio indiuiduationis, alia est indiuisio entitatiua, & alia quantitatiua. vnde entitatiuam indiuisionem principaliter habet à forma, quantitatiuam autem appropriate videtur habere à materia: cùm quantitas videatur materiam consequi. Sed de his latius dictum est à nobis in quæstione illa: & illic vide.

Tertia contradictio est in tex. 5. Aris. dicit 2. de ala. tex. 5.
ꝙ corpora maxime videntur esse substãtiæ, & horum naturalia. quod Cõ. in cõ. & Ammonius, referente Philopono ibidem dicit habere veritatem, sm ꝙ est famosum magis, & vt apud multorum hominũ cognitionem, vt dicit Philoponus. sed huius oppositum inuenitnus apud Auer. in epitoma, seu paraphrasi meta. tract. 1. cap. de substantia, vbi dicit ꝙ magis famosa ex significationibus substantiæ est illa, quæ dicitur de indiuiduo substantiæ. & reddit causam, quia omnes Philosophi iudicant illud esse

substantiam. igitur videtur ꝙ non s͠m vulgus, immo etiam s͠m Philosophos individua, & corpora naturalia composita dicuntur substantiæ. Solutio. Solvitur. Aver. comparat ibi ad significationes substantiæ alias positas ab eo ibi, videlicet ad prædicata, quæ sunt genera & species, vel differentia, quæ notificant quiditatem individui prædicamenti substantiæ, & ad aliam significationem, ubi substantia capitur pro omni. quod iudicat quælibet definitio, sive sit definitio substantiæ, sive accidentium. & illa ratione Philosophi iudicant soluen iudicium prædicamẽti substantiæ ex rebus ad prædicamentum substantiæ, & aliorum prædicamentorum esse substantiam in relatione ad prædicata universalia, quæ sunt in prædicamentis quibuslibet. quia voluerunt ex mente Arist. 7. meta. tex. com. 44. & infra numerum universalem substantiam esse. Unde Cõme. 1. meta. cõ. 45. dicit Arist. opinabatur ꝙ intellecta rerum notificantia notificant substantias rerum, sed non sunt substantiæ earum. Ex ista consyderatione substantia etiam apud Philosophos vere non dicitur de aliquo universali, sed de particularibus, quia verus respectus est particularis, & non universalis. 12. meta. tex. cõm. 27. authoritate Alexan. & 1. de gene. & corru. tex. cõ. 39. melius est esse s͠m individuum, quàm s͠m speciem. Sed, si comparatio Philosophorũ fiat ad partes componentes istud individuum compositum ex materia & forma, in hoc est discordia apud vulgus & sapientes, quia vulgus ignorat materiam & formam. Unde Commen. authoritate Alexã. dicit in 2. phy. cõ. 9. & habetur in primo meta. genus causa formalis latuit usque ad tempora Socratis. nam Antiqui credebant omnes formas esse accidentia. Similiter natura primæ materiæ latuit vere omnes usque ad tempora Platonis & Aristo. præsertim. Plato enim, ut inquit Cõmen. 3. cœli nihil scivit de prima materia. sic igitur apud vulgus maxime famosum est substantiam dici de corporibus compositis naturalibus, quæ sunt individua prædicamenti substantiæ. sed Philosophi dicunt ꝙ etiam causæ istorum sunt substantiæ, ut materia, & forma. sed an magis forma, in hoc est quæstio etiam apud sapientes. quia Cõ. & sequaces tenent formam. & Albertus etiam hic: sed Alex. & Simplicius. 1. physi. tenent compositum. sed de hoc alibi dixi.

2. de an. tex. 3. Quarta contradi. est super eod. tex. Ari. & Cõ. dicunt ꝙ illud dicitur habere vitam, quod habet per se. seu essentialiter alimentum & augmentum. Sed huius oppositum habetur. 1. de anima tex. cõ 39. ubi dicitur nihil esse essentialiter motum ex se in motu augmenti & alterationis; quia motũ ex se non est nisi in loco, ut habetur etiam. 8. phy. cõ. 60. & in. 2. de anima cõ. 50. Itẽ s͠m hoc sequitur ut embryo non sit vivus, quia non nutritur per seipsum, i. per sua organa, sed per venã umbilicalẽ. Nisi esset ꝙ primo Solutio. de a͠ia ostẽditur a͠iam non movere seipsam essentiali; neq; motu alterationis, neq; motu augmenti: quia motus alterationis attribuit corpori per se, & formæ nõ nisi p accidens: & similiter augmentatio attribuitur toti, ratione partium. & hoc sufficit Arist. contra Antiquos ibi ad probãdum animã non posse movere se essentialiter, neq; motu alterationis, neq; augmẽti. hic vero illud dicit vivum per se, quod habet per se nutrimentum & augmentum, i. quod habet intrinsecum principium istorum motuum in quantum tale. Quomodo autem in motu locali sit motum ex se vere, & quo in aliis motibus aliquo modo, & potest esse motũ ex se, dicemus infra in. 2. de anima. cõm. 50. Ad id autem, quod de embryone dicebatur respondetur ꝙ vivit, quia non potest esse augmentum sine vita & nutritione. cũm igitur augeatur, nutritur necessario Tamen dicamus, ꝙ cum sit alligatus matrici, nutritur mediante vena umbilicali, quæ attrahit sanguinem à matrice, & defertur ad mẽbra eius. in quibus digeritur & demandatur ad reliqua membra. Unde membra matricis præparant sibi nutrimentum, sicut etiã matres infantibus masticant cibum, tamẽ nutritio fit per se in membris propriis infantibus, & à propriis virtutibus. & hoc sufficit. Verum autem embryo in illo casu sit animal, dubium est. quia quæ habent solum sensum tactus, prius dicuntur zoophyta, quàm animalia. Amplius animal est substantia animata sensitiva: sed fœtus non est in utero aptus exire in usum omnium sensuum, ut clarum est. igitur non videtur proprie animal esse. Et confirmatur, quia animalium proprium videtur posse movere seipsum in loco s͠m totũ, & quiescere se, ut dicitur. 8. phy. tex. cõ. 29. sed fœtus alligati in matrice, si moventur, non moventur ex se, quia sunt coniuncti cum matrice, sicut fructus cum arbore. Unde sicut animalia ostreacei generis affixa petris, licet dum pungantur, moveantur, non tñ proprie animalia sunt, sed zoophita. 1. anima pitis naturæ in-

tz in-

[illegible] plantas & animalia. Reſpondetur, vt habetur ab Ari. in 2. de generatione animalium cap. 3. Anima vegetatiua prius tẽpore præcedit ſenſitiuam & ſenſitiua rationalem. non enim ſimul animal eſt & homo, aut equus. vnde natura gradatim procedit ab inanimatis ad animata. vnde iacto ſemine in matrice, quando fit conceptus, & aggregatur menſtruum & ſemen maris, & coagulantur ante animationem, nunc illud eſt in genere inanimatorum. ſed adueniente anima eſt in genere plantarum, i. viuit vita animæ, quæ inuenitur in plantis. poſtea, quia vltra q nutritur, augeſ, mouetur etiã in matrice, cum qua eſt colligatus fœtus mediantibus cotyledonibus, ſeu acceptabulis, dicitur eſſe zoophitum. quando vero eſt extra, & poteſt ſe mouere, eſt animal perfectum. vnde dato q non poſſit generare, dũmodo poſſit ſe de loco ad locum mouere, hoc ſufficit vt ſit animal perfectum. Nam multa etiam animalia perfecta ſunt, quæ generare non poſſunt, vt muli, & id genus, licet omne, quod generatur, ſit animal perfectum, ſed non conuertitur. Et ita proprie loquendo fœtus animatus in vtero potius dicitur eſſe in genere illorum, quæ à Græcis zoophita dicuntur, quàm in genere animalium ſimpliciter & abſolute dictorum.

2. de ala. tex. 3. Quinta contradict. eſt ſuper eodem tex. Quia Ariſt. hic vitam appellat, & deſcribit ſic, quæ per ipſum fit nutritio & augmentatio. Sed huius oppoſitum habetur infra in tex. cõ. 13. vbi dicit viuere autem multipliciter dicto Amplius corpora cœleſtia ſunt viuentia. 2. cœli tex. commen. 60. & debet dicere vita intellectualis. 12. met. te. cõ. 39. Solutio. Niſi eſſet, q non ideo Ariſt. vitam illo modo deſcribit, quia opinetur nõ aliam eſſe vitam, nummo vita ſenſitiua, & appetitiua, & intellectiua vitæ ſunt, & in altiori gradu q̃ nutritiua. nec ideo illo modo deſcribit vitã, quia ſola illa viuere dicuntur, quæ augentur & nutriuntur. nam cœleſtia, vt arguebatur, viuunt, & non augẽtur, nec nutriuntur, nec aliqua alteratione paſſiua tranſmutantur, 1. cœli. 20. & infra. Sed vel hoc ideo fecit, quia in mortalibus, de quibus eſt ſermo eius in lingua Græca hoc eſt famoſum, vt dicit Cõmen. vel quia conuenit cum Platone, q proprium animatorum eſt ex intrinſeco moueri, vt patet. 8. phy. tex. cõm. 29. & habetur. 2. de anima. tex. cõ. 19. ideo vltimã in talibus ſumpſit vitam, oſtendens etiam talem participare motum quendam. nam eſt mutatio quædam ſm qualitatẽ & quantitatem nutritio & augmentatio, vt dicit Simplicius.

2. de ala. com. 3. Sexta contradi. eſt in cõ. 3. Non dicitur mortuum, niſi animal, quod caret principio nutrimenti & ſenſus inſimul, non principio ſenſus & motus tantum. Sed oppoſitum videtur primo de anima cõ. viii. vbi dicit q non dicitur mortuum, niſi animal, quod caret principio, i. vita, non principio ſenſus & motus inſimul. in vno. n. loco vult ex ſola carentia vitæ. ſ. vegetabilis, animal mortuum dici: in alio vero ex carentia vitæ & ſenſus inſimul. Solutio. Soluitur, q hic loquitur ſm ſuũ idioma, quia dicit in Arabico, &c. ſed primo de anima ſm idioma Græcorũ, qui volunt mortem eſſe carentiam nutritiuæ animæ. vnde & in plantis mors reperit.

2. de ala. com. 3. Septima contradi. eſt in eodem. cõ. Ponderat Cõm. quare Philoſophus dixit q corpora viua habent principium eſſentialiter ſe augendi. dicit q illud dixit, propter aliqua, quæ non ſunt viua, & in talibus videtur eſſe aliquid ſimile augmento, ſicut eſt lapis, de quo etiam patet. 2. cœli. cõ. 22. & 1. de generatione. 38. videtur igitur Cõm. velle aliquid eſſe, quod habeat principium eſſentialiter ſe augendi. Sed huius oppoſitum patet infra in tex. cõ. 39. primi huius, vbi habetur q nihil augetur eſſentialiter ex ſe. Solutio. Soluitur. q ibi intelligitur, q nihil augetur eſſentialiter, i. ſine alio motu præcedente: quia augmentatio debetur partibus per alterationẽ & motum præcedentem, toti vero attribuitur ratione partium. & hoc fuit ſatis Ariſt. contra Platonem ibi, q anima non eſt primo mota in augmento à ſeipſa. in hoc vero loco intendit q corpora viuentia habent principium eſſentiale, i. intrinſecum, per qd̃ augetur. & ſic ſedatur diſcordia hic, & ibi.

2. de ala. com. 4. Octaua contradi. eſt in cõ. 4. Dicit Cõm. ſubiectum accidentis eſſe ens in actu. Hu9 tamen oppoſitum ſentit ipſe primo cap. de ſubſtan. orbis, vbi ponit dimenſiones interminatas fundari in materia prima, quæ eſt ens in pura potentia. Dicendum, q aliqui ex iſta authoritate non ponere conati ſunt de intentione Auer. formam corporeitatis ſubſtantialem materiæ primæ coæternam, quia volunt ſubiectum cuiuſlibet accidentis eſſe ens in actu. Et iſta poſitio bene fuit Auic. vnde Cõmen. 4. cœli cõ. 40. expreſſe habet iſta verba. & ſimiliter eſt de tribus dimenſionibus cum prima materia, ſ. q ſunt primæ formarum exiſtẽtium in ea in actu. & ideo putauerunt quidam q corporeitas eſt ſubſtantia. Ecce q ex intentione aliorũ.

Cõmen.

Commen. dicit primam formam materiæ esse corporeitatem substantialem: sed secundum ipsum prima forma est corporeitas, quæ est trina dimensio. Dicamus igitur quod accidentia duplicia sunt, terminata & interminata. Hunc ideo quod dictum Auerro. hic habet locum de terminatis: dictum verum suum in primo capitulo de substantia orbis est de interminatis. conueniens enim est, quod terminata non haberent consimile subiectum, quale habent interminata, nisi actus fieret potentia, & forma esset materiæ quod impossibile est. nam terminatio insequitur formam & actum. 7. meta. 49. sed

Instantia.

interminatio potentiam & materiam. Sed magnificentia tua fecit replicam subtilem meo iudicio hoc, quia tunc saltem forma substantialis non differret ab accidentibus interminatis: quia, sicut subiectum formæ substantialis est ens in potentia, ita per te accidentium interminatorum est ens in potentia. Et sic differentia, quam ponit Commen. inter formam substantialem & accidentalem, est vniuersaliter vera tam de accidentibus terminatis, quàm de accidentibus po-

Solutio.

tentialibus, & interminatis. Soluitur. nam Auerro. non solum ponit differentiam inter formam substantialem & accidentalem penes hoc, verum etiam penes aliud, quod est quòd forma substantialis est pars substantiæ, non autem forma accidentalis. per fundari igitur in subiecto, quod est pura potentia, distinguitur ab accidentibus terminatis forma substantialis: & per esse partem substantiæ, vniuersaliter ab omnibus distinguitur: siue terminata, siue interminata fuerint.

2. de ala. tex. 64

Nona contradictio est in tex. 6. Arist. declarans quomodo plantæ habent instrumenta, dicit quod folia sunt cooperimentum eius, quod est circa fructum. Sed in. 2. physi. tex. commen. 80. expresse dixit folia esse tegmẽ

Solutio.

fructus. Facilis est solutio. nam Arist. hic loquitur de illo, cui immediate deseruit folium & est id, quod est circa fructum, sed in. 2. de anima de illo, ad quod principaliter & mediate, & est fructus ipse. quia propter quod vnumquodque tale, & illud magis est. Vnde volui notare tibi hoc propter duo. Primum, vt scias intentionem naturæ in generatione plantarum & animalium maxime solicitam esse de seminibus, in quibus enim illuet virtutes infusæ diuinæ, ex quibus fit perpetuatio in specie secundum successionem, & omnia ad illa videtur natura dirigere. nam & herba, & stipula, & gluma, vt inquit Themist. in secundo physi. commẽ. cæteraque id genus multiuges formæ, quæ antequã maturesceret triticum, subinde aliæ post alteras creabantur, videntur adeo omnes ad triticum procul dubio intendisse id simul atq; consecutæ sunt, quies quædã, & velox status innascitur, vt manifestum sit ea omnia tritici gratia præcessisse. Et idẽ contingit in multis animalibus insectis, vbi est varia formarum successio, tendens ad vnum finem, vt videre potes in. 5. de natura animalium, cap. 16. vbi etiam vide exemplum de bombyce, ex quo fit sericum. Secundum est, vt scias apud Aristo. & Græcos differentiam esse inter carpon & pericarpion. quia carpos est semen ipsum, sed pericarpion est id, quod est immediate circumfusum & complectens ipsum semen. verbi gratia in ficu, parua illa semina, quæ sunt instar grani milij, sunt fructus secundum Arist. quæ carpos græce dicuntur. sed totum illud humidum, circumstans illa semina vna cum pelle illa extrinseca appellatur pericarpion, quod Latini pulpam appellant. & Plin. plerunque dicit carnem, vt caro mali cotonei, & id genus.

Decima contradictio est in commento. 7. Scribitur quod non est dubium, quo ex anima & corpore fiat vnum. Sed oppositum fuit per tex. cõ. 92. vbi contra Platonem fuit dubitatum, quo ex anima & corpore vnum fiat. Soluitur. dubium esset quo ex anima & corpore vnum fiat, si animæ plures essent in eodem diuersæ loco & subiecto, sicut imponitur Platoni dubitatio iterum esset, si anima ipsa esset corpus. sed apud tenentẽ animam esse formam non compositam ex materia & forma, & per consequens actum, & tenendo corpus esse potentiam, nullum est dubium, quo ex materia & forma vnũ fiat. quia hoc est, quia hoc actus, illud vero potentia. 8. meta. tex. cõm. 15.

2. de ala. com. 7.

Solutio.

Vndecima contradi. est in eodem cõ. dicit Cõm. quod ens & vnum per prius de forma dicitur, quam de congregato. Huius oppositum dixit supra cõ. 5. Soluitur. composita sunt magis entia secundum famositatem, quia omnibus nota sunt: sed secundum veritatem forma est per prius ens, & vnum, quam compositum. 7. meta. tex. cõ. 7. Nec videatur tibi hoc mirabile, quia in simili Cõ. 2. meta. cõ. 16. dicit quod ista inferiora sunt magis naturalia secundum famositatem. cùm tamen clarum sit quod secundum naturam superiora sint naturalia magis.

2. de ala. com. 7.

Solutio.

Duodecima contradi. est in cõm. 8. Scribit Commentator quod, cùm auferuntur formæ

2. de ala. com. 8.

naturales.

[illegible] materiæ. oppositum primo phy. 82. vbi dicitur q. est æterna, & non destruitur destructis formis, quarum nulla est ibi perpetua, de substantialibus loquendo. Soluitur. intelligitur de materia

Solutio. secunda, quæ rectius subiectum quàm materia dicitur. talis enim est habens formam: & ideo talis non est natura, sed habens naturam. 2. physico. commen. 10. materia autem prima, quæ vere materia dicitur, non corrumpitur corruptis formis particularibus, quia non dependet in esse ab hac forma vel illa, sed à forma secundum speciem successiue in ea succedente. semper enim stat cum aliqua & si esset sine omni forma, tunc non ens actu esset ens actu sm vim eius. 1. physicorum commen. 12. Vnde. 12. metaphysi. commen. 14. materia ab omni forma separata non est ens extra animam, sed est ens rationis.

Decima contradi. est ibidem. Dicit

2. de ala. cõm. 8. Commen. q. nomen in rebus artificialibus primo dicitur de materia, secundo de congregato ex materia & forma. Oppositum huius habetur. 5. metaphysi. commen. 14. contra Auic. vbi vult quòd denominatiua per prius significant formas, & secundario subiectum. contra oppositum Auicen. dicebat. Aliqui dixerunt super hoc, quòd ibi loquitur de prima significatione ex primo modo significandi, vnde concretum accidentale ex primo modo significandi importat formam, ex secundo modo significandi importat subiectum. & hic loquitur de primo significato quia primum significatum est congregatum, vel ipsum subiectum. Istam solutionem non intelligo. quia non est modus significandi, nisi respectu rei significatæ. & ideo responsio ista seipsam interimit, sicut vides, quia nihil diuersum dicit, nisi quantum ad verba. Iohannes autem de Landuno multa etiam dicit in. 5. metaphysi. quæ quia confusa, & sine fundamento ex maiori sui parte dicuntur, omitto. Dico autem ego q. si volumus videre quid nomen significat, oportet nos cognoscere actum & distinctionem actus. Nam vt scribitur. 9. metaphysi. tex. commen. 7. Nomen vero actus, qui ad perfectionem annectitur, aduenit etiam in alijs, maxime ex motibus. & 8. meta. cõmen. 7. nomen imponitur rei sm q. est in actu. Actus autem duplex est, & accidentalis, & substantialis. primus dat esse simpliciter, secundus dat esse sm quid. accidentalis iterum duplex, quidam à natura inductus, & quidam ab arte. Nam secundũ Auer. 2. physi. 13. omnes formæ artificiales sunt accidentia. in rebus igitur compositis ex materia & forma substantiali nomen primo significat formam substantialem, compositum est in actu simpliciter, secundario autem significat compositum. Nomina autem compositorum ex materia, & forma accidentali à natura productæ videntur primo significare formam, secundario materiam; quia talia composita vt sic non habent esse, nisi per formam accidentalem. nam licet Socrates simpliciter habeat esse per formam substantialem, tamen esse album habetur ab albedine, quæ est actus secundum quid perficiens. Et ideo nomina denominatiua talium accidentium, cùm importent talem compositionem ex subiecto & accidente, sicut patet primo physico. commen. 15. album significat albedinem & recipiens albedinem, ideo primo significat albedinem, secundario subiectum, sicut patet contra Auicen. 5. metaphysi. in cõm. 15. Sed in nominibus rerum artificialium dubium est quid primo significent talia nomina. Nam, si hoc fundamentum imitari voluerimus, q. nomen imponitur rei secundum q. est in actu, videtur q. nomina artificialium primo importent formam, & secundario materiam. Nam, sicut scribit Cõmen. in secundo physicorum, ex tex. com. 15. formæ artificiales, licet sint accidentia in corporibus naturalibus, tamen constituunt res artificiales, secundum q. sunt artificiales: quemadmodum formæ naturales constituunt res naturales. & subdit. Si igitur naturalia sunt substantiæ, necesse est, vt formæ naturales sint substantiæ. quemadmodũ artificialia sm q. artificialia sunt accidentia, ideo formæ artificiales sunt accidentia. & hoc apud me cõcludit. Quicquid dicant alij, dico de intentione Auer. artificiale duobus modis concipi posse, vno modo, vt est indiuiduum substantiæ, & vt habet esse in actu simpliciter & absolute. Nam hoc nomen scãnum videtur importare ex communi bolum acceptione aliquid in actu, sicut hoc nomen lignum & lapis. alio modo potest sumi scãnum, vt est res artis. & primo quidem modo loquitur Cõ. 2. de anima. cõ. 8. qñ dicit q. nomina rerum artificialium primo significant materiam, & secundario formam artificialem, nam talia actualitatem habent de se vt quod, licet vt quo, ratione formæ substantialis. & quia tale indiuiduum substantiæ comparatur ad formam artificialem, vt materia

ad

ad actum, quia formæ artis fundantur in composito ex materia & forma à natura producto, ideo nomina talium artificialiũ, vt sunt nomina indiuiduorum substantiæ primo significant substantiam quàm accidens, quia per substantiã talia sunt in actu simpliciter, non per accidens. sed, si talia nomina sumantur vt sunt nomina rerum artis, quia vt sic quidditatiue sunt accidentia, sic talia primo significant formam, à qua habent tale esse fm quid. quàm substantiam. non enim video quomodo formæ artificiales, cùm sint de quidditate rerum artificialium, quare non importabunt primo eas. Et dictum Auer. non contradicit huic sententiæ, si bene aduertas. Nam hic dicit in rebus igitur artificialibus significat nomen indiuiduum substantiæ fm suam primam significationem, quia significat materiam, & in rebus naturalibus demonstrat ipsum secundum suam primam significationem, quoniam significat formam. certe q; consyderat nomen rei artificialis, vt est indiuiduum substantiæ, cui forma artis inhæret. & ista est syncera veritas, nec aliter dicere posset ipse Auer. si vult à contradictione remoueri, etiam si ab inferis requiesceret. Dicta autem Modernorum hic nullam prorsus vim habent, sicut tu poteris ex dictis nostris iudicare. Recto enim & ipsum, & obliquum cognoscimus, sicut dicit Philosoph⁹.

2. de aia. tex. 10.

Decimaquarta contradi. est in te. 10 Ari. dicit q; animal est corpus & anima, sicut oculus pupilla & visus. Sed huius oppositũ habetur in. 7. primæ philosophiæ in tex. cõ. 60. vbi dicitur q; syllaba Ba non est B & A, nec caro ignis & terra. Et confirmatur per rationem quia ratio vniuscuiusq; & substãtia est id quod semel: quia omne per se vnũ est vnum per vnam formam. 5 metaphysi. tex. commen. 19. vbi dicitur q; sex non est bis tria, neque ter duo.

Solutio.

Nisi esset q; totum dicitur esse suæ partes simul iunctæ integratiue. Vnde per cõparationẽ ad causas ꝓpinquas, a[n]i[m]al non est nisi corpus & anima, quia illæ sunt duæ causæ propinquæ adæquatæ, ex quibus componitur, tamen ratio animalis formaliter est distincta à ratione corporis & animæ, etiam simul iunctarum quia animal formaliter non est corpus & anima propter iam assignatam rationem. Si enim totum quantitatiuum dicit rationem formalem distinctam à partibus etiam simul iunctis, multo fortius est de toto essentiali.

2. de aia. tex. 13.

Decimaquinta cõtradict. est super tex. 13. At ibi enumerat virtutes, seu potestates animæ, non enumerat appetitum: & tamen tertio de anima tex. cõ. 52. Appetitus est potentia animæ, & concurrit vt efficiẽs in animalibus vnã cum imaginatione ad causandum motum progressiuum, vt ibi dicitur. & similiter in. 2. de anima tex. cõ. 27. enumeratur.

Solutio.

Nisi esset q; ad intellectũ debet reduci appetitus intellectiuus, qui est voluntas. & ad sensum debet reduci appetitus sensitiuus. nã vbi est sensus, ibi etiã est dolor, & voluptas. vbi autem hæc sunt necessario est desyderium. 2. de anima. tex. commen. 20. Etenim Peripateticorum sententia est, q; virtus cognoscens & appetitus est vna secundum rem, & differunt fm quod quid erat esse, i. secundum rationes formales. Vnde lucidissimus Themistius in tertio de anima cap. 48. super tex. cõmen. 19. expresse dicit quòd appetitio, sensus concupiscentia, & desyderium dicitur: appetitio intellectus voluntas. ac subiecto quidem idem est sensus & appetitio eius, sed ratione cogitationeque discrepant. Eodem modo intellectus & voluntas idem sunt, sed diuersitatem essentiæ & definitiones exercit. Idem tenet Commen. in. 3. de anima, in cõ. 49. Et aduerte hic, vt notat Ammo. q; in isto tex. 13. Aristot. diuidit animam in suas potestates. cuius argumentum est, quia dicit vt intellectus & sensus. & licet dicat de motu fm locum, & statu, & motu alimenti. per hoc debet exponi, idest principia istorũ motuum. & licet Cõmen. in com. videatur dicere q; ista diuisio est de operationibus virtutum animæ, ab ipsa tandem veritate coactus in principio cõm. 15. vbi ponit continuationem, expresse testatur diuisionem istã esse de virtutibus animæ. quod nota.

2. de aia. com. 16.

Decimasexta contradictio est in cõmẽ. 16. Viuere dicitur de nutrimento & augmento solum. Sed oppositum dicit supra tex. commen. 13.

Solutio.

Soluitur. hic sumitur nomen vitæ pressius, ibi vero latius.

2. de aia. tex. 10.

Decimaseptima contradict. est super tex. 10. Aristo. & Commen. asserunt, q; vbi est sensus, ibi est imaginatio, & appetit⁹. quod probant. quia vbi sensus, ibi dolor, & voluptas consequitur, vbi autem hæc sunt, necessario & desyderium est. & ita videtur q; nõ possit esse sensus sine appetitu. Huius tamẽ oppositum memini me legisse apud Alex. in paraphrasi de anima, in cap. de impulsu, & vi impulsoria, vbi inter alias dictas, quas ponit inter appetitũ & vim sensualem, hæc est vna, q; omne autem appetitum sensus semper est,

est, non semper autem post sensum est appetitus. quod si ita se habet, non vbicunque altera harum potestatum est, ibidem semper alteram esse contingit, & est expressa

Solutio.

contradictio, sicut vides. Nisi esset, quod Alex. loquitur de appetitu, qui est principium motus localis determinati in animalibus perfectis inuentis. Vnde ista se habent per ordinem, imaginatio, assensus, impulsio, actio. Fit. n. esse imaginationem sine assensu, vt imaginamur Solem esse pedalem, & tamen non assentimus. Similiter non omnem assensum sequitur impulsio. nam, qui cupiunt, quod album sit, assentit, non continuo in id impulsu trahimur. &, si Socratem esse eu, qui obiter progredit, assentimus, nō proinde ad rem quapiam appetitione & impulsu trahimur. Accidit etiam vt plerunque impulsione, atque appetitu parati nihil agamus, quoties appetitui neque consilium, neque deliberatio suffragauit, vt asserit idem Alexan. in cap. de phantasia, in par. 2. de anima. & ita patet, quod loquitur de appetitu determinato & perfecto. Aris. autem loquitur de appetitu imperfecto, & imaginatione imperfecta, quae est respectu obiecti praesentis, vt notat Cōmen. ibi in commen. & omnes expositores.

2. de a[ni]a. com. 10. Solutio.

Decimaoctaua contradictio est in cōm. 10. dicit quod omne animal habet imaginatiuam. Oppositum infra. 156. Soluitur. loquitur hic de imaginatiua absolute, siue perfecta, siue imperfecta: ibi vero de imaginatiua perfecta tantum.

2. de a[ni]a. com. 12. Solutio.

Decimanona contradictio est in cō. 12. Dicit quod sentire est actio. Oppositum infra. com. 52. vbi dicitur quod est pati. Nisi esset quod sumpsit actionem pro passione. nam si verius dicamus, non est formaliter actio, neque formaliter passio, sed assimilatur illis, & hoc Deo duce in. 3. de anima declarabimus, vbi videbimus in simili quomodo intelligere sit pati. sed pro nunc recurre ad. 13. quaestionem quodlibetorum Scoti. artic. 3. & ibi videbis veritatem.

3. de a[ni]a. tex. 24.

Vigesima contradi. est in tex. 24. Aristo. & Commen. videntur dicere formam esse actum agentis in patiente & dispositum. Sed huius oppositum habetur in. 7. meta. tex. commen. 26. vbi dicitur quod agens non facit in alio aliud. non enim facit in materia formam, sed ex materia formatum.

Solutio.

Solutio. generatio, & omnis motus dupliciter potest considerari. Vno modo, vt est extra animam in effectu, & sic quod per se generatur, est compositum ex materia & forma, istud enim terminat in esse reali actionem agentis. & isto modo Arist. loquitur in. 7. primae philosophiae. Alio modo consyderatur vt est in abstractione animae, vt refertur ad sua principia ex quibus constat, & sic sunt materia, forma, & priuatio, quorum duo sunt per se, & vnum per accidens. vnde sic in ratione generationis ista etiam apparent, terminus, & subiectum. nam generatio est transmutatio ex non esse ad esse. nam ex hoc, quod est transmutatio, apparet subiectum, & eius transmutatio est actus transmutabilis, & non esse est priuatio, & esse est ipsa forma. & sic intelligitur dictum Philosophorum, dum dicunt formam esse actum agentis, secundum rationem consyderatam generatione. Aut dic quod compositum est terminus totalis, sed forma partialis.

2. de a[ni]a. com. 24.

Vigesimaprima contradi. est in cō. 24. Habetur quod actio attribuitur primitus formae. oppositum est. 1. de anima. cō. 3. vbi dicit aliqua accidentia primitus attribui corpori quam animae.

Solutio.

Soluitur, quod illa accidentia, quae dixit Cōmē. primitus attribui corpori quam animae, non intellexit de corpore in quo est anima, sicut forma in materia, sed de corpore extrinseco, sicut est vapor respectu somni aut aliquid huiusmodi, & sic nō est ad propositum. Sed adhuc dubitatur. quia actio videtur primo composito attribui in prooemio met. & primo de anima. 64. Soluitur. composito vt quod, formae vt quo. & hoc non negat hic Commen. quia dicit quod actio attribuitur primitus enti propter formam.

2. de a[ni]a. tex. 26.

Vigesimasecunda contrad. est in tex. 26. Aristo. in praesenti loco laudat illos, qui opinati sunt animam sine corpore nō esse. Sed hoc videtur inferre animam intellectiuam sine corpore non esse. Sed huius oppositum videtur ex. 2. de anima, vbi dicitur, quod separatur, sicut perpetuum à corruptibili. & est contra id, quod demonstratur in. 3. de anima, quod nullius corporis est actus.

Solutio.

Nisi esset, quod hoc dictum locum habet de anima vegetatiua, & sensitiua, quae sunt formae organicae constitutae, sicut formae, quae constituuntur per subiecta. tales enim sunt inseparabiles, & separatio earum à materia est corruptio earū, vt dicit Commen. 4. phy. cō. 18. Fallit autem de intellectiua. quia Aristot. de illa superius dixit quod est aliud genus animae, & quod separatio eius non est per corruptionem, sed sicut perpetuum à corruptibili, quia est separatio secundum maximam distantiam in essentia & natura. Sed contra istam solutionem, quae licet sit A[illegible] in praesenti loco.

ti loco, est replica. quia Aristo. hoc infert ex his, quæ in tex. 24. & 25. demonstrata sunt videlicet quòd anima est actus corporis. sed hoc est commune omni animæ, vt patet per Aristote. supra tex. commen. 5. vbi dicit q, si quid igitur commune est omni animæ, anima vtique erit actus corporis instrumentalis potentia vitam habentis. Et confirmatur, quia actus, & perfectio dicitur in relatione ad id cuius est, & relatiua non possunt absolui nec in esse, nec intellectu. ideo aliter soluo q, anima rationalis dupliciter concipi potest, vt anima, & vt intellectus. Magna enim differentia est inter animam & intellectum, vt patet per Aristo. in primo de anima tex. commen. 15. vbi impugnat Democritum non distinguentem inter animam & intellectum. vnde anima cùm definiatur per corpus, nulla anima quatenus anima, potest esse sine corpore, quia est actus corporis. Sed in hoc est differentia inter animam intellectiuam, & animam plantæ, & sensitiuam. quia istæ sunt actus corporis cōstitutiui in esse per corpus, & dependent à corpore, & quò ad essentiā, & quo ad operationem, sed anima intellectiua solum est actus dans operari, & vt sic non est separabilis à corpore. vnde Commenta. dicit expresse primo de anima commen. 12. quòd ista est sententia Aristote. de intellectu materiali quòd est abstractus secundum essentiam. quia non est virtus organica, & q nihil intelligit sine imaginatione, & per consequens quò ad operationem est coniunctus. Et hoc intellige vt intellectus consyderatur vt est pars animæ. si vero consyderetur vt intellectus, sic non dependet à phantasia, nec concernit corpus: immo sic est intellecta, quæ intelligit abstracta, sicut aliæ intelligentiæ. vnde sicut nauta dupliciter consyderari potest, vt nauta videlicet. & sic dicit respectum ad nauim, & non potest sub illa ratione sine naui esse: & vt homo, & sic separatur à naui, ita intellectiua anima, vt anima est, importat respectum ad corpus, sed vt est intellectiua, est separabilis. Et ex ista solutione patet solutio ad Achillem illorum, qui credunt demonstrare secundum Aristote animam intellectiuam esse inseparabilem à corpore. quia, si esset separabilis, haberet aliquam operationem sibi propriā, sed propria operatio, si qua est, quæ attribui potest animæ intellectiuæ, maxime videtur intelligere, si autem intelligere est imaginari, aut non est sine imaginatione, nec ipsum sine corpore

Cōtra ponētes mortalitatem animæ.

esse potest. frustra autem est essentia, quæ non habet operationem sibi propriam. Et istud est argumentum, in quo illi Alexandrei sonant campanas, & dicunt secundum Aristote. Animæ intellectiuæ essentiam esse mortalem secundum Aristote. & inseparabilem. Dicimus nos quòd æquiuocatio decepit eos, & locus communis. quia non distinxerunt inter animam intellectiuam in ratione animæ, & in ratione intellectus. Vnde licet argumentum eorum concludat animam intellectiuam inquantum anima est, non esse sine corpore, non sequitur ergo simpliciter, igitur essentia animæ est inseparabilis simpliciter. nam, vt inquit Auicen. in. 6. naturalium. cap. 1. nomen animæ non est nomen essentiæ. Et licet Aristo. in. 3. de anima locutus sit de intellectu, vt est pars animæ. & sic dicit nihil ipsum intelligere sine imaginatione, innuit tamen Aristo. intellectum etiam habere aliam consyderationem, vt intellectus in se consyderatur, vt patet in tertio de anima, vbi mouet quæstionem, & licet non absoluerit eam, tamen Peripatetici, & sequaces eius dicunt illud esse de intentione eius.

Vigesimatertia contradi. est in cōm. 27. Artifex non potest probare subiectum esse, neque species subiecti. Oppositum primi patet primo elementorum, vbi probatur syllogismum elenchum esse. Oppositum secundi patet. 4. cœli. commen. 32. Solutio. diffuse pertractaui ista in speciali quæstione, quam feci de hac materia: pro nunc dico breuiter q aliqua subiecta adeo nota sunt, q scientiæ despiciunt ea, nullam prorsus mentionem facientes de ipsis. aliqua vero subiecta non sunt adeo ignota, quòd demonstrari queant. quia, sicut diximus superius in. 4. cœli. super. 32. commen. implicat, quòd aliquod subiectum demonstretur in scientia, in qua est subiectum. tamen si fuerit aliquod subiectum, quod indigeat aliqua modicula declaratione, tale bene supponeremus à sciētia illa, in qua est subiectū, potest notificari & persuaderi sicut est syllogismus hypotheticus per materiam, & sicut est via inductionis vel exempli, vnde Auerro. primo priorum. cap. de syllogismo hypothetico inquit quòd per syllogismos hypotheticos per naturam ostenduntur ea, quæ sunt minus occulta, quàm sint occulta per naturam, sicut esse animæ per suas operationes: sicut fecit Auicenna. in. 6. naturalium, qui ex operationibus animæ notificauit esse animam. non quòd illa sit ratio demon-

3. de aīa. com. 27.

Solutio.

demonstratiua, sed est syllogismus hypotheticus per naturam, in quo antecedens est notum per se, & consequens etiam est per se notum, & sequela est per se nota. & talis syllogismus nihil simpliciter probat, sed est sola persuasio quædam, & superficialis notificatio. Et ideo dixit bene Commentator in. 4. cœli in commen. 22. vbi dixit, quòd alia est latentia, quæ indiget syllogismo, videlicet cathegorico: & alia est latentia, quæ indiget inductione. vnde hoc idem sentit Themist. super secundo poste. cap. 11. in sua paraphrasi. Et sic dico, quòd ratio illa Philosophi in libro elenchorum non est ratio demonstratiua ad probandum esse subiecti illius libri. sed est quædam persuasio exemplaris & similitudinaria. De partibus vero subiectiuis, an in scientia possint demonstrari, nec ne, iam diximus commen. trigesimosecundo: quarto de cœlo diffuse: & tu illuc recurras.

2. de aia. tex. 19.

Vigesimaquarta contradictio est in tex. 19. Aristote. dicit quòd in animalibus habentibus tactum, manifestum est, quòd insit etiam appetitus. De imaginatione autem immanifestum, posterius autem considerandum. Sed huius oppositum dixit supra in tex. commen. vigesimo. vbi inquit quòd vbi sensus, ibi est imaginatio & appetitus.

Solutio.

Solutio est, vt inquit Simplicius, non est immanifestum si per imaginationem intelligamus indeterminatam, & quæ est respectu tangibilium præsentium, quia hoc est clarum. sed per per imaginationem hic intelligitur determinata, quæ est respectu absentium, & cum memoria est coniuncta. vnde animalia imperfecta bene sentiunt iucundũ, & triste, sed non per imaginationem. siquidem imaginatio est nobilior & altior sensibus, vt notat Ammo. in præsenti loco. Pro quo nota quòd secundũ Aristote. in secundo de anima in tex. commen. 156. Sensus ab imaginatione distinguitur, quia sensus inest omnibus animalibus, non autem imaginatio. Et ex hoc scire potes quòd animalia imperfecta si sentiunt & appetunt, hoc non est per virtutem altiorem quàm sit sensus, sicut est in perfectis habentibus imaginationem distinctam à sensu, & nobiliorem & determinatam. & ideo spongia marina, & id genus appetunt, & delectantur, & contristantur circa iucundum, & triste, per sensum, & non per imaginationem, quæ sit virtus superior quàm sit sensus, & hoc teneas.

2. de aia. com. 32.

Vigesimaquinta contradict. est in com. 32. Dicit Commenta. quòd intellectus speculatiuus non est anima, nec pars animæ, sed commento primo. tertij de anima dicit oppositum.

Solutio.

Solutio. intellectus speculatiuus secundum ipsum quandoque supponit pro operatione animæ, quæ est intellectio: & talis nec anima est, nec pars animæ, sed est accidens maxime de nona intellectione. quandoque sumitur pro intellectu potentiæ, qui est pars animæ nostræ, quo mediante intelligimus, & sapimus, primo modo hic. secũdo modo sumit' ibi.

2. de aia. tex. 37.

Vigesimasexta contradict. est in tex. 37. Aristote. & Commen. in commẽ. dicunt, quòd anima est causa efficiẽs corporis. vbi Com. inquit quòd est causa omnium motiuum, tam verorum, quàm existimatorum. Sed huius oppositum inuenimus apud Alexan. in paraphrasi de anima in cap. de impulsu. & vi impulsoria, vbi dicit quòd non proprie moueri corpus ab anima dixeris.

Solutio.

Soluitur. formæ sunt in duplici differentia. quædam sunt formæ abstractæ à corpore, & per se subsistentes, sicut sunt intelligentiæ separatæ. & tales per se mouere dicuntur, quia in mouendo non mouentur, neque per se, neque per accidens, tales enim habent esse perfectum in se & cõpletum in specie, quæ tota saluatur in vno supposito s'm Peripateticos, & habent vnitatem numeralem perfectam, & natura priorem suo corpore. Et ideo Cõmmen. in primo cœli. in com. 22. dicit quòd cœlum est semper mobile per principium extrinsecum, quod non est corpus, neque virtus in corpore. Sunt iterum aliæ formæ, quæ sunt actus corporis, sicut anima quæ est corporis actus, quæ in mouendo mouentur per accidens. & tales formæ non proprie dicuntur mouere corpus. quia non habent subsistentiam separatam extra corpus. vnde, si anima dicitur mouere corpus, est propterea, quia anima intercedente mouetur corpus est enim ratio, qua corpus mouetur. sed nõ est id, quod proprie per se mouet. motus enim & generationes sunt suppositorum, anima autem, quæ est forma dans esse corpori, non est suppositum, sed est ratio, propter quam suppositum est in actu. vnde forma est actus, sed suppositum est in actu propter formam. & ista est mens Alexandri ibi. inquit enim omnis entelechia, & actus per se immobilis est, animam autem entelechiam siue actum monstratum est, quapropter neque corpus ab anima moueri proprie dixeris: id enim proprium

est

est in his denotatis rebus, in quib' id quod mouetur, ab eo quod mouet, abiunctum, est, velut à bob' moueri plaustra dicuntur. sed quia communius dicitur ab aliquo moueri id quod interueniente aliquo mouetur: sic enim artifex ab arte mouetur, quia per artem, sic ignis à leuitate, sic ipsum animal ab anima moueri dicitur, quia per animam, siue intercedente anima mouetur. motio enim eiusmodi animali ea parte cõpetit, quà animatum est, non autẽ quà graue, aut leue, aut calidum, aut frigidum, album, aut nigrum. Sic igitur intellexisti, q̃ supposita sunt, quæ vere mouentur, & quæ proprie mouent, sed formæ suppositorum sunt ratio, per quam fit motus sicut artifex est, qui proprie mouet materiam artis, sed ars est ratio mouendi.

2. de ala. com. 38. Vigesimaseptima contradi. est in cõ. 38. Dicit Cõ. q̃ caput est principium sensationis. Huius oppositum habetur in libro de sensu & sensi. vbi dicitur q̃ cor. Soluitur. quicquid dicant alij, veritas est ista. cor est principium omnis sensationis, cerebrũ nullius sensationis principium est; sed natura produxit ipsum ad contra operandum cordi per sui frigiditatẽ in contemperando cordis calorem. ista est Aristo. via, istud sensit Cõ. in cõ. suo super libro de somno & vigilia in secunda colũna, vbi declarat q̃ sensus communis organice est in corde, & q̃ cerebrum non concurrit, nisi tanquam instrumentum ad contemperandum calorẽ
Instantia Medicorũ. cordis, vt sit proportionatus pro operationibus sensitiuis. Sed Medici instant ratione sensata q̃ sensus sint organice i cerebro, q̃a stante nocumento in prima parte cerebri, fit nocumentum in virtute imaginatiua, & in sensu communi, sicut ille, qui præcipiebat q̃ vbicunque debeterent excludi à domo propter impedimentum, quod sibi inferebant. stante nocumento in medio fit nocumentum in virtute cogitatiua: sicut fuit ille, qui proijciebat vasa argẽtea per fenestrã. quidam autem habent nocumentum in parte posteriori cerebri: & illi non possunt memorari alicuius rei præteritæ. ergo videtur q̃ illa instrumenta talium sensationũ sunt in cerebro, & non in corde. hoc est ar-
Solutio. gumentum contra philosophos. Nos dicimus pro Philosophis q̃ hoc nihil mouet. Nam ista contingunt propter impedimentum, quod est in corde. nam facta læsione in cerebro in aliqua sui parte, impedit' mensura illa caloris deseruientis tali virtuti in corde organice existentis. vnde cerebrum secundum diuersas sui partes contemperat calorẽ cordis tali, vel tali virtuti deseruientem. & inde est q̃ facto nocumento in parte media cerebri impeditur temperamentum, & mensura caloris naturalis existentis in corde quod temperamentum, & quæ mensura est instrumentum virtutis cogitatiuæ in corde organice existentis. & ista est sententia Philosophi in. 2. de partibus animalium cap. 7. & sic de alijs dicas consequenter. ista sunt ex præcordijs Antiquorum Peripateticorum, & à tractatoribus minime intellecta, quorum doctrina non consistit, nisi in multitudine verborum. volunt. n. facere nouas sectas, & miscere Græca Latinis, & medicinalia, & Platonica cum Aristo. & neutrũ attingunt. sicut cuilibet parum exercitato in Philosophia Arist. patere potest.

Vigesimaoctaua contradi. est in tex. 40. 2. de ala. tex. 40.
Arist. & Cõ. volunt solum ignem videri ex elementis nutriri & augeri. Sed huius oppositum habetur in. 1. cœli. tex. cõ. 21. vbi dicit' q̃ omnia corpora physica, quæ alterantur secundum passiones, videntur habere augmentum & decrementum, puta animalium corpora, & partes ipsorum, & plantarum, & similiter elementorum. Et confirmatur. quia certum est q̃ augmentum ignis est improprie dictum, cum augmentum verum sit animatorum, vt patet. 1. de genera. & corrup. tex. cõ. 33. & 2. de anima: & per consequens augmentum improprie dictum ita competit terræ & aquæ, sicut igni. non igitur solus
ignis maxime videtur augeri & nutriri. Ni- Solutio.
si esset q̃ tametsi augmentum in rebus simplicibus, sicut sunt elementa, sit improprie dictum, in hoc tamen est differentia inter ignem & alia elementa. quia ignis, aut est alterans alia, aut in eo magis dominatur alterare, quàm in cæteris. est. n. formalissimũ inter omnia elementa, vt dicitur in. 2. de genera. & corru. tex. cõ. 50. solus. n. & maxime speciei est ignis, & 4. meteo. tex. cõ. 5. oĩa putrescunt elementa, excepto igne. ex sua autem actiuitate contingit, q̃ ea, quæ non sunt eiusdem speciei, transmutat in sui naturam, vt ligna. & in hoc augmentum eius videtur magis assimilari vero augmento, quod fit in viuentibus, vbi etiam nutrimentum mutatur in substantiam aliti. & istud est motiuum illorum in præsenti tex. in secunda figura ex duabus affirmatiuis, vt dicit Cõ. Sed augmentum aquæ, & terræ manifeste fit per iuxta positionem consimilis in specie: quia aqua addita aquæ, & terra terræ reddunt aliquid maius. Licet igitur

ignis

ignis non sit verum augmentum, vt dicitur in. 1. de gene. & corrup. propter defectum illarum trium conditionum positarum in. 1. de gene. & corru. tex. cō. 33. tamen magis assimilatur maioratio eius augmento viuentium, quàm maioratio aliorum elementorum propter causam prædictam. Vnde licet ignis etiam augeri potest per iuxta positionem alterius ignis, vt dicitur in. 2. de gene. & corru. tex. cō. 38. Ignis. n. augetur igne & æther æthere, & in hoc conuenit cū augmēto per iuxta positionem facto cum aliis elementis, tamen etiam habet alium modum, vbi per appositionem plurium lignorum videtur resultare maior ignis, quod nō habent cætera elementa, quæ non sunt ita alteratiua & actiua. & hac ratione solum ignis videtur inter alia elementa nutriri & augeri, cum tamen vere neque nutritio sit, neque augmentum, quia non permanet, vt dicitur in. 2. de gene. & corrup.

2. de ala. tex. 41. Vigesimanona contradi. est in tex. 41. Arist. in paruo spatio sibi contradicit hic. Nam vult omnium natura constantium terminum esse magnitudinis & augmenti. & postea immediate subdit, ignis augmentum in infinitum procedi, quousque combustibile fuerit. & cum ignis sit vnum eorum, quæ natura constant, & animalia, & partes ipsorum, vt dicitur in principio. 2. phy. eius debet esse terminus magnitudinis. & augmenti. & sic vniuersalis interimitur per instantiam particularis aperte, vt dicitur in libro priorum. *Solutio Egidij.* Hanc autem contradictionem Egidius Roma. conatur sedare, dicens sermonem Philosophi esse de naturis augmentabilibus, sicut sunt ea, quæ proprie augentur, sicut sunt animata. Vnde iste motus est finitus & terminatus, qui est in corporibus animatis, quę vere augentur: sed augmentum ignis non est terminatum: igitur in figura secunda sequitur q motus augmenti veri non est ab igne. Vnde Cōm. per terminos exponit vltima naturalia, quę inueniuntur in corporibus augmentabilibus, i. animatis. Et postea præfatus doctor inquirens resolute causam augmenti in reb⁹ naturalibus, dicit, q potest esse triplex, forma, materia, & ordo vniuersi. De forma patet, & est concessum ab omnibus Peripateticis. sed de materia, inquit, q, cum aliquid constat ex tota sua materia, tale non potest esse nisi vnum in vna specie, vt colligitur. 1. cœli. tex. cōmen. 94. vbi dicitur q mundus, quia constat ex tota sua materia, vnus est numero: quia autem materia passiuorū & actiuorum terminata est, ideo etiam nō crescit de facto ignis in infinitū. vnde Arist. vult magis terminationem ignis esse à materia quàm à forma. in animatis autem est econtra, quia est propter animam magis quàm propter materiā. Tertio dicit terminationem imponi ex vniuersi. nam, quia elementa continentur à cœlo, inde est q sibi imponitur terminus, quia quibusdam temporibus dominantur sydera calida, quandoque frigida: motus. n. Solis in obliquo circulo est causa istius vicissitudinis, vt dicitur in. 2. de genera. & corrup. ista sunt dicta eius. *Impugnatio.* Videtur in . 2. dicto esse contradictio, quia Commen. in. 3. phy. in cō. 60. dicit expresse q infinitas est à materia, & finitas est à forma. & per consequens non videtur q naturaliter terminatio sit à materia. Et q dicit, q in rebus constantibus ex tota sua materia vnum indiuiduum est in vna specie. & in illo non potest esse augmentum, patet æquiuocatio est in sermone. quia per te sermo est de augmento, quod est in quantitate continua. sic. n. augmentum animatorum est ad terminatum, & augmentum ignis non est ad terminatum. sed modo loqueris de augmento in quantitate discreta. Amplius licet res constantes ex sua materia sint terminatæ in numero, tamen non est illud principaliter, sed per viam signi & causæ secundariæ, vt alias declaraui: quia potius forma limitat materiam, quàm materia formam, vt alibi demonstraui. *Solutio propria. De maximo & minimo.* Dico cum distinctione in hoc quæsito, præsupponendo primo q Philosophi deuenerunt ad hoc, vt asserant in rebus generabilibus, & corruptibilib⁹ dari extrema & media, s. maximum & minimum ex duobus: Primo ex operationibus formarum, quia inuenerunt eas esse terminatas, & requirere dispositiones terminatas quantitatiue & qualitatiue, & sm terminatum tempus, & hoc experientia docuit. Vnde Medici de causis sterilitatis loquentes, dicunt quandoque prouenire propter magnitudinem virgæ. & Aristo. dicit hoc in libris de generatione animalium, q habentes penem immoderatum sunt infœcundi: & etiam propter paruitatem. & ideo datur maximum & minimum, cum latitudine tñ quadam in istis. Et similiter deuenerūt ad hoc ex comparatione [illegible], quæ fiunt in determinatis temporibus. vnde. 2. cœli. tex. com. 38. datur tempus minimum in non excedere, ita de qualitatiuis dispositionibus, vt pulchre dicit Commen. in. 6. physi. cōmen. 94.

de embryonibus habentibus quantitatem maximam & minimam, & de quantitatibus hominum, & universaliter dicit quòd actio cuiuslibet entis perficitur per quantitatem & qualitatem terminatam. vnde primo cap. de substantia orbis datur exemplum de aqua, dum conuertitur in aerem, & econtra. Secundo deuenerunt ad istud ex rebus artis. ars enim est æmula naturæ, & naturam imitatur. & viderunt in arte, quòd ipsa est, quæ imponit terminum rebus in mensura & figura, non instrumenta, vt patet inductiue in omnibus. Et ita etiam dixerunt quòd sit in natura, quòd forma naturalis est, quæ imponit terminum & figuram rebus non instrumenta. Nota tamen quòd est distinctio in istis formis. quia quædam sunt propinquæ primæ materiæ, sicut sunt formæ elementares, quæ secundum viam Auer. ex hoc habent vt sint quodammodo media inter substantiam & accidentia. Et ex hac ratione concludit, quòd istæ multum participant de proprietate materiæ. vnde nullam sibi requirunt terminationem, & figuram, vt est demonstratum in tertio cœli. tex. commen. 67. Figura enim, vt scribit Commen. in côm. 67. associatur in hoc formis substantialibus perfectis in hoc, quòd non recipit diuisionem. & ideo caret motu alterationis, vt dictum est in septimo physicorum, & ideo elementa in sua natura côsyderata infigurata sunt, & interminata per consequens. & ideo, quia sunt primæ materiæ formæ eorum propinquissimæ. & ideo sic habent proprietatem materiæ, quæ est radix interminationis & infinitudinis. vnde etiam propter sui imperfectionem recipiunt quandam penetrationem in suis partibus, vt notat Commenta. in octauo physicorum cô. 81. Et propterea concluditur quòd possunt esse simul in eodem puncto, vel parte materiæ in mixto, quod non possunt facere formæ mixtorum perfectæ, quæ appropriant sibi certam quantitatem terminatam, & figuram: sed bene tales formæ recipiunt terminationem in sequentem formam mixti, & per illam terminantur, & non per proprios terminos, quibus carent ex se, & qui corrumpuntur in mixtione, si quos habuerunt, dum existebant separata. Et ideo animaduerte, frater mi, quòd elementa aliter se habent, vt in sua natura consyderantur, aliter, vt iam existunt & sunt partes mundi, primo modo termino carent & figura, sed secundo modo habent terminum, quia vniuersum totum finitum est & non infinitum, vt est demonstratum in tertio physicorum & magis in speciali adhuc in primo de cœlo. vnde sic figurantur à continente. Ista igitur ratione ignis augmentum in natura sua consyderatum simpliciter vt est agens principale, & non instrumentum animæ infinitum est, apposito combustibili. quia vt sic, vbi desinat, non habet. Si autem consyderatur vt est pars mundi, vt sic terminum habet. maxima enim dimensio, quam recipit materia, est illa, quâ habet sub forma ignis, & minima illa, cum qua stat forma terræ, vt dicit Commenta. in secundo de anima. commento 97. & sic ignis in existendo naturæ est determinatus per maximum & minimû. Sed in hoc est differentia inter ignê & alia simplicia ex vna parte, & reliqua mixta perfecta, quia illa habent terminationem extrinsecus deriuatam propter continens, & ratione qua sunt partes. sed mixta vltra rationem generalem habent intrinsecam causam suæ terminationis, & est sua forma, & quæ ex sui perfectione, cùm sit eleuata magis à materia, & accedat magis ad actum & formam, est terminata, & imponens causam terminationis in corporibus. vnde secundum quòd magis & magis eleuantur, sic sunt perfectiores & magis ad vnitatem accedentes. Vnde quidam viri magni tenuere animas perfectiorum animalium esse indiuisibiles, tamen via Auer. licet diuisibiles sint omnes formæ eductæ de potentia materiæ, sunt tamen magis vnitæ perfectiorum animæ. vnde in animalibus perfectioribus propter illam causam partes diuisæ non mouentur neque viuunt. & ideo licet detur ignis maximus & minimus, & aqua, hoc est secundum quòd existit in natura, sed in se non habet terminum. Et ideo in hoc bene dicit Egidius Romanus, quòd terminatio in igne non est à forma sua, sicut est in animatis, si ipse respicit ad illam differentiam originatam ex propinquitate materiæ & distantia à cœli. commento trigesimo secundo esse elementorum propinquum materiæ: sed non est absolute concedendum terminationem esse à materia, sed à forma principaliter, vnde magis est rationis & formæ, quam materiæ. quia, si materia est terminationis causa, non est ratione suæ essentiæ, sed quatenus est formata, & actuata per formam. Et ideo nota bene differentiam inter generabilia simplicia & maxima perfecta, quia licet de facto omnia terminata sint maximo & minimo, tamen secus est in simplicibus

&

& fortius in mixtis. quia in simplicibus est anima extrinseca, in mixtis vltra extrinsecā est causa intrinseca, & est ratio formæ suæ, quæ perfecta est, & requirit figuram & terminationem terminatam, cuiusmodi non sunt formæ simplices. Et ex hac ratione scire potes quare formæ elementares in mixto possunt se penetrare & simul esse in eadem parte materiæ, quod non possunt formæ mixtorum perfectorum. assimilantur enim accidentibus & qualitatibus in hoc, sicut sapor, odor, & color, qui sunt in eodē subiecto, quia non habent diuersos terminos. sed vna quantitate terminata subiectum insequente terminantur iuxta illud, tanta est albedo quanta est superficies, et præsentamentia ista formæ elementares in mixto habentes esse ligatum, habent extendi & terminari per quietem & terminationem insequentem mixtum & formam eius & non habent diuersas terminationes, sicut sunt formæ mixtorum. Ideo Cōmen. 8. physi. tē. 82. expressè dicit ꝙ elementa recipiunt quādam penetrationem in suis partibus.

2. de aīa. com. 41. Trigesima contradi. est in cōm. 41. Dicit Cōm. ꝙ ignis dominatur in corporibus nutribilibus. Sed oppositum patet 2. de generatione in te. cō. 49. & in 4. meteo. vbi scribitur ꝙ omnia residentia circa medium à prædominio sunt terrea. Solutio. Soluitur. sm molem terra dominatur, ignis aūt sm virtutē, & præcipue in nutribilibus: nam generatio est prima participatio animæ in calido naturali, & vita est eius permansio. Et ideo dixerunt sapientes ꝙ frigiditas non ingreditur opus naturæ igneæ, namque anima omnia operatur. 2. de anima. tex. cō. 41. & 130. Replicari potest. in maiori quanto est maior virtus. si igitur terra dominatur quantum ad molem: igitur quantum ad virtutem. Soluitur, intelligitur propositio in his, quæ sunt eiusdem speciei, sicut plus ponderat gleba terræ, & velocius descendit quàm medietas glebæ. fallit in his, quæ sunt diuersarum rationum. similiter intelligitur propositio illa, quò ad virtutem insequentem talem molem, nō autem quò ad alias virtutes, quæ illam molem non insequuntur, sic dico, quòd, cum terra quò ad molem dominetur in mixtis, talia mouent ad motū eius. Et ideo canis præcipitatus de turri descendit virtute elementi dominantis in eo, sed quò ad suum motum, qui est ab anima, & quò ad alias operationes virtutis nutritiuæ & sensitiuæ ignis dominatur, sicut communiter cōcessum est ab omnibus sani capitis.

1. de aīa. com. 48. Trigesimaprima contradi. est in cō. 48. Dicit Commen. virtutes corporum cœlestium conseruari esse secundum omnem dispositionem, & sm omnes partes. Oppositum videtur in vltimo cap. de substantia orbis, vbi dicit ꝙ cœli permanentia non est à virtute. Solutio. Soluitur. negat ibi virtutem extensam ad extensionem subiecti, concedit hic virtutem abstractam à tali. n. est permanentia cœli & motus æternitas. 2. capi. de substantia orbis. & 8. physico. commen. 79. æterna enim habent causam necessariam conseruantem, & dantem esse.

2. de aīa. cōm. 51. Trigesimasecunda contradict. est super tex. 51. Aristote. in. 2. de anima tex. commen. 51. scribit quòd sensus in ipso moueri & pati aliquid accidit, sicut dictum est. videtur enim quædam alteratio esse. Et Cōmen. in cōmen. dicit ꝙ hoc est primum considerandum de sensu, verum sit de virtutibus actiuis vel passiuis, & ꝙ Aristote. posuit sensum in genere virtutum passiuarū. Sed huius oppositum habetur per Alexand. in sua paraphrasi de anima, in capitulo de intellectu practico & speculatiuo, vbi dicit ꝙ sentire non est pati, sed iudicare, atque discernere. Solutio. Nisi esset, quòd, vt scribit Aristot. in septimo physicæ auscultatio. tex. cōm. 12. Sensus ipsi alterantur, patiuntur enim. actio enim ipsorum motus est per corpus, patiente aliquid sensu. pro quanto igitur sensatio non fit nisi per impressionem specierum sine materia in sensorio resultantem, sic sentire consistit in quodā motu, & in quadam passione. sed illa receptio & passio nō est sensatio formaliter, sed iudicium & cōprehensio sensilis in specie relucētis. Et ideo bene loquitur Alexand. quòd sentire, non est pati, sed iudicare, atq; discernere. Quod etiam ratione fulcitur. quia potest esse pati & receptio speciei in sensorio, & tamen non erit sentire, dicit enim Philosophus ad alia fortiter intenti delata sub oculis non videmus. Amplius sequeretur virtutes sensitiuas, in genere potentiæ esse viliores simpliciter virtutibus vegetatiuæ, vt est nutritiua actiua, & generatiua, quia istæ sunt actiuæ & illæ passiuæ, & agens est nobilius passo. Et ideo non est credendum operationem sensus esse passionem, formaliter loquendo, licet sine passione quadam fieri non possit. Nec est credendum sensum formaliter esse de virtutibus passiuis in quantum sensus, sed vt est operatiua per organum. sic enim Aristote. dicit in septimo patiente aliquid sensu per corpus. &

isto modo sunt glosanda dicta Auer. & reducenda in bonum intellectum. Et qui nō vult illo modo intelligere, vadat via sua: arbitrij enim nostri non est, q̄ quisque loquatur. Subtilis doctor in quolibetis quaestione. 13. in art. 3. in responsione ad secundū dicit q̄ sicut esse album est habere formaliter albedinem, sic sentire est habere formaliter sensationem. sed hoc non est vniuersaliter verum. quia stat aliquid formaliter denominari ab aliqua forma, licet illa formaliter nō inhaereat. vt communiter dī de his principijs ab extrinseco denominantibus.

2. de ani. com. 32. Trigesima tertia contradictio est in com. 32. dicitur sensum esse de virtutibus passiuis. Videtur autem oppositum probasse Philosophus superius in tex. cōm 17. vbi declarat animam effectiue concurrere ad omnes motus tam veros quàm existimatos, vt dicit ibi Commen. in commento. Solutio. Dico q̄ opinio illa Alberti Magni in. 2. de anima iudicio meo est multum rationi cōsona, q̄ sensus, licet vt est in potentia ad recipiendum speciem sit passiuus, fit autem actiuus, postea quàm specie illa informatus fuit respectu sensationis. Illi autem, qui posuerunt motorem separatum concurrere immediate ad sensationem causandam aliqua speciali influentia multum, vt mihi videtur, excedunt limites istius artis. Et licet Commen. 2. de anima cōmen. 60. moueat istam quaestionem, quae omnino dubia est, & ab eo cum difficultate appareat solutio, tamen talem motorem separatū non ponit, sicut expositores eius dicunt. impossibile enim est q̄ sensatio effectiue fit ab intelligentia, tanquam à causa efficiente, propinqua aliqua speciali influentia concurrente. Nam secundum Auer. 7. meta. cō. 31. ad finem, quod mouit Aristo. ad ponendū mouens separatum à materia fuit factio virtutum intelligentium: quia virtutes intellectuales apud ipsum sunt non mixtae cū materia. omne. n. nō mixtū cū materia fit à mixto cū materia simplr. quemadmodū omne mixtum cū materia generatur à mixto cum materia. & primo meta. cō. 31. materiale non transmutatur nisi à materiali. Et confirmatur. Aristo. in plerisque locis damnat Antiquos, quia effectuum sensibilium ponebant causas insensibiles, sicut patet primo meta. 19. 21. 23. 25. & 26. modo, si Commen. ponat intelligentiam esse immediatam causam sensationis, tunc ipse incidit in foueam quam fecit. quia effectus sensibilis erit immediate ab insensibili & abstracta causa. Amplius, quomodo eueniet quòd aliquid nouum immediate procedat ab antiquo? Forte dices q̄ hoc facit mediante obiecto, quod concurrit dispositiue & non effectiue. Contra, quia tunc soluuntur argumenta Aristote. contra Platonem de ideis, & Auer. contra Auicen. qui ponebat datorem formarum: quia tales etiam ponebant illa agentia inferiora concurrere dispositiue. Amplius quomodo causa vniuersalis erit effectus particularis causa immediata non video. hoc autem sequitur euidenter, si intelligentia concurrat solum vt efficiens, & obiectū vt disponens. Amplius, Aristo. in secundo de anima. 52. 59. & 60. reddit causam, quare non sentiunt sensus se, & quare non sentimus dum volumus, reducit hoc ad istam causam, quia sensus non possunt sentire sine motore extrinseco: tale autem est obiectum, vt omnes dicunt. Amplius, 59. & super commento libri de somno & vigilia habetur q̄ prima perfectio sensuum fit ab intelligentia agente, quae declaratur in libro de animalibus, sed ista postrema perfectio fit à sensibilibus. haec & alia adduci possunt. quae gratia breuitatis omitto. Dico igitur, siue species sensibilis idem sit cùm sensatione, siue non idem, quaestionem istam ab Auer. motam esse propter speciem, non propter sensationem. quia miratur ipse, vnde habet obiectū producere spiritualius esse quàm sit suum esse, non à medio, vel ab organo potest esse ista maior spiritualitas in specie quàm in obiecto: quia medium concurrit vt materia tantum in receptione speciei. effectus aūt potius insequitur agens, quàm materiam. Et ideo videtur esse ponendus extrinsecus motor. & hoc non potest negari. sed non modo, quo Moderni ponunt. Nam intelligentia ipsa secundum Aristo. concurrit ad omne opus mundi huius: ideo enim mundum hunc oportet superioribus lationibus continuum esse, vt omnis virtus eius gubernetur inde, metheoro. primo. vnde, sicut in generatione animalis virtus informatiua existens in semine in virtute animalis, scilicet coelestis corporis & intelligentiae non errantis, à qua gubernatur, producit animal, sic obiectum sensibile extra quantumque materiale esse habeat in virtute intelligentiae, cuius ipsum est quasi instrumentum, producit speciem sensibilem habentem spiritualius esse quàm habeat ipsa. sensus autem specie informatus virtute obiecti primi fit actiuus ad sensationis productionem.

sensibile enim sensum agere facit ex mente Philosophi in libro de sensu et obiecto enim & potentia paritur notitia. Et hoc videtur velle Commentat. secundo de anima commen trigesimoseptimo, vbi dicit animam esse causam effectiuam omnium motuum tam verorum quàm existimatorum existentium in animato. Et ista etiam sententia est eiusdem. 2. de anima cōmen. 149. & non habeo pro inconuenienti hoc, quod idem sit actiuum ratione alterius. & sit passiuum ratione propria. vnde sicut intellectus possibilis est actiuus & passiuus teste Auer. 3. de anima. commen. 19. sic imaginor de ipso sensu. Et in hoc iudicio meo recte dixit Albertus, nec rectius dici potuit. Et hoc fuit in causa, sicut mihi videtur, quare Aristote. non posuit expresse motorem istum extrinsecum in sensu, sed bene in intellectu. quia motor iste concurrit vniuersali influentia vnà cum obiecto, quod est causa proxima non dispositiua, sed effectiua particularis respectu speciei sensibilis. in intellectione autem, in qua fit transitus de ordine in ordinem, & fiunt potentia intellecta actu intellecta, fuit necessarium ponere istum intellectum agentem; quia ibi manifestum erat quòd productio speciei intelligibilis non poterat reduci ad phantasmata, cùm excedat ordinē & latitudinem sensibilium. sed in sensu, vbi manet consimilis ordo, non videtur aliquem motorem separatum appropriatum ponere: sed vniuersalis eius influxus sufficit, sicut etiam in alijs est. Et hoc voluit dicere Comment. vt mihi videtur, dum dixit, sed Aristote. tacuit motorem istum extrinsecum in sensu, & propalauit in intellectu: quia in sensu latet, & in intellectu manifestum est. Sic cognouisti iam quomodo sensus est de virtutibus passiuis, & quomodo de actiuis, & respectu cuius, & qualiter.

2. de a'a. tex. 52. Trigesimaquarta contradictio est super tex. 52. Aristote. & Commen. videntur tenere in hoc loco quòd sensus non sentiunt se. Sed huius oppositum memini me legisse apud Alexand. in suo tracta. de intellectu. capitulo quarto, vbi agit de intellectu in habitu, vbi inquit quòd eodem modo sensus seipsum sentire dicitur, quando hæc sentit, quæ actu sibi eadem fiunt. nam, vt diximus, sensus in actu est ipsum sensile, cum & sensus & intellectus formarū receptione absque materia, quæ sibi propria sunt participant.

Solutio. Dicimus nos quòd intellectus & sensus in aliquibus conueniunt, & in aliquibus differunt. Conueniunt quidem, quia vterque percipit per speciem, tertio de anima textu commen. 2. intelligere est sicut sentire conueniunt etiam. quia sicut sensus & sensile est vnus & idē actus secundo de anima. tex. commen. 141. sic & intellectus & intelligibilis secundum actum est vnus & idem actus. & quo ad istam similitudinem sensus potest dici quòd sentiat se, sicut intellectus, pro quanto est vnus actus vtriusque, scilicet obiecti & potentiæ actu operantis. Differunt autem, quia licet sensus percipiat recipiendo species sine materia, non tamen sicut intellectus. quia intellectus recipit species sine materia, & sine conditionibus materiæ: quia obiectum relucens in specie intelligibili est abstractum à materia & à præsentia materiæ, & ab omnibus circunstantijs & appendicijs materiæ. secus autem est de sensu, quia sentit cum hic & nunc. & ideo intellectus est communiter vnus supra suam essentiam per verum circulum, vt dicitur in primo de anima, quod non potest facere sensus, cùm virtus organica sit. & illo modo sensus non potest sentire seipsum. Et istud est ex mente Alexand. in paraphrasi de anima in capitulo de intellectu secundum actum, vbi formaliter isto modo dicit. Ideirco intellectus in actu, qui idem fit cum intellectu specie, non immerito sese intelligere dicitur. ergo sese intelligit, quia hoc idem, quod intelligitur, fit. species enim abiuncta à materia intelligit. nō enim singulariter apprehendit hoc, sed in singulari id, quod est, esse intelligit, sicut retro dictū est. Neque tamen ex pari ratione sensum seipsum sentire dixeris, licet ipse quoque species sensilium rerum excipiat, ea de causa, quia sentit quæcunque sentit, velut addita materiæ: huius enim & singularis functio sensus est. non fit autem idem sensus cùm rei sensili specie, quāuis nō more materiæ species excipiat: materiales enim formæ sensilesque secus à sensu, secus ab intellectu pensitantur. & vide cætera, quæ sequuntur.

Trigesimaquinta contradictio est super eodem tex. Aristoteles quærit quare sensus non sentiunt se: & soluit, quia sensitiuum est in potentia & non actu ipsum sensibile, & nihil mouetur de potentia ad actum, nisi à motore extrinseco. & est locus allegat⁹, quòd sensus seipsos non sentiunt. Sed huius oppositum memini me legisse apud Alexandrum in tractatu de intellectu, cap. 4. vbi agit quomodo intellectus in habitu 2. de a'a. tex. 52.

seipsum intelligit. vbi expresse dicit, quòd eodem modo sensus seipsum sentire dicitur, quando hæc sentit, quæ actu eadem sibi fiunt. Dico quòd in præsenti textu Commen. aliter legit textum, quàm Græci expositores. Vult enim Aristot. adducere rationem, per quam probat sensum esse de virtutibus passiuis & non actiuis. Nam, si sensus esset de virtutibus actiuis, cum virtutes actiuæ ex se absque extrinseco motore possint operari, sequeretur quòd sensus sine sensibilib⁹ possent sentire se, & sua organa, & elementa ipsa sensoria componentia. Sed secundum Græcos, dubitatio Aristote. est, quia, si sensus est de virtutibus passiuis. nā sentire in quadam pati & moueri consistit secundum omnes, vt dicitur in primo de anima te. commen. 79. vbi dicit sentire autem & moueri & pati aliquid ponunt: ideo contra hoc suppositum ab omnibus concessum insurgit illa dubitatio. cum sensus sint passiui, & habent sensibilia secum iuncta: nam organa constant ex elementis, quę secundum seipsa sensibilia sunt, aut secundum accidentia ipsi. quare igitur, sicut sensus patiuntur à sensibilibus remotis, à coniunctis non patiuntur? cur oculos ipsos nō cernimus & oculorum colores, sicut per oculos extera cernimus? Et solutio Aristo. consistit in hoc, quòd sensorium est in potentia ad sensibile, & non in actu, sicut cremabile est in potentia combustibile, & non actu. quia si actu esset, non indigeret eo, qui est extra, igne in actu, vt dicit, ad hoc vt comburatur. Et est locus satis arduus & difficilis sicut vides, intantum quòd Plutarchus, vt refert Simplicius, voluit hanc dubitationem protendere contra Empedoclem, & non contra sententiam Aristotelis, & in hanc sententiam est diuus Thomas in præsenti loco. Et in veritate, qui tenent in via Aristotelis elementa formaliter non remanere in mixto, isto modo habent necessario exponere locum istum. Sed illis aduersatur Simplicius, & Themistius, & Alexand. & Ammonius, & Commenta. vnde volunt ista intelligi secundum viam Aristotelis. Sed quomodo ex hac solutione pateat responsio clare ad obiectionem, difficile est videre. Dicit Ammonius in hoc loco tres causas. Prima est quòd sensus secus se habet circa sensibile, & secus circa intelligibile se habet intellectus. quia intellectus in intelligendo intelligibile non indiget organo, & seipso sufficit, nec aliquid ad hoc habet impedimentum, sed sensus indiget organo, & ideo non potest conuerti supra seipsum organum, nec supra se. Secunda causa, quia sensus cognoscit spiritualiter & indiget medio, puta aere, vel aqua, vt patet in tribus sensibus, & etiam medio debite disposito, & ideo est ratio, quare visus non potest videre colorem sui organi, & tamen colorem extrinsecum potest. Tertia causa, quę est verior inter omnes, quia id, quod sentit, est totum compositum ex virtute & organo, & totum hoc concurrit vt patiens. & quia nihil à seipso pati potest, ideo indiget sensibili extrinseco. Vnde dato quòd elementa sint in organo, quia tamen organum componitur ex elementis, sicut ex materiali causa, & totum organum vnà cum sentiente virtute sit passiuum, omnia, quæ in organo sunt concurrunt etiam vt materia, non vt agens. & ideo necesse est, quòd deducamur ad actum ab extrinseco motore. Accedit, vt dicit Themistius in hoc loco, quòd à iunctis intrinsecusque nulli ictus eueniunt. Vnde forma existens in subiecto non alterat subiectum, quia alteratio fit per contactum. & ideo oportet quòd alterans sit distinctum loco, & subiecto, ab ipso alterato. Vnde Aristote. in primo de generatione & corruptione in tex. com. 73 continuum quidem igitur vnumquodque, & vnum est impassibile. similiter autem & non appropinquantia. Et illa est causa, quare ęthica febre laborantes non sentiūt febrem suam, licet calor ille extraneus sit intensior quàm sit calor in alijs febribus dependentibus ab humoribus, vt sunt putridæ, vel à spiritibus, vt sunt ephemere, quia humor & spiritus sunt corpora distincta à membris sentientibus: sed caliditas febris æthicæ est formaliter & subiectiue in ipsis membris. Sed quò ad authoritatem Alexand. qui videtur contradicere huic sententiæ, respondetur q̄ nō est intentio Alexand. dicere quòd sensus sentiant se, aut organa sua: quia alibi ipse oppositum tenet, sicut est rei veritas, sed dicit similitudinem inter intellectum in actu & sensum i actu, penes hoc quia, sicut intellectus in actu & intelligibile in actu vnum sunt, quia vnus & idem est actus vtriusque: sicut in simili dicitur in tertio physic. quòd vnus & idem est actus motoris actu mouentis, & mobilis actu moti: sic etiam est de sensu in actu & sensibili in actu. & sic dicunt verba eius, quia dicit. Similiter autem sensus seipsum sentire dicitur, quando hæc sentit, quę actu sibi eadem fiunt: & non dicit q̄ sensus sit

Solutio.

Quare ęthica febre laborantes nō sentiūt se febrire.

conuer-

conuertitur supra suam essentiam, atq; supra organum suum. Vnde Auicen. dicit in 6. naturalium q; virtus imaginatiua, quæ est spiritualior, quàm sensus extrinseci, & quàm sensus communis, non potest imaginari organum suum.

2. de aia. com. 51.

Trigesimasexta contradictio est in côm. 51. Scribitur sensationem exterioris sensus non posse fieri sine præsentia obiecti. Huius tamen oppositum meminimus nos inuenisse in dictis eius super commento. libri de somno & vigilia, vbi dicit, In somno visionem, & gustus sensationem, vel aliquid huiusmodi posse fieri.

Solutio.

Soluimus, quòd talis sensatio non sensus est exterioris, sed est sensus communis, qui vtitur intentionibus pro rebus, vnde illa sensatio non est sine præsentia obiecti: obiectum enim præsens est species in organo sensus exterioris, quâ apprehendit sensus communis, & non sensus exterior: quia sensus exteriores in somno sunt ligati. nam secundum Auer. in prædicto tractatu somnus est ligamentum sensuum exteriorum. Et ista est solutio Gregorij Ariminensis in primo sententiarum. 3. distin. primi, quæst. prima arti. 1. in solutione secundæ experientiæ Aureoli. & dicit istam solutionem esse de mente Comenta. prædicto loco. Miror maxime de tanto doctore quomodo plerunque allegat tot, & tantas Commen. authoritates, quas aut nô intelligit, aut fingit se non intelligere. ipse dicit in primis sensationes istas non posse fieri à sensibus exterioribus, quia sensus exteriores sunt ligati: & allegat Cômen. ibi. sed contra sensus communis etiam in somno ligatus est: & ligamentum non attribuitur sensibus exterioribus, nisi propter ligamentum prius existere in sensu communi. nam, vt dicit Philosophus, somnus est passio primi sensitiui: primum autem sensitiuum appellat sensum communem. Dicamus igitur pro nobis & pro ipso q; sensationes dupliciter fiunt. quandoque per lineam rectam: & ista incipit à sensibilibus extrinsecis, & terminatur ad virtutem rememoratiuam. alia est per lineam reflexam & retrogradam: & ista incipit à virtute rememoratiua, & terminatur ad sensus exteriores. In somno autem potest fieri retrograda sensatio. nam virtus imaginatiua per intentionê, quam recepit ab obiecto extrinseco, vel à virtute rememoratiua, mouebit sensum communem, et sensus communis mouebit sensum particularem, & sic fit talis sensatio. vnde illa sensatio est sensus particularis tanquam subiecti, & non est sensus communis, nisi tanquâ agentis. Sed illud, quod decepit Gregoriû, fuit, quia non potuit imaginari quomodo sensatio ista possit esse sensus exterioris, cùm ipsi sint ligati. sed, vt dixi, ipse incidit in Scyllam cupiens vitare Charybdim, nam quomodo potest esse sensus communis, cùm ipse sit primo ligatus? Soluimus igitur quòd in somno perfecto ligati sunt sensus isti, & sensus communis, & præcipue à sensibilibus communiter occurrentibus: & in tali somno nô fiunt istæ sensationes. est & alter somnus imperfectus, & in tali fiunt istæ sensationes. & licet sensus exteriores in tali somno ligati sunt respectu sensibilium exteriorum communiter occurrentium ab extrinseco, tamen respectu alterius fenestræ, vt ita dicam, per quam itur ad sensum communem, non sunt ligati, & respectu illi[us] imitari possunt. istud sentit Auerr. ibi in litera. Et ne videar ista studio contradicendi dixisse, adduco verba eius formaliter. inquit. quomodo autem accidit quòd homo in somno videt, quòd sentiat per quinque sensus absque eo, quòd ibi sit aliquod sensibile extrinsecum. & soluit dicens. Hoc accidit per contrarium motû ei, qui fit in vigilia. in vigilia. n. sensibilia extrinseca mouent sensus, & sensus cômunis mouent virtutem imaginatiuam: in somno autem quando virtus imaginatiua imaginata fuerit intentionem, quam accepit ab extrinseco, aut ex virtute rememoratiua, reuertetur & mouebit sensum communem, & sensus communis mouebit virtutem particularem: & sic accidit quòd homo côprehendit sensibilia, licet non sint extrinsecus, quia intentiones eorum sunt in instrumentis sensuum. hæc ille formaliter. Vide etiam pro hoc ipsum tertio colliget capit. 38.

Trigesimaseptima contradictio est in cômen. 60. Dicit Cômment. q; melius est q; diuersitas formæ sit causa diuersitatis materiæ, quam econtra. Sed huius oppositum habetur ab ipso octauo physico. commen. 46. vbi ex diuersitate materiæ probat diuersitatem formarum. 2. de aia. com. 60.

Solutio.

Soluitur. diuersitas materiæ est causa diuersitatis formæ: sed diuersitas materiæ est signum diuersitatis formæ, non causa. Ratio igitur quam facit 8. physi. 46. est à signo, non à causa.

2. de aia. tex. 61.

Trigesimaoctaua contradictio est super tex. 61. Aristoteles definiens sensitiuum dicit, esse tale potestate, quale sensibile est iam actu. & subdit, quòd patitur non

simile eius, passum autem assimilatum est. videtur igitur sensibile in principio esse contrarium sensitiuo, & in fine simile. Ex hoc igitur sequitur sensationem esse alterationem in contrarietate fundatam. Huius tamen oppositum Aristote. supra iam dixerat in tex. commen. 57. vbi castigauit ipsum pati & alterari, asserens aliud esse corruptionem quandam, aliud autem salutem pot⁹. & ita finaliter concludebat, quòd alteratio, qua secunda potentia deducitur ad actum, est ex secundo genere alterationis. sic quādo sciens in habitu exit ad actum considerandi: & similiter quando sensus exit in
Solutio. actum sentiendi. Soluitur, vt dicit Aristote. quia non habemus propria nomina, quib⁹ nominare possumus huiusmodi intentiones factas à sensibilibus in sensus, oportuit vti nominibus istis tanquam proprijs, scilicet ipso pati & alterari. Sed aduerte quòd in alteratione proprie sumpta, quæ est corruptio quædam, talis est inter terminos cōtrarios: sicut est in vero motu, qui est de cōtrario in contrarium. Sed huiusmodi contrarietas non inuenitur in sensitiuo, quia non mutatur de forma contraria in formā contrariam: nec sic assimilatur sensibili vt fiat eius materia. ex hoc enim, quòd sensitiuum visus mouetur à colore, non albescit, neque nigrescit, sicut iam fit in alteratione vera, vbi passum est materia agentis, sed solum formam eius recipit: hoc enim est vniuscuiusque sensus proprium, susceptiuum esse specierum sine materia, & propterea neque pati, nec alterari proprie dicitur. Sed istud est aliud alterationis genus, quod in perfectionem desinit, pro quanto ista receptio est solius formæ, quæ tandem terminatur in iudicium & cognitionem. quemadmodum enim dicim⁹ ceram excipere sigillum, & imaginem auream, non tamen quatenus aurea est, cera enim sine auro, aut ære symbolum excipit, vt dicit lucidissim⁹ Themistius. Et subdit quòd nulla materia de forma sibi accidente, hærenteque iudicium ferre potest, quoniam materia sua pte ingenio incipiens bruta irrationabilisque est: ratio vero tum de alijs iudicat, tum ratione & forma rationem & formam apprehendit: sensus vero species, & ratio ea est, quæ sedem in primo instrumento sentiendi habet. Et hinc scire poterit propter quam causam ethicus non sentiat febrem suam, quia febr illis ille calor realiter est, & materialiter in membris. & ideo membra, cùm sint caloris illius materia, non possunt de illo afferre iudicium, sed bene de calore, quod est in humoribus, aut spiritibus iudicare poterunt, quia ab illis possunt decidi species sine materia in organo tactus, sed à proprio calore nihil patitur, sicut combustibile à seipso non comburitur, vt dicit Arist. in secundo de anima in tex. commen. 52. Et hoc pulchre notauit Themist. in. 2. de anima in tex. 62. vbi inquit quòd sensus proprie pati & alterari à sensibilibus, cum pateat quòd, si visus exalbuit, alba non percipit, si manus recaluit, calida non sentit: si palatum indulcuit, dulcia non dignoscit, aures strepitui familiarem obaudiunt. Ad formam igitur contradictionis dic quòd in alteratione & passione vera passum mutatur de habitu contrario in habitum contrarium, & passum fit materia agentis. sed in alteratione perfectiua. qualis est sensitiui, non est de contrario habitu in contrarium nec id, quod patitur fit materia formæ agētis, sed solum desinit in iudicium & cognitionem mediante receptione solius formæ circūscripta materia. forma enim sola sensibilis est, quæ sensorium percutit. Solum igitur his est falsa, quia sensitiuū, antequā priuatur à sensibili, non habet formam secundum quam fit assimilatio, sed facta passione habet. vnde ex non formato fit formatum, & ex non cognoscente in actu fit cognoscens. sensibilia enim extra actiua sunt huius operationis, vt dicit Aristote. in. 2. de anima in tex. commen. 59. quod qualiter sit intelligendum superius declarauimus. non valet autem quòd, si sensitiuum ante pati non est simile, igitur est contrarium, quia negatio affirmationem non infert. Vel dic quòd est priuatiua contrarietas, ex quo existens simili fit similis, sed non positiua, sicut est in vera.

Quare ethicus febrem suam non sentiat.

Trigesimanona contradi. est super eodē tex. Aristo. inquit q sensitiuum est tale in 2. de a[n]i[m]a. tex. 62.
potentia, quale est sensibile actu, & passum est tale, quale est illud. Sed huius oppositum sequitur ex his, quæ scribuntur infra ab eodem in tex. commen. 121. vbi dicitur quòd proprium est vniuscuiusque sensus susceptiuum esse specierum sine materia. Manifestum est autem q sensibile actu, quod mouet sensum, est forma in materia, sed sensus, seu sensitiuū nunquā actu, vbi passum fuerit, habebit formā sensibilis in materiali & naturali esse. Et sic iterū concesso q ista receptio fit secundum speciem, restat quomodo sit facta assimilatio inter sensibile habens esse materiale, & ipsum sensum.

Soluitur,

Solutio. Soluitur, vt tradit Aristo. in tex. commen. 57. extractio potentiae secundae ad actum tendendum fit ab eo quod est actu, & simili sic, sicut potentia ad actum. non est enim necesse vt passum assimiletur agenti in natura, aut in forma, aut in modo essendi simpliciter. non in natura, alioquin coelum nō posset agere in ista inferiora, quae sunt distantis naturae: nec in forma, alioquin Sol non posset generare hominem: nec in modo essendi, sicut est in casu nostro. sed vt scribit etiam Com. 12. meta. c. 18. ista similitudo debet esse talis, qualis est inter potentiam & actum, potentia enim est ordo & habitudo ad actum. quotiens igitur currit inter agens & passum talis proportio, vt tale sit passum in potentia, qua pati possit ab agēte, qualis est in actu agens, vt possit agere, tunc semper prouenire potest actio, nisi aliquid impediat. Et hoc praecipue etiam verificatur in casu nostro, vt allegatum est ex mente Philosophi. licet igitur sensibile extra habeat esse materiale, & sensus recipiat secundum esse spirituale, est tamen talis proportio, vt sensus à sensibili sic pati possit, sicut sensibile potest agere. Vtrum autē sensibile virtute propria adaequate, an etiā concurrēte extrinseco motore causet illud esse spirituale, dubitatio ardua est, & mota per Auer. in commen. 60. quae indiget perscrutatione separata, de qua infra dicam. Sic igitur intelligere poteris, qualis similitudo currit inter sensibile & sensitiuum, quia est talis, qualis est inter potentiam & actum. Sed, quia intellectus adhuc nō quiescit, dicamus, altius quaedam repetentes, quod forma rerum sensibilium habet duplex esse, naturale, & extraneum, naturale in materia, extraneum vero in medio, vel in anima sicut scribit Commen. in 2. de anima in cōmen. 97. Et, quia anima est primo diuersa à materia, est alter modus receptionis animae & alter materiae. vt scribit Comment. 3. de anima. commen. 5. in principio. Sic enim anima quodammodo dicitur esse omnia, quia per sensum est omnia sensibilia, & per intellectum est omnia intelligibilia. 3. de anima. tex commen. 37. vnde Commenta. in libro destructio destructio. disputa. 3. in solu. 18. dubij. dicit, quod quaelibet forma habet esse duobus modis, videlicet esse intelligibile, quando comprehendit separatum à materia ab intellectu, & esse sensibile, videlicet id, quod habet actualiter in materia. verbi gratia lapis formam habet materialem extra actum, & aliam formam, quae est intellectio, & comprehensio facta in anima, prout anima rationalis capit eam separatam. quia igitur forma quaelibet, dicit, habet duplex esse in anima, & extra animam ex formis sensibilibus istis. sicut materia est in potentia ad talem formam in esse naturali, sic anima est in potentia ad eandē formam in esse spirituali, quia lapis non est in anima, sed forma lapidis, vt dicit in tertio de anima. &, sicut agens transmutans materiā in esse naturali, assimilat sibi passum in tali esse, sic sensibile mouens sensum in esse spirituali assimilat sibi ipsum in tali esse, vel per se, vel concurrente extrinseco motore. Et ad hoc animaduertens Philosophus in 2. de anima. in tex. commen. 138. dicit quod videns quodammodo coloratum est: sensorium enim vnumquodque susceptiuum est specierum sine materia. Vides igitur clare quomodo sensitiuum sit simile, vbi passum est à sensibili. Et hoc est, quod Commenta. notat in commen. 62. vbi inquit quod sentiens innatum est perfici per intentionem rerum sensibilium, non per ipsas res sensibiles. Et, si non, tunc esse coloris in visu & in corpore esset idem. Et, si ita esset, tunc esse eius in visu nō esset comprehensio. vbi patet hanc esse differentiam inter esse coloris in visu, & esse eiusdem in corpore colorato, quia in visu est comprehensio, sed in corpore colorato non est comprehensio. Et propterea inquit Commen. quod Arist. animaduertens ad hanc differentiam dixit quod sentiens est illud, quod est in potentia, sicut sensatum est in perfectione. & non dixit quod est in potentia sensatum: quoniam, si ita esset, idem esset esse coloris in visu & in sua materia. ex quo patet colorem in visu non esse, sicut forma in materia, sed sicut cognitum in cognoscente.

Quadragesima contradi. est super eodē tex. Aristo. dicit quod sensitiuum patitur non simile existens, passum autem assimulatum est. Sed ex hoc sequitur, vt sensatio fiat in tempore. quod tamen est falsum. est enim subita mutatio, & in talibus non differt fieri à facto esse, nec pati à passo esse, vt demonstratur in. 6. physi. auscultationis. 2. de aia. tex. 62.

Solutio. Soluitur. intelligitur isto modo quod sensitiuum ante receptionem speciei à sensibili non est assimulatum illi, sed post receptionem. sic enim anima est omnia secundum receptionem, & similitudinem, vt dicit Commenta. in tertio de anima. i. per receptionem similitudinum.

Quadragesimaprima contradi. est in tex. 61. Sensibile non agit in sensum, nisi quando est 2. de aia. tex. 62.

cto est contrarium. Oppositum secundo de
Solutio. anima. 57. Soluitur secundo de anima. 57. tex. distinguitur de duplici alteratione, perfectiua, & corruptiua. licet igitur in sensatione non sit vera contrarietas ad agendum actione corruptiua, est tamen aliqualis, talis qualis requiritur inter mouens & motum, & alterans & alteratum alteratione perfectiua. vide ibi, & intelliges.

2. de a la. Quadragesimasecunda contradi. est in
tex. 63. tex. 63. Aristote. describens sensibile proprium inquit. Dico autem sensibile proprium, quod non contingit altero sensu sentiri, & circa quod non contingit decipi. Circa autem hanc secundam conditionem est contradictio. quia Commentator dicit hoc esse verum in maiori parte, sed nõ expressit in quibus casibus est verus, & in quibus nõ. Themistius autem volens hoc specificare in secundo de anima cap. vigesimoprimo. super expositione praesentis loci assignat tres conditiones, videlicet quòd organum sit incolume, quod non sit perturbatum mediũ, & quod sit debita distantia. & cùm hac glosa omnes ferè Latini interpretantur locum istum. Nos autẽ inuenimus Alexan. in paraphrasi de anima in capitulo .12. vbi declarat, quae sunt sensibilia per se, & quae per accidens, quod assignat quandoque. inquit.n. In proprijs autẽ sensibilibus sensus potissime veri sunt, vbi sensibus ea seruantur illaesa, quibus cum sensilia suscipi nata sunt. Quorum primum, atque praecipuum est, vt secundum naturam valentia & sana sensoria sint. Deinceps vero rei sensibilis situs. neque enim res tergo positas visus cernere potest. Tertio loco aequabilis interualli mensura necessaria est. nõ enim ex omni spatio sensoria res sensibiles excipere possunt. Praeter haec autem opus est medio, quo intercedente ad sensoriorum ministeria, commoda, & apta sensibilium susceptio praebeatur. neque enim visio fieri potest, nisi collustrato perspicuo. Postremo nihil oportet, quod sensum interpellat & turbet. neque enim audire possumus, cùm soni vehementiores obstrepunt, & sensum inturbant. Aut igitur Themistius est diminutus, aut Alexand. superfluit. Dicimus quòd Alexandri Themistius dicitur abbreuiator, vt notat Commenta. duodecimo metaphy. commento secundo, & ideo duae illae conditiones expressae per Alexand. reducuntur & virtualiter continentur in illis tribus expressis per Themist. nam debita distantia sensibilis ad sensum praesupponit etiam debitum situm, & includit illum, quia non dicitur sensibile esse in debita distantia, quando non est in situ conuenienti ad hoc vt sentiatur. sensile etiam dicitur in respectu ad sensum, cuius est instrumentum. Similiter vltima conditio, vt non sit aliquis motus fortior, qui impediat, reducitur ad illam. videlicet quòd medium non sit perturbatum & ideo quod Alexan. pluribus expressit, Them. paucis perstrinxit. Quod si dicas: vltra istas cõditiones requiri aliã, videlicet quòd virtus non sit distracta, quia ad alia fortiter intenti delata sub oculis non videmus, vt dicit Philosophus in libro de memo. & remini. Dic q continetur in prima illa cõditione Themistij. quia in distractione mentis ad altiora reuocatur sensus communis, & spiritus ad interiora, vt notat Cõmenta. in commento super libro de somno & vigilia. & sm Alexand. reducitur ad postremã conditionem adductam per ipsum, quia motus maiores impediunt minores. & ideo, quando virtutes interiores vigorantur in suis actibus, exteriores debilitantur, & econtra.

Quadragesimatertia contradi. est in cõ. 2. de a la.
65. Dicit Cõmen. q sensibilia communia com. 65. sunt propria sensui communi. Huius oppositum patet infra cõmen. 133. vbi dicitur q non sunt propria alicui sensui. Soluitur. per Solutio.
sensum communem non intelligit hic virtutem aliquam distinctam ab alijs sensib⁹, sicut imposuit sibi sanctus Doctor hic: sed intellexit cõmunitatem sensuum, quia sensibilia cõmunia possunt sentiri à pluribus, quàm ab vno sensu. & ideo dixit quòd sunt propria sensui communi. Et tu vide Themistium in. 2. de anima super. 133. Et sic argumenta Sancti doctoris nulla. & sic etiã patet q nulla sit contradictio.

Quadragesimaquarta contradictio est in 2. de a la.
com. 71. Dicit q color vniuscuiusque visi- com. 71. bilis videtur in luce, siue illud visibile videatur in obscuro, siue videatur in luce. Sed ex verbis insta in eodem cõ. videtur oppositum istius sequi. quia ibi habet q color non est
visibilis, nisi mediante luce. Soluitur. dictũ Solutio.
eius verificatur de visibilibus, quae videntur in obscuro, & in medio illuminato: sicut sunt noctilucae, & quercus putrefacta, quae & die & nocte videri possunt. eã rõne alterius videntur in die, & ratione alterius videntur in nocte, nã in nocte videntur merito lucis, in die merito coloris, & non merito lucis subiectiue existẽtis in visibili, quia lumen maius obfuscat minus. cùm hoc tamen

men fiat, q talia videantur, vt colorata in medio actu lucido, & mediante luce continentia. Et sic propositio est vniuersaliter vera, q omnis color in quolibet visibili existens non videtur, nisi mediante luce.

2. de ala. com. 72. Quadragesimaquinta contradi. est in eodem cō. Cō. habet q color non est visibile nisi mediante luce. Oppositū. 2. de anima. cō. 67. vbi habet q color non est visibilis per aliquam formā sibi contingentem, sed est visibilis per se. Solutio. Soluit. visibilis est color mediante luce, quantum ad actum immutandi diaphanū, & organū sensus mediante luce, lux igitur est diaphani dispositio pro formis colorum recipiendis & pro visu. nō n. colores in obscuro videri possunt, licet sint actu colores etiam in obscuro existentes. visibilitas igitur competit colori per se in secundo modo: quia forma coloris est causa visibilitatis eius. Sic igitur patet contradictionis sedatio, si recte vides.

2. de ala. com. 76 & 79. Quadragesimasexta contradi. est in cō. 76. & 79. Quia in. 76. dicit q medium in sono est aer, non aqua: sed in 79. dicit oppositum. Solutio. Soluitur. in aqua non fit sonus realiter, sicut fit in aere, sed solū spiritualiter. & sic etiam intelligitur dictum eius in cō. 81. infra. in prin. commen.

2. de ala. com. 84. Quadragesimaseptima contradi. est in cō. 84. Dicit Cōmen. aerem in aure semper moueri, & tamen in 85. dicit ipsum quiescere. Solutio. Soluitur in eodem. 84. quia motus aeris existentis in aure est motus proprius sed motus in aere extraneo, & non organico est motus extraneus, cum hoc igitur q talis aer organicꝰ mouet motu proprio, stat ipsum quiescere quiete opposita motui extraneo. sic soluitur, vt vides, instantia. sicut etiā ignis in sphaera propria potest dici motus, & quiescens diuersimode.

2. de ala. cō. 91. Quadragesimaoctaua contradict. est in commen. 91. Dicitur q non habere pulmonem sit causa remota non respirandi. Et tamen primo poster. dicitur q est causa propinqua. Solutio. Soluitur. dictum eius in posterioribus habet veritatem respectiue, non absolute: quia non habere pulmonem est causa propinqua respectu non animalis, tamen simpliciter propinqua non est.

2. de ala. tex. 92. Quadragesimanona contradi. est in tex. 92. Aristoteles, & Commenta. videntur dicere, quòd differentiae odorum male, & cū difficultate apprehenduntur ab homine, praue enim odorat homo. Ex aduerso autem scribit Auerro. in commento libri de Sensu & sensi. in capitulo quinto, quod homo apparet quòd melius distinguit differentias sensibilium olfactus, quàm caetera animalia. Solutio. Soluitur per doctrinam Aristotelis in quinto de generatione animalium capitulo secundo. Nam acute videre, audire, & olfacere bifariam dicitur, aut quia distincte percipiendo differentias istorum sensibilium, aut procul, & à remotis attingendo ipsa. primum prouenit ex synceritate & temperamento organi. & quia complexio humana est magis temperata alijs complexionibus brutorum, sic omnes sensus hominis sunt perfectiores alijs. vnde distinctius percipit omnes differentias sensibilium, quàm faciant caetera. sed percipere à remotis obiectum prouenit ex situ organi. vnde qui habent oculos profundos, & palpebras grossas à remotis inspiciunt, illi autem qui habent oculos eminentes, non possunt ad longam distantiam. sic animalia multa procul olfaciunt ex situ organi. vnde catelli Laconici, qui habent porrectas nares, eminus olfaciunt. homo igitur in hoc à quampluribus animalibus vincitur. sed non vincitur indistincte iudicando differentias sensibilium. Et hoc etiam fatetur Commentator in libro de sensu & sensi. dicit enim quòd apparet, quòd homo melius distinguit differentias sensibilium olfactus, quàm caetera animalia, & tamen multa animalia comprehendunt formas odores à remotis. Hoc etiam innuit in praesenti commento nonagesimosecundo prope finem.

Quinquagesima contradictio est in commen. & in procemio metaphysicorum. 2. de ala. com. 94. Nam hic videtur sensus tactus praecedere alios sensus, & per consequens visum: ibi vero visus alijs praefertur sensibus. Solutio. Soluitur. priora generatione via perfectionis posteriora sunt, sic dicimus prioritatem tactus ad alios sensus esse prioritatem secundum subiectum & materiam, sed prioritas visus ad tactum est prioritas formae & finis. Et hoc etiam confirmat Commenta. in secundo de anima commento septuagesimoseptimo, vbi dicit quod Aristoteles videtur ordinare consyderationem de virtutibus sensus secundum nobilitatem, non autem secundum naturam. prius enim egit de visu, quàm de alijs. sed Auicen. sexto naturalium ordinauit talem consyderationem secundum naturam: quia prius egit de tactu, quàm de alijs. Pro hoc vide secundo de generatione & corruptione textu commenti septimi.

s

Quinqua-

2. de ala. com. 97. Quinquagesimaprima contrad. est in cõ. 97. Dicitur q raritas ignis est maxima. Oppositum. 4. physi. 72. vbi dicit q crescit in infinitum. Solutio. Soluitur. est maxima fm naturam, prout consequitur formam existentẽ in materia. terminatio enim est à forma: sed prout in materia absolute est, in infinitum tendit, cũm infinitudo sit à materia. 3. physico. 60.

2. de ala. com. 98. Quinquagesimasecunda contradi. est in cõ. 98. & 101. Quia hic dicit q omnes sensus indigent medio etiam gustus, & tactus. tamen de gustu & tactu oppositum apparet in cõ. 103. Solutio. Soluitur. ibi negat requiri medium extrinsecum. & hoc per se, nam in sensu tactus, & gustus non concurrit medium extrinsecum per se, sed per accidens. vide pro hoc cõ. 115. secundi de anima. Et ideo Cõm. in princi. cõ. 116. secundi de anima dicit q aer & aqua in talibus sensibus sunt media, si debent dici media. ex hoc enim apparet q illa non sunt vere media, sed sunt media per accidens, vt ipse declarauit in cõ. 115. Et eodem modo soluitur contradictio iudicata eius super cõ. libro de sensu & sensi. vbi dicit q sensus, tactus, & gustus, non indigent medio. & tamen in hoc. 98. dicit q indigent medio. Soluitur. ibi negat tales sensus indigere medio extrinseco in ratione per se, & veri medij: hic concedit eos indigere vero & per se medio intrinseco. sensibile enim positum supra sensum non causat sensationem, fm Aristo. quicquid dicat Auicen. in hoc.

2. de ala. cõ. 100. Quinquagesimatertia contrad. est in cõ. 100. Dicit q amplitudo venarum & viarũ anhelitus est propter necessitatem, & non propter melius. Solutio. Oppositum in simili scribitur in. 2. physi. 82. & 88. contra Antiquos. Pondera, quia non assertiue, sed dubitatiue loquitur, & cogita.

2. de ala. cõ. 108. Quinquagesimaquarta contradict. est in cõ. 108. Dicit graue & leue esse substantias, & 5. meta. 18. dicit q sunt quantitates, & 1. celi. 17. dicit q sunt substantiæ. etiam in. 2. de gene. & cor. & 7. phy. 11. & 2. de partibus animalium. cap. 1. habetur q sunt qualitates. Vide quæ scripsi super. 7. physi. in cõ. 11. Solutio. Et, si vis curiosius videre, vide Conciliatorẽ in differentia. 42. in tertio dicendorum,

2. de ala. cõ. 116. Quinquagesimaquinta contradict. est in cõ. 116. Dicit carnem esse medium, & non instrumentum tactus. Sed in commento super libro de sensu & sensi. & in secundo colliget. capit. de iuuamentis carnis, & in capitu. de iuuamento tactus, dicit oppositum. Vide Conciliatorem differentia. 42. in. 3. dicendorum de hac materia. quia qñ dicit Cõmẽ. q caro est organum tactus, intelligitur de carne cordis, quia in corde fm Philosophum est radix istius sensus, & organum. quando dicit q est medium, loquitur de alia carne. Alij per carnem intelligunt carnem neruosam esse tactus instrumentum, & ponunt neruos esse partiale instrumentum tactus, sicut ipsemet Conciliator tenet. Et huic opinioni fauere videtur Cõm. 2. de anima cõ. 108. vbi dicit q tempore Aristo. quo scripsit librum de animalibus, non erãt noti nerui, sed post per anatomiam apparuerũt. illud enim. quod fuerat Aristoteli ratione sciuit post per sensum. vñ vult q Philosophus per illud, quod est intra carnem, intelligat neruum: & tale est organum tactus partiale. & ista est via Auerr. sine dubio. Sed salua reuerẽtia Auer. eius positio non videtur esse de intentione Aristo. Nam dicere, quando Aristo. composuit librum de partibus animalium, in quo expresse ponit organum tactus in corde esse. sicut est videre in. 2. lib. cap. 10. & in lib. de sensu & sensi. q tunc non fuerant cogniti sibi nerui, quia scientia sectionis erat tunc ignota, istud in veritate esse videtur vnum magnum mendacium. Nam Philosophus plerunque de neruis loqui videtur in libro illo, sicut in ca. 8. vbi agit de carne, & de his, quæ vice carnis habent. & in libro de historijs animalium plerunque de neruosa carne meminit, vt in. 3. cap. 5. Nec est verisimile q tantus Philosophus, qui fuit solertissimus naturæ rimator, librum illũ sine anatomia conscriberet. quomodo enim de cordis ventriculis, deq; alijs minutissimis mẽbris conscripsisset ita solerter, nisi proprijs oculis vidisset singula? Nerui autẽ non sunt adeo minutissima corpora, quòd propter sui paruitatem non possint videri. Digressio contra Auerr. de instro sensus tactus. Præterea sententia Philosophi fuit sensum tactus medietatem contrarietatum obtinere. Et ideo dicit in. 2. de anima in tex. cõm. 114. plantæ non sentiunt, quia non habent medietatem. sunt enim complexionis multum terrestris. & 3. de anima. tex. com. 66. ait Philosophus. omnium enim tangibiliũ tactus est, sicut medietas & susceptiuus sensus, non solum quæcunque differentiæ terræ sunt, sed calidi & frigidi, & aliorum omnium tangi possibilium. & propter hoc ossibus & capillis, & huiusmodi partibus non sentimus, quia terræ sunt. & plantæ etiam ob hoc neque sensum vnum habent, quia

terræ

nerui sunt. Arguitur ergo sic. nerui sunt terrestris complexionis, sicut omnes Medici, & Philosophi testantur. ergo talibus nō sentimus. patet consequentia, quia manente causa, manet effectus. quō ergo Auer. exponit q illud, q est organum tactus est illud, quod est intus: & per illud quod est intus exponit neruum: cum nullo modo neruo sentiamus? Cōfirmatur authoritate Philosophi, quæ non recipit glosam. 1. de anima. 79. tex. scribit enim ibi Philosophus, quæcunque enim insunt in animalium corporibus simpliciter terræ, vt ossa, nerui, pili, nihil sentire videntur. quare dicendum est illud, quod intus est, esse organum sensationis: & tale est ipsum cor. Ista est veritas. & ita Simplicius, & Antiqui exposuerūt locum illum. Et in hoc nolo cum Auer. esse quia, vt mihi videtur, in hoc quæsito dimisit præceptorem suum, & imitatus est potius Medicos. Nam, sicut scribit Philosoph⁹ 1. ethico. cap. 7. pro defensione veritatis etiā propria impugnare oportere, præsertim Philosophos, magis existimandum est. nā cūm ambo amici sint, pium est veritatem in honore preferre. Excusare ipsum possum, de errore defendere non possum. nam litera sua in. 1. de anima non loquitur de neruis, sed de ossibus solum. Similiter sermo Medicorum, in quibus etiam versabatur, fecerunt ipsum à veritate deuiare. Hæc notauimus hic propter errorem communem impugnātium Arist. illud, quod negat expresse. & illud non prouenit, nisi quia videre expositores, & de tex. nihil.

2. de ala. cō. 129. Quinquagesimasexta contradi. est in cō. 129. dicit q demonstratio illa Philosophi fundatur super propositiones: quarum vna est, q omne, quod sentit animal, aut sentit ipsum per contactum, aut mediante corpore extraneo. si ista disiuncta datur per opposita, sequitur aliquam sensationem sine contactu fieri: cuius oppositum patet. 7. phisi. tex. cōm. 12. vbi habetur q omnis alteratio perfectiua fit per contactum. si non datur per opposita, non est disiunctiua, per Boetium in libro diuisionum.

Solutio. Soluitur. per contactum intellexit medium intraneum. & sic sensus est q omnis sensatio, aut fit per medium intrinsecum, aut per medium extrinsecū. Et ista bene opponunt̄, sicut vides.

2. de ala. tex. 130. Quinquagesimaseptima contradi. est in tex. 130. Dicit Aristote. aerem esse auditus, aquā vero visus, ignē aūt aut nulli⁹, aut omnibus communem, quia nihil sine calore sensitiuum est. Sed huius oppositum habetur ab Auer. in. 3. colliget. cap. 36. vbi dicit, q auditus est aeris, aqua visus, olfactus attribuitur igni. Amplius videtur q organum olfactus, cūm sit in anteriori parte cerebri, q sit frigidum & humidum, & ita erit aquæ tantum, & non aeris, aut aquæ, vt Aristote. dicit hic. Solutio est, q non est intentio Aristo. dicere ibi esse organum alicuius sensus ex vno tantum simplici constans elemento, quia animal & membra eius ex quatuor constant elementis: sed sua intentio est aliqua sensoria elementis simplicibus attribui, in quibus ipsa mixtio non est manifesta, & sic pupilla attribuitur aquæ, auditus, aeri. vnde si pungatur oculus, non exit nisi aqua, & in auribus, apposito cornu, sentitur aer complantatus, vt dicitur in. 2. de anima. Olfactus autem propterea dicitur esse alterius istorum, vt notant Cōmen. & Græci expositores, non ratione organi, sed ratione animalium, quorum quædam olfaciūt per aquam, vt pisces, & quædam per aerem, vt animalia degentia in aere. Ignis autem propterea dicitur, aut nullius esse, aut omnibus communis, quia ignis, qui est feruor, & exustio, corrumpit organa sensitiua & animalia: alter est elementalis, qui regulatur ab anima. & sic calor ille est naturalis, vt ab anima regulatus, & sic est omnibus cōmunis. vnde pportio cuiuslibet sensus & organi ad ignem sub ratione, qua sunt in actu secundo, est proportio tanquam ad formam. & proportio ad alia elementa præter ignē, vt sic, est sicut ad materiam, quia semper respectus imperfectioris ad perfectius est respectus materiæ ad formam, aut instrumēti ad agens. 3. de anima cō. 36. sed quando Auerro. dicit organum olfactus esse ignis, hoc intelligit ex parte modi, quo multiplicatur intentio odoris, qui aut est fumalis euaporatio, aut non fit sine ea: & non intelligitur quantum ad organum.

Quinquagesimaoctaua contradi. est super tex. 133. Arist. & Cōm. dicunt q numer⁹ cognoscitur negatione continui. Sed hoc videtur esse contra id, q habetur in. 10. meta. tex. cō. 2. vbi dicitur q omnis numerus vno cognoscitur, & ibidem tex. cō. 4. numerus sīm q est compositus ex vnitatibus, mēsuratur per vnitates. Amplius est dubium, quō numerus est priuatio continui, vt dicit Commen. in cōmento. Paulus Venetus dicit q sumitur priuatio pro contrario minus perfecto, vt nigredo dicitur priuatio albedinis. & quia in iudicando sensum, vnum est demi⁹ sentitur, & certius quàm multitudo 2. de ala. tex. 133.

ideo

Ideo dicitur quod numerus est priuatio continui. Sed hoc non potest stare, quia litera dicit ꝙ numerus cognoscitur negatione continui, & Commenta. etiam in commento videtur ꝙ talia se habent vt priuatio & habitus, quia loquitur vniformiter hic, sicut de quiete respectu motus. Et ideo dicimus nos secundum Cõ. ꝙ sicut de quiete dicebatur ꝙ sensus non comprehendit quietẽ, nisi post comprehensionem motus, ita etiã sensus non cognosceret numerum, qui causatur ex diuisione continui, nisi prius cognouisset ipsum continuum, quod est vnũ. Et hoc est, quod dicit Cõm. ꝙ comprehẽsio multitudinis, & numeri est per comprehensionem priuationis continui, quod est multitudo. Vbi aduerte, vt habetur in. 4. phy. numerus diuiditur per vnitates, sed non continuatur per vnitates. & ideo in numero est priuatio continuationis. & isto modo sensus cognoscit naturam negatione continui, pro quanto cognoscit multa, quæ non sunt vnita in vno continuo. &, si sensus non præcognouisset vnum continuum, non posset illud iudicare in ratione numeri. & sic numerus cognoscitur negatione continui. vnde, vt dicit dominus Albertus hic, sensus oppositorum est idem essentialiter, vbi vt dixi, essentialitas se tenet ex parte potentiæ cognoscentis. Simplicius autem dicit in præsenti loco ꝙ non est intelligendum numerum cognosci negatione continui, sicut tenebra à visu per priuationem lucis, ex hoc ꝙ non mouet visum. quando quidem numerus est per se sensibilis, sicut vnum, sed quoniam opponitur vnum multitudini, & quia multitudo congregat insimul vnum continuum secundum vnumquodque eorum, ex quibus multitudo componitur, quoniam in sensibilibus vnum, vt continuum, est vnum, non autem in multitudine manifestatur, & in congregatione ipsum continuum, quamuis & vnus sit numerus secundum diuisam collectionem; & vnus est, & cognoscitur, sed non vt continuus, & hoc manifestat continui negatio, videlicet, ꝙ numerus non cognoscitur solum vt vnũ. hoc enim in sensibilibus solum continuum est, sed in collectione istorum talium, collectione recusante continuationem. & est expositio satis subtilis in veritate. & in hoc credo verum esse quod dicit. quia numerus dicit formam positiuam, & non est pura priuatio, sicut quies. Vbi animaduerte, quod numerus mathematicus, qui ex vnitatibus indiuisibilibus resultat, vt sic, non cadit sub sensu, sed sub imaginatione. & vt sic, pertinet ad Mathematicum. sed numerus, qui est sensibile commune, resultat ex vnitatibus corporalibus sensibilibus idem enim est dicere res sensibiles & corporales, vt dicit Simplicius in prologo physicorum. Et illa ratione vnitas sensibilis est vnum, quod est continuum. non illud, quod præcise est indiuisibile, & est principium numeri mathematici, quia illud pertinet ad imaginationem. Ita mihi videtur pro nunc dicere. quare licet in istis sensibilibus communibus conueniat Naturalis & Mathematicus, tamen alio & alio modo. quia Naturalis consyderat de istis, vt sunt coniuncta sensibilibus proprijs, & vt mouent sensus aliquo motu, & ipsis proprijs, sed Mathematicus abstrahit ab isto motu istorum, vt coniunctus est proprijs, & sic non pertinet sua consyderatio ad sensus istos, nec est sensibilis, sed imaginabilis tantum. Et per hoc patet solutio ad ea, quæ in oppositum adducebantur. quia Aristoteles in decimo metaphysicorum tractat de numero, vt est quantitas discreta ex vnitatibus indiuisibilibus præcise resultans & de hoc est verum quòd numerantur per vnitates, vt cõponitur ex eis, & cognoscitur per vnitatis reiterationem. sed iste est numerus formalis, sed numerus sensibilis constat ex vnitatibus sensibilibus, & per illarum iterationem cognoscitur, vt dicit Aristoteles in quarto physicorum tex. commen. 134. & cognoscitur etiam negatione continui secundum alterum dictorum modorum, vel secundum Auer. vnde numerus sensibilis & naturalis est ille, qui causatur ex diuisione continui. &, quia continuum non componitur ex indiuisibilibus, vnitates istæ sunt res continuæ, sed mathematicus numerus causatur ex vnitatibus indiuisibilibus. Ex hoc patet solutio ad obiectiones, quæ possunt fieri - quomodo numerus dicit priuationem vnitatis & continuationis, & tamen oppositũ habetur, decimo metaphysi. vbi tex. cõm. 8. octauo dicitur, quòd vnum opponitur priuatiue multitudini. & confirmatur, quia vnum dicit indiuisionem secundum Auer. quæ priuatio quædam est, & per consequẽs numerus non est priuatio vnitatis, sed econtra. Solutio. est æquiuocatio in sermone. quia in decimo metaphysic. agitur de vno transcendenter sumpto: & tale opponitur priuatiue multitudini. & etiam loquendo de vno, quod est principium numeri dicit indiuisionem, quæ est priuatio multitudi-

nis

nis. tamen hic est sermo de numero sensibili, qui importat negationem continui, ex cuius diuisione resultat, & non sumitur pro numero mathematico, qui est quantitas discreta ex vnitatibus indiuisibilibus causata: quia talia vt sic sunt separata à sensibus. Vnde potest dari alius intellectus subtilis illius authoritatis in te. côm. 133. omnia illa motu sentimus, i. motus contrahit & specificat ista entia ad esse sensibile, & coniungitur ipsi materiae sensibili, vt dicit dominus Albert⁹ in quaestione de homine. Sed licet hoc sit verum in se, non tamen est ad propositum quia tunc esset aequiuocatio in paruo spacio de motu. qui Philosophus in tex. habet latum, quiescens autem eo quòd non mouetur. & tunc non esset verum omnia sensibilia communia contrahi ad esse sensibile per motum, quia fallit hoc in quiete. Nisi esset quòd Albertus diceret quietem etiam contrahere ad esse sensibile ista, quia natura est principium motus & quietis. Sed magis placet alter illorum sensuum, videlicet Themistij, & Auerro. per motum, intelligendo motum spiritualem, vel sicut exponit Simplicius. Et aduerte quòd discretio numeri, vt numerus est sensatum commune, communis est ad omnem diuisionem partium continui, secundum quam diuisionem diuersa cognoscuntur sensata, quae sunt in ipsis, & sic numerus cognoscitur negatione continui ratione istius diuisionis, seu discretionis partium coniunctarum in separatione consistentium, & includentium negationem vnius continui.

2. de aïa. com. 133. Quinquagesimanona contradi. est in cô. 133. Dicit Commenta. q͂ id, quod inuenitur vni accidentaliter, inuenitur alij essentialiter. Vide oppositum secundo physicorum. com. 48. Solutio. Soluitur, q͂ id, quod est accidentaliter vni naturae, est essentiale alteri naturae: sed id, quod est accidentale vni naturae non potest esse essentiale alicuius eiusdem rationis cum illa natura. primo modo intelligitur authoritas Commentator hic: secundo modo intelligitur authoritas eiusdem in secundo physicorum, in commento allegato.

2. de aïa. côm. 133. Sexagesima contradi. est in eodem com. Dicit priuationem essentialiter cognosci. sed supra cômen. 120. dicit quòd accidentaliter cognoscitur. Solutio. Soluitur. supra dixit hoc comparando ad habitum. hic vero dicit oppositum comparando ad potentiam. eadem enim est potentia respectu priuationis & habitus essentialiter, licet habitus per se cognoscatur, & priuatio illius habitus per accidens.

Sexagesimaprima contradi. est in côme. 134. Dicit Côme. q͂ virtus. comprehendens istum esse Socratem, aut filium hominis, est superior virtute sensus. Huius oppositũ scribit ipse in. 2. de aïa in cô. 63. vbi dicit q͂ cogitatiua hominis comprehendit intentiones indiuiduales decem praedicamentorum. Nisi esset quòd dictum eius hic intelligitur completiue: sed dictum eius supra in. 63 intelligit' inuitatiue. Aut hic loquit' respectu sensus exterioris. virtus ista est superior, qua comprehendimus substantiam, aut relationem: & ista virt⁹ est cogitatiua. & hoc non contradicit Auer in illo loco. — 2. de aïa. cô. 134. — Solutio.

Sexagesimasecunda contradict. est ibidẽ. Auer. habet q͂ quando coniunguntur duo sensus ad iudicandum super eandem rem ipsam esse eandem. iudicium est vtriusque sensus, & non alterius tantum. Sed vide oppositum infra cô. & tex. 146. Soluitur dictũ eius hic procedit de initio, & occasione iudicij, sed dictum eius infra procedit de cõplemento iudicij. vnde sensus exteriores respectu sensus communis sunt sicut testes, qui examinantur à iudice, qui dicitur audire iudicium vtriusque partis, & postea proferre sententiam. — 2. de aïa. cô. 134. — Solutio.

Sexagesimatertia contradi. est in te. 141. Dicit Aristo. q͂ vnus est actus sensibilis & sensitiui. Sed huius oppositũ inuenimus apud Alexan. in paraphrasi de anima in capitu. de intellectu in actu, vbi dicit q͂ sensus non fit idem cum rei sensibilis specie. Soluitur intentio Philosophi est quòd, cùm sensibile concurrat sicut motor, & sensorium sicut motum, & quia idem est actus motiui & mobilis, & motus est in mobili non in motore, sic actus sensibilis & sensorij idem est. & est in sensorio non in sensibili. Intentio autem Alexand. est quòd sensus non sentit se, sicut intellectus seipsum intelligit post aliorum intellectionem. & illa ratione Alexand. dicit q͂ sensus non fit idem cum rei sensibilis specie, quia post speciem rei sensibilis non est conuersiuus supra seipsum, vt seipsum sentiat, sicut est de intellectu. — 2. de aïa. tex. 141. — Solutio.

Sexagesimaquarta contradictio est in te. 146. Aristoteles dicit sensum communem cognoscere alteratim inter sensibilia diuersorum sensuum, & in eodem instanti. vbi Com. dicit in cô. quòd alteritas est quaedam relatio, & relatiua insimul existunt in actu. Sed ex hoc sequitur sensum communem apprehendere relationem. Sed huius oppositum — 2. de aïa. tex. 146.

ficum colligitur ex sententia Commen. in. 2. de anima. commen. 134. vbi dicit ꝙ virtus, quæ comprehendit istum esse Socratem, aut filium Socratis, est superior ad virtutem sensuum. & ita videtur quòd relatio non cognoscitur à sensu communi. Soluitur dictum Commenta. intelligitur de sensu exteriori, quia ille non cognoscit substantiam, neque relationem, sed sensus hominis interiores possunt hæc cognoscere. vnde intentio Commenta. est ibi ponere differentiam inter illos modos duos, secundum quos aliquid dicitur sensibile per accidens. vnus est non simpliciter, & est quando sensibile vnius sensus comparatur ad aliũ sensum, ex quo accidit vt sit coniunctum cum sensibili proprio illius sensus. vt si pomum fuerit coloratũ & dulce, dulce dicitur sensibile per accidens respectu visus. nam hic est accidentalitas duorum sensuum exteriorũ, qui sunt in eadem latitudine, quia ambo sunt exteriores, & vnus non est superior altero. Sed secundus modus per accidens sensibilis est, quando aliquod obiectũ per accidens est coniunctum sensibili per se alicuius sensus, quod tamen nõ est obiectum alicuius sensus eiusdem ordinis, sed superioris sicut si albũ accidat vt sit filius Socratis. vnde ista relatio accidit albo, & non pertinet nec ad visum, nec ad alium sensum exteriorem, sed bene potest pertinere ad sensum communem, qui est virtus superior ad visum, & ad reliquos sensus exteriores. immo vt dicit Them. est princeps aliorum, & alij sunt sicut famuli & ministri eius. Et ne videamur tibi mirum, vt relatio sensibilium rerum sensu percipiatur, vt est sensibilis. nã Arist. hoc expresse dicit in. 2. de anima. in tex. cõ. 145. ꝙ quia nos vnumquodq; sensibilium ad vnumquodque comparando discernimus & sentimus, & sentimus ꝙ differunt, necesse est vtique sensu. sensibilia. n. sunt. vbi Commenta. dicit quòd differentia est sensibilis, quæ est inter sensibilia, licet enim intellectus etiam differentiam inter sensibilia agnoscit, tamen in vniuersali & non signate, & sensibiliter. vnde videtur mihi relationem istam posse agnosci, à sensu communi, & non solum à cogitatiua, vt aliqui voluerunt: aliter ratio Aristo. in tex. 146. non procederet, in qua demonstrat virtutem sensus communis in eodem tempore indiuisibili apprehendere, & proferre iudicium de diuersis, vel contrarijs sensibilibus.

Sexagesima quinta contradict. est super tex. 151. Arist. in hoc textu dicit ꝙ deceptio est magis propria animalibus, & in hoc plus temporis tempus perficit anima. Sed verũq; videtur falsum esse. quia cognitio veritatis, cùm sit animæ perfectio, videtur esse magis propria animæ. Secundũ etiam falsum esse videtur. quia tẽpus dispositionis naturalis, & præter naturam æquale esse non potest. vt patet in. 2. coeli. tex. cõ. 38. vbi Cõmenta. dicit in paraphrasi ꝙ tempus sanitatis est prolixius tempore ægritudinis. & 1. coeli te. cõ. 15. quæ præter naturam sunt, citissime corrumpuntur. Nisi esset ꝙ illud Arist. declarauit quõ sit magis proprium, videlicet ex parte temporis, non quia sit magis naturale. Et quando arguitur ꝙ tempus non potest esse æquale dispositionis naturalis, & præter naturam: Respondetur, ꝙ hoc locũ habet in dispositionibus, quæ immediate insequuntur formam ab agente mediante forma: iuxta illud, agens quantum dat de forma, tantum dat de accidentibus consequentibus formam, mediante tamen forma. sed cognitio non datur ab agente dante animam, sed causatur ab obiecto & potentia cognoscente. & licet anima pluri tempore versetur in ignorantia, quàm in scientia, tempus tamen illud breue eligibilius est, quo versamur in scientia, quàm tempus prolixum in quo versamur in ignorantia. sicut præponendum est tempus breue in felicitate, quàm prolixum in miseria, & ita adhuc non est æqualitas, si bene consyderas. proprium igitur hic sumitur, quò ad quando, & non aliter. nam multis modis proprium dicitur, vt patet in. 4. topi.

Sexagesima sexta contradi. est in cõ. 152. Dicit virtutem imaginatiuam distingui ab alijs virtutibus. In cõ. 20. huius secundi dicit oppositum. Soluitur. hic loquitur de perfecta imaginatiua, quæ est in determinata parte corporis, & quæ est non solum respectu præsentis obiecti, verum etiam respectu absentum. sed ibi loquitur de imaginatiua imperfecta, quæ solum in imperfectis animalibus, & solum circa præsentia obiecta actum habet, quæ disseminata est per totũ animalis corpus.

Sexagesima septima contradict. est ibidẽ. Dicit imaginatiuam differre ab intellectu & cõsilio, quia imaginamur dum volum⁹. Sed fuit oppositum. ꝙ hoc est nihil, quia à pari intelligimus cùm volumus. Soluitur. bene intelligimus dum volumus, sed non intelligimus verum cum volumus, sicut est de sensu & imaginatiua.

Solutio.

1. de ala. tex. 151.

Solutio.

2. de a'a. com. 152.

Solutio.

2. de ala. com. 153.

Solutio.

Sexagesi-

2.de ala. tex.cõ.155. Sexagesimaoctaua contradi. est in te. cõ. 155. Ponuntur ibi quatuor habitus. Sed oppositum habetur. 6. ethi. cap. 4. vbi sex ponuntur habitus.

Solutio. Soluitur. Philosophus hic distinxit solum habitus, qui noti erant ab Antiquis vsq; ad sua tempora: sed in sexto eth. ennumerat omnes habitus, quos ipse ex puris naturalibus nouit.

2.de ala. tex. 156. Sexagesimanona contradi. est in tex. 156 In eodem cõmen. dicitur sensus esse veros in maiori parte. Et tamen oppositum dicit supra in. 152. vbi habetur q sunt semper veri.

Solutio. Soluitur supra loquebatur de sensu, vt mouetur à sensibili: hic vero loquitur, vt ex se componit. Sed cõtra. nam etiam sensus vt mouetur à sensibili, non est semper verus, sed frequenter, sicut patet. 2. de anima. cõ. 63. & ideo forte sumpsit semper supra, idest in maiori parte. Vel si vis q ly semper sumatur, vt distinguitur contra frequenter, dicas q illud est verum, seruatis illis tribus conditionibus positis à Themistio in. 2. de anima. super tex. 63. Et Auer. seipsum glosat consimiliter. 4. metaphy. cõmen. 16. vbi habet hæc verba. Comprehẽsio autem, quæ fit vno sensu, & vno modo sensus, & in eadem dispositione est vera semper. Hæc de secundo dicta sufficiant.

SOLVTIONES Contradictionum in dictis Arist. & Auerrois,

Super Tertio de Anima.

3.de ala. tex. 1. Ontradictio est in textu primo. Aristote. in hoc tex. videt dicere q per intellectum materialem, qui possibilis est vocatus, homo intelligat. sic. n. exponit Themi. & Commen. illud, quod dicitur hic. De parte aũt animæ, qua anima intelligit & sapit, idest per quem homo intelligit & sapit. Sed huius oppositum scribit Alexan. in tracta. de intellectu cap. 3. vbi habet q intellectus agens est effectiuus intellectionis. & videtur esse etiam de sententia Commen. 3. de anima, com. 19. vbi dicit q comparatio intellectus agentis ad materialem est comparatio quodammodo principij mouentis ad materiam motam.

Solutio. Soluitur intellectus agens, siue Deus sit, vt posuit Alexan. siue sit pars animę nostrę, vt voluit Themist. & Commẽ. pro tanto dicitur esse effectiuus intellectionis, quia comparatio eius ad intellectum materialem est sicut comparatio lucis ad diaphanum. comparatio autem intentionum imaginatarum ad ipsum est sicut comparatio coloris ad visum. & sicut lux est perfectio diaphani, sic intellectus agens est perfectio intellect⁹ materialis. & sicut diaphanum non mouetur à colore, neque recipit ipsum, nisi quando lucet, ita intellectus materialis non recipit intellecta, quæ sunt hic, nisi sm q perficit per istum intellectum & illuminatur per ipsum. & sicut lux facit colorem in potentia esse in actu, ita q possit mouere diaphanum, ita intellectus agens facit intentiones intellectas in potentia esse actu intellectas, quas recipit intellectus materialis. Ratione igitur specierum intellectarum intellectus agens dicitur esse effectiuus intellectionis: tamen iudicium ipsum & discrimen, quod de obiecto intellecto iudicamus fit per intellectum possibilem. nam, si sensus habet virtutem, per quam discernit sensibile, multo magis intellectus materialis. Vnde teneo intellectionem formaliter, qua intelligim⁹ & iudicamus, immediate produci ab intellectu materiali illuminato per intellectum agentem, & informato specie intelligibili, sed dicitur ab intellectu agente causari ratione speciei, quia illa est ab intellectu agente effectiue. Et ista videtur esse sententia Auer. in. 3. de anima in cõ. 19. vbi dicit ponendo differentiam inter intellectum agẽtem & passibilem, q differunt in hoc, q ita dictum est aliquid in capitulo perfectionis iudicis, actio autem non est sm illum modum in capitulo perfectionis agẽtis. Et etiã, si opinio opposita vera esset q intellectio immediate produceretur ab intellectu agẽte in nobis, non propterea sequeretur hominem formaliter intelligere per intellectum agentem, sed per intellectum materialem, quia eo formaliter anima itelligit & sapit. nam omnes expositores sunt concordes in hoc, q intellectus, de quo Aristot. loquitur in hoc principio. 3. de anima, est intellectus materialis. vnde, licet motus effectiue sit à motore, non tamen formaliter est in motore, nec formaliter motor denominatur moueri, sed mobile. ita est etiam de intellectione, quæ est quidam motus, licet æquiuoce dictus. & hoc tangit Commen. in præadducta differentia. Et, si replicetur in oppositum per authoritatem Themist. in. 3. de anima. cap. 17. vbi dicit hominis essentiam esse intellectum agentem, & q omnis actio inde deriuatur & dicitur. Sol. Them. vt etiã dis Commen. 3. de anima. cõ. 20. opinatus est intellectum materialem & agentem, & speculatiuum esse vnum subiecto, & differet solum modo. Et licet hoc teneat Them. aduerte tamen q. in via eius iudicium formaliter attribuitur nobis per intellectum materialem, non quatenus ex potestate cōstat, sed quatenus agens est intellectus, quia illinc omnis actio dicitur, atque deriuatur. Quòd si intellectus materialis non accipit indiuisibiliter ea, quæ intellectus agens tradit indiuisibiliter, nihil est q. miremur, quando huius rei illud exemplum exploratum habemus, quòd affectiones corporum, candor, nigror, & eius generis cæteræ, quanquā propria rōne & suapte natura indiuisibiles atque insecabiles sint in materiam, tamen diuisibiliter & secabiliter recipiuntur. Et ex isto capite recte perpenditur secundū Themistium intellectum agentem & materialem esse vnum subiecto: quod bene Commenta. videtur intellexisse. Et sic habes quid in via Alexand. Commenta. & Themistij sit dicendum in hoc quæsito arduo, sicut vides.

3. de an. tex. 3. Articul... quo pa... intelle... intel... ligat... Scoti

Secunda contradictio est super tex. 2. Aristote. & Commen. videntur dicere intelligere esse sicut sentire, & q. sit pati. Sed huius oppositum memini me legisse apud Alexandrum in tract. de intellectu. vbi cap. 3. dicit. Intellectum peculiare esse actiuum esse. & intellectio, vt inquit, est ei actio, & non passio. Subtilis doctor perscrutans circa hoc in quæstione 13. quolibetorum in artic. tertio dicit q. non est sensus, quòd intelligere sit pati formaliter, ita quod sit de genere passionis, sed quòd formaliter denominat per hoc, quòd recipitur in aliquo subiecto: sic sensus, intelligere est recipere intellectionem, & sic etiam sentire est recipere sensationem. Vnde, si obiectum vel Deus causaret sensationem, non diceretur sentire. similiter, si intellectus causaret effectiue in se intellectionem, non propterea diceretur ex hoc intelligere. sed potius ex hoc quòd recipit intellectionem. Sed ista de

Cōfutatio

claratio non bene exprimit sensum Arist. nec aperit aliquid proprium sensationi & intellectioni, in quo distinguuntur ab alijs formis denominantibus. nam hoc est commune omnibus formis denominantibus ab intrinseco, quòd sunt per informationem in re denominata. immo & motus ipse denominat mobile, in quo est formaliter & non denominat motorem. Præterea stat aliquid denominare aliquid, in quo tamen non est per inhærentiam: sicut communiter dicitur de sex principijs. Dicamus igitur, vt alias diximus, q. sensus & intellectus materialis sunt de virtutibus animæ passiuis secundum sententiam Cōmenta. in. 2. de anima commen. 51. & 3. de anima commen. 4. potentiarū autem passiuarum proprium est moueri ab obiecto, cui attribuuntur. &, quia sensus mouetur à sensibili, & intellectus ab intelligibili, ideo intelligere est sicut sentire. Nota tamen, q. in passione vera sunt duo. vnum est contrarietas, merito cuius est aliqua corruptio: secūdo est receptio formæ. sentire & intelligere de passione non habent nisi receptionem tantū, quia in eis non est vera cōtrarietas: merito cuius concomitetur aliqua corruptio, & ideo est alterum genus alterationis & passionis ipsa sensatio, quàm sint veræ alterationes, quæ fiunt secundum veras passiones & passibiles qualitates, vt dicitur secundo de anima textu commen. 57. & 58. & in tertio de anima textu commen. 28. In talibus enim est euasio & perfectio, vt dicit Commen. etiam in commen. & Themi. in eodem locu super. 2. de anima dicit idē. Vnde, quia sensatio præsupponit receptionem specierum, & intellectio receptionem specierum intelligibilium, sic sentire, & intelligere consistunt in quodam pati, tanquam in necessario præsupposito ad hoc, q. sit sentire & intelligere. Sed intelligere & sentire formaliter non sunt receptio specierum. quia, vt scribit Commenta. in. 2. de anima commen. 149. recipere aliquid est aliud à iudicare illud. Et Alexand. dixit in paraphrasi de anima, in illo capi. vbi agit de intellectu practico & specu. quanquam per corporeas affectiones sensuum functio fiat, sentire tamen nō est pati, sed iudicare, atque discernere Et ideo Alexan. arctius loloquens in via Peripateticorū voluit potentias animæ distingui in actiuas & iudicatiuas, appellans actiuas potentias animæ vegetatiuæ: reliquas vero vt sensus & intellectus in numero potentiarum iudicatiuarū, quia istæ sunt virtutes discernentes & iudicantes. vnde secundo de anima tex. commē. 150. videtur autem intelligere & sapere tanquam quoddam sentire esse, in vtrisque. n. anima iudicat aliquid & cognoscit. Aduerte tamen q. licet secundum Auer. & Alex. tā in intellectione, quàm in sensatione concurrat specierum receptio, quæ est passio quædam, differenter tamen est ista passio in sensu & in intellectu. quia sensus patitur, patiente aliquid organo. vt dicitur. 7. phys.

Propria solutio.

tex.

tex.commen.12. sed intellectus non patitur patiente organo, quia nullius organi est actus, tertio de anima. tex.commen.5. Sed tunc est difficultas apud viam Theo. & Themi. negantium specierum receptionem in intellectu materiali vere, quomodo sit similitudo illa intelligendo, in hoc, quod Aristote. dicit intelligere esse sicut sentire, & quomodo sit quoddam pati. Dicamus nos quod in via illorum ista sunt in intellectu intelligenda secundum similitudinem & non vere. vnde in substantia intellectus materialis vere non recipitur aliqua species, sicut in sensorio recipit species, sed quia accidit substantiae intellectus materialis propter mixtionem, inquantum videlicet tangit magnitudinem, vt intelligat ea, quae sunt hic, sicut sensus in sentiendo per speciem dependet ab obiecto sensibili, sic intellectus à phantasmate, tertio de anima. tex commen. 17. intellectiuae animae phantasmata vt sensibilia sunt. sicut igitur sensus, ad hoc quod sentiat, mouetur à sensibili: sic intellectus materialis ad hoc vt intelligat, oportet vt quiditatem eius in phantasmatibus speculetur. tertio de anima. tex. commen. 32. species intellectiuas in phantasmatibus speculatur. Sed tunc est difficultas, si intellectus non intelligit per receptionem speciei sicut sensus, quomodo igitur intelligere est pati secundum illam viam? & quo Aristo. dixit intellectum locum esse specierum. 3. de anima. commen. 6. vbi laudat Antiquos? &. 3. de anima. tex. com. 38. lapis non est in anima, sed species? Soluitur secundum viam similitudinis. Nam intellectus, vt intelligit, sic discernit & iudicat, & intelligere formaliter non est pati, sed iudicare & discernere obiectum intellectum. sed, quia hoc iudicium quod affert de illis, non competit sibi inquantum intellectus est, sed inquantum est tangens magnitudinem: nullus enim intellectus abstractus vere a magnitudine intelligit aliquid eorum, quae sunt hic, vt dicit Themist. tertio de anima. cap. 45. & est etiam sententia Comment. tertio de anima. commen. 19. sic igitur intelligere intellectus materialis fit de rebus sensibilibus, quae sunt potentia intellecta pro quanto fit in phantasmatibus, sicut sentire fit respectu sensibilis. &, quia hoc sibi ex passione contingit, vt magnitudini est connexus & iunctus, sic intelligere est quoddam pati, quia huic intellectui vt moueatur ab obiecto, quod est hic in phantasmate relucente hoc sibi accidit. & sic est passio non vere, non solum quia non per organum, verum etiam quia neque vere in sua substantia aliquid recipit per informationem, sed solum modo praedicto per viam similitudinis. Sed tunc est in hoc difficultas, quia intelligere videtur esse actio transiens. & non immanens. Dic quod iudicium est in iudice. Commenta. tertio de anima commen. 19. iudicium est in capitulo perfectionis. licet igitur actus intelligendi intelligatur quodammodo transire in obiectum, hoc est pro quanto terminatur ad ipsum: tamen iudicium est actus iudicis, & virtutis discernentis. Et hoc voluit Alexan. in praedicta authoritate, quae in principio contradictionis adducebatur, quod intellectus actiuus est, & intellectio est ei actio & non passio. Sic igitur ex sententia Peripateticorum, quo intellectio non est passio formaliter, sed iudicium. & quia iudicium attribuitur formae & agenti, potius est actio quàm passio. verissime tamen est qualitas, quae est in ipsa virtute iudicante. Et, quia non inconuenit vnam & eandem formam posse spectare ad diuersa praedicata secundum diuersas habitudines, qualitas. n. est secundum quam quales esse dicuntur: &, quia ab intellectione dicitur intellectus intelligens, & sensus à sensatione dicitur sentiens: sic sentire & intelligere sunt qualitates. Si hoc intellexerit Scotus ille subtilis, bene dixit. Si vero considerentur, vt praesupponunt receptionem specierum, quae receptio est passio quaedam, sic sunt in capitulo passionis. Si considerentur in ordine ad potentiam elicientem istos actus, sic sunt actiones. Sic concorda dicta sapientum. Si quaeratur in via Theophrasti & Themist. cur sensus non potest sentire sine receptione speciei. & intellectus materialis potest. Dic, quia intellectus est substantia immaterialis, cui competit receptio vera sensus vero est materialis, & virtus organica. & licet recipiat sine materia, alteratur tamen quodam modo, & patitur patiente organo. vnde sensibilia excellentia corrumpunt sensum. tertio de anima tex. commen. 7. sensus enim consistit in quadam consonantia & ratione. 2. de anima. tex. commen. 141. Sed intellectus, cum nullius organi sit actus, non opus est, vt intellectio fiat per contactum, sicut sensatio. Hac enim ratione ostendit Aristote. in. 7. physico. quod in sensatione alterans, & alteratum sunt simul, quia alteratio quaedam sensus esse videtur. tex. commen. 12. Sed intellectus, cum non sit corpus, neque virtus in corpore, potest iudicare de obiecto sine receptione vera speciei in sua substantia facta. Vnde, vt dicebatur ex sententia Philosophi 3. de anima. tex. cô. 150. intelligere & sapere videtur tanquam quoddam sentire esse, propterea quia in vtrisque anima iudicat aliquid, & cognoscit aliquid eorum, quæ sunt. Hoc. n. argumento decepti sunt Antiqui, arguentes in secunda figura ex duab⁹ affirmatiuis. Non est igitur similitudo penes formalem receptionem specierū vtrobique, sed penes iudicium, sicut vides. Sed differt iudicium intellect⁹ à iudicio sensus. quia sensus ad hoc vt iudicet, præsupponit in sensorio passionem à sensibili respectu speciei sine materia. sed intellectus hoc non requirit, ideo potest dijudicare sine receptione speciei in sua substantia, sed in parte sensitiua, in qua recipiuntur phantasmata. & sic alteratio est in parte intellectiua, non ratione subiecti, sed ratione virtutis sensitiuæ, quæ est coniuncta ei, cui accidit vt sic, vt tangat eam, ex parte. s. qua intellectus est. Et hoc fuit in causa q̄ Arist. in. 2. de anima locuturus de virtute sensitiua in genere, præmisit sentire in quodam pati & moueri cōsistere, in tex. cō. 51. sicut ita concessum erat ab antiquis, vt patet. 2. de anima. tex. cō. 79 Et ideo, quia mens eius non erat hoc sane dictum simpliciter, sensum pati & moueri, & ab alio agere, seu in actu esse, ideo ibi in tex. cō. 54. apponit corrigendo hoc dictum, primum quidem tanquam idem sit moueri, & pati, & agere dicimus. & mot⁹ est act⁹ quidam, imperfectus tamen. Vbi, vt notat lucidissimus Them. innuit differentiam inter moueri & agere, & inter pati, & agere. licet. n. sensus patiatur & moueatur à sensibili, vt dictum fuit, non tamen agit ratione sensibilis in hoc, q̄ iudicium sumit de sensibili, sed hoc habet ex se & sua ratione formali. in plus enim est agere, vel in actu esse, quàm sit motus, aut passio. nā vt dicit Themist. ibi, ita actus excedit motum, sicut genus excedit speciem, nam motus est actus quidam. s. imperfectus: ratio autem actus generalior est. Et, si instetur contra hoc authoritate Philosophi in lib. de sensu & sensi. vbi habet q̄ sensibile sensum agere facit & in. 2. de anima. tex. cōm. 59. vbi dicit, q̄ actiua operationis sensibilis sunt extra. Dic q̄ facit ipsum esse in actu, quò ad speciei receptionem, pro quanto sensus patitur aliquid patiente organo, vt dictum est: sed non facit ipsum agere in hoc, q̄ discernit, & iudicat, quia hoc habet ex sua intrinseca ratione. sensus. n. & intellectus sunt ex virtutibus animæ, quæ habent discernere & iudicare, sed sensibile solum quò ad hoc habet, virtutem sensitiuam excitare, & est sibi occasio non causa principalis ferendi iudicij. organum etiam non patitur à sensibili s̄m passionem corruptiuam, neq; passiue. n. ō. n. albescit, nec nigrescit, vt patiuntur corpora: immo talis alteratio in perfectionem terminatur, quia est receptio specierum sine materia, & sensiuum etiam operatur non vt potentiæ factiuæ, sed secundū iudiciū & cognitionem.

Tertia contradi. est super cō. 4. & 5. Cō. tenet intellectum materialem esse abstractum, & immortalem. Sed huius oppositū habetur in. 3. de anima. tex. cōm. 20. vbi loquens de intellectu agente dicit q̄ ipse sol⁹ est immortalis. & patet q̄ hoc non potest absolute intelligi. quia vltra intellectū agentem etiam intelligentiæ mouentes orbes sunt abstractæ, & immortales. igitur hoc intelligitur comparatiue, in ordine videlicet ad cæteras animæ virtutes & potestates. & ita intellectus possibilis non est immortalis. Soluitur. inter virtutes animæ sunt duæ, quarum vna est omnia fieri, alia est omnia facere: sed illa, quæ est omnia facere, est præstantior ea, quæ est omnia fieri, & sic in supremo gradu abstractionis sola essentia intellect⁹ agentis peruenit: sicut si quis dicat Solem esse magis abstractum, quàm lucem. Ex hoc tamen non sequitur quin intellectus potestatis etiam abstract⁹ sit, quia abstractio & immortalitas non consistit in puncto, sed habet latitudinem magnam. quia distantiæ entium sunt valde diuersæ. 2. cœli. cō. 64. vnde intellectus materialis est in infimo gradu abstractorum. 3. de anima. cōm. 19. concordat Them. 3. de anima ca. 36. & sic elicio solutionem istam. aliter etiam dici potest, vt notaui in tabulis.

3. de aīa. cō. 4. & 5

Solutio.

Quarta contradi. est in cō. 5. Auer. vbi reprehendit Alexand. qui, sicut sibi imponit, posuit intellectum materialem causatum ex mixtione elementorum, & vniuersaliter omnes alias virtutes animæ, dicit q̄ hoc est contra Aristo. quia sententia Arist. fuit primas perfectiones animæ esse à motore extrinseco. Sed ipse non recordatur suimet super. 7. meta. cō. 31. vbi reprehendit Auic. ponentem datorem formarum, & Themistiū ponentem motorem extrinsecum respectu animalium ex putrefactione generatorū. Soluitur. memini me diffuse dixisse de hac materia super quæstione nostra de speciebus intelligibilibus. sed pro nunc dico q̄

3. de aīa. cōm. 5.

Solutio.

via

via Auic. & via Alexan. sunt duæ viæ extremæ. sed via Auerro. est media, & parum discrepat ab vtroque, & partim cum vtroque conuenit. Auicen. ponebat, sicut Plato in simili dicebat, q; motor separatus erat causa adæquata productionis formarũ. vnde Co. ibi contra eos dicit q; si ita esset, non opus esset materia in generatione. nam materia est, ex qua fit aliquid inexistente. si autem tales formæ non educuntur de potẽtia materiæ, sed totaliter sunt ab extrinseco, videt' fm ipsum q; materia superfluat: quia sequitur expositione tales formas esse per se subsistentes. Alexand. vero videtur esse in alio extremo, vt sibi imponit Cõm. quia ipse voluit animam intellectiuam hominis, & animas brutorum, & vniuersaliter omnes materiales formas esse causatas ex diuersa mixtione elementorũ tanquam ex causa adæquata: sicut est de qualitatibus secundis. vt est color, & sapor, qui causantur ex primis qualitatibus elementorum. vnde dicit Cõ. q; ista positio est quasi positio negantium agens, & concedẽtium materiam tantum: & sunt illi, qui ponunt casum: sicut patet. 2. physico. Sed via Auer. est in medio. quia ipse tenet q; formæ istæ animatorum, sicut est anima cogitatiua hominis, & omnes inferiores animæ sunt eductæ de potentia materiæ, non tamen insequuntur mixtionem elementorum tanquam causam effectiuã adæquatam, immo elementorum mixtio concurrit in genere causæ materialis. sed illud, quod concurrit effectiue, est virtus informatiua existens in semine, & est motor extrinsecus, qui est intelligentia separata, à qua rememoratur talis virtus. & ita Cõmẽ. medium tenens extrema dimisit, sibijpsi non obuiando.

3. de aĩa. com. 5. Quinta contradict. est in eodem com. 5. Dicitur q; in corporibus cœlestibus nõ sunt plura indiuidua in eadem spetie: Oppositũ videtur. 2. cœli. cõ 59. vbi ponit omnia corpora cœlestia esse eiusdem speciei. Soluitur.

Solutio. multotiens dixi tibi speciem aliam vniuocam, aliam analogam esse, sicut est de genere & differentijs. sic in proposito negat hic in corporibus cœlestibus esse plura indiuidua in vna specie vniuoce dicta, concedit tamen in talibus esse plura indiuidua in specie analogice dicta, quæ est secundum prius & posterius.

3. de aĩa. com. 5. Sexta contradictio est in eodem com. 5. Superius vbi iam diximus in solutione secundæ quæstionis, ipse declarans quomodo ex intellectu & intelligibili fiat maxime vnum dicit, quia non fit aliud ab eis, sicut est in compositis ex materia & forma. Sed huius oppositum sentire videtur. 12. meta. cõ. 51. vbi habet q; in solo intellectu diuino intelligibile & intellectum vnum sunt. Dico, quicquid dicant Moderni, q; intellectus Auer. iste est, q; ex intelligibili & intellectu fit maxime vnum, quia esse intelligibilis & esse intellectus sunt vnum & fiunt vnum. Solutio. Nam quid melius quàm Auer. per Auer. interpretari? Dicit seipsum declarando. 12. meta. cõ. 39. intellectum, cùm intelligitur, fit idem cũ eo, scilicet intellectu. Et subdit, & intellectus est illud, quod intelligitur. & propter hoc dicitur q; intellectus sit rei intellecta. Et hoc est consonum viæ Aristotelicæ. nam ipse 3. de anima habet q; anima est quodammodo omnia. 37. cognitum. n. fit vnum cum potentia cognoscente, & esse rei cognitæ, vt sic est esse rei cognoscentis. Ista igitur identitas vniuersaliter reperitur in omni potentia cognoscente. & quanto potentia cognoscens abstractior fuerit, tanto maior est identitas cogniti cum natura, quæ cognoscit. Et suprema virtus abstracta à materia, & à qualibet imperfectione est intellectus primi entis. hinc est q; ibi intellectus & res intellecta sunt idem omnibus modis fm viam Auer. Vnde, cum res intellecta ibi sit diuina essentia, in qua est omnis perfectio, omnis bonitas sine aliqua dependentia vel potentia, vel quasi potentia, illic est mare indeficiens bonitatum, & perfectionum, Inde spargũtur flumina & riuuli entibus, fm quod vniuscuiusque dispositio requirit. Et hoc est, qd̃ dixit Ari. in. 2. cœli in te. cõ. 100. Ideo intellect⁹ diuinus essentiã diuinam aspiciens omnia videt, quia videt illud, quod est omnia eminenter, nam videt illud quod est ens per essentiam. nil aliud videt fm Auer. perfidum, nisi suam essentiam: sicut inquit ipse 12. meta. cõ. 51. si quis cognosceret naturam caliditatis existentis in igne, non diceretur ignorare naturam caliditatis in alijs rebus calidis. vnde 4. physi. cõ. 102. dicit. Si illud, quod est calidum simpliciter, est ignis simpliciter, illud, quod est aliquod calidum, est aliquis ignis. sic, cum Deus sit ens per essentiam, alia entia sunt entia per participationem, alia entia aliquid diuinitatis participant, sicut patet etiam. 2. de anima. te. cõ. 34. & 2. celi. te. cõ. 64. & 1. physi. 82. Solum igitur in intellectu primi intellectus intelligibile est idem simpliciter & omnibus modis, quia ibi est entitas per essentiam solum. & in nullo

 alio

alio intellectu, quia in alijs est participatio entitatis, & non est fontalis plenitudo. solũ enim vnum est ens simpliciter perfectum, & illud Deus est. 5. meta. cõ. 21. Noluit igitur Cõ. absolute ꝙ intelligibile non fiat idem cum intellectu in alijs intelligentijs, sed voluit ꝙ omnimoda, & simplex identitas nõ est nisi in solo primo intellectu. Et ideo dixit. 12. met. 51. ꝙ Deus intelligit entia eo modo, quo non est fas homini: immo eo modo, quo nullius alius intellectus ea potest intelligere, disputatione. 3. in solutione. 18. dub. 3 contra Algazelem in libro destructionũ. Et ideo fuit opinio eius, sicut ibi patet ꝙ in alijs intellectibus citra primũ quilibet intelligit aliquid extra se. vnde intellectus secundæ intelligentiæ intelligit primum extra se, quia ipsa prima intelligentia non eminenter continetur in essentia secundæ, sed potius econtra. Et quia secunda intelligentia eminenter continet posteriores, immo omnia alia, dicimus ꝙ non intelligit ea ſm ipsum extra se. quia videndo seipsum videt illud, quod est omnia infra ipsam. Et ideo voluit solum primum intellectum esse incausatum, in quo intelligibile & intellectus sunt idem per essentiam omnibus modis. sed in alijs intellectibus ex parte est identitas, & ex parte diuersitas: ex parte est actualitas, & ex parte potentialitas, sicut infra declarabimus magis. Nota ista, quia multi cristato capite non potuerunt ascendere ad hoc, vt intelligerent quomodo ex intellectu & intelligibili non fit aliud, sicut ex materia & forma: & quomodo solum in primo intellectu est verum omnibus modis, & in alijs ſm quid: & hoc respectu primi. Quia igitur materia nunquam fit forma, neque forma vnquam fit materia, sed ex materia & forma fit aliud, quod non est neque materia, neq; forma, & illud est compositum ex materia & forma. &, quia intelligibile fit intellectus, & intellectus fit intelligibile, ideo nõ fit aliud ab eis, ideo fit maxime vnum ex eis. Et licet in omni intellectu locum habeat, simpliciter de solo intellectu verificatur omnibus modis. Et hoc declarabitur statim, qñ declarabimus, quõ in oĩbus intelligentijs est potẽtia citra primã.

3. de aĩa. com. 5.

Septima contradi. est in eodem cõ. 5. Scribit Cõm. reddens causam, quare ex intellectu & intelligibili fit maxime vnum, dicit quia illud, quod fit ex eis, non est aliud ab eis, sicut est compositum ex materia, & forma. videtur velle, compositum substantiale dicere tertiam entitatem realiter distinctam à partibus. Cuius tamen oppositũ videtur sentire. 1. phy. 17. Soluitur ibi à me, & illic vide. dico enim ꝙ ibi loquitur de toto integrali, vt patet in litera. sed de composito substantiali non possum videre quomodo non habeat aliquam vnitatem per se, & entitatem distinctam ab entitate partium. Dicant alij quicquid velint, dico ꝙ mẽs Auer. est ista, sicut ibi late probatũ est.

Solutio.

3. de aĩa. com. 5.

Octaua contradi. est in eodem cõmẽ. 5. est contradictio. Quia dicit intellectum agentem esse quasi formam, & intellectum passiuum esse quasi materiam. Sed oppositum scribit ipse. 12. meta. cõmẽ. 17. vbi dicit ꝙ intellectus possibilis respectu intellectus agentis est quasi locus eius, non quasi materia. Soluitur. in materia duæ sunt conditiones. Vna ꝙ de potentia eius forma materialis deducatur ad actum. Et quantum ad istam conditionem respiciens dixit Cõ. in. 12. met. in cõ. 17. ꝙ est locus, nõ materia intellẽs possibilis, respectu agentis intellẽs. nã intellectus agens nõ est eductus de potentia intellectus possibilis. Alia est conditio materiæ, ꝙ ipsa sit informabilis per formam, & perfectibilis per eam. & quantum ad istam conditionem intellectus possibilis habet rationem quasi materiæ, non materiæ, quæ formam mediantibus dimẽsionibus & qualitatibus recipit. sed habet proportionem materiæ abstractæ. quæ cõparata ad suum actum est sicut potentia, nã via eius fit ex intellectu potestatis, & ex intellectu agente vnam intelligentiam resultare, quæ merito intellectus possibilis passiua est, & receptiua. sed merito intellectus agentis est productiua.

Solutio.

3. de aĩa. com. 5.

Nona contradi. est in cõ. 5. in solutione. 3 q̃onis. Cõ. dicit ꝙ est, ens diuidatur in ens sensile & intellectile, & sensile in materiam & formã, ita ens intellectile pariformiter videtur diuidi in aliquid proportionale materiæ, & in aliquid proportionale formę & intellectus materialis est in tali modo, videlicet ꝙ est ens proportionale materiæ. Huius est oppositum scribit Alexã. in tractatu de intellectu cap. 1. vbi declarat quare intellectus materialis dicatur, non quia est subiectum aliquod, vt materia, quæ per præsentiã formæ potest hoc aliquid fieri. sed quia materia habet essentiam suam in potentia, quia omnia potest, ad quæ habet potentiam. id enim, quod est potentia quatenus huiusmodi est, materiale est. Et parum infra ponens differentiam inter sensum, & intellectum materialem, inquit ꝙ sensus, ctum per corpora fiant, non sunt hæc, quæ percipiunt, sunt tamen actu alia quædam. est enim sensus facultas corporis cuiusdã idcirco & corporis patientis est aliquid seu suarum perceptio. & ex hac causa non omnino omnis sensus est perceptiuus, est enim & ipse iam aliquid actu. intellectus vero cum nec per corpus aliquid percipiat, nec corporea facultas sit, nec patiatur, nullum omnino entium actu est, nec est hoc aliquid potens, sed est simpliciter potestas quædam huius perfectionis & animæ, specierum et notionum susceptiua. Amplius idem Alex. in paraphrasi de anima in cap. de intellectu practico & speculatiuo expresse dicit intellectum rectius comparari agrapho, idest in scriptionis carenti. quàm ipsi tabellæ. tabella enim est in numero entium. vbi expresse vult intellectum non esse in numero entium, sed priuationem quandam.

Solutio. Soluitur opinio Alexan. est multum remota in hoc ab opinione aliorum Peripateticorũ. Theophrastus enim, & Themistius, & Cõ. volunt intellectum esse æternum & immortalem: immo volunt prædicti q. non est potestas animæ, in qua sunt aliæ potestates, sed est substantia superior anima, quam contingit separari, sicut perpetuum à corruptibili. ita notat Themistius in. 2. de anima: commen. 31. & Commenta. comme. 21. & 31. & in. 3. de anima. commen. 5. Et tunc secundum istos viros intellectus materialis dicitur esse potentia, & nullam dicitur habere naturam, nisi quia possibilis est vocatus tertio de anima. tex. commen. 5. ista ratione, vt refert Themistius in tertio de anima. cap. 19. authoritate Theophrasti. inquit enim, cùm intellectus homini extrinsecus accedat, eumque tanquam appositus intellectusque sit, quæritur quemadmodum cõgenitus nobis dicatur, demum, quæ nam confirmatio natura vt eius sit. Certe id, qđ dicitur nihil actu esse intellectum ad potestatem, omnia recte hactenus dicitur, quatenus & in sensu, non tamen vsque eò ad viuum resecãda res est, neq. tam nihil actu probandus, vt neque ipsemet sit. calumnia hæc esset & oratio contentioni cauillo que proxima. Sed ita intelligendum, vt in animo talis quædam sui generis potentia sit pro subiecto formarum, ac gremio, qualis in rebus materialibus facultas illa est, quæ constitutioni earum, & concretioni subseruiat. Vbi patet secundum istos viros intellectum materialem esse in numero entium, & esse subiectum omnium formarum in esse intelligibili, sicut materia est subiectum omnium formarum in esse sensibili. Et quod dicitur non esse aliquid actu, hoc referendum est ad ipsam priuationem, & potentiam, seu carentiam formarum talium, vbi sic consyderauit. Alexander autem tenuit animam intellectiuam esse vnam formam dantem esse homini formaliter. & eductam de potentia materiæ, in qua sunt omnes virtutes, scilicet altrix, sensibilis, motiua, appetitiua, intellectus, & voluntas. verũ in hoc est differẽtia; quòd omnes animæ humanæ potentiæ sunt organicæ, excepto intellectu materiali qui est suprema animæ humanæ potentia, secundum quam anima transcendit corpus, ita quod huiusmodi potestas non est alligata organo corporali, sicut sunt aliæ potestates. vnde ex alijs potestatibus animæ & organo corporeo resultat aliquod in actu, & demonstratum: etenim ex oculo & visu fit aliquod actu videns, & sic de singulis. non sic est de intellectu, quia nullius partis corporis actus est, sed est potestas animæ, & perfectio eius, quæ est gremium formarum & notionum. Alia etiam differentia est inter sensum & intellectum materialem. quia sensus, cùm per corpora fiat, patitur patiente corpore, Intellectus autem per corpus non intelligit, quia nec actus corporis est, nec patitur patiẽte corpore Et ideo Alexander omnes demonstrationes Aristotelis, & verba eius interpretatur isto modo, quòd videlicet intellectus non est corpus, nec virtus in corpore, quia non est iudicium demonstratum in actu, sicut sunt corpora composita ex materia & forma. nec etiam est virtus in corpore, quia non est virtus affixa organo, sicut sensus. nec patitur patiente corpore sicut sensus, quia forma existens in subiecto patitur passione subiecti, cùm autem intellectus non sit virtus organica, ideo non est virtus corporea. Et eadem ratione dicitur simplex, & eadem ratione dicitur immortalis, quia non accidit sibi mors ratione, qua sit virtus organica. & ideo dicit intellectum à principio rectius cõparari agrapho, i. carentiæ inscriptionis, tabellæ, q̃ tabellæ non scriptæ. quia tabella dicit aliquod ens in actu cõpositum ex materia & forma per se subsistens, cuiusmodi non est intellectus, vt diximus: quia non est aliquod subiectum, ex quo & forma suscepta possit fieri aliquod per se subsistens in actu, sicut ex prima materia, & forma substantiali fit aliquid per se vnum in actu per se subsistens. vnde, si materialis dicitur, est, quia est in potentia ad omnia intelligibilia, quia omnia quæ sunt, intelligi possunt, & potentia reducitur ad materiã, vt testatur etiam Commen. 12. meta. cõ. 26. Vbi animaduerte ꝙ Cõm. non videtur bene habuisse mentem Alex. nec ex consequẽti impugnatio Commenta. procedit contra mentem Alex. Nam non vult etiam Alex. intellectum materialem esse formaliter nõ ens & priuationem puram, sicut sibi imponit Commen. alioquin quomodo Alex. fatetur intellectum materialem esse susceptiuum notionum & formarum? Vnde in paraphrasi de anima ita scribit in cap. de intellectu practico & speculatiuo. Nihil igitur est ex his, quæ sunt actu, materialis intellectus, sed omnia potestate. cum enim ante intellectionem nihil sit actu, vbi quid intelligit, id quod intelligitur fit, siquidem illi intellectio, cum aduenit ꝙ intelligibilis rei speciem habet. Solum igitur intellectus materialis, formalis, & promptitudo quædam est ad formas excipiendas, tabellæ nondũ scriptæ persimilis, quinimmo ipsius tabellæ agrapho, hoc est inscriptione carẽtis, quàm tabellæ similior. tabella enim iam in entium numero est. quapropter anima ipsa, & id, quod anima præditum est, tabellæ potius comparari potest, ipsa vero inscriptionis carentia ferè intellectus materialis est promptitudo & facultas quæpiam, excipiendis inscriptionibus accommodata. sicut igitur in tabella accidit, vt ipsa quidem, in qua aptitudo ipsa, & facultas est inscriptionis excipiendæ, vbi quid inscriptum est, pati aliquid videatur, cum aptitudo ipsa & facultas in actum prompta nihil omnino patiatur, nec enim subiectum vllum est, eodem pacto intellectus nihil patitur, cum nihil sit eorum, quæ sunt actu. In libro autem de intellectu cap. de intellectu materiali seipsum melius declarat, quomodo intellectus materialis nihil sit actu. inquit enim. Intellectus, cum non per corpus aliquid percipiat, nec corporea facultas sit, nec patiatur, nullum omnino entium actu est, nec est hoc aliquid potens, sed est simpliciter præstans quædã huius perfectionis, & animæ specierum, & notionum susceptiua. vbi patet intellectum materialem non esse actu aliquod entium eorum, quæ recipiuntur in intellectu, nec est aliquod potens, idest aliquod subiectum in actu, sed est potentia animæ susceptiua notionum. Sententia igitur Alex. est ꝙ intellectus materialis aliud est ex parte, qua materialis, & aliud ex parte, qua intellectus, est materialis dicit potentiam, quæ est priuatio al coniuncta, & sic est priuatio omnium intelligibiliũ actu. sed quia ista priuatio fundatur in essentia, in cuius illa essentia est aliquid ex natura rei, quia est potentia animæ, quæ est gremium formarum, & quia ista potentia, quæ est subiectum formarum, non est corpus, nec virtus in corpore, nec ex ipsa, & organo fit aliquid demonstratũ, ideo dicitur non pati patiente corpore. Voluit igitur Alexã. intellectum materialem esse simpliciter priuationem, sed quò ad formale dicit priuationem, sed connotat aliquid reale, & est potentia, quæ est gremiũ specierum intelligibilium. nam & Alexan. in paraphrasi de anima ostendit modum, quomodo intellectus materialis potest seipsum intelligere post aliorum intellectionem, quod non fecisset, si pura priuatio est apud ipsum.

Decima contradictio est in eodem com: in solutione tertiæ quæstionis. Dicit. nullam formam liberatam esse à potentia, nisi primam formam, & per consequens in omnibus intelligentijs citra primam aliqua est potentia. Huius tamen oppositum habetur 3. physi. 32. vbi dicitur ꝙ in æternis non differt posse ab esse, & 12. meta. com. 30. vbi dicitur ꝙ in ente æterno nulla est potentia omnino. & idem habetur ibidem. 35. 41. & 44. & 2. cœli. 32. 33. & 34. vbi habetur ꝙ in ente æterno possibilitas est necessitas. Soluitur. potentia duplex pro nunc quædam realis & physica, ꝙ ista semper cum actu habet compositionem facere. alia est potentia, quæ nihil reale dicit, & ista communi vocabulo potentia logica nuncupatur. Dico autem potentiam logicam ens rationis per actum collatiuum intellectus, causatũ ex non repugnantia terminorum, sin quod non repugnant. Dico nunc quamlibet intelligentiam citra primam dupliciter considerari posse, & sub ratione generis, & sub ratione speciei. nam intelligentia Saturni potest concipi, & inquantum ens, & inquantum tale ens. si autem considerata fuerit inquantum ens est, non repugnat sibi ꝙ maiorem perfectionem habeat, quàm sit illa, quam actu possidet. quia, si sibi latitudo maioris perfectionis repugnaret inquantũ ens, ita quòd ratio formalis entitatis est præcisa causa illius repugnantiæ, tunc cuilibet enti istud repugnaret, & per consequẽs primo enti, quod falsum est, & impossibile. & est simile. si calor repugnaret visio, inquantum

3. de an. cõm. 3.

quantum animal, tunc cuilibet animali repugnaret. & ideo ſub ratione generis ſecunda intelligentia potential, & priuationem aliquam includit: quæ tamen nihil reale dicit, ſed ſolum non tepugnantiam. Si autem conſyderata fuerit ſub ratione ſpeciei, inquantum ſcilicet eſt tale ens in tali gradu entitatis ordinatū, ſic ſm Philoſophos omnis perfectio apta nata ſibi competere ſub ratione, qua talis ab æterno ſibi ineſt. Et ſm hunc ſenſum dixerunt in æternis non differre potentiam ab actu. Et, quia ſola prima intelligentia habet omnem perfectionem poſſibilem reperiri in habitu entis, eū ſit rectius entitas quàm ens, vt videbimus ſtatim, inde eſt ꝙ in ea nulla eſt potentia, nec ratione generis, nec ratione ſpeciei. omnes autem citra primam priuatæ ſunt gradu aliquo entitatis, & bonitatis ſub ratione entis. nulla autem ſub ratione talis entis potentiam aliquam habet ſub ratione, qua talis. ſic igitur applica ſingula ſingulis, & ſolue & concorda ea, quæ in apparentia diſſonare videntur.

3. de a'a. com. 5. Vndecima contradictio eſt ibidē. Dicit Auer. ꝙ ſolum in prima intelligentia quiditas & eſſentia idem ſunt, in alijs autem differt quiditas ab eſſentia. Sed huius oppoſitum nos inuenimus in. 2. de anima. tex. commen. 9. vbi abſolute Philoſophus in abſtractis videtur vniuerſaliter concedere quiditatem, & eſſentiam idem eſſe, & 7. meta. tex. commen. 41. hoc idem habetur. Debes ſcire pro ſolutione Auerro. voluiſſe quiditatem, & eſſentiam non eſſe nomina ſynonyma. quia talia ſecundum ipſum non vſitantur in doctrina demonſtratiua, niſi forte ad exponendum: tamen in præſenti loco diſtinguantur, quia ſub proprijs rationibus ſumuntur. Vnde ſcias quiditatem eſſe abſtractius quàm ſit eſſentia. vnde quiditas ſolum actum dicit, & ab actu nomen quiditatis eſt deriuatum. vnde ſecundum ipſum. 7. meta. 21. & 34. tota quiditas eſt à forma, eſſentia autem eſt maioris ambitus, quia competere poteſt & entibus in actu, & entibus in potentia. Et ideo ſecundum principia ipſius habemus concedere materiam eſſentiam eſſe, ſeu naturam. quiditatem vero minime. ſimiliter habemus concedere materiam eſſe de eſſentia compoſiti non habemus autem concedere materiā eſſe de quiditate compoſiti. vnde. 2. phy. cō. 5. in fine commen. dicitur ꝙ materia. & forma ſunt partes qualitatiuæ, ideſt partes eſſentiales compoſiti, non tamen tam materia quàm forma ſunt partes quiditatis compoſiti, ſed tota cōpoſiti quiditas forma eſt. Illud igitur, quod in rebus iſtis ex materia & forma compoſitis facit quiditatem ab eſſentia differre, eſt materia, quæ eſt radix potentialitatis. Sic pariformiter manuducam intellectum tuum à ſimili procedendo, vt intelligas quomodo ſolum in prima intelligētia eſt quiditas, & eſſentia vnum & idē omnibus modis. Reuoca in memoriam ea, quæ pauloante dixi, videlicet quòd ſola prima intelligentia & ſub ratione generis, & ſub ratione ſpeciei conſyderata eſt actus puriſſimus omnes aliæ citra primam, aliquā potentiam habent, ſaltem ſub ratione generis. quia igitur ratio in rebus materialibus, per quā quiditas ab eſſentia differebat, erat potentia annexa cum actu, ſi in primo ſit actus ſine potentia ſolum, ſequitur ibi ſolū quiditatem, & eſſentiam idem eſſe. In alijs autem, cùm ſit compoſitio ex actu & potentia, non ſicut ex poſitiuo & poſitiuo, ſed ſicut ex poſitiuo & priuatiuo, vt ſupra declaratum fuit, & longe ante nos ſubtiliſſimus Doctor in octaua diſtinctione primi quæſtione. 2. pulcherrime declarauit, ſequitur ergo ꝙ in talibus quiditas & eſſentia quoquo modo, vt dicit Com. idem nō ſunt. Sed intellectus ſubtilizans dubitare poſſet propter quid dixit, quoquo modo non ſunt idem. Soluitur. in rebus compoſitis ex materia & forma ſimpliciter, & ſine additione aliqua, concedendum eſt quiditatem, & eſſentiam non eadem eſſe. Sed in intelligentijs citra primam abſolute illud non concedit Commen. ſed cùm ly quoquo modo, quæ eſt dictio diſtractiua. Et ratio eſt iſta, quia in iſtis inferioribus eſt vera compoſitio ex potentia vera reali & forma. & in talibus ſequitur, quòd eſſentia & quiditas non ſunt idem ſimpliciter. ſed in abſtractis quia ibi non eſt phyſica potentia, ſed logica tantum, quæ eſt ens rationis: pro tanto dixit ꝙ quoquo modo in eis quiditas & eſſentia non ſunt idem. Dixit etiam quoquo modo, quia in talibus non eſt potentia, & niſi ſub ratione generis, non ſub ratione ſpeciei. & ideo aliquo modo in eis quiditas & eſſentia idem ſunt, & aliquo modo non idem. ſed in rebus materialibus tam ſub ratione generis quàm ſub ratione ſpeciei quiditas & eſſentia non ſunt idem. Et, quia in ſolo primo ente, vt diximus, quiditas & eſſentia idem ſunt, ideo dixit Auer. in libro deſtructio deſtructionum diſputa. 6. in ſolutione. 6. dubij ꝙ prima cauſa eſt quiditas ſimpliciter,

simpliciter, & omnia alia entia quidditatẽ habent ea mediante. Ex his applica, & solue.

3. de ala. tex. 17. Duodecima contradictio est in tex. 17. Aristo. in illa demonstratione aperte testatur animam intellectiuam esse naturam quandam, vt notat Commen. in com. dum dicit. Et quia consyderatio de anima est cõsyderatio naturalis, quia anima est vnum entium naturalium. Sed huius oppositum habetur in primo de partibus animalium, vbi quæsiuit verum de anima omni sit consyderatio naturalis, & determinat oppositum. Et inter alias rationes adducit istam,

Solõ quorundam. quia non omnis anima est natura. Aliqui ad pauca respicientes enunciauerunt Arist. ibi locutum fuisse superficienter, & probabiliter, & dicunt rationes eius ibi non tenere. Nam prima ratio reflectitur, dum dicit, si Naturalis consyderat de intellectu, tunc igitur de omni intelligibili consyderaret, & sic sola scientia Naturalis omnia consyderaret, nam oportet Philosophum concedere aliquam scientiam de intellectu consyderare, & tunc idem dicam tibi, sicut ipse dicit de Naturali. Amplius, vt aiunt, ipse assumit propositiones falsas, quia dicunt, quod non omnis anima est natura, quia non intellectus. Sed huius oppositum scribit in præsenti demõne, vbi probat quod oportet ponere intellm agentẽ, quia in omni natura est aliquid, qđ est oia fieri, & aliquid, qđ est oia facere. patet alit quod minor est, quod anima intellectiua est natura quædam. Amplius sua probatio falsa est, dum asserit non omnem animam esse naturam, quia non omnis anima est principium motus, quia non intellectus. Sed huius oppositum scribit Philosophus in tertio de anima. tex. com. 49. vbi dicit quòd ista duo sunt principia motus intellectus & appetitus. & idem dicit in tex. sequenti. Vnde sm viam istorum non solum Arist. non fecit rationes demonstratiuas, immo neq; probabiles, cùm fundentur super propositionibus falsis. Et ita oportet secundum mirabilem istorum phãtasiam Aristotelis sophisticis rationibus paralogizare. Scribit enim Commentat. in 1. phy. cõ. 10. quod tales sunt sermones vani, qui peccant in materia & forma. Et sic accidit Philosopho, quia propositiones eius sunt falsæ, & peccant per æquiuocationem, cùm natura aliter sumatur, vt patebit.

Refutatio solutionis. Dicimus nos quod non est credendum magistrum primum aliquid dixisse sine forti ratione, & ita est de quolibet verbo eius, vt scribit Commenta. in primo de generatione, & corruptione, commen. 18. Mirum est profecto mirum de tam crassa hominum istorum ignorantia & temeritate, immo etiã veritati confitentia, qui inueniunt locos in Aristote. vbi ex intentione examinat illam quæstionem & satis diffuse, & in loco proprio, ac tunc debat enim illa quæstio in 1 libro, vt clarum est, & dicunt Aristotelẽ non esse tenendum, immo, quod plus est, asserunt ipsum fundari in propositionibus falsis. Sed videant ipsum in omnibus libris eius, quòd doctrina est consona in dictis eius. Vnde, 6. primæ philosophiæ, vbi ponit distinctionem scientiarum speculatiuarum penes quidditatiuam consyderationem, ex triplici modo definiendi & abstrahendi, dum asserit naturalem definire per materiam secundum esse, & definitionẽ, insuit in tex. secundo ibidem quòd Physici est de quadã anima consyderare, & non de omni. Patet autem quod hoc dicit propter intellectum, de quo dixit. 2. de ano anima quod videtur esse genus aliud animæ, & hoc solum contingere separari, sicut perpetuum à corruptibili. & 6. primæ philosophię dicit quod non omnis forma, de qua Naturalis consyderat, cum materia est. & Cõm. dicit, quod illud fuit dictũ propter intellectum. & 7. meta. tex. cõ. 35. idem habet Philosophus, quod Physici non interest de omni anima disserere.

Solutio ppria. Dicamus igitur quod differentia est inter animam & intellectum. in hoc enim taxauit Arist. Antiquos in 1. de anima. Anima. n. in propria significatione dicitur quicunque corporis actus, seu perfectio prima est, & sine corpore esse non potens. Vnde Arist. in 2. de anima. tex. cõ. 26. laudat Antiquos, qui dixerũt animam non esse corpus, nec sine corpore esse. Intellectus autem dicitur, qui nullius corporis actus est. vnde sine corpore esse potest, cum sua essentia non dependeat à corpore. Vnde illæ animæ proprie sunt quidditatiuæ consyderationis a Naturali, quæcũque proprie sunt animæ. Scribit. n. Aristote. illam vniuersalem propositionem in principio. 3. de cœlo, quod oẽs naturales substãtiæ aut corpora sunt, aut cum corporibus generantur & corrumpunt. si ait intellectus eũ corpore non generatur, neq; corrumpitur: non igit intellectus erit substãtia naturalis. substantiæ. n. naturales intelliguntur, quæcũque quidditatiue à Naturali consyderantur, non sm esse aliquin, nec primus motor a Naturali consyderaretur. Dico igitur Arist. illam fuisse indubitatã sententiam de anima intellectiua, quod sit æterna & abstracta, &

quæ

quæ exterioribus aduenit nobis, vt patet in 2 de gene. animalium. cap. 3. & tunc à Naturali non consyderatur, nisi inquantum est principium, per quod homo intelligit & appetit appetitu intellectiuo. Vnde recte dicit Cō. q. illa animæ definitio non vniuoce cōpetit intellectiuæ, & alijs. Vnde, sicut intelligentia consyderatur à Naturali, inquantū est anima orbis, pro quanto dat sibi motū. & sic, vt scribit Commen. assimilatur formæ naturali. pro quanto autem non diuiditur ad eius diuisionem, assimilatur abstractæ formæ. propter hoc tamen non dicimus intelligentiam quiditatiue a Naturali cōsyderari. Eodem modo intellectus, vt est anima hominis videlicet vt per ipsum homo intelligit. quodāmodo assimilatur formæ naturali, & sic intellectus natura dici potest: pro quanto autem non diuiditur ad diuisionem hominis, dicitur assimilari formis abstractis, propter hoc tñ non sequit̃ intellectū quiditatiue à Naturali consyderari, sicut neq; sequebatur de intelligētia. Sed replicabis q. est ratio diuersitatis. quia intelligentia habet aliam operationem natura priorem, in qua non dependet à corpore, videlicet intelligere & velle, sed anima intellectiua non habet, quia Aristoteles dicit in primo de anima. Intelligere, siue sit imaginari, siue non fieri possit sine imaginatione, non contingit absque corpore esse. & ita cùm anima intellectiua non habeat aliquam operationem sibi propriam, non poterit à corpore separari, & ita quiditatiue à Naturali consyderabitur, intelligentia vero solum quò ad quia est. Sed, si hoc argumentum demonstrat, tunc igitur non est differentia inter intellectum & animam; & ita male Aristoteles taxauit Antiquos in hoc, & male asseruit ipsum solum à corpore separari. Dicamus igitur quòd tenendo, sicut tenendum est secundum Aristotelē q. intellectus sit virtus abstracta à materia, vt fuit opinio etiam Theophrasti, qui fuit auditor Aristotelis, & opinio Themistij, & Cōmenta. q. de necessitate habet intellectionē perpetuam, per quam intelligit in se consyderatus substantias sempiternas: & est semper fœlix in se. Vult enim Commenta. q. si noster intellectus non posset intelligere substantias abstractas, q. nullus intellectus posset etiam intelligere: quia in talibus, vt dicit. 3. de anima. cō. 36. quicquid intelligit villus intelligit nobilius, & non econtra. Licet igitur intelligere in nobis, quod cōmuniter experimur, & de quo Aristoteles egit in tertio de anima, cum imaginatione fiat & sic talis intellectus dicitur anima & natura, quia assimilatur animæ & formæ naturali, quia vt sic est motor coniunctus tangens hominem, sicut intelligentia orbem, tamen in se consyderatus, cum non diuidatur ad hominis diuisionem, sed sit substantia abstracta, sic habet intelligere æternum supra tempus, & supra omne corpus. Et de taliter consyderato intellectu & intellectione non pertinet ad Naturalē. cuius argumētum est quòd Aristoteles mouens hanc quæstionem in tertio de anima, non soluit ibi, sed dixit quòd de hoc erit posterius consyderandum, quia videbat hoc spectare ad scientiam Diuinam, quæ est posterior via doctrinæ cæteris scientijs. Vnde & 9. primæ philosophiæ de tali intuitiua cognitione intellectus respectu substantiarum separatarum dicit q. non est in nobis, sicut cæcitas. Et beatus Thomas ab ipsa veritate coactus concessit ibi; & notauit illud de mente Philosophi videlicet q. intellectus hominis habet quoddam intelligere, non dependens ab imaginatione, sicut est intuitiua cognitio intelligentiarum. quod quidem intelligere homini secundum Peripateticos, licet non contingat nisi in postremo, in se tamen consyderatus intellectus semper habet illud. Et hoc etiam notauit Commen. in primo de anima, commen. 12. si bene animaduertis. Dic igitur resolute intellectum consyderari à Naturali quò ad quòd est modo prædicto, quiditatiue vero à scientia Diuina. Et ita non est contradictio in dictis Aristotelis alicuius mouenti. Ad rationes respondetur, quòd bene ratio procedit de Philosopho Naturali, & non de Diuino. quia scientia Naturalis est scientia specialis, ad quam spectat consyderare quiditates rerum sensibilium in particulari, & sub particulari ratione formali, quia inquantū sensibiles sunt: sed scientia Diuina est scientia communis, ad quam spectat omnia cōsyderare in ratione communi & transcendenti, vt dicit Philosophus in proœmio Metaphysi. & clarissime in. 12. metaphysi. ca. 2. vel. 3. ad finem. Si igitur Naturalis quiditatiue consyderaret intellectum, igitur omnem intellectum abstractum consyderaret quiditatiue, quia non est maior ratio de vno, quàm de alio, in eo quòd est intellectum & abstractum, & ex alia parte consyderaret quiditatiue omne sensibile: ista autem sunt extrema, quia vnum est secundū esse & rationē in materia, aliud vtroque

modo

modo abstrahit. sed qui consyderat quiditatiue extrema, debet etiam & media consyderare. & ita etiam Naturalis quiditatiue consyderaret entia imaginabilia: quia si de quo minus ergo & de quo magis. Si enim Naturalis per te abstracta vtroque modo quiditatiue consyderat, multo magis minus abstracta consyderabit. Sed non valet de Diuino. quia licet Diuinus omne abstractum & intellectum quiditatiue consyderat, non tamen omne intelligibile consyderat quiditatiue, nisi sub ratione transcendenti. sed vltra illam rationem remanet specialis, quae est scientijs specialibus propria. Dices, scientia Naturalis & Diuina consyderant de omni anima: igitur nulla alia remanebit scientia. quia Naturalis per te cõsyderat vegetatiuam & sensitiuam, & Diuinus intellectiuã & qui consyderat de omni tali, consyderat de omni sensibili: & de omni intelligibili: igitur scientia Mathematica non erit. Respondetur, negando consequẽtiam. quia licet scientia Naturalis quiditatiue consyderet omne sensibile, & Diuina omne intelligibile quiditatiue, hoc tamen est sub ratione communi. & ideo restat specialis consyderatio entis imaginabilis ipsi Mathematico. hoc autem isti videre non potuerunt. Si replices, dicam pariformiter de Naturali, quia ponam ꝙ consyderat quiditatiue omne sensibile, cùm consyderet de sensu, & dico etiã ꝙ quiditatiue consyderat de intellectu. sed dicam quòd consyderat de omni intelligibili, inquantum intelligibile est, & sic non superfluunt aliae scientiae. Respondetur, ꝙ hoc non potest dici. quia Naturalis est artifex specialis, & ratio sua formalis est consyderare res, vt concernunt materiam sensibilem, & motum. quia non abstrahit à materia sua consyderatio, quae est principium sensus & motus. Vnde Cõmẽ. 7. meta. & Aristoteles dicit ꝙ homo nõ potest intelligi sine carnibus & ossibus. vbi Commen. in commen. dicit ꝙ impossibile est intelligere qualitates naturales sine sensu & motu: sed ratio intelligibilis, inquantum intelligibile est, & ratio intellectus inquantũ intellectus est, abstrahunt à sensu & motu: & ideo illa ratio formalis consyderandi non potest esse Naturalis, sed est sciẽtiae Diuinae appropriata. Vnde ratio entis inquantum ens non est magis abstracta, quàm ratio intellectus inquantum intellectus, aut ratio intelligibilis inquantum intelligibile, sunt. n. rationes transcendentes, res enim sicut se habent ad entitatem, ita ex ad veritatem, ex. 2. primae philosophiae, tex. cõ. 4. Et confirmatur per Boetium in primo de Trinitate, vbi ponens differentiam inter istas tres scientias speculatiuas penes modos formales consyderandi, inquit ꝙ in Naturalibus proceditur rationabiliter, quia est de rebus sensibilibus contingentiae & variationi subiectis, in quibus rara est certitudo: in Mathematicis disciplinabiliter, quia procedimus per imaginationem, in Diuinis autem intellectualiter. Idem etiam confirmat dominus Albertus in principio suae meta. & sententia Arist. expresse in. 6. primae philosophiae, in tex. cõ. 2. nam cùm scientia Diuina illa dicatur, si alicubi autem, vt asserit, diuinum aut honorabile existit, in tali natura existit, videlicet, quae est abstracta vtroque modo. modo omne tale est intellectus & intelligibile. & ista ratio est Diuini, non naturalis, licet eius sit de abstractis secundum indifferentiam. Sic igitur patet ꝙ intellectus inquantum intellectus, pertinet ad Diuinũ, & omne intelligibile inquantum intelligibile, sicut omne ens inquantum ens. & ita hoc non est Naturalis. Ad aliud respondetur ꝙ isti aequiuocant. nam natura quandoque sumitur pro omni essentia & substantia, & quandoque sumitur proprie, vt de ea consyderat Naturalis, vt est principium motus. Aliter enim consyderatur natura in scientia Diuina, & aliter in scientia Naturali, vt scribit Commen. in. 5. meta. cõ. 5. Dico igitur ꝙ in. 3. de anima. cõ. 17. dum Arist. dicit in omni natura dari vnum, quod est omnia facere, sumitur pro omni substantia, seu essentia. Vnde sic in natura entium est vnũ, quod est omnia fieri vt materia, & vnum, quod est omnia facere. & illo modo primus motor natura dicitur: quia vt scribit Cõm. 12. meta. cõ. 17. omnes formae sunt in potẽtia in prima materia, & sunt in actu in primo motore: tamen primus motor non est natura, vt definit in Physicis, immo ex hoc excluditur à consyderatione Naturali quiditatiua, quia non habet in se principium motus, vt patet. 2. physico. commen. 73. illo modo etiam intelligentia dicitur natura. Vnde Com. in principio libri de substantia orbis inquit. Declaratum est corpora coelestia esse composita ex duabus naturis, sicut corpora generabilia & corruptibilia componuntur. Sed in libro de partibus animalium, quando Philosophus dicit ꝙ non omnis anima est natura, sumit naturam proprie, vt est definita in Physicis. quia intellectus medium illo modo natura non est.

immo

immo proprie loquendo etiam non est anima, quia ut diximus, differentia est inter animam & intellectum. Ad illud autem, in quo dicebantur probationes Aristo. non valere, quia probat per hoc non omnem animam esse naturam, quia non omnis anima est principium mot⁹, cuius oppositum ipse dixit de intellectu, 3. de anima. cōme. 48 & 49. pariformiter dicitur ꝙ negauit intellectum esse principium motus, sicut natura definitur, quæ est principium intrinsecum ipsi naturato, in quo est per se sed intellect⁹ & quælibet intelligentia non est principiū intrinsecum; cùm principia debet de animalibus Naturalis inuestigare, quia illa est intentio Philosophi ibi, sed extrinsecum. Vnde Commen. 1. cœli. cō. 22. inquit, cū cœlum sit semper motum, necesse est, vt moueatur per principium extrinsecum nō corporeum, neque vt sit virtus in corpore. Virtutes igitur naturales, definitæ in libro physicorum, sunt corpora, aut virtutes in corpore, cuiusmodi non est intellectus. Vnde Commen. in. 12. disputa. contra Algazelem inquit in solutione dubij primi, ꝙ emanatio Dei benedicti s̄m naturam, neque s̄m Philosophos recte loquentes non est secundum naturam, neque s̄m voluntatem, quæ est in nobis. Et ita isti hallucinati sunt non intelligentes veritatem, neque mentē Arist. Albertus autem cognomento Magnus in libro. 11. tract. 1. cap. de animalibus, dicit rationes Arist. procedere de intelligentijs cōmuniter, & non de intellectu hominis. Sed cum reuerentia non bene dicit. quia Arist. ibi loquitur de intellectu; qui refertur ad intelligibile, sicut sensus ad sensibile, patet autem ꝙ iste est intellectus passibilis. 3. de anima. cō. 2. Si igitur est intelligere sicut sentire. Amplius Aristo. ibi adducit tertiam rationem ad eandem conclusionem, vbi probat scientiam Naturalem quiditatiue non considerare de intellectu. Et videtur mihi, ꝙ sit per locum à maiori negatiue, & est confirmatio nostrorum dictorum. nā sciẽtia Naturalis nullā rē abstractam à materia s̄m definitionē considerat, sicut sunt entia mathematica. Et hæc ꝓbat, quia Naturalis cōsyderat ea, q̄ à natura fiunt in talibus autem est ratio boni & finis. demonstratum est autē 2. physi. ꝙ natura agit propter finem, sed in talibus entibus in abstractione consistentib⁹ non est ratio boni neque finis, vt asserit, & habetur etiam in. 3. meta. sequitur igitur ꝙ multo minus poterit considerare intellectum, qui est omnino abstractus. Vnde ex modo loquendi illa est tertia ratio: aliter sermo eius non esset continuus. Et illa est confirmatio omnium dictorum nostrorum superius, quia verum vero consonat ex omni parte. Si dicatur ꝙ Commen. 2. physi. cō. 26. dicit ꝙ quiditatiua consyderatio se extendebat vsque ad vltimam formarum materialium, & primam abstractarum. Dic ꝙ per vltimam intellexit cogitatiuam: & hoc inclusiue vsque ad materiam abstractarum exclusiue: quia illam quiditatiue non consyderat, quia intellectiua est primus terminus, in quem desinit exclusiue, & ipsa cogitatiua inclusiue. Vnde in sua media dicit, ꝙ de anima intellectiua consyderat scientia Naturalis, vt est proportionata materiæ, nō igitur absolute & in se. Sic glosa dictum eius 3. de anima. cō. 17. & 1. de anima. cō. 12.

Decimatertia contradi. est in cō. 20. Dicit Auer. ꝙ intellectus in potentia prius applicatur nobis, quàm agens. Huius oppositum patuit cō. 18. & 36. Nisi esset ꝙ intellectus possibilis est prior origine: sed intellectus agens est prior prioritate perfectionis. Aut aliter, cùm intellectio, quæ fit in nobis duplex sit, & per intellectum speculatiuū, & per intellectum adeptum, intellectus possibilis quò ad primam intellectionem, præcedit intellectum agentē quò ad secundā, quia secunda primam supponit, 3. de anima 36. licet, vt dictum est: secunda longe perfectior est prima secundum ipsum.

3. de ala. com. 20.

Solutio.

Decimaquarta contradi. est in cō. 20. Intellectus s̄m Auerro. in libro de anima dicitur quatuor modis videlicet, de intellectu materiali, & de intellectu in habitu, & de intellectu agente, & de virtute imaginatiua. Huius tamen oppositum scribit Alexand. in tracta. de intellectu, qui in principio inquit ꝙ intellectus apud Arist. est trinus. primus enim est intellectus materialis, secundus in habitu, & tertius est intellectus agens. Soluitur intellectus proprie, qui est vniuersalium, triplex est, & sic loquitur Alexand. extensiue autem imaginatiua etiam dicitur intellectus respectu particularium. vnde etiam intellectus passiuus dicitur. 3. de anima. tex. cō. 20. & sic accipit intellectum etiam Arist. ibidem in tex. cō. 48. vbi dicit. Videntur autem duo hæc mouentia, aut appetit⁹, aut intellectus, si quis imaginationē posuerit, sicut intelligentiā quandā.

3. de ala. com. 20.

Solutio.

Decimaquinta contradi. est in com. 26. Dicitur ꝙ formatio intellectus est semper vera. Sed oppositum habetur in com. 22. vbi dicitur ꝙ formatio intellectus non est vera

3. de ala. com. 26.

nequ

neque falsa. Debes scire ꝙ Commēt. per formationem hic intellexit primam operationem intellectus, qua quiditas ipsa simplex in se apprehenditur per intellectum. & quia quiditas ipsa forma est, ideo ab ipsa formatio dicitur: aut quia intellectio talis mediante specie fit, quæ apud Arabes etiam forma nuncupatur, sicut alias declaraui. Circa autem talem intellectionem distinctum est. nam aut illud, quod apprehenditur, est conceptus simpliciter simplex, & talis in se cōsyderatus non habet aliquid, per quod possit sciri, & aliquid per quod possit ignorari: & circa talem nulla potest esse deceptio in intellectu, immo ibi veritas est. talis autem veritas in prima operatione intellectus cōsistens non est formalis veritas, quæ scilicet ĩ cōpositione, vel in diuisione consistat, sed solum consistit in hoc, quòd obiectum ita se offerat potentiæ cognoscenti, sicuti ipsum est in se. si autem conceptus fuerit simplex, qui simplici actu intelligentiæ concipi possit, sit tamen conceptus ille resolubilis in quid, & in quale, in talibus potest contingere falsitas virtualis, puta si intelligeretur hòmo irrationalis. & de hoc loquebatur Philosophus quinto metaphysi. tex. com. 34. quando dicebat ꝙ falsa in se ratio nullius est simpliciter ratio, ibi enim falsitas virtualis. virtualem autem falsitatem appello, quando obiectum concipitur in actu simplicis intelligentiæ, sub aliqua ratione sibi repugnante. sed quando esset copula formalis tunc etiam esset falsitas formalis. Ad propositum ergo prima operatio intellectus est semper vera, seruatis illis conditionibus. & veritas illa consistit in hoc, quòd obiectum ita præsentet se intellectui sicuti est: veritas enim est adæquatio rei ad intellectum. quando autem dixit Commen. quòd non est vera, neque falsa, intellexit de veritate & falsitate, quæ in compositione, & diuisione consistit, quia talia solum in secunda intellectus operatione habēt fieri.

3. de aīa, com. 27. Decimasexta contradictio est in commēto 27. Habet Auerr. ꝙ scientia in potentia generatur à scientia in actu. Sed huius oppositum habet tertio de anima, commen. 5. in solutione tertiæ quæstionis vbi habet hoc pro inconuenienti, quia tunc scientia, quæ est in magistro, esset generans scientiā, quæ est in discipulo. sicut ignis generat alium ignem sibi similem. Debes scire, ꝙ Auerro. hanc consequentiam, & rationem accepit à Themistio super tertio de anima. cap. 32. & 33. & Themistius autem videtur deduxisse illud ex sententia Platonis. inquit enim cap. 32. Quòd si cui extrema opinio incredenda videatur, omnes homines, qui ex actu & potentia conditi dicimur, ad vnicum intellectum agentem referri, vnde cōsistimus sumusque homines, nihil est, quamobrem auersari absterriue debeat, vnde enim communes illæ animi conceptiones, prænotionesque communes omnibus haberentur? vnde ingenita illa impressaque omnium mentibus primorum notitia cōstitisset natura duce, nulla ratione, nulla doctrina? vnde postremo intelligere mutuo & intelligi vicissim possemus? nisi vnus singularisque intellectus fuisset, quem cōmunem omnes homines haberemus. Quocirca verissime illud apud Platonem legitur. Nisi inquit hominibus communia essent multa, sed proprium quid aut impromiscuum contineretur in singulis, non esset admodum facile ostendere, & significare alteri voluntatem suam. hæc ille. Nos autem alias declarauimus Platonis authoritate non procedere de intellectus vnitate, cum totum studium Academicorum sit in purificatione & immortalitate animarum humanarum. sed illud dictum Platonis erat propter ideas ponendas. nam nisi esset vna communis idea, in qua homines conuenirent, non facile alter alteri suos conceptus posset exprimere. Ista autem ratio Themist. & Auerro. vt alias dedoxi, multas habet instantias, quas afferre possem. sed quicquid sit pro nunc, dico secundum ipsum, scientiam non posse generari à scientia, sicut ignis generatur ab igne. hoc autem sequitur secundum ponentes pluralitatem intellectus, vt ipse opinatur. quod quomodo declaratur, non est præsentis negotij. si qua tamen est declaratio, vide quæ dicit Them. & isto modo negauit ipse generari scientiā à scientia. tamē ꝙ scientia absolute alia via non possit generari quantum ad indiuidua, nullibi ipse dixit hoc: immo præsens commentum est contra illos, qui tenent nostrū scire esse reminisci secundum Auerro. sed videant quæso com. 2. primi poster. & com. 48. & 49. primi metaphy. & 7. meta. cō. 58 & in fine, 2. poster. & in cō. super lib. de sensu & sensi. in columna. 3. & 3. de anima. cō. 5. & 21. & 6. ethic. cap. 4. & tunc videbunt vtrū ista fuerit opinio Auer. nec ne. Ista voluimus notare, ne verbositas aliquorū mentem Auerro. peruerteret.

Decimaseptima contradictio est in cōm. 19. Habetur ꝙ delectatio non est in intellectu. 3. de aīa. cōm. 19.

lectu. Sed huius oppositũ habetur. 12. meta. tex. co. 39. Soluitur in intellectu non est delectatio eiusdem rationis cum illa, quæ est in sensu, sed bene alterius rationis potest delectatio esse. Vide Themistium in. 3. de anima. cap. 47. & intelliges hoc.
Solutio

3. de ala. com. 19. Decimaoctaua contradi. est in eodẽ cõ. Fuit oppositum nobis. nam ibi dicit Cõ. ꝙ proprium appetitus sensitiui & desyderij sensibilis est cum præsentia obiecti sensati: econtra autem est de appetitu intellectuali. Sed huius oppositum inducebatur de animalibus perfectis, quia talia habent imaginationem & desyderium respectu absentiũ sensatorum, sicut patet. 2. de anima. 156. & 20. Nec valet si dicatur ꝙ ibi loquitur de imaginatione, non autem de desyderio. nã desyderium consequitur imaginationem, sicut vmbra consequitur corpus. Soluitur. ista differentia intelligitur cum præcisione: sicut dicitur in fin. 2 li. de vniuersali & singulari, vt sunt obiecta sensus & intellectus.
Solutio.

3. de ala. com. 33. Decimanona contradi. est in com. 33. dicit Commen. ꝙ cogitatiua non componit intelligibilia singularia. Huius oppositum patet in hoc. 3. cõm. 20. & 22. Confirmatur quia cogitatiua apparet intellectus particularis, eo quia homo per ipsam particulariter discurrit. Soluitur, dictum Cõ. hic intelligitur sano modo & sensus est iste: cogitatiua non cõponit singularia, idest terminos simplices, qui tamen vniuersales sunt, quia hoc pertinet ad intellectũ, qui est superior cogitatiua. singulare hic non sumitur, vt distinguitur contra vniuersale, vt intelligit contradicens, sed vt distinguitur contra compositum.
Solutio.

3. de ala. cõm. 34. Vigesima contradi. est in cõ. 34. Dicit ꝙ bonum & malum, verum & falsum sunt in eodem genere. Sed oppositum huius patet. 6. meta. tex. cõ. vltimi. vbi habet ꝙ bonum & malum sunt in rebus, sed verum & falsum sunt in intellectu. Soluitur, ꝙ bonum & malum dupliciter possunt sumi. vno modo vt mouent in genere causæ efficientis: alio modo vt mouent in genere causæ finalis. si primo modo, sic bonum & malum sunt in anima sicut verum & falsum: & sic sunt in eodem genere, quia vtrunque est cognitio, nam. 12. meta. cõm. 36. balneum in anima mouet vt efficiens, & balneum extra animam mouet vt finis. & ideo, si considerentur vt mouent in ratione finis, sic habent esse in rebus. de hoc tamen latius dicemus in commento vltimo: sexto metaphysicorum.
Solutio.

Vigesimaprima contradi. est in cõm. 36. 3. de ala.
Auer. in recitando opinionem Themi. dicit ꝙ ponendo intellectum abstractum, com. 36.
tunc hoc verum est ꝙ id, quod est magis visibile, magis comprehenditur. Sed oppositũ huius patet. 2. meta. cõ 1. Soluitur. dictum Solutio.
eius hic intelligitur sic, ꝙ si intellectus abstractus itelligit res materiales imperfectas, multo magis aptus est intelligere res abstractas perfectas. hoc tamẽ non est sibi facile, sed difficile. & ita dicit. 2. meta. cõmen. 1. ꝙ exemplum illud Philosophi de visu nocturno respectu luminis diei non ostendit impossibilitatem, sed difficultatem. dico per locũ à minori ꝙ, si intellectus ista imperfectiora intelligit, multo magis aptus est intelligere res ipso perfectiores, sicut Deus est & abstractæ substantiæ. hoc tñ non est sibi facile, sed laboriosum propter ipsum in cognitione nostra naturali dependere à sensatis.

Vigesimasecunda contradi. est in eo. cõ. 3. de ala.
36. In illa partes, in qua reprehendit Alexã. com. 36
videtur habere pro inconuenienti ꝙ æternum in sua actione indigeat aliquo corruptibili, ita ꝙ ex eis fiat vna actio. Sed huius oppositum patet. 3. de anima. cõ 18. de intellectu agente & phantasmate. similiter. 7 meta. com. 31. & 2. physico. tex. com. 26. vbi dicitur ꝙ Sol & homo generant hominem. Soluitur. Cõ. negat æternum non posse con- Solutio.
iungi corruptibili, eo modo, quo Alexand. ponebat. quia sicut sibi imponit Auer. ipse Alexan. tenuit intellectum possibilem esse generabilem & corruptibilem, & posuit intellectum agentẽ abstractum esse, qui apud Alex Deus est: & dixit ꝙ in copulatione intellectus adepti Deus vniebatur formaliter intellectui possibili. hoc aũt non potest intelligere Cõm. nam, si aliquod abstractum informaret corruptibile, aliquo modo à corruptibili dependeret. & ideo caueant, qui ad intentionem eius tenent animam intellectiuam dare esse formaliter homini. Illud autem, quod de phantasmate & hoĩe allegabat, nihil mouet: tũ quia phantasma non est materia intellectus agentis, nec virtus informatiua hoĩs est materia respectu Solis in hominis productione, sicut intellectus possibilis erat materia sm̃ Alex. respectu intellectus agentis in copulatione: tum etiam, quia phantasma Socratis & Platonis nõ est primum instrumentum intellectus agẽtis, sed secundariũ & extraneũ quoquo modo, sicut patet. 3. de anima. 3. 19. & 20. cõ. Nã sicut dicit Auic. species est in prima intentione naturæ, non indiuiduum, nisi

nec

per accidens. & ita dicendum puto de Sole & homine. sed de hoc latius vide. 8. phy. cõ. 15. vbi declarauit quomodo nouitas sit in effectu denudata à voluntate antiqua, & quomodo non.

3. de aia. com. 36. Vigesimatertia contradic. est in eodem commen. 36. in illa parte, in qua ponit opinionem suam, dicit ꝙ intellectus in habitu est, per quem extrahimus intellecta. Huius tamen oppositũ supra dixerat contra Alexan. hoc idem opinantem. Solutio. Soluitur ibidem vbi contra Alexan. arguit, & contra Auempace. ibi. n. dicit. & etiam quomodo attribuitur actio propria intellectui, quæ est facere intellecta intellectui generabili & corruptibili, s. qui est in habitu. Nisi quis ponat ꝙ intellectus, qui est in habitu, sit intellectus agens compositus cum intellectu materiali, vt dicit Them. aut ponat ꝙ forma postrema nobis, qua abstrahimus intellecta, & intelligimus ea, est composita ex intellectu in habitu, & intellectu agente, vt Alexan. & Auempace ponunt: sicut nos etiã reputauimus esse apparens ex sermone Arist. in intellectu in habitu. ergo non discordat ab Alexan. nisi pro quanto ponebat intellectum materialem qui est pars ipsius, esse corruptibilẽ: non autem in modo ponendi.

Vigesima quarta contrad. est in com. 51. 3. de aia. com. 51. Dicit Auerro. ꝙ bonum actuale commune omnibus est laudabile. Oppositum. 1. ethi. cap. 16. Solutio. Soluitur. sumitur laudabile æthicorum. i. strictius quam hic, quia ibi sumitur vt distinguitur contra honorabile, hic autẽ lato vocabulo sumptum est.

Vigesimaquinta contradi. est in com. 66 3. de aia. com. 66. Dicit Commen. ꝙ tactus cõprehendit sensibile suum sine medio. Huius tamen oppositum patet. 2. de anima com. 107. 108. 115. Solutio. Soluitur. tactus quantum est merito receptionis non indiget medio, sed per accidens & merito contactus nihil prohibet ipsum medio indigere.

F I N I S.

www.ingramcontent.com/pod-product-compliance
Lightning Source LLC
Chambersburg PA
CBHW030728280326
41926CB00086B/515

* 9 7 8 3 7 4 1 1 4 1 6 5 2 *